中铁设计集团隧道及地下工程技术丛书

京张高铁清华园隧道修建技术

吕　刚　赵　勇　田四明
刘建友　刘　方　陈　爽　著

中国铁道出版社有限公司

2021 年·北　京

内容简介

本书针对京张高铁清华园隧道设计和施工过程中遇到的技术难点,详细阐述了城市核心区大直径盾构隧道的地层扰动规律、风险控制技术、结构设计方法、环保施工技术、防灾救援技术和智能建造技术等,提出了盾构隧道全预制拼装成套技术。旨在通过本书将清华园隧道建造过程关键技术创新与应用进行总结和推广,进一步推动城市密集区大直径盾构隧道工程的健康、有序、高效发展。

本书内容丰富,创新点多,理论性强,实用性高,可供相关工程技术人员与大专院校师生参考使用,也可为从事隧道及地下空间开发工程领域的科学研究人员提供借鉴。

图书在版编目(CIP)数据

京张高铁清华园隧道修建技术/吕刚等著.—北京:中国铁道出版社有限公司,2021.12
(中铁设计集团隧道及地下工程技术丛书)
ISBN 978-7-113-28098-7

Ⅰ.①京… Ⅱ.①吕… Ⅲ.①高速铁路-铁路隧道-隧道施工 Ⅳ.①U459.1

中国版本图书馆CIP数据核字(2021)第123678号

书　　名: 京张高铁清华园隧道修建技术
作　　者: 吕　刚　赵　勇　田四明　刘建友　刘　方　陈　爽

策　　划: 傅希刚　陈小刚
责任编辑: 冯海燕　　**编辑部电话:** (010)51873170
封面设计: 曾　程
责任校对: 孙　玫
责任印制: 樊启鹏

出版发行: 中国铁道出版社有限公司(100054,北京市西城区右安门西街8号)
网　　址: http://www.tdpress.com
印　　刷: 北京联兴盛业印刷股份有限公司
版　　次: 2021年12月第1版　2021年12月第1次印刷
开　　本: 787 mm×1 092 mm 1/16　**印张:** 22.25　**字数:** 519千
书　　号: ISBN 978-7-113-28098-7
定　　价: 150.00元

主要作者简介

吕　刚　男，1976 年 9 月出生，中铁工程设计咨询集团有限公司城市轨道交通设计研究院总结构师，正高级工程师，京张高速铁路、崇礼铁路隧道专业主管总工程师。长期从事隧道及地下工程设计和研究工作，先后主持完成包西铁路通道包头至大保当段、张呼高速、京张高速等多条铁路的隧道设计工作，主持完成铁道部时速 160、200 公里系列标准图的编制工作。出版专著 5 部，获得专利 20 余项，发表论文 10 余篇。

前言

京张高铁是我国“八纵八横”高铁主干网中京兰通道的重要组成部分，是2022年北京冬奥会的重要交通基础配套设施，是实现京津冀一体化、交通强国的重要标志性工程，是百年京张铁路的传承线，它也是世界第一条智能高铁。1909年建成的京张铁路，是完全由中国人自主设计、建造、运营的第一条干线铁路，在中国铁路发展史上有重大意义，是中华民族痛定思痛后开始探索复兴之路的里程碑，也是中国探索进入工业文明的重要标志。2019年建成的京张高铁，是我国也是世界第一条智能化铁路，开启了我国智能铁路新时代，是我国铁路由落后追赶到超越引领的标志，是我国进入后工业文明的标志之一，也是中国铁路自强奋斗历程的里程碑。从1909年京张铁路建成到2019年京张高铁通车，从自主设计修建零的突破到世界最先进水平，从时速35 km到350 km，京张线见证了中国铁路的发展，也见证了中国综合国力的飞跃。

清华园隧道是京张高铁自北京北站出发后的第一座隧道，全长6 020 m，采用直径为12.63 m的泥水盾构施工，为单洞双线隧道，设计时速120 km。清华园隧道作为京张高铁的控制性工程，是目前国内建成的位于城市核心区穿越重要建(构)筑物最多的大直径盾构隧道，也是世界上第一座实现了管片及内部结构全预制拼装的隧道，于2017年11月开工，2019年12月通车，创造了多项国内外纪录。

清华园隧道具有四大难点五大特点。其中四大难点包括：穿越建构筑物等级高，数量多，控制标准严格；穿越地层软硬不均，刀盘磨损严重；盾构超深埋始发超浅埋接收，施工风险高；隧道长、V形纵坡陡，防灾救援困难。五大特点包括：盾构直径大，盾构隧道管片外径12.2 m，内径11.1 m，是目前北京市盾构施工历史上直径最大的隧道；结构新，采取了全新的轨下结构形式和全预制拼装技术；施工智能，研发了可视化、智能化的管控平台，拉开了盾构隧道智能建造的序幕；施工速度快，大直径盾构平均每月进度指标达300 m，仅用一年的时间就完成了隧道全线贯通；建设意义重大，清华园隧道通车后，上部老京张铁路路基改造成京张铁路遗址公园，“缝合”了被割裂的城市空间，彻底消除了四道口、五道口等交叉道口对城市的影响,显著降低了铁路噪声和振动对居民的干扰,大幅度提升了城市环境品质。

围绕清华园隧道工程建设过程中遇到的关键技术难题,中铁设计集团联合经规院、铁科院、北京交大、西南交大、京张公司、中铁十四局等科研院所和高校,成立了课题攻关团队,开展了系统的理论、工艺、技术和装备研究,形成了京张高铁清华园隧道建造关键技术创新与应用,取得了以下创新成果:

(1)开发了城市核心区大直径盾构隧道安全绿色建造成套技术。建立了穿越风险源微沉降精准控制技术、盾构刀盘刀具磨损监测及主动常压换刀技术、盾构刀盘优化技术、盾构泥浆绿色处置技术。

(2)研发了大直径盾构隧道全预制拼装成套技术。首次研发和工厂化制造了预制拼装式轨下结构及其对应的附属沟槽,研发了管片及附属结构高精度拼装技术和工艺,研制了拼装机器人,制定了拼装质量控制标准,实现了管片及内部结构全预制拼装。

(3)创建了盾构隧道智能建造系统。开发了基于 GIS、BIM + 技术的智能管理系统,研发了大直径盾构施工全过程可视化沉降预测和盾构掘进参数调整技术,构建了盾构远程数据监控系统和智能分析预警云平台,提出了盾构隧道智能建造分级方法。

本书在课题研究成果的基础上,系统总结了京张高铁清华园隧道建造关键技术,内容丰富,创新点多,理论性强,实用性高。

参加本书编写的主要单位:中铁工程设计咨询集团有限公司,中铁十四局集团有限公司,中国国家铁路集团有限公司,中国铁路经济规划研究院有限公司,中国铁道科学研究院集团有限公司,中铁科学研究院有限公司,京张城际铁路有限公司,北京交通大学,西南交通大学。参与本书编写的主要人员包括马侃彦、何川、张顶立、马伟斌、吴剑、张民庆、方勇、房倩、李鹏飞、石少帅、赵海涛、岳岭、张宇宁、钱国玉、宋曙光、刘磊、刘善福、杜贵新、高始军、安哲立、王志伟、郭小雄、凌云鹏、张斌、赵琳、余泽西、王效有、于进江、刘树红、王建功、卓越、王久军、巫伟军、蒋伟平、蒋小锐、石山、陈学峰、马福东、于晨昀、王瑾、王婷、李志义、肖广智、贾大鹏、任诚敏、任金良、朱旭、吴川。

由于作者水平和能力有限,书中难免有疏漏和不妥之处,敬请读者严加斧正,不吝指教!

作　者

2021 年 5 月

目录

第1章　概　　述

1.1　工程概况

“十三五”成为中国基础设施重大工程建设的重要阶段，而地下空间作为城市基础设施的主要载体，在城市发展中的地位愈显重要，发展势头迅猛。盾构法施工技术以其安全性和先进性的优点广泛用于我国隧道及地下空间开发工程领域。

盾构法是暗挖法施工中的一种全机械化施工方法，是将盾构机械在地下推进，通过盾构外壳和管片支承四周围岩防止发生隧道内坍塌，同时在开挖面前方用切削装置进行土体开挖，通过出土机械将土运出洞外，靠千斤顶在后部加压顶进，并拼装预制混凝土管片，形成隧道结构的一种机械化施工方法。盾构法原理最早于1806年由法国工程师布鲁诺尔提出，1825年在伦敦，施工人员用一台手掘式盾构机修建了世界上第一条盾构隧道。根据直径大小，可将盾构机分为微型盾构机（直径0.2～2 m）、小型盾构机（直径2～4.2 m）、中型盾构机（直径4.2～7 m）、大型盾构机（直径7～12 m）、超大型盾构机（直径大于12 m）。

中国的盾构施工技术起步较晚，但发展迅速。近年来，中国企业已初具盾构机自主开发、设计、制造、成套的能力，所产盾构机涉及土压、泥水、硬岩等不同应用领域，并成功研发出许多具有代表性的重大产品，包括世界首台大断面马蹄形土压平衡盾构机（2016年）、超大直径（14.45 m）土压平衡盾构机（2018年）、国产首台铁路双线大直径（12.81 m）泥水平衡盾构机（2017年）、国产首台超大直径（14.93 m）泥水-气压平衡复合式盾构机（2015年）、中国最大直径（9 m）城市综合管廊盾构机（2017年）和直径15.03 m的超大型泥水平衡盾构机（2017年）等。盾构机如图1-1所示。

图1-1　盾构机

清华园隧道是新建北京至张家口高速铁路重点控制性工程之一，全隧位于北京市海淀区，于学院南路南侧入地，沿原京包铁路向北敷设，北五环路内出地面，呈“V”形坡，全长6 020 m。隧道自南向北依次穿越学院南路、北三环、知春路、北四环、成府路、清华东路、双清路共7条主要市政道路和106条重要市政管线。同时，清华园隧道还上穿地铁12号线（在建）、10号线、15号线3条地铁线，近距离并行侧穿地铁13号线（隧道结构与桥桩最近处仅3.4 m）。清华园隧道是目前国内位于城市核心区、穿越重要建（构）筑物最多的国铁单洞双线大直径盾构高风险隧道之一。本隧区段设计速度目标值为120 km/h，进口里程为DK13 +400，出口里程为DK19 +420，分段施工工法见表1-1。盾构段采用直径为12.64 m的泥水平衡盾构机，管片内径11.1 m，外径12.2 m，是目前北京地区直径最大的盾构隧道。

表1-1　隧道分段施工工法

序号	起点里程	终点里程	全长(m)	施工工法	备　注
1	DK13 +400	DK13 +592.4	192.4	明挖法	南延变更DK13 +400 ~ DK15 +800，共计2 400 m
2	DK13 +592.4	DK13 +610	17.6	明挖法（1号工作井）	
3	DK13 +610	DK16 +317.5	2 707.5	盾构法	
4	DK16 +317.5	DK16 +459	141.5	明挖法（2-A始发井、2-B接收井及井间明挖段）	调井变更，共计141.5 m
5	DK16 +459	DK18 +200	1 741	盾构法（盾构区段）	维持原设计不变
6	DK18 +200	DK18 +229	29	明挖法（3号工作井）	
7	DK18 +229	DK19 +420	1 191	明挖法（明挖区段）	

隧道纵向采用“V”形纵坡，进口360 m采用了-30‰的纵坡入地，之后1 140 m为-3.3‰的缓坡段，为下穿地铁10号线，DK14 +900 ~ DK15 +640段采用了-18.53‰的纵坡，出口段采用3‰ ~20‰的纵坡出隧道。隧道拱顶最大埋深28.6 m，平均埋深15 ~25 m。

隧址区地层主要为第四系全新统人工堆积层（Q_4^{ml}）杂填土和第四系全新统冲洪积层（Q_4^{ml}），自上至下依次为粉质黏土、粉土、粉砂、中砂、卵石土。隧道洞身主要为粉质黏土和卵石土，其中粉质黏土占比约26%，卵石土占比约63%，卵石土中含有粒径较大的漂石和孤石。地下水位埋深约16.5 m，约1 km长的隧道拱顶位于地下水位以下，如图1-2所示。

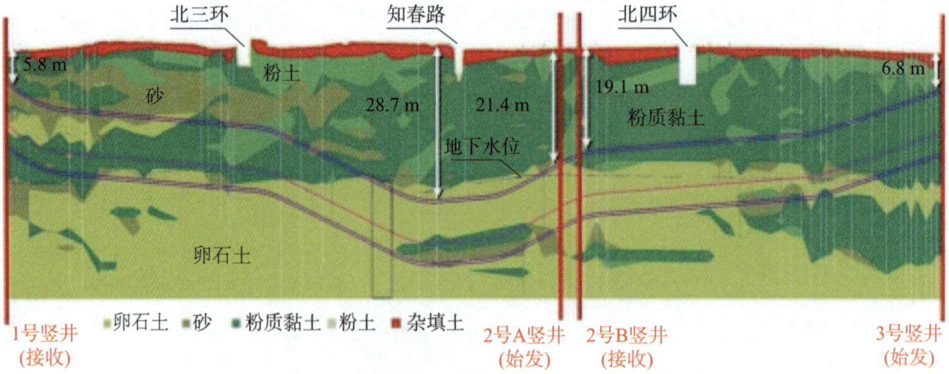

图1-2　隧道纵剖面图

清华园隧道建成后，进入北京北站的列车将在地下行驶，实现了学院南路、成府路、清华东路公铁立交，很大程度上缓解了这3条市政道路的交通拥堵，减轻了交通压力，方便了周边居民出行，达到了减少占地、降低环境影响、消除城市分割的设计目的。

1.2 工程特点和难点

1. 隧道穿越复杂城市密集区，建造环境极其复杂

隧道位于繁华城区，周边密布居住区、学校、医院、商场及办公楼，全隧近距离并行地铁13号线、穿越3条地铁线及7处繁忙的市政道路，重要管线多，周边建筑物密集，对地层变形控制要求极其严格，必须制定更明确、更周密、更安全的变形控制标准、措施和方案来保证地铁和道路的运营安全。

2. 盾构长距离穿越复杂地层，隧道建造风险极高

隧道长距离穿越粉质黏土、砂卵石及粉细砂互层，地下水位高，卵石硬度大，包裹层黏粒含量高，刀盘易被黏土包裹，无法切削地层，并且刀具磨损严重。由于环境及纵坡限制，盾构3号始发井埋深仅6.8 m，1号接收井埋深仅5.8 m，属于超浅埋始发、接收，极易造成地层隆起、地表窜浆等事故；盾构2号始发、接收井深达37.5 m，深度大、水压高，极易造成基坑失稳、基坑底喷涌、始发接收涌泥涌水等事故。

3. 城区环保要求高，施工标准控制严格

隧道周边分布居住区、学校及医院，对施工和运营振动、噪声、污染等要求严格，对环保施工和结构减振隔振提出了更高的要求。隧道位于城市繁华区地下，断面空间狭小，防灾疏散救援结构布局及设备布置难度大。

4. 工期压力巨大

本线为2022年冬奥会交通保障工程，须在2019年底前通车。受拆迁影响，施工滞后于计划工期，工期异常紧张，后期轨下结构等附属工程施工期短。盾构穿越地层黏粒含量高，造成土液分离困难，且城市区对废液排放环保要求极其严格，泥浆处理可能严重制约工程进度。

为更好地解决清华园隧道以上技术难题，为京张高铁建设做好技术保障，同时为以后类似工程项目积累经验，中国铁路总公司对该工程按重大课题进行科研立项研究。课题名称为“京张高铁城市密集区复杂地质高风险大直径盾构隧道修建关键技术研究(2017G007-B)”，主要研究内容如下：

(1)大直径盾构隧道掘进技术及周边地层扰动特征。

(2)大直径盾构施工的城市轨道线路变形控制和安全保障技术。

(3)盾构隧道洞内轨下结构的预制拼装技术。

(4)大直径盾构隧道结构长期变形监测技术。

(5)城市繁华区大直径铁路盾构隧道防灾疏散救援技术。

1.3 主要研究成果

1. 首次提出了轨下结构全预制拼装技术，并在工程中成功应用

清华园隧道将轨下结构和附属管槽均进行预制化拼装建造，是国内首次实现盾构轨下结构全预制拼装的隧道，盾构隧道轨下结构均采用全预制机械化拼装技术，并专门研发了机械化拼装机器人，实现了轨下结构建造工厂化、机械化、专业化和智能化，不仅提高了功效和工程质量，而且大大改善了作业环境。

(1)隧道预制拼装技术的意义

采用全预制轨下拼装结构，解决了现浇轨下结构施工对盾构掘进的干扰问题，实现了轨下结构和掘进作业平行同步施工，创新了盾构隧道设计建造理念。全预制拼装结构与现浇混凝土结构相比，有如下优点：

①减少对盾构管片的破坏

现浇结构需要在现有管片上大量植筋，对管片造成破坏；全预制结构仅少量植入锚栓，对隧道结构破坏减少。

②施工速度快

现浇结构在盾构施工完成后再施作，混凝土运输困难、工效低、工期久；全预制结构与盾构施工同步安装，取消了模板制作，简化了施工工序，减轻了劳动强度，大幅度减少了隧道内施工作业人数，同时可采用机械化智能机器人，大幅度提高了隧道施工工效，与常规现浇施工相比，施工速度可提高30%左右。

③施工质量高

现浇结构各工序均在现场完成，施工精度和质量控制难度大，不易保证；全预制结构均为工厂化生产，采用固定模具加工，精度高、耐久性好。

④满足环保要求

现浇施工要求连续作业，混凝土的运输一旦中断，对施工影响较大，而北方常因雾霾污染天气禁止施工和运输车辆在城市内通行；预制拼装结构可以根据空气状况合理选择运输时间，避免雾霾时段加重空气污染。

此外，预制拼装结构可自由安排运输时间，有效规避交通拥堵时段，减少了因汽车拥堵而产生的尾气排放。

⑤改善施工环境

预制拼装结构取消了隧道洞内现浇施工，大幅度改善了隧道施工作业环境。

(2)隧道预制拼装技术设计及施工工艺

①轨下预制结构设计

清华园隧道的管片、轨下结构及水沟电缆槽均采用了预制拼装结构，其中轨下结构采用3块箱涵拼装设计，即中间1块中箱涵，左右两侧各1块边箱涵拼装而成，如图1-3所示。中箱涵分三种型号：A型中箱涵长3.3 m，宽1.98 m，高2.805 m，理论混凝土方量6.18 m^3，该型箱涵用在清华园隧道轨下结构普通段；B型中箱涵用于逃生通道楼梯段，理论混凝土方量7.53 m^3，每100 m使用两

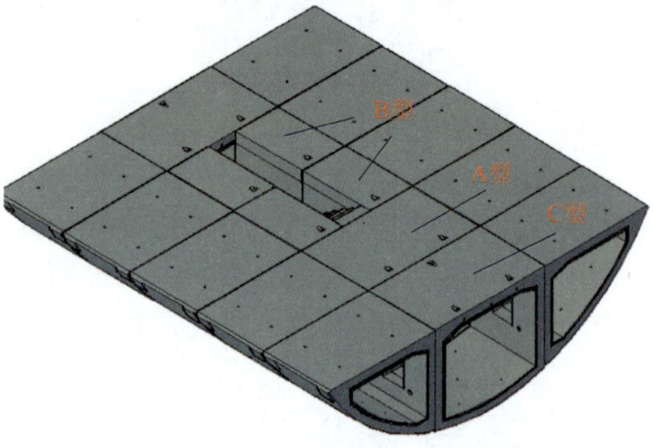

图1-3　轨下预制结构

块;C 型中箱涵侧壁开孔,理论混凝土方量 5.991 m^3,隧道每隔三四百米设置一处,用于通风通道,共 24 块。边箱涵分 A 型和 B 型两种类型,A 型边箱涵用于普通段,与 A 型中箱涵及 B 型中箱涵两侧拼装,理论混凝土方量 4.74 m^3;B 型边箱涵侧壁开孔,与 C 型中箱涵侧壁开孔相拼装,理论混凝土方量 4.58 m^3。

②轨下结构预制

箱涵预制生产主要分为钢筋、模板、混凝土三大工序。

钢筋原材进场经试验室检验合格后,开料投入使用。直螺纹钢筋通过钢筋切断机切成指定长度,盘条通过调直切断机调直切断。切制完成的钢筋经过弯曲机、弯箍机加工,制成钢筋半成品备用。钢筋笼焊接在专用焊接胎具上完成,保证了钢筋笼的尺寸精度。焊接人员依次将箍筋、底筋、面筋等穿入胎具中,采用 CO_2 保护焊将钢筋笼焊接成型,经行车吊至指定区域存放。

箱涵生产采用固定台座生产方式,箱涵钢模采用精度高、强度高、不漏浆、性能稳定且连续生产不变形的全新模板,根据生产任务及工期安排,投入 13 套中箱涵模型(其中包括 1 套逃生通道模型)和 11 套边箱涵模型(1 套包括左右两块边箱涵模型)。

搅拌完成的混凝土放入运输罐车中运输至箱涵生产现场,由门式起重机吊运灰斗进行灌注作业。混凝土在人工振捣棒作用下振捣成型。混凝土灌注完成后,进入下一块模型的生产。

箱涵生产继续流转,当表面温度与环境温度相差符合要求,且达到拆模强度时,拆除相关预埋件,打开模板,由专门吊具吊出模具。门式起重机吊装箱涵进入养护区,经过 14 d 的养护,吊运至存放场继续养护存放至出厂。

箱涵允许公差要求见表 1-2。

表 1-2 箱涵精度(允许公差)要求

序号	项目		检测要求	允许误差(mm)
1	外形尺寸	高度	测 12 个点	±4
		宽度	测 4 个点	±4
		厚度	测 4 个点	±3
2	对角线差		测 2 个点	5
3	吊装孔、注浆孔位置		中心位置偏移量	5
			孔尺寸	±5
4	预埋钢板		中心位置偏移量	5
			平面高差	0, -5
5	预埋套筒、螺母		中心位置偏移量	2
			平面高差	0, -5

③轨下结构拼装

清华园隧道轨下结构采用 3 块独立箱涵拼装形式(2 块边箱涵和 1 块中箱涵),中箱涵随盾构机掘进利用盾构机自带箱涵拼装机施工,边箱涵由特制边箱涵拼装机进行拼装,滞后于中箱涵,位于盾构机 4 号台车尾部。

边箱涵预制件拼装机主要由车架、行走车轮组、行走驱动机构、小车供电、横移机构、四点起吊三点平衡机构、旋转机构、U形吊具、箱涵件调整定位机构等组成，如图1-4所示。该设备可以将边箱涵预制件从运输车吊起，并平移旋转调整后移动到指定安装位置，最终将边箱涵预制件精确安装于中箱涵两侧，实现边箱涵快速施工。

(3)经济成本对比分析

京张铁路清华园隧道轨下结构原设计采用现浇施工，预算总额7 565.51万元，长度3 750 m，每延米单价20 170元；变更设计采用轨下预制结构，预算总额9 520.06万元，长度4 700 m，每延米20 700元，预制拼装结构的成本仅比现浇施工增加2.6%。

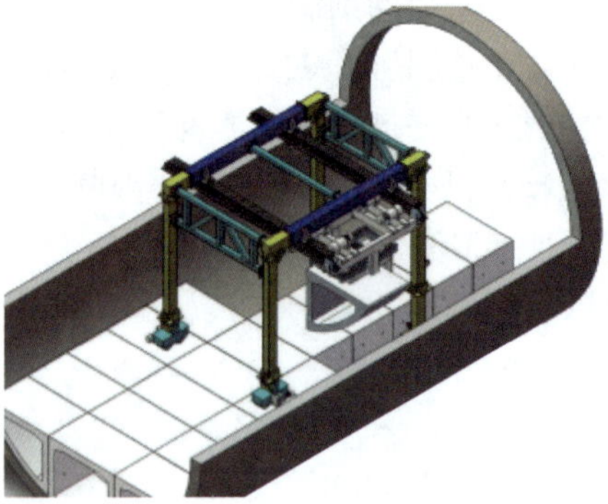

图1-4　边箱涵拼装机

2. 开发了大直径盾构施工过程可视化平台，实现了盾构施工的可视化监控和实时预测预报

清华园隧道搭建了基于三维BIM模型和VR技术的可视化、信息化智慧施工管理监控平台，实现了对掘进、拼装、注浆等施工环节的全过程管理和监控，同时实现了对风险的可视化实时预测和分析。盾构机采用常压换刀技术，有效降低了施工风险。

(1)基于清华园隧道沿线水文地质勘察、周边既有建(构)筑物相对位置关系调查、工程措施(包括盾构施工参数及防护措施)监控及数值模拟，实现了盾构掘进过程中地质条件、周边建(构)筑物、工程措施的数字化。通过以上方法，将地层资料及参数数字化后植入到施工系统中，盾构掘进过程中可以即时获取当前所处地质环境及风险源环境信息，同时可以获取盾构施工参数，如果需要施作防护措施，则防护措施信息及仿真结果同样可以从施工系统中获取。

(2)基于清华园隧道实测数据资料，建立了基于Peck理论及神经网络理论的地层沉降预测模型，实现了盾构隧道施工引起地层沉降及周边风险源沉降的可靠预测及预测结果的可视化显示。通过对前期盾构施工引起地层沉降的实测数据的分析总结，基本摸清了清华园隧道在粉质黏土及砂卵石地层中施工引起地层沉降的规律，进而建立相应的预测模型，能对沉降进行可靠预测。同时，根据既有建(构)筑物与隧道的空间位置关系，可以进一步预测其施工变形响应。此预测结果可以在施工系统中可视化显示。

(3)基于清华园隧道周边风险源的风险等级、变形控制标准、施工数据监测及沉降预测模型，实现了施工引起邻近建(构)筑物危险性的实时预测预报。通过对沉降实测值的分析总结，对预测方法进行不断完善，当预测值在容许误差范围之内时，即可以与控制标准进行比较。如果预测值超过控制标准时，则报警；如果未超过控制标准时，则安全。超过控制值时需要反馈调整盾构施工参数。

(4)基于清华园隧道地质条件、风险源、工程措施的数字化技术，实时预测预报及其可视化显示技术，建立了京张高铁清华园隧道智能建造系统。该系统可以实现盾构施工进度、盾构实时及历史掘进参数的即时显示，地层及风险源施工变形响应的实时预测与风险源安全状态的实时判别，监测数据的上传及测点历时曲线与沉降槽的绘制，盾构施工实时视频监控等功能，使施工人员的动态管理成为可能，为清华园隧道的信息化、智能化施工提供了坚实保障。

3. 研发了城市盾构泥浆环保处理技术，解决了盾构隧道泥浆运输和环境污染问题

清华园隧道地处北京市海淀区，位于北京市核心区，盾构机在全断面黏土地层掘进，刀盘极易结泥饼，施工废浆量大、处理困难；粉质黏土地层长达 1 200 m，粒径 50 μm 以下成分在粉质黏土地层中占比 50% 以上，目前此类黏土颗粒较难通过泥水分离设备进行分离，掘进期间需废弃大量泥浆。施工地点无场地处理成为制约盾构施工效率的一大难点，同时受特殊性政策及北京市高标准环保要求的影响，泥浆处理也是制约施工的一大难题。

为响应京张高铁绿色办奥理念，清华园隧道盾构施工采用 ZXSⅡ-2500/20 泥水处理设备、压滤设备、离心设备相结合的泥浆综合处理技术，实现泥浆的循环利用，达到绿色环保、节能高效的施工目标。

泥浆处理过程分为以下几个步骤：泥浆收集→泥浆改性→压滤（含送浆、建压）→排水→隔膜压榨→吹气脱水→卸料→管路冲洗。全部压滤流程均为 PLC 自动控制，自动进行压滤流程切换；压滤后渣料含水率可低至 23%，可以直接装车外运。压滤后回收的清水直接回调浆池与二级旋流后的泥浆混合，使密度还原到进泥所需的值，实现泥浆重复利用。

（1）技术原理

①采用预筛分、一二级旋流分离，实现盾构循环泥浆中砂、泥的良好分离。

②采用脱水筛高频振动脱水，实现对外弃渣含水率小于等于 23%，适合自卸汽车直接运输。

③采用压滤设备处理多余的废浆，保证地面工程泥浆的零排放。

④采用制调浆设备，实现盾构环流系统的流量平衡、物质平衡及环流泥浆调节与快速补偿。

⑤采用 PLC 集中控制室远程控制模式，实现地面泥水处理系统的远程集中控制及实时监控。

泥水处理设备功能单元关联示意如图 1-5 所示。

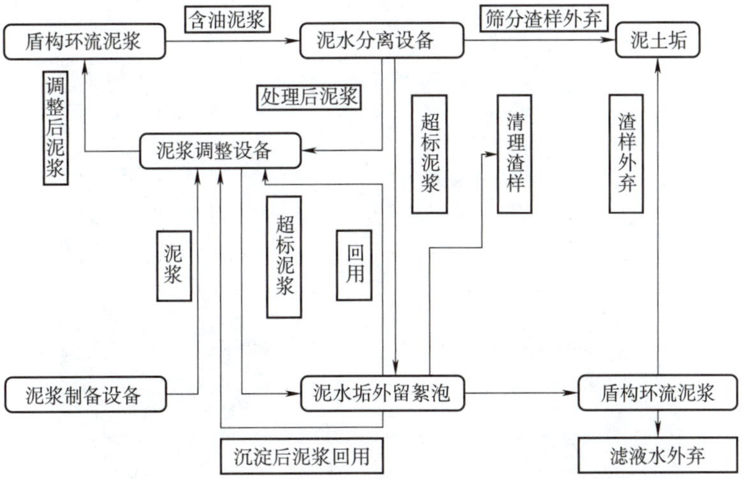

图 1-5　泥水处理设备功能单元关联示意图

(2)泥水处理设备

泥水处理设备如图 1-6 所示。盾构掘进时排出的污浆由排泥泵经分配器分配后送入泥水分离设备的进浆槽,经过预筛分器的两层粗筛振动筛选后,将粒径在 3 mm 以上的渣料分离;筛余的泥浆进入一级储浆槽,由两台渣浆泵分别给两套一级旋流器组进料,经过旋流除砂器分选,粒径微细的泥砂由下端的沉砂嘴排出,落入除泥筛的下层细筛,旋流除砂器的溢流进入一级中储箱,沿排浆管排出或进入一级或二级储浆槽,由二级旋流除砂器进浆泵泵入二级旋流除砂器组,二级旋流除砂器组底流口浓浆进入除泥筛的上层细筛,一、二级旋流器底流经细筛脱水筛选后,干燥的细渣料分离出来,筛下浆液进入一级储浆槽池;二级旋流器溢流自溜槽流入沉淀池或调浆池或二次除砂系统。

图 1-6　泥水处理设备

盾构机在黏土地层掘进时,泥浆中黏泥颗粒较多,黏度较高,旋流器分离性能会下降。经二级泥水分离设备处理后,泥浆中细微黏土颗粒逐渐富集,如不及时予以去除,将引起泥浆密度和黏度上升,直接降低泥浆携渣能力及环流系统泵送能力,进而降低盾构机的掘进效率。

压滤设备的作用就是在泥水分离设备不能分离出足够固相、未将泥浆密度还原到掘进初期的低值 1.10～1.20 g/cm^3 时,进行彻底的固液分离,通过分离出低含水率(23%～27%)的渣土、回收低固相颗粒(50 mg/L 以下)的滤液,将泥浆密度还原到掘进初期的所需值,实现工程施工"零排放",如图 1-7 所示。

图 1-7　压滤设备

为缓解掘进时泥浆处理的压力，同时增添了离心设备，对沉淀池高密度的泥浆进行离心处理，离心设备如图 1-8 所示。泥浆泵送到离心设备，通过高速离心处理，将泥浆分离成渣土和水，渣土外运，水流入循环系统进行重复利用。

图 1-8　离心设备

(3)应用效果

传统的废弃泥浆处理对环境污染严重、效率低下、耗能严重。清华园隧道每掘进 1 环产生约 400 m^3 废弃泥浆，与清华大学共同研发了一种非离子型 PAM 絮凝剂，无污染、无异味，可以加快泥浆絮凝、固结时间，析出的水可重复利用，固结后的土体稍加处理即可直接弃置。筛分出渣土如图 1-9 所示。

结合项目泥浆性质，研发了一种高分子聚酯丝滤带材料，将其与一定量的非离子型 PAM 絮凝剂一同加入泥浆，使泥浆中微小颗粒下沉，将上层水抽排出后输送至压滤机，通过板式压滤机将多余水分挤压出，实现废弃泥浆快速压滤、不粘结，使水土实现严格分离，直接达到水重复利用标准。

掘进产生的泥水通过隔膜压滤设备处理，将泥土和水进行分离，使水资源得以重复利用，泥饼可以直接外运，达到节能环保的效果。压滤后泥饼如图 1-10 所示。

图 1-9　筛分出渣土

图 1-10　压滤后泥饼

泥浆绿色环保综合处理技术已为京张一标项目成功处理了 75 万 m^3 废浆，其中产生 46 万 m^3 渣土，其余废浆通过处理重新进入泥水环流系统重复利用，大大减少了施工现场的扬尘，防止废弃泥浆直接排入外界而造成的环境污染，提高了泥水的重复利用率，实现了工程施工“零排放”，为项目达到降本增效的目标和响应国家绿色施工的号召做出了巨大的贡献。

4. 探明了大直径盾构土层扰动特征，预确定了相应地层盾构施工关键参数，提高了盾构施工安全度和工效

课题组通过现场监测、数值模拟和理论分析，探明了大直径盾构隧道施工土层的扰动特征，分析了盾构机的适应性，通过调整盾构掘进参数，减少了盾构刀盘的磨损，提高了盾构掘进速度。

(1)针对大直径泥水盾构掘进对周边地层扰动，对3号井盾构掘进扰动情况进行了数值模拟与现场监测，得到了盾构掘进对周围土体的水平扰动特征。土体的水平位移主要发生在盾构脱环之后。盾构施工最终产的应力释放系数在0.13左右，显著地表沉降范围为隧道轴线两侧20 m范围，应在盾构切口到达相应断面前12 m(约1D,D为直径)开始监控水平位移的变化，盾构通过期间为重点监控防范阶段，当盾构刀盘通过相应断面超过20 m(约1.6D,D为直径)之后可降低对相应断面的监控防范频率。

(2)针对盾构机进行掘进适应性分析，尤其是对两个盾构区间出现的特别情况进行研究，总结了问题产生的原因及处理措施。主要针对2号井盾构区间掘进效率低、盾构机盾尾隆起及3号井刀盘刀具磨损等问题进行盾构掘进适应性分析，给出了相应的处理措施。

(3)基于盾构掘进关键参数记录及地勘资料，运用数理统计的分析方法，确定了盾构施工掘进关键参数与地层参数之间的变化关系。刀盘扭矩、盾构推力及掘进速度表现出明显的分阶段性变化，当盾构掘进从粉质黏土地层进入到复杂互层时，呈现出刀盘扭矩和盾构推力大幅变大、掘进速度变慢的趋势。对于掘进参数的选择与控制，盾构机操控人员应在保证掘进速度的前提下实时根据地勘资料进行调整。

(4)针对清华园隧道大直径泥水盾构超浅埋始发问题进行了总结与分析研究，包括洞门端头土体加固技术等始发关键技术以及始发掘进参数控制，通过数值模拟确定了始发段加固范围，验证了加固技术的可靠性。始发段加固范围为盾构外轮廓线上、下、左、右各5 m，隧道掘进方向17 m，垂直隧道轴线方向22 m。使用旋喷桩进行土体加固后，土体性质得到大幅改善，洞门破除后的土体是较为稳定的。

5. 提出了大直径盾构施工对周边环境影响的变形控制和安全保障技术，最大程度减小了盾构隧道施工对周边建(构)筑物的影响

清华园隧道盾构段是一项极复杂、高风险的工程，而以前的风险控制主要存在以下几个问题：

(1)理论研究不充分。风险分析总的来说还属于朝阳科学，目前相关研究相对较少，距离“工程精算”的目标还相差很远。

(2)预测预报不准确。风险控制影响因素多而复杂，一般仅考虑主要因素，简化次要因素的影响，还无法做到精准预测。

(3)监控量测不及时。建立隧道沉降测量严格控制网，监测数据未实现实时同步更新，信息反馈效应产生一定的滞后。

(4)过程控制不精细。施工过程控制虽然可细化到每一步施工过程，但偏向宏观控制，

控制精细化程度仍需要进一步提高。

为保证项目的顺利实施,针对清华园隧道的风险特点,提出了盾构施工的城市轨道线路变形控制和安全保障技术,主要研究成果如下:

(1)基于周边环境设施的重要性、与清华园隧道的接近程度、周边环境设施的状况,结合数值仿真方法,确定了隧道施工影响下的风险源及风险等级。根据以上方法共确定风险源48处,并给出其风险等级,确定重要风险源为:地铁13号线高架桥、成府路、北四环、知春路(以及知春路地铁站)、北三环、大钟寺地铁站、学院南路。

(2)基于既有建(构)筑物的损伤评估体系,结合数值仿真方法,确定了隧道施工影响下重要风险源的变形控制指标及其三阶段控制标准。通过数值仿真模拟施工过程并综合相关建(构)筑物的损伤折减系数制定其变形控制标准,根据北京市地铁运营公司对跨越地铁工程列车安全运营的有关规定或意见,将控制值的85%作为报警值,70%作为预警值,得到重要风险源的三阶段控制标准,其中主要风险源的控制标准见表1-3。

表1-3 主要风险源的控制标准

控制指标		预警值	报警值	控制值
地铁13号线高架桥	纵向差异沉降	2.1 mm	2.55 mm	3 mm
	横向差异沉降	2.1 mm	2.55 mm	3 mm
	墩柱倾斜	0.84‰	1.02‰	1.2‰
知春路地铁站	地铁10号线知春路站及知春路—知春里区间最大沉降	2.1 mm	2.55 mm	3 mm
	邻近既有地铁13号线知春路站最大沉降	1.4 mm	1.7 mm	2 mm
	地铁10号线风道最大沉降	2.1 mm	2.55 mm	3 mm
	地铁10号线与地铁13号线换乘通道最大沉降	2.1 mm	2.55 mm	3 mm
城市道路	成府路地表最大沉降	11.2 mm	13.6 mm	16 mm
	知春路地表最大沉降	14 mm	17 mm	20 mm
	学院南路地表最大沉降	8.4 mm	10.2 mm	12 mm

(3)基于安全状态识别,通过地层变形过程预测、实时监测及大数据融合分析方法,提出了透明化施工方法,为盾构施工参数的合理选择提供了理论依据,实现了施工全过程的安全可控。建立了包括基于Peck及神经网络的预测方法,通过数据学习预测盾构施工影响下的地层变形,结合变形的传播方式,进一步预测既有建(构)筑物的变形,通过与实测变形比对,进一步完善预测方法的完备性与准确性;通过实测变形与控制标准进行比对,判断其安全状态,若变形过大,则通过建立的预测模型反分析调整施工参数,保证施工全过程的安全可控。

(4)基于重要建(构)筑物的变形监测结果,为施工安全提供判断依据,同时为预测方法提供数据支撑,提升预测方法的准确度。通过对地铁13号线高架桥、成府路和知春路等重大风险源进行监测结果分析,得益于施工参数的优化及结构物自身大刚度的原因,结构物在施工影响下的变形均在控制范围以内。

第2章　盾构隧道洞内轨下结构预制拼装技术

2.1　工程地质特性分析

清华园隧道总长6 020 m(包含明挖段及U形槽),其中盾构段分为3号～2号和2号～1号两个区间。2号～1号区间长2 707.5 m,3号～2号区间长1 741 m。采用2台12.64 m盾构机掘进,管片外径12.2 m,内径11.1 m,幅宽2.0 m,盾尾间隙45 mm。3号～2号盾构区间纵断面为进洞后以12.9‰的坡度下坡;进洞埋深为6.8 m,出洞埋深为19.14 m,出洞处为区间最低点。2号～1号盾构区间纵断面为进洞后以20‰的坡度下坡;进洞埋深为21.4 m,出洞埋深为5.8 m,区间最低点埋深28.68 m。

根据地质调查和钻探揭示,隧道地层主要为第四系全新统人工堆积层杂填土和第四系全新统冲洪积层黏性土、粉土、砂类土、圆砾土及卵石土。

清华园隧道盾构区间穿越地质主要是粉质黏土、粉土、圆砾及卵石土地层。其中全断面粉质黏土、粉土地层长约750 m,断面顶部/底部含粉质黏土、粉土地层长约1 200 m(粉质黏土及粉土占比为30%～35%;其余主要为卵石土地层)。

根据地质勘查数据,京张铁路粉质黏土、粉土地层中超过75 μm的粒径颗粒占比在15%左右;20～75 μm的粒径颗粒占比约50%,20 μm粒径以下颗粒占比约35%。卵石土地层中,粒径2～6 cm卵石含量占比为60%,最大卵石粒径超过13 cm,有存在漂石、孤石的可能性。盾构区间地质比例如图2-1所示。

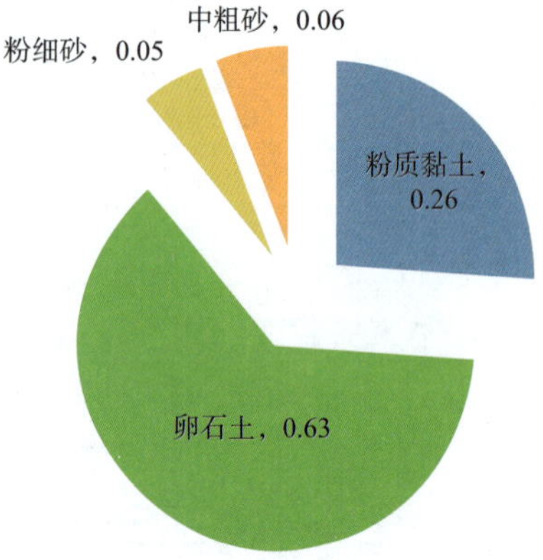

图2-1　盾构区间地质比例

2.2　盾构选型

2.2.1　土压和泥水平衡盾构适应性对比

1. 土压盾构工程适应性

土压平衡盾构机基本构造如图2-2所示,其工作原理为:盾构开挖下的泥土在土舱内对开挖面土层形成支护作用,从而使开挖面稳定。因此土压盾构在某些方面既具有泥水盾构的优良特性,又避免了其复杂的泥水分离处理等工序,在隧道施工中受到工程界的普遍重视。土压平衡盾构使用范围广泛,可根据地质条件的不同对其类型进行设计,从松软黏性土到砂砾土层范围内都有其适用性。

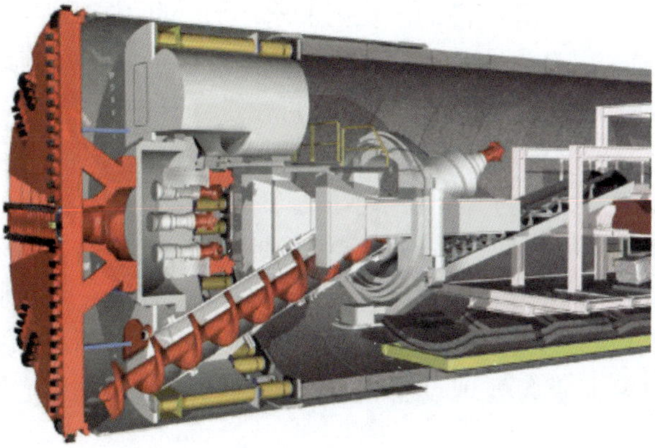

图 2-2 土压平衡盾构机基本构造

(1)普通型土压平衡盾构工作原理:刀盘切削下的泥土进入土舱,通过螺旋输送机将渣土向后排出,由渣车运出隧道。泥土被切削后受扰动,塑流性增加,使泥土舱内的土压向前均匀传递,因而通过调节螺旋机转速或盾构推进速度,使得土舱土压与开挖面静止土压接近,从而保持开挖面土层的稳定,其适用范围主要是松软黏性土地层。

(2)加泥型土压平衡盾构与普通土压平衡盾构的区别在于其装备有注入添加材料以促进开挖土砂流动性的机构。在含砂量、含水量较大的土层中施工,根据土质不同,选用膨润土、高吸水树脂、泡沫、polymer 等添加材料,通过盾构机的加泥浆置将其注入开挖面和泥土舱,并通过搅拌机构将添加材料与渣土强力搅拌,改良渣土的可塑性、流动性、防渗性,使之符合土压平衡盾构施工要求。

(3)加泥浆型土压平衡盾构主要适用于土质松软、易于崩塌、透水性好的积水砂砾层,或被土较浅、泥水易喷出地面和易产生地表变形的极差地层的施工。

(4)加水型土压平衡盾构主要适应于砂层、砂砾层透水性较大的土层施工。

2. 泥水盾构工程适应性

泥水平衡式盾构机基本构造如图 2-3 所示,其工作原理为:盾构刀盘切削土体后,土体

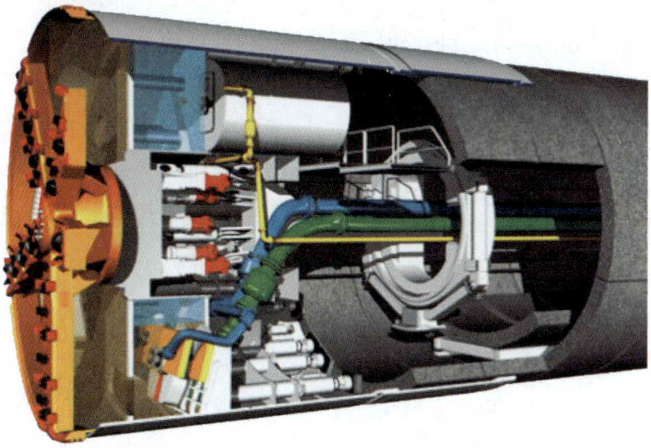

图 2-3 泥水平衡盾构机基本构造

进入泥浆室中,同时将泥浆送入泥浆室内,使泥浆在开挖面处形成不透水的泥膜,通过该泥膜保持水压力,以对抗作用于开挖面的土压力和水压力,同时泥浆中细微黏粒在极短时间内渗入土层,有利于增强土层自立能力。开挖的渣土以泥浆形式输送到地面,通过处理设备离析为土粒和泥水,分离后的泥水进行质量调整,再输送到开挖面。

泥水盾构适用土层范围很广,从软弱黏土、砂土到砂砾层都可适用。对一些特定条件的工程,如大量含水砂砾、无黏聚力、极不稳定土层和覆土浅的工程,尤其是超大直径地表变形要求高的工程都能显示其优越性。另外对有些场地较宽、有丰富水源和较好排放或泥浆需作简单沉淀处理排放的工程,可较大幅度降低施工成本。而且采用泥水加压盾构施工,不需辅以其他(气压、降水)工艺来稳定开挖面土层,其施工质量好、效率高、安全可靠。但是需要一套技术较复杂的泥水分离处理设备,投资较高,占地面积大,尤其是在城市施工困难较大。

2.2.2 土压和泥水平衡盾构优缺点对比

1. 土压平衡盾构

(1)优点:①工程成本低。土压平衡盾构本身造价相对泥水盾构价格就低,且土压盾构工法无需复杂的泥水处理系统,故现场占地面积小、设备投入少、成本低。②出土效率高。盾构只是对渣土性能的改良,不存在泥水分离处理工序,因而排土效率比泥水盾构工法高。③适用地层范围宽。目前来说土压盾构对所有地层均可适用。

(2)缺点:①掘削扭矩大。因盾构为改良土体时所添加材料的相对密度比土层的要大(1.4~1.6),其对地层的浸渗作用小,所以刀盘的掘削摩阻力增大,即刀盘扭矩大,从而导致盾机的装备扭矩大、功耗大。②地层沉降变化大。与泥水盾构的工作原理不同,土压盾构工法相对于泥水盾构来说,对周围地层的扰动较大。③直径不宜过大。以上两个缺点致使土压盾构的直径不能太大,否则对地层变形影响加剧,目前最大仅为 11 m。

2. 泥水平衡盾构

(1)优点:①对地层的扰动小。由于泥水盾构的原理是利用泥水压对抗开挖面的水压、土压,与此同时泥浆在开挖面处渗入地层并形成不透水泥膜,所以刀盘对地层的扰动小。另外,开挖后需要注浆加固的部位少,且注浆量小,因而利于控制成本,减少对环境的污染。②适用于高地下水压的江底、河底、海底隧道施工。在上述特殊地层中,泥水盾构可通过选用面板型刀盘来增加开挖面的稳定性,另外盾构的泥水压力与地下水压形成相互平衡的作用,因而开挖面稳定可靠。③适于大直径化。由于泥水浸泡使掘削地层存在不同程度的松软,所以盾构开挖时的刀盘切削扭矩小,在同样扭矩驱动设备的条件下,泥水盾构的直径要比土压盾构大。④掘进中盾壳摆动小。由于地层受到浸泡作用,刀盘所受的切削阻力小,故盾构机的姿态容易控制,水平、竖直摆动较小。⑤适用地层范围广。泥水盾构适用的土质范围包括软黏土层、滞水细砂层、砂砾层,直到漂砾层,甚至包括固结淤泥层及含甲烷气体的特殊地层等,其中最适于在洪积层砂性土中施工。

(2)缺点:①施工设备成本高。由于其原理是泥浆出渣,因而必须设置泥水管理、处理系统,致使泥水盾构工序、设备复杂,成本高。②排土效率低。由于泥水盾构的出渣方式是通过泥水运出土砂,运送至地面后需要进行泥浆渣土的分离,故其出土效率很低。③施工场地大并影响交通、市容。由于泥水配制系统、处理(3 次处理)系统的存在,致使施工场地占地面积大增。征地费用大,对周围交通、市容影响较大。④对环境污染严重。

土压平衡盾构和泥水平衡盾构性能比较见表 2-1。

表 2-1 土压平衡盾构和泥水平衡盾构性能比较

比较项目	土压平衡盾构		泥水平衡盾构	
	简要说明	评价	简要说明	评价
稳定开挖面	保持切削土舱压力,支持开挖面土体稳定	良	有压泥水使开挖面地层保持稳定	优
地质条件适应性	几乎对所有地层均可适用	优	适用于高地下水压的江底、河底、海底隧道施工,并适于大直径化	良
出土效率	出土效率高	优	通过泥水运出掘削土砂,故出土效率不高	良
控制地表沉降	保持土舱压力、控制推进速度、维持切削量与出土量相等	良	控制泥浆质量、压力及推进速度,保持进、排泥量的动态平衡	优
施工场地	占用施工场地较小	良	要有较大的泥水处理场地	差
工程成本	减少了泥水处理设备	低	增加泥水分离设备	高

2.2.3 选型方法及结论

1. 盾构选型的依据

(1)工程地质条件、岩性(抗压、抗拉、粒径、成层等参数)。

(2)开挖面稳定措施。

(3)隧道埋深、地下水位。

(4)设计隧道的断面。

(5)环境条件、沿线场地[附近管线和建(构)筑物及其结构特性]。

(6)衬砌类型。

(7)工期。

(8)造价。

(9)宜用的辅助工法。

(10)设计路线、线形、坡度、电气及其他设备条件。

2. 盾构选型的方法

基于以上依据,盾构选型的主要方法如下:

(1)根据地层渗透系数进行选型

在盾构的选型中,地层渗透系数是一项重要因素。土压平衡盾构和泥水平衡盾构能够适应的地层渗透系数范围如图 2-4 所示。

(2)根据地层的颗粒级配进行选型

土压平衡盾构和泥水平衡盾构适应的颗粒级配范围如图 2-5 所示。

图 2-5 中蓝色区域为粉质黏土、淤泥质土区,为土压平衡盾构适用的颗粒级配范围;黄色为砾石、粗砂区,为泥水盾构适用范围;灰色区域主要为细砂区,泥水及改良后的土压盾构均可。

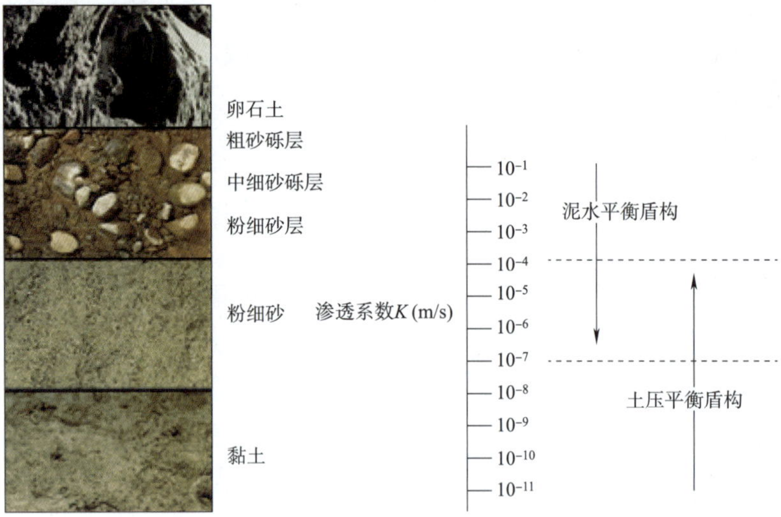

图 2-4　基于渗透系数的盾构选型

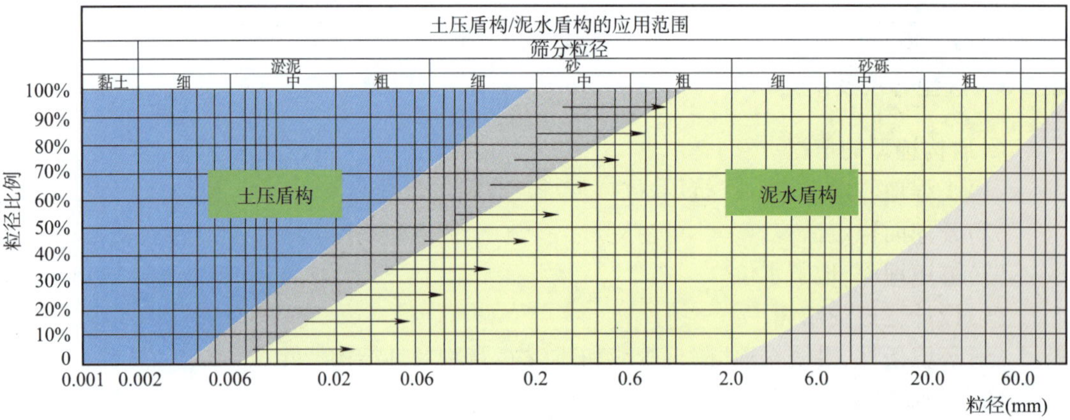

图 2-5　基于颗粒级配的盾构选型

(3)根据地层类别进行选型

土压平衡盾构的工作原理是在开挖掘进时,刀盘切削的渣土进入土舱后经螺旋输送机输出,由于螺旋输送机渣土出口为斜起向上一定角度,渣土在螺旋输送机内会形成压力递降从而保持土舱压力稳定。其主要适用于流塑性较好的土层中施工,容易保持开挖面土层稳定。

泥水平衡盾构的工作原理是采用泥浆作为支护材料,利用循环泥浆将开挖的渣土颗粒进行悬浮并输送至泥水室内,再通过处理设备将泥水和渣土进行分离。刀盘前开挖面的稳定是通过在开挖面上用泥浆形成不透水的泥膜保持水压力,以平衡作用于开挖面的土压力和水压力。一般而言,泥水盾构适合切削渣土颗粒比较大的地层。

3. 结论

根据本工程地质、水文及环境等条件,选型如下:

(1)从地层渗透系数考虑,粉质黏土渗透系数 $K=1.61\times10^{-9}$ m/s,适宜用土压平衡盾构;卵石土渗透系数 K 为 $9.26\times10^{-4}\sim1.16\times10^{-3}$ m/s,适宜用泥水平衡盾构;粉细砂渗透系数 $K=5.79\times10^{-5}$ m/s,土压或泥水平衡盾构均适用;中粗砂渗透系数 K 为 $3.47\times10^{-4}\sim5.79\times10^{-4}$ m/s,适宜用泥水平衡盾构。而盾构区间卵石土含量为63%,粉质黏土含量为26%,综合考虑,应选用泥水平衡盾构。

(2)从地层颗粒级配考虑,粉质黏土层中,50~20 μm粒径颗粒占比约50%,20 μm粒径以下颗粒占比约35%,细颗粒含量较多,渣土较易形成不透水的流塑体,适宜采用土压平衡盾构;卵石土地层中,2~6 cm卵石含量占比为60%,最大卵石粒径超过13 cm,有存在漂石、孤石可能性,颗粒粒径较大,土压平衡盾构难以在土舱中建立平衡压力,掌子面易失稳,因此适宜采用泥水平衡盾构。综合考虑,针对本工程的富水卵石土与粉砂、粉土互层地层,应采用泥水平衡盾构,但应注意粉质黏土层带来的废浆多、泥浆处理困难以及卵石土地层泥膜形成困难、泥浆渗溢量大等问题。

(3)从地下水压角度考虑,对于密封0.6 MPa以下的水压力,就目前盾构机技术水平已很容易,但本工程部分区段地下水资源丰富,水量较大,更适宜采用泥水平衡盾构。

(4)从周边环境角度考虑,盾构多次下穿重要建(构)筑物以及地下管线,对施工中引起的地层扰动应严格控制,而泥水平衡盾构在控制地层沉降方面优于土压平衡盾构。

(5)从隧道规模角度考虑,本隧道开挖洞径为12.64 m,目前土压平衡盾构难以达到如此规模,应选用泥水平衡盾构。

综合以上几点分析,清华园隧道适合选用泥水平衡盾构。

2.2.4 盾构关键参数及其配置技术

1. 盾构设备的特殊要求

针对清华园隧道的实际工程情况,对该泥水盾构设备有以下要求:

(1)刀盘刀具布置

针对卵石土与粉砂、粉土互层地层特点,需对刀盘、开口率、刀具选型及布置进行特殊设计。

(2)设备磨损

全断面卵石地层达1 800 m,母岩成分主要为砂岩、花岗岩,岩质较硬,需加强刀具、刀盘、排浆泵和管路的耐磨性设计。

(3)出渣问题(环流系统)

大粒径卵石土含量高,需设置有效的破碎设施及合理的泥浆配比、排泥流速和排浆管径,避免因泥浆携渣能力不足引发管路堵塞等问题。

(4)盾构施工中,需有效形成泥膜及泥水舱压力,保持掌子面和浆液循环稳定,控制地表沉降,不跑浆。

(5)换刀

对长距离掘进过程中的换刀(常压)需充分考虑。

2. 刀盘选型及刀具配置

(1)刀盘结构形式及开口率选择

刀盘结构形式通常有辐条式、辐条面板式、面板式三种，对应开口率通常在65%、35%及20%左右，如图2-6所示。

(a)面板式

(b)辐条面板式

(c)辐条式

图2-6　刀盘结构形式

刀盘最主要的功能是作为刀具的安装载体进行隧道开挖，另外还兼具稳定工作面、搅拌土渣、阻挡特大漂石等功能，分述如下：

①隧道开挖(主功能)：通过布置刀盘上的各种刀具对工作面进行开挖，开挖后的渣土通过刀盘开口进入土舱，并经由螺旋输送机或出渣管排出盾构体外。

②稳定工作面：特殊情况下辅助稳定工作面，开口率越小，作用越明显。

③搅拌土渣：对土舱内的渣土进行搅拌，利于出渣，通过在刀盘内侧焊搅拌翼实现。

④防特大漂石：当地层存在特大漂石或孤石，超出螺旋输送机或出渣管排送能力时，刀盘设计需保证能将其阻挡在土舱外，部分大直径盾构在土舱下部安装有鳄式破碎机，可解决特大漂石问题。

结合以上功能，当前盾构刀盘结构形式及开口率设计应遵循以下原则：

①地层稳定性好、强度较高时尽量加大开口率，保证出土顺畅，减小刀具二次磨损，可选

择辐条式刀盘,但若预计需中途开舱作业,则不宜采用;稳定性差、强度低的地层可采用相对较小的开口率,选择面板式或辐条面板式刀盘,刀盘起辅助开挖面稳定作用,泥水平衡盾构对刀盘起辅助开挖面稳定作用的要求较高,同比选较小开口率。

②结构形式和开口率选择需保证刀盘可通过的最大卵石粒径小于盾构最大排渣粒径。

③黏土地层尽量加大中心开口率,保证中心开口率在40%以上,有利于防止刀盘中心结泥饼。

④辐条和面板规格尺寸须满足布刀要求,通常复合刀盘需安装滚刀刀箱,要求辐条粗大、面板强度高。

以上对盾构刀盘的作用及开口设计原则进行了论述,另一方面,当地层为单一砂卵石或漂石地层、卵石粒径大、地层稳定性好、沉降易于控制时,应考虑采用无刀盘开敞式盾构,采用机械手或人工开挖。

综合以上分析论述,总结不同刀盘结构形式地层适应性选择见表2-2。

表2-2 不同地层刀盘结构形式选择

结构形式	开口率	适用地层	备 注
无刀盘开敞式	—	单一砂卵石、漂石地层	区间含黏土类地层,开挖面稳定不易控制时谨慎采用
辐条式刀盘	60%~70%	砂卵石地层、无水黏土地层	当卵石最大粒径超过螺旋输送机排渣能力时谨慎采用
辐条面板式刀盘(含复合刀盘)	25%~45%	复合地层、普通黏土~砂砾地层	应用范围最广泛,土压平衡盾构和泥水平衡盾构均采用
面板式刀盘	10%~20%	富水淤泥地层、粉细砂地层	通常仅用于泥水平衡盾构

本工程穿越地层卵石土含量达到65%,卵石土地层颗粒粒径较大,常采用大开口率的辐条式刀盘,有利于渣土流动及快速掘进,降低刀具磨损,提高刀具一次掘进距离。但对于大直径泥水盾构,综合考虑隧道规模、刀盘功能、渣土性质等各方面因素,辐条式刀盘并不适用。国内外大直径泥水盾构无一例外都选择了辐条面板式或纯面板式刀盘结构,刀盘开口率在15%~40%之间,本工程刀盘采用辐条面板式结构,如图2-7所示,刀盘开口率为36%左右,开口尺寸(最大可允许进入的粒径)约96 cm。

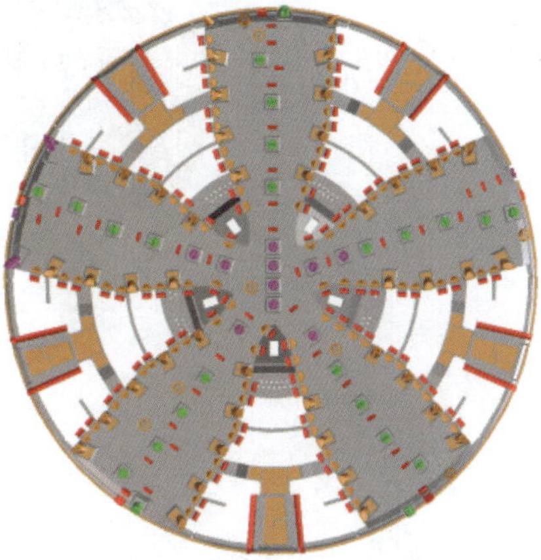

图2-7 辐条面板式刀盘

(2)刀具类型及配置

目前使用的刀具主要有两类:一是切削类刀具;二是滚动类刀具。

①切削类刀具是指只随刀盘转动而没有自转的破岩刀具,其种类繁多,目前盾构掘进机上常用的切削类刀具有边刮刀、切刀、齿刀、先行刀、仿形刀等。

②滚动类刀具是指不仅随刀盘转动,还同时作自转运动的破岩刀具。根据刀刃的形状,

滚动类刀具可分为齿形滚刀(钢齿和球齿)、盘形滚刀。根据安装位置又可分为正滚刀、中心滚刀、边滚刀、扩孔滚刀。

刀具布置方式及刀具形状是否适合应用工程的地质条件,直接影响盾构机的切削效果、出土状况以及掘进速度。根据本工程的实际情况,通过齿刀及刮刀的合理组合,可增强刀具耐磨性,延长刀具使用寿命,提高掘进效率,见表2-3。刀具布置示意如图2-8所示。

表2-3 盾构刀具配置

刀具类型	刀具配置
常压下可更换式齿刀	30把
常压下可更换式刮刀	46把
先行刀	38把
刮刀	100把(宽度:220 mm)
周边铲刀	10把
超挖刀	2把(最大超挖量:50 mm)

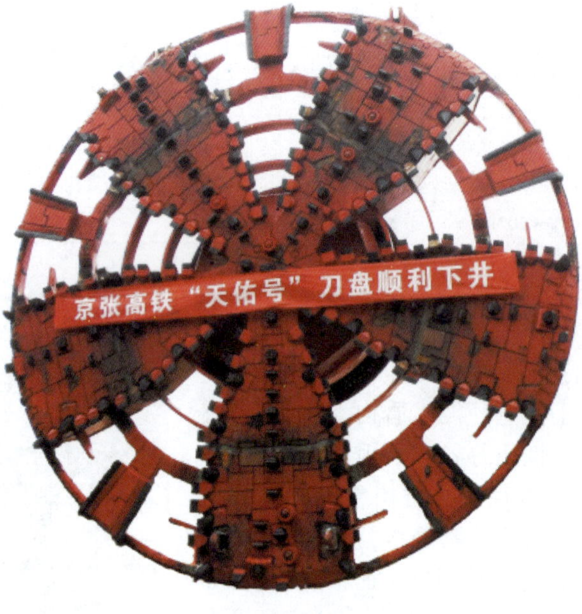

图2-8 盾构刀具布置示意图

3. 泥水环流系统

如图2-9所示,泥水环流系统由送排泥装置与地面泥浆处理站共同组成,送排泥装置主要由送泥管、排泥管及搅拌装置等构成,当地层存在巨石、卵石时,应设置卵石处理装置。

考虑到本工程存在大粒径卵石土地层,并且粉质黏土容易粘附堵塞压力舱,因此送排泥管直径较大为450 mm,最大可通过粒径为240 mm,碎石机最大可破碎粒径为1 000 mm,远大于岩芯采样最大粒径130 mm。

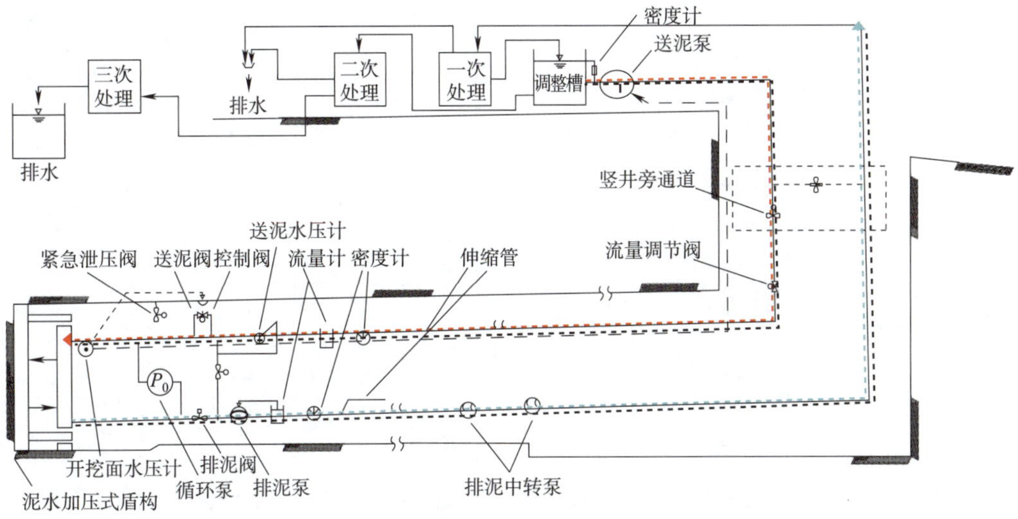

图 2-9　泥水环流系统示意图

4. 盾构机主要参数

盾构机整体示意如图 2-10 所示，主要参数见表 2-4。

图 2-10　盾构机整体示意图

表 2-4　盾构机主要参数

项　　目	参　　数
盾构类型	泥水平衡盾构
开挖直径	12. 64 m
管片外径/内径/幅宽	12. 2 m /11. 1 m /2. 0 m
最大掘进速度	60 mm/min
最大工作压力	8 bar(1 bar = 0. 1 MPa)
最大推力/扭矩	160 850 kN/26 118 kN · m
油缸数量	25 组

续上表

项　　目	参　　数
刀盘开口率/最大开口尺寸	36% /960 mm
刀具	常压可更换刀具 76 把
盾尾间隙	45 mm
送排泥管直径	450 mm
碎石机最大可破碎粒径	1 000 mm
最大进浆/排浆流量	2 000 m^3/h / 2 300 m^3/h

2.3　盾构掘进参数选择与控制

清华园隧道工程地层变化繁复，兼有粉质黏土、卵石土、粉砂、粉土地层。掘进参数的选择与控制尤其困难，而掘进参数合理选取与控制对掘进效率、刀具磨损控制、刀盘保护、地表沉降控制有着至关重要的作用，简而言之，复合地层盾构机掘进参数的选取是盾构机能否安全而又快速进行掘进施工的关键点之一。

本章以本工程 3 号 ~2 号盾构区间为依托，基于现场盾构操作记录及盾构换刀记录，对掘进参数及换刀情况进行初步的相关性统计分析。

2.3.1　盾构掘进主要控制参数计算方法

1. 泥水压力计算

由于地层的复杂多变性特性，泥水压力计算目前还缺少足够的理论依据，大多都是根据经验选取。目前比较常用的计算方法主要有以下三种：

(1)静止土压力理论

$$P_0 = K_0 \sum_{i=1}^{n} \gamma_i H_i \tag{2-1}$$

式中　P_0——静止土压力强度(kPa)；

K_0——侧压力系数，大小可根据试验测定，也可根据经验公式 $K_0 = 1 - \sin\varphi'$ 和施工经验选取；φ'为土体的有效内摩擦角；

γ_i——第 i 层上覆土层容重(kN/m^3)；

H_i——第 i 层上覆土层厚度(m)。

静止土压力没有考虑隧道开挖后地层的成拱效应，适合于浅埋隧道和地层为软土等难以成拱的地层。

(2)朗肯主动土压力理论

$$P_a = \gamma H \tan^2(45° - \varphi/2) - 2c\tan(45° - \varphi/2) \tag{2-2}$$

式中　P_a——主动土压力强度(kPa)；

γ——上覆土层的加权平均容重(kN/m^3)；

H——隧道覆土厚度(m)；

c——土体黏聚力(kPa);

φ——土体内摩擦角。

(3)塌落拱理论

塌落拱理论认为,盾构掘进将在其上方形成如图2-11所示的塌落拱,其竖直土压力按下式计算:

$$P=\frac{B_1(\gamma-c/B_1)}{K_0\tan\varphi}(1-e^{-K_0\tan\varphi\cdot H/B_1})+P_0e^{-K_0\tan\varphi\cdot H/B_1} \tag{2-3}$$

$$h_0=\frac{B_1[1-c/(\gamma B_1)]}{K_0\tan\varphi}(1-e^{-K_0\tan\varphi\cdot H/B_1})+\frac{P_0}{\gamma}\cdot e^{-K_0\tan\varphi\cdot H/B_1} \tag{2-4}$$

$$B_1=R_0\cot\left(\frac{\frac{\pi}{4}+\frac{\varphi}{2}}{2}\right) \tag{2-5}$$

$$P_a^1=K_aP \tag{2-6}$$

$$P_0^1=K_0P \tag{2-7}$$

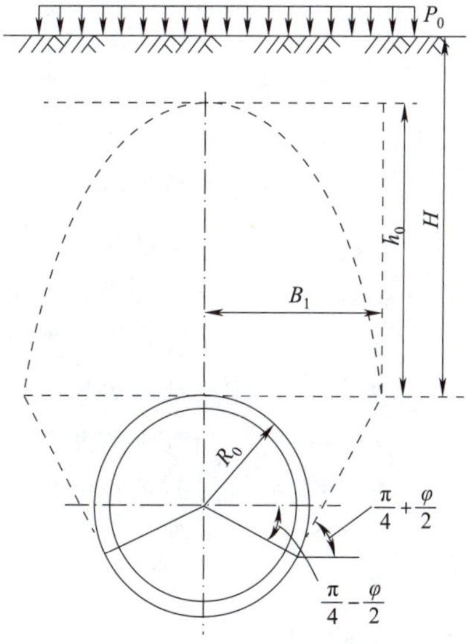

图2-11 盾构掘进形成的塌落拱

式中 P——拱顶竖直土压力(MPa);

B_1——塌落宽度的一半;

R_0——隧道外径(m);

φ——土体内摩擦角;

γ——土的容重(kN/m^3);

c——土体黏聚力(kPa);

P_0——地面超载(MPa);

h_0——松弛层的高度(m);

P_a^1——水平主动土压力(MPa);

K_a——主动土压力系数,$K_a=\tan^2(45°-\varphi/2)-2\frac{c}{\gamma h_0}\tan(45°-\varphi/2)$;

P_0^1——静止土压力(MPa)。

泥水压力一般上限值=静止土压+水压+预压,下限值=主动土压+水压+预压。预压是考虑地下水压和土压的设定误差,根据经验确定的压力,通常取值为20~30 kN/m^2。

2. 盾构推力计算

影响盾构推力的主要因素有盾构壳体与土体之间的摩擦力、工作面推进阻力、推进中切口插入土中的阻力以及管片与盾尾摩擦阻力等。此外,还有转向、纠偏、防偏转的稳定装置,挡板等的阻力和后车架的牵引阻力等。计算公式如下:

$$F=F_1+F_2+F_3+F_4 \tag{2-8}$$

式中 F——总推进阻力(kN);

F_1——盾构外壳与地层的摩擦阻力(kN);

F_2——盾构机推进时的正面推进阻力(kN);

F_3——管片与盾尾间的摩擦阻力(kN);

F_4——后接台车的牵引阻力(kN)。

(1)盾构外壳与地层的摩擦阻力 F_1

$$F_1 = \frac{1}{4}\pi DL(P_{01} + P_{02} + P_1 + P_2)\mu_{ms} \tag{2-9}$$

式中 D——盾构外径(m);

L——盾壳的长度(m);

P_{01}——盾构机上部垂直土压力(kN/m²);

P_{02}——盾构机下部垂直土压力(kN/m²);

P_1——盾构顶部水平压力(kN/m²);

P_2——盾构底部水平压力(kN/m²);

μ_{ms}——地层与外壳的摩擦系数,取 $\mu_{ms} = 0.5\tan\varphi$($\varphi$ 为土体内摩擦角);

(2)盾构机推进时的正面推进阻力 F_2

一般计算式为

$$F_2 = \frac{\pi}{4}D^2\frac{P_{01} + P_{02} + P_1 + P_2}{2} \tag{2-10}$$

(3)管片与盾尾间的摩擦阻力 F_3

一般计算式为

$$F_3 = n_1 W_s \mu_2 + \pi D_s b P_T n_2 \mu_2 \tag{2-11}$$

式中 n_1——盾尾内管片环数;

W_s——一环管片的重量(kN),根据混凝土的密度 25 kN/m³ 计算;

μ_2——盾尾刷与管片的摩擦系数,通常为 0.3~0.5,取 0.4;

D_s——管片外径(mm);

b——每道盾尾刷与管片的接触长度(m);

P_T——盾尾刷的油脂压力(bar);

n_2——盾尾刷的层数。

(4)后接台车的牵引阻力 F_4

一般计算公式

$$F_4 = W_b \mu_3 \tag{2-12}$$

式中 W_b——后配套台车的总重量(kN);

μ_3——后配套台车与运行轮轨的摩擦系数。

3. 刀盘扭矩计算

刀盘设计扭矩

$$T_d = T_1 + T_2 + T_3 + T_4 + T_5 + T_6 + T_7 + T_8 + T_9 \tag{2-13}$$

式中 T_1——刀盘切削扭矩(kN · m);

T_2——刀盘自重形成的轴承旋转反扭矩(kN · m);

T_3——刀盘轴向推力形成的旋转阻力矩(kN · m);

T_4——主轴承密封摩擦力矩(kN · m);

T_5——刀盘表面的摩擦扭矩(kN·m);
T_6——刀盘周边的摩擦扭矩(kN·m);
T_7——刀盘背面的摩擦扭矩(kN·m);
T_8——刀盘开口处切削渣土所需的扭矩(kN·m);
T_9——仓内的搅动力矩(kN·m)。

(1)刀盘切削扭矩 T_1

$$T_1 = \frac{q_u h_{max} D^2}{8} \tag{2-14}$$

式中 q_u——切削土的抗压强度(kPa);
h_{max}——贯入度,刀盘每转的切入深度(mm);
D——刀盘直径(mm)。

(2)刀盘自重形成的轴承旋转反扭矩 T_2

$$T_2 = W_C R_1 \mu_g \tag{2-15}$$

式中 W_C——刀盘自重(kN);
R_1——主轴承滚动半径(m);
μ_g——轴承滚动摩擦系数。

(3)刀盘轴向推力形成的旋转阻力矩 T_3

$$T_3 = P_t R_1 \mu_g \tag{2-16}$$

式中 P_t——刀盘推力载荷,$P_t = \frac{\pi \alpha D^2 P_d}{4}$;
α——刀盘不开口率,$\alpha = 1 - A_s$;
A_s——开口率;
D——刀盘直径(mm);
P_d——盾构前面的主动土压力(bar);

(4)主轴承密封摩擦力矩 T_4

$$T_4 = 2\pi \mu_m F_m B_m (n_1 R_{m1}^2 + n_2 R_{m2}^2) \tag{2-17}$$

式中 μ_m——密封与钢之间的摩擦系数;
F_m——密封的推力(bar);
n_1, n_2——密封数;
B_m——主轴承宽度(mm);
R_{m1}, R_{m2}——密封的安装半径(mm)。

(5)刀盘表面的摩擦扭矩 T_5

$$T_5 = \frac{2}{3} \alpha \pi \mu_p R^3 P_d \tag{2-18}$$

式中 μ_p——土层和刀盘之间的摩擦系数;
α——刀盘开口率;
P_d——刀盘中心的土压力(bar);
R——刀盘半径(mm)。

(6)刀盘周边的摩擦扭矩 T_6

$$T_6 = \frac{\pi D^2 B P_z \mu_1}{2} \tag{2-19}$$

式中 D——刀盘直径(mm);

B——刀盘宽度(mm);

P_z——刀盘圆周土压力(bar),$P_z = \frac{P_{01} + P_{02} + P_1 + P_2}{4}$;

μ_1——切削面与土层的摩擦系数。

(7)刀盘背面的摩擦扭矩 T_7

刀盘背面的摩擦力矩由泥土舱内的压力产生:

$$T_7 = \frac{2}{3} \alpha \pi \mu_1 R^3 P_W \tag{2-20}$$

式中 P_W——泥土舱压力(bar);

α——刀盘不开口率;

R——刀盘半径(mm)。

(8)刀盘开口处切削渣土所需的扭矩 T_8

$$T_8 = \frac{2}{3} \pi C_t R^3 (1 - \alpha) \tag{2-21}$$

式中 C_t——土的抗剪应力,$C_t = C + P_W \tan \varphi$;

α——刀盘不开口率;

R——刀盘半径;

C——土体内聚力。

(9)舱内的搅动力矩 T_9

$$T_9 = 2\pi (r_2^2 - r_1^2) L C_t \tag{2-22}$$

式中 r_1——刀盘支撑梁的内径(mm);

r_2——刀盘支撑梁的外径(mm);

L——刀盘支撑梁的长度(mm);

C_t——土的抗剪应力(MPa)。

4. 掘进速度管理

掘进速度越快,工期越短。泥水盾构的场合下,排泥泵、处理设备的负荷均需大增。因此,确定掘进速度必须考虑上述装置的适应能力。通常应把掘进速度控制在 20 ~ 40 mm/min 范围内,见表 2-5。

表 2-5 不同地层时的标准掘进速度

地　　层	掘进速度(mm/min)
黏性土层	25 ~ 30
密实砂层	25 ~ 30
松散砂层	25 ~ 35

续上表

地　　层	掘进速度(mm/min)
砂砾层	25～30
固结淤泥层	25～25
软岩层	10～20

2.3.2　盾构掘进参数统计分析

1. 泥水压力变化规律

对 S-1050 泥水平衡盾构掘进第－4 环～447 环每环的切口水压进行统计分析,得到其沿区间纵向的变化规律,如图 2-12、图 2-13 所示。其分布规律参数见表 2-6。

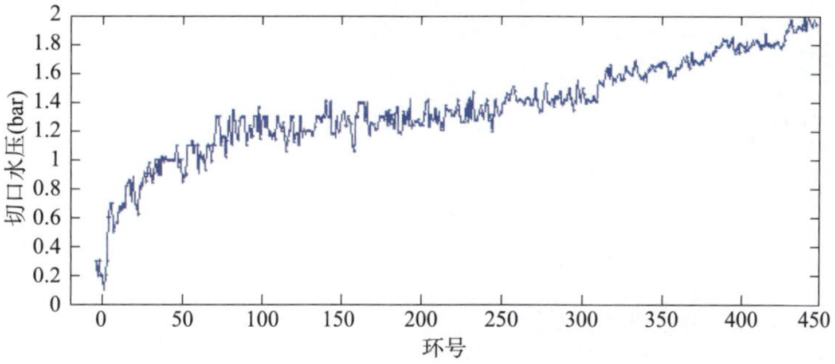

图 2-12　－4 环到 447 环切口水压变化图

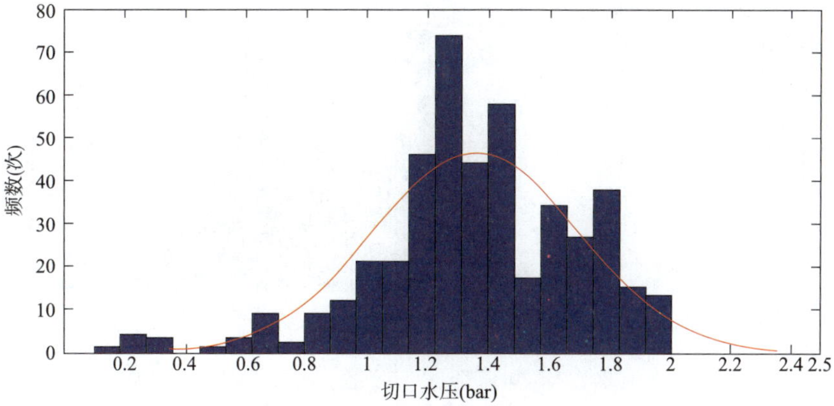

图 2-13　－4 环到 447 环切口水压分布直方图

表 2-6　切口水压分布规律参数

观测数(次)	最大值(bar)	最小值(bar)	中位数(bar)	均值(bar)	标准差(bar)	方差(bar^2)	偏度	峰度
452	2	0.1	1.34	1.356	0.335	0.112 1	－0.673 7	4.177 9

从图 2-12、图 2-13 和表 2-7 中可以看出,由于始发段埋深较浅,切口水压不大,在开始 40 环范围内,数值波动幅度相对较大,随后波动幅度相对较小,在 70 环到 250 环之间切口

水压比较稳定，在 1.2 bar 附近波动，在 250 环之后，数值呈现逐渐增大的趋势。

与上一阶段报告（－4～140 环）对比发现，切口水压总体变化范围由之前的 0.1～1.4 bar 变为 0.1～2.0 bar 区间内，均值由 1.02 bar 变为 1.356 bar，切口水压较之前统计表现出一个较大的增幅，这是由于随着盾构推进，隧道埋深逐渐增大，土层覆盖增厚，并且隧道附近地层变得更加复杂，卵石砂砾也逐渐增多，地层由之前的粉质黏土软弱地层变为上软下硬地层，土体压力增加导致需要更大的切口水压来维持掌子面平衡。偏度为－0.673 7，峰度为 4.177 9，呈现较强的非正态分布，数值集中在 0.8～2.0 bar，为最大工作压力的 10%～25%。切口水压增大到 2 bar，后续的统计发现切口水压在 2 bar 附近波动，较为稳定。

2. 盾构推力变化规律

在盾构推进的过程中，总推力总是随着掘进位置的变化而变化。根据现场盾构操作记录，通过统计分析现场实测总推力数据，得到了不同地层条件下总推力的规律曲线和分布直方图，如图 2-14、图 2-15 所示。其分布规律参数见表 2-7。

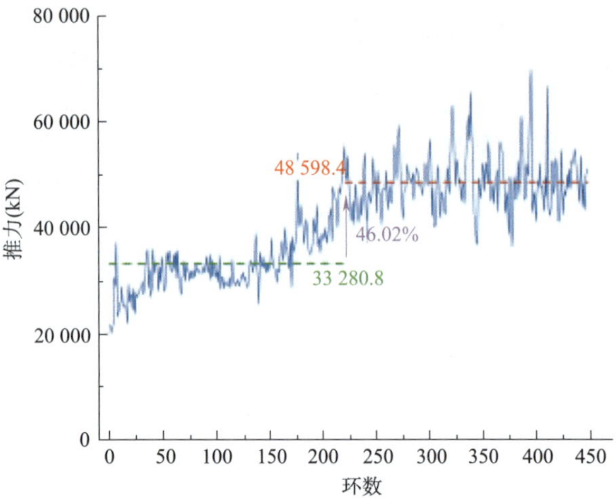

图 2-14　－4 环到 447 环总推力规律曲线图

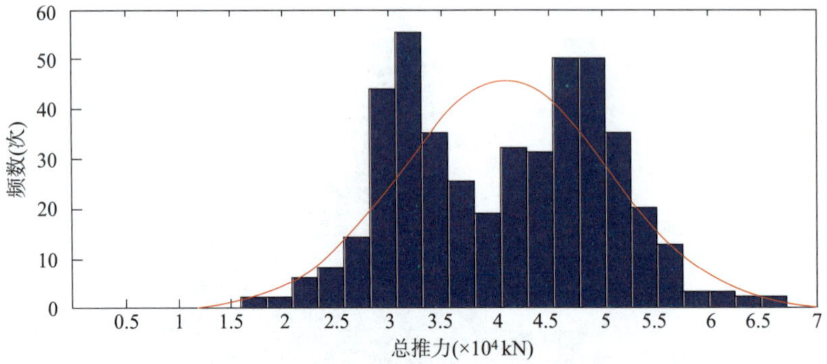

图 2-15　－4 环到 447 环总推力分布直方图

表 2-7　总推力分布规律参数

观测数（次）	最大值（kN）	最小值（kN）	中位数（kN）	均值（kN）	标准差（kN）	方差（kN^2）	偏度	峰度
452	69 782	16 000	41 613	40 848	9 653.9	9.32×10^7	0.039 7	2.275 6

从图 2-14 中可以观察到盾构掘进总推力的变化。总推力在始发段的前 70 环范围内，数值波动幅度相对较大，随后波动幅度相对较小；在不同的地质条件下，盾构总推力在前 225 环的粉质黏土段处于一个较为稳定的波动阶段，均值为 33 280.8 kN；在 225 环之后的复杂互层段处于另一个较为稳定的波动阶段，均值为 48 598.4 kN，增长率为 46.02%。由于盾

构操作基本稳定,因此可以认为盾构推力的较大变化主要是地层变化引起的,在复杂互层段,为保持稳定的盾构掘进速度,盾构需要较大的盾构推力去克服相关阻力。

同样从图 2-15 可以看出,总推力呈现一个双峰的分布,已经不是单峰的正态分布,目前更趋向一个双正态分布。由偏度为 0.039 7、峰度为 2.275 6 亦可看出目前的分布严重偏离正态分布。于是将总推力按照两个阶段重新绘制概率分布图,如图 2-16 所示。图 2-16 的盾构推力分布概率图更好地说明了盾构推力在不同地层条件下的波动情况。从图中可以发现,不同地质条件下盾构推力的概率分布曲线较为类似,不像扭矩概率分布曲线那样出现较大差异,在粉质黏土段的标准差为 5 706 kN,在复杂互层段的标准差为 5 791 kN,差异较小。因此可以认为,不同地质条件下盾构推力波动情况较为相同,都为平均推力的大幅增长变化。

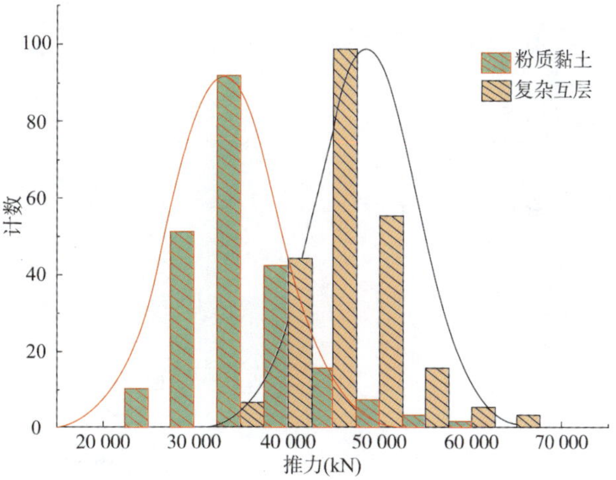

图 2-16 -4 环到 447 环总推力概率分布图

与上一阶段报告(-4 环 ~ 140 环)对比发现,总推力的总体范围由之前的 16 000 ~ 38 860 kN 变为 16 000 ~ 69 782 kN 区间内,均值由 30 027 kN 变为 40 848 kN,分布集中在 20 000 ~ 57 500 kN,为装配推力的 12.4% ~ 35.7%。与切口水压相同的是,总推力也较之前的统计表现出一个较大的增幅,这是由于随着盾构推进,隧道埋深逐渐增大,土层覆盖增厚,并且隧道附近地层变得更加复杂,卵石砂砾也逐渐增多,地层由之前的粉质黏土软弱地层变为上软下硬的复杂互层,土体压力增大导致盾构外壳与地层间的摩擦阻力及正面推进阻力增大;但是与切口水压不同的是,总推力呈现出一个双峰的双正太分布趋势,225 环之后的均值明显大于 225 环之前的均值。

3. 刀盘扭矩变化规律

对泥水盾构掘进第 -4 环 ~ 447 环每环的刀盘扭矩进行统计分析,得到其沿区间纵向的变化规律,如图 2-17、图 2-18 所示。其分布规律参数见表 2-8。

从图 2-17 可以观察到随盾构掘进扭矩的变化。盾构刀盘扭矩在前 225 环的粉质黏土地层处在同一个波动水平,均值为 5.75 MN · m;在 225 环之后的复杂互层处在同一个波动水平,均值为 8.42 MN · m,增长率为 46.43%。基于之前对盾构刀盘转速及盾构掘进速度的分析发现,盾构刀盘转速及盾构掘进速度变化率在 10% 以下,而盾构扭矩增长率为 46.43%,因此可以认为扭矩的增长主要是地质条件变化引起的,而非盾构掘进时的人员操作因素。在复杂互层段,由于地层的物理力学参数变得更为复杂,盾构刀具破坏围岩所需克服的阻力增加,从而导致盾构刀盘在削掘过程中所需扭矩的大幅增长。

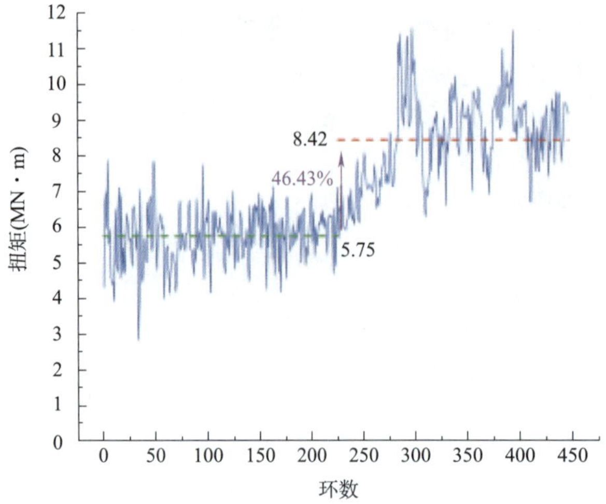

图 2-17　-4 环到 447 环盾构扭矩变化图

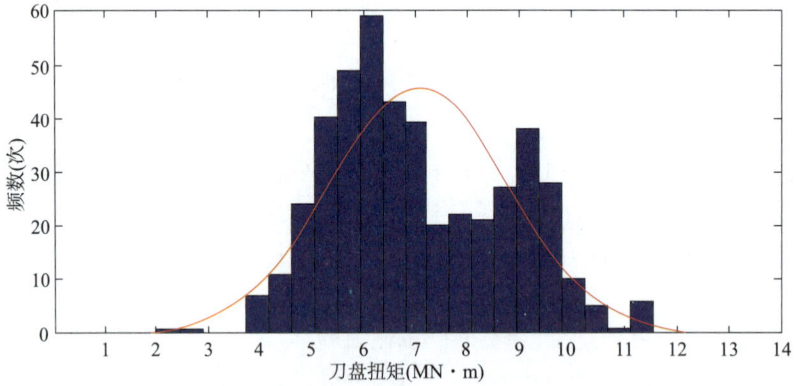

图 2-18　-4 环到 447 环刀盘扭矩分布直方图

表 2-8　刀盘扭矩分布规律参数

观测数（次）	最大值（MN·m）	最小值（MN·m）	中位数（MN·m）	均值（MN·m）	标准差（MN·m）	方差[（MN·m）^{2}]	偏度	峰度
452	11.55	2.02	6.662 5	7.051	1.707 6	2.916	0.336 4	2.390 2

同样可以从图 2-18 看出，刀盘扭矩与总推力类似，也呈现一个双峰的分布，已经不是正态分布，而是更趋向一个双正态分布。由偏度为 0.336 4、峰度为 2.390 2，亦可看出目前的分布严重偏离正态分布。于是将盾构刀盘扭矩按照两个阶段重新绘制概率分布图，如图 2-19 所示。从图 2-17 中可以发现，不仅不同地质条件下盾构扭矩的平均值增长，同时扭矩的波动幅度亦有不同，复杂互层段盾构扭矩的波动较粉质黏土更为离散，而图 2-19 的概率分布亦说明了这点。从图 2-19 中可以看出，粉质黏土的扭矩分布更为窄小，而复杂互层的扭矩更为宽泛。在粉质黏土地层中，扭矩分布的标准差为 0.79 MN·m；在复杂互层中，扭矩分布的标准差为 1.25 MN·m。因此在复杂互层地层中，由于地层复杂多变，盾构刀盘扭

矩除保持较高水平外,同时波动幅度较粉质黏土段有较大提升。

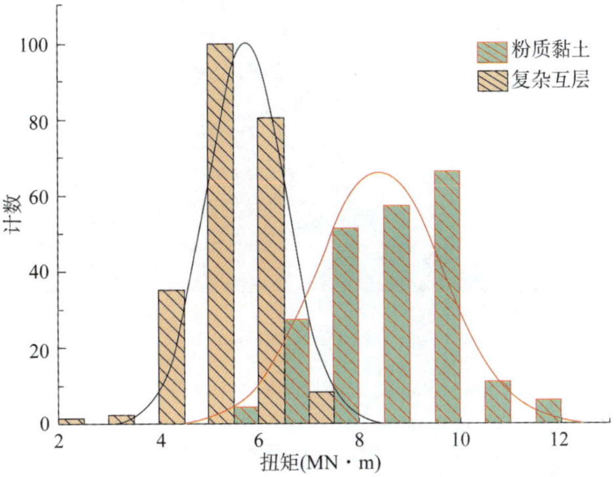

图 2-19 -4 环到 447 环盾构扭矩概率分布图

与上一阶段报告(-4 环~140 环)对比发现,刀盘扭矩总体变化范围由之前的 2.02~7.86 MN·m 变为 2.02~11.55 MN·m 区间内,均值由 5.61 MN·m 变为 7.051 MN·m,分布集中在 4.0~10.5 MN·m,为装配扭矩的 15.3%~40.2%。这是因为随着盾构推进,隧道埋深逐渐增大,土层覆盖增厚,并且隧道附近地层变得更加复杂,卵石砂砾也逐渐增多,地层由之前的粉质黏土软弱地层变为上软下硬复杂互层,土体压力增大导致刀盘表面摩擦扭矩、周边的摩擦扭矩等增大。

4. 掘进速度变化规律

对泥水盾构掘进第 -4 环~447 环每环的掘进速度进行统计分析,得到其沿区间纵向的变化规律,如图 2-20、图 2-21 所示。其分布规律参数见表 2-9。

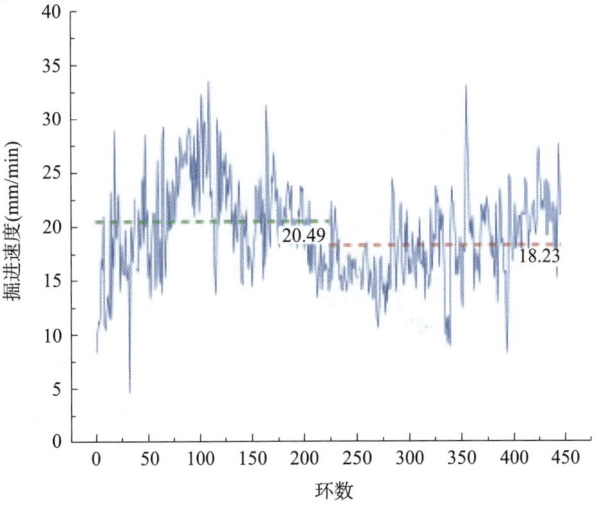

图 2-20 -4 环到 447 环掘进速度变化图

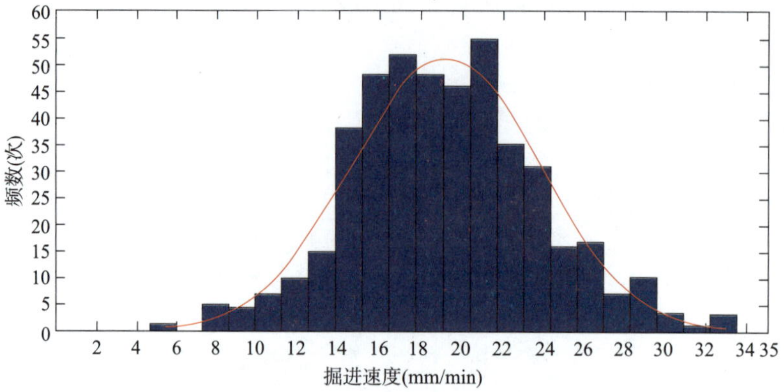

图 2-21　-4 环到 447 环掘进速度分布直方图

表 2-9　掘进速度分布规律参数

观测数（次）	最大值（mm/min）	最小值（mm/min）	中位数（mm/min）	均值（mm/min）	标准差（mm/min）	方差［(mm/min)²］	偏度	峰度
452	33.5	4.70	19.1	19.24	4.600 2	21.161 6	0.175 6	3.180 2

从图 2-20 可以看出，不同地质条件下盾构掘进速度有一定不同，在一开始的粉质黏土段，盾构掘进速度较复杂互层的掘进速度更快，从平均 20.49 mm/min 下降至 18.23 mm/min，变化率为 11.03%。图 2-21 和表 2-9 中可以看出，掘进速度波动幅度相对较大，且基本呈正态分布，从偏度为 0.175 6、峰度为 3.180 2 也可看出较符合正态分布的情况。与上一阶段报告（-4 环～140 环）对比发现，推进速度的总体变化范围并未改变，仍是 4.7～33.5 mm/min 区间内，均值由 20.55 mm/min 变为 19.24 mm/min，相对于上一阶段性汇报区段掘进速度有所放慢，这是由于随着隧道埋深增大，地层情况变得更加复杂，为了避免发生危险，盾构推进适当放缓以保证安全掘进。分布集中范围也变为 16～30 mm/min，为最大掘进速度的 26.7%～50%。

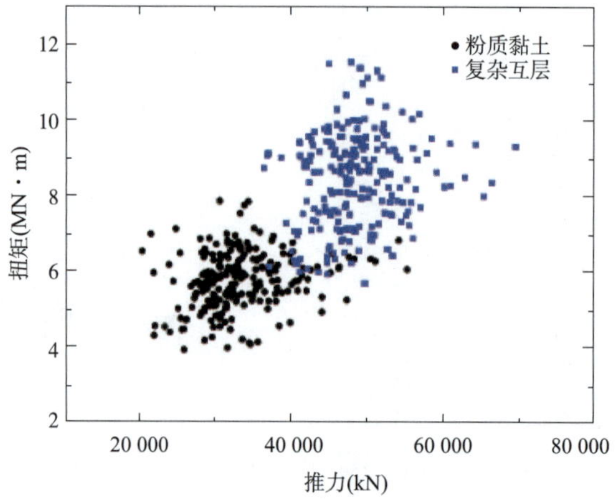

图 2-22　不同地质条件下推力及扭矩的分布

图2-22是不同地质条件下盾构推力及扭矩的分布。从图中可以看出，在粉质黏土地层中，盾构推力及扭矩处于左下角，即一个较低水平，同时主要维持在一个区域内。而复杂互层地层中，盾构推力及扭矩较粉质黏土均有较大增长，同时与粉质黏土维持在一个区域内不同，其散点分布更加宽泛，即波动较大。

2.3.3 盾构掘进参数相关性分析

采用统计学中的相关系数对盾构掘进参数进行初步分析。在概率论和统计学中，相关，显示两个随机变量之间线性关系的强度和方向。在统计学中，相关的意义是用来衡量两个变量相对于其相互独立的距离。

相关系数只是一个比率，相关系数的正负号表示相关的方向，绝对值表示相关的程度。相关系数的绝对值越大，相关性越强：相关系数越接近于1或-1，相关度越强；相关系数越接近于0，相关度越弱。

通常情况下通过以下表2-10取值范围判断两个变量之间的相关强度。

表2-10　相关系数与相关强度

相关系数	相关强度
0.8~1.0	极强相关
0.6~0.8	强相关
0.4~0.6	中等程度相关
0.2~0.4	弱相关
0~0.2	极弱相关或无相关

通过计算得到S-1050泥水平衡盾构的泥水压力、盾构推力、刀盘扭矩及掘进速度四个参数之间的相关系数，见表2-11。

表2-11　各掘进参数之间的相关系数

项　目	泥水压力	盾构推力	刀盘扭矩	掘进速度
泥水压力	1.000 0	0.772 6	0.705 7	0.145 9
盾构推力	0.772 6	1.000 0	0.701 9	-0.237 7
刀盘扭矩	0.705 7	0.701 9	1.000 0	-0.055 8
掘进速度	0.145 9	-0.237 7	-0.055 8	1.000 0

从表2-11可以看出，泥水压力与盾构推力和刀盘扭矩的相关系数分别为0.772 6和0.705 7，盾构推力与刀盘扭矩的相关系数为0.701 9，三个参数两两之间均表现出较强的相关性，这说明盾构在地层中向前掘进，当遇到不良地层导致盾构推进遇到问题时，同时会影响到泥水压力、盾构推力及刀盘扭矩产生较大变化，并且这三个参数之间的变化存在较强的相关性。

2.4 小　结

本章针对清华园隧道盾构选型及适应性进行了分析，主要结论如下：

(1)从地层渗透系数、地层颗粒级配、地下水压力、周边环境以及隧道规模五个角度对盾构选型进行了论述，得到适合本工程的盾构机型为泥水平衡盾构。

(2)针对本工程富水卵石土与粉砂、粉土互层地层，刀盘结构形式应为辐条面板型，对应的开口率约为36%，开口尺寸(最大可允许进入的粒径)约为96 cm。

(3)为增强刀具耐磨性，延长刀具使用寿命，提高掘进效率，刀具主要为齿刀和刮刀，并配置先行刀、铲刀以及超挖刀。

(4)为排除大粒径卵石土，并防止粉质黏土粘附堵塞压力舱，送排泥管直径较大，为450 mm，碎石机最大可破碎粒径为1 000 mm。

(5)从盾构设备对土层的适应性、刀盘结构形式及刀具布置形式对地层的适应性方面分析了盾构适用性，就目前盾构掘进的情况来看，采用的泥水平衡盾构在本工程中具有良好的适应性。

(6)通过对盾构掘进参数的统计分析可以得出，刀盘扭矩、盾构推力及掘进速度表现出明显的分阶段性变化，呈现出刀盘扭矩和盾构推力变大、掘进速度变慢的趋势，这是由于盾构机由土质较好的地层进入到复杂互层，复杂互层中存在一定量的卵石土，影响了盾构掘进。

(7)泥水压力与盾构推力和刀盘扭矩这三个参数之间存在较强的相关性，说明当遇到不良地层导致盾构推进遇到问题时，泥水压力、盾构推力和刀盘扭矩均产生较大的变化。

第3章 城市繁华区大直径泥水盾构掘进地层扰动机理

3.1 盾构施工对周围土体的扰动特性

项目研究将解决大直径泥水平衡盾构掘进对典型地层扰动特征尚不清晰、复杂地层盾构选型困难及施工掘进参数难以控制、大直径泥水平衡盾构浅覆土始发及接收困难以及城市密集区泥水盾构隧道施工泥浆综合处置困难等问题。项目研究成果有利于安全、高效、环保、节能、经济地完成清华园隧道建设，具有显著的社会效益与经济效益。本项研究在国内国外均无完全成熟的研究成果，可完善我国在高风险泥水盾构法隧道方面的经验技术，项目实施完成后取得的成果在国内处于领先地位，可望在技术上达到国际先进水平。

以清华园大直径泥水平衡盾构隧道为工程背景，以盾构掘进典型地层——卵石土层、粉质黏土层、砂土层及其互层地层为研究对象，利用理论分析、现场试验等手段，研究大直径泥水盾构掘进对周围土体的扰动机理、扰动规律、影响范围以及影响程度，使研究成果服务于工程，减小工程施工风险，节省工程投资，确保工程安全可靠，提高工程经济性，为今后类似工程问题提供参考意见，以期更好地指导大直径泥水盾构隧道掘进对土体扰动的研究工作。

3.1.1 泥水平衡盾构法开挖面稳定原理

泥水平衡盾构开挖面土体依靠泥水压力对开挖面上的水土压力发挥平衡作用以求得稳定。泥水压力主要是在掘进中起支护作用，其原理如图3-1所示。当盾构底部处于地下水位以下的深度为 H 时，其水压力为 $\gamma_{水}H$（$\gamma_{水}$ 为地下水容重，H 为地下水位到盾构底部的距

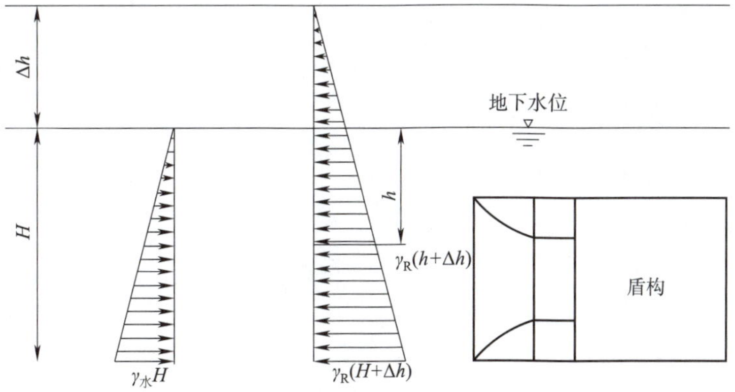

图3-1 泥水加压盾构的压力作用原理

离),而在盾构正面密封舱即泥水压力室底部的泥水压力为 $\gamma_R(H+\Delta h)$,由此可见地下水压力小于泥水压力。因此在盾构正面密封舱内通入高于地下水位 Δh 的泥水,则在开挖面任何一点 y 处的地下水压力为 $\gamma_{水} y$,泥水压力为 $\gamma_R(y+\Delta h)$,γ_R 为泥水容重。一般情况下 Δh 取 2 m,而 γ_R 大于 $\gamma_{水}$,开挖面任何一点的泥水压力总是大于地下水压力,从而形成了一个向外的水力梯度,这是保持开挖面稳定的基本条件。

泥水平衡盾构通过向密封舱内加入泥水浆来平衡开挖面的水土压力。从微观上看,盾构机提供的平衡力应该保证与开挖面接触的土体颗粒的稳定,无数的微观稳定组成了宏观上开挖面的整体稳定。从整体上看,盾构机提供的支撑力必须控制在一定范围内,以保证开挖面的稳定。泥水压力太小,不足以平衡开挖面的水土压力,产生较大沉降,也不能太大,过大的压力将导致地表产生隆起。

3.1.2 扰动土体的分区和应力状态定性变化

盾构法施工过程中,盾构机对土体的开挖造成扰动。所谓土的扰动主要指在外荷载的作用下土体的应力状态发生变化,同时,伴随着土体体积、孔隙水压力、含水量等的变化,还可能存在土体的微观结构或组构的变化。在盾构施工过程中,扰动主要包括设备对土体的挤压和松动、加载与卸载、孔隙水压力的上升和下降引起的土体性质变异及地表的隆起与下沉等。特别是在软土地区,盾构对土的扰动会引起其力学参数的变化,并造成长期的固结和次固结沉降。因此,有必要对盾构施工的扰动区域进行研究。

盾构法施工引起地层移动的主要原因是在原来处于稳定状态的地层中开挖,土体原来的自然平衡状态受到破坏,使周围的土体出现卸载或加载等复杂力学行为,土体的极限平衡状态受到破坏,从而对土体产生扰动,引起地层变形。盾构施工扰动使土体的应力状态或应力路径发生变化,对于浅覆土隧道,土体受扰动程度将明显加大。

盾构前进过程中需要克服盾构外壳与周围土体的摩擦力 F_1、切口切入土层阻力 F_2、盾构机和配套车架设备产生的摩擦力 F_3、管片与盾尾间的摩擦力 F_4、开挖面的主动土压力 F_5。当千斤顶推力 $T \geqslant F_1+F_2+F_3+F_4+F_5$ 时,盾构前方土体经历加载阶段,产生如图 3-2 所示的挤压扰动区 1,开挖面受挤压作用引起土体压缩并使土体前移和隆起,盾构机工作正常时为此状况;当 $T < F_1+F_2+F_3+F_4+F_5$ 时,盾构机处于静止状态,该状态对应于千斤顶漏油失控,土体严重超挖,盾构机前方土体则要经历卸载阶段,产生土体向内临空面移动,地表出现下沉。为减少开挖面土体的扰动,应尽量保持密封舱内压力 P_i 稍大于主动侧压力 P_h

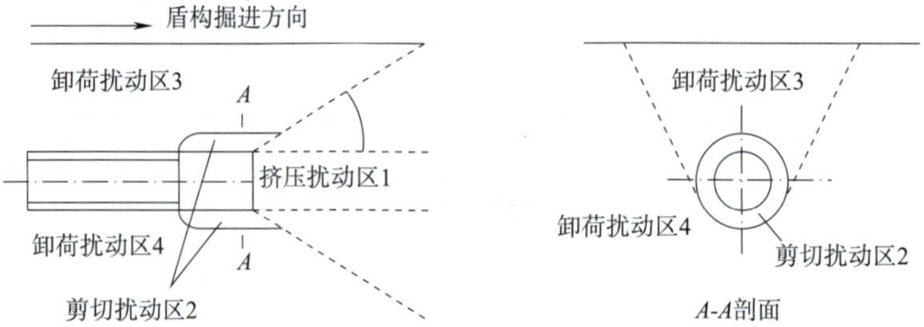

图 3-2 盾构施工扰动分区

和水压力 P_w 之和。值得一提的是，开挖面正前方区域内土体由于刀盘的挤压搅削作用，将受到强烈的扰动而发生破坏，含水量降低，其力学参数将发生很大的变化。

盾构推进过程中盾壳与周围土体之间产生摩擦阻力，该力作用的结果在盾壳周围土体中产生剪切扰动区 2，该区的特点是范围较其他区小。在剪切扰动区 2 以外，由于盾尾建筑间隙的存在，土体向间隙内移动，引起土体松动、塌落而导致地表下沉，盾构上方土体由于自重和地面超载，当有地面超载时往下移动而形成卸荷扰动区 3，该区内土体力学参数先降低，而后随土体的固结将有所增加。而盾构下方土体可能出现微量隆起，但由于衬砌、盾构机的重力压载作用，其移动大小可能表现不出来，该区称为卸荷扰动区 4，同样，随着时间的延长，土体强度将有所回升。

3.1.3 盾构施工引起的地层变形

土体扰动引起地层变形，地层变形是土体扰动的结果。对地层的大量资料分析表明，按地层沉降变化曲线的情况，大致可分为盾构到达前、盾构通过期间、盾尾注浆期间及盾构远离期间四个阶段。

（1）盾构到达前

泥水盾构向前掘进过程中，由于力的传递效应、泥水的渗入、管片拼装不良等原因，开挖面前方的土体会受到一定的预扰动。其扰动程度相对微弱，且随着距离的增加而减弱。

（2）盾构通过期间

盾构继续向前推进，当盾构切口达到时，开挖面的平衡状态彻底被破坏，需要泥水压力来平衡，但它始终不可能代替被开挖的土体，泥水压力的波动将引起开挖面的应力释放和对土体的挤压作用，当正面压力偏离静止土压力一定范围时，地层的变形处于线弹性阶段，而且变化的斜率较小。如果偏离较大的话，则土体发展为弹塑性变形。另外，会有大量的泥浆渗入土体。当盾体通过时，周围土体受到盾壳移动所带来的摩擦和剪切作用。为减弱这种作用，刀盘的开挖半径要略大于盾体，这就造成了盾体与土层之间存在一定的空隙。盾构机的通过破坏了原来的土体状况，造成土体的扰动，这期间对土体的扰动程度最大。

（3）盾尾注浆期间

由于盾构掘进机的外径大于管片外径，盾尾通过测点后，在地层中遗留下来的建筑空隙就需及时壁后注浆充填。但是往往因盾尾壁后注浆没有能够及时充填建筑空隙，或是注浆量、注浆压力、注浆部位、浆液配比和材料方面不适当，使建筑空隙中的浆液不能及时形成环箍，盾尾脱出后，无支撑能力的软土在不能自立的情况下就很快自行充填入建筑空隙，造成土层应力释放。除此之外，在注浆过程中会有大量的浆液渗入地层之中。这期间是控制扰动程度的重要阶段。

（4）盾构远离期间

盾尾脱出一段时间后，扰动的原因主要有土层的固结沉降、地基土的徐变、管片的变形等。

一般来说，上面的变形并非同时发生，地基条件和施工措施的不同，也会影响到变形情况。随着施工技术的提高，基本可以将其控制在静止土压力附近，日渐成熟的同步注浆技术也使地层变形大为减少。

3.2 大直径盾构扰动应力场的监测验证

3.2.1 测试项目

针对清华园隧道的实际工程情况，为了给地层扰动研究提供现场依据，应进行必要的现场测试，测试项目包括：土体分层沉降、深层土体水平位移、孔隙水压力。

(1)土体分层沉降

粉质黏土层、砂卵石地层等典型地层的盾构开挖必然会引起地层的扰动，受到扰动的土体会发生一定的位移，而该位移值在地层中各个位置不同，因此，为了探明盾构施工引起的地层扰动情况，有必要对土体分层沉降进行测试。土体分层沉降主要通过在土体内埋设沉降标(深层标、分层标)进行观测。其中，深层标沉降观测原理与地表沉降观测类似，即采用水准高程测量方法进观测。不同之处在于测量部位，深层标是根据工程实际需求埋设于某土层底面，测定其下土体沉降量；分层标埋设深度可贯穿整个软土层，在同一根测管上分别观测沿深度方向各个土层或者某一层土体不同深度的沉降情况。

(2)深层土体水平位移

水平位移监测是通过测量测斜管轴线与铅垂线之间夹角的变化量，来获得土、岩石或围护结构内部各深度处水平位移的方法，可间接反映围护结构位移以及周边建筑设备、道路、地下管网受到基坑施工的影响程度等，是施工监测的重要内容，也是分析地层扰动情况的重要判据。测斜是通过在被测试的对象内部安装或埋设测斜管，测量测斜管轴线与铅垂线之间夹角的变化量，来监测土、岩石或围护结构内部各深度处水平位移的方法。测斜仪包括活动式测斜仪和固定式测斜仪。活动式测斜仪利用探头在测斜管内移动，连续逐段观测各点倾斜度，通过累加得出测斜管切向位移变化。固定式测斜仪固定在测斜管某个位置上连续、自动测量其所在位置倾斜角的变化。

(3)孔隙水压力

盾构施工过程中均会对周围地层产生扰动，引起附加应力场，产生的附加应力场越大，则相应的超孔隙水压力增加越大，而土体扰动程度与附加应力成正比，因此可用盾构周围形成的超孔隙水压力来评价土体的扰动程度。常采用孔压计对超孔隙水压力进行监测。

3.2.2 监测断面的选择及其地层特性

综合考虑清华园隧道区间平面图、地质纵断面图和现场沿线考察情况，选取典型地层，在里程 DK14 +185 ~ DK14 +225 之间间隔 5 m 布置一系列断面，同时分别在 DK17 +040、DK17 +050、DK17 +080、DK17 +100、DK17 +120、DK17 +135、DK17 +150、DK17 +165 附近设置监测断面，总计 17 个断面，如图 3-3 所示，监测断面布置情况见表 3-1。

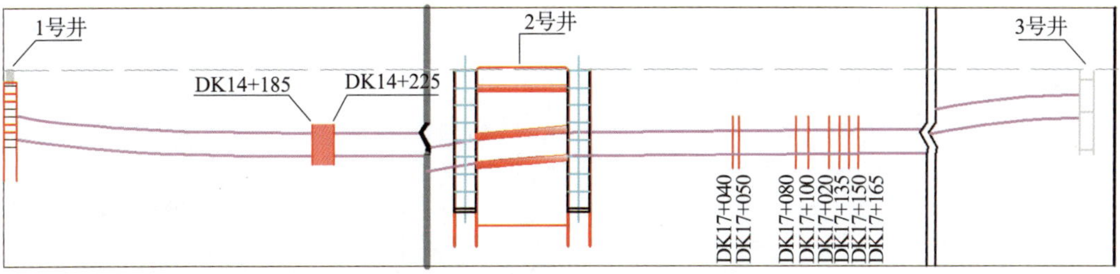

图 3-3　监测断面布置示意图

注：监测断面具体里程需根据现场实际条件、施工情况等因素在盾构掘进过程中综合判定和选取，故实际监测断面会有调整。

表 3-1　监测断面布置情况

断面	里　　程	隧道埋深(m)	监测内容	穿越地层情况
1	DK17 +040 附近	约 17	土体分层沉降	粉质黏土、卵石土、细砂互层
2	DK17 +050 附近	约 17	孔隙水压	粉质黏土、卵石土、细砂互层
3	DK17 +080 附近	约 17	孔隙水压	粉质黏土、卵石土、细砂互层
4	DK17 +100 附近	约 17	土体分层沉降	粉质黏土、卵石土、细砂互层
5	DK17 +120 附近	约 17	深层土体水平位移	粉质黏土、卵石土、细砂互层
6	DK17 +135 附近	约 17	深层土体水平位移	粉质黏土、卵石土、细砂互层
7	DK17 +150 附近	约 17	深层土体水平位移	粉质黏土、卵石土、细砂互层
8	DK17 +165 附近	约 17	深层土体水平位移	粉质黏土、卵石土、细砂互层
9	DK14 +185 附近	约 13	孔隙水压	粉质黏土、卵石土、细砂互层
10	DK14 +190 附近	约 13	孔隙水压	粉质黏土、卵石土、细砂互层
11	DK14 +195 附近	约 13	深层土体水平位移	粉质黏土、卵石土、细砂互层
12	DK14 +200 附近	约 13	土体分层沉降	粉质黏土、卵石土、细砂互层
13	DK14 +205 附近	约 13	土体分层沉降	粉质黏土、卵石土、细砂互层
14	DK14 +210 附近	约 13	土体分层沉降	粉质黏土、卵石土、细砂互层
15	DK14 +215 附近	约 13	土体分层沉降	粉质黏土、卵石土、细砂互层
16	DK14 +220 附近	约 13	土体分层沉降	粉质黏土、卵石土、细砂互层
17	DK14 +225 附近	约 13	深层土体水平位移	粉质黏土、卵石土、细砂互层

3.2.3　测点布置及现场监测

综合考虑隧道开挖影响范围及现场场地条件等情况，DK14 +185 ~ DK14 +225 范围内的深层土体水平位移、孔隙水压力及土体分层位移测点布置横断面分别如图 3-4 ~ 图 3-6 所示；DK17 +040 ~ DK17 +165 范围内的深层土体水平位移、孔隙水压力及土体分层位移测点布置横断面分别如图 3-7 ~ 图 3-9 所示。

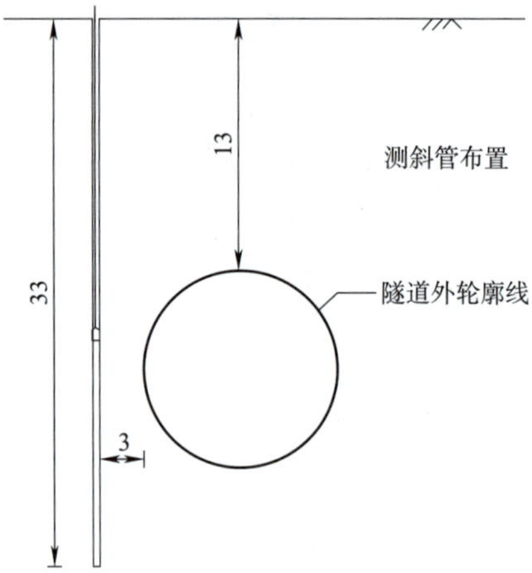

图 3-4　DK14 +185 ~ DK14 +225 范围深层土体水平位移测试横断面布置示意图(单位:m)

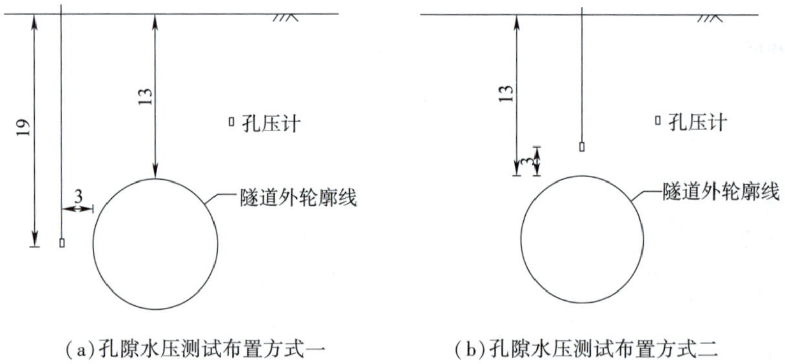

图 3-5　DK14 +185 ~ DK14 +225 范围孔隙水压测试横断面布置示意图(单位:m)

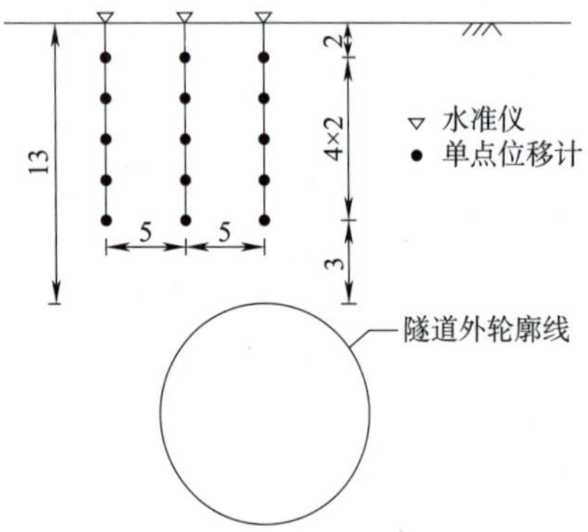

图 3-6　DK14 +185 ~ DK14 +225 范围土体分层位移测试横断面布置示意图(单位:m)

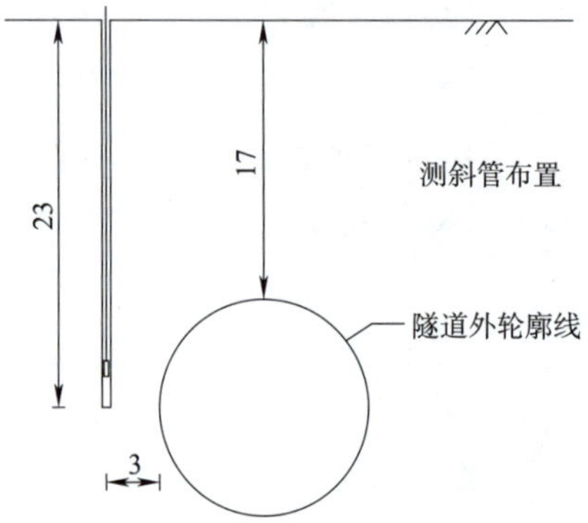

图 3-7　DK17 +040 ~ DK17 +165 范围深层土体水平位移测试横断面布置示意图(单位:m)

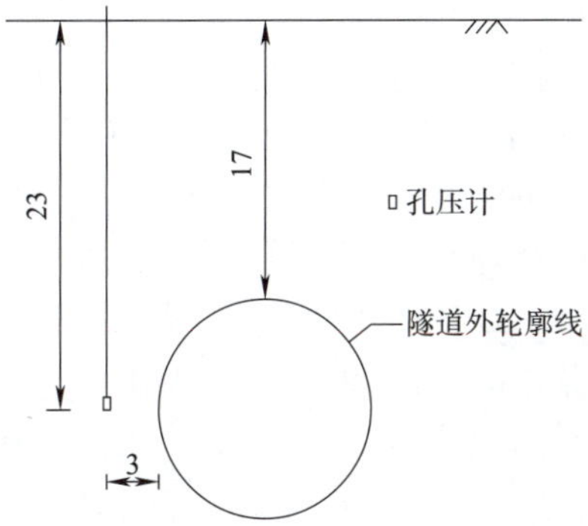

图 3-8　DK17 +040 ~ DK17 +165 范围孔隙水压测试横断面布置示意图(单位:m)

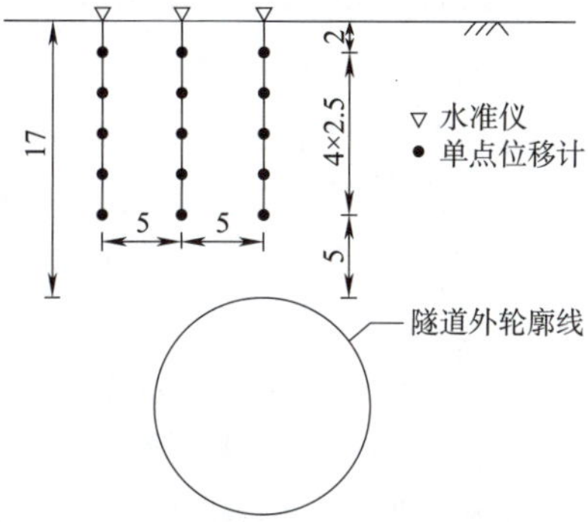

图 3-9　DK17 +040 ~ DK17 +165 范围土体分层位移测试横断面布置示意图(单位:m)

其中,本阶段对 DK17 +120 ~ DK17 +132 区间断面布置地中深层土体水平位移测试监测设备;在 DK17 +020 ~ DK17 +040 区间断面布置超孔隙水压力测试监测设备以及土体分层位移测试监测设备,并完成以上断面的监测。

3.2.4　监测数据

土体地中水平位移监测是通过测量测斜管轴线与铅垂线之间夹角的变化量,来获得土、岩石或围护结构内部各深度处水平位移的方法。在 DK17 +120 ~ DK17 +132 区间断面间隔 4 m 布置一个测斜孔,监测盾构机通过该区间时造成的地中水平位移。测量水平位移时以管底为不动点,但必须测量管底的水平位移值进行修正,测斜仪竖向每间隔 1 m 测量一次土体水平位移,为抵消测量误差,每个测斜管纵、横方向各测两次。根据盾构拼环情况确定量测频率,当盾构机切口距离监测断面 20 m 以内时,每拼完一环测量一次数据,直到盾构机切口通过后距离监测断面 20 m 后,降低频率。

3.2.5　监测结果分析

当盾构机到达前其值在 -0.5 mm 内波动,再加上可能存在的测量误差,可以认为在这期间盾构掘进对土体扰动的影响不大;在盾构机通过期间,其位移值逐渐变为正值,即土体向着隧道方向移动,这主要是由于刀盘开挖直径略大于盾体直径,盾体与土层之间存在一定的缝隙,继而使得周围土体向着盾体移动;在盾构脱环前后,位移值明显增大,主要原因是此时处于盾尾通过期间,壁后注浆未能及时成环,土体受扰动较为严重;当盾构继续向前推进后,土体横向移动逐渐趋于稳定,此时盾构推进对该处土体的影响已经很弱,主要是土体的后期固结变形引起的。土体的横向位移最大均发生在盾构脱环之后,其中 DK17 +132 断面的最大位移约为 2.5 mm,DK17 +128 断面的最大位移约为 3.8 mm,断面所处地质条件为粉质黏土,表现为硬塑性,因此地层扰动较小;DK14 +200 断面处于粉砂、卵石土组合地层,地中12 m处(隧道埋深 13 m,由于地层较差,在埋入测斜管时发生塌孔,测斜管有效距离仅为 12 m)最大位移达到 5 mm,地层扰动较大。

水平纵向位移与横向位移有明显的差别。在盾构到达前 10 m 左右,纵向位移出现负值，即与盾构前进方向相反，这可能是由于隧道开挖造成掌子面的应力释放，位移值并不大。在盾构机到达监测断面后，纵向位移值有了明显增大的趋势，尤其是 DK17 +128 断面可以看出纵向位移值大幅增大，土体向着盾尾移动，在盾尾通过断面 3 ~ 5 m 时出现峰值，DK17 +128 断面约为 15 mm，DK17 +132 断面约为 2. 4 mm。在粉砂、卵石土互层的 DK14 + 200 断面中，纵向位移较不明显，数值为 2. 5 mm 左右。峰值过后土体反向朝着盾构前进方向移动，并逐渐趋于稳定，但一般难以恢复到初始位置。其中可以明显看到两个断面土体存在很大扰动差异，一个是位移峰值相差较大，另一个是 DK17 +128 断面盾构通过之后土体位移基本趋于稳定，土体扰动规律较为明显，而 DK17 +132 断面却出现了土体位移骤变的情况，由负值变为了正值，即土体位移方向发生了骤变。

土体横向水平位移规律：盾构切口到达前，土体横向位移不明显；切口临近盾体通过时，两侧土体向着隧道方向产生位移；在盾尾通过期间，由于壁后注浆的原因，土体位移会有大幅的波动，并达到最大位移；盾构继续向前推进后，土体横向移动逐渐趋于稳定。

土体纵向水平位移规律：盾构切口到达前，土体纵向位移不明显；在切口临近时，土体由于盾构机的挤压效应开始背离掘进方向产生位移；盾体通过期间，土体向背离掘进方向加速位移；在盾构脱环之后土体的纵向位移达到峰值；盾构继续向前推进后，土体纵向位移逐渐趋于稳定。

从上述分析可知，土体的水平位移主要发生在盾构通过期间及脱环之后。盾构姿态调整、刀盘超挖、土舱压力和壁后注浆压力不均匀等都会造成盾构土体变形的变动及差异。

3. 3　大直径盾构扰动应力场的数值仿真分析

3. 3. 1　地层损失与地层扰动理论

最早由 Peck 提出地层损失的概念，其认为地表沉降槽体积与地层损失相等，地层损失可根据沉降槽的体积反算，但是该方法未考虑土体排水固结引起的沉降。实际上，地层损失由两部分构成，一部分为盾构掘进时引起的损失，此部分为不排水的损失；另一部分是由于土层固结和蠕变产生的地层损失。

京张铁路清华园隧道位于北京地区，隧址区多为粉土、粉质黏土、卵石土夹/互层地层，同时隧址区内无河流、湖泊，地下水不发育。同时，结合现有北京地区类似工程，可认为排水固结沉降引起的地层损失不计入总体的地层损失量。因此，认为地层损失是由盾构掘进引起的。

基于上述假定，可认为引起地层扰动的原因全来自盾构机的掘进。在掘进过程中，地表将产生一系列的沉降变化，其曲线一般称之为“沉降槽”。

Peck 于 1969 年提出在横向上可用高斯分布拟合曲线表示，随后 Attewell 和 Rankin 等人广泛总结了应用经验方法，提出以下计算公式：

$$S(x) = S_{\max} e^{-\frac{x^2}{2i^2}} \tag{3-1}$$

式中 $S(x)$——地面任一点的沉降值；

$S_{\max}$——地面沉降的最大值，位于沉降曲线的对称中心上（对应于隧洞轴线位置）；

x——沉降曲线中心到所计算点的距离；

i——从沉降曲线对称中心到曲线拐点的距离。

图 3-10 示意地表征了地表横向沉降计算曲线的计算图示。

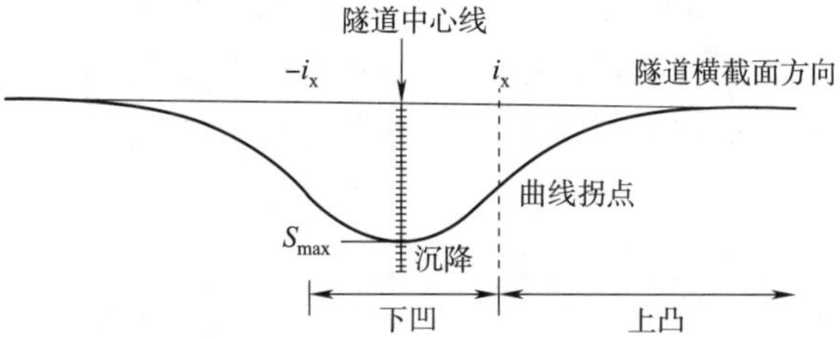

图 3-10　地表沉降曲线

定义地层损失率 V 为单位长度下盾构开挖导致的地层损失量占隧道开挖名义面积的百分比。不计入排水固结沉降影响下的地层损失率 V 为横向沉降曲线对横向距离的积分，如下式：

$$V = \int_{-\infty}^{\infty} S_{max} e^{-\frac{y^2}{2i^2}} dy = S_{max}\, i\sqrt{2\pi} \tag{3-2}$$

关于 i 的确定有很多方法，O' Reilly 和 New 在 1982 年整理了英国黏性地层中隧道施工的沉降参数，提出 i 和隧道埋深 Z 近似线性关系：

$$i = kZ \tag{3-3}$$

式中　k——与地层有关的参数。

由于各地的地层参数不尽相同，因此 i 的取值需要以各地施工经验为准。目前较为常用的估算 i 的方式如图 3-11 所示，计算公式如下：

$$i = \frac{Z}{\sqrt{2\pi}\tan\left(45° - \frac{\varphi}{2}\right)} \tag{3-4}$$

式中　φ——地层摩擦角。

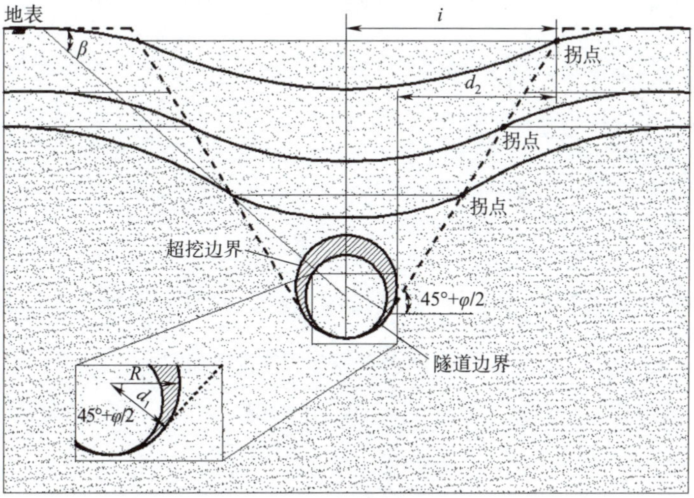

图 3-11　i 的计算示意图

3.3.2 探究摩尔库仑本构下的一般位移规律

测试区域地质断面如图 3-12、图 3-13 所示,图 3-12 测试区域粉土—粉质黏土—卵石土夹(互)层,隧道开挖断面地质不均,开挖上部断面为粉质黏土,下部断面为卵石土,为典型上软下硬地层。图 3-13 显示该地层为粉砂—粉质黏土—卵石土夹(互)层,隧道开挖断面主要为粉质黏土与粉砂。

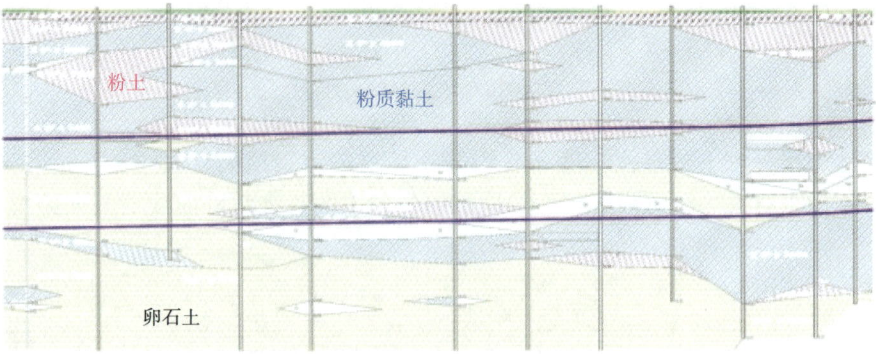

图 3-12　测试区域地质断面图(一)

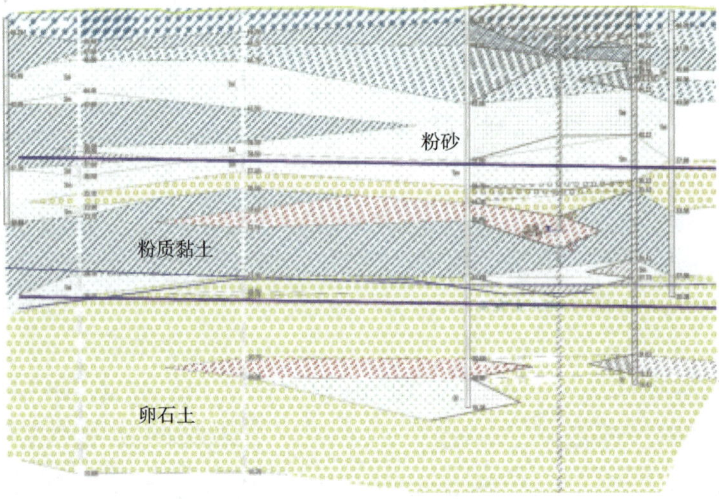

图 3-13　测试区域地质断面图(二)

根据设计院提供的地质勘察资料,该区域的地层物理力学参数见表 3-2。

表 3-2　地层物理力学参数

土　　层	容重 γ(kN/m^3)	压缩模量 E(MPa)	泊松比 ν	内摩擦角 φ	黏聚力 c(kPa)
粉土	20.1	6.56	0.30	18.4°	33.8
粉质黏土(图 3-12)	19.9	8.27	0.30	25.2°	24.3
卵石土(图 3-12)	19.4	45.494	0.28	45°	

续上表

土 层	容重 γ(kN/m^3)	压缩模量 E(MPa)	泊松比 ν	内摩擦角 φ	黏聚力 c(kPa)
粉质黏土(图 3-13)	20.0	9.83	0.30	14.1°	40.5
卵石土(图 3-13)	21.0	45.494	0.28	45°	

为了简单探究该地质条件下隧道开挖引起的地表位移变化规律,建立该地层下的平面模型,如图 3-14 所示。

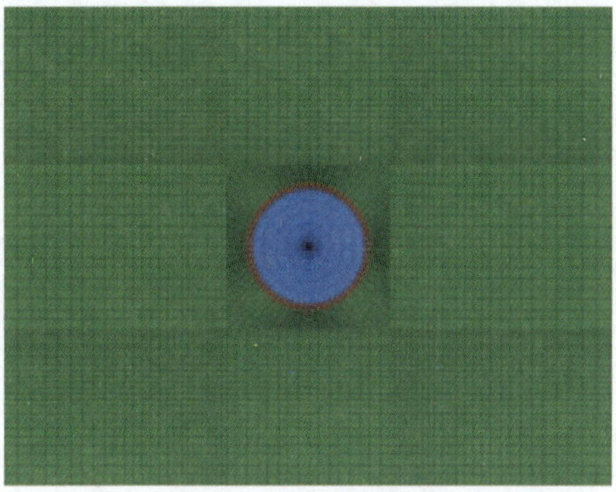

图 3-14 平面模型图

由于设计院提供的土体物理力学参数中的土体模量为压缩模量,而在计算中采用弹性模量,根据现有研究及工程规律,并借鉴北京地区相关工程计算,弹性模量采用压缩模量的 3 倍,其余参数不变。建立模型为粉土—粉质黏土—卵石土—粉质黏土—卵石土的地层,如图 3-15所示。

边界条件设置为位移边界,在左右边界设置 x 方向的位移约束;前后边界设置 y 方向的位移约束;底面设置 z 方向的位移约束,如图 3-16 所示。

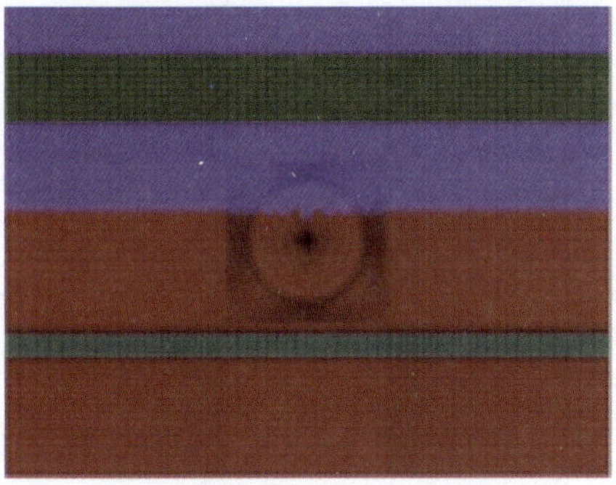

图 3-15 土体划分

图 3-16 模型位移边界条件

使用应力释放的方式模拟隧道施工产生的地层扰动。由于 FLAC 3D 使用有限差分法进行计算,因此其节点上仅存在不平衡力,为了获得节点力,按以下步骤进行模拟:首先,将土体单元设置为空单元;其次,计算 1 循环步,此时空单元与现有单元相接触处的节点将产生不平衡力,此不平衡力视为节点力;最后,将获取的不平衡力乘以一定系数反加于节点,并计算至平衡状态。反加于节点力与原始节点力之间的差值同节点力的比值为释放系数。

图 3-17 为平面模型中不同释放系数下地表位移形成的横向沉降槽,释放系数从 0.01 不等间距取至 0.40。图 3-18 为不同释放系数下隧道轴线处地表位移的变化趋势。

从图 3-17、图 3-18 中可以看出,在该地层下随着释放系数的不断扩大,位移呈现变大趋势。图 3-17 明显给出地表位移最大处为隧道轴线处地表位移,基于图 3-18 的分析,可以发现随着释放系数的不断变大,轴线处地表位移绝对值呈现抛物线增长(加速沉降)。当释放系数在 0.20 以内时,隧道轴线处地表位移可控制在 20 mm 以内。一旦释放系数超过 0.20,地表沉降加速变大,当释放系数为 0.30 时,地表沉降量为 37.5 mm;当释放系数为 0.40 时,地表沉降量为 60.4 mm。

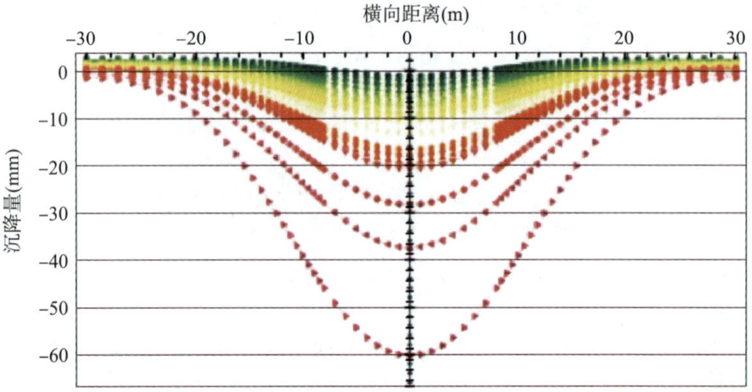

图 3-17　不同释放系数下地表横向沉降槽

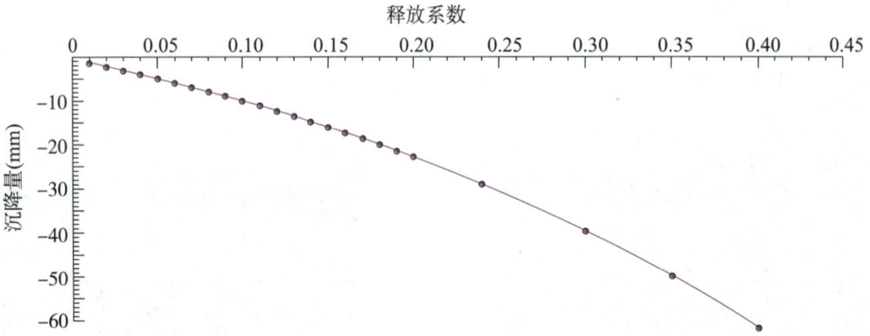

图 3-18　不同释放系数下隧道轴线处地表位移变化

图 3-17 除了可以和图 3-18 联合证明在该地层下,随着释放系数的加大,地表位移为抛物线变化趋势,还可以从横向沉降槽曲线反弯点至轴线的距离 i 的变化考察地层扰动的变化趋势。从 i 的变化角度上看,随着释放系数的不断变化,其大小不断扩大,当释放系数为 0.40 时 i 约为 20 m,当释放系数为 0.30 时 i 约为 18 m,当释放系数在 0.20 以内时 i 在 15 m 以内。同时,当释放系数为 0.40 时,距隧道轴线 20 m 处地表沉降达到 1 cm,当释放系数为 0.30 时距隧道轴线 12 m 处地表沉降达到 2 cm。因此,结合 i 的变化趋势及沉降范围的规律,可以认为随着释放系数的增长,地表扰动范围呈现抛物线变大趋势。从释放系数变化导

致沉降变化的绝对值来看,隧道轴线两侧 20 m 范围内为显著影响区。

由于平面模型仅能对隧道施工最后造成的应力释放进行探讨,并不能很好地对施工过程中动态的应力释放进行分析,因此需建立三维模型进行分析,如图 3-19 所示。

仍然使用应力释放的方法对施工过程进行计算分析,将掌子面的节点力乘以释放系数反加于节点,同时由于清华园隧道使用泥水平衡盾构进行掘进,考虑掘进过程中泥水外溢以及盾构机可能存在的部分超挖,采用在节点上施加力的方式模拟盾构机的掘进,其中盾构机段施加的力为节点力乘以释放系数。在盾尾脱环阶段,将注浆层模型模量改为一个较低值,该模量参考一般水泥土的早期强度,使用一个特定缩小倍数乘以原生土体的模量,在下一循环采用正常水泥土模量,如图 3-20 所示。

图 3-19　三维模型

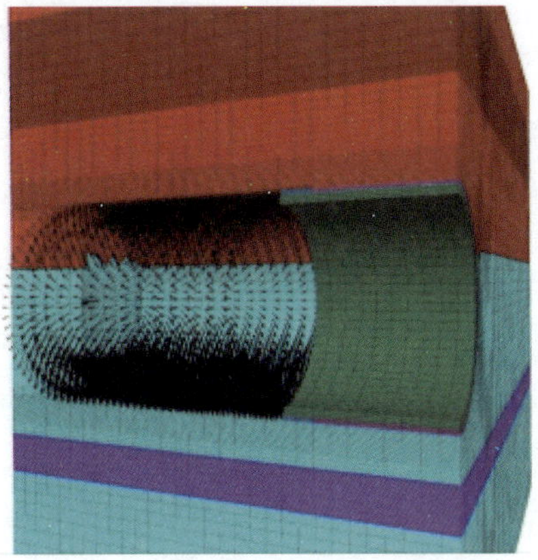

图 3-20　三维模型开挖示意图

在模拟过程中存在以下变量:掌子面释放系数 r_1、盾构机反力释放系数 r_2、脱空层模量缩放系数 r_3;新增物理力学参数,普通注浆层弹性模量 60 MPa、管片弹性模量 35.5 GPa、注浆层及管片的泊松比 $\nu=0.25$、普通注浆层容重 $\gamma=22\ \mathrm{kN/m^3}$、管片容重 $\gamma=25\ \mathrm{kN/m^3}$。

由于在三维模型中存在若干阶段,因此设立若干种工况用于探明不同阶段不同释放时的扰动情况。计算工况见表 3-3。

表 3-3　三维模型计算工况

工　况	掌子面释放系数 r_1	盾构机反力释放系数 r_2	注浆层软化模量(MPa)
1	0.05	0.10	36
2	0.05	0.05	12
3	0.02	0.10	12
4	0.02	0.02	12

不同工况不仅最终沉降不同,同时各阶段沉降也不同。虽然各工况下各个阶段沉降值大小的规律同最终沉降相同,但是各个阶段下沉降占总沉降的比值是不一样的,具体如图 3-21 所示。

从图 3-21 可以看出,地表沉降变化主要发生在盾构通过中。分析发现,在工况 1 的脱

环处土体缩放系数 r_3 较其他工况大许多的情况下，其脱环后对地表沉降产生的贡献同其他工况相近，因此可以认为无论脱环后脱空层模量缩放系数取大或取小，脱环后产生的地表沉降对总体沉降的贡献不大。

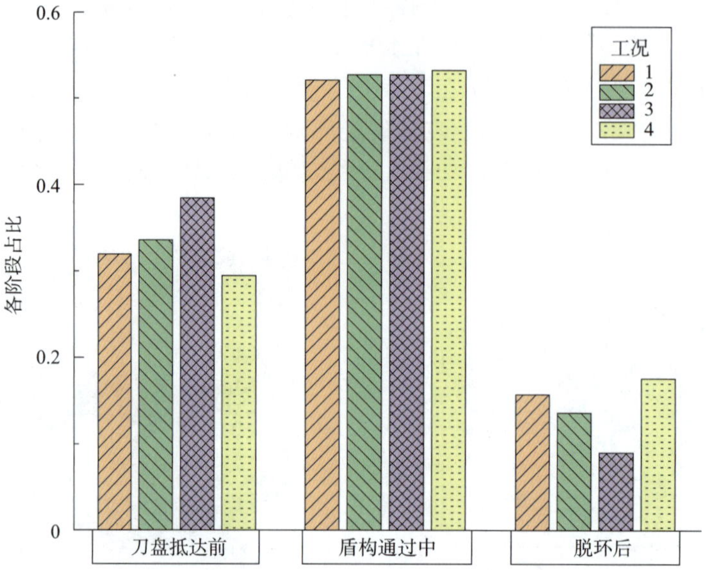

图 3-21　4 种工况沉降占比

3.3.3　实际施工沉降

(1)3 号～2 号区间

图 3-22 为 3 号～2 号区间线路轴线正上方地表最终沉降。前 200 m 为盾构始发试验段，地表沉降差异性较大，最大位移（沉降）达到 25 mm，最小位移（隆起）3 mm，前后波动明显。随着盾构司机、施工单位熟练该盾构机的操作以及逐渐熟悉该区间的地质条件，隧道轴线正上方地表位移波动性降低，趋向于一个平均值。由图 3-22 可见，后续地表沉降基本处于 12 mm 左右。

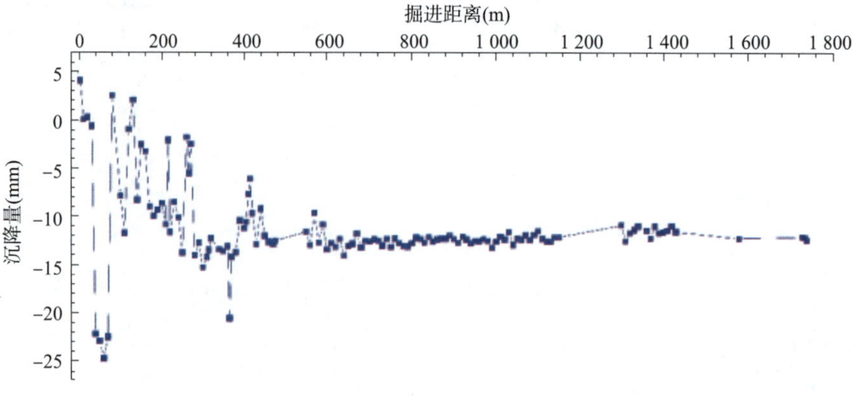

图 3-22　3 号～2 号区间线路轴线正上方地表最终沉降

图 3-23 为 3 号 ~ 2 号区间线路各监测断面横向沉降槽，可以看出，当地表沉降趋于稳定后(12 mm)，大多数的横向沉降槽是比较小的，i 值应在 5 m 左右。

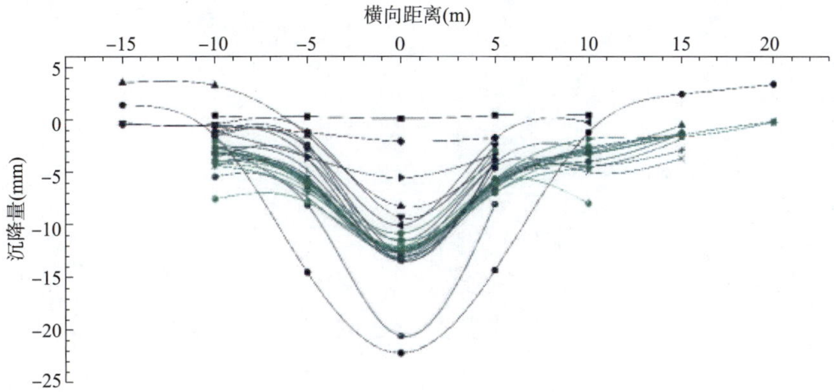

图 3-23　3 号 ~ 2 号区间线路各监测断面横向沉降槽

(2)2 号 ~ 1 号区间

图 3-24 是 2 号 ~ 1 号区间线路轴线正上方地表最终沉降。其中，由于 500 m 距离附近为知春路，沉降点布置于原京张铁路跨知春路框架涵顶面，因此测得沉降值较小。随着盾构机的不断掘进及施工单位对地层的不断熟悉，地表沉降控制在一个大致平均水平，即 8 mm 左右。

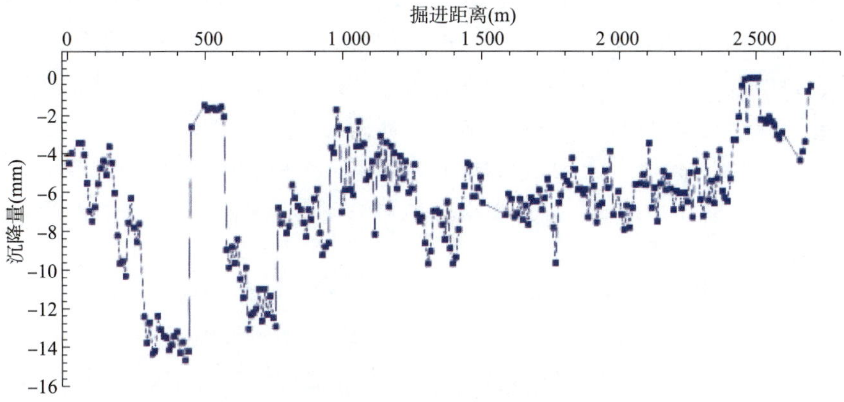

图 3-24　2 号 ~ 1 号区间线路轴线正上方地表最终沉降

图 3-25 是 2 号 ~ 1 号区间线路各监测断面横向沉降槽，可以看出在 2 号 ~ 1 号区间，隧道横向槽较 3 号 ~ 2 号更为宽泛，在该区间中，i 值为 6 ~ 7 m。

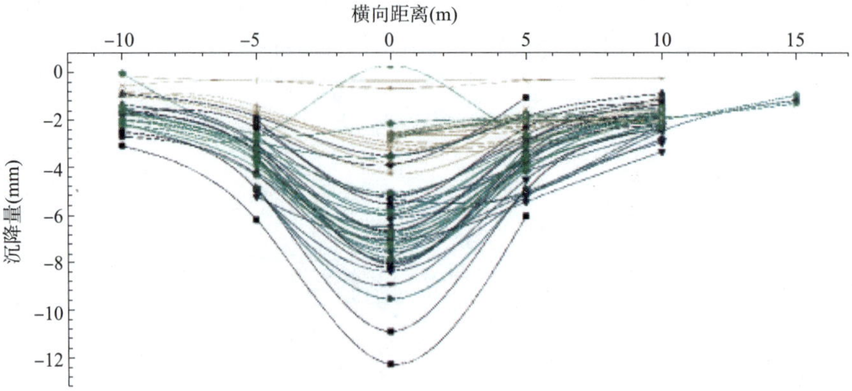

图 3-25　2 号～1 号区间线路各监测断面横向沉降槽

3.3.4　计算模型对比

通过现场实测沉降槽与数值计算结果对比发现,现场实测沉降槽明显相对要窄得多,采用传统的摩尔库仑模型进行模拟,所得的沉降槽明显较现场监测结果宽而缓。这说明盾构隧道在掘进过程中引起的地层扰动,尤其是地表沉降,除了轴线上方沉降最大,横向的沉降值并没有采用传统的摩尔库仑模型得到的预测值那么大,相应的地层扰动规律需要进一步预测分析。

余海岁、袁冉等人对土体本构模型及数值计算模型做了大量的研究。当前用于探索隧道掘进引起地层扰动数值模拟的本构模型,大多局限于土体各向同性框架下的共轴假设,难以充分反映隧道周围土体力学响应的复杂性。近年来,众多的室内试验和离散元模拟发现,当应力主轴发生较大旋转时,颗粒材料表现显著的非共轴特性,即应力主轴和塑性应变增量主轴不一致性。同时,余海岁及其科研团队对此研究有一个重要发现,即忽略非共轴塑性的影响可能导致工程设计偏于不安全。只有同时考虑各向异性和非共轴特性才能合理模拟主应力轴旋转下颗粒材料的力学响应,进而更好地对盾构隧道掘进对周边土体产生的扰动进行模拟,与现场监测更加匹配。

在非线性有限元软件 ABAQUS 中,根据余海岁和袁冉的模型编写了基于摩尔库仑的新模型用户材料子程序(UMAT),进行城市浅埋土质隧道开挖施工的二维有限元分析。图 3-26 的计算结果同时考虑了强度各向异性和非共轴特性的影响。从图 3-26 中可以看出,沿隧道中轴线的地表最大竖向位移随着各向异性形状参数 n 的减小(n 减小意味着强度相对各向同性强度的减小)、非共轴影响因子 k 的增大而增大。当各向异性形状参数 $\beta=0°$ 时(最大强度方向沉积方向时),地表横向沉降槽明显窄而深。

数值模拟预测的最大竖向位移均低于现场监测结果,可能的原因在于新建模型为简便起见,弹性阶段采用胡克定律,且仅考虑二维平面应变问题,而真实的隧道开挖施工是三维问题,存在明显的空间效应,弹性区对于地层变形范围的影响较大。在之后的研究中将针对三维问题进一步展开,弹性阶段考虑各向异性和非线性弹性,并剪理三维数值模型,更为真实地模拟隧道开挖进程。

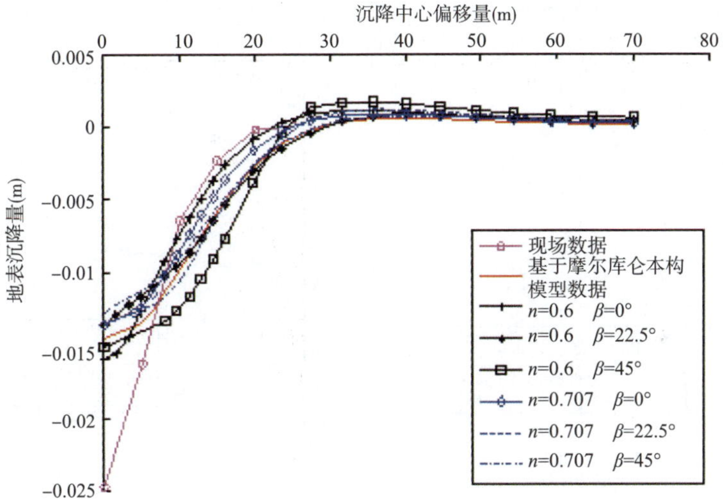

图 3-26　各向异性和非共轴塑性对地表沉降槽的影响

图 3-27 给出了在 DK18 +160、DK17 +800、DK17 +600 及 DK17 +400 四个监测断面处地表横向沉降槽在不同模型下与现场监测值的对比情况。其中，横坐标表示距离隧道轴线的距离，纵坐标表示竖向沉降位移值。可以发现，在 3 个工况中应用 ABAQUS 自带的摩尔库仑模型进行模拟得到的结果相对现场监测结果均表现出宽而缓，而对于考虑土体各向异性和非共轴影响的模拟结果对于摩尔库仑模拟宽而缓的结果均有所改善。其中在 DK17 +600 和 DK17 +400 的结果相对较好，能够很好地同现场监测结果吻合，而 DK18 +160 断面对于模拟结果有所改善，DK17 +800 处结果改善相对较小。这可能与监测断面盾构隧道掘进所处地层土体分布不同有关，在 DK18 +160 与 DK17 +800 处为全断面粉质黏土地层，而另外两个为兼有粉质黏土、粉土及卵石土的复杂互层，故而造成了模拟结果的差异性。

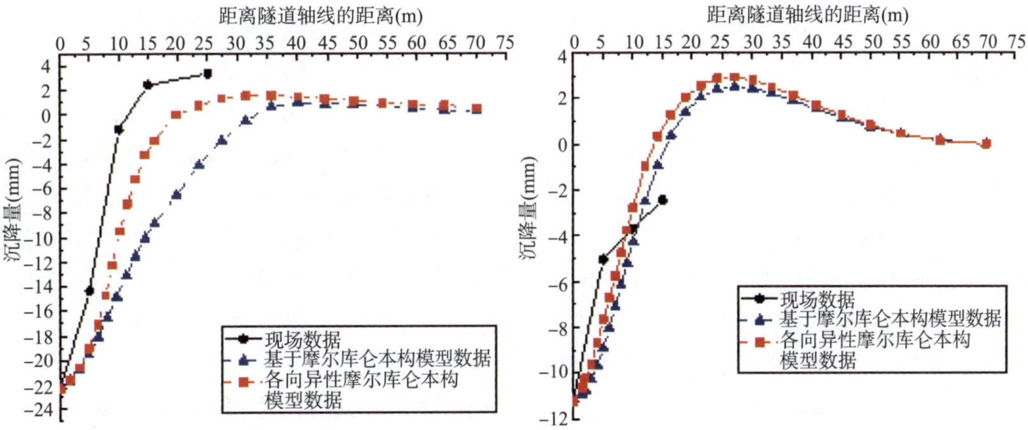

(a) DK18 +160　　(b) DK17 +800

图　3-27

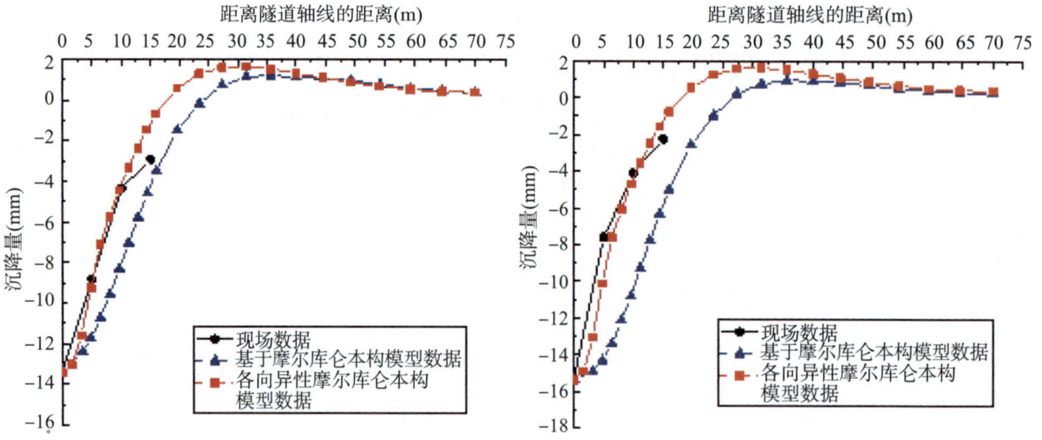

(c) DK17 + 600　　(d) DK17 + 400

图 3-27　四个监测断面处地表横向沉降槽在不同模型下与现场监测对比分析

在上述的模拟结果中，$n=0.6$，$\beta=0°$，$k=0.02$，模拟结果表明椭圆的长轴方向更倾向于接近沉积方向，即 $\beta=0°$的情况。采用余海岁和袁冉提出的新建本构模型后，当考虑一定程度的各向异性和非共轴特性影响时，数值模拟结果与现场监测结果能更好地吻合。不考虑土体非共轴及各向异性的计算不能准确模拟地表沉降槽窄而陡的变形模式。而地表最大竖向位移越大，变形槽越窄而深，越容易引起地表变形损害，因此，不考虑非共轴各向异性的设计可能偏于危险。同时，此处所采用的新的本构模型还可推广应用于模拟更多的类似岩土工程问题，如基坑开挖、边坡锚固等，考虑非共轴和各向异性的影响，以确保相关工程设计的安全性。

3.4　小　　结

(1)针对大直径盾构隧道掘进对周边地层的扰动，对 3 号井盾构段盾构掘进扰动情况进行了现场监测，监测项目包括土体水平位移、土体分层沉降和孔隙水压力。

(2)土体横向水平位移规律：盾构切口到达前，土体横向移动不明显；切口临近盾体通过时，两侧土体向着隧道方向移动；在盾尾通过期间，由于壁后注浆的原因，土体位移会有大幅的波动，峰值往往出现在这期间，并且土体位移也是在盾尾通过之后贡献最大；盾构继续向前推进后，土体横向移动逐渐趋于稳定。土体纵向水平位移规律：盾构切口到达前，土体纵向移动不明显；在切口临近时土体背离前进方向缓慢移动；盾体通过期间，土体继续背离前进方向加速移动；在盾构脱环之后土体的纵向位移达到峰值，在此阶段的土体纵向位移贡献最大；盾构继续向前推进后，土体纵向位移逐渐趋于稳定。

(3)基于二维数值模型计算得到：隧道最终的应力释放越大，地表沉降为抛物线增加。同时，显著地表沉降范围为隧道轴线两侧 20 m 范围。

(4)基于三维数值模型的计算，并结合现场地层水平位移的连续监测，可以发现，在实际施工过程中，应力释放在三个主要施工阶段的占比不同，盾构通过阶段发生主要的应力释放。另一方面,地层位移规律呈现两种趋向,先是向盾构侧变形,随着脱环及隧道管片受力发生椭圆化变形,地层向远离隧道侧变形。

(5)同时考虑各向异性和非共轴特性才能合理模拟主应力轴旋转下地层颗粒材料的力学响应,进而更好地对盾构隧道掘进对周边土体产生的扰动进行模拟,与现场监测更加匹配。

第4章　大直径泥水平衡盾构超浅埋、超深埋始发接收技术

4.1　大直径泥水平衡盾构超浅埋始发接收技术

4.1.1　清华园隧道大直径泥水盾构超浅埋始发概况

1. 3号竖井

3号～2号区间隧道盾构自3号竖井始发，到达2b接收井接收。3号竖井进洞端埋深约为6.8 m，覆土埋深不足0.6倍洞径，属超浅埋地段。地质钻孔显示，3号竖井地表一般分布有杂填土，其下依次为第四系全新统冲洪积层(Q_4^{al+pl})粉土、粉质黏土，始发洞门穿越全断面的第四系全新统冲洪积层(Q_4^{al+pl})粉质黏土，该层土体呈黄褐色，硬塑，含少量铁锰质氧化物，局部夹粉砂。承载力标准值最大f_{ak}=150 kPa，压缩模量E_s=10 MPa。

基于3号竖井的地层情况以及始发段的埋深，可以认为3号～2号段属于超浅埋情况下的始发，击穿冒顶风险高，压力建舱困难。另一方面，清华园隧道采用的盾构机直径达12.64 m，在始发洞门破除阶段存在洞门破除后掌子面压力难以稳定的风险，同时由于盾构机直径大，在始发过程中盾构机姿态难以控制。

2. 2号竖井

2号～1号区间隧道盾构自2a竖井始发，到达1号接收井接收，2号竖井2a进洞端埋深约22 m。地质钻孔显示，2号竖井地表分布有第四系人工堆积层(Q_4^{ml})杂填土，其下依次为第四系全新统冲洪积层(Q_4^{al+pl})粉土、粉质黏土、粉土、卵石土、粗细圆砾土，始发洞门穿越全断面的第四系全新统冲洪积层(Q_4^{al+pl})卵石土，该层土体呈黄褐色，稍密～中密，饱和，呈圆棱状，母岩成分主要为砂岩、花岗岩，岩质坚硬，粒径最大约为150 mm，大于60 mm粒径含量约55%，20～60 mm粒径含量约15%，余为砂充填，级配较好，岩芯呈散状，未见胶结；土层厚0.8～16.6 m，常夹粉土、粉质黏土薄层及透镜体；渗透系数按北京地区经验为80～100 m/d。该段地层渗透系数大，地下水丰富，地层承载能力差。

基于2号竖井的地层情况以及始发段的埋深，可以认为2号～1号盾构段的始发处于低地层承载能力、高透水性的环境。因此，存在洞门连续墙凿除后在地下水作用下，稳定性较差的土层发生坍塌的风险。盾构井1号出洞端埋深约5.6 m，属于超浅埋接收。隧道穿越拱顶地层以杂填土、粉土、粉质黏土为主，其中1号盾构井端头洞身及基底地层以粉砂、粉质黏土为主，中间夹杂少许卵石土。

4.1.2 盾构始发关键技术

盾构始发是指利用反力架和临时组装的负环管片等设备，将处于始发基座上并拼装调试完成的盾构推入已加固的端头土体中，沿着预先设计的线路掘进，直至盾构全部进入加固体，然后拆除负环管片、洞门密封装置、反力架等辅助盾构始发设施的一系列过程。

始发作业的边界条件不同于盾构正常掘进，盾构始发施工通过开挖面平衡条件差，对开挖面稳定产生不同程度的不利影响，同时由于始发时隧道覆土浅，盾构处于试掘进状态，盾构故障多，盾构操作人员不熟练等，容易发生地表变形过大甚至坍塌、地表冒浆等事故。因此必须重视盾构始发施工。

盾构始发的关键工序主要有：端头土体加固、安装始发基座、盾构组装调试、安装反力架、洞门破除、安装洞门密封、拼装临时管片、始发试掘进等，其中端头土体加固、洞门密封、洞门破除、拼装临时管片是盾构始发关键技术。根据拆除临时挡土墙和防止开挖面地层坍塌的不同方法，各始发工法如图 4-1 所示。

- 盾构始发工法
  - 开挖面自稳法
    - 降水法
    - 注浆法
    - 置换法
    - 高压旋喷法
    - 深层搅拌法
    - 冻结法
  - 拔桩法
    - 双重钢板法
    - 开挖回填法
    - SMW拔芯法
  - 直接切削临时墙法
    - NOMST法
    - EW法

图 4-1 盾构始发工法分类

具体选用哪一种工法，取决于地质、地下水、覆盖层、盾构直径、盾构机型、施工环境等因素，同时还应考虑安全性、施工性、成本、进度等要求。其中，开挖面自稳法是采取加固措施使掘削地层自稳，随后将盾构机贯入加固过的自稳地层中掘进，加固方法采用较多的当属注浆加固法、高压喷射法、冻结法。

清华园隧道盾构段施工存在两次始发，分别为 3 号竖井始发和 2 号-a 始发井始发。由于篇幅所限，仅讨论 3 号竖井的超浅埋条件始发关键技术。

1. 洞门端头土体加固技术

盾构工程中，进行地层加固的目的有以下几点：

①消除构筑竖井时造成的周围土体松动。

②防止拆除临时挡土墙时的振动影响。

③在盾构机贯入掘削面墙或被拉入竖井内前使地层自稳及防止地下水流入。

④降低对入口堵塞物的压力。

⑤防止因掘削面压力不足引起的掘削面坍塌（特别是泥水盾构机）。

⑥防止对地表沉陷或对埋设物的影响。

改良范围包括达到自稳的强度因素和与土质情况有关的止水因素，这些需根据强度计算及以往的施工经验来确定。

（1）加固技术概述

目前，常用的盾构隧道端头加固方法有深层搅拌法、高压喷射注浆法、人工冻结法、SMW 工法、注浆法、降水法和素混凝土灌注桩法等。端头土体加固常采用多种工法相互结合的手段。软土地区常采用高压旋喷柱加水泥土深层搅拌桩的加固方式；砂性土层常采用降水加地层加固的加固方式；全断面岩石地层可采用分层注浆的施工方式。

1)深层搅拌加固法

深层搅拌桩(水泥土搅拌桩)是加固饱和软黏土地层的常用方法。通过钻孔将石灰、水泥等固化剂主材料送入地层,使用深层搅拌机强制搅拌地层中的软土和固化剂。通过软土和固化剂之间产生的物理化学反应形成水泥土搅拌桩使软土的物理性能得到提高。

深层搅拌法的优点:

①挤土效应小,扰动周围地层少。

②可以依据土质与工程设计的不同要求,选择合理的固化剂和配方,较灵活。

③施工时污染小、无噪声、无振动。

④土层加固后,容重变化不大,不会引起较大的附加沉降。

⑤加固桩的结构形式灵活多样,可按工程实际需要进行选择。

深层搅拌法的缺点:

①加固深度浅,当加固深度不大时,可得到较好效果。

②施工时对技术操作要求较高。

③富水砂层中,此加固方法止水效果一般,可与其他加固工法联合使用。

深层搅拌桩法适宜应用于加固饱和软黏土。适宜用深层搅拌桩加固的有淤泥质土、沉淀的粉土、沼泽地带泥炭土和新吹填的超软土。

2)高压喷射注浆法

高压喷射注浆法是把带有特殊喷嘴的注浆管置入土层的预定深度,以高压喷射流,通过劈裂、剪切、冲切、充填、挤压、搅拌、渗变、置换、升扬、固化等作用,强制性破坏原地层,使地层颗粒在一定程度上重新排列,在周围形成反滤层,使浆液在有限的范围内进行扩散。同时,地层颗粒与射流带入的固化剂就地搅拌,形成防渗固结体,达到加固改良土体的目的。

按照喷射流移动方式的不同,高压喷射注浆法分为摆喷、定喷、旋喷三种。目前,盾构隧道始发与接收端头加固主要应用旋喷桩加固法。

旋喷桩加固法的优点:适用地层广,材源广,价格低,固结体形状可控制,强度高,耐久性好,机动灵活,可灌性好,喷浆液集中,流失少,设备简单,管理方便。

旋喷桩加固法的缺点:加固质量受人为因素影响大,不确定因素多,加固方案的设计、施工人员需有较丰富的经验;当旋喷桩加固在地表面 15 m 以下时,难以保证桩体的垂直度;粉土、砂土地层旋喷桩加固法适应性较差。

旋喷桩加固技术主要适用于人工填土、残积层、第四纪冲击层等,可用于处理黏性土、黄土、淤泥、粉土、淤泥质土、人工填土、砂土和碎石土等地基。对于浆液无法在注浆管周边凝固的工程和地下有大量涌水或水流速过大等状况要慎重使用旋喷桩加固法。

3)冻结法

冻结法是利用制冷技术使施工地层中的水结冰,将施工地层的土转变为冻土,以提高地层的稳定性和强度,使作业段与地下水隔绝,方便进行地下工程作业。

冻结法适用于淤泥层、砂层和砂砾层。冻结法的冻土强度和止水性高,从而使冻土墙具有较高的可靠性,并且保证工作段地层长时间保持稳定状态。冻结法在动水层中使用时质量不能得到保证,因为冻土的融沉性和冻胀性会使冻结法对地面沉降有较大的影响。冻结法加固土体示意如图 4-2 所示。

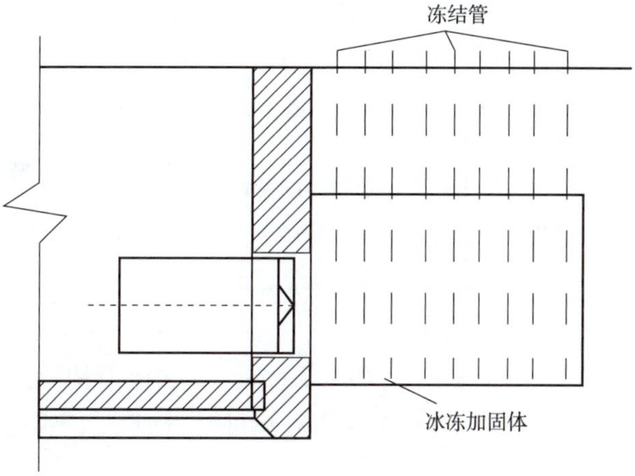

图 4-2　冻结法加固土体示意图

4)注浆法

注浆法是利用压力将一些可固化的浆液注入土体的空隙和裂隙内,或挤压密实始发、接收端头土体,从而加强端头土体的强度。

注浆加固法的优点:设备简单,占地面积小,耗资少,规模小,见效快,工期短,噪声、振动小,对周围环境的扰动小。

注浆加固法的缺点:由于浆液沿裂隙流动,所以浆液的注入方向、注入量不能很好地控制,不能保证土体的加固质量。注浆法加固土体示意如图 4-3 所示。

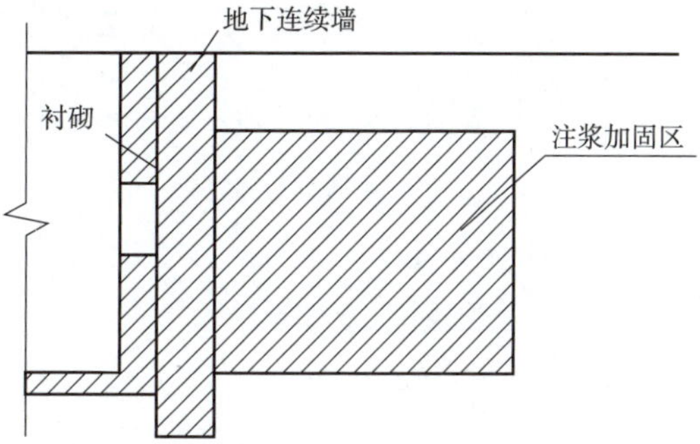

图 4-3　注浆法加固土体示意图

主要加固方法对比见表 4-1。

表 4-1　盾构始发与接收段主要加固方法对比

加固方法	工法特点
注浆法	适用于多种地层,可进行单液和双液注浆,经济性和可施工性好,材料和施工方法多种多样,要考虑因灌浆而引起地基隆起等的处理对策
高压旋喷法	砂层改良效果好,40 m 以下深度施工时造价较高,效果偏差。有单、双、三重管三种工法
深层搅拌法	软土地层最常用的端头加固方法,通过加固使端头土体凝聚力和内摩擦角改变,主要适于淤泥、黏土层,深度在 25 m 以下时加固效果很差,工程造价低,加固不连续,加固体强度偏低

续上表

加固方法	工法特点
冻结法	适用淤泥地层、砂层、砂砾层,冻结法的冻土强度和止水性高,从而使冻土墙具有较高的可靠性,对于动水层,质量不能保证,对于含水量低的地层不适用
降水法	地层较好、周边环境适应时采用;需将降水对隧道的影响考虑在内,可与其他加固方法联合使用
SMW 法	适用于黏土层、淤泥层、砂层,造价较低,加固宽度小,成桩效果好,止水性较好,对周围土层的影响较小,加固质量高,桩体连续,强度高

(2)3 号井加固技术

3 号井始发地层主要为粉质黏土层,且埋深较浅,为确保盾构始发安全,避免始发段隧道涌水、涌砂和塌方现象发生,3 号井端头采用旋喷桩进行加固(图 4-4),加固范围为盾构外

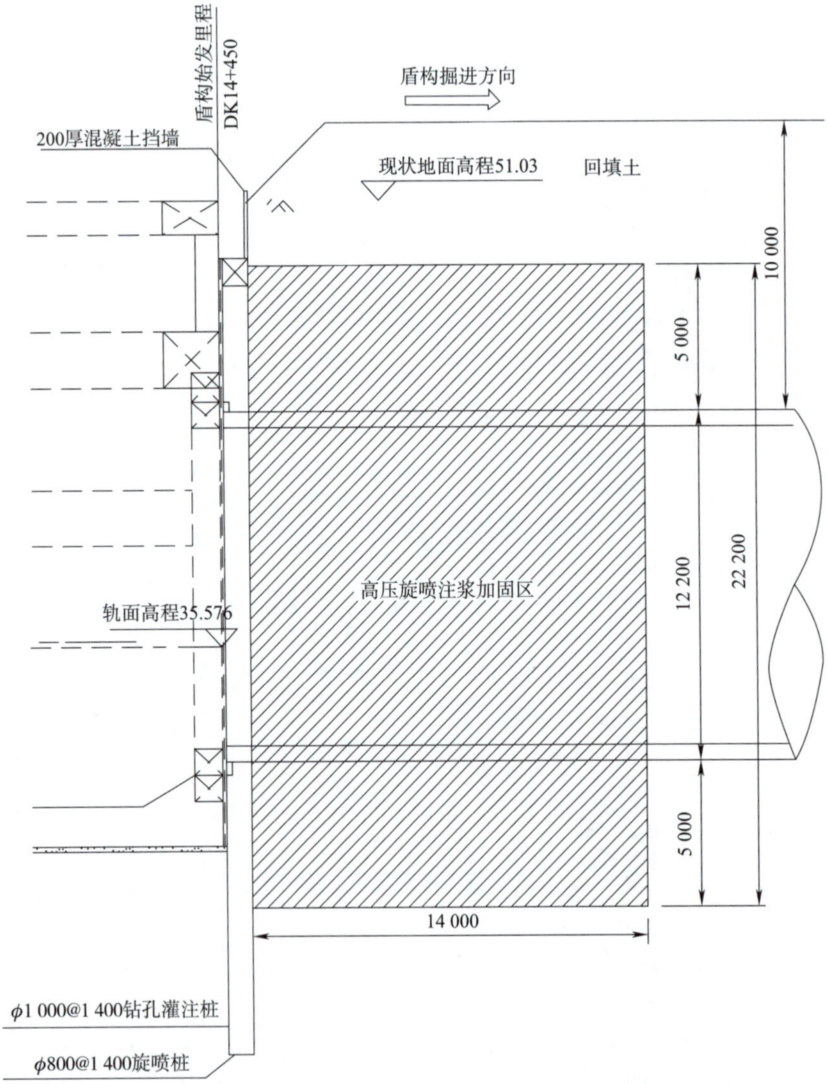

图 4-4　3 号竖井端头加固区域(单位:mm)

轮廓线上、下、左、右各 5 m；加固长度沿线路方向 14 m，垂直线路方向 22 m。施工采用三重管法，水泥采用 42.5 级普通硅酸盐水泥，水胶比 1∶1，旋喷桩 28 d 后无侧限抗压强度不小于 1 MPa，渗透系数不大于 1×10^{-6} cm/s。桩径 600 mm，间距 450 mm，多排咬合，桩位布置如图 4-5 所示。

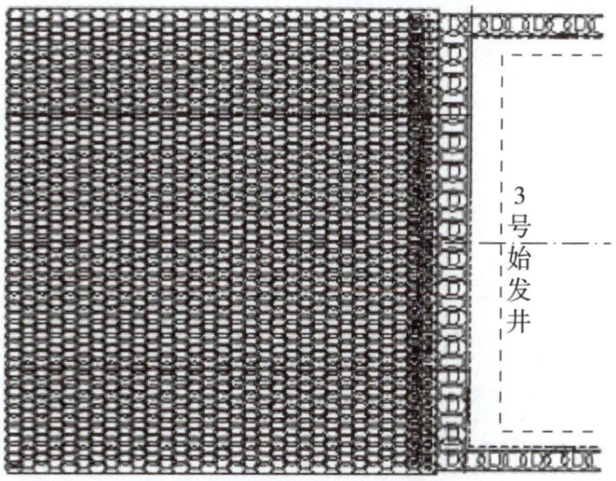

图 4-5　旋喷桩桩位布置图

3 号竖井采用的三重管法是一种水、气喷射及浆液灌注搅拌混合喷射的方法，即用三层喷射管使高压水和空气同时横向喷射，并切割地基土体，借空气的上升力把破碎的土通过地表排除；同时，另一个喷嘴将水泥浆低压力喷射注入到被切割、搅拌的地基中，最终水泥浆与土混合，在土中凝固，形成较大的固结体。具体施工工艺流程如图 4-6 所示。旋喷桩施工技术参数见表 4-2。

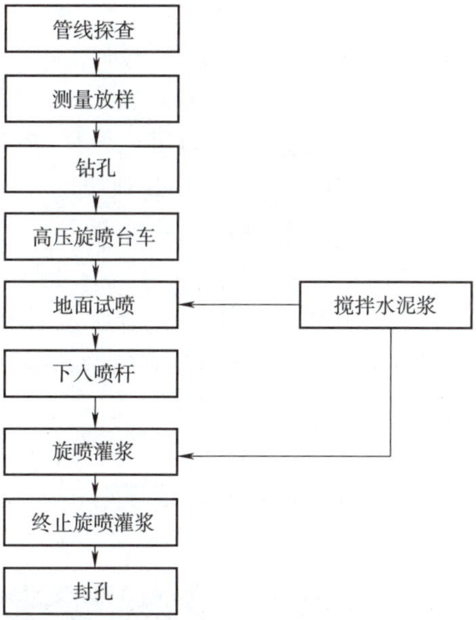

图 4-6　三重管高压旋喷桩施工工艺流程

表 4-2　旋喷桩施工技术参数

设计桩径	600 mm
泥浆喷嘴直径	2 mm
泥浆喷嘴个数	2
浆压	0.5～1 MPa
水压	30 MPa
气压	0.4～0.7 MPa
提升速度	8～12 cm/min
转速	10～15 r/min

续上表

水泥浆流量	100 L/min
气嘴直径	10 mm
气嘴个数	2
水胶比	1∶1

2. 始发基座及反力架施工

始发基座采用现浇钢筋混凝土结构，为弧形结构，分盾尾基座和盾体基座两部分，基座纵向平行于盾构中心线。盾构机壳体与基座之间有 10 cm 的空隙，用于焊接导轨。基座纵向预埋 300 mm×300 mm H 型钢，上部与 100 mm×100 mm 方钢焊接，纵向每隔 10 cm 设置一道加劲肋，焊缝高度不小于 8 mm。方钢作为盾构机壳滑行的轨道。施工始发井底板时预埋插筋，将始发基座和底板连接成一个整体，使基座在始发时抗剪力更大。

3. 负环管片拼装

在清华园隧道盾构段的始发过程中，考虑盾构井主体结构、反力架位置等综合因素，始发时从反力架到正环共需要 8 环负环及 1 环 0 环，负环及 0 环均采用钢筋混凝土管环。

－8 环作为负环拼装的第 1 环，采用混凝土负环空拼。

盾构机调试完毕后，即可开始进行负环管片的安装。本工程负环管片外径为 12.2 m，内径为 11.1 m，共 8 环，排序为 －8 ～ －1，为钢筋混凝土管片，环宽 2 000 mm，管片为通用结构形式，每环管片包含 6 块标准块，2 块邻接块，1 块封顶块。

负环采用通用型混凝土管片。为保证拼装的稳定性及负环拆除的便捷性，－8 环封顶块设计为 1 点位置，第 1 块拼装底部 A4 块；－7 环封顶块为 24 点位置，－8、－6、－4、－2、环点位相同，－7、－5、－3、－1 环点位同为 24 点（具体点位根据现场情况可作调整）。为保证拼装位置正确，成环后不致发生位移，在管片浇筑前，在环和纵向螺栓的上下对应内外弧面均设置预埋钢板，管片在整环拼装完成后采用 20 号工字钢（翼板之间加焊 1 cm 厚钢板做肋，间距 10 cm）将管片环内部环与环、块与块间预埋钢板焊接。管片脱出盾尾后同样采用 20 号加肋工字钢将管片环外部预埋钢板焊接。负环加固示意如图 4-7 所示。

图 4-7　负环加固

4. 洞门密封

（1）洞门密封环设计

清华园隧道盾构段采用的洞门密封环为设计宽度 1 000 mm 的圆环板结构，钢环内侧面直径 13.13 m。密封钢环由封板、加劲板、圆环板、翻板、两道帘布橡胶板组成。密封环整环环面与盾构机设计轴线垂直,封板内侧设置加劲板。

钢环竖直埋设于主体结构内,钢环外侧设置锚筋埋入主体结构中。密封钢环分别设计一道注浆(脂)预埋管和 8 根 ϕ50 注浆管(壁厚 4 mm),用于洞门密封堵漏。预埋管沿圆周均匀布设,并与钢环内侧面连通,用于盾构始发过程中注浆、注油脂的需要。

(2)洞门密封环安装

密封钢环按照设计线路洞门位置进行安装。安装时在预埋洞门环法兰面上测量定位密封钢环分块线,并作出标识。密封钢环拟设计 4 块分别吊装,现场采用 25 t 起重机,配合人工进行分块吊装,焊接在洞门法兰面上。密封钢环要求安装牢固、止水,采用双面焊接,并且通过内外侧加劲板将密封环固定于预埋洞门环上。

(3)橡胶帘布、压板的安装

在密封钢环圆环板上设置螺栓孔,采用 M20 螺栓将帘布橡胶板固定于圆环板和密封环钢板之间。圆环板位于封板内侧,通过螺栓分 4 块固定在洞门密封环钢板上。圆环板与翻板通过销轴连接,两道翻板间净空宽度 45 cm,翻板作为帘布橡胶密封的刚性支撑。

盾构始发前先将密封环焊接在预埋洞门钢环的法兰面上,在破除洞门后,将橡胶帘布和圆环板通过螺栓固定在密封环钢板上,最后将钢折板通过转销连接到圆环板上。

由于橡胶帘布尺寸较大,橡胶帘布安装完成后底部帘布将向洞门方向伏倒,对泥水建舱有一定的影响。为避免这种情况的发生,在两道帘布内层需要安装一层 1 mm 厚的弹簧钢板用于支顶帘布保持直立状态。

5. 洞门破除及二次密封

始发口的开口作业容易造成地层坍塌、地下水涌入,故拆除临时挡土墙前要确认地层自稳、止水等状况,应本着对土体扰动最小的原则,把挡土墙分成多个小块,从上往下逐个依次拆除,拆除时应注意在盾构机前方及时进行支护,拆除作业要迅速、连续。

从之前小节可知,清华园隧道盾构段在始发前通过高压旋喷桩对端头区域土体进行加固,该法的主要风险是加固体与围护结构的外侧表面结合不好及加固体之间的密实度未达到施工要求。如果出现上述情况,则洞门破除时很容易产生土体失稳现象,故在洞门破除前要采取预防措施。

(1)加固体抽芯检测

盾构端头加固完成后进行抽芯检测,检验点的数量按设计图纸要求为注浆孔数的 2% ~5%。要求无侧限抗压强度(28 d)不小于1.0 MPa,渗透系数不大于 1×10^{-6} cm/s,不合格应进行补喷。

(2)洞门水平观察孔

洞门破除前,要对洞门区域进行抽芯试验和通过水平观察孔来检测盾构端头的加固效果,主要是观察正面土体的含水量及土体的加固强度等。同时,由于清华园隧道采用泥水平衡盾构,临时墙残渣会堵塞泥水循环,故必须在确认障碍物已清除干净后才能推进。待盾构机贯入地层后,对掘削面加压,监视导口密封垫圈状况的同时缓慢提高压力,直到预定压力值。盾构机尾部通过导口密封垫圈时,因密封垫圈易成反转状态,所以应密切监视,同时盾构机应低速推进,通过导口后,进行壁后注浆,稳定洞口。

为保证洞门破除安全,3 号竖井洞门破除安排在端头土体加固取芯检验合格后进行。达到设计要求后分两次进行洞门混凝土的凿除,采用人工高压风镐破除为主要方式:第一次凿除 20 cm 厚喷射混凝土,内部有钢筋网片,自上往下严格按照分块分部进行;第二次破除钢筋混凝土围护桩 75 cm。当盾构机刀盘抵达洞门端墙前 0.5 ~1 m 时停止,然后再将余下的混凝土打穿、钢筋割除。破除完成后,用刮尺沿钢环走一圈,确保钢环范围内无凸起物后,盾构机方可驶入洞门。

盾构机向前掘进,负环拼装,待盾构机盾尾最后一道洞门橡胶帘布完全进入密封环内,此时在密封环处安装的为 0 环管片,设计 0 环管片外侧面一边预埋 250 mm 宽的钢板,预埋钢板厚 10 mm。待盾构机盾尾完全穿过密封板后,用 20 mm 厚密封钢板将圆环板边缘与 0 环管片外侧的预埋钢板焊接,形成二次密封,确保盾构泥水压力平衡,提高密封效果,以保证盾构同步注浆的顺利实施。二次密封焊缝高度 10 mm,要求焊缝连续、不渗漏。二次密封用钢板高出圆环板 50 mm,具体情况可根据圆环板与 0 环管片之间间隙进行调整。

4.1.3 盾构始发掘进参数控制及数值模拟

1. 始发掘进参数确定

盾构始发掘进分为三个阶段,分别是泥水压力建立阶段、加固区掘进阶段和原状土掘进阶段。盾体被洞门止水帘布箍住,同时盾构机刀盘脱出导轨可以自由旋转时,开启泥水循环,即建立泥水压力。建压段的侧重点是建立泥水循环,检查洞门密封效果。泥水循环建压完成后即迅速进入掘进状态,因盾构机在加固段掘进,地层土体经过加固,自立性好,强度高,施工过程中的风险主要来源于盾构掘进时姿态出现偏差,造成洞门被盾体撬动变形破坏。盾体安全进入原状土地层时,即标志着盾构机成功始发。

始发阶段掘进控制主要参数为刀盘切口泥水压力、盾构机推进力、刀盘扭矩等。根据盾构始发三个不同阶段以及清华园隧道实际地层情况,切口泥水压力计算示意如图 4-8 所示。

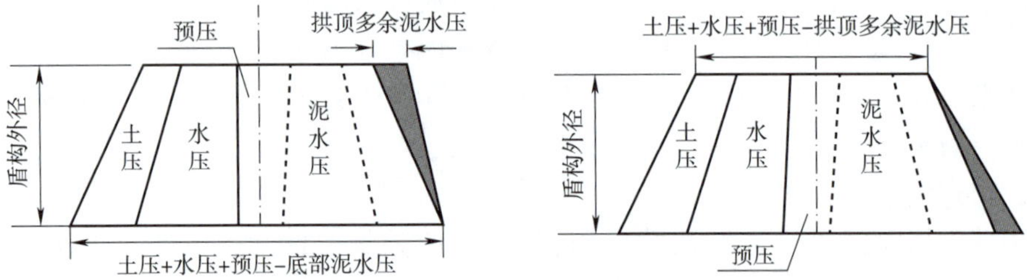

图 4-8 盾构切口泥水压力计算模式

近似切口泥水压力计算公式:切口泥水压 = 地下水压 + 土压 + 预压。

由于盾构始发段埋深浅,而地下水位较深,因此可以不考虑水压,预压按经验值取 20 kPa,计算如下:

上限值

$$P_{up} = P_{土} + P_{预} = K_0 \gamma h + P_0 = 0.43 \times 20.1 \times 6.8 + 20 = 78.772(\text{kPa})$$

下限值

$$P_{down} = P'_{土} + P_{预} = K_0 \gamma h' + P_0 = 0.43 \times 20.1 \times (6.8 + 12.64/2) + 20 = 133.396(\text{kPa})$$

其中，K_0 为静止土压力系数，y 为切口宽度，h 为切口高度。

因此，盾构始发设定压力 $=(P_{up}+P_{down})/2=(78.772+133.396)/2=106.084(\text{kPa})\approx$ 0.11 bar。

应当说明的是，该计算值仅代表始发洞门处的压力，而随着盾构的掘进，隧道埋深增大，泥水压应适当增大，随着隧道施工而动态变化，但为了减弱泥水后窜至工作井内的不利状况，切口泥水压设定不宜过高，从后面掘进参数统计分析中也可以看出。

2. 盾构始发对地面影响监控量测

盾构的始发阶段是盾构法隧道施工的风险高发阶段，清华园隧道并行地铁 13 号线，地面有大量重要建(构)筑物，因此，盾构施工同步的监控量测十分有必要，其主要目的如下：

(1)通过监控量测了解各施工阶段地层与支护结构的动态变化，掌握施工过程中结构所处的安全状态。

(2)通过对监测数据的处理、分析，采取合理的工程措施来控制地表下沉，确保地面交通顺畅和地面建筑物的正常使用。

(3)用现场实测的结果弥补理论分析过程中存在的不足，并把监测结果及时反馈设计、指导施工。

(4)通过监控量测对工程施工可能产生的环境影响进行全面的监控。

(5)通过监控量测进行日常的施工管理。

(6)通过监控量测了解该工程条件下所表现、反映出来的一些地下工程规律和特点，为今后类似工程或该工法本身的发展提供借鉴、依据和指导作用。

3. 始发掘进数值模拟分析

(1)模型几何参数

数值计算采用有限差分法软件 FLAC 3D，土层使用摩尔－库仑模型，桥墩、地下连续墙、基坑内衬、隧道管片、盾构机使用弹性模型，计算模型尺寸为 142 m×120 m×45 m，如图 4-9 所示。

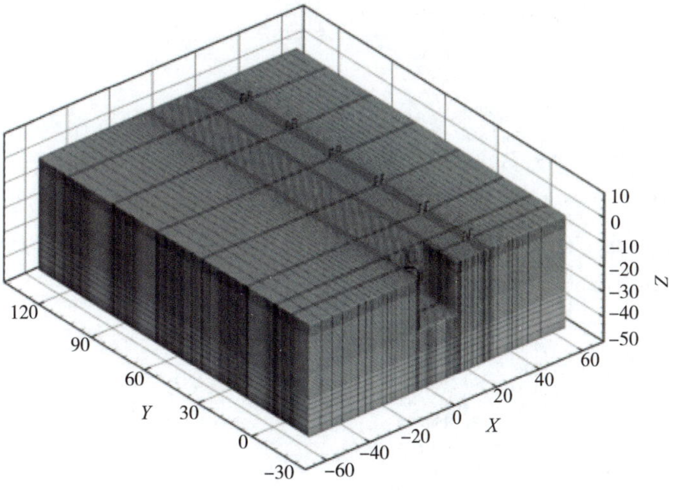

图 4-9　计算模型尺寸图(单位：m)

平行隧道的地铁 13 号线桥梁属于简支梁桥，桥跨长度 25 m。桥墩采用双柱式方形墩，墩身实际尺寸 1.4 m(线路纵向)×1 m(线路横向)，墩高 1.5 m(土中)+3.3 m(外露)，承台尺寸为 2.8 m(线路纵向)×5 m(线路横向)，墩基为钻孔灌注桩，直径 1 m。为简化建模，数值计算中墩身尺寸取 1 m×1 m，承台取 3 m×5 m，其余参数不变。其中，墩身、承台使用实体单元建模，钻孔灌注桩使用 pile 结构单元。

考虑始发基坑支护对始发段土体的约束不属于完全约束边界条件，因此建立部分基坑模型进行计算，在沿隧道纵向上考虑边界效应，基坑长度取 1 倍基坑宽度。

(2)模型材料参数

1)天然土层

计算模型土层至地表向下共分 5 层，分别为粉土、粉质黏土 1、卵石土 1、粉质黏土 2、卵石土 2，计算参数见表 4-3。

表 4-3　土层物理力学参数

土　层	容重 γ(kN/m^3)	变形模量 E(MPa)	泊松比 ν	内摩擦角 φ	黏聚力 c(kPa)
粉土	19.9	5.59	0.35	25.2°	24.3
粉质黏土 1	20.1	6.56	0.30	18.4°	33.8
卵石土 1	19.4	150	0.23	45°	
粉质黏土 2	19.8	7.56	0.30	19.6°	36
卵石土 2	21.2	150	0.28	45°	

始发段盾构隧道全断面处于粉质黏土 1 内。

2)加固区土体

使用高压旋喷后的土体参数与原生天然土体参数有较大差别，根据相关文献资料，加固区土体的物理力学参数见表 4-4。

表 4-4　加固区土体物理力学参数

容重 γ(kN/m^3)	变形模量 E(MPa)	泊松比 ν	内摩擦角 φ	黏聚力 c(kPa)
20.1	1 000	0.25	30°	200

3)隧道结构

通过将盾构机段的注浆层单元参数从土体参数换为钢材参数模拟盾构机，并加大单元密度，使得盾构机段的视密度同实际情况类似。通过对掌子面土体单元施加面力的方式，模拟泥水压力。盾构机段后为隧道段，此时注浆层单元的参数由盾构机段转换为注浆层物理力学参数，注浆层的强度不考虑时间因素。管片单元的参数，根据清华园隧道衬砌结构的设计资料取值。隧道结构的计算参数见表 4-5。

表 4-5　隧道结构物理力学参数

项　目	容重 γ(kN/m^3)	变形模量 E(MPa)	泊松比 ν
盾构机段	27.85	20.6×10^4	0.30
注浆层单元	22.0	60	0.20
管片单元	25.0	35.5×10^3	0.20

4)桥墩及基坑结构

桥墩实体单元部分与基坑结构采用相同的计算参数,具体见表4-6。桥墩基础的钻孔灌注桩结构单元参数采用表4-7的值。简支梁计算质量750 t,通过对墩身顶部单元施加等效面力模拟。

表4-6 桥墩及基坑结构计算参数

容重 γ(kN/m^3)	变形模量 E(MPa)	泊松比 ν
25	31.5×10^3	0.20

表4-7 钻孔灌注桩结构单元计算参数

容重 γ(kN/m^3)	变形模量 E(MPa)	水平地基系数(MPa/m)	竖直地基系数(MPa/m)
25	31.5×10^3	25	30

(3)初始应力场

本工程隧道埋深段不见明显构造应力,主要受自重应力场控制,因此使用位移边界,如图4-10所示。

数值计算中,模型的初始应力场分三阶段计算,最终使用最后阶段的应力场。

(4)洞门破除稳定性计算

1)天然土体

若对洞门后土体不进行加固改良处理,直接破除洞门,将会引起洞门处土体坍塌滑移,从而造成重大安全事故。通过计算无土体改良时的洞门破除稳定性,可了解本工程洞门破除时引起的土体扰动范围,为加固改良区的范围确定提供部分依据。

为更好地说明洞门后土体位移的情况,绘制洞门破除后土体位移等值面图,如图4-11所示。图中,深蓝色面为位移0.5 cm土体、浅蓝色面为位移1 cm土体、绿色面为位移1.5 cm土体、黄色面为位移2 cm土体。可以认为,等值面形状同滑移体形状类似。

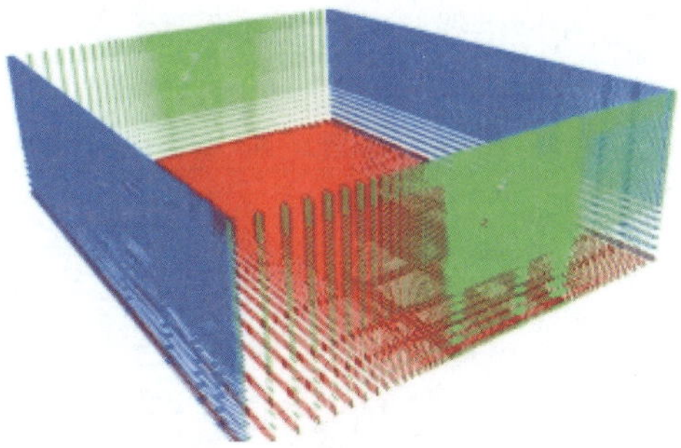

图4-10 模型计算边界条件

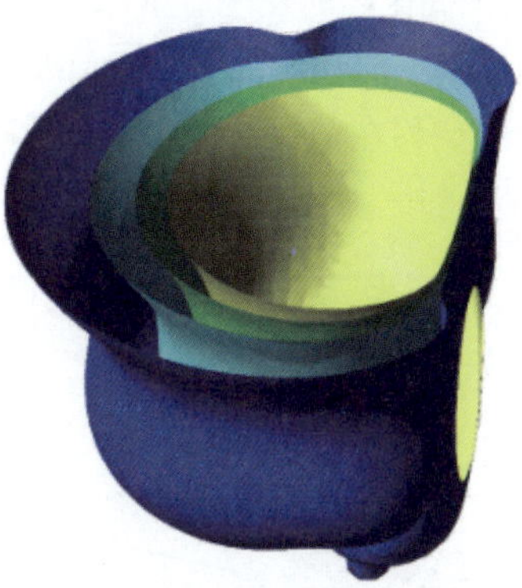

图4-11 天然土体下洞门破除后的位移等值面图

由计算结果可知,土体呈现向基坑内滑移坍塌趋势,洞门处土体向基坑内移动,洞门后方地表土体向下移动,随着深度的增加,土体移动方向逐渐转向洞门方向。另一方面,土体位移达5 cm以上的范围主要是洞门后方2~14 m,同时最大变形为洞门处土体,达45 cm以上。土体纵向位移达 2 cm 以上的范围主要是洞门后方 2 ~ 17 m，同时竖向移动最大的土体为滑移体中心至洞门处土体。因一方面滑移线整体为圆弧状，符合黏土滑移破坏的基本规律。

在横断面上，位移达 1 cm 以上的土体主要在隧道轴线两侧 18 m 范围内，位移达 5 cm 以上的土体主要在隧道轴线两侧 6 m 范围内。横断面内土体竖向位移达 2 cm的范围主要为轴线两侧 12 m 范围内。

考虑 FLAC 3D 进行的有限差分法计算属于连续介质模拟，虽然本计算模型仍处于整体状态，但实际必将发生土体坍塌，从而造成重大施工安全事故。同时考虑土体坍塌后会影响北京地铁 13 号线既有桥墩基础及其附近土体，导致桥墩滑移、倾斜、既有桥梁垮塌，危及行车安全，因此，必须对洞门后方土体进行改良加固。

2）改良土体

清华园隧道 3 号竖井始发段地层土体使用旋喷桩进行改良加固，将计算模型中加固区内土体形参进行修正，再进行平衡计算。

此时，若加固区范围为沿隧道纵向长 6 m、隧道外轮廓线外 5 m，在进行 6 m 加固时，0.5 cm变形等值面明显收敛。同时，变形体由洞门处的“锅形”滑移体转为与基坑形态类似的“盒形”，这是由于加固区内土体得到改善，得到部分自稳能力，土体大变形趋势由通过洞门基坑内滑移坍塌转为较为正常的向基坑径向收敛。

旋喷桩改良土体效果较为明显。为探讨不同加固范围下洞门土体的变形趋势及对北京地铁 13 号线的影响，取不同加固范围进行数值计算，具体参数见表 4-8。

表 4-8　加固区大小

线路纵向长度(m)	6,12,17,22	
隧道外轮廓线外(m)	5	2

图 4-12、图 4-13 为不同加固范围，洞门土体的纵向位移及受影响桥墩的纵向位移。从图中可以看出，加固区纵向长度对土体改良的效果较为明显，基于图 4-12 可以认为两种加固宽度下的洞门位移都随纵向长度的增加而降低。图 4-13 中可看出，北京地铁 13 号线受显著影响的桥墩沿线路纵向位移在宽为 5 m 加固时，随着加固区的增加，桥墩沿线路纵向位移得到下降。

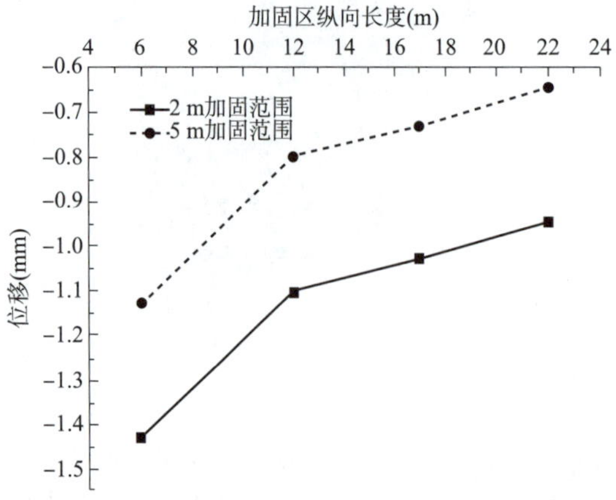

图 4-12　不同加固范围下洞门土体的纵向位移

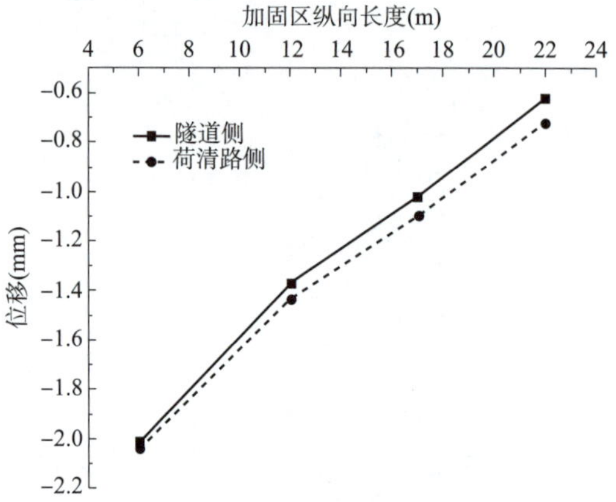

图 4-13　受显著影响桥墩的纵向位移(宽 5 m)

基于图 4-12、图 4-13 中的位移数据值,可以认为使用旋喷桩进行土体加固后,土体性质得到大幅改善,洞门破除后的土体是较为稳定的。考虑泥水平衡式盾构掘进时,盾构机处在泥浆包裹下,始发时存在密封不佳导致窜浆的风险,固当 0 环脱出盾尾时,盾构机应当仍处于加固区土体中。

(5)盾构掘进施工数值计算

1)大直径泥水平衡盾构掘进施工三维模拟方法

盾构隧道施工主要分为 4 个阶段(挖土阶段、盾尾注浆阶段、盾尾脱开阶段、固结沉降阶段),根据其施工的主要特点以及施工过程中土层的受力,将盾构隧道数值模拟掘进全过程分为开挖过程及管片拼装过程。

假设盾构为一步一步跳跃式前进,每次推进长度为 1 环管片宽度(2 m),土体、管片均采用实体单元,数值模拟掘进全过程具体步骤如下:

①开挖过程:掘进区域实体单元设空并删除上一掘进循环的泥水压力,对掌子面单元设置具有梯度的面力,用以模拟泥水舱中的泥水压及顶进压力,同时对环向单元设置具有梯度的面力,用以模拟盾构机及外溢泥水压力。

②管片拼装过程:删除盾尾环向面力,激活管片单元及注浆层单元,并使用管片形参及注浆层形参。

③进行下一循环的开挖,步骤如①。

在掘进施工模拟过程中,加固区范围为沿隧道纵向 17 m,隧道外轮廓线外 5 m,泥水压力设定为 0.3 bar。

数值模拟全过程流程如图 4-14 所示。

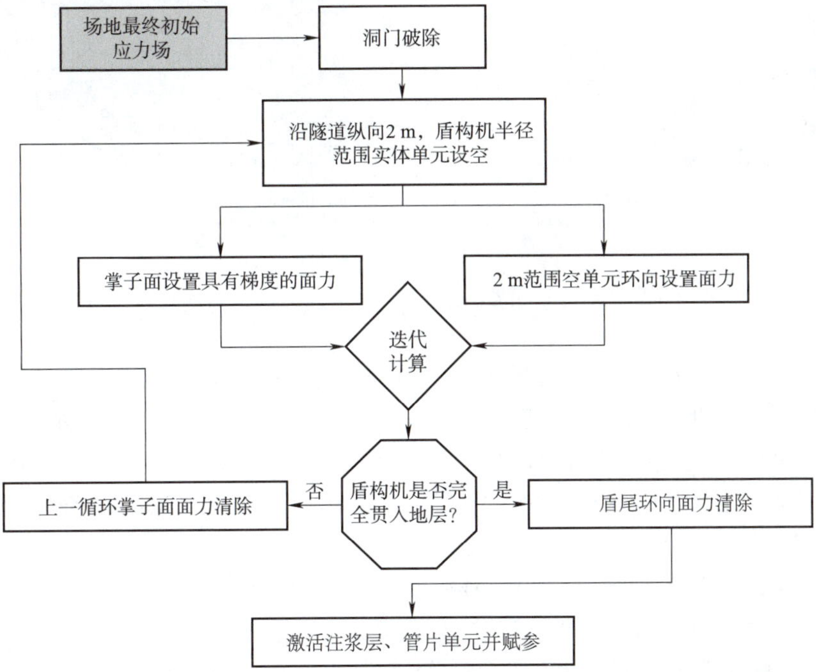

图 4-14 数值模拟过程流程图

2）地表位移变化

盾构掘进时地表位移云图如图4-15所示，由图可见，隧顶正上方产生最大沉降，左右两侧亦有沉降区域。同时，北京地铁13号线既有桥梁桥墩已在影响区域范围内。

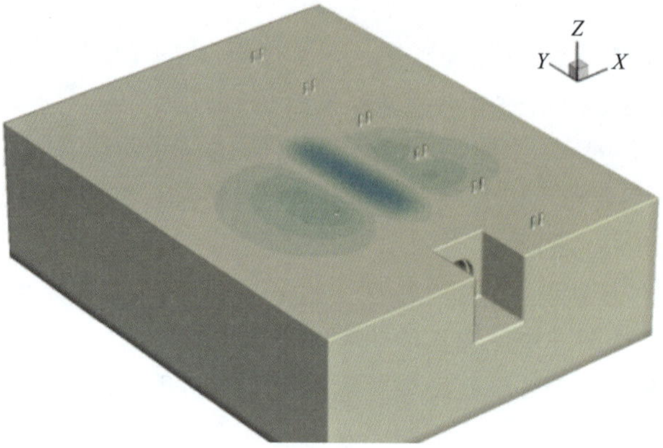

图4-15　地表位移云图

图4-16、图4-17为隧道掘进施工过程中，隧道周围土体竖向位移的切面云图。

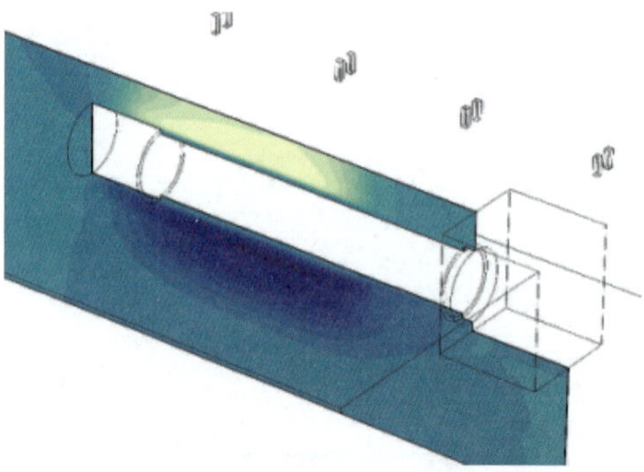

图4-16　隧道纵断面竖向位移切面云图

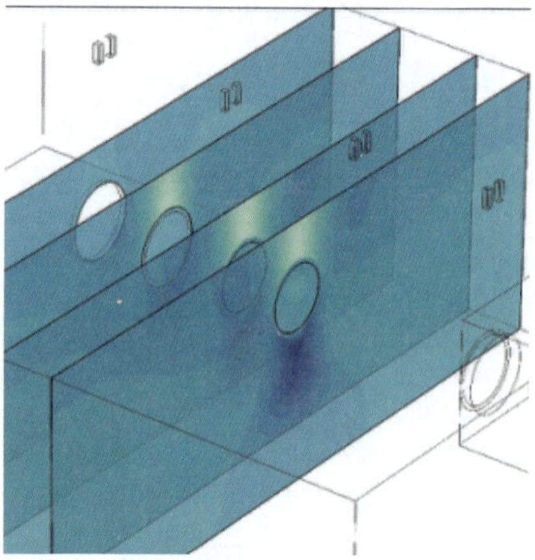

图4-17　隧道横断面竖向位移切面云图

从图4-16中可以看出，盾构机掘进过程中，从掌子面后方开始产生沉降，同时由于浅埋卸荷的原因，隧底产生向上收敛的趋势。图4-17中的切面为依次从掌子面附近向隧道设置，一方面图4-17中沿隧道纵向分布的一系列云图所揭示的规律佐证了从图4-16中得出的结论；另一方面，图4-17中单张横向云图揭示了盾构掘进及管片铺设后，隧道上方呈现的“U”形沉降范围。

为进一步揭示地表及北京地铁13号线既有桥墩的位移规律，模型地表沿隧道纵向每10 m布置一个监测点，横向沿着隧道轴线左右每5 m布置监测点。同时，在北京地铁13号线既有桥梁双柱式方形桥墩墩身顶部设置监测点，沿隧道纵向分别设置主编号为-1、1、2、3、4、5(号)，-1桥墩为基坑旁桥墩。为区别两墩身，将隧道侧次编号为a，将荷清路侧桥墩次编号为 b。

从现场监测结果可以看出，随着盾构机的掘进，隧道周围土体产生扰动变形，一系列图都表明在盾构机掘进过程中盾壳段是产生地表位移最大的阶段（曲线斜率增大），当激活管片即管片脱出盾尾后，地层变形主要是较为稳定的固结沉降变形。

加固区内及附近土体的地表位移均较小（10 m、20 m 测点），说明土体改良加固后的地表位移不明显，位移控制区应在加固区外区域。

在隧道轴线正上方处地表位移最大，两侧数值较为对称且同时减小，同时 15 m 处的数据显示，地表位移随盾构掘进呈现向上趋势。选取纵向距离为 10 m、20 m、30 m、50 m、70 m、90 m 的监测数据，绘制横断面地表位移图，如图 4-18 所示。图 4-18 中，隧道轴线为横向坐标原点，负方向轴为清华园隧道清华同方大厦侧，正方向轴为北京地铁 13 号线侧。

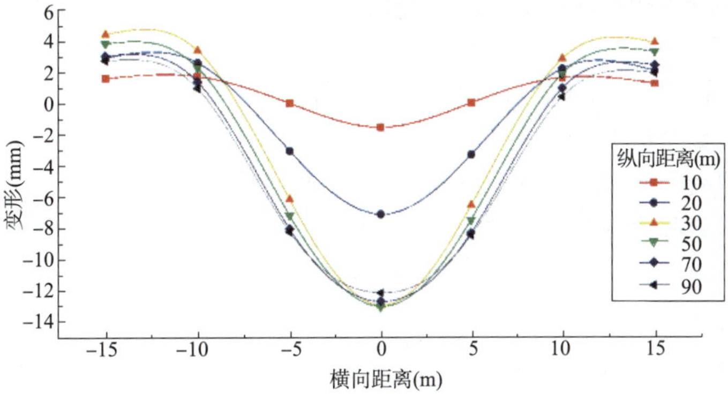

图 4-18 各纵向截面下地表横向位移变化规律

从图 4-18 中可以看出隧道沿纵向各截面下的横向沉降槽曲线，经数据统计分析可知，最大位移处于隧道纵向轴线正上方，可能到 13 mm 左右，两侧沉降依次减小，在槽肩处呈现上拱趋势。可见加固区范围内及附近（10 m、20 m）土体变形较其他范围不明显，再次证明加固区范围内土体位移因土体改良加固影响，地表位移得到控制。

图 4-19 为各桥墩墩身随盾构机掘进的竖向位移变化，可见随盾构掘进，桥墩产生一定的向下位移，同时隧道加固区附近桥墩（1、2）位移较其他桥墩位移小，且更快进入稳定期。

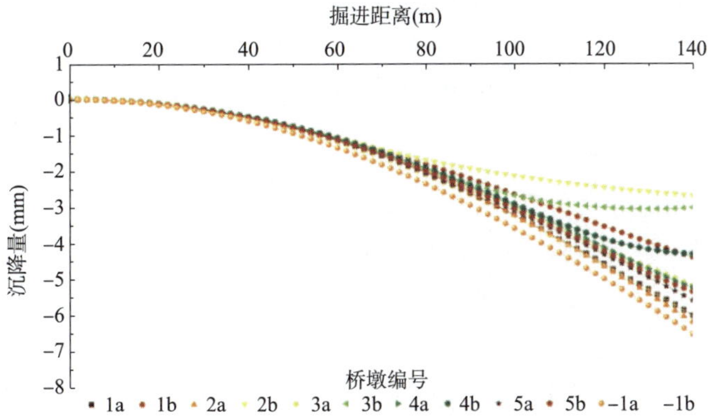

图 4-19 桥墩竖向位移变化

4.1.4 盾构接收关键技术

盾构隧道接收段平面线性为直线，纵断面为出洞前以3‰的坡度下坡，隧道出洞埋深约19 m。

盾构接收主要穿越粉质黏土、粉土、细砂、卵石土地层，盾构机底层有一段粉质黏土作为防水层。

盾构接收总体施工顺序如下：

第一步：在2号接收井主体结构施工时进行洞门环预埋。

第二步：主体结构施工完成后进行端头加固施工。

第三步：盾构掘进至剩余200 m时展开贯通测量。

第四步：盾构继续掘进穿越加固区至洞门时停机，期间做好盾尾密封工作。在盾体中线以上素墙位置的两环管片注入聚氨酯，并对脱出盾尾的5～10环管片注双液浆止水。

第五步：进行接收基座的施工、加固区降水井施工。

第六步：将接收基座两侧回填土，从接收基座两侧往下30 cm回填C30混凝土与基座连成整体，在基座中间的空隙内使用沙袋填实；开始洞门破除施工。

第七步：洞门破除完成后，盾构机继续掘进，对后10环管片进行固定连接，直到盾尾脱离洞门环，焊接密封钢板并二次注浆，进行洞门最终密封。

第八步：拆解盾构机。

盾构接收流程如图4-20所示。

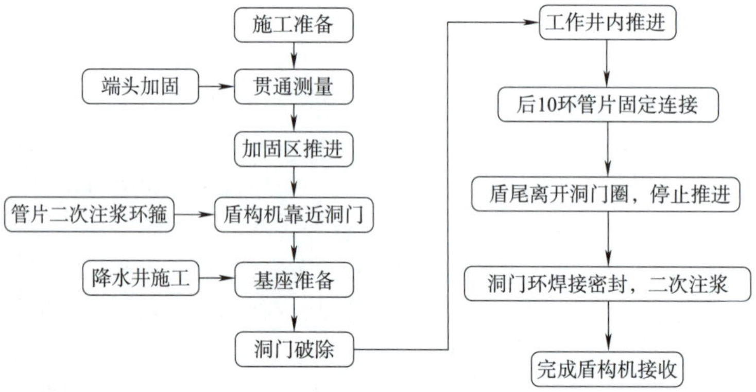

图4-20 盾构接收流程图

1. 盾构机到位姿态测量

在盾构机推进到达停机位置时，对盾构机的位置和盾构隧道的测量控制点进行准确测量，同时对盾构接收井的洞门进行复合测量，测量结果如下：

盾构机姿态偏差：水平为0，垂直为－4 mm。洞门钢环位置偏差：水平为＋3 mm，垂直为－10 mm。

由于洞门钢环直径为13 140 mm，盾构机刀盘为12 610 mm，单边差距265 mm，确认盾构机能够顺利出洞。

2. 接收基座施工

盾构机采用干接收，接收基座按照始发基座配筋，对已施作砂浆基座进行破除，破除后剩余基座顶部到底板之间的高度为 750 mm，即洞门内置钢环以下 650 mm，破除完成后对剩余基座表面做植筋处理，使用 ϕ22 钢筋，间距 1.5 m × 1.5 m 分布，并分别预埋 250 mm × 250 mm H 型钢做导轨基础，与 600 mm × 600 mm 钢板做型钢连接基础，两侧平台预埋 300 mm × 300 mm 工字钢为盾构机推出洞门后空拼管片提供反力，然后浇筑弧形基座。在 H 型钢上焊接 80 mm × 80 mm 方钢做导轨。在接收基座与洞门圈之间安装两根导轨，安装角度、位置与基座导轨相同，导轨下部采用型钢支撑。接收托架现场图如图 4-21 所示。

3. 洞门端头土体加固设计

(1)加固方案及加固范围

根据广州、南京、北京等地盾构施工各类地层中盾构端头加固的施工经验以及国内外类似工程的相关实例和本工程的各端头地质条件、地表环境等实际情况，结合本标段图纸，确定对本工程的盾构进出洞端头地层进行加固，采用 ϕ600 mm 高压旋喷桩加固方案，长度自围护结构外边缘，沿掘进方向为 16.2 m，接收端加固高度为洞身上下各 5 m；宽度均为区间隧道轮廓左右各 2.9 m 范围，加固体外采用 C25 素混凝土地下连续墙进行封闭，素墙深入地下 41.3 m，厚 0.8 m，最底端处于卵石层。

(2)加固效果检查

加固后的地层应具有良好的自立性和连续性，其 28 d 无侧限抗压强度大于 1 MPa，渗透系数不大于 1×10^{-6} cm/s。

为保证地层加固效果，采取地面抽芯方式检查加固土体强度的连续性和抗渗性。现场取芯照片如图 4-22 所示。从图中可以看出端头加固旋喷桩具有良好的连续性，从检测报告中得知强度符合要求。

图 4-21 接收托架现场图

图 4-22 加固区取芯

出洞前对洞门进行水平探孔检查，探孔位置从洞门环最底端往上分别间距 0. 5 m、0. 5 m、1. 2 m，现场水平探孔如图 4-23 所示。从图中可以看出水平探孔洞门渗水量极少，除了最底端的探孔有水渗出，其余两孔已无水流出。

图 4-23　洞门水平探孔

4. 降水井施工及盾体周圈注浆球阀检查

在盾构机出洞前进阶段，需保证接收井内无大量涌水、涌沙，采取提前对加固区内的地下水降液位方式，保证液位降低到盾构机以下。

在接收井加固范围布置两口降水井，井口位置位于加固区内的西北角与西南角上，井深深入盾构机底 4 m 左右，即井深 35. 35 m，最底端处于黏土隔水层上方，地层降水井采用 ϕ300 钢花管。降水井施工完毕后，进行洗井作业。经探测，井内实际留有2 ~3 m 积水，使用 7. 5 kW 水泵单独对一口井进行降水无法将水抽至地面，结合洞门水平探孔可知加固区内水位低、水量小。

打开 4 点钟、6 点钟、8 点钟方向的球阀观察，除了底部 6 点钟方向有少量清水流出，其余两孔基本无渗水。现场照片如图 4-24 所示。

(a)8 点钟　(b)6 点钟　(c)4 点钟

图 4-24　盾体周圈球阀水量观察

5. 洞门破除

洞门破除分三次进行，第一次破除钢筋外侧保护层，并割除外侧钢筋；第二次破除使用两台挖掘机液压锤破除混凝土面，加快洞门破除速度；第三次破除钢筋内测保护层，采用人工方式破除。破除完成后将混凝土渣料清理干净，吊运出基坑。

洞门破除完毕，在洞门底部固定安装两根方钢引轨，一头与洞门圈外的引轨固定连接，一头楔形插入盾构机刀盘底部，保证盾构机出洞能顺着引轨走向接收基座。

6. 盾构机推进

刀盘离洞门环 2. 51 m，管片离洞门环 13. 533 9 m，洞门破除完毕，盾构机恢复推进，刀盘不转，通过推进油缸向前推。

7. 管片连接

管片脱出盾尾后及时复紧螺栓，最后 10 环管片保证每环管片拼装完后在二次注浆孔安装注浆阀如图 4-25 所示，纵向用 100 mm 槽钢打孔连接相邻管片，左右各三道，防止管片拖出盾尾后管片发生松动、变形。在最后 1 环管片外弧面预埋整环钢板，盾尾脱出后，进行洞门封闭焊接。

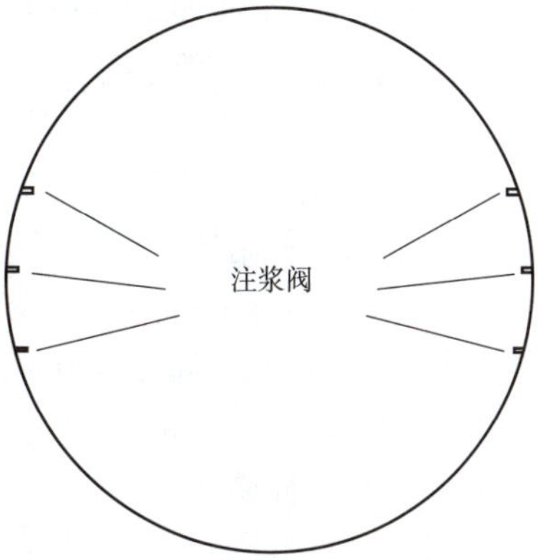

图 4-25 二次注浆阀位置

8. 洞门圈内弧形钢板圈

洞门封堵采用高 705 mm、厚 20 mm 的弧形钢板，钢板内弧弧度与管片外弧弧度相同，在弧形钢板上预留 ϕ48 注浆孔。通过计算，在管片脱出盾尾后，管片超出洞门圈 46 cm，用弧形钢板将洞门圈与管片外弧预埋钢板焊接成整体，对洞门进行最终密封，然后利用洞门预留注浆孔进行二次注浆密封，完成盾构机的接收。

4.2 大直径泥水平衡盾构超深埋始发接收技术(深大竖井)

4.2.1 清华园隧道大直径泥水盾构深大竖井概况

1. 3 号竖井

京张铁路 JZSG-1 标 3 号竖井施工场地位于北京市海淀区双清路与清华东路交叉口南侧 300 m 处。3 号竖井作为京张铁路清华园隧道 3 号 ~2 号区间盾构始发井，竖井净空尺寸为 25 m×15.6 m，深 22.6 m，采用 ϕ1 000@1 400 钻孔灌注桩 + ϕ800@1 400 旋喷桩围护结构，现场地面已用 C30 混凝土硬化(双配筋)，硬化厚度为 30 cm。

3 号竖井施工场地布置如图 4-26 所示。

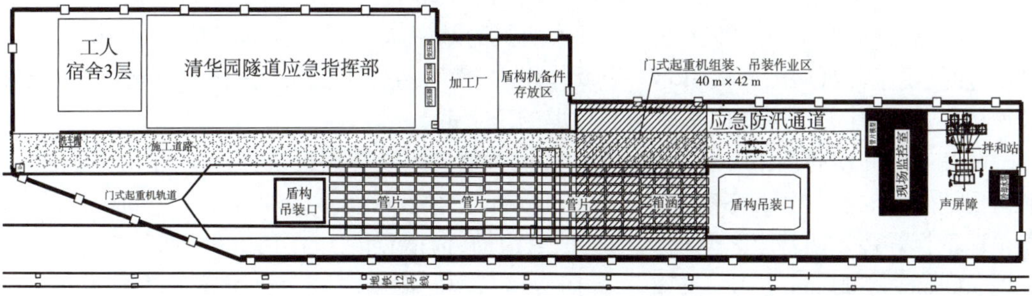

图 4-26 3 号竖井场地布置图

2. 2 号竖井

2 号竖井施工场地位于京包线清华园站内，场地较为宽阔。2 号竖井作为京张铁路清华园隧道 2 号 ~1 号区间盾构始发井，竖井口净空尺寸为 27 m×18 m，深 37 m，采用 1 200 mm 厚地下连续墙 +3 根品字形三重管高压旋喷桩补缝围护结构，现场地面已用 C30 混凝土硬化(双配筋),硬化厚度为 30 cm。

4.2.2 清华园隧道大直径泥水盾构深大竖井始发技术

1. 始发基座及反力架结构施工

始发基座采用现浇钢筋混凝土结构,始发基座为弧形结构,分盾尾基座和盾体基座两部分,基座纵向平行于盾构中心线。盾构机壳体与基座之间有 10 cm 的空隙,用于焊接导轨。基座纵向预埋 300 mm × 300 mm H 型钢,上部与 100 mm × 100 mm 方钢焊接,纵向每隔 10 cm 设置一道加劲肋,焊缝高度不小于 8 mm。方钢作为盾构机壳滑行的轨道。施工始发井底板时预埋插筋,将始发基座和底板连接成一个整体,使基座在始发时抗剪力更大。始发基座、弧形槽设计如图 4-27 所示。

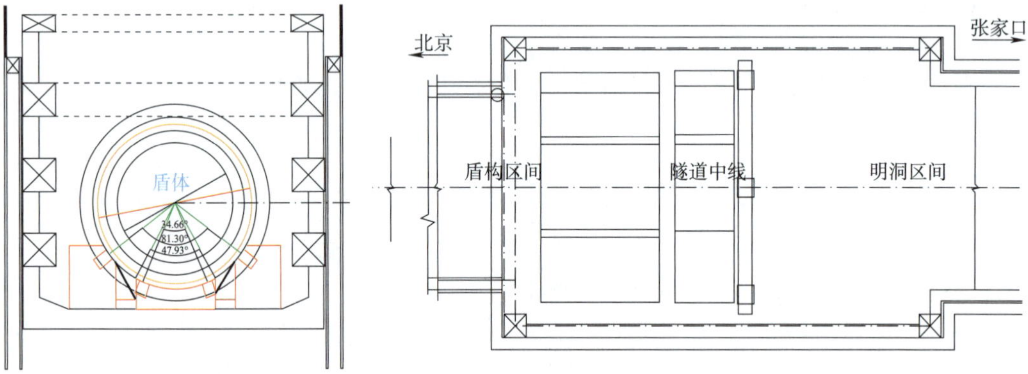

图 4-27 始发基座、弧形槽示意图

盾尾基座长 13.5 m,宽 5 m,纵向对称布置四条盾构机滑行轨道,与盾构机中心线夹角分别为 34.86°和 86.82°。纵向预留两道沟槽,沟槽为盾构组装焊接提供操作空间,预留沟槽宽度 1 m。

盾构前体、中体基座长 13.1 m,宽 8.9 m,纵向对称布置四条盾构机滑行轨道,与盾构机中心线夹角分别为 34.86°和 88.30°。盾体两侧的基座施工时各预埋一根工字钢。当盾构机掘进时,由于刀盘切削土体引起一个反作用力,使得盾体可能发生扭转,因此在盾体上焊接钢构件,钢构件另一端抵住基座两侧预埋的工字钢。

两基座之间横向预留一道沟槽,宽度 1 m,为盾构组装焊接提供操作空间。纵向沟槽与横向沟槽之间架设 50b 工字钢支撑,工字钢两端与两块 600 mm × 600 mm × 20 mm 混凝土基座预埋钢板焊接。两基座之间横向一道预留沟槽,沟槽宽度 1.1 m,此外,在始发基座上端预埋 300 mm × 300 mm 抗扭工字钢。纵向沟槽与横向沟槽之间架设 50b 工字钢支撑,工字钢两端与两块 600 mm × 600 mm × 20 mm 混凝土基座预埋钢板焊接。

反力架外轮廓为圆形,内轮廓为圆环形,内径 11.1 m,纵向宽度 1.2 m,主要为盾构始发提供牢固的受力支撑,使盾构千斤顶有足够的反向力推动盾构机前进。

2. 2 号井反力架静强度分析计算

(1)概述

该反力架采用门架结构,门架由箱形结构两横梁和两竖梁组焊门形结构,其总厚度为

1 200 mm。反力架顶横梁及两侧竖梁后面设若干根钢管支撑。所用材料主要为 Q345B 高强钢,结构模型如图 4-28 所示。

(2)计算载荷工况

1)载荷工况

①工况一

工作工况:钢环表面承受盾构产生的 6 000 t 均布推力。

②工况二

偏载工况:顺着盾构机掘进方向,钢环右端面承受 5 000 t 均布推力,钢环左端不加力。

2)材料的许用应力(表 4-9)

表 4-9　材料的许用应力取值

材料材质	屈服极限(MPa)	《钢结构设计规范》的许用应力(安全系数取 1.2)(MPa)
Q345B	345	287.5

(3)有限元建模

反力架钢结构有限元模型如图 4-29 所示,采用全实体单元进行网格的自动划分。该模型共划分了 45 832 个单元,66 272 个节点。

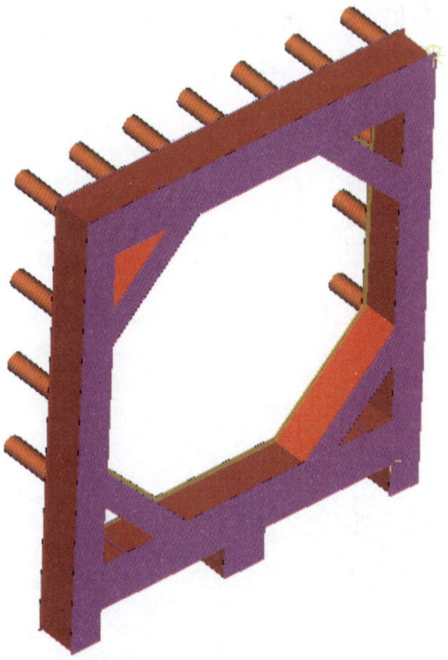

图 4-28　反力架三维结构模型

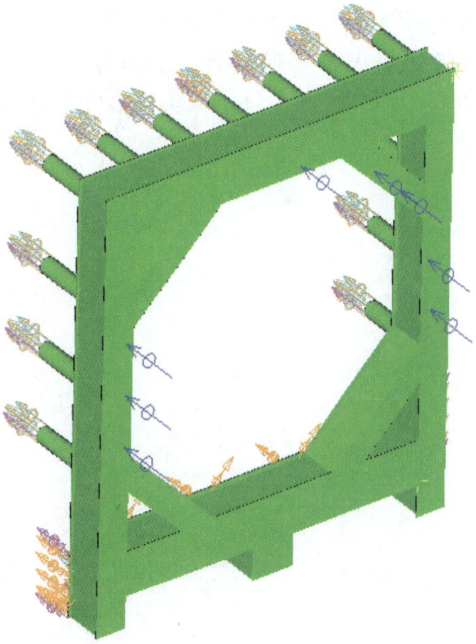

图 4-29　反力架钢结构有限元模型

(4)结论

1)工况一

反力架最大应力为 172 MPa(图 4-30),最大静挠度为 5.3 mm。在载荷工况下,最大应力小于材料的许用应力,最大强度和刚度满足使用要求。

2)工况二

反力架最大应力为 270 MPa(图 4-31),最大静挠度为 7. 77 mm。在载荷工况下,最大应力小于材料的许用应力,最大强度和刚度满足使用要求。

图 4-30　反力架工况一应力云图

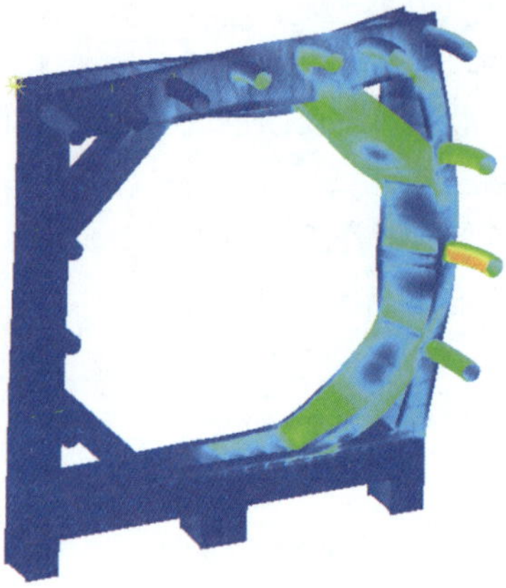

图 4-31　反力架工况二应力云图

3. 钢架安装

钢架整体分为三节,总长度为 8. 4 m,宽度 9. 36 m,节与节之间采用高强度螺栓连接,每节横向、竖向由若干 400 mm×200 mm 和 200 mm×200 mm H 型钢焊接,腹板和隔板采用钢板制作,面板则采用两块 2 800 mm×4 880 mm×10 mm 钢板加工制作而成,面板弧度半径与管片内径相同。钢架外形如图 4-32 所示。

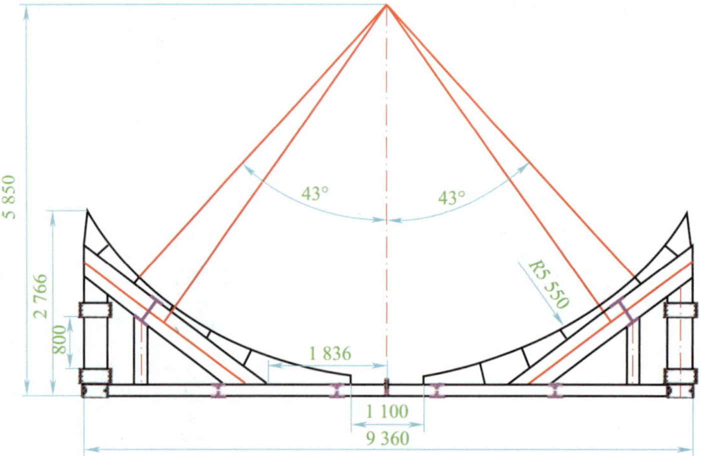

图 4-32　钢架外形图(单位:mm)

钢架坐落在条形基础上,条形基础采用 C35 钢筋混凝土浇筑而成,共六条,长度为 8 400 mm,宽度 800 mm,由隧道中线两侧对称分布,间隔分别为 394 mm、1 000 mm、1 100 mm,顶面铺设800 mm×400 mm×10 mm 预埋钢板,如图 4-33 所示。

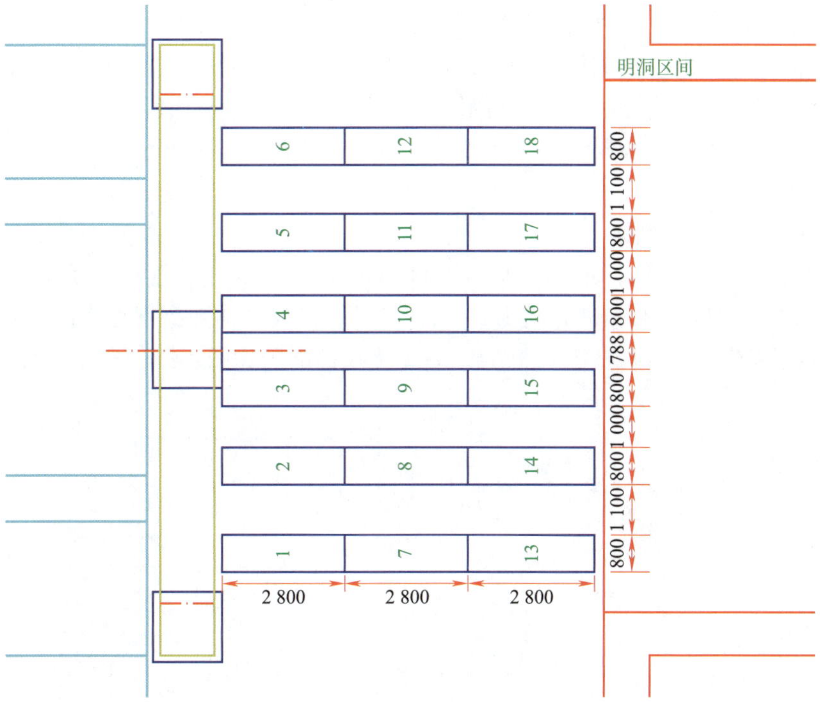

图 4-33 条形基础平面图(单位:mm)

每节钢架的底座 H 型钢坐落于对应的预埋钢板上,通过调整下垫钢板厚度使钢架前端弧形面板的圆心与盾体始发中心重合,后端则与弧形槽道弧面处于同一高度,便于后配套台车后移及与盾体连接。

4. 轨道延长

(1)基座与密封环间轨道延伸

始发基座前端距洞门围护桩内侧最大距离为 2.8 m(靠近掌子面一侧),也就是说盾构机在接触掌子面之前,机头要悬空 2.8 m 的长度。盾构机在这种情况下极易发生栽头的风险。为了避免这种风险、增加盾构机的稳定性,在始发基座和洞门之间、密封环外侧浇筑钢筋混凝土基座,并在基座上安装导轨。导轨由组装时盾体下方始发托架的导轨顺延而来。

施工时先将导轨从始发基座上引伸出来,然后在导轨底部焊接工字钢,工字钢抵住底板,固定好工字钢后,在立模板浇筑 C30 素混凝土。延长段混凝土结构长度 0.7 m,宽度为盾构中心线投影两边各 6.0 m,中间部分依照原始发基座做成弧形,

(2)洞圈底部混凝土支撑

盾构机进入密封环后、接触掌子面前,盾构机前部最大悬空距离为 2.7 m,为避免盾构机发生栽头现象,在地连墙内浇筑宽 1 000 mm C15 混凝土基座用于支撑盾构机。混凝土基座为弧形结构,施工范围为盾构机掘进轴线左右各 22.5°。基座底部为底板,在混凝土台底部设置"几"字形钢筋,锚入底板内。

5. 始发地基加固

盾构工程的出洞始发与进洞到达施工,在盾构隧道施工中处于非常重要的位置。为了在拆除盾构洞门范围内围护结构时保持地层的稳定,防止在盾构出洞始发完全进入地层之前、盾构进洞到达完全脱出地层之后其周围流出地下水和泥砂造成端头失稳,需要考虑地层条件、水文条件、隧道埋深及周边环境等因素,对盾构进出洞端头进行相应处理。

(1)加固设计

1)加固方案及加固范围

本工程的盾构进出洞端头地层,采用 ϕ600 mm@450 mm 三重管高压旋喷桩加固方案,长度自围护结构外边缘,沿掘进方向为 17 m,始发端、接收端加固高度均为洞身上下各 5 m,宽度均为区间隧道轮廓左右各 5 m 范围。端头旋喷桩加固如图 4-34、图 4-35 所示。

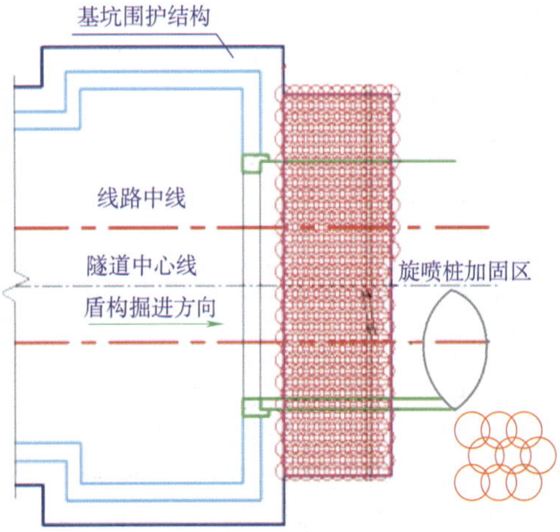

图 4-34　盾构机始发井端头旋喷加固示意图

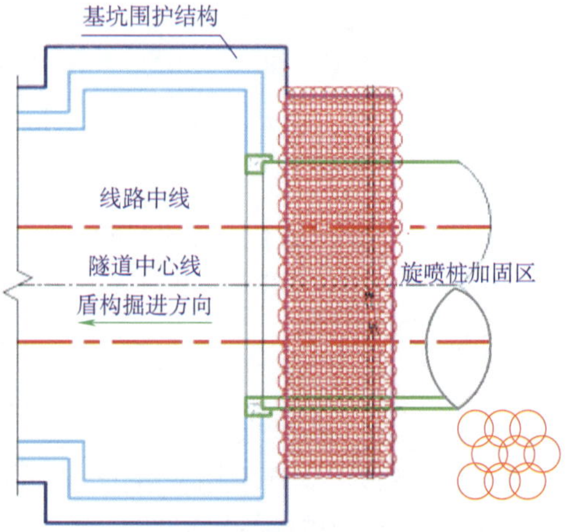

图 4-35　盾构机到达井端头旋喷加固示意图

为增加盾构始发的安全系数,2 号始发竖井在始发端头设置 800 mm 厚素混凝土连续墙,深度与围护地连墙一致。

2)加固效果检查

加固后的地层应具有良好的自立性和连续性,其28 d 无侧限抗压强度不小于1 MPa,渗透系数不大于 1×10^{-6} cm/s。

为保证地层加固效果,采取地面抽芯检查加固土体强度和进出洞洞门水平探孔检查加固体的连续性和抗渗性。

当加固土体强度或连续性、抗渗性达不到设计要求时,应结合现场实际情况采取补救措施。

(2)盾构始发应急降水井布置

3 号始发井无需布置盾构始发应急降水井。2 号始发井位于卵石地层,地下水丰富,为保证盾构始发安全,在盾构始发加固区四周设置 4 口直径 300 mm 的盾构始发应急降水井,应急降水井布置如图 4-36 所示。

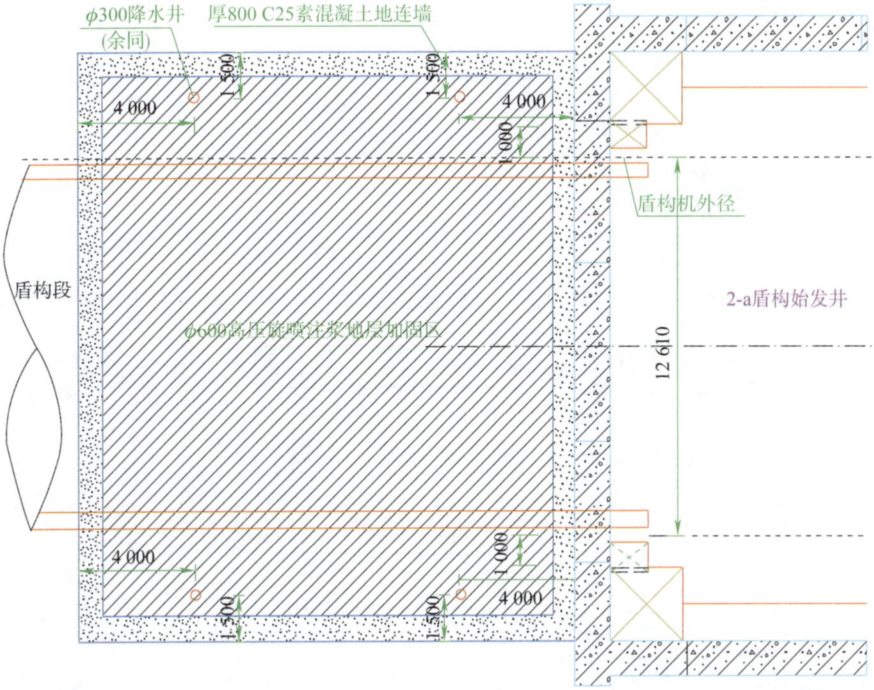

图 4-36　2 号始发井端头素混凝土连续墙与应急降水井布置(单位:mm)

4.2.3　清华园隧道大直径泥水盾构深大竖井接收技术

1. 接收总体施工顺序

第一步:在 1 号、2 号端头井主体结构施工时进行洞门环预埋。

第二步:主体结构施工完成后进行端头加固施工(素混凝土连续墙 + 旋喷桩 + 降水井),同时进行接收基座的施工(M10 砂浆填充)。

第三步:盾构进入加固段前完成洞门破除施工,洞门破除后进行黏土回填,并往接收井中回灌水(回灌标高至围檩顶)。

第四步:盾构机继续掘进至洞门环处时停机,焊接加固后 10 环管片,同时进行壁后二次注浆。

第五步:继续前移,将盾构机停到拆解位置,同时进行环壁后二次注浆。二次注浆完成后进行抽排水和清理回填土,清理回填土的同时自上而下进行洞门密封钢板焊接,开始拆机。施工流程如图 4-37 所示。

2. 洞门破除施工

2 号 ~1 号盾构区间始发井采用 1.2 m 厚钢筋混凝土地下连续墙围护结构。端头采用旋喷桩加固,800 mm 厚封闭地连墙素混凝土连续墙,墙间旋喷止水,素混凝土连续墙内增设 4 眼降水井。洞门采用分层分块方式进行破除:第一层破除在盾构机调试时进行,破除洞门外侧 90 cm 厚混凝土(保留外层钢筋);第二层破除在空拼负环时开始,破除剩余 30 cm 厚混凝土。洞门破除均分为 12 块进行。

洞门破除分层分块情况如图 4-38 所示。

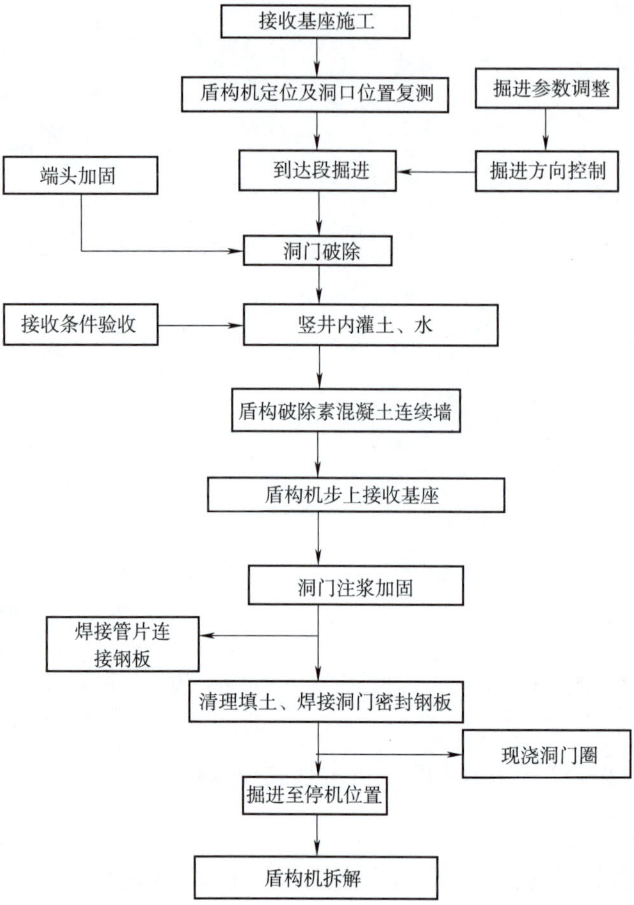

图 4-37　施工流程图

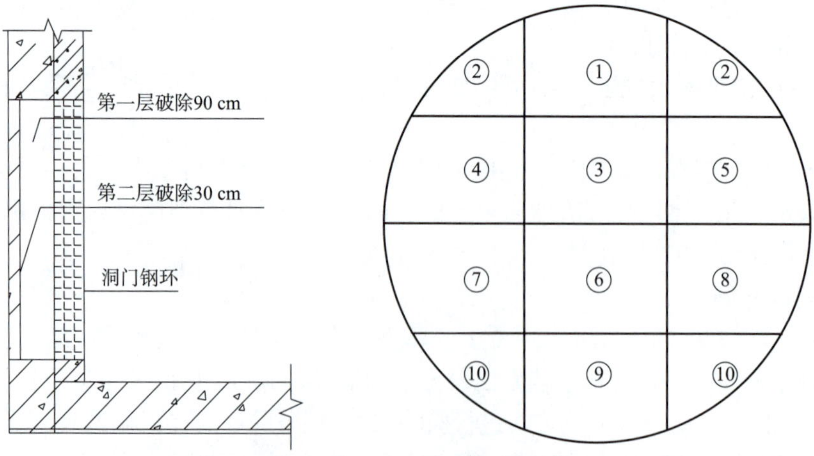

图 4-38　洞门分层分块破除顺序

洞门破除工艺流程如图 4-39 所示。

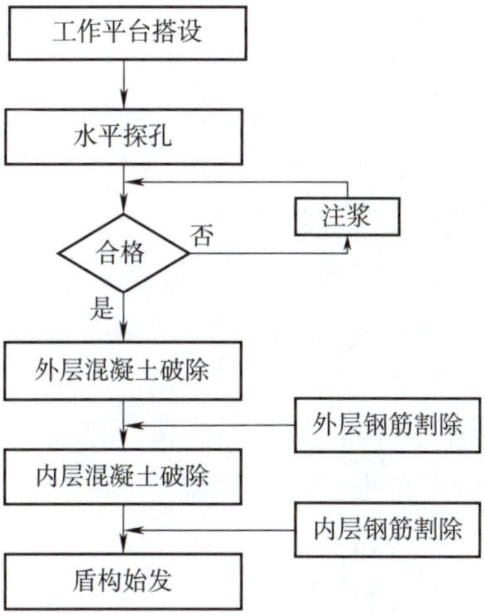

图 4-39　洞门破除工艺流程

(1)工作平台搭设

凿除混凝土,搭设钢管支架,支架采用 ϕ48 无缝钢管,间距 90 cm × 90 cm,层高 90 cm,纵向搭设三排。钢管之间使用扣件连接,支架外侧拉设密目防护网。在始发基座前方与洞门密封环之间搭设清渣作业平台,凿除下的混凝土渣使用吊斗由起重机吊运出基坑。

(2)破除条件验收

①加固体抽芯检测。盾构端头加固完成后进行抽芯检测,检验点的数量按设计图纸要求为注浆孔数的 2% ~ 5%。要求无侧限抗压强度(28 d)不小于 1.0 MPa,渗透系数不大于 1×10^{-6} cm/s,不合格应进行补喷。

②洞门水平观察孔。洞门破除前,对洞门区域进行抽芯试验和通过水平观察孔来检测盾构端头的加固效果,主要是观察正面土体的含水量及土体的加固强度等。

③洞门降水。始发端头掘进方向两侧各设置有 2 眼降水井,启用降水井将地下水液位降至洞门以下 2 m 以上。

(3)洞门破除

洞门破除工作秉承工序明确、工作连续、施工快捷的原则。

洞口破除混凝土为粉碎性凿除,采用人工高压风镐实施。首先将开挖面地下连续墙钢筋凿出裸露并用氧焊切割掉,然后继续凿至剩余 30 cm 地连墙为止。当盾构机刀盘抵达洞门端墙前 0.5 ~ 1 m 时停止,将余下的混凝土打穿、钢筋割除。破除完成后,用刮尺沿钢环走一圈,确保钢环范围内无凸起物后,盾构机方可驶入洞门。破除过程中对洞门范围墙体位移变化密切观测,一旦发现洞门圈内墙体或土体有较大变形或有渗漏水现象,立即停止洞门连续墙破除,对渗水部位进行注浆封堵,以防水土流失。洞门破除是个较大的风险点,应进行跟踪监控和量测,量测布点包括接收端头沉降观测点、洞门破除水平观测点、测斜观测点。

2 号井盾构始发洞门范围内主要有地下连续墙影响盾构始发,洞门范围内的地下连续墙凿除施工安排在盾构机组装调试期间,在确保端头土体水位按设计要求降至拱底以下

2 m时方可进行。

3. 接收基座施工

盾构接收采取水中接收方案,接收基座采用 M10 水泥砂浆结构,预先对接收井进行砂浆填充,使砂浆表面高度大致在盾构刀盘的 1/5 处,待盾构出洞后利用盾构机掘进功能自动切削砂浆基座,使其变为与盾构机 100% 吻合的承载基座。在刀盘、盾体与盾尾接缝处、盾尾外边缘处各预留出一个通道,方便盾构机拆解作业。

接收基座分两列六块,根据盾体和盾尾的分界线以及各自的分块,在六块基座之间分别设计预留的切割槽。接收基座顶部标高比盾构机刀盘开挖直径底部高出刀盘的 1/5,提供盾构机前行时的反作用力。

盾体和盾尾竖向的预留槽宽 1.1 m,盾尾和盾体拆解分块的预留槽宽 1 m。基座底部打满 50 cm 高的基础,将六块基座连起来,方便盾构前移时的整体受力。基座的上表面为 3% 的上坡,与隧道轴线坡度一致。

4. 竖井内堆填黏土和灌水、接收后清理

为了使盾构接收时地层稳固,降低大直径盾构与洞门圈间隙涌泥、涌砂及地表沉降风险,设计在洞门混凝土破除完成后向竖井内回填黏土,使盾构机在通过洞门圈后下部有土体支撑,回填黏土厚度为盾构顶部以下 3 m,回填黏土应压实。为了确保接收时内外压力平衡,回填黏土后向工作井内灌入清水,灌水深度为第一道围檩处。在盾构进入工作井向前推进过程中可以继续进行泥水循环及同步注浆,确保近洞门段管片环注浆密实,控制管片变形及沉降。

盾构接收完成后,利用盾构机的泥浆循环系统将堆填的黏土通过管道运输至泥水分离设备处进行渣土分离、外运,并且用高压水枪在接收井内进行冲洗,死角冲洗不掉的黏土进行人工清理。

5. 接收段盾构掘进

(1)接收段参数控制措施(表 4-10)

表 4-10　接收段掘进速度及刀盘转速

项　　目	刀盘转速	掘进速度	贯入度	地层特征	备　　注
接收段掘进(倒数 50 m处)	1 r/min	20~30 mm/min	25~35 mm	粉细砂及粉质黏土、卵石土	低速度,小扭矩
接收段掘进(进入加固区)	1 r/min	15~20 mm/min	25~30 mm	高压旋喷加固强度 1~5 MPa	低速度,小推力

①泥水压力。泥水压力计算地下水位取 5 m,在进入到达段降水影响范围后,以实测地下水位进行调整。泥水压力要求严格按掘进参数进行控制,偏差幅度在 ±0.1 bar。

②掘进速度及刀盘转速。掘进速度和刀盘转速根据地质条件及施工经验设定。

③壁后注浆。根据地质情况,本区段粉细砂层级配不良,砂砾层充填物易被冲刷,为防止盾尾漏浆、隧道上浮及地层失稳,需加强壁后注浆控制,保证同步浆液质量。

浆液配合比:水泥:粉煤灰:砂:膨润土:外加剂:水 =200:200:1 230:80:3.0:440,浆液密度为 1.988 g/cm^3,浆液的坍落度在该地段控制在 18~22 mm。注浆量一般控制在 25~30 m^3,

同时控制注浆压力，防止击穿浅覆土层。

④盾构接收段泥浆指标设定及配制。

a. 密度。泥水密度大可较好地稳定掌子面，但太大则加重设备负担，并影响出渣效率，为维持掌子面的稳定，进浆泥水密度 1.23 ~ 1.26 g/cm^3，出浆密度 1.30 ~ 1.45 g/cm^3。

b. 黏度。为了维持开挖面的稳定，在掌子面有效形成泥膜，泥水处理厂制备新浆时相应地提高泥水质量，泥浆黏度控制在 18 ~ 20 s 范围内。

⑤出渣量控制。盾构机掘进时，必须严格控制每环的出渣量，防止超挖造成地表沉降。允许出现少量欠挖，不允许出现超挖，以保护掌子面稳定。出渣量控制在 97% ~ 100%。

⑥盾构机姿态控制。根据目前施工经验，盾构机姿态及成型管片在砂层中较稳定，在浅覆土层易发生上浮，在盾构近洞门段 10 ~ 20 环宜产生沉降变形。在到达段掘进时应严格控制盾构姿态，确保盾构掘进与设计轴线水平及竖向偏差控制在 -20 ~ +20 mm，并使盾构掘进姿态与设计轴线吻合。

(2)接收阶段划分

对于接收段施工，根据工况及地质条件的不同，分为三个区段：到达段、加固区及进洞段。对各个不同区段采取相应的施工参数，以顺利完成进洞接收工作。同时，对于接收段施工，盾构掘进轴线控制也显得尤为关键。

1)到达段掘进

盾构到达接收过程中，要根据进洞段地质条件、覆土厚度、降水情况确定合理的泥水压力、泥水性能指标等掘进参数并书面交底，根据地表隆陷监测结果及时调整泥水压力。

在盾构接收段，掘进速度要保持相对平稳，减少对土体的扰动，加强盾构隧道的轴线控制。同步注浆量和注浆压力要根据推进速度、出渣量适当调整。由于盾尾刷经过 3.1 km 的掘进，已经出现一定程度的磨损，在进行同步注浆时以压力进行控制，注浆量不宜过大，防止盾尾出现漏浆。

2)加固区掘进

由于加固土体强度较高，在加固区掘进时速度要放缓至 15 ~ 20 mm/min，泥水压力根据监测数据及时调整并严格控制。

盾构进入加固体掘进后要加强接收井的观察与沉降监测。总的要求是：低速度、小推力、合理的泥水压力和及时饱满的回填注浆。在最后 10 环管片拼装中要严格按照要求安装定位销。为避免推力很小时管片之间的松动，在破除洞门连续墙后，洞门前应采用黏土回填压实。

盾构机在贯通的最后一环掘进时，要以低速度、小推力、小扭矩、合理的泥水压力掘进，并在上一环注入的同步注浆凝结后掘进贯通区间隧道，在盾构贯通前应逐步降低压力至切口压力为 0.7 bar(回填水土)，刀盘破壁后关闭进排气阀。

3)工作井内推进

盾构机刀盘破开素混凝土连续墙进入工作井后，应继续向前推进，推进过程中使泥水循环进排泥泵流量保持一致，同步注浆应均匀充盈，进行管片拼装时油缸伸缩顶推加力应缓慢进行，避免拼装时盾构前移或千斤顶松动，确保管片环环之间密封良好，无渗漏水发生。

4.3 小　结

针对清华园隧道大直径泥水盾构超浅埋始发问题进行了研究，包括洞门端头土体加固技术等始发关键技术以及始发掘进参数控制与数值模拟，主要得到以下结论：

（1）为确保盾构始发安全，避免始发段隧道涌水、涌砂和塌方现象发生，3 号端头井采用旋喷桩进行加固，加固范围为盾构外轮廓线上、下、左、右各 5 m，加固长度沿线路方向 14 m，沿垂直线路方向 22 m，施工采用三重管法以形成较大的固结体。

（2）始发基座采用现浇钢筋混凝土结构，为弧形结构，分盾尾基座和盾体基座两部分，基座纵向平行于盾构中心线。

（3）始发时从反力架到正环共需要 8 环负环及 1 环 0 环，负环及 0 环均采用钢筋混凝土管环。

（4）洞门密封环采用宽度 1 000 mm 的圆环板结构，钢环内侧面直径 13.13 m，密封环安装时在预埋洞门环法兰面上测量定位密封钢环分块线并作出标识，最后进行橡胶帘布以及压板安装。

（5）洞门破除时很容易产生土体失稳现象，应做好加固体抽芯检测和设置水平观察孔检测等预防措施。洞门破除后，当盾构机盾尾完全穿过密封板时，用 20 mm 厚密封钢板将圆环板边缘与 0 环管片外侧的预埋钢板焊接，形成二次密封。

（6）数值计算表明，高压旋喷桩改良加固后的土层性质得到明显改善，在始发阶段洞门土层具备较高稳定性，坍塌滑移可能性较低。加固区范围应由盾构机本身尺寸、盾构机类型确定。

（7）数值计算表明，加固区附近土体在盾构经过后发生沉降，但一定时间后地层呈现隆起趋势，现场观测亦体现了此规律。

（8）数值计算表明，在盾构掘进过程中，主要变形为隧道轴线正上方，两侧变形对称依次减少，在沉降槽槽肩处存在一定上拱。加固区内及其附近地表位移不明显，并且更快进入稳定期。

（9）针对现场盾构接收情况，总结并分析了盾构接收关键技术，为今后类似工程提供了参考依据。

第5章　城市密集区大直径盾构施工风险主动控制技术

5.1　施工风险识别及风险分级体系构建

5.1.1　盾构隧道掘进施工的风险识别

风险识别就是辨识潜在的各种危险因素、可能存在的危险事件、可能发生的事故类型、事故发生原因和机理，为风险分析提供必要的信息，是进行风险评价和风险控制的前提和基础。

1. 盾构隧道掘进施工对周边建筑的影响

盾构机在开挖过程中，无法避免地会引起隧道周围土体的扰动。由于土体扰动、孔隙水压力变化等，土体原有平衡被打破，进而引起地表发生沉降、隧道发生收敛位移等，当地表沉降较大时就会影响地上建筑物使用功能，这成了盾构施工过程中最需要关注的问题，而针对隧道邻近建筑损害的评价标准尚未建立。

盾构施工引起的地表变形大致包括五个阶段(超前沉降、到达沉降、通过沉降、盾尾过后沉降、后续沉降)，除此之外，盾构漏水或拼装好的衬砌部分漏水会导致地下水位降低，地表会发生大规模下沉，以及软土地层的长期固结沉降都是产生较大变形的原因。遇到以上情况时，邻近建筑物的外力作用和状态会发生变化，从而发生下沉、隆起、倾斜甚至倒塌。

(1)浅基础建筑物

盾构推进引起邻近建筑的沉降形式，包括均匀沉降、差异沉降、水平变形。差异沉降会对建筑物产生影响，均匀沉降在一定沉降范围内对建筑使用的影响很小，我国确定了这个变化值为 -30 ~ +10 mm，这个标准确保了建筑的安全。如果沉降值超过这一标准，即使沉降是均匀的也会带来严重后果。

而遇到差异沉降时表现为地面倾斜，地面原始坡度发生了变化，即使很小的坡度变化对于高大结构物也是极其危险的，例如烟囱、通信塔、水塔等，会引起它们的中心位置发生变化，附加应力重新分布。

地表发生拉伸或压缩，这种情况对建筑物影响极大。在砌体结构的建筑物中，门窗所在的位置最薄弱，建筑物遇到拉伸的情况在此处很容易出现裂缝。即使建筑物压缩能力较大，但是超过一定限度同样会产生严重影响，压缩发生时会引起建筑物门窗洞挤压、墙面变形、屋顶隆起等。

盾构开挖隧道是个动态过程，对建筑物产生的影响也在动态变化中，往往建筑的破坏都是上述几种变形共同作用下导致的。所以在盾构机对建筑产生影响前要对建筑可能变形的情况进行预测,推进过程中要实时进行监测。

(2)深基础建筑物

城市轨道交通一般穿过繁华的市区,经常在深基础建筑物附近通过,与对浅基础建筑物的影响不同,深基础建筑一方面受到土层变形对基础底部的影响,另一方面,还受到桩周土的影响,主要有以下几个方面:桩周土沉降产生负摩阻力导致桩的附加沉降;桩周土侧向变形引起桩变形,内力产生变化;当桩在隧道正上方时,桩下方土的沉降及土性质的变化共同作用可能会导致桩端部分或全部失去承载力而引起沉降。

2. 盾构隧道掘进施工对地下管线的影响

盾构施工时对土体扰动过大会引起周边地下管线变形。由于管线埋于地下,不易通过仪器对其变形量进行量测。此外,当遇到管线为柔性接头时,接头转角作为判断管线变形的重要指标是无法测得的。判断地下管线是否安全可参照规范给出的地表最大允许沉降值。施工过程中将地下管线上部地表沉降控制在 30 mm 以内,规范中认定此种条件下管线是安全的。然而,由于地铁隧道和管线的位置关系有多种情况,同时不同种类的管线安全设防级别也是不同的,即使地表沉降值在最大允许范围以内,当隧道和管线距离很近时,管线也未必是安全的,应该根据地铁工程所在区域管线的具体情况对其进行监测或迁移处理。

5.1.2 盾构隧道掘进施工的风险评估

隧道工程与其他工程项目相比,具有隐蔽性、复杂性和不确定性等突出的特点,而城市密集区的盾构隧道更为突出。工程在建设过程中必然存在着大量的不确定和不可预见的风险因素,这其中有不少风险是可以控制的,通过风险分析和评估后,可采取措施消除或减少相应的风险源;有些则是无法避免和消除的,但可以根据其特点,预先采取相应的措施,使其降至最低水平。

总之,风险评估与分析能够为设计和保护隧道结构、控制和转移风险以及制定风险防范措施提供重要依据并为决策和规划设计提供指导方向。

1. 风险评估程序

(1)充分了解工程情况,收集资料,包括工程背景、设计资料、气象资料、地质资料、工程已有的研究报告等。

(2)划分评价层次单元和研究专题。

(3)对各评价单元可能发生的风险事故进行分类识别。

(4)分析各类风险事故的原因、发生工况、损失后果。

(5)采用定性与部分定量的评价方法对风险事故进行评价。

(6)对各风险事故提出控制措施。

(7)对各评价单元的风险进行评价。

(8)将各评价单元的评价汇总成工程的总体风险评价。

(9)给出结论和建议。

(10)编制风险评估报告。

工程风险评估程序如图 5-1 所示。

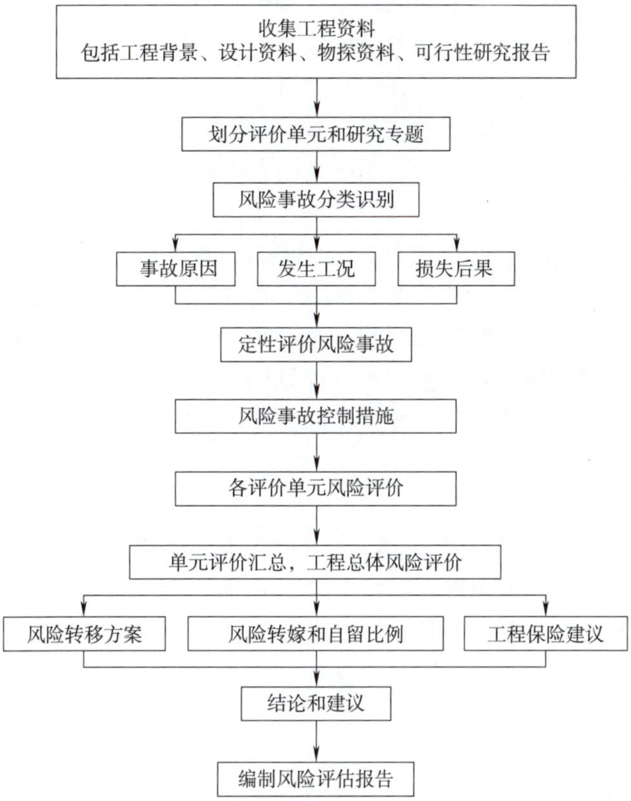

图 5-1 工程风险评估程序

2. 风险评估依据

(1)《城市轨道交通地下工程建设风险管理规范》(GB 50652—2011)

(2)《城市轨道交通土建工程设计安全风险评估规范》(DB11/1067—2014)

(3)《地铁及地下工程建设风险管理指南》(建质〔2007〕254 号)

(4)《铁路隧道风险评估与管理暂行规定》(铁建设〔2007〕200 号)

(5)《盾构法隧道施工及验收规范》(GB 50446—2017)

(6)《铁路建设工程风险管理技术规范》(Q/CR 9006—2014)

(7)《风险管理 原则与实施指南》(GB/T 24353—2009)

(8)《项目风险管理 应用指南》(GB/T 20032—2005)

(9)《铁路隧道监控量测技术规程》(Q/CR 9218—2015)

(10)《城市轨道交通工程监测技术规范》(GB 50911—2013)

(11)《穿越城市轨道交通设施检测评估及监测技术规范》(DB11/T 915—2012)

3. 风险评估方法

由于水文地质条件的不可预见、施工技术的可靠性、社会环境、经济发展程度等因素对地铁工程项目的影响较大,所以系统全面地评估地铁工程项目的风险与其他一般性建设项目相比难度更大。为保证地铁建设安全顺利地进行,需要重点分析和评估地铁施工的风险源的关键部分,找出可能的风险因素和重点预防环节和部位,并且结合风险等级划分标准,对重大风险源的危险程度进行分级,为制定有效的管理和技术措施提供依据。在风险评估时要先划分评估单元,然后选择评估方法进行风险评估,有时需要采用多种评估方法结合的手段。

目前风险评估分析方法有很多种,根据原理和特点的不同,基本上可分为定性分析法、定量分析法、综合分析法三类,在工程应用中它们有着各自的优缺点和适用范围。

(1)定性安全分析法

定性分析法又称“非数量分析法”是凭借预测人员的逻辑判断和分析能力,结合相关知识和实践经验以及专家意见分析与判断风险的一类方法。该方法一般由预测人员或专家根据获取的信息,直接对研究对象打分或判断,经过归纳、总结,得出风险分析结论。

该方法的优点是无需建立数学模型进行计算,简单易懂,节约时间与资源,不受统计数据限制,适应性较强,应用范围广泛。缺点是准确度不高,其数据处理有一定难度,分析人员的主观因素对分析结果影响大。

(2)定量安全分析法

定量分析法是根据统计数据、检测数据、同类系统和类似系统的数据资料,按照有关标准,应用科学方法构造数学模型进行定量化评价的一种方法。

该种方法的优点是以客观、定量的数据为依据,结合精确的数学模型计算来实现,避免了主观因素的影响,结果准确度较高,科学性和可靠性较强。其缺点是过程复杂,耗费时间与资源,统计数据不足或不精确会产生一定的片面性和局限性。

(3)定性定量综合分析法

该方法弥补了定性分析法和定量分析法两者各自的不足。根据定性分析与定量分析在综合分析法中的比重和决定作用,该法又分为两类:①定性半定量分析法,该类方法以定性分析为主,定量计算为辅,例如层次分析法、风险矩阵分析法、模糊综合评估法等;②定量半定性分析法,该类方法以定量计算为主,定性分析为辅,例如事件树分析法、故障树分析法、影响图法、CMI 模型等。

5.1.3 盾构隧道掘进施工的环境风险源分析

1. 盾构掘进整体建模计算

为确定盾构施工时周边环境风险源及其等级,建立 3 号竖井 –2 号竖井整体模型,五道口国际食尚苑、成府路、北四环路等相对重要的结构建筑,确定结构与盾构隧道的邻近等级。模型如图 5-2 所示,计算结果如图 5-3 ~ 图 5-6 所示。

北京城建四公司社区医院为 1 ~2 层的砖混结构,与隧道结构外缘的水平距离为 0. 5 ~ 1. 5 m,垂直距离为 8. 35 ~9. 16 m。邻近隧道侧(净距 $<0.5D$,D 为直径)最大沉降值 7. 96 mm,由于房屋结构整体刚度大,因此在远离隧道一侧隆起 3 mm,整体结构的差异沉降值达到 11 mm。这对结构的正常使用影响比较大,施工过程中需要严格控制。

成府路宽约 40 m,其与隧道的水平夹角为 90°,垂直距离为 13. 68 ~14. 43 m,盾构穿越时最大沉降值为 8. 37 mm。隧道下穿处正上方北四环路在 16 m 长的六孔框架桥中,其与隧道的水平夹角约 85°,与隧道结构外缘的垂直距离为 8. 57 m,盾构穿越时最大沉降值为 7. 3 mm,路面沉降比较大。成府路和北四环属于重要的风险源,施工过程需要重点考虑。

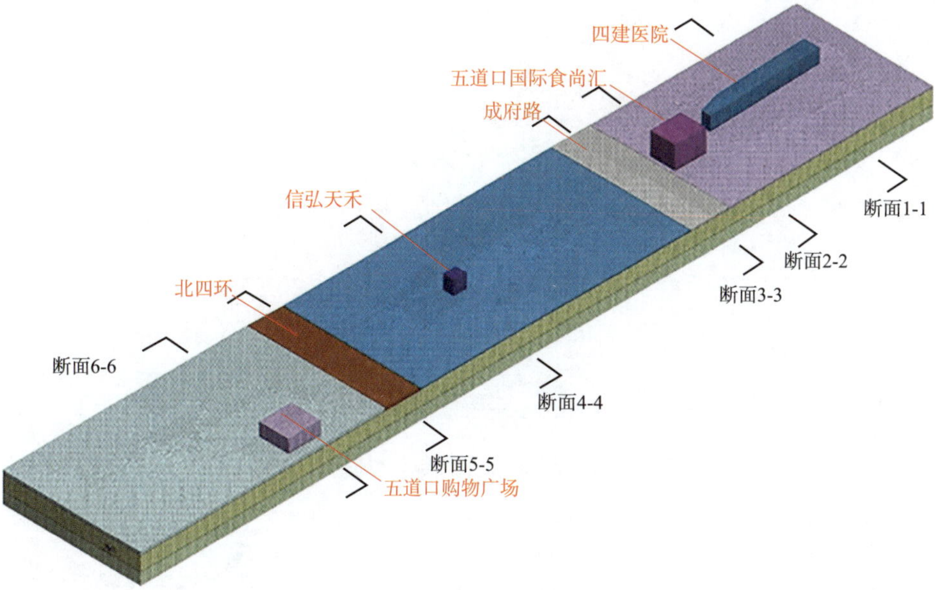

图 5-2 整体评估风险模型

图 5-3 四建医院变形云图

图 5-4 成府路变形云图

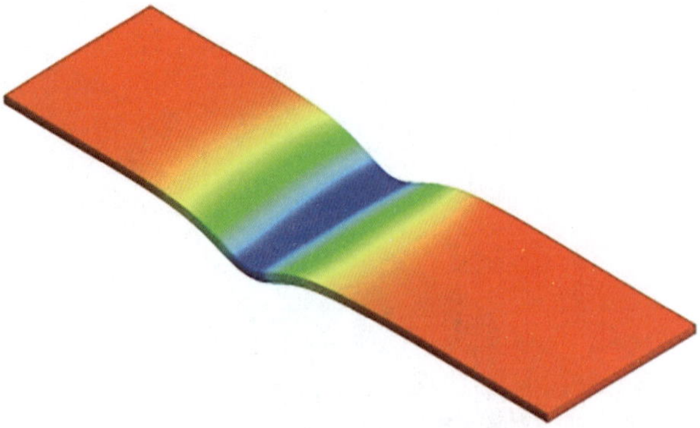

图 5-5　北四环路变形云图

五道口国际食尚汇与隧道结构外缘的水平距离为 18.16 ~ 18.34 m，垂直距离为 12.94 ~ 13.57 m。

信弘天禾为 2 层的砖混结构，个别有半地下室结构。其与隧道结构外缘的水平距离为 18.93 ~ 20.27 m，垂直距离为 16.28 ~ 16.64 m。由于与隧道净距相对较大(>1*D*)，结构受到施工影响相对较小，盾构施工时可以不对结构进行保护。

图 5-6　五道口购物广场变形云图

五道口购物广场为 1 ~ 2 层的砖混结构，与隧道结构外缘的水平距离为 7.92 ~ 9.21 m，垂直距离为 17.85 ~ 18.03 m。由于盾构穿越五道口时埋深较大(>1*D*)，影响也相对比较小。

结合计算结果分析可知，当隧道中线与建筑物外边缘的距离 <1*D* 且隧道拱顶埋深 <1*D* 时，隧道与建筑物的邻近关系为接近，盾构施工对建筑物的变形影响很大；当隧道中线与建筑物外边缘的距离 >1*D* 且拱顶埋深 >1*D* 时，隧道与建筑物的邻近关系为不接近；在此两者范围之间，隧道与建筑物的邻近关系为较接近。

2. 重要建(构)筑物风险源分级

隧道自学院南路北侧入地后依次穿越北三环路、知春路、北四环路、成府路、双清路、清华东路等重要城市干道，其西侧为地铁 13 号线，其东侧依次经过明光寺农副产品批发市场、金五星百货批发城、好家居建材装饰市场、罗庄南里小区、罗庄西里小区、碧兴园小区、五道口嘉园、五道口购物中心、华联商厦等，各类建筑物及构筑物众多，且部分建筑物距拟建线路较近。

(1)环境风险分级宜根据周边环境设施的重要性、与城市轨道交通工程结构的接近程度、周边环境设施的状况以及轨道交通建设对环境设施的影响程度大小综合确定。常见环境因素和风险事件可参见《城市轨道交通土建工程设计安全风险评估规范》(DB 11/1067—2014)附录 B.0.5。

环境风险的分级应符合表 5-1 的有关规定。

表 5-1 环境风险分级

<table>
<tr><th rowspan="2">环境设施重要性等级</th><th colspan="4">接近关系</th><th rowspan="2">分级修正依据</th></tr>
<tr><th>接近</th><th>较接近</th><th>一般</th><th>不接近</th></tr>
<tr><td>极重要</td><td>特级</td><td>特级</td><td>一级</td><td>三级</td><td rowspan="4">1. 当地质条件复杂或环境设施现状安全性较差时，可上调一级。
2. 当采用盾构法施工、环境对象在建时与新建城市轨道交通工程设计有过相关配合或预留了一定穿越条件等情况时，可下调一级。
3. 桥梁桩基施工时可下调一级</td></tr>
<tr><td>重要</td><td>一级</td><td>一级</td><td>二级</td><td>三级</td></tr>
<tr><td>较重要</td><td>二级</td><td>二级</td><td>三级</td><td>—</td></tr>
<tr><td>一般</td><td>三级</td><td>三级</td><td>—</td><td>—</td></tr>
</table>

(2)周边环境设施的重要性依据环境设施的类型、功能、使用性质、特征、规模等综合确定，并分为极重要、重要、较重要、一般四级。环境设施重要性分级宜符合表 5-2 的有关规定。

表 5-2 环境设施重要性分级

<table>
<tr><th>环境设施重要性等级</th><th>基本条件</th><th>修正依据</th></tr>
<tr><td>极重要</td><td>既有轨道交通线、铁路；国家级保护性文物古建；国家级城市标志性建筑；机场跑道及停机坪等</td><td rowspan="4">(1)当遇下列情况时，可上调一级。
(2)环境对象有特殊保护要求。
(3)新建城市轨道交通结构下穿环境对象。
(4)河湖与地下水有水力联系。
(5)邻近存在季节性水位差的河湖水体且可能在汛期施工时等</td></tr>
<tr><td>重要</td><td>市级保护性文物古建；近代优秀建筑物，重要工业建筑物，10 层以上高层或超高层民用建筑物，重要地下构筑物；直径大于 0.6 m 的煤气或天然气总管，市政热力干线，雨、污水管总管；交通节点的高架桥、立交桥主桥连续箱梁；城市快速路，高速路；500 kV 及以上高压线；重要河湖等</td></tr>
<tr><td>较重要</td><td>较重要工业建筑物，7 ~ 9 层中高层民用建筑物，较重要地下构筑物；直径大于 0.6 m 的自来水管总管；城市高架桥、立交桥主桥连续箱梁；110 ~ 500 kV 高压线；城市主干路、次干路；较重要河湖等</td></tr>
<tr><td>一 般</td><td>一般工业建筑物，1 ~ 3 层低层民用建筑物，4 ~ 6层多层建筑物，一般地下构筑物；直径在 0.3 ~ 0.6 m 之间的自来水管刚性支管，直径 0.3 ~ 0.6 m 的自来水柔性支管，煤气或天然气支管，市政热力干线、户线，雨、污水管支管；立交桥主桥简支 T 梁、异形板、立交桥匝道桥，人行天桥；城市支路，人行道，广场；一般河湖等</td></tr>
</table>

(3)周边环境设施状况可根据环境设施已使用年限和当前结构完好状况等确定，宜通过一般判断或专项检测等综合确定。

(4)当同一单位(子单位)工程范围内存在多个类型相近的环境设施，且可合并采取同一环境保护处理措施时，可归并为一个环境风险工程群，并按其中较高的风险等级采取措施。

根据以上原则，将清华园隧道的风险源进行分级，分级结果见表 5-3。

表 5-3 盾构段环境风险等级

序号	风险工程名称	位置、范围	与本工程位置关系	风险工程描述	工程地质	风险事件	环境设施重要性等级	接近关系	风险等级
1	地铁 13 号线路基段	DK14 + 450 ~ DK16 +391	侧穿	地铁 13 号线 DK14 +450 ~ DK16 +391 区间自盾构区间始发里程起至桥台起始处为止	盾构隧道穿越粉土、粉质黏土、卵石土夹粉土、粉质黏土、粉砂、中砂层	路基沉降、变形	极重要	不接近	三级
2	地铁 13 号线高架段	DK16 + 391 ~ DK18 +200	侧穿	地铁 13 号线 DK16 +391 ~ DK16 +913 区间自桥台段起至盾构段始发里程为止	盾构隧道穿越粉土、粉质黏土、卵石土夹粉土、粉质黏土、粗砂层	桥台沉降、变形甚至开裂	极重要	不接近	三级
3	地跌 13 号线高架桥桥桩	DK16 + 391 ~ DK18 +200	侧穿	地铁 13 号线高架桥桥墩距隧道水平距离 18 ~ 37 m	盾构隧道拱穿越卵石土夹粉土、粉质黏土、粉砂、中砂、卵石土夹粉土、粉质黏土层	桥桩水平位移、竖向沉降、差异沉降、变形	极重要	不接近	三级
4	好家居建材装饰市场	DK14 + 400 ~ DK14 +535	侧穿	建筑 D1 ~ D8，距隧道水平最近距离 29 m	盾构隧道拱穿越卵石土夹粉土、粉质黏土、粉砂、中砂、卵石土夹粉土、粉质黏土层	建筑沉降、差异沉降	一般	不接近	—
5	单层临街店面	DK14 + 543 ~ DK14 +552. 5	侧穿	单层临街店面房共 4 栋，与隧道结构外缘水平距离为 14. 048 ~ 14. 156 m，垂直距离为 9. 12 ~ 9. 25 m	盾构隧道拱顶位于粉砂层中，中部和仰拱位于粉质黏土层中	建筑物不均匀沉降、倾斜、坍塌，影响正常使用	一般	不接近	—
6	大钟寺地铁站	DK14 + 599. 5 ~ DK14 +721. 5	侧穿	大钟寺地铁站长 121 m，分 2 楼站台层、1 楼站厅层和地下室 3 层。地铁站结构本身未进入清华园隧道影响范围，站外挡土墙与隧道接近关系为一般。其到隧道结构外缘的水平距离为 16. 39 ~ 16. 66 m，垂直距离为 8. 22 ~ 11. 09 m	盾构隧道拱顶位于粉砂层中，中部位于粉质黏土层和粉土层中，仰拱位于粉砂层中	结构沉降、变形、差异沉降、道床沉降	极重要	一般	一级
7	地铁 13 号线桥台上跨北三环	DK14 + 740 ~ DK14 +810	侧穿	地铁 13 号线以高架桥形式上跨穿越北三环路，水平交角约 85°	盾构隧道拱顶位于粉砂层中，中部位于粉土和粉质黏土层中，仰拱位于卵石土夹粉土、粉质黏土层中	路基沉降、变形、桥台沉降、差异沉降	极重要	不接近	三级

续上表

序号	风险工程名称	位置、范围	与本工程位置关系	风险工程描述	工程地质	风险事件	环境设施重要性等级	接近关系	风险等级
8	京包线桥台上跨北三环	DK14 + 740 ~ DK14 +810	侧穿	京包线以高架桥形式上跨穿越北三环路，水平交角约85°。为18 m+15 m+15 m+21 m小跨连续梁结构	盾构隧道拱顶位于粉砂层中，中部位于粉土和粉质黏土层中，仰拱位于卵石土夹粉土、粉质黏土层中	路基沉降、变形、桥台沉降、差异沉降	重要	接近	一级
9	北三环路	DK14 + 740 ~ DK14 +810	下穿	北三环路与清华园隧道水平交角约84°，宽度约70 m，到隧道结构外缘的垂直距离最短为10.60 m	盾构隧道拱顶位于粉砂层中，中部位于粉土和粉质黏土层中，仰拱位于卵石土夹粉土、粉质黏土层中	道路不均匀沉降、倾斜、坍塌，影响运营	重要	较接近	一级
10	移动基站和电力设施	DK14 + 811 ~ DK14 +832	下穿	移动基站和电力设施位于盾构隧道正上方的北三环路北侧路边，垂直距离16.4 m	盾构隧道拱顶位于粉砂层中，中部位于粉土和粉质黏土层中，仰拱位于卵石土夹粉土、粉质黏土层中	建筑物不均匀沉降、倾斜、坍塌，影响正常使用	较重要	一般	三级
11	大钟寺雨水泵站	DK14 + 829 ~ DK14 +855	侧穿	在建北京市政雨水泵站有2栋建筑。南侧为地上2层砌体结构的楼房，与隧道结构外缘的水平距离为3.85～5.63 m，垂直距离为15.46～15.65 m。北侧建筑地上部分为1层砌体结构，地下部分为钢筋混凝土结构的集水井，与隧道结构外缘的水平距离为8.82～13.78 m，垂直距离为4.92～5.36 m	盾构隧道拱顶位于粉砂层中，中部位于粉质黏土层中，仰拱位于卵石土夹粉土、粉质黏土层中	建筑物不均匀沉降、倾斜、坍塌，影响运营；集水井沉降、变形甚至渗漏，造成结构变形坍塌	较重要	一般	三级
12	间罗庄南里小区	DK15 +298.5 ~ DK15 +325.5	侧穿	罗庄南里小区为2～3层的砖混结构建筑，与隧道结构外缘的水平距离为0～24.22 m，最接近的横断面隧道里程为DK15 + 304，垂直距离为24.71～25.15 m	盾构隧道都位于卵石土夹粉土、粉质黏土层中	建筑物不均匀沉降、倾斜、坍塌，影响正常使用	一般	一般	—

续上表

序号	风险工程名称	位置、范围	与本工程位置关系	风险工程描述	工程地质	风险事件	环境设施重要性等级	接近关系	风险等级
13	知春公寓	DK15 + 535 ~ DK15 + 760	侧穿	知春公寓、红专村、海淀区蓟门农工商公司建筑均为单层砌体结构，有部分区段上跨隧道。其与隧道结构外缘的水平距离为 -4.6 ~ 28.58 m	盾构隧道拱顶位于卵石土夹粉土、粉质黏土层中，中部位于粉质黏土层中，仰拱位于粉砂层中	建筑物不均匀沉降、倾斜、坍塌，影响正常使用	一般	一般	—
14	红专村								
15	海淀区蓟门农工公司								
16	地铁 10 号线出入口、风亭及冷却塔	DK15 + 765 ~ DK15 + 778	下穿	地铁 10 号线出入口、风亭及冷却塔为单层混凝土建筑，部分结构上跨隧道。其与隧道结构外缘的水平距为 -10 ~ 33 m	盾构隧道拱顶位于卵石土夹粉土、粉质黏土层中，中部位于粉质黏土层中，仰拱位于粉砂层中	建筑物不均匀沉降、倾斜、坍塌，影响正常使用	一般	一般	—
17	地铁 13 号线知春路站桥台上跨知春路	DK15 + 820 ~ DK15 + 864	侧穿	地铁 13 号线知春路站与京包线以高架桥形式上跨穿越知春路，水平交角约 81°。其中京包线为 9.5 m + 17.3 m + 9.5 m 框架结构	盾构隧道拱顶位于卵石土夹粉土、粉质黏土层中，中部位于粉质黏土层中，仰拱位于粉砂层中	路基沉降、变形、桥台沉降、差异沉降	极重要	不接近	三级
18	京包线桥台上跨知春路						重要	一般	二级
19	清华园隧道盾构区间下穿 10 号线	DK15 + 767 ~ DK15 + 846	下穿	下穿经过 10 号线换乘通道（DK15 + 767 ~ DK15 + 801）。换乘通道与隧道水平夹角约 95°，与隧道结构外缘的垂直距离为 11.77 m	盾构隧道拱顶与中部位于卵石土夹粉土、粉质黏土和粉质黏土层中，仰拱位于粉砂和中砂层中	隧道沉降、变形甚至开裂，影响运营；建筑物不均匀沉降、倾斜、坍塌，影响运营	重要	较接近	一级
20				10 号线右线（DK15 + 823 ~ DK15 + 829）处结构与隧道结构外缘的垂直距离为 5.49 m			极重要	接近	特级
21				10 号线左线（DK15 + 841 ~ DK15 + 847）结构与隧道结构外缘的垂直距离为 5.43 m			极重要	接近	特级
22	清华园隧道盾构区间下穿知春路	DK15 + 820 ~ DK15 + 864	下穿	知春路与清华园隧道水平交角约 80°，到隧道结构外缘的垂直距离最短为 21.52 m		道路不均匀沉降、倾斜、坍塌，影响运营	重要	一般	三级

续上表

序号	风险工程名称	位置、范围	与本工程位置关系	风险工程描述	工程地质	风险事件	环境设施重要性等级	接近关系	风险等级
23	地铁知春路站	DK15 + 864 ~ DK16 + 911	侧穿	地铁站长 169 m，为地上 2 层车站：下层为站厅层，上层为站台层，10 号线地下部分为地下 2 层车站。地铁站结构本身未进入清华园隧道影响范围。其到隧道结构外缘的水平距离为 19.21 ~ 21.12 m	盾构隧道拱顶位于粉砂层中，中部位于粉土和粉质黏土层中，仰拱位于卵石土夹粉土、粉质黏土层中	结构沉降、变形、差异沉降、道床沉降	极重要	一般	三级
24	公交公司建筑	DK15 + 927 ~ DK15 + 938	下穿	公交公司建筑为站场和停车场管理用房，为单层砖混结构，上跨隧道结构，房屋外缘与隧道中线距离为 4.14 m，垂直距离为 24.71 ~ 25.15 m	盾构隧道拱顶位于卵石土夹粉土、粉质黏土层中，中部位于粉质黏土层中，仰拱位于粉砂层中	建筑物不均匀沉降、倾斜、坍塌，影响正常使用	一般	一般	—
25	建兴达公司建筑	DK16 + 106 ~ DK16 + 281	下穿	建兴达公司房屋为项目管理及临时居住用房，为 1 ~ 2 层的砖混结构，DK16 + 106 ~ 133 区段隧道下穿建筑，其余区段侧穿建筑。建筑外缘与隧道结构外缘的水平距离为 − 11.12 ~ 24.24 m，垂直距离为 22.19 ~ 25.56 m	盾构隧道拱顶和中部位于卵石土夹粉土、粉质黏土层中，仰拱位于粉质黏土和粗砂层中	建筑物不均匀沉降、倾斜、坍塌，影响正常使用	一般	一般	—
26	清华园站	DK16 + 445 ~ DK16 + 542	侧穿	清华园站长度约 110 m，为单层砖混结构，可能成为北京文物保护建筑的部分东侧建筑未进入盾构隧道影响范围。其到隧道结构外缘的水平距离为 − 1.51 ~ 20.74 m，垂直距离为 18.89 ~ 19.37 m	盾构隧道拱顶位于粉质黏土和细砂层中，中部和仰拱位于卵石土夹粉土、粉质黏土和粉质黏土层中	建筑物不均匀沉降、倾斜、坍塌，影响运营	极重要	一般	三级

续上表

序号	风险工程名称	位置、范围	与本工程位置关系	风险工程描述	工程地质	风险事件	环境设施重要性等级	接近关系	风险等级
27	五道口村	DK16 + 548 ~ DK16 +710	侧穿	五道口建筑为 1 ~ 2 层的砖混结构或塑钢结构，与隧道结构外缘的水平距离为 4.09 ~ 14.52 m，垂直距离为 18.26 ~ 18.66 m	盾构隧道拱顶位于粉质黏土层中，中部和仰拱位于卵石土夹粉土、粉质黏土层中	建筑物不均匀沉降、倾斜、坍塌，影响正常使用	一般	一般	—
28	地铁 13 号线桥台上跨北四环	DK16 + 913 ~ DK17 +003	侧穿	地铁 13 号线与京包线以高架桥形式上跨穿越北四环路，水平交角约 87°。其中京包线为 8 m + 12 m + 17.5 m + 17.5 m + 8 m + 12 m 框架中桥结构	盾构隧道拱顶位于粉质黏土层中，中部和仰拱位于卵石土夹粉土、粉质黏土层中	桥台沉降、差异沉降、变形甚至开裂	极重要	不接近	三级
29	京包线桥台上跨北四环	DK16 + 913 ~ DK17 +003					重要	接近	一级
30	北四环路	DK16 + 913 ~ DK17 +003	下穿	隧道下穿处正上方北四环路在 16 m 长的六孔框架桥中。其与隧道的水平夹角约 85°，与隧道结构外缘的垂直距离为 8.57 m	盾构隧道拱顶位于粉质黏土层中，中部和仰拱位于卵石土夹粉土、粉质黏土层中	道路不均匀沉降、倾斜、坍塌，影响运营	重要	较接近	一级
31	华源公寓	DK17 + 130 ~ DK17 +150	侧穿	华源公寓与隧道水平距离为 12.2 ~ 33 m	盾构隧道拱顶位于粉质黏土层中，中部和仰拱位于卵石土夹粉土、粉质黏土层中	建筑物不均匀沉降、倾斜、坍塌，影响正常使用	一般	不接近	—
32	格林豪泰快捷酒店	DK17 + 192 ~ DK17 +225	侧穿	格林豪泰快捷酒店为 2 层的砖混结构，与隧道结构外缘的水平距离为 26.79 ~ 31.41 m，垂直距离为 16.70 ~ 16.81 m	盾构隧道拱顶位于粉土层中，中部位于粉质黏土和卵石土夹粉土、粉质黏土层中，仰拱位于粉土和粗砂层中	建筑物不均匀沉降、倾斜、坍塌，影响正常使用	一般	不接近	—
33	信弘天禾	DK17 + 241 ~ DK17 +350	侧穿	信弘天禾建筑为 2 层的砖混结构，个别有半地下室结构。其与隧道结构外缘的水平距离为 18.93 ~ 20.27 m，垂直距离为 16.28 ~ 16.64 m	盾构隧道拱顶位于粉质黏土层中，中部位于粗砂和卵石土夹粉土、粉质黏土层中，仰拱位于粉土层中	建筑物不均匀沉降、倾斜、坍塌，影响正常使用	一般	不接近	—

续上表

序号	风险工程名称	位置、范围	与本工程位置关系	风险工程描述	工程地质	风险事件	环境设施重要性等级	接近关系	风险等级
34	展春园西路3号院施工管理用房	DK17 + 350 ~ DK17 + 491	侧穿	展春园西路3号院施工管理用房位于沥青路南北两侧，南侧(DK17 + 350 ~ 17 + 435)为2 ~ 3层的砖混结构，北侧(DK17 + 452 ~ 17 + 491)为单层的简易板房结构，与隧道结构外缘的水平距离为20.75 ~ 26.69 m，垂直距离为15.80 ~ 16.28 m	盾构隧道拱顶位于粉质黏土层中，中部位于卵石土夹粉土、粉质黏土层中，仰拱位于粉土和粗砂层中	建筑物不均匀沉降、倾斜、坍塌，影响正常使用	一般	不接近	—
35	西甲1号	DK17 + 601 ~ DK17 + 640	侧穿	西甲1号与隧道结构外缘的水平距离为26.60 ~ 27.98 m，垂直距离为14.89 ~ 15.20 m	盾构隧道拱顶位于粉质黏土层中，中部位于粗砂层中，仰拱位于卵石土夹粉土和粉质黏土层中	建筑物不均匀沉降、倾斜、坍塌，影响正常使用	一般	不接近	—
36	成府路	DK17 + 670 ~ DK17 + 710	下穿	成府路宽约40 m，其与隧道的水平夹角为90°，垂直距离为13.68 ~ 14.43 m	盾构隧道拱顶和中部位于粉质黏土层中，仰拱位于卵石土夹粉土、粉质黏土层和粗砂层中	道路不均匀沉降、倾斜、坍塌，影响运营	较重要	一般	三级
37	五道口站	DK17 + 619 ~ DK17 + 763	侧穿	五道口车站长约150 m，分站台层和站厅层。车站桩基进入盾构隧道影响范围。其到隧道结构外缘的水平距离为7.21 ~ 7.29 m，垂直距离为12.97 ~ 15.13 m	盾构隧道拱顶和中部位于粉质黏土层中，仰拱位于粗砂和卵石土夹粉土、粉质黏土层中	桥台沉降、变形甚至开裂	极重要	一般	一级
38	五道口国际食尚汇	DK17 + 712 ~ DK17 + 765	侧穿	五道口国际食尚汇与隧道结构外缘的水平距离为18.16 ~ 18.34 m，垂直距离为12.94 ~ 13.57 m	盾构隧道拱顶和中部位于粉质黏土层中，仰拱位于卵石土夹粉土、粉质黏土层和粗砂层中	建筑物不均匀沉降、倾斜、坍塌，影响正常使用	一般	不接近	—

续上表

序号	风险工程名称	位置、范围	与本工程位置关系	风险工程描述	工程地质	风险事件	环境设施重要性等级	接近关系	风险等级
39	亿家客宾馆	DK17 + 791 ~ DK17 +819	侧穿	亿家客宾馆与隧道结构外缘的水平距离为 20.48 ~ 23.63 m,垂直距离为 12.17 ~ 12.57 m	盾构隧道拱顶和中部位于粉质黏土层中,仰拱位于卵石土夹粉土、粉质黏土层和粗砂层中	建筑物不均匀沉降、倾斜、坍塌,影响正常使用	一般	不接近	—
40	北京城建四公司社区	DK17 + 822 ~ DK18 +029	侧穿	北京城建四公司为 1 ~2 层的砖混结构,与隧道结构外缘的水平距离为 0.1 ~14.88 m,垂直距离为 9.17 ~12.13 m	盾构隧道都位于粉质黏土层中	建筑物不均匀沉降、倾斜、坍塌,影响正常使用	一般	较接近	三级
41	四建医院	DK18 + 030 ~ DK18 +087	侧穿	北京城建四公司社区医院为 1 ~2 层的砖混结构,与隧道结构外缘的水平距离为 0.5 ~ 1.5 m,垂直距离为 8.35 ~ 9.16 m	盾构隧道都位于粉质黏土层中	建筑物不均匀沉降、倾斜、坍塌,影响正常使用	一般	较接近	三级

盾构隧道施工全过程的可视化动态管理技术包含三个核心内容:①施工全过程;②可视化;③动态管理技术。该技术的客体是施工全过程,手段为可视化技术,目标为动态管理。因此以上的数字化技术及可视化处理技术即为实现动态化管理提供基本依据。动态化管理的施工全过程具体而言就是盾构在开挖面处施加切口压力、刀盘切削土体、盾构通过、管片安装及同步注浆补偿地层损失及之后的二次注浆抬升土体等施工全过程,可视化主要是指基于前述地质条件、建(构)筑物状态数字化及工程措施(包含盾构施工参数)数字化的基础上,通过地层预测方法计算得到施工影响下地层的变形响应及周围建(构)筑物的安全状态,并将其直观表现。动态化管理的内涵就是对以上地层的变形响应及周围建(构)筑物的安全状态进行过程控制,具体包括施工参数动态调整及施工组织动态管理。

5.2 施工风险分解及主动控制技术

安全风险控制是城市地下工程建设风险管理的核心内容,也是风险分析和评估的归宿点。风险控制是通过技术方案和技术措施来实现的,风险控制的关键是控制技术。地层变形和结构破坏是随着地下工程的进行而逐渐发展和演化的,即地层和结构的状态具有显著的时空效应,极限破坏和控制标准只是最终状态。因此,城市密集区大直径盾构隧道掘进中,以变位分配原理为基础、地层变形控制为核心环境安全风险的过程控制尤为重要。

5.2.1 安全风险过程控制的原理及方法

盾构隧道施工是一项庞杂的系统工程,涉及到多种工艺和多道工序,自始至终都处于动态发展之中。隧道施工过程中应力场经多次转换,从原岩应力场到二次、三次应力场,地层变形与开挖步序、开挖进尺等关系密切而复杂,其累积发展是一个复杂的非线性叠加过程,同时还存在地表建筑物的附加应力及刚度等的影响,主要表现为以下特点:①隧道开挖产生应力释放,各开挖步序均会造成地层及邻近结构的变位,这种变位是逐渐累积的,每步工程活动都会造成当前变形的增大或减小,而最终的影响则是所有施工步序产生影响的累加。②不同施工活动步骤(降水、开挖、壁后注浆等)对地层及结构所产生的影响是不同的,致使变形结果亦是不同的,有时差异很大,但具有明显的规律性。③沿不同应力路径地层的变形量是不同的,即开挖速度、位置及工程措施顺序不同,所产生的阶段变形和最终变形量都有所不同,并由此导致不同的变位分配结果。

因此,地层及建(构)筑物变位分配与过程控制体现了显著的科学性和合理性:①将总体变位控制量分解,使每一步施工都有明确的控制目标,施工可操作性强。②建筑物变位得到整体规划,施工控制重点明确,有的放矢。③及时掌握建筑物变位监测值与标准值的偏离动态,及时处理,从而避免了风险累积,使建筑物变位控制处于积极、主动的地位。

1. 透明化施工方法原理

透明化施工方法贯穿于盾构隧道施工的全过程中。在城市盾构隧道施工前,采用精细勘察手段得到地层详实的水文地质资料,开展广泛的实地调查并掌握施工影响范围内既有建(构)筑物的位置及其不同安全级别下的变形控制标准,运用可视化显示技术将其直观展示;在隧道施工过程中,采用超前地层采样手段及时修正先前勘察失误造成的水文地质参数及地层结构损伤偏差，同时将隧道施工参数、在其影响下的地层与周围环境中既有建(构)筑物的实时监测及预测的变形响应、安全状态实时展示，通过安全性判别(预测变形与控制标准比较)确定是否对施工参数进行调整。当需要调整时，根据建立的施工响应预测模型反馈调整施工参数。需要注意的是，实时监测数据在施工初期可以对安全性进行判别，当施工一段时间后，其主要为预测方法的建立及其准确性的提升提供数据与案例基础。

盾构隧道透明化施工方法采用数字化技术实现，内容包括：

(1)施工影响范围内任意点处地层几何参数、力学参数、水文参数的可视化。

(2)实现隧道几何参数、施工参数的可视化。

(3)实现施工影响范围内既有建(构)筑物几何参数、力学参数、与新建隧道相对位置关系的可视化。

(4)实现施工扰动时，当前施工参数影响下地层及既有建(构)筑物力学响应的可视化(以变形作为主要控制指标)。

(5)实现对地层及既有建(构)筑物变形监控量测的可视化。

(6)基于既有建(构)筑物的控制标准，实现反馈施工参数调整的可视化。

2. 透明化施工方法实施流程

透明化施工方法的核心内容为：

(1)预测施工过程，通过对施工开挖的连续模拟，计算各施工步序的土体沉降分配比例，为分步沉降控制标准的建立提供依据，将环境控制目标合理分配至各个施工阶段，可利用有限元或仿真试验并参考类似工程经验进行。

(2)按照阶段性控制目标，对每个施工步序进行阶段性环境风险控制，每个对周边环境的影响因子均为向量，具有一定的大小和方向，因此在进行阶段控制时，应从大小和方向两个方面选择控制措施。注浆加固地层等措施就是以控制变形大小为主，而注浆抬升则对变形大小和变形方向均进行了控制和改变。

地层及结构的变形量是地下工程施工环境安全状态最直接的表征参数，客观上反映了损伤演化和破坏的过程。安全风险的过程控制，即按照不同工程活动影响下地层与结构变形的发展特点，制定每个关键工序点变形控制标准值，并在必要时实行过程恢复和施工后恢复，从而实现高质量的过程化控制。因此，在复杂的地质条件和工程环境下，必须探讨该地层及结构变位特点，明确变位分配的力学原理，提出变位分配的实施方法，以实现大直径泥水盾构隧道工程的安全要求。

5.2.2 盾构掘进影响下地层及建(构)筑物变形预测

根据工程地质参数和施工参数来预测地层的施工响应以及周围环境的力学响应是地层及建筑物变形预测的重点研究内容，也是系统拥有的重要功能，同时也是盾构隧道施工系统的特色功能。系统预测功能的实现建立在相应预测方法以及理论机理的基础之上，由此再采用相应的算法来实现系统对施工力学响应的预测功能。现阶段已经根据城市的地质环境及水文环境特点，结合不同土质的受力及变形特征，提炼出数种典型地层的变形模式，综合采用经验方法(如基于 Peck 理论的经验方法)和人工智能(ANN、GEP 及 WPM 等)等方法多角度综合实时预测地表及施工影响范围内建(构)筑物的沉降及水平变形。下面就上述提到的两种力学响应预测方法分别进行原理说明，并进行盾构参数的设计和计算。

1. 基于 Peck 理论的经验预测法

(1)经验公式介绍

系统盾构隧道地层位移公式为依据 Peck 理论的地层沉降预测经验公式。地层的沉降位移 $\omega(x,y,z)$ 按式(5-1)计算。

$$\omega(x,y,z)=\frac{V_{sx}}{i_z\sqrt{2\pi}}e^{-\frac{y^2}{2i_z^2}}\left[\Phi\left(\frac{x-x_i}{i_z}\right)-\Phi\left(\frac{x-x_f}{i_z}\right)\right] \tag{5-1}$$

式中 V_{sx}——单位开挖长度所产生的地层损失体积；

i_z——地表以下 z 深度处地层沉降槽宽度系数；

x_i——隧道开挖起始面的 x 坐标(m)；

x_f——隧道开挖掌子面的 x 坐标(m)；

$\Phi(x)$——随机变量 $x\sim N(0,1)$ 的标准正态分布函数。

单位开挖长度所产生的地层损失体积 V_{sx}，目前普遍采用 GAP 参数法确定地层损失。鉴于一般盾构隧道采用同步注浆开挖的方式，所以地层损失率按式(5-2)计算。

$$V=\frac{V_{sx}}{\pi r_0^2}\times 100\% \tag{5-2}$$

V 取值在 0.5%～1.5% 范围内，根据经验并结合式(5-2)可确定 V_{sx} 的经验取值范围为 $V_{sx}\in[0.005\pi r_0^2, 0.015\pi r_0^2]$，$r_0$ 为盾构机盾壳外径。可依据此经验范围确定 V_{sx} 的最大值和最小值。

地表以下 z 深度处地层沉降槽宽度系数 i_z 的取值可按式(5-3)计算。

$$i_z=K(z_0-z) \tag{5-3}$$

式中 K——地层沉降槽宽度参数；

z_0——隧道中心在地表以下的深度。

K 的取值，对于砂土—砾石地层，其经验取值范围为 0.25～0.45；对于黏性土地层，其经验取值范围一般为 0.4～0.6，经验公式为

$$K=\frac{0.175+0.325(1-z/z_0)}{1-z/z_0} \tag{5-4}$$

对于砂土层和黏性土层组成的地层，地层沉降槽宽度系数 i_z 按式(5-5)计算确定。

$$i_z=K_s h_s+K_c h_c \tag{5-5}$$

式中 h_s,K_s——砂土层的厚度和沉降槽宽度参数；

h_c,K_c——黏土层的厚度和沉降槽宽度参数。

(2)预测因素分析

根据京张高铁清华园隧道盾构段工程概况，盾构隧道外径 12.2 m，隧道中心线取地表以下 30 m。沿隧道开挖方向为 x 正方向，建立如图 5-8 所示的空间三维坐标系。隧道掌子面距离隧道开挖起始位置距离为 500 m。现取距离起始开挖面 100 m 处的隧道断面为 $x=0$ 面，即终止开挖面 $x_f=400$，开挖起始面 $x_i=-100$。均匀砂土层，取 $K=0.3$，$V_{sx}\in[0.5845, 1.7534]$。

在 $x=0$ 横断面内分别取深度 $z=0$、$z=4$、$z=8$、$z=12$、$z=16$ 五个不同的深度绘制地层

沉降曲线,如图5-7所示。

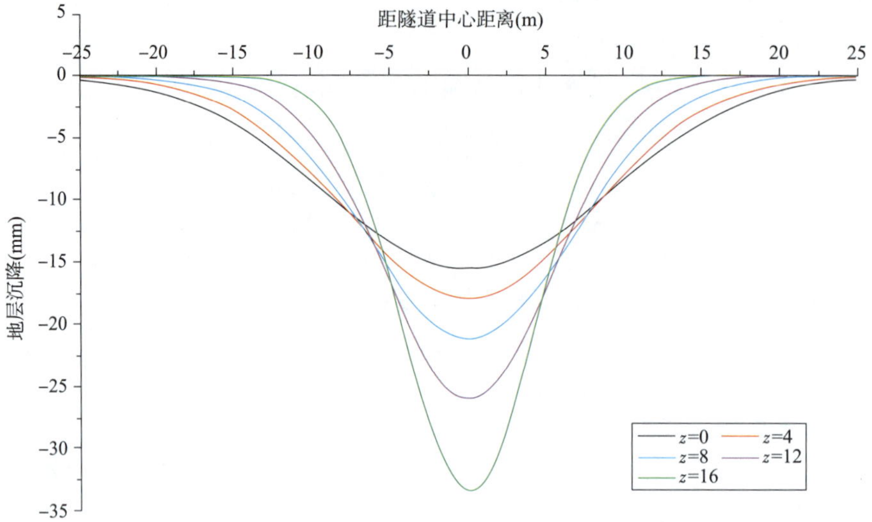

图5-7　$x=0$ 横断面地层沉降曲线

沿隧道走向,取隧道走向与隧道中轴线构成的纵断面,确定 $y=0$。在原有开挖500 m的基础上继续进行掌子面的开挖,依次沿隧道方向累计开挖0 m、4 m、8 m、12 m、16 m,分别绘制掌子面变化区域地面沉降变化曲线,如图5-8所示。

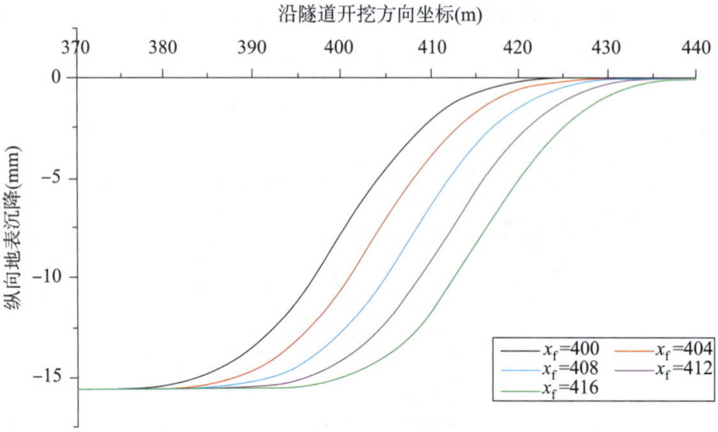

图5-8　掌子面变化区域地面沉降变化曲线

最后根据经验公式,参数选取同上,其中地层损失率取最小值0.5%。

在以上关于基于Peck理论的经验公式的详细说明之后,可以依据工程地质条件、盾构外径以及盾构隧道地层损失率来预测盾构隧道施工下地层的力学响应。

2. 基于人工智能神经网络的地表沉降预测法

(1)神经网络的基本理论

人工神经网络(Artificial Neural Network,ANN),简称为"神经网络",是一种模拟生物神经的网络，通过数学或者物理方法，从信息处理的角度对研究的数据进行抽象化并建立起某种简化模型，旨在模拟大脑在处理信息时的某些机理与机制来构建一个人工智能系统，从而实现对一些信息处理的特定功能。

常用的人工神经元模型主要是模拟生物神经元信息的传递特性，即输入和输出关系来建立的。神经元之间的连接不仅仅起着单纯的信号传递作用，在每对神经元之间的连接上还作用有加权系数。加权系数相当于生物神经系统中神经元突触的作用，一般称之为网络权值，其可以通过训练或者学习进行改变，学习规则被称为修改权值的规则。依据人工神经网络的构成原理可以将神经网络的结构划分为三个主要的部分：神经元功能函数、神经元之间的连接形式和学习。神经网络是一个复杂的互连系统，各单元之间的互连模式会对网络的性质和功能产生重要影响，常见的三层前馈神经网络结构由输入层、隐含层和输出层组成，如图5-9所示。

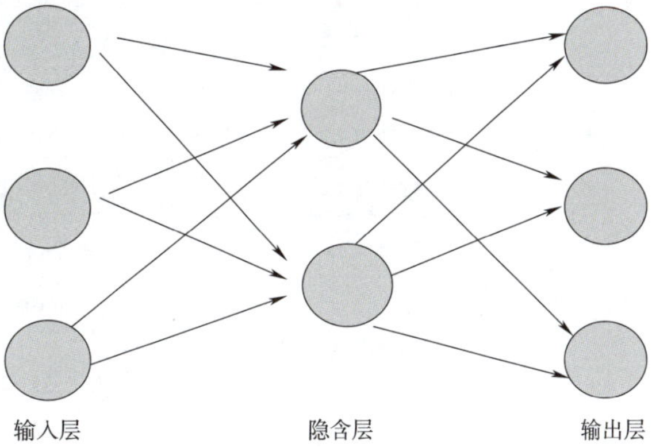

图5-9　前馈神经网络结构图

人工神经网络作为一种智能的仿生模型，是人类在认识自身并对生物神经网络进行模拟的基础上产生的一门高新科技信息处理技术。随着计算机和人工智能的发展，其功能不断得到应用、推广和完善，其基本特征有：分布存储和容错性；大规模并行处理能力；自学习、自组织和自适应性；不可预测性、不可逆性；神经元可以处理一些环境信息十分复杂、知识背景不清楚和推理规则不明确的问题。

(2)神经网络输入输出数据的提取和预处理及主成分分析(PCA)

由于受到地质条件、天气条件、人为操作条件、监测条件、设备工作状态等因素的影响，盾构法施工掘进参数与地层参数和地表沉降之间的关系十分复杂，而且很难用一个精确的数学式表达清楚。而人工神经网络以其独特优势，正好适用于处理这类高度复杂的非线性动力系统。本项目即采用人工神经网络方法对盾构法施工引起的地表沉降进行预测，该法将盾构施工过程中的主要掘进参数、施工参数、地层参数作为预测系统的输入，地表最大沉降量作为输出，通过训练样本数据，确定网络结构和相关的学习参数，建立起多输入单输出的非线性映射模型。采用BP网络模型和基于时间序列的NARXNN网络模型对输出结果进行预测，并依据实际监测数据进行检验和综合评价分析。

根据盾构施工的特点以及对地表沉降影响因素和控制方法的分析，预测模型输入参数应当选取隧道几何、地层条件及施工参数进行训练，其对地表沉降的相互影响关系如图5-10所示。

如图5-10所示，盾构隧道掘进过程中地表沉降是一个多因素影响的复杂变化过程，其中隧道主要几何参数2个，隧道主要地层参数6个，盾构主要施工参数6个，共有影响因素参数14个。在实际工程预测中不可能对所有的影响因素参数均逐一进行考虑，一方面因为预测参数过多会给实际工程现场数据采集带来麻烦，另一方面过多的参数会使得神经网络模型构建复杂化，延长训练时间，同时这些影响因素参数间也并非相互独立，而是存在着一定的耦合关系,全部考虑可能会产生过度拟合的问题而对预测结果不利。因此,先采用主成分分析法(PCA)寻找影响地表沉降的关键因素,减少相关神经网络的输入参数,进而优化网络的预测模型,提高地表沉降的预测值精度。输出参数选用开挖每环的地表最大沉降值作为目标值。

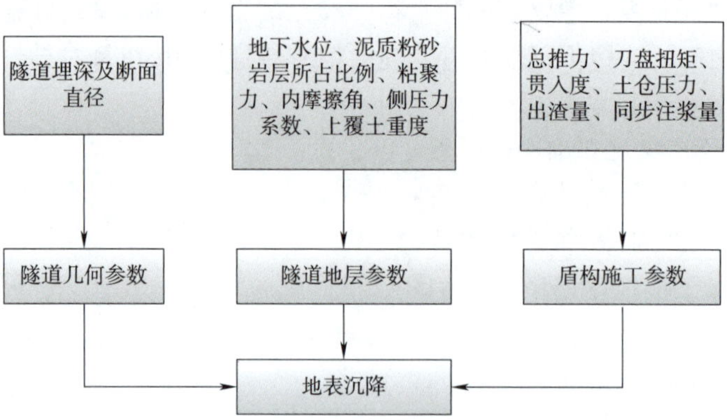

图 5-10　地表沉降影响因素关系图

主成分分析(Principal Component Analysis)的概念最早在 1901 年由 Karl parson 提出。当实际研究问题的各不同变量之间存在一定的相关性时,会增加问题分析的复杂性。主成分分析法利用降维的思想,将原始变量重新组合形成一组新的互不相关的几个综合变量来代替原始变量,即通过少数几个主成分来解释多个变量之间的内部结构,其中每个主成分都是原始变量的线性组合,它们尽可能多地保留原始变量的信息,且各主成分彼此间互不相关。这不仅降低了问题分析的难度,而且不丢失原始数据的信息,实现了对原始数据的压缩与解释。其中某一主成分对原始信息的解释度可以根据该主成分特征值的大小来衡量。若特征值越大,则表示该主成分的方差贡献率越大,对原始信息的有效解释度就越强。方差贡献率可作为选取主成分个数的重要标准。该方法可将问题分析的各种复杂因素归结为几个主成分,剔除了冗余信息,使得复杂问题得以简化,得到更为科学、准确的信息,使处理后的数据模型更好地反映真实情况。主成分分析流程如图 5-11 所示。

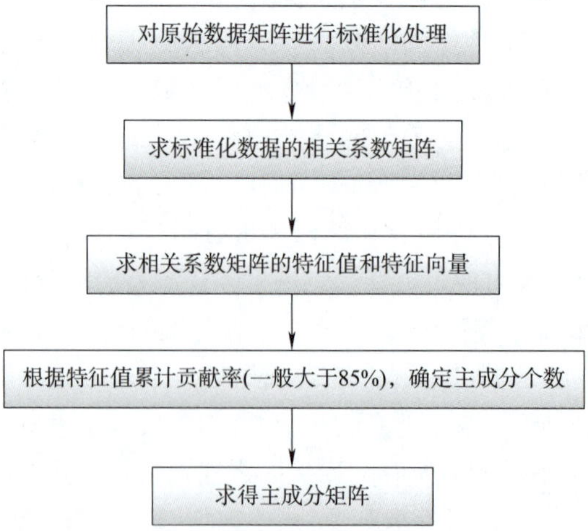

图 5-11　主成分分析流程图

通过主成分分析法可在影响盾构隧道掘进过程地表沉降的隧道几何参数、隧道地层参数和盾构施工参数中得出影响地表沉降的主要成分,并将其作为神经网络预测模型输入,实现模型输入参数的简化和预测结果的优化。

(3)地表监测数据人工智能分析预测方法的实现

依据盾构隧道施工过程中地表沉降监测点的监测值建立人工神经网络和基于时间序列的智能分析预测模型。

预测过程主要从三个方面进行:基于时间序列的地表沉降历时变形预测、基于 BP 神经网络的隧道中轴线最大地表沉降变形预测和基于 BP 神经网络的重要断面地表变形规律预测。

1)基于时间序列的地表沉降历时变形预测

综合整理盾构试验段 2017 年 11 月 13 日 ~2018 年 1 月 6 日监测日报地表沉降监测点的数据,选取试验断面 DK18160 2017 年 11 月 13 日 ~12 月 15 日的共 33 组数据为基础,分别建立线性回归 ARMA 时间序列模型、非线性自回归 NARNN 模型和含外部输入的非线性自回归 NARXNN 模型。其中选取前 25 组地表沉降值数据作为训练数据训练学习网络模型,后 8 组地表沉降值数据作为测试数据测试评价网络模型的预测效果。

NARXNN 模型考虑了外部输入——动态施工影响因子,具体作用过程考虑了盾构施工过程中施工特性、环境条件和时空效应三类影响因素,并依据表 5-4、表 5-5 综合考虑三类施工影响因子对测点地表沉降值的影响程度,给出一组外部输入值。

表 5-4 施工影响因子选取标准

取值标准	施工影响因子对测点地表沉降值的作用
-1	对测点的地表沉降值产生强烈抑制作用
-0.5	对测点的地表沉降值产生较强抑制作用
0	对测点的地表沉降值无作用
0.5	对测点的地表沉降值产生强烈促进作用
1	对测点的地表沉降值产生较强促进作用

表 5-5 ARMA、NARNN 和 NARXNN 模型结构参数

预测模型	模型结构	隐含层神经元个数	输出层神经元个数	网络延时	
				输入延时	输出延时
AMRA 模型	ARMA(a,b)	—	—	—	—
NARNN 模型	$n-r_1-r_2$	r_1	r_2	—	n
NARXNN 模型	$(m-n)-r_1-r_2$	r_1	r_2	m	n

具体每个测点的各网络模型参数设计见表 5-6。

表 5-6 每个测点各网络模型参数

测 点	训练样本	ARMA 模型		NARNN 模型			NARXNN 模型				预测样本
		m	n	n	r_1	r_2	m	n	r_1	r_2	
18160DBC1	1 ~ 25	20	19	5	10	1	3	3	15	1	26 ~ 33
18160DBC2	1 ~ 25	20	19	5	10	1	3	3	15	1	26 ~ 33
18160DBC3	1 ~ 25	20	19	5	10	1	3	2	15	1	26 ~ 33

续上表

测　点	训练样本	ARMA 模型		NARNN 模型			NARXNN 模型				预测样本
		m	n	n	r_1	r_2	m	n	r_1	r_2	
18160DBC4	1 ~ 25	20	19	5	10	1	3	2	15	1	26 ~ 33
18160DBC5	1 ~ 25	20	19	5	12	1	3	3	20	1	26 ~ 33
18160DBC6	1 ~ 25	20	19	5	12	1	3	3	20	1	26 ~ 33
18160DBC7	1 ~ 25	20	19	5	12	1	3	2	20	1	26 ~ 33
18160DBC8	1 ~ 25	20	19	5	12	1	3	2	20	1	26 ~ 33

依据上面的样本参数和各网络模型参数建立网络并得到相关的模型预测结果，其中 NARNN、NARXNN 为人工神经网络模型。由于训练所取初始权值和阈值不同，网络各单次预测结果均不同，依据各模型预测结果的检验标准，各选取符合条件的 5 次预测结果取平均值；ARMA 为线性时间序列模型，其根据训练数据可得到确定的曲线公式，预测结果为一组确定数据。

2）基于 BP 神经网络的隧道中轴线最大地表沉降变形预测

该部分选取了隧道中轴线 DK18160 ~ DK17840 每间隔 10 m 一个监测断面，整个隧道掘进过程中轴线处的最大地表沉降与盾构掘进施工参数进行基于盾构掘进参数的预测过程，已统计到的盾构施工参数（该处考虑与最大地表沉降值最密切相关的5 个盾构施工参数：切口压力、同步注浆量、同步注浆压力、二次加强深孔注浆压力以及二次加强深孔注浆量）和未破坏的隧道中轴线地表沉降监测点共有 31 组数据，选取前25 组地表沉降值与盾构施工参数为训练数据训练学习网络模型，后 6 组地表沉降值与盾构施工参数为测试数据测试评价网络模型的预测效果。

考虑到模型预测实际使用的盾构施工参数为三个压力和两个注浆量，即此处网络输入参数为 5，经过试算和调整隐藏层神经元的个数确定为 10，一个输出参数为断面的最大沉降值，即 BP 网络结构为（5-10-1）。BP 为人工神经网络模型，由于训练所取初始权值和阈值不同，网络各单次预测结果均不同，依据各模型预测结果的检验标准，各选取符合条件的 5 次预测结果取平均值，最终隧道中轴线最大沉降预测结果如图 5-12 所示。

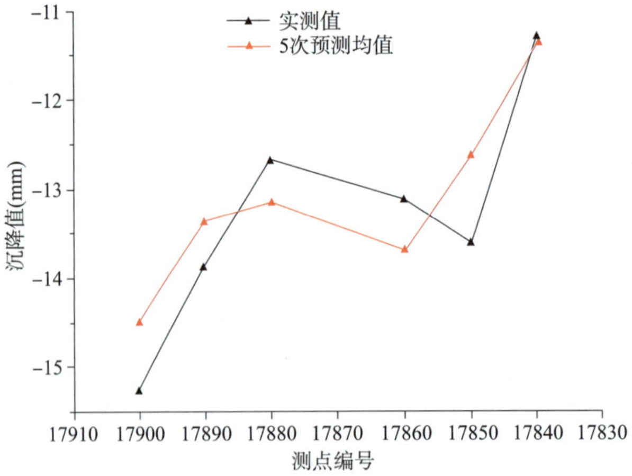

图 5-12　隧道中轴线最大地表沉降预测结果

3)基于BP神经网络的重要断面地表变形规律预测

该部分预测过程选取了重要监测断面DK17985、DK17960、DK17935、DK17910、DK17885、DK17860和DK17835,即7个监测断面的数据,每个监测断面距隧道中轴线 -15 m、-10 m、-5 m、0 m和5 m处各有5组监测数据,考虑了隧道埋深、测点距离隧道中轴线距离和5个盾构掘进参数(切口压力、同步注浆量、同步注浆压力、二次加强深孔注浆压力以及二次加强深孔注浆量)的影响,利用DK17985、DK17960、DK17935、DK17910、DK17885和DK17860监测断面的5×6共30组数据预测断面DK17835的5组地表沉降变化值(即共组合产生474组数据,前面6个断面430组数据用于训练学习网络,后面44组数据用于测试检验网络预测效果)。该预测模型亦采用BP神经网络预测模型,模型的网络结构及结果检验同以上BP模型,但该模型输入参数多,引入了隧道埋深、测点距离隧道轴线距离两个隧道几何参数影响,模型网络结构为(7-15-1),由于网络输入数量增加,隐藏层神经元个数也需要适当增加。

该模型可以实现基于前面已知数据的监测断面预测下一断面距隧道轴线的不同距离以及不同时间的地表沉降值。BP为人工神经网络模型,由于训练所取初始权值和阈值不同,网络各单次预测结果均不同,依据各模型预测结果的检验标准,各选取符合条件的5次预测结果取平均值,断面预测结果如图5-13所示。

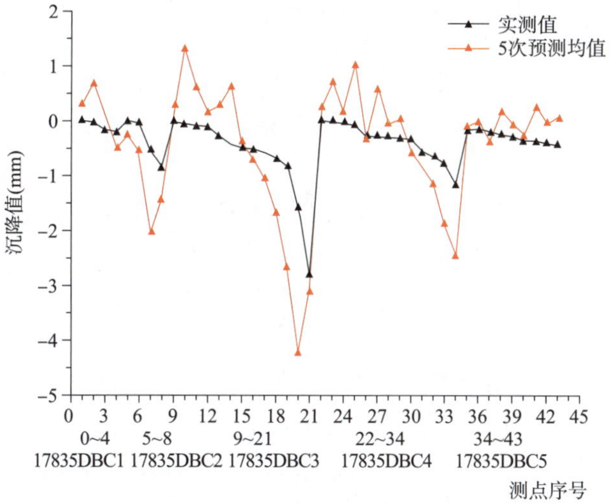

图5-13 17835断面预测结果

4)模型预测结果的分析、评价及未来模型的调整

从基于时间序列的测点DK18160地表沉降历时变形预测结果,不难发现ARMA、NARNN和NARXNN模型均表现出较好的预测效果,测点预测值的最大相对误差不超过2 mm,这8个预测结果的评价分析见表5-7。

表 5-7 ARMA、NARNN 和 NAXNN 模型预测结果对比

测　　点	ARMA 模型		NARNN 模型		NARXNN 模型	
	最大绝对误差（mm）	占优点个数	最大绝对误差（mm）	占优点个数	最大绝对误差（mm）	占优点个数
18160DBC1	-0. 392 86	2	0. 699 516	2	-0. 448 62	4
18160DBC2	0. 146 102	1	-0. 053 73	3	-0. 042 43	4
18160DBC3	-0. 299 49	0	-0. 200 05	2	0. 136 549	6
18160DBC4	-1. 341 76	1	-0. 749 61	1	0. 349 317	6
18160DBC5	0. 674 917	0	-0. 354 53	2	0. 059 569	6
18160DBC6	0. 215 751	1	-0. 268 2	1	0. 006 403	6
18160DBC7	-0. 195 91	0	-0. 383 1	3	0. 179 587	5
18160DBC8	-0. 390 67	0	0. 302 285	1	-0. 112 44	7

综上可知三个模型均得到较好的预测效果，其中 NARNN、NARXNN 为非线性模型，对复杂的地表沉降拟合结果较线性 ARMA 模型的预测结果好。同时，由于 NARXNN 模型考虑了施工因素影响，因此表现出最好的预测效果。

根据基于 BP 神经网络的隧道中轴线最大地表沉降变形预测结果，可以看到 BP 模型已经较好地预测出了中轴线处的隧道地表最大沉降的变形趋势，也说明了隧道施工引起的地层变形与盾构施工参数密切相关，该部分模型测试结果仅选取了 6 个测点来进行说明，最大绝对误差为 0. 972 mm，最大相对误差 7. 141 62%。通过隧道中轴线的地表沉降最大值建立与盾构施工参数之间的联系，未来又可以依据预测的最大沉降值反分析优化施工参数，对于智能可视化施工研究具有重要意义。

根据基于 BP 神经网络的重要断面地表变形规律预测结果，可以看到基于已知断面沉降变形结果来预测未知断面的沉降变形结果也具有较好的预测结果，大部分预测点数的误差均处于 -1 ~1 mm 的范围内，仅有个别预测点误差超过 1. 5mm，说明预测模型已经能达到较好的预测效果。

前面三个方面的预测内容分别从三个不同的角度分析了盾构施工过程中地表沉降历时变化、与施工参数之间的关系以及各不同断面间的沉降规律联系，模型达到了基本的预测精度要求，但实际分析中由于预测点数和沉降数据还明显不足，模型训练数据显然还不能准确拟合出隧道掘进过程中真实的地层变形规律，同时施工参数选取以及参数本身之间的相关关系也未有考虑，对于土层条件和隧道几何条件本次预测也未予考虑，在下一步智能网络模型预测方面还需要进行相应的改进，如优化输入参数的选取、进一步扩大样本数量以及引入更先进合理的智能预测方法，以达到更优质的地层变形预测结果。

前面的算例均是施工中地层变形的预测结果分析，对于周边建筑的预测分析未在案例中详细介绍，对施工中周边建(构)筑物变形的预测分析处理以下给出简要说明。Peck 基于大量已修筑的隧道工程资料和相应的地表沉降数据，整理分析得出地表横向变形呈现槽形分布，且近似为正态分布。假设地层损失沿着隧道开挖方向均匀分布，且在短期内不排水的条件下，可以认为隧道开挖区域内的地层损失体积即为地表沉降槽的体积。软弱地层隧道上方横向地表沉降可以用式(5-6)来描述，该公式已经在工程上得到验证。

$$S(x)=S_{\max}e^{-\frac{x^2}{2i_x^2}} \tag{5-6}$$

$$V_s=\int_{-\infty}^{\infty}S\mathrm{d}x=\sqrt{2\pi}i_xS_{\max}\approx 2.5i_xS_{\max} \tag{5-7}$$

$$V_i=\frac{4V_s}{\pi D^2} \tag{5-8}$$

式中 $S(x)$——隧道中轴线外侧 x 距离处的地表沉降量；

$S_{\max}$——隧道中轴线上方地表的最大沉降量；

V_s,V_i——隧道施工引起单位长度的地层损失和地层损失率（以百分数表示）；

i_x——隧道中轴线至地表沉降曲线反弯点处的距离，即横向地表沉降槽宽度；

D——隧道直径。

前面部分已经依据人工智能预测出隧道中轴线的最大地表沉降值 $S_{\max}$，基于式(5-6)可以根据周边建(构)物与隧道中轴线的位置关系，预测得出该位置处的地表沉降值。考虑到建筑物刚度对变形的影响，对以上计算结果引入相关的修正系数即可得到建(构)筑物施工变形的预测值。

3. 一种自定义神经网络的提出与应用

随着神经网络理论研究的不断深入，同时现实中需要研究的问题也愈来愈复杂化，对神经网络模型的建模与仿真需求也愈来愈个性化。神经网络具有较好的灵活性与可扩展性的特点，使得建立满足不同级别与目的用户需求的个性化，DIY 自定义定制神经网络成为可能。本部分将充分利用地层变形作为隧道几何参数、工程地质参数与盾构施工参数三类因素耦合作用结果的特点，自定义地表最大沉降多因素预测的神经网络模型。

类似于仿生学中的神经网络系统，神经网络可以看成由输入、输出、目标、阈值与权值多个简单子结构并行构成，各子结构间的连接直接决定神经网络的建模与仿真效果，神经网络训练通过不断迭代调整参数使得网络输出与目标一致。自定义神经网络的建模思路：①产生一个结构可以改变的空神经网络；②自定义神经网络的输入、输出、目标、权值与阈值，深度刻画神经网络结构；③神经网络训练与仿真；④依据网络计算输出与期望目标间差距，调整定制神经网络的参数，以达到最佳的预测仿真效果。基于此分别选取隧道几何参数（隧道埋深与隧道外径）2 个、工程地质参数（地下水位、开挖区粉黏土与砂卵石土占比、上覆土容重、弹性模量、泊松比、黏聚力、内摩擦角和侧压力系数）8 个、盾构施工参数（切口压力、盾构推力、刀盘扭矩、刀盘转速、掘进速度、同步注浆压力、二次注浆压力、同步注浆量和二次注浆量）9 个，总计 19 个参数作为网络输入，选取隧道掘进全过程最大沉降值 $S_{\max}$ 作为网络模型的输出，建立隧道掘进中多参数影响下的地表沉降值预测自定义神经网络。

网络结构参数见表 5-8。

表 5-8 自定义神经网络结构参数

预测模型	输入层结构	隐含层层数	隐含层 r_1	隐含层 r_2	隐含层 r_3	隐含层 r_4	输出层 r_5
自定义神经网络	2-8-9	4	40	8	20	22	4

注：r_1,r_2,r_3,r_4 分别为隐含层 1、2、3、4 的神经元个数，由试验法训练产生；r_5 为输入层神经元个数，由网络输出参数个数决定。

以前面 BP 网络模型的数据建立自定义神经网络数据分析库，划分网络训练与测试数据集，建立上述训练结构参数的自定义神经网络预测模型。由于每次训练的初始化权值与阈值不同，使得各单次的预测结果均不相同，但由于模型预测精度的控制，使得各次模型的预测结果均满足计算要求。现提取 5 次预测结果的均值作为网络最终的预测结果，模型的预测结果对比以及与实测值的拟合情况如图 5-14、图 5-15 所示。

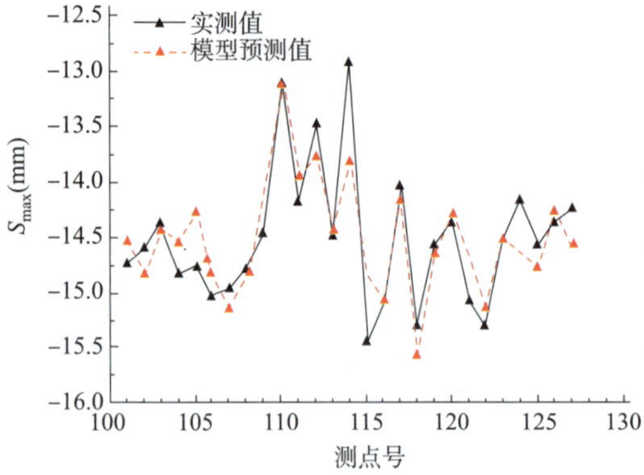

图 5-14　自定义神经网络预测结果对比

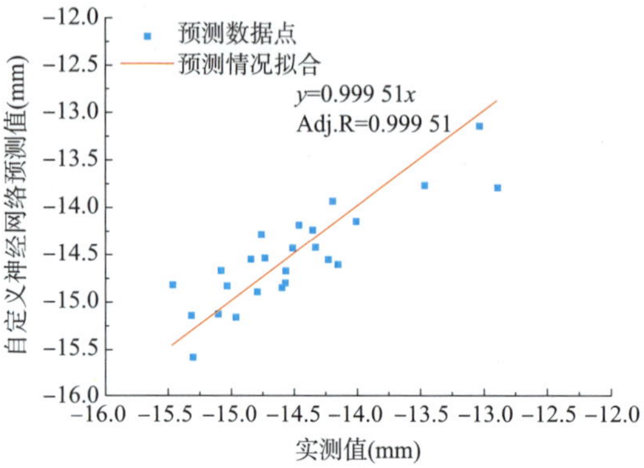

图 5-15　自定义神经网络预测结果拟合

由上面测试数据集的预测曲线与实测曲线的对比图以及预测值与实测值的拟合情况可以发现：隧道施工掘进过程中的隧道几何参数、工程地质参数以及盾构施工参数分类作为网络输入值，同时深化网络隐藏层设计的自定义神经网络模型达到了良好的预测效果，测试数据集最大误差仅为 0.889 mm，拟合曲线 k 值为 0.999 11，拟合相关性系数为 0.999 51；相较于传统的 BP 模型，自定义神经网络输入参数分类别输入，避免了不同类别参数同时输入时相互间的耦合影响，同时 4 个隐含层设计分别表示三类别输入同时作用效果和各类别参数单独输入时对于网络输出的作用效果，大大提升了网络模型的预测效果。

施工影响下地层及建(构)筑物的实时监测是透明化施工方法中的关键环节，可以用来判断地层及结构物的安全状态，同时为预测方法的最优选择提供数据支撑，是预测方法准确与否的根本判断依据，因此，做好地层及结构物的实时监测是保证安全施工的关键。

5.2.3　主动控制技术——盾构掘进参数选择

1. 始发段掘进参数试验

根据施工环境主动调节盾构掘进参数，减小盾构施工对地层的扰动，从而降低环境安全风险的方法即为主动控制技术。主动控制措施是指通过对施工参数的优化，从盾构开挖的源头开始采取有关措施来控制掘进对周边土层的扰动，以减少对建筑物的不利影响。盾构隧道沿线附近的结构物保护，应把重点放在主动控制措施上。在施工前，首先根据经验选取施工参数，然后通过对地面变形和对建筑物影响的预测，优化选取与本工程相适宜的施工参数；经过试验段试掘进的掘进参数调整和经验积累，正式掘进中，通过信息化施工进一步优化施工参数，精心控制地层变形，使其不会影响周围建(构)筑物的正常使用和安全。

将 3 号区间始发段及始发段后 375 m 选为试验段，起止里程为：DK18 + 200 ~ DK17 + 825。

前200 m(DK18 +200 ~ DK18 +000)为始发试验段,主要用于测试盾构机自身性能,调整合理的施工参数,同时对防护措施进行试验,在始发试验段终点(DK17 +825)处进行停机—恢复掘进试验,剩余175 m(DK18 +000 ~ DK17 +825)为防护措施试验段,基于稳定的掘进参数基础,对防护措施的效果进行试验。

试验段主要目的:

(1)通过试掘进,验证盾构机对清华园隧道地质的适应性,对盾构机设备负载作业进行观察并调试。

(2)通过试掘进,找出合理的施工参数,并根据沉降监测数据选取对周边环境影响最小的施工参数。

(3)在始发试验段末端进行停机—恢复掘进测试,获得盾构机停机对周边环境的影响情况,以便在后续停机检修和换刀作业前采取有效防护措施。

(4)通过对路基、高架桥的防护措施试验段掘进,监测盾构在防护条件下对地铁13号线区间和车站的影响,验证防护措施的效果。

2. 正常掘进段参数选择

盾构机在完成试验段后,以理论计算和试掘进为基础,对掘进参数进行必要的调整,并根据施工环境实时调控。参考以往泥水盾构隧道工程经验,安全风险的主动控制技术主要有以下几个方面:

(1)泥浆性能控制

泥浆性能以5项指标为控制标准:泥水密度(送泥1.05 ~ 1.08 g/cm^3,出泥1.15 ~ 1.30 g/cm^3);漏斗黏度(25 ~ 35 s);析水率(小于5%);pH值(8 ~ 9);API失水量($Q \leq$ 20 mL)。添加黏土、膨润土可提高泥水相对密度,添加CMC(羧甲基纤维素)可增大泥浆黏度。

(2)泥水压力控制

盾构机采用泥水气平衡模式,泥水压力通过调压仓内的气压值实现精确控制。除平衡掌子面水土压力外,泥水压力还应包含一定附加压力,一般取为0.02 MPa,并根据施工环境及地层变形情况进行调整。

(3)掘削量控制

泥水盾构掘进实际掘削量为单位时间内排泥量与送泥量之差,当发现掘削量过大时,应检查泥水黏度、密度及压力,调查掌子面土体坍塌情况,查明原因后及时调整掘进参数,保持掌子面稳定。

(4)掘进速度控制

盾构机掘进速度应与地质条件及地表建筑相匹配,同时应满足每环注浆量的要求。正常条件下设置为20 ~ 40 mm/min,软硬不均地层控制在10 ~ 20 mm/min。

(5)盾构机姿态控制

盾构机掘进过程须严格受控,依据盾构姿态测量实时获取盾构机平面姿态及高程姿态,及时纠偏。每一循环的水平纠偏量不超过9 mm,竖直纠偏量不超过5 mm,以减少对地层的扰动,同时应保证足够的盾尾空隙完成管片拼装。

(6)同步注浆控制

盾尾注浆压力应大于盾尾静止水压与土压力之和,一般比相应水压高0.2 ~ 0.3 MPa。

注浆量应在盾尾理论空隙的基础上同时考虑纠偏、跑浆、注浆材料收缩等因素的影响。注浆速率及时间应根据实际掘进速度确定。

(7)管片拼装控制

管片拼装过程中回缩的千斤顶数量应尽可能少,管片到位后及时伸出相应位置千斤顶,施加相应方位顶推力。严格控制拼装精度、螺栓紧固质量、注浆压力符合设计要求。

3. 初始盾构参数推荐

(1)地层及盾构机主要参数

盾构机地主要参数见表5-9、表5-10。

表5-9 盾构机各主要部件参数

项 目	组成构件名称	技术参数
整机综述	主机总长	13.5 m
	总重	3 460 t
	开挖直径	ϕ12 640 mm
	前盾外径	ϕ12 610 mm
	中盾外径	ϕ12 590 mm
	尾盾外径	ϕ12 570 mm
	前盾盾壳厚度	70 mm
	中盾盾壳厚度	60 mm
	尾盾盾壳厚度	90 mm
	最大掘进速度	60 mm/min
	最大推力	160 850 kN
	盾尾密封	4个盾尾密封刷,1个钢板束,1个紧急密封和1个止浆板
	土压传感器	6个(4个在开挖舱,2个在工作舱)
	液压传感器	1套
	主轴承寿命	10 000 h
	最大工作压力	8 bar
	最大设计压力	8 bar
	包括后配套总长	约125 m
刀盘	形式	常压进仓式刀盘
	开挖、超挖直径	ϕ12 640 mm
	开口率	约36%
	刮刀	固定刮刀100把,常压可更换刮刀46把
	贝壳式先行刀	固定式先行刀38把,常压可更换26把
	周边铲刀	10套
	刀盘磨损检测装置	1个刀盘钢结构磨损探测装置
	刀具磨损检测装置	7个刀具磨损探测器
	换刀方式	背装式,可在刀盘内/后方进行更换
	中心刀的类型	常压可更换齿刀4把

续上表

项　　目	组成构件名称	技术参数
刀盘驱动	驱动形式	电驱动,可伸缩式
	转速	2.6 r/min
	额定扭矩	18 926 kN·m
	脱困扭矩	26 118 kN·m
	扭矩系数	约 12.3
	驱动功率	3 250 kW
	主轴承寿命	10 000 h
	工作压力	8 bar
	主轴承密封形式	4 道外密封,3 道内密封
盾壳	形式	锥形
	前盾直径、厚度	ϕ12 610 mm、70 mm
	中盾直径、厚度	ϕ12 590 mm、60 mm
	盾尾直径、厚度	ϕ12 570 mm、90 mm
	钢丝刷密封数量	4 个
	钢板束密封数量	1 个
	止浆板数量	1 个
	盾尾间隙	约 45 mm
推进系统	最大总推力	160 850 kN
	油缸数量	25 组双缸
	油缸行程	3 000 mm
	最大推进速度	60 mm/min
	最大回缩速度	1 600 mm/min
	位移传感器数量	6 个
	推进油缸分区数量	6 个
人舱	舱室数量	2
	容量	6
	舱门数量	3
	工作压力	8 bar
同步注浆系统	注浆管路数量	7 + 7 备用
	能力	$3\times21\ m^3/h$
	储浆罐容量	$3\times12\ m^3$
	压力传感器数量	6 个

续上表

项　　目	组成构件名称	技术参数
二次双液注浆系统	储浆罐/搅拌罐容量	4 m^3
	功率	A 液泵:4 kW;B 液泵:1.5 kW
	注入口数量	1 个
	能力	A 液泵:3.48 m^3/h B 液泵:0.6 m^3/h
膨润土注入系统	膨润土泵数量	1 个
	注入口数量	1 套
	能力	10 m^3/h
超前钻探和注浆系统	钻孔位置	前盾和中盾的位置
	钻孔数量和直径	8 个水平超前钻机管线,15 个倾斜超前钻机管线
	注浆系统	不配置,预留接口
管片安装机	起吊能力	15 t
	形式	中空旋转式
	驱动方式	液压驱动式
	自由度	6 个
	移动行程	2 400 mm
	旋转角度	±200°
	控制方式	2 个无线遥控器带线控功能
	旋转速度	1.5 r/min
管片吊机	形式	真空吸盘式
	数量	1 个
	起吊能力	15 t
	控制方式	无线遥控器
	驱动功率	约 30 kW
管片输送机	形式	喂片机
	输送载荷	1 kN
	驱动功率	75 kW
	是否集中润滑	是
泥水循环系统	管路直径	DN450
	进泥泵参数	1 × P1.1 Warman 14/12 G
	排泥泵参数	1 × P2.1 Warman 300SHG
	中继泵参数	1 × P2.XWarman300SHG + 1 × P1.X Warman14/12 G
	中继泵数量	2 个
	额定、最大进排泥流量	1 800 m^3/h,2 000 m^3/h

续上表

项　　目	组成构件名称	技术参数
换管单元	形式	液压形式
	控制方式	面板控制
	换管长度	10 m
导向系统	形式	TUnIS VMT
	精度	1″
监视系统	摄像头数量	5 个高清摄像头(720P)
	显示屏数量	1 个监视器
后配套	拖车数量	2 个开式拖车行走轨道 2 个胶轮闭式拖车 1 个转运平台
	后配套轨距	约 5 400 mm
冷却水系统	流量	120 m^3/h
	水管卷筒规格	DN150,2×20 m
	水管卷筒容量	2×20 m
	水管卷筒配备水管长度	20 m
	内循环冷却水流量	120 m^3/h
	内循环冷却水软化装置规格型号	型号 825ECD
气压平衡控制系统	空压机规格型号	1×55 kW,3×90 kW
	总排气量	1×7.45 m^3/min,3×12.1 m^3/min
	储气罐总容量	1×1 m^3,5×2 m^3
	气压调节装置调节范围	0～10 bar
	气压调节装置灵敏度	0.1 bar
通风机	通风机流量	20 m^3/s
	通风机功率	45 kW
	储风筒容量	约 100 m
	储风筒容纳风管的直径	DN1 200 mm
电力系统	初次电压	10 000 kV
	二次电压	400/690 V
	主变压器	22 300 kVA/10 kV/0.4 kV/50 Hz
	辅助变压器	11 600 kVA/10 kV/0.69 kV/50 Hz 12 000 kVA/10 kV/0.4 kV/50 Hz
	变压器防护等级	IP55
	高压电缆存放平台存放电缆的长度	约 800 m
	应急柴油发电机	250 kW
控制系统	形式/型号	Siemens S7
	数据记录与分析系统	数据采集系统
	远程实时监控系统	地面监控系统

表 5-10　盾构穿越地层主要岩土参数

岩土编号	岩土名称	统计项目	容重 γ (kN/m^3)	饱和容重 γ_{sat} (kN/m^3)	内摩擦角 φ_q (快剪)	黏聚力 c_q (kPa)(快剪)
2-1	粉土	平均值	19.9	20.3	25.2°	24.3
2	粉质黏土	平均值	20.1	20.3	18.4°	33.8
3	卵石土	平均值	19.4	19.9	45°	0
4-2	细砂	推荐值	20.5	20.8	38°	6
5	卵石土	推荐值	21.0	21.2	45°	0
5-3	细砂	推荐值	20.5	20.7	38°	6
5-1	粉质黏土	平均值	20.0	20.1	14.1°	40.5
5-2	粉土	平均值	19.6	19.8	28.4°	22.5
2-3	细砂	推荐值	19.3	19.9	36°	4

(2)盾构隧道标准段划分

根据隧道埋深、地质条件、地下水位线的不同,将两条区间隧道划分为 11 个标准段,各段起止里程及地质特征见表 5-11。

表 5-11　各标准段里程及其主要地质特征

编　号	里程段	掌子面处主要土层	地下水埋深(m)	水头高度(m)
1	DK13 +610 ~ DK13 +907	卵石土	—	—
2	DK13 +907 ~ DK14 +239	粉质黏土	-22.77	-17.57
3	DK14 +239 ~ DK14 +661	粉质黏土	-23.39	-5.101
4	DK14 +661 ~ DK15 +111	粉质黏土	-23.30	-4.748
5	DK15 +111 ~ DK15 +640	卵石土	-24.40	-5.826
6	DK15 +640 ~ DK16 +158	卵石土	-23.14	-4.119
7	DK16 +158 ~ DK16 +568	卵石土	-23.41	-2.913
8	DK16 +568 ~ DK17 +064	卵石土	-23.90	-4.115
9	DK17 +064 ~ DK17 +614	粉质黏土	-24.08	-4.806
10	DK17 +614 ~ DK17 +936	粉质黏土	-23.92	-4.917
11	DK17 +936 ~ DK18 +276	粉质黏土	—	—

(3) 盾构施工参数计算

1)泥水压力

泥水盾构机掘进过程中,泥水压力通过掌子面上形成的泥膜作用到未开挖的岩土体上,与盾构机前方的水土压力保持平衡。泥水舱内泥浆压力可通过式(5-9)计算:

$$P = P_w + P_s + \Delta P \tag{5-9}$$

式中　P——泥浆压力;

P_w——隧道轴线处静水压力；

P_s——隧道轴线处静止土压力；

ΔP——附加压力，据实际情况取 0 ~0.2 MPa。

2）千斤顶推力

千斤顶推力应与作用在盾构机上的总阻力相平衡，二者之间有如下关系：

$$F_d = F_1 + F_2 + F_3 + F_4 + F_5 + F_6 \tag{5-10}$$

式中 F_d——总阻力；

F_1——周围地层对盾壳的阻力；

F_2——刀盘面板的推进阻力；

F_3——管片与盾尾间摩擦阻力；

F_4——切口环贯入地层的贯入阻力；

F_5——转向阻力；

F_6——后配套拖车牵引阻力。

暂不考虑 F_5 及 F_6，计算各项阻力。

①周围地层对盾壳的阻力 F_1。

对于砂质土

$$F_1 = 0.25\pi DL(2P_e + 2KP_e + K\gamma D)\mu_1 + W\mu_1 \tag{5-11}$$

对于黏性土

$$F_1 = \pi DLc \tag{5-12}$$

式中 D——盾壳外径，取 12.59 m；

L——盾壳总长，取 13.5 m；

P_e——盾壳顶部竖向土压力，水中采用浮容重（kPa）；

K——开挖面土体静止土压力系数；

γ——开挖面上土体浮容重（kN/m^3）；

μ_1——开挖面上土体浮容重，$\mu_1 = 0.5/\tan\varphi$，φ 为土体内摩擦角；

W——盾构主机自重，取 34 600 kN；

c——开挖面上土体黏聚力（kPa）。

②刀盘面板的推进阻力 F_2。

泥水盾构面板推进阻力由泥浆压力产生，其计算公式如下：

$$F_2 = 0.25\pi D^2 P_f \tag{5-13}$$

式中 P_f——开挖面前方泥水压力（kPa）。

③管片与盾尾间摩擦阻力 F_3。

$$F_3 = n_1 W_s \mu_2 + \pi D_s b P_T n_2 \mu_2 \tag{5-14}$$

式中 n_1——盾尾内管片环数；

W_s——一环管片自重（kN）；

μ_2——盾尾刷与管片间摩擦系数，取 0.4；

D_s——管片外径（m）；

b——每道盾尾刷与管片接触长度（m）；

P_T——盾尾刷内油脂压力(kPa);

n_2——盾尾刷的层数。

④切口环贯入地层阻力 F_4。

对砂质土

$$F_4=\pi(D^2-D_i^2)P_3+\pi DtK_pP_m \tag{5-15}$$

对黏性土

$$F_4=\pi(D^2-D_i^2)P_3+\pi Dtc \tag{5-16}$$

式中 D——前盾外径(m);

D_i——前盾内径(m);

P_3——切口环插入处的地层平均土压力(kPa);

t——切口环插入地层的深度(m);

K_p——被动土压力系数;

P_m——作用在盾构上的平均土压力(kPa);

c——开挖面上土体黏聚力(kPa)。

3)刀盘扭矩

刀盘扭矩计算包括:刀盘切削扭矩 T_1;刀盘自重形成的轴承扭矩 T_2;刀盘轴向荷载形成的轴承扭矩 T_3;密封装置摩擦力矩 T_4;刀盘前表面摩擦扭矩 T_5;刀盘圆周面的摩擦反力矩 T_6;刀盘背面摩擦力矩 T_7;刀盘开口槽剪切力矩 T_8。刀盘总扭矩:

$$T=T_1+T_2+T_3+T_4+T_5+T_6+T_7+T_8 \tag{5-17}$$

①刀盘切削扭矩 T_1。

$$T_1=nq_uh_{max}D^2n^2 \tag{5-18}$$

式中 n——刀盘转速(r/min);

q_u——切削土的抗压强度(kPa);

h_{max}——贯入度,即刀盘每转的切入深度(m),$h_{max}=\dfrac{v}{n}$;

D——刀盘直径(m)。

②刀盘自重形成的轴承扭矩 T_2。

$$T_2=W_cR_1\mu_g \tag{5-19}$$

式中 W_c——刀盘自重(kN);

R_1——主轴承滚动半径(m);

μ_g——轴承滚动摩擦系数。

③刀盘轴向荷载形成的轴承扭矩 T_3。

$$T_3=P_tR_1\mu_g \tag{5-20}$$

$$P_t=\alpha\pi\left(\frac{D}{2}\right)^2P_d \tag{5-21}$$

式中 P_t——刀盘推力荷载(kN);

α——刀盘不开口率,$\alpha=1-A_s$,A_s 为刀盘开口率;

P_d——盾构前面主动土压力(kPa)。

④密封装置摩擦力矩 T_4。

$$T_4=2\pi\mu_m F_m(n_1R_{m1}^2+n_2R_{m2}^2) \tag{5-22}$$

式中 μ_m——主轴承密封与钢的摩擦系数,一般取0.2;

F_m——密封的推力(kPa);

n_1——内密封数量;

n_2——外密封数量;

R_{m1}——内密封安装半径(m);

R_{m2}——外密封安装半径(m)。

⑤刀盘前表面摩擦扭矩 T_5。

$$T_5=2\alpha\pi\mu_1R_c^3P_d/3 \tag{5-23}$$

式中 μ_1——切削面与土层的摩擦系数。

⑥刀盘圆周面的摩擦反力矩 T_6。

$$T_6=2\pi R_cBP_z\mu_1 \tag{5-24}$$

式中 R_c——刀盘半径(m);

B——刀盘周边厚度(m);

P_z——刀盘周围的平均土压力(kPa);

μ_1——土与刀盘之间的摩擦系数。

⑦刀盘背面摩擦力矩 T_7。

$$T_7=2\alpha\pi\mu_1R_c^3P_w/3 \tag{5-25}$$

式中 P_w——泥水压力(kPa)。

⑧刀盘开口槽剪切力矩 T_8。

$$T_8=2\pi\tau R_c^3A_s/3 \tag{5-26}$$

式中 τ——刀盘切削剪力,$\tau=c+P_w\tan\varphi$;

A_s——刀盘开口率;

c——开挖面上土体黏聚力(kPa);

φ——泥水与渣土混合物内摩擦角,$\varphi=5°$。

4)注浆压力与注浆量

泥水盾构施工中,一般同步注浆压力应比相应水压高0.2~0.3 MPa,各段水压力及相应注浆压力见表5-12。

表5-12 各里程段注浆压力

编 号	里程段	水压力(kPa)	注浆压力(kPa)
1	DK13+610~DK13+907	0	200
2	DK13+907~DK14+239	14.6	214.6
3	DK14+239~DK14+661	148.79	348.79
4	DK14+661~DK15+111	169.97	369.97
5	DK15+111~DK15+640	253.19	453.19
6	DK15+640~DK16+158	291.71	491.71

续上表

编　号	里程段	水压力(kPa)	注浆压力(kPa)
7	DK16 +158 ~ DK16 +568	249.27	449.27
8	DK16 +568 ~ DK17 +064	199.2	399.2
9	DK17 +064 ~ DK17 +614	175.74	375.74
10	DK17 +614 ~ DK17 +936	141.88	341.88
11	DK17 +936 ~ DK18 +276	0	200

(4)各标准段计算结果

按前述方法计算出各类参数后,汇总见表5-13。

表5-13　泥水盾构施工各类参数汇总

编　号	里　程	泥浆压力(kPa)	掘进速度(mm/min)	刀盘转速(r/min)	顶推力(kN)	扭矩(kN·m)	注浆压力(kPa)
1	DK13 +610 ~ DK13 +907	114	20	1.2	66 176	12 385	200
2	DK13 +907 ~ DK14 +239	265	30	1.8	71 737	18 991	215
3	DK14 +239 ~ DK14 +661	333	30	1.8	63 903	17 235	349
4	DK14 +661 ~ DK15 +111	359	20	1.2	68 820	15 764	370
5	DK15 +111 ~ DK15 +640	385	30	1.8	130 924	16 420	453
6	DK15 +640 ~ DK16 +158	426	30	1.8	138 282	17 377	492
7	DK16 +158 ~ DK16 +568	363	20	1.2	116 838	12 513	449
8	DK16 +568 ~ DK17 +064	304	30	1.8	103 634	13 994	399
9	DK17 +064 ~ DK17 +614	303	40	2.4	101 616	18 755	376
10	DK17 +614 ~ DK17 +936	317	20	1.2	63 011	17 513	342
11	DK17 +936 ~ DK18 +276	195	20	1.2	47 506	17 742	200

4. 盾构动态施工参数反馈

上文通过监测数据以及盾构施工参数的统计分析,采用经验公式和人工智能等方法实现了地层及周边建筑物的预测,该预测结果除了可用于分析风险源与地层的空间位置和相互作用关系,进而建立起施工参数和风险源变形之间的关系外,还可用于以风险源的控制标准为目标,通过反分析控制理论反推出不同地层条件和隧道几何参数对应的最优盾构施工参数来指导施工。

为了满足工程实际应用要求,需要建立一个多参数的反分析模型。多参数需要考虑施工过程的地层条件、隧道几何条件以及盾构施工参数条件。以地层及周边建(构)筑物的控制标准作为目标值,并将神经网络预测结果作为反分析参数最优选择的适应度函数,反分析不同地层条件下最优的盾构施工参数,反馈控制施工过程。

该分析过程主要应用遗传算法控制理论,遗传算法是一种借鉴了达尔文的进化论和孟德尔的遗传学说,通过模拟生物界的自然进化过程(适者生存、优胜劣汰遗传机制)而演化的智能全局优化算法,最早由美国的J. Holland教授于1975年提出。与传统的单纯形和Powell法等相比,其在搜索过程中不易陷入局部最优解的误区,即使在所定义的适应度函数不连续、非规则或有噪声的情况下,依然可以以极大的概率搜索到全局最优解,具有很强的鲁棒性。

遗传算法不是从单个解开始搜索,而是从问题解的串集开始,在遗传算子的作用下对解空间的不同区域进行采样计算,从而构成一个不断变化的群体序列。而算法中的交叉、变异,一方面可以保证在当前解附近进行搜索,另一方面又可以跳出当前解的范围到更远的区域进行搜索,从而保证了种群的多样性和优良。遗传算法反分析的主要步骤如下:

(1)确定参数变量

选取盾构施工过程中与地层变形以及周边建(构)筑物密切相关的地层参数(弹性模量 E、黏聚力 c、内摩擦角 φ、泊松比 v 等)、隧道几何参数(隧道埋深 h、距风险源相对位置 x,y 等)以及盾构施工参数(切口压力、同步注浆量、同步注浆压力、二次注浆量及二次注浆压力等)作为要研究的参数变量。

(2)编码

解空间中各参数称为遗传算法的表现型,编码就是从表现型到基因型而建立的映射关系。遗传算法在进行搜索之前采用了二进制码和雷格码两种编码形式将解空间中的数据表示成遗传空间的基因型串结构形式,这些串结构数据通过排列组合就构成了不同的点。

(3)初始种群生成

需要反分析的参数个数为 n,则首先需要随机生成 N 个满足上下限约束条件的 n 维向量,公式如下:

$$\begin{cases} x_{ij}(0)=\text{rand}(x_{ij}^{s}-x_{ij}^{x})+x_{ij}^{x} \\ i=1,2,\cdots,N;j=1,2,\cdots,n \end{cases} \tag{5-27}$$

式中 x_{ij}^{s},x_{ij}^{x}——参数的上下限;

rand——[0,1]之间的随机数。

(4)适应度值评价监测

适应度函数用于表征个体或解的优劣性,直接影响着遗传算法的收敛速度,在遗传算法中起着决定性的作用。本次定义的适应度函数:

$$F(x)=1-\frac{\sum_{i=1}^{n}[f_i(x)-u_i]^2}{\sum_{i=1}^{n}u_i^2} \tag{5-28}$$

式中 u_i——既有隧道结构监测点的实测位移;

$f_i(x)$——计算中既有隧道结构对应点的预测位移。

适应度值越接近于1,表明预测越准确。

本着"两步预测一步"的指导思想,本次遗传算法需要对两个施工步的适应度分别进行计算,然后以两者之中的较小值作为控制标准进行遗传操作。

(5)选择:将选择算子作用于群体

选择的目的是从当前群体中选择出优良个体,使其作为父代为下一代繁衍子孙,因此其必须具有较好的鲁棒性。

采用蒙特卡罗方法可以利用比例于相应个体适应度的概率来决定子孙的去留,即某种

群中的个体 i，其适应度为 f_i，则其被选择的概率为

$$P_i=\frac{f_i}{\sum_{i=1}^{n} f_i} \qquad (i=1,2,\cdots,N) \tag{5-29}$$

显然，群体中适应度越高的个体，被选中的概率也就越大，适应度小的个体也有可能被选中，从而保证了下一代群体的多样性。

(6)交叉：将交叉算子作用于群体

交叉是遗传操作中最重要的部分，它将父代个体进行随机配对，然后以某个概率(交叉概率)交换两者之间的染色体，这样就保证了子代个体能够继承父辈的优良特性，使得种群逐步进化完善。

(7)变异：将变异算子作用于群体

变异操作可以从遗传空间中的串结构数据随机挑选一个或多个基因座，然后对这些基因座上的基因值进行等位变换，从而保证种群的多样性。同生物界一样，遗传算法中的变异操作发生的概率较低。

按照上述流程分别建立盾构掘进3号~2号区间五个标准区段的盾构施工参数遗传算法寻优模型。

由遗传算法计算适应值曲线可以得出，经过200代遗传进化过程，网络达到遗传寻优适应值稳定要求，遗传算法极值寻优参数选择见表5-14。

表5-14　遗传算法极值寻优参数选择

参数类型		标准段1	标准段2	标准段3	标准段4	标准段5
		DK(18200~17936)	DK(17936~17614)	DK(17614~17064)	DK(17064~16568)	DK(16568~16459)
算法计算参数	进化稳定代数	150	115	165	180	166
	最优适应度值	26.42	26.37	25.79	25.27	24.86
盾构施工参数最优值	泥浆压力 P_1(kPa)	125	150	200	210	215
	顶推力 T(kN)	35 319	48 413	53 526	52 078	50 043
	注浆压力 P_2(kPa)	452	467	470	448	469
	刀盘扭矩 M(kN·m)	6 473	8 195	9 022	8 547	8 114
	掘进速度 v_1(mm/min)	20.92	20	19.94	22.35	19.26
	刀盘转速 v_2(r/min)	1.12	1.23	1.35	1.3	1.33

相较于理论计算结果，该极值寻优结果更加接近于实际统计值，且在数值上略大于实测统计区段均值，这是由于网络模型充分考虑区段地层变形可能的最大发展趋势而得到盾构施工参数极大值，选取该数值并结合工程和周边建(构)筑物的重要性等级设定安全系数，

即可得到对应标准区段地层条件下的盾构施工参数控制值,实际每环的盾构参数设定还需要依据施工当天的盾构掘进姿态控制要求以及地层变形的反馈结果和控制要求灵活调整。

周边建(构)筑物的变形控制反馈处理方法类似于周边建(构)筑物变形预测处理方法,基于刚度折减和经验 Peck 公式反推到中轴线最大地表沉降变形值,并将人工神经网络模型预测结果作为适应度函数,反推出最优盾构施工参数。

5. 地层加固及隔离位置选择

当主动控制盾构掘进参数不足以控制地层变形或施工环境存在较大风险源时,采用加固、隔离、抬升等方法控制地层变位的方法称为被动控制技术。

已有建(构)筑物往往存在结构复杂、年代较久等问题,不仅结构与地层相互作用模式难以准确描述,其结构损伤程度也难以准确评估。因此,选择已有建(构)筑物加固方案时,应周密谨慎,严格遵循工作程序,既要安全可靠,又要经济合理。

通过注浆加固、旋喷加固等方法加固地层,可以显著改善土体力学性能,减少盾构施工引起的地层及结构变形;对于富水、流砂比较严重的地层也可以采用液氮冻结法进行地层临时加固处理,可以有效控制盾构施工中的环境安全风险。本施工工程中,盾构需要穿过四建医院等重要建筑物,施工方主要采用的是地面跟踪注浆法来对地层进行加固,跟踪注浆采用袖阀管注浆工艺,浆液采用水泥 - 水玻璃浆双液浆。跟踪注浆为动态控制措施,盾构掘进期间,根据实时监测情况,发现出现沉降变形后立即注入浆液,在地层中快速填充、固结,起到控制变形的作用。

对于建(构)筑物结构本身,加固方法主要有增大截面法、外包钢加固法、预应力加固法、外部粘钢加固法等;地基基础的加固方法主要有灌浆法、高压喷射注浆法、挤密桩加固法、扩大基础加固法等。经过对结构本身及基础的加固,需要对结构安全风险进行再评估,原风险等级较低的建(构)筑物经加固后安全性得到提高,不再视为风险来源,只需进行适当监测即可。

盾构隧道与地铁 13 号线及京包线近距离并行,由于轨道交通对变形要求较高,本工程通过设置隔离桩等措施截断由盾构隧道施工引起的地层变形传播路径,从而有效减小待保护地层及结构的变形响应,进而控制隧道施工引起的环境风险。根据轨道基础形式、与盾构隧道相对位置关系等,采用全护筒钻孔灌注桩、复合锚杆桩以及预留跟踪注浆管的方式隔离地层变形。图 5-16 为隧道、隔离桩与桥桩的相对位置。

图 5-16 隧道、隔离桩、桥桩相对位置

在隧道施工期间或施工完成后，若既有结构变位未能充分满足变位分配目标要求，可采用以注浆抬升为主要手段的变位恢复技术恢复其变位，使其重新满足控制要求。

以一般的黏性土地层为例，自浆液以设定方式及位置注入土体中，经过在地层中运动、与土体之间不断产生相互作用，到最终实现对结构的抬升，大体上需经历以下 4 个阶段：①对土体进行初始填充密实；②产生浆－土固结体；③通过对土体压密、劈裂进而在土体中产生向上抬升力；④地表建筑物得到抬升。如图 5-17 所示。其中，土体的填充密实是基础，止浆围护结构形成是条件，抬升力的产生是关键，建筑物结构的抬升是重点。注浆围护结构及抬升注浆示意如图 5-18 所示。

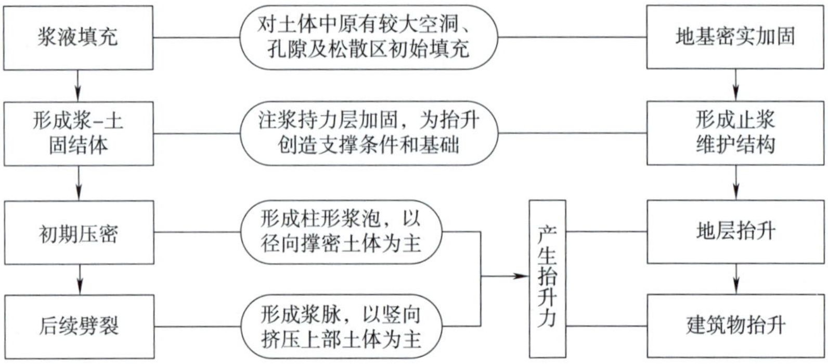

图 5-17　注浆抬升过程

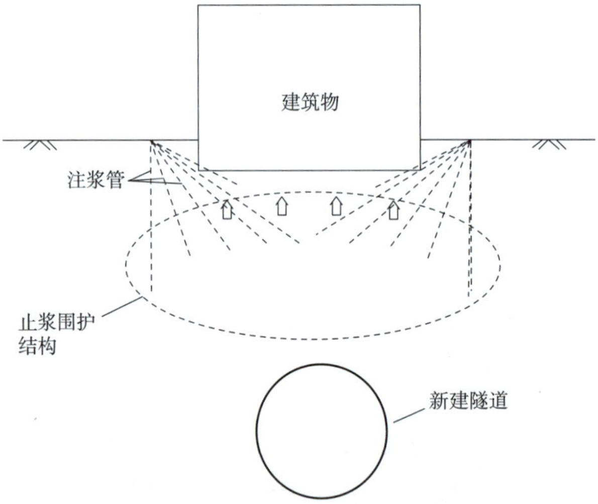

图 5-18　注浆围护结构及抬升注浆示意图

通过数值技术对比分析采用水平旋喷桩加固、管幕加固和小导管注浆加固方案后车站结构的变形及应力，与未采用加固措施的模型计算结果，评价各加固工法的加固效果。

(1)加固方案简介

由于穿越工程的密贴性、复杂性及高风险等特点，为保证清华园隧道下穿 10 号线区间过程中 10 号线区间隧道及知春路地铁车站安全运营，需要对知春路车站进行加固，设计之初拟采用地表注浆、水平旋喷桩、管幕加固和多层小导管注浆加固四种方案。由于受到施工空间及城市道路正常通行等因素限制，地表注浆加固方案没有可操作空间。所以，下面简单介绍后三种加固方案，并详细分析各加固方案的加固效果。

1）方案一：水平旋喷桩

在地铁10号线区间隧道南侧5 m处开挖6 m×6 m竖井及5.5 m×4 m横向施工通道。竖井采用倒挂井壁方法施工，横通道采用台阶法暗挖施工。在横向通道内实施水平旋喷桩加固，水平旋喷桩采用ϕ2 000半圆形，桩间距1.3 m。在水平旋喷桩与地铁10号线区间隧道及车站底板间施作注浆孔，作为10号线变形超标时的补救措施。

2）方案二：管幕加固

竖井及横通道施工同方案一。在横通道内施作管幕作为超前支护，管幕采用ϕ402钢管。在水平旋喷桩与地铁10号线区间段及车站底板间施作注浆孔，作为10号线变形超标时补救措施。

3）方案三：多层小导管注浆加固

优化竖井加固设计后分别在10号线区间南北两侧设置两个竖井：

南侧1号竖井设置在地铁10号线南侧铁路界内，竖井尺寸为7.5 m×7.5 m，采用倒挂井壁法施工，注浆孔设置在井壁上，间距为0.36 m×1.2 m梅花形，注浆套管采用ϕ50钢花管，粉质黏土层注浆材料为1∶1超细水泥浆，卵石土层采用1∶1水泥-水玻璃双液浆，扩散半径为0.8 m，注浆孔终孔间距为1.6 m×1.2 m梅花形。下穿换乘通道段采用1∶1水泥浆进行注浆加固。

北侧2号竖井设置在铁路界内，通过开挖横通道至注浆工作室进行注浆，注浆工作室尺寸为7 m×5.6 m，竖井采用倒挂井壁法施工，横通道及工作室采用暗挖法施工，注浆孔设置在工作室掌子面上，间距为0.42 m×0.8 m梅花形，其他注浆参数同1号竖井，终孔间距为1.6 m×0.8 m梅花形。

（2）数值模型建立

为保证数值模拟对比有效，应控制除加固工法以外的其他因素相同，故不同加固工法模型中竖井与横通道尺寸及其施工顺序保持相同，通过改变加固层参数和尺寸来模拟不同加固措施的加固效果，计算模型如图5-19所示。

根据加固方案，水平旋喷桩布置两层，桩长47.8 m，范围25.4 m，由于水平旋喷桩相互咬合，在地层中形成坚固、连续的结构体，所以可根据旋喷桩设计桩径及咬合量等效计算厚度，如图5-20所示。

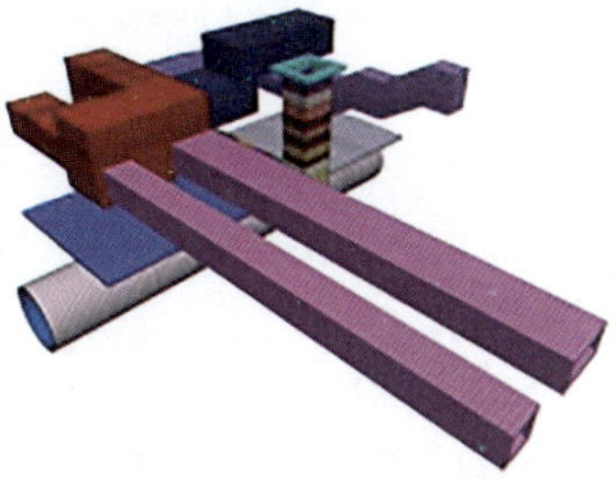

图5-19 多层小导管注浆加固计算模型

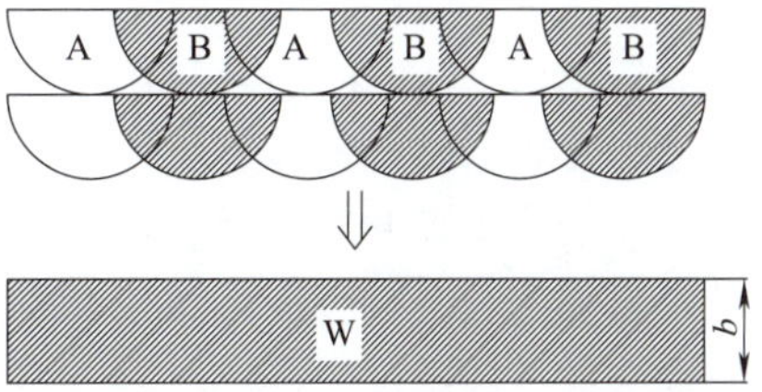

图5-20 水平旋喷桩等效为矩形实体示意图

具体计算公式如下：

$$b = \sqrt[3]{\frac{12(I_A + I_B)}{2d - 2a}} \tag{5-30}$$

式中 I_A——水平旋喷桩 A 桩惯性矩(去除咬合部分)；

I_B——水平旋喷桩 B 桩惯性矩(完整桩)；

d——水平旋喷桩直径(m)；

a——水平旋喷桩咬合量(m)。

根据公式计算可得水平旋喷桩可等效为刚度相同、厚度为 1.90 m 的矩形实体，以此实体单元等效模拟水平旋喷桩。

管幕采用 ϕ402 热轧无缝钢管侧面焊接锁扣，锁扣材料为角钢，通过锁扣将钢管连接在一起，形成整体支护。管幕单根长度 40 m，每节长 6 m，共 48 根。

注浆加固范围是 47.8 m×23.7 m，厚度 3.8 m，采用实体单元模拟。通过在单元上施加法向压力模拟注浆膨胀过程，当达到设定的注浆压力后，再按线性逐渐减小，模拟注浆压力的消散过程，注浆压力取 0.4 MPa。竖井结构及加固材料参数见表 5-15。

表 5-15 竖井结构及加固材料参数

编 号	竖井结构及加固材料	容重(kN/m^3)	弹性模量(MPa)	泊松比
1	竖井及横通道初支	25	30 000	0.2
2	水平旋喷桩	25	30 000	0.25
3	管幕	78.5	210 000	0.3
4	注浆加固层	21	1 800	0.25

采取加固措施后数值模拟施工过程与前面略有不同，具体计算过程如下：

1)设定土层参数及边界条件，计算自重作用下初始应力场，将位移场和速度场清零。

2)地铁车站结构施工，一次性施工完成，获得盾构隧道施工前应力场，将位移场和速度场清零。

3)竖井施工：用 null 单元钝化第一层竖井内土体单元，将第一层井壁单元赋值相应的竖井初支参数。按此顺序依次往下施工至横通道底，并进行临时封闭。

4)横通道施工：用 null 单元钝化竖井底侧面与横通道相交的单元，将第一节横通道初支赋值相应参数，横通道内土体用 null 单元钝化。依次向前开挖，直至横通道施工完毕。

5)加固：不同加固工法对加固层赋值不同材料参数，采用注浆加固时需设置法向应力，以模拟设置注浆压力。

6)盾构开挖(1~7 环)：钝化第 1 环土体及管片结构，在开挖面施加支护力；建立盾壳与土体接触面并赋值刚度参数，以模拟盾壳与土体之间的摩擦，激活盾壳单元；在盾尾施加千斤顶推力。按此步骤开挖 7 环，直至盾构机全部进入土体。

7)正常掘进(8~45 环)：开挖步骤同 6)，激活新盾壳后，先激活管片单元，再在盾壳及管片位置施加千斤顶推力，改变盾尾注浆层为硬化前的等代层参数并施加注浆压力，下一施工步再将等代层赋值为硬化后的参数。

8）盾头出洞（施加管片38环）：不用在开挖面上施加支护力，其他过程同正常掘进。

9）盾尾脱出（施加管片39～45环）：不用激活新盾壳单元和建立新的接触面，其他过程同盾头出洞。

10）回填：重新激活竖井及横通道内土体，采用碎石土回填，赋值碎石土参数。

（3）计算结果分析

1）整体变形分析

图5-21为不同预加固措施主体结构变形云图，由图可知：

①不采取加固措施时，车站主体结构最大竖向变形为－25.41 mm；采用水平旋喷桩加固时，结构最大竖向变形为－2.27 mm；采用管幕加固时，结构最大竖向变形为－1.12 mm；采用多层小导管注浆加固时，结构最大竖向变形为－3.37 mm。

②结构最大变形发生在隧道中线正上方位置，不采取加固措施时距离隧道中线±40 m范围结构变形均较大，采取加固措施后结构变形沉降槽宽度明显减小，尤其是采用管幕加固时，结构变形响应最小。

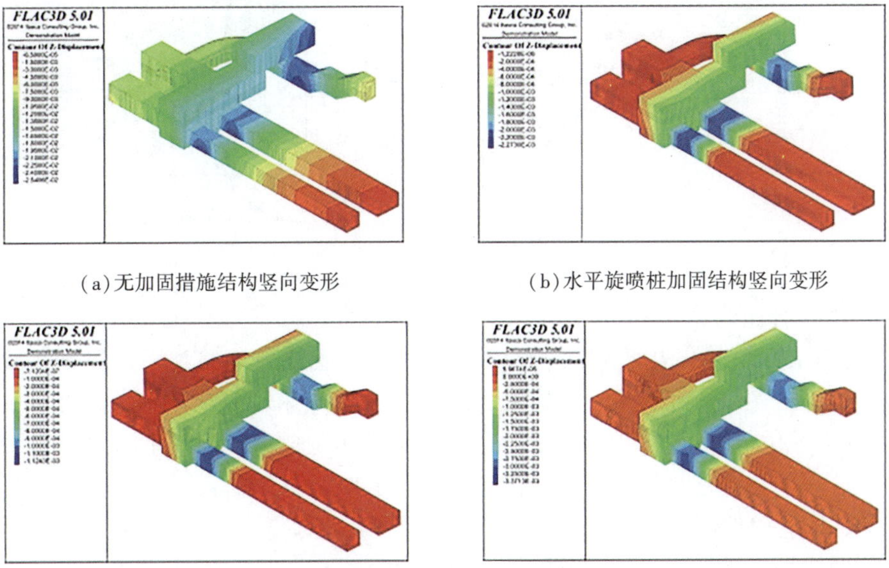

（a）无加固措施结构竖向变形　（b）水平旋喷桩加固结构竖向变形

（c）管幕加固结构竖向变形　（d）注浆加固结构竖向变形

图5-21　不同预加固措施主体结构变形云图

根据分析可得出结论：盾构隧道贯通后，主体结构最大沉降值依次为未加固＞多层小导管注浆加固＞水平旋喷桩加固＞管幕加固，三种加固方式都能够显著减小既有车站结构沉降及变形，管幕加固效果最好。

2）车站主体结构应力分析

图5-22为不同预加固措施主体结构应力云图，由图分析可知：

①不采取加固措施时，主体结构底板基本处于受拉状态，最大拉应力发生在区间右线底部，为1.61 MPa，最大压应力出现在自动扶梯顶部，为1.12 MPa。结构最大拉应力超过混凝土抗拉强度标准值1.43 MPa，结构开裂，因此采取加固措施是必要的。

②车站主体结构采用加固措施后，结构最大拉应力均有减小，采用水平旋喷桩加固主体结构，最大拉应力为 1.29 MPa，同比降低 19.9%；采用管幕加固主体结构，最大拉应力为 0.18 MPa，同比降低 88.8%；采用注浆加固后，主体结构最大拉应力为 1.40 MPa，同比降低 13.0%。这三种加固措施都能有效控制结构应力，保证结构最大拉应力不超过限值。

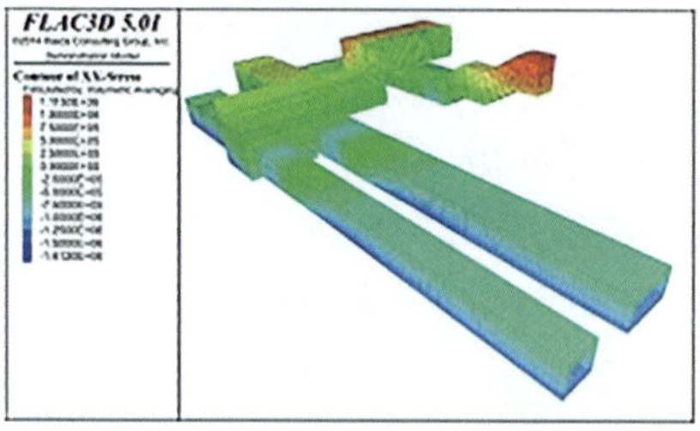

(a)无加固措施结构应力云图

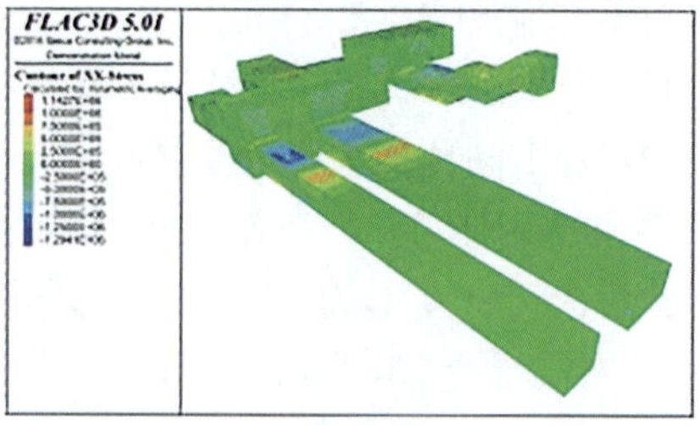

(b)水平旋喷桩加固结构应力云图

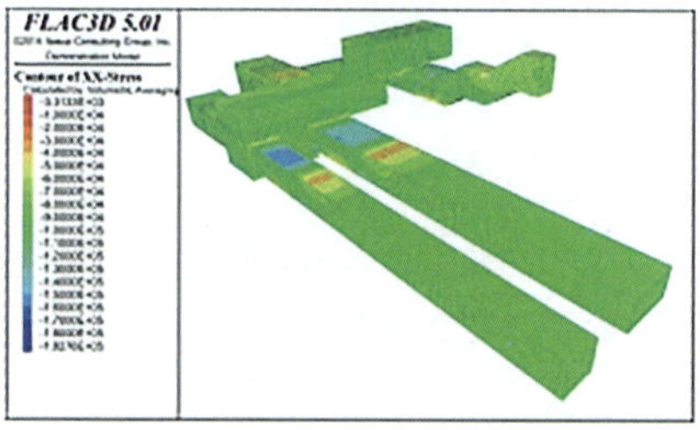

(c)管幕加固结构应力云图

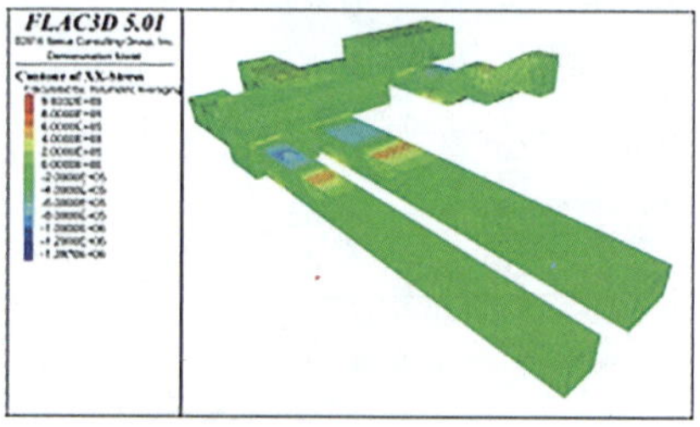

(d)注浆加固结构应力云图

图 5-22　不同预加固措施主体结构应力云图

(4)工法综合比选

盾构隧道下穿既有结构加固措施，通常做法是从地面进行注浆加固。但是在城市密集区，从地面加固往往没有施工条件和施工空间，而且对环境和交通影响很大。此外加固范围内可能存在大量供电、供水、供气等管线，迁改困难且耗时耗力。为减小施工过程对交通和环境的影响，采取在道路两侧打竖井并在竖井内施工加固的方法。

表 5-16 从适用地层、加固效果、施工工艺、对周围环境影响及造价等方面对水平旋喷桩、管幕法及多层小导管注浆加固三种加固方式进行对比。从数值计算和表中对比结果来看，管幕法加固效果最好，但造价最高；多层小导管注浆加固效果不如管幕法，但是能够保证既有结构变形在控制标准以内。综合施工工艺、施工条件及经济性等多方面考虑，确定采用多层小导管注浆加固方案。实际工程中由于加固范围较大，单侧竖井注浆范围有限，故最终施工方案为在知春路南侧开挖竖井，北侧开挖竖井及横通道，两侧同时双向注浆，以保证盾构掘进过程中既有结构的安全性。

表 5-16　盾构施工预支护工法综合比较

工法名称	适用地层	加固效果	对周围环境影响	施工工艺	设备及耗材	造价
水平旋喷桩	黏性土、砂类土、小直径砂砾层和破碎带等软弱地层	成桩质量均匀，加固效果很好，止水性能好	影响较小	钻进、搅拌注浆，加固长度 8～12 m，工程进度快	无需大型设备，耗浆量最小，无需钢管等辅助材料	较高

续上表

工法名称	适用地层	加固效果	对周围环境影响	施工工艺	设备及耗材	造价
管幕法	回填土、砂土、黏土、岩层等各种地层	管幕刚度大，加固效果最好，有效防止渗漏	无噪声、无振动	单管顶进、锁扣、注止水剂、管内注浆，施工精度较难控制	埋入的钢管不能回收	最高
多层小导管注浆加固	砂土、粉土、黏性土和回填土等	注浆压力和注浆范围可控，加固效果较好	影响小	钻孔、打袖阀管、循环注浆及后备注浆	设备简单，灵活方便	最低

5.3 施工风险的应急保障措施

5.3.1 重要建(构)筑物控制标准的制定

5.3.1.1 不同风险源控制指标的选择

1. 盾构隧道侧穿13号线桥桩

当隧道穿越或邻近既有桩基施工时，隧道、土体、桩基以及既有结构物的上部结构四部分处于一个共同作用体系中(图5-23)，四者之间相互影响，相互作用，直至形成最终的平衡状态。

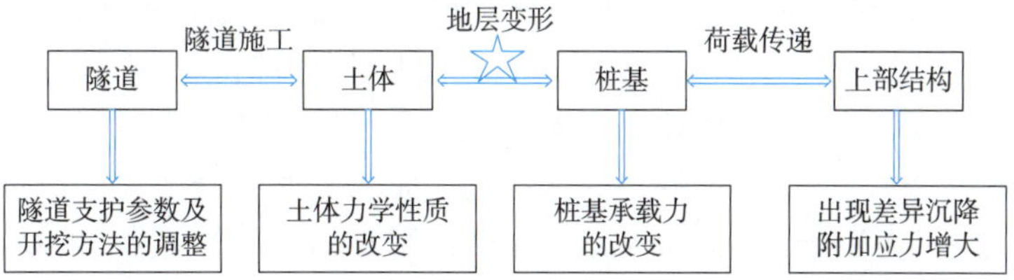

图5-23 隧道-土体-桩基-上部结构共同作用体系

(1)隧道施工扰动地层，使得周边土体力学性质及应力场发生变化，导致土体通过变形对这种改变进行调整，从而形成新应力场。

(2)隧道施工产生的地层变形传递至既有桩基，桩周土体力学性质和应力场发生改变，引起桩端阻力与桩侧摩擦力的变化，甚至桩端出现负摩阻力，导致桩基承载力降低，产生沉降。

(3)桩基产生沉降后，沉降传递至上部结构，桩基的不均匀沉降引发上部结构的差异沉降，导致桥梁上部结构出现骄傲的附加应力，从而使得结构使用能力降低。上部结构对桩基内力改变有一定的约束作用。

按照隧道-土体-桩基-上部结构四者的相互关系，要保证桩基的结构安全与稳定，需要重点分析地层变形对桩基承载力的影响因素、规律及特点，建立桩基承载力与地层变形之间的关系。桩基承载力取决于桩侧与桩端阻力发挥程度的大小，不仅与桩的构造尺寸、桩身材料相关，且与桩顶荷载、土体力学参数、桩土之间相对位移及土体的相对位置密切相关。外部因素包括土体、桩顶荷载及地下水，内部因素包括桩基几何尺寸、桩身材料及其完整性。在施工中，桩基内部因素不变，因此只需考虑外部因素的影响。

隧道穿越既有桩基施工过程中，地质环境、空间位置关系为主要影响因素。由于附加应力和水平位移对桥梁上部结构承载力及变形影响较大，因此选择桥桩横向差异沉降和纵向差异沉降为其控制指标。

2. 盾构隧道穿越复杂建筑物

由于新建地下工程与既有建筑物之间复杂的动态相互作用，建筑物必然承受不可忽视的安全风险，建立地层及建筑物结构的安全风险控制体系，并据此进行施工中安全风险系统化的过程控制十分关键。

建(构)筑物监控控制指标应包括允许沉降控制值、差异沉降控制值和位移最大速率控制值，对高耸建(构)筑物还应包括倾斜控制值。建(构)筑物控制指标的确定主要受其功能、规模、修建年代、结构形式、基础类型、地质条件等因素的影响。根据建(构)筑物的影响因素调查分析、结构材料性能检测和计算分析，对其基础现状承载力和结构安全性进行评估，综合确定建(构)筑物的安全性，并结合其与轨道交通工程的空间位置关系，确定其控制指标。

《建筑地基基础设计规范》(GB 50007—2011)对地基变形进行计算时，应满足以下规定：

(1)地基不均匀、体型复杂、荷载差异很大等引起的地基变形，由相邻柱基的沉降差控制单层排架结构和框架结构；由局部倾斜值控制砌体承重结构；由倾斜值控制多层或高层建筑和高耸结构；必要时应对平均沉降量进行控制。

(2)为方便预留建筑物相关部分之间的净空距离、选择连接方法和施工工序，必要情况下，需要对施工和使用期间的建筑物地基变形值分别进行预估。一般对于施工期间多层建筑物完成的沉降量，在砂土地区其最终沉降量被认为已完成了 80% 以上，在高压缩性土地区为已完成了 5%～20%，在低压缩性土地区为已完成了 20%～50%。

本工程建筑物类型以低层、多层砖混结构和混凝土结构为主，为控制差异沉降对建筑物的破坏，必须对建筑物承受的最大差异沉降进行确定，并将其作为主要控制指标，同时将最大沉降量作为辅助控制指标；特殊情况下，对个别高层、结构刚度大及桩基础建筑物，可认为变形以整体倾斜为主、开裂居次，从而以整体倾斜作为主要控制指标。

3. 盾构隧道下穿既有车站

隧道下穿既有车站，隧道的存在构成了不均匀地基，可能导致地铁车站产生不均匀沉降，并发生整体弯曲(由此可能产生结构与道床的脱离与结构的横向扭剪)。根据穿越既有结构沉降变位特点与规律的分析实例，结合以往类似工程资料，并考虑既有隧道运营的特殊要求，将既有结构的可能反应模式归结为以下几种。

(1)既有隧道结构的纵向变形

既有结构的变形包括结构的沉降(隆起)、结构的水平位移、结构变形缝处的差异沉降等。

纵向变形包括均匀变形和不均匀变形。不均匀变形不仅产生纵向挠曲，还会引发隧道纵横向内力的变化。新建隧道会加剧既有结构的纵向变形不均匀性。从力学角度分析，当纵向发生较大的不均匀变形时，应注意横向变形和内力的变化对结构的影响。隧道在纵向不均匀变形作用下的结构反应可归纳为：

1)纵向结构挠曲

产生结构纵向弯曲内力,表现为在隧道横断面上下部纵向纤维的拉伸与压缩,对于隧道而言,由于纵向拉伸(钢筋受拉)与压缩刚度(混凝土受压)相差很大,使得上下部纤维伸缩呈现不均衡性,隧道环向受拉侧变形较大,容易开裂。

2)纵向结构剪切

在隧道纵向产生不均衡剪力,使得隧道能在纵向与地基变形相协调的同时,也在横向产生剪切变形和横向弯曲。纵向剪切使得结构变形缝处承受相对集中的剪切,从而可能产生较大的错动变形,对隧道防水产生不利影响。而且由于既有隧道运营的要求,沉降缝两侧差异较为明显,这在穿越既有线施工时尤为重要,常为结构沉降的控制点。

3)横向截面翘曲

具有足够纵向刚度的隧道,隧道沿周侧各纵向纤维的拉伸与压缩并不与横截面转角成线性关系,隧道横断面各点将发生不同的非线性纵向位移,而在变形后不再位于同一平面,导致隧道横断面发生翘曲变形。通常这种翘曲变形较小,可以忽略不计。

4)横向截面压弯

在纵向较大不均匀变形的情况下,隧道将处于三向受力工作状态,因此这里的横截面压弯不同于一般平面变形情况下的横向弯曲,一般平面变形情况下,横截面的弯曲在纵向是一致的,其内力与变形完全取决于上覆荷载的大小和隧道所处土层的性质。但在非均匀变形条件下,即使上覆荷载不发生变化,纵向不均匀变形仍将产生附加的横向内力与变形。

(2)结构与道床的脱开及道床开裂

由于施工扰动导致既有隧道结构发生变形,而轨道与结构接触且存在力的传递,因此会导致轨道结构发生变形。轨道结构可能发生的变形是沉降、倾斜、上抬和平移等,由于隧道结构与道床结构之间没有连接,还可能发生隧道结构底板与道床结构剥离以及整个道床开裂的情况。

(3)结构横向扭剪

由于施工分步、分段进行,施工在既有结构不同部位产生的沉降不同,由此可能导致既有结构受扭剪作用。

结合工程资料分析,一般的纵向变形引起的结构相关影响较为严重,且纵向变形引起的结构开裂、隧道结构与道床脱离和开裂等情况较横向扭剪破坏更容易发生,因此主要选择结构纵向变形(沉降)为控制指标。

4. 盾构隧道下穿城市道路

城市道路和地表沉降(隆起)控制指标应包括允许位移控制值、位移平均速率控制值、位移最大速率控制值、U 形槽变形控制值和路堤、路堑倾斜控制值,也可对道路或地表纵横向曲率变化进行控制。城市道路和地表沉降(隆起)控制指标的确定受施工工法、地层性质、基坑深度(隧道覆土厚度)、地下水位变化、基坑周围荷载(隧道上部荷载)、隧道结构断面形式与大小、围护(支护)结构形式、地层损失、施工管理、道路等级、路基路面材料和养护周期等因素的影响。根据城市道路和地表影响因素调查分析,结合工程施工方法,采用经验法或数值模拟法等方法,确定城市道路和地表变形的控制指标。

隧道下穿城市道路时,必然引起地表不均匀沉降,由此可能导致公路产生不均匀沉降甚至开裂。从盾构穿越时地表沉降规律及公路的运营要求来看,沿公路纵向沉降对公路运营影响最大。城市道路车流量大,因此必须保证盾构穿越时车辆行驶的平稳性。路基基床结构的刚度应满足汽车通行时产生的弹性变形控制,结构强度不会受到太大的影响。选择路面的纵向沉降作为控制指标,为保证城市道路的正常使用,其纵向沉降必须控制在一定范围内。

5. 盾构隧道穿越地下管线

地下管线控制指标应包括管线允许位移控制值和倾斜率控制值,也可对管线曲率、弯矩、最外层纤维的挠应变、接头转角、管线变形与地层变形之差、管线轴向应变等设置控制指标。地下管线控制指标的确定主要受工作压力情况、功能、材质、铺设方法、埋置深度、土层压力、管径、接口形式、铺设年代等因素的影响。根据地下管线的影响因素调查分析,采用经验法、理论方法、工程类比法或数值模拟法等方法,结合地下管线与城市轨道交通工程的空间位置关系,确定其控制指标。

《给水排水工程管道结构设计规范》(GB 50332—2002)规定:

(1)柔性管道的变形允许值,应满足下列要求:

1)应用水泥砂浆等刚性材料作为防腐内衬的金属管道,在组合作用下的最大竖向变形范围(0.02 ~ 0.03)D_0(D_0 为圆形管道的计算内径)。

2)应用延性良好的防腐涂料作为内衬的金属管道,在组合作用下的最大竖向变形范围(0.03 ~ 0.04)D_0。

3)化学建材管道,在组合作用下的最大竖向变形不能超过 0.05D_0。

(2)针对刚性管道,考虑其钢筋混凝土结构构件在组合作用下,计算截面的受力状态处于受弯、大偏心受压或受拉时,截面允许出现的最大裂缝宽度不能大于 0.2 mm。

(3)针对刚性管道,考虑其混凝土结构构件在组合作用下,计算截面的受力状态处于轴心受拉或小偏心受拉时,截面设计应按不允许裂缝出现控制。

5.3.1.2 盾构施工对风险源影响的数值仿真

地下结构理论分析计算的力学模型有连续介质模型和作用-反作用模型两种。连续介质模型又称地层-结构模型,一般多用于结构变形计算时分析结构与地层的相互作用关系;作用-反作用模型又可称为荷载-结构模型,较多的用于结构变形和内力分析。此处采用 Midas GTS NX 建模计算。

(1)既有结构周围的土体为均匀且具有各向同性的理想弹塑性体,地表和地层根据地质勘测报告进行适当简化。

(2)桥梁上部荷载考虑公路 I 级汽车活载,不考虑汽车冲击力、制动力等其他荷载。

(3)计算模型初始地应力时,只考虑土体和既有结构的自重应力。

(4)把既有结构等效为一种钢筋混凝土弹性材料。

(5)假定新建隧道、既有结构和土体之间符合变形协调的原则。

(6)不考虑地下水位影响。

1. 盾构隧道侧穿 13 号线高架桥

(1) 计算模型

考虑到施工过程中的空间效应,计算模型根据新建工程的施工情况确定既有 13 号线区间结构和轨道的有效影响范围,重点考察既有 13 号线区间结构和轨道由于施工产生的变形情况,分析其差异性变形。风险点为新建盾构工程邻近既有地铁13号线桥梁段,计算模型如图5-24所示。风险点新建工程与既有结构位置关系如图5-25所示。

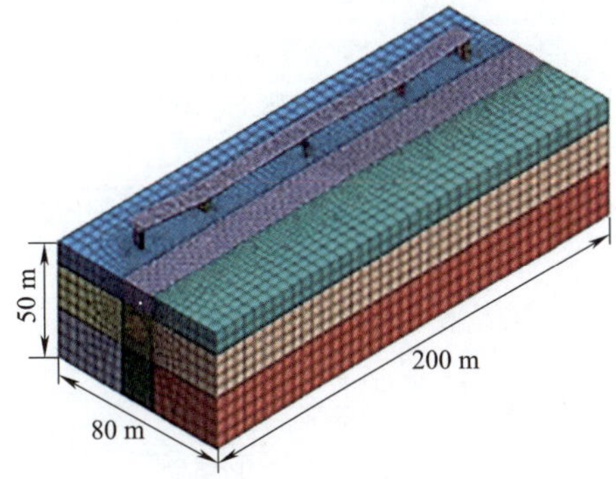

图5-24 风险点整体计算模型

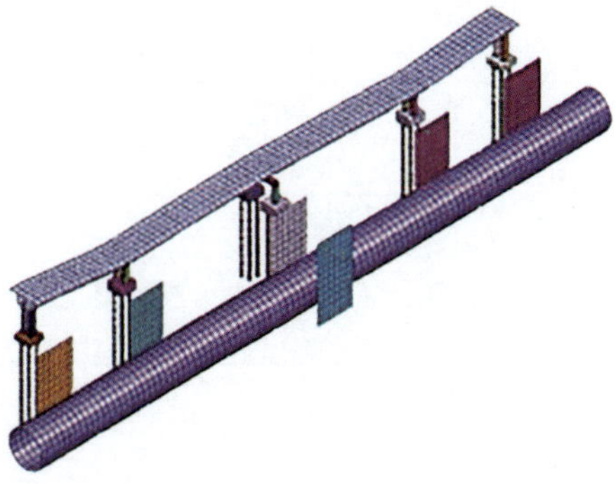

图5-25 风险点新建工程与既有结构位置关系

本次计算模型中周围土体采用实体单元,不同的土层采用不同的材料模拟边界条件选取时,除了顶面取为自由边界,其他面均采取法向约束。计算荷载考虑以下方面:①地铁结构自重;②土体竖向自重;③列车荷载;④地面超载20 kPa。

计算模型根据不同的材料采用不同的本构模型模拟,对混凝土材料采用线弹性模型,各层土体采用D-P模型。土层和既有地铁结构采用实体单元Solid45模拟,模型中土层参数参考地勘资料选取,土层及结构参数见表5-17。

表5-17 土层及结构参数

序号	名称	密度(g/cm^3)	内摩擦角	黏聚力c(kPa)	泊松比v	弹性模量(MPa)
1	填土	1.84	8°	10	0.3	15.0
2	粉质黏土	1.98	10.5°	20	0.3	13.0
3	粉土	2.06	20°	18	0.3	26.0
4	细砂	2.2	30°	—	0.3	80.0
5	卵石	2.2	20°	0	0.3	220.0
6	结构混凝土	2.6	—	—	0.2	3.45×10^4
7	隔离桩及基坑围护桩混凝土	2.5	—	—	0.2	2.80×10^4

(2) 风险计算

根据新建工程的施工步骤,按最不利条件进行模拟,见表5-18。结构变形计算结果见表5-19。各墩台变形结果见表5-20。

表5-18 模拟施工顺序

模拟施工阶段	模拟施工说明
阶段一	施作隔离桩
阶段二	盾构区间推进20 m
阶段三	盾构区间推进40 m

续上表

模拟施工阶段	模拟施工说明
阶段四	盾构区间推进 60 m
阶段五	盾构区间推进 80 m
阶段六	注浆加固,盾构区间推进 120 m
阶段七	盾构区间推进 140 m
阶段八	盾构区间推进 160 m
阶段九	盾构区间推进 180 m
阶段十	盾构区间推进 200 m

表 5-19　结构变形计算结果

施工阶段	结构变形种类	变形大小(mm)	变形部位
阶段一	竖向最大变形	-1.518	邻近区间侧承台
	横向最大变形	1.206	邻近区间侧桥梁顶部
阶段二	竖向最大变形	-1.532	邻近区间侧承台
	横向最大变形	1.200	邻近区间侧桥桩中部
阶段三	竖向最大变形	-1.561	邻近区间侧承台
	横向最大变形	2.682	邻近区间侧桥桩中部
阶段四	竖向最大变形	-1.544	邻近区间侧承台
	横向最大变形	2.665	邻近区间侧桥桩中部
阶段五	竖向最大变形	-1.515	邻近基坑侧桥梁顶部
	横向最大变形	2.639	邻近区间侧承台
阶段六	竖向最大变形	1.341	邻近区间侧桥梁顶部
	横向最大变形	2.637	邻近基坑侧桥桩中部
阶段七	竖向最大变形	1.363	邻近区间侧桥梁顶部
	横向最大变形	2.634	邻近基坑侧桥桩中部
阶段八	竖向最大变形	1.428	邻近区间侧桥梁顶部
	横向最大变形	2.632	邻近基坑侧桥桩中部
阶段九	竖向最大变形	1.399	邻近区间侧桥梁顶部
	横向最大变形	2.629	邻近基坑侧桥桩中部
阶段十	竖向最大变形	1.389	- 邻近区间侧桥梁顶部
	横向最大变形	2.628	邻近基坑侧桥桩中部

表 5-20　各墩台变形结果

71~75 号梁桥墩台	71 号	72 号	73 号	74 号	75 号
竖向沉降(承台)(mm)	-2.04	-1.97	-2.61	-2.01	-2.03
水平位移(承台)(mm)	1.58	1.56	1.89	1.6	1.59
水平位移(桩)(mm)	2.77	2.75	3.56	2.84	2.78
倾斜	0.2‰	0.2‰	0.85‰	0.2‰	0.2‰

续上表

梁体沉降(mm)	-2.36	-2.35	-2.61	-2.40	-2.33
梁体水平变形(mm)	1.68	1.74	2.04	1.71	1.70

(3)桥梁结构应力变化分析

根据计算,桥梁结构不均匀沉降会引起连续梁桥的应力变化,可能对结构安全造成影响,因此,对风险最大且有代表性的五座连续梁桥进行应力分析,71～75号四跨连续梁桥。根据计算分析,连续梁梁体应力变化最大的工况为盾构掘进至中跨前后时,相邻桥墩差异沉降最大。因此,提取此工况下各连续梁桥的应力变化结果,见表5-21。施工模拟阶段应力云图如图5-26～图5-29所示。

表 5-21 桥梁结构各阶段应力变化结果

施工阶段	拉应力(kPa)	应力增长率
工前	1 298	—
阶段一	1 325	2.08%
阶段二	1 341	3.31%
阶段三	1 348	3.85%
阶段四	1 336	-2.93%
阶段五	1 337	3.00%
阶段六	1 324	-2.00%
阶段七	1 319	-1.62%
阶段八	1 321	1.77%
阶段九	1 327	2.23%
阶段十	1 330	2.47%

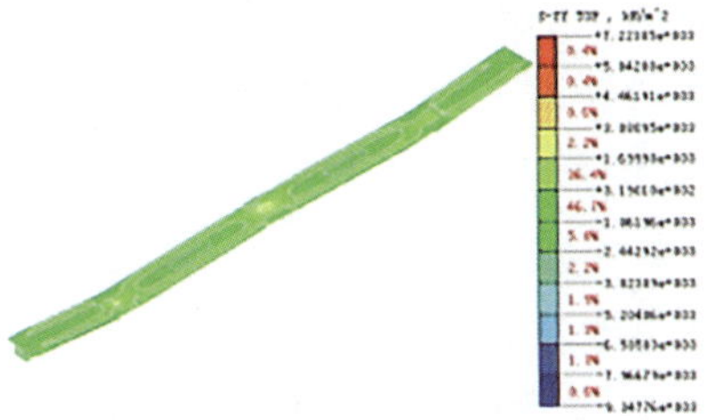

图 5-26 工前应力云图

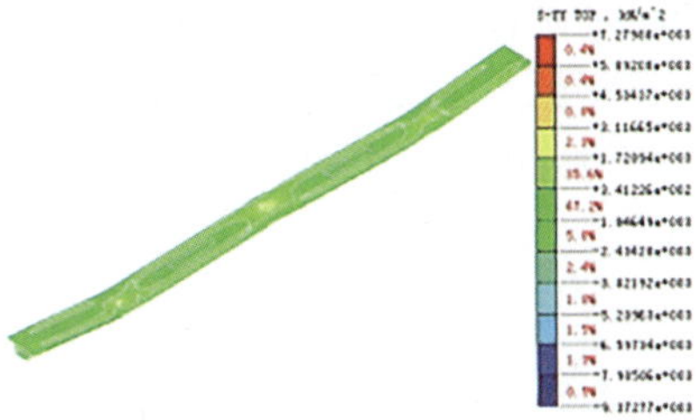

图 5-27 施工模拟阶段一应力云图

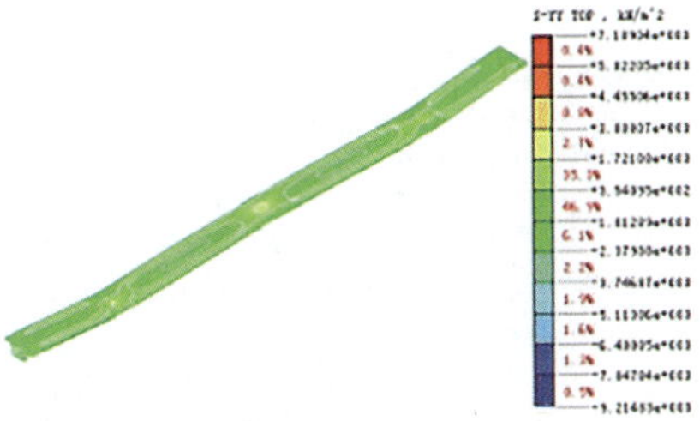

图 5-28 施工模拟阶段六应力云图

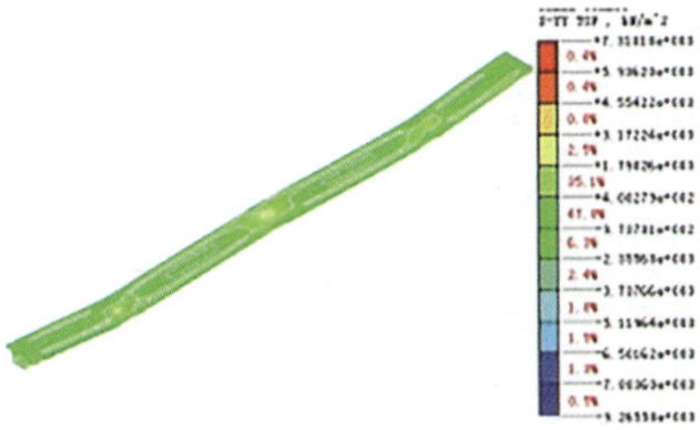

图 5-29 施工模拟阶段十应力云图

2. 盾构隧道下穿知春路车站

(1) 车站计算模型简介

根据新建京张铁路清华园隧道盾构区间工程与地铁13号线及地铁10号线相对位置关系,综合考虑既有地铁结构保护范围和新建工程的有效影响范围,本次工程共建立一个模型,覆盖本工程对地铁不同关键区段的影响。考虑到施工过程中的空间效应,计算模型根据新建工程的施工情况确定既有地铁10号线及地铁13号线结构和轨道的有效影响范围,重点考察既有地铁10号线知春路站及知春路站—知春里站区间、风道,既有地铁13号线知春路站,换乘通道结构和轨道由于施工产生的变形情况,分析其差异性变形。本次工程共存在四个风险点,风险点一为新建盾构工程穿越既有地铁10号线知春路站及知春路站—知春里站区间;风险点二为新建盾构工程邻近既有地铁13号线知春路站;风险点三为新建盾构工程穿越既有地铁10号线风道;风险点四为新建盾构工程穿越既有地铁10号线与地铁13号线换乘通道。根据实际需要,均采用实体单元模型。计算模型如图5-30所示,车站与隧道的位置关系如图5-31所示。

图5-30 计算模型

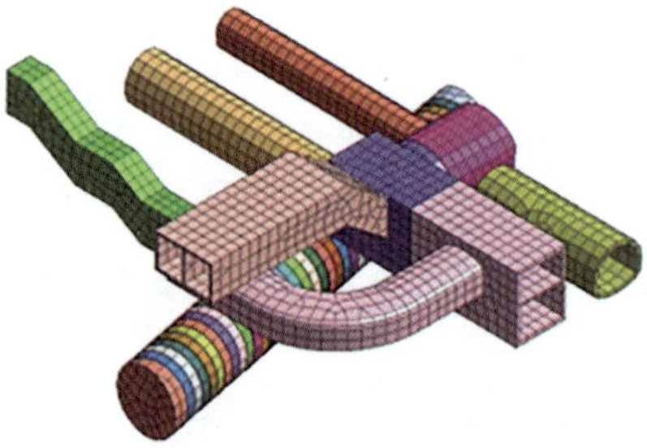

图5-31 车站与隧道位置关系

数值模拟是根据实际工程进行一定假设,结合给定的参数,针对不同的工况合理确定弹塑体本构模型的力学参数,这是数值模拟分析技术的关键之一。根据既有结构资料、新建隧道设计资料、混凝土结构设计相关规范及等效弹性模量计算,现取结构计算参数见表5-22和表5-23。

表5-22 10号线车站模拟土层参数

材料名称	埋深(m)	容重(kN/m³)	弹性模量(MPa)	泊松比	黏聚力(kPa)	内摩擦角
黏土	0~30	20.0	27	0.3	24	22°
卵石	30~70	19.8	50	0.23	0	40°

表5-23 车站结构参数

材料名称	容重(kN/m³)	弹性模量(GPa)	泊松比
管片	25	34.5	0.2
知春路车站	25	30	0.2
竖井初支	25	30	0.2
注浆层	23	28	0.2

(2) 风险计算

根据新建工程的施工步骤,按最不利条件进行模拟,见表 5-24。施工模拟阶段一、八如图 5-32、图 5-33 所示。

表 5-24　施工顺序模拟

模拟施工阶段	模拟施工说明
阶段一	施作竖井及注浆加固
阶段二	盾构区间推进至 20 m
阶段三	盾构区间推进至 40 m
阶段四	盾构区间推进至 60 m
阶段五	盾构区间推进至 80 m
阶段六	盾构区间推进至 100 m
阶段七	盾构区间推进至 120 m
阶段八	盾构区间推进至 140 m

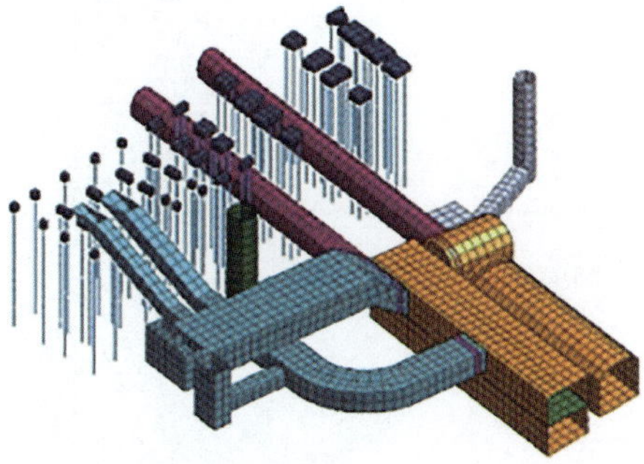

图 5-32　施工模拟阶段一

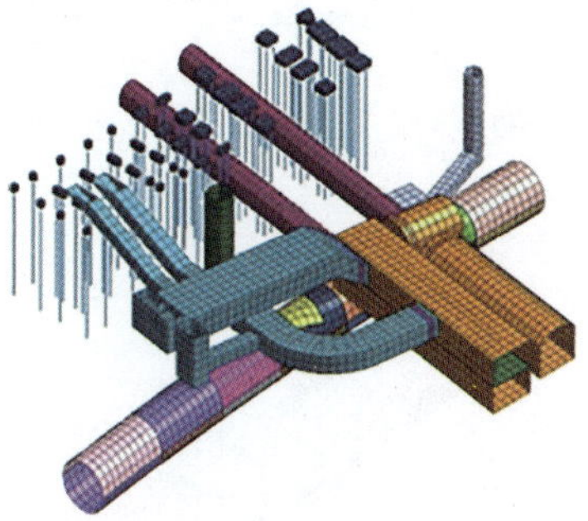

图 5-33　施工模拟阶段八

1) 地铁 10 号线知春路站—知春里站区间变形结果见表 5-25。施工模拟阶段三、七变形如图 5-34 ~ 图 5-37 所示。

表 5-25　地铁 10 号线知春路站—知春里站区间变形结果

施工阶段	结构变形类型	变形大小(mm)	变形部位
阶段一	竖向最大变形	-2. 04	区间侧墙
	横向最大变形	0. 58	区间侧墙
阶段二	竖向最大变形	-5. 26	区间底部
	横向最大变形	1. 32	区间底部
阶段三	竖向最大变形	-6. 49	区间底部
	横向最大变形	2. 19	区间底部
阶段四	竖向最大变形	-7. 85	区间底部
	横向最大变形	2. 05	区间底部
阶段五	竖向最大变形	-8. 40	区间底部
	横向最大变形	1. 81	区间底部

续上表

施工阶段	结构变形类型	变形大小(mm)	变形部位
阶段六	竖向最大变形	-8.61	区间底部
	横向最大变形	1.70	区间底部
阶段七	竖向最大变形	-8.86	区间底部
	横向最大变形	1.65	区间底部

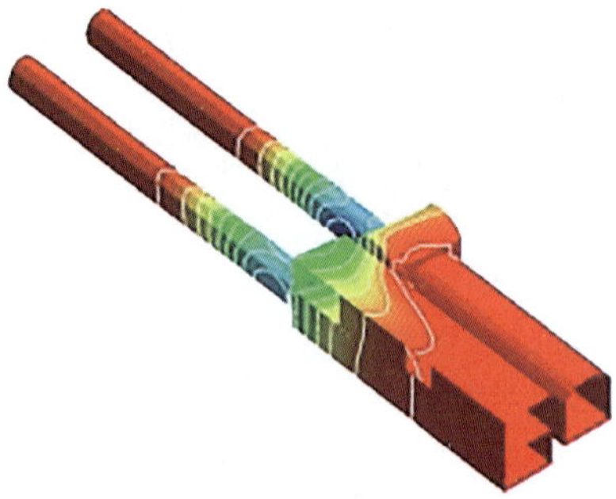

图 5-34　施工模拟阶段三竖向变形

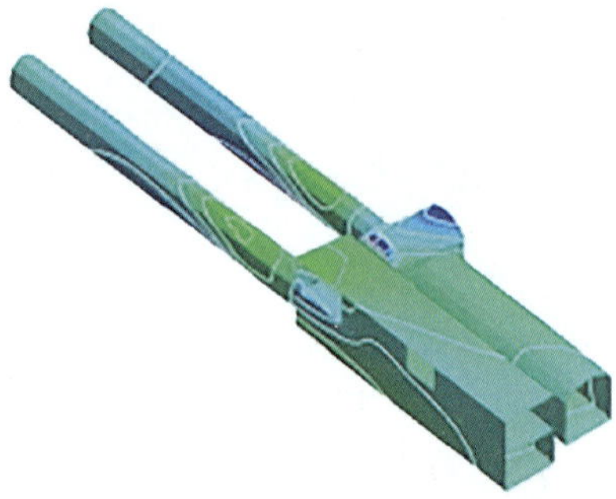

图 5-35　施工模拟阶段三横向变形

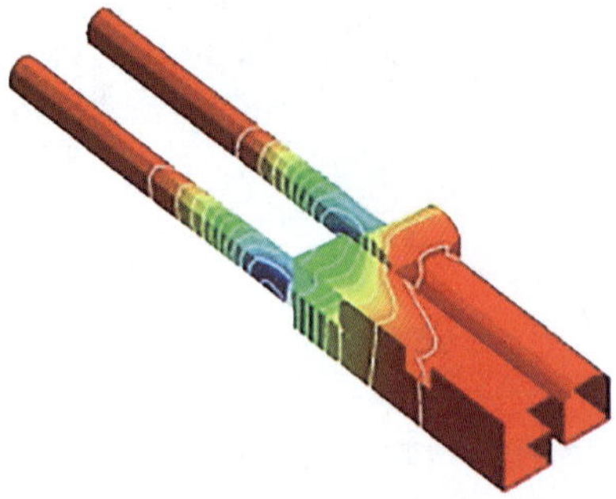

图 5-36　施工模拟阶段七竖向变形

图 5-37　施工模拟阶段七横向变形

2)地铁 13 号线知春路站变形结果见表 5-26。施工模拟阶段横、竖向变形如图 5-38、图 5-39 所示。

表 5-26　地铁 13 号线知春路站变形结果

施工阶段	结构变形类型	变形大小(mm)	变形部位
阶段一	竖向最大变形	0.15	邻近隧道侧承台
	横向最大变形	0.03	邻近隧道侧桥桩底部
阶段二	竖向最大变形	-0.26	邻近隧道侧承台
	横向最大变形	0.81	邻近隧道侧桥桩底部
阶段三	竖向最大变形	-0.56	邻近隧道侧承台
	横向最大变形	0.86	邻近隧道侧桥桩底部

续上表

施工阶段	结构变形类型	变形大小(mm)	变形部位
阶段四	竖向最大变形	-0.72	邻近隧道侧承台
	横向最大变形	1.23	邻近隧道侧桥桩底部
阶段五	竖向最大变形	-1.03	邻近隧道侧承台
	横向最大变形	1.41	邻近隧道侧桥桩底部
阶段六	竖向最大变形	-1.10	邻近隧道侧承台
	横向最大变形	1.42	邻近隧道侧桥桩底部
阶段七	竖向最大变形	-1.23	邻近隧道侧承台
	横向最大变形	1.53	邻近隧道侧桥桩底部

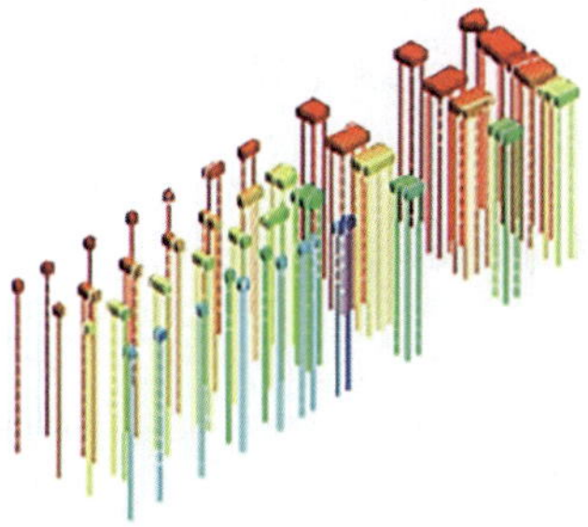

图 5-38　施工模拟阶段七竖向变形

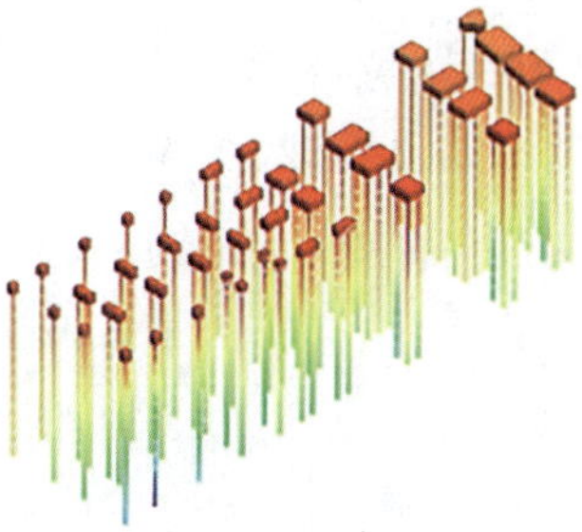

图 5-39　施工模拟阶段七横向变形

3)地铁 10 号线知春路站风道变形结果见表 5-27。施工模拟阶段横、竖向变形如图 5-40、图 5-41 所示。

表 5-27　地铁 10 号线知春路站风道变形结果

施工阶段	结构变形类型	变形大小(mm)	变形部位
阶段一	竖向最大变形	-0.04	风道结构侧墙
	横向最大变形	0.07	风道结构侧墙
阶段二	竖向最大变形	-0.23	风道结构侧墙
	横向最大变形	0.14	风道结构侧墙
阶段三	竖向最大变形	-2.11	风道结构顶板
	横向最大变形	0.73	风道结构侧墙
阶段四	竖向最大变形	-4.86	风道结构底板
	横向最大变形	1.15	风道结构底板
阶段五	竖向最大变形	-5.79	风道结构底板
	横向最大变形	1.39	风道结构底板
阶段六	竖向最大变形	-6.31	风道结构底板
	横向最大变形	1.84	风道结构底板

续上表

施工阶段	结构变形类型	变形大小(mm)	变形部位
阶段七	竖向最大变形	-6.41	风道结构底板
	横向最大变形	2.35	风道结构底板

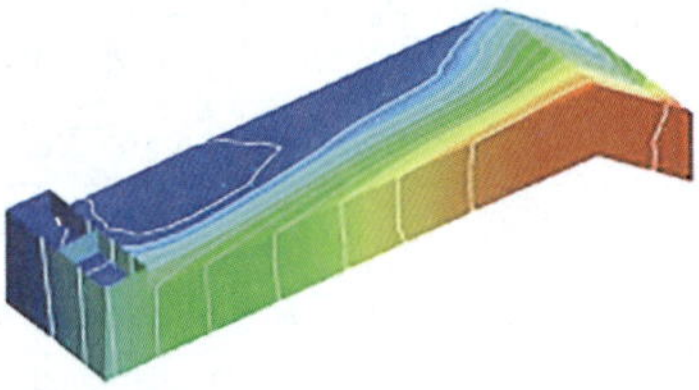

图 5-40　施工模拟阶段七竖向变形

图 5-41　施工模拟阶段七横向变形

4)地铁10号线知春路站与地铁13号线换乘通道变形结果(表5-28)。施工模拟阶段七横、竖向变形如图5-42、图5-43所示。

表 5-28　地铁 10 号线知春路站与地铁 13 号线换乘通道变形结果

施工阶段	结构变形类型	变形大小(mm)	变形部位
阶段一	竖向最大变形	-0.05	通道结构侧墙
	横向最大变形	0.08	通道结构侧墙
阶段二	竖向最大变形	-0.24	通道结构顶板
	横向最大变形	0.14	通道结构侧墙
阶段三	竖向最大变形	-2.1	通道结构底板
	横向最大变形	0.73	通道结构底板
阶段四	竖向最大变形	-4.97	通道结构底板
	横向最大变形	1.15	通道结构底板
阶段五	竖向最大变形	-6.05	通道结构底板
	横向最大变形	1.39	通道结构底板
阶段六	竖向最大变形	-6.31	通道结构底板
	横向最大变形	1.50	通道结构底板
阶段七	竖向最大变形	-6.48	通道结构底板
	横向最大变形	1.55	风道结构底板

图 5-42　施工模拟阶段七竖向变形

图 5-43　施工模拟阶段七横向变形

(3)车站应力结构分析

根据计算,地铁车站结构的不均匀沉降会引起结构应力变化,可能对结构造成影响,对四个风险点进行应力分析,提取各风险点发生最大变形时结构对应的应力变化结果,见表5-29。

表5-29 各风险点应力变化结果

风险点	结构变形类型	变形大小(mm)	最大应力值(kPa)
风险点一	竖向最大变形	-8.86	4 780
	横向最大变形	2.19	
风险点二	竖向最大变形	-1.23	1 021
	横向最大变形	1.53	
风险点三	竖向最大变形	-6.41	3 817
	横向最大变形	2.35	
风险点四	竖向最大变形	-6.48	3 626
	横向最大变形	1.55	

3. 盾构隧道下穿城市道路

(1)计算模型

根据新建京张高铁清华园隧道盾构区间工程与成府路、知春路、学院南路的相对位置关系,综合考虑既有地铁结构保护范围和新建工程的有效影响范围,本次工程共建立三个模型,分别计算对各城市道路的影响。考虑到施工过程中的空间效应,计算模型根据新建工程的施工情况确定施工有效影响范围,重点考察由于施工产生的变形情况,分析其差异性变形。本次工程共存在三个风险点:风险点一为新建盾构工程穿越成府路;风险点二为新建盾构工程穿越知春路;风险点三为新建盾构工程穿越学院南路。根据实际需要均采用实体单元模型,如图5-44~图5-46所示。

图5-44 成府路计算模型

图5-45 知春路计算模型

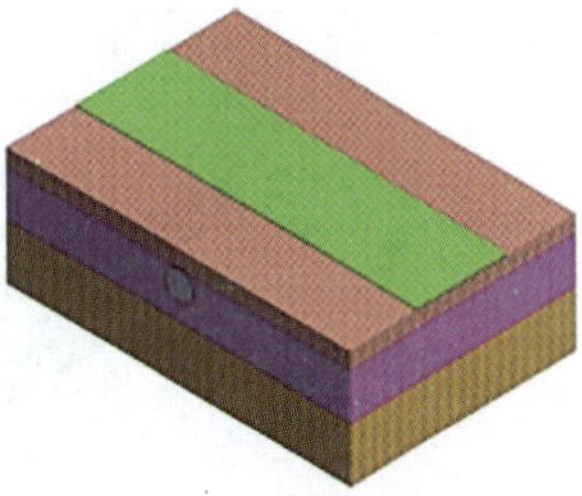

图5-46 学院南路计算模型

(2) 风险计算

根据新建工程的施工步骤,按最不利条件进行模拟,三个模型工况相同,见表5-30。成府路施工模拟阶段十变形云图如图5-47所示,施工模拟阶段十应力云图如图5-48所示。

表 5-30　施工顺序模拟

模拟施工阶段	模拟施工说明
阶段一	盾构区间推进至 10 m
阶段二	盾构区间推进至 20 m
阶段三	盾构区间推进至 30 m
阶段四	盾构区间推进至 40 m
阶段五	盾构区间推进至 50 m
阶段六	盾构区间推进至 60 m
阶段七	盾构区间推进至 70 m
阶段八	盾构区间推进至 80 m
阶段九	盾构区间推进至 90 m
阶段十	盾构区间推进至 100 m

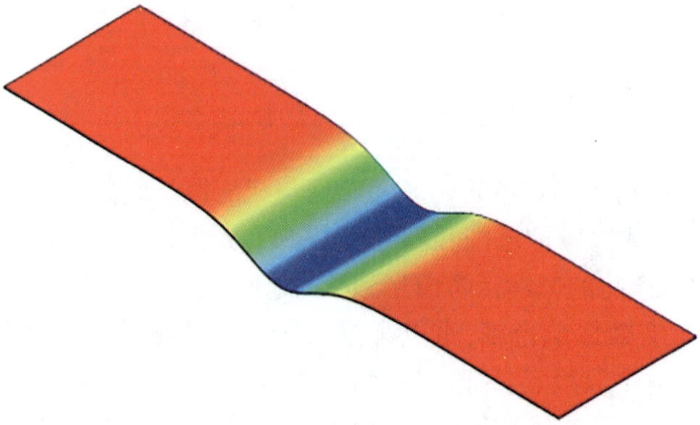

图 5-47　成府路施工模拟阶段十变形云图

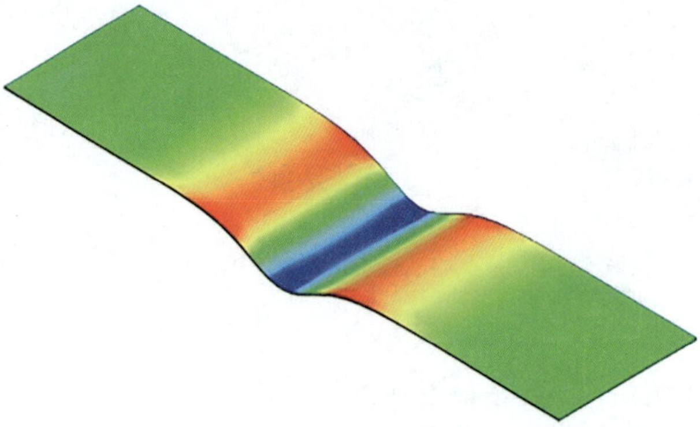

图 5-48　成府路施工模拟阶段十应力云图

知春路施工模拟阶段十变形云图如图5-49所示，施工模拟阶段应力云图5-50所示。

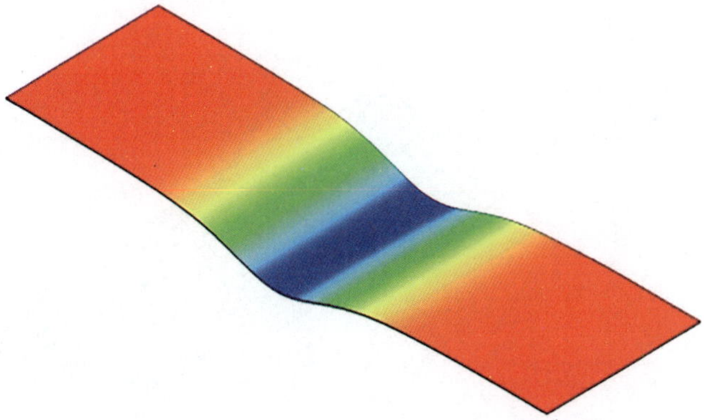

图5-49 知春路施工模拟阶段十变形云图

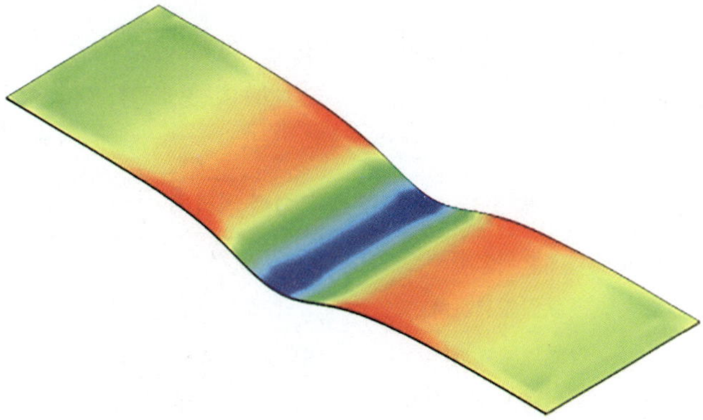

图5-50 知春路施工模拟阶段十应力云图

学院南路施工模拟阶段十变形云图如图5-51所示，施工模拟阶段十应力云图如图5-52所示。

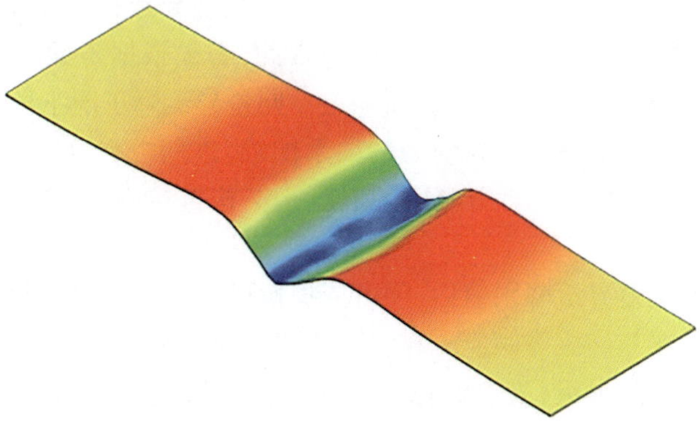

图5-51 学院南路施工模拟阶段十变形云图

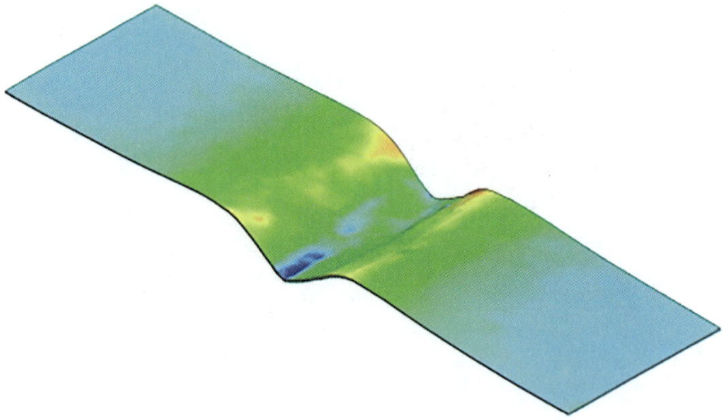

图 5-52 学院南路施工模拟阶段十应力云图

(3) 道路结构应力分析

根据计算,路面的不均匀沉降会引起其应力变化,可能对结构行车安全及舒适度造成影响,对三个风险点进行应力分析,提取各风险点发生最大变形时结构对应的应力变化结果,见表 5-31。

表 5-31 各风险点应力变化结果

风险点	变形类型	变形大小(mm)	最大应力值(kPa)
成府路	纵向差异沉降	6.84	271.6
知春路	纵向差异沉降	4.84	166.9
学院南路	纵向差异沉降	4.18	210.1

5.3.1.3 最优控制标准的确定

1. 地铁高架桥

受到桥梁结构形式、截面类型、预应力钢束布置情况等的影响,不同桥梁结构承受桩基沉降的能力是不同的,因此,要针对既有桥梁结构的实际特点进行有针对性的分析。

当新建地铁隧道穿越既有桥梁时,不同的穿越位置会导致桥梁发生不同形式的沉降和变形,从而对桥梁的承载能力产生不同的影响。因此,必须根据桥梁的实际穿越位置,对桥梁可能发生的差异沉降进行组合分析,从而确定不同差异沉降工况下桥梁的最大拉应力值,绘制出桥梁差异沉降量与梁体最大拉应力的关系曲线,进而根据绘制的曲线,依据《混凝土结构设计规范》(GB 50010—2010)中规定的混凝土结构抗拉强度标准值,反推出桥梁的理论差异沉降限值。

在确定桥梁的理论差异沉降限值后,便可依据桥梁的综合折减系数对其进行折减,从而得到实际情况下的桥梁差异沉降阈值。在实际桥梁的穿越施工过程中,桥梁的控制标准还应考虑到穿越工程的风险等级(安全储备),对桥梁的实际差异沉降阈值进行折减,从而得到实际施工状态下的桥梁控制标准。

由建模计算可知,地铁 13 号线区间结构的纵向最大差异沉降为 2.61 mm,横向最大差异沉降为2.04 mm，最大倾斜值为0.85‰，对应的最大拉应力为1.348 MPa，根据《混凝土结构设计规范》(GB 50010—2010)，混凝土抗拉强度的标准值为2.39 MPa，反推出桥梁的理论纵向差异沉降限值为4.628 mm，理论横向差异沉降限制为3.617 mm，理论倾斜限值为1.507‰。

依据之前确定的桥梁差异沉降综合折减系数(85.07%)对桥梁结构的理论值进行修正，可得桥梁实际纵向差异沉降限值3.94 mm，实际横向差异沉降限值3.08 mm，实际倾斜限值1.28‰。在考虑一定的安全储备后，最终确定施工状态下地铁13号线高架桥的控制标准：纵向差异沉降值3 mm，横向差异沉降值3 mm，墩柱倾斜1.2‰。

2. 地铁车站

新建隧道穿越知春路换乘车站，拱顶距车站的最小净距仅为5.43 m，穿越过程需要严格控制施工参数。由前文分析可知，施工过程存在四个风险点，需针对每个风险点确定其相应的控制标准。根据建模计算结果，反推出各风险点的理论沉降限值，再用地铁车站的综合折减系数(79.56%)对理论值进行修正，得出实际的沉降限值，最后考虑一定的风险等级(安全储备)确定最终的控制标准值，见表5-32。

表5-32 知春路地铁车站控制标准值

风险点	理论沉降阈值(mm)	实际沉降阈值(mm)	最终的控制标准值(mm)
风险点一	-4.43	-3.52	-3
风险点二	-2.88	-2.29	-2
风险点三	-4.01	-3.19	-3
风险点四	-4.27	-3.40	-3

3. 城市道路

新建隧道穿越成府路、知春路和学院南路时，因盾构隧道埋深不同，对各道路的影响程度也不相同。根据建模计算分析结果分别确定每条道路的控制标准理论值，再由综合折减系数对其进行修正得到实际纵向差异沉降限值，在基于一定安全储备的基础上确定最终的控制值，见表5-33。

表5-33 城市道路沉降控制标准值

风险点	理论沉降阈值(mm)	综合折减系数	实际沉降阈值(mm)	最终控制标准值(mm)
成府路	20.0	89.44%	17.89	16
知春路	23.1	93.23%	21.54	20
学院南路	15.8	82.82%	13.09	12

4. 既有建筑结构

综合考虑隧道埋深、宽度、地层条件及建筑所处位置等因素，抽象若干不同的变形模式，包括竖向沉降、水平位移及分布形式，两者同时作用时可近似模拟建筑物的曲率变形。以竖向沉降分析为主，通过对建筑物底部不同位置施加不同竖向位移，对建筑物所处地表不同位置的情况进行模拟分析及对比分析。根据上部结构的应力分布状况并以结构开始破坏为主要判断依据，得出沉降、差异沉降控制指标的极限值。在此基础上，考虑一定的安全系数，参考一些类似工程的相关标准和规范得出，沿线各类房屋一般沉降控制标准为 10 ~ 12 mm，个别损害较大房屋控制标准为≤10 mm。

5. 控制标准三阶段分级

根据北京市地铁运营公司对跨越地铁工程列车安全运营的有关规定或意见，根据以上相关结论和工程实际特点，同时依据现有常规测量仪器的监测精度，综合运营安全要求及变形预测结果，确定变形控制值，并将控制值的 85% 作为报警值，70% 作为预警值，见表 5-34。

表 5-34　变形控制标准值

控制指标		预警值	报警值	控制值
地铁 13 号线高架桥	纵向差异沉降(mm)	2.1	2.55	3
	横向差异沉降(mm)	2.1	2.55	3
	墩柱倾斜	0.84‰	1.02‰	1.2‰
知春路地铁车站	地铁 10 号线知春路站及知春路站—知春里站区间最大沉降(mm)	2.1	2.55	3
	邻近既有地铁 13 号线知春路站最大沉降(mm)	1.4	1.7	2
	地铁 10 号线风道最大沉降(mm)	2.1	2.55	3
	地铁 10 号线与地铁 13 号线换乘通道最大沉降(mm)	2.1	2.55	3
城市道路	成府路差异沉降(mm)	11.2	13.6	16
	知春路差异沉降(mm)	14	17	20
	学院南路差异沉降(mm)	8.4	10.2	12

5.3.2　重要建(构)筑物的安全监测及信息反馈

5.3.2.1　重要建(构)筑物的监测方法

清华园隧道沿线地上地下建(构)筑物密集，风险源多，西侧紧邻既有京包线及地铁 13 号线，东侧紧邻或下穿居民(商业)用房，多为 1 ~ 2 层砌体结构。清华园隧道在学院南路北侧入地，依次下穿北三环路(上穿规划地铁 12 号线)、知春路、地铁 10 号线、北四环路、成府路、双清路，上穿地铁 15 号线后出地面。地下管线多集中在城市道路范围内。

依据《盾构法隧道施工及验收规范》(GB 50446—2017)，施工周边环境监测对象应包括邻近建(构)筑物、地表和地下管线等，监测项目应满足表 5-35 的规定。

表 5-35　周边环境监测项目

监测对象	监测项目
建(构)筑物	高层、超高层、古建筑、危房等建筑、桥梁、市政设施、轨道交通线路的变形
地表	地面道路、地表等变形
地下管线	燃气、热力、供水、排水等主要管线变形

通过对清华园隧道沿线环境的踏勘调研，综合考虑以往工程经验、理论分析和规范要求，盾构推进期间共选取 48 个监测对象，列出其与本工程位置关系、重要性、风险等级、监测项目及其监测频率，见表 5-36、表 5-37。

表 5-36　风险工程监测项目

监测项目	监测对象
建筑物不均匀沉降、倾斜、裂缝	单层临街店面、砖混临街店面、移动基站和电力设施、大钟寺雨水泵站、罗庄南里小区、知春公寓、红专村、海淀区蓟门农工公司、地铁 10 号线出入口、风亭及冷却塔、公交公司建筑、建世兴达公司建筑、国铁清华园站、五道口村、汽车销售展厅及技术服务中心、五道口购物广场、北四环路、洗车棚、华源公寓、格林豪泰快捷酒店、信宏天禾、展春园西路 3 号院施工管理用房、西甲 1 号、五道口国际食尚苑、亿家客宾馆、北京城建四公司社区、四建医院、好家居建材装饰市场
道路不均匀沉降、倾斜、裂缝	成府路、清华园隧道盾构区间下穿知春路、北三环路、地铁 13 号线高架段
桥台沉降、差异沉降、裂缝	地铁 13 号线桥台上跨北四环路、京包线桥台上跨北四环路
隧道沉降、裂缝；建筑物不均匀沉降、倾斜、裂缝	清华园隧道盾构区间下穿 10 号线
结构沉降、差异沉降、道床沉降	地铁知春路站、大钟寺站、五道口站
路基沉降、桥台沉降、差异沉降	地铁 13 号线知春路站桥台上跨知春路、京包线桥台上跨知春路、地铁 13 号线桥台上跨北三环路、京包线桥台上跨北三环路
道床沉降	既有京包线
路基沉降	地铁 13 号线路基段
桥桩水平位移、竖向沉降、差异沉降	地铁 13 号线高架桥桥桩

表 5-37　盾构法隧道工程监测频率

监测部位	监测对象	开挖面至监测点或监测断面的距离	监测频率
开挖面前方	周围岩土体和周边环境	$5D < L < 8D$	1 次/(3～5 d)
		$3D < L < 5D$	1 次/2 d
		$L < 3D$	1 次/1 d
开挖面后方	周围岩土体和周边环境	$L < 3D$	(1～2 次)/1 d
		$3D < L < 8D$	1 次/(1～2 d)
		$L > 8D$	1 次/(3～7 d)

注：1. D 为盾构法隧道开挖直径(m)，L 为开挖面至监测点或监测断面的水平距离(m)。
2. 管片结构位移，净空收敛宜在衬砌环脱出盾尾且能通视时进行监测。
3. 监测数据趋于稳定后，监测频率 1 次/20 d。

当穿越既有轨道交通、重要建(构)筑物等周边环境风险等级较高的区段时，应提高监测频率，对关键监测项目进行实时监测。施工期间应由专人进行现场巡查，每天不宜少于 1 次，并应进行记录，特殊情况应增加巡查次数。

除以上监测项目外，还应对地层变形进行监测，一方面可以及时反馈施工扰动信息，预测结构受扰动程度；另一方面可以分析地层变形机制，评价地层加固、防护措施效果。拟采用静力水准仪(图 5-53)和振弦式多点位移计(图 5-54)监测地层沉降。

多层静力水准系统是测量两点间或多点间相对高程变化的精密仪器。通过有线或无线通信与计算机连接，从而实现自动化监测。该传感器具有高分辨率、高精度、高稳定性、高可靠性、工作寿命长等优点。

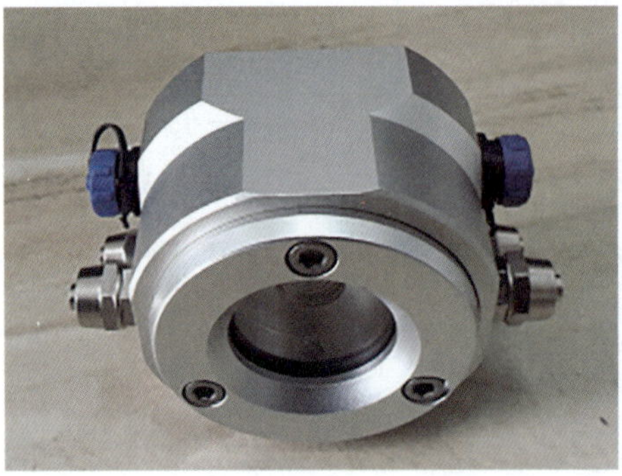

图 5-53　静力水准仪

图 5-54　振弦式多点位移计

HJWY10 系列振弦式多点位移计由 CFJ 系列振弦式测缝(位移)计 3 ~ 6 支组成,包括位移传递杆及其保护管、钻孔注浆锚头、位移计测头组件及其护罩等部件构成。振弦式多点位移计测量精度高,但需要人工测量,耗时较长,信息实时传输能力较差。

5.3.2.2　重要建(构)筑物的安全状态信息实时反馈

自动化技术在信息采集、数据传输、信息反馈等过程中体现出高效、便捷等优势,但考虑到监测成本等因素,本研究拟采用自动化数据采集及数据传输与半自动化相结合的方式,自动或人工施测,得到监测数据之后通过设备动态传输到平台上,及时指导施工,为盾构掘进和其他工程措施提供参考。

监测数据整理分析反馈的方法和内容,包括监测资料的采集、整理、分析、反馈及评判决策等方面,具体如下:

1. 数据采集

通过现场监测和与之相关的其他资料的搜集、记录等进行数据采集,使用的仪器设备种类繁多,有的仪器(如水准仪、测斜仪等)需人工读数、记录,然后将实测数据输入计算机,有的仪器(如全站仪)则自动进行数据采集,并将量测值自动传输到数据库管理系统。

2. 数据整理

每次观测后,对原始观测数据进行校核和整理,包括原始观测值检验、物理量计算、填表制图、异常值剔除、初步分析和整编等,并将检验过的数据输入计算机的数据库管理系统。

3. 数据分析

针对各监测项目的监测值,采用比较法、做图法和数学、物理模型等方法,实现以下几个方面目的:

(1)对比各监测项目的监测值与控制值,实现实时自动分级预警。

(2)分析各监测物理量值大小、变化规律、发展趋势,并与施工过程相结合,通过系统分析对工程的安全性作出评价和判断,从而及时采取工程措施。

(3)对地层变形和结构位移等监测数据对比分析,评价防护措施的效果,评估结构和建筑物的安全状况,重新施工影响范围和程度,进而检验和校核环境变形控制标准。

(4)运用大数据方法,预测盾构掘进前后地层变形情况和建(构)筑物的安全状况。

5.4 施工风险工后评估

盾构隧道掘进,客观上不可避免地扰动周围地层,对既有建(构)筑物造成影响,或对结构的使用功能造成一定损害,因此应对所造成影响的程度作出评价;同时根据损害的程度对恢复的必要性、可行性以及经济合理性作出分析和评估,并据此给出相应的恢复方案、措施和建议。

工后评估应与建(构)筑物的工后监测工作相结合。隧道掘进后一段时间内,应持续对周围地层及建(构)筑物监测,以监测数据为根据对建(构)筑物安全性及使用性能进行科学评估。对于普通民用建筑,应重点关注结构差异沉降、是否出现裂缝和裂缝发展趋势;对于地铁车站、轨道交通线、市政设施等,除了关注其结构差异沉降及裂缝情况,还应满足线路平顺度等要求。根据结构物沉降、差异沉降、倾斜、裂缝等的监测值及发展趋势,对结构基础承载力进行复核,对结构内力进行反计算,进而对结构安全状态和使用性能进行合理评估判断。根据评估结果,可对结构进行必要的恢复和加固处理,以保证建(构)筑物的安全使用。

工后评估和恢复是安全风险管理的重要内容之一,可以最大限度地减小社会影响,避免与建(构)筑物产权部门的纠纷,同时也是减少经济损失的重要技术措施,必须引起重视。

第 6 章　城区大直径盾构隧道施工可视化技术

6.1　京张高铁清华园隧道盾构施工全过程的可视化动态管理技术

盾构隧道施工全过程的可视化动态管理技术包含三个核心内容:施工全过程;可视化;动态管理技术。本部分对盾构隧道施工的数字化和可视化以和动态管理技术相关内容进行介绍。该技术的客体是施工全过程,手段为可视化技术,目标为动态管理。数字化技术及可视化处理技术为实现动态化管理提供基本依据。动态化管理的施工全过程具体而言就是指:盾构在开挖面处施加切口压力、刀盘切削土体、盾构通过、管片安装及同步注浆补偿地层损失及之后的二次注浆抬升土体等施工全过程。可视化主要是指在地质条件、建(构)筑物状态数字化及工程措施(包含盾构施工参数)数字化的基础上,通过地层预测方法计算得到施工影响下地层的变形响应及周围建(构)筑物的安全状态,并将其直观表现。动态化管理的内涵就是基于以上地层的变形响应及周围建(构)筑物的安全状态对其进行过程控制,具体包括施工参数动态调整及施工组织动态管理。

6.1.1　数字化处理技术

1. 地质条件数字化

地质土层是指盾构隧道的开挖环境,地质条件参数直接影响着施工对于地层变形的响应,进而影响着盾构施工的安全,对于地层条件的精确把握是盾构透明化施工的基本要求,也是后续对于施工中地层及周边建(构)物预测分析的基础。地质条件数字化处理是对盾构全线的土层参数及地下水条件等的统计分析,并于系统上整合显示。该工程地质条件数字化处理技术主要依赖于隧道开挖沿线一定位置处打设钻孔,取出土样信息,并于试验室内进行相关的土性试验,得出相应的土层地质信息,通过钻孔柱状图信息进一步获取隧道开挖各位置处的地质条件信息。

其中,钻孔的布设位置和数目详细展示在京张高铁清华园隧道智能建造系统的工程 GIS 图模块中,单击各钻孔灌注桩标识点可以弹出该位置处详细的地层条件信息。同时在 GIS 图上通过 2D 和 3D 控件,可以方便地看到地层的二维和三维剖切视图。

2. 周边建(构)筑物数字化

城市核心区盾构隧道施工,对周边建(构)筑物的施工响应有着更严格的控制要求,实现周边建(构)筑物数字化处理技术可以方便地进行隧道施工掘进过程中对建(构)物变形的监测控制,必要时采取相应的防护措施,对于工程安全具有重要意义。周边建(构)筑物数字化主要依赖于地面勘探,获取周边建(构)筑物与隧道的相对位置关系,并综合所处的地层环境、重要性等级和采用的盾构设计方案及处理措施，参照风险源分析评估和控制标准制定内容，进行风险等级评估和控制标准制定，并于京张高铁清华园隧道智能建造系统的首页地图上详细显示建筑物位置信息和安全控制标准以及安全预警信息。

3. 工程措施数字化

清华园隧道全隧近距离并行下穿城铁13号线。穿越3处地铁、6处主要市政道路及大量重要市政管线，是目前国内位于城市核心区，穿越地层最复杂、重要建(构)筑物最多的国铁单洞双线大直径盾构高风险隧道。为保证隧道掘进时对周边风险源的扰动最小，需要严格控制施工参数。工程措施包括两个方面：一方面是隧道内部自身的盾构机掘进参数，包括盾构机的姿态参数、压力参数及进出浆、注浆量参数等；另一方面是改良地层的工程措施，如打钻孔灌注桩、复合锚杆桩等通过阻隔变形传递使得风险源的沉降值降到最低。盾构机的自身参数可以从盾构机的传感设备采集，并将其上传到平台量化实现数字化处理，为进一步分析提供依据；洞外的加固或者隔离地层的措施可以通过人工录入的方法加入到平台中。对于不同的防护措施方案数字化处理方式为对其进行编号处理，并统计其施工日期、布置形式、与隧道的相对位置以及处理后对地层变形的影响，并建立相关的数值计算分析模型，对不同防护措施的防护效果和地层变形影响进行综合评价比选，为进一步进行地层及周围建(构)筑物的沉降预测提供依据，如图6-1所示。

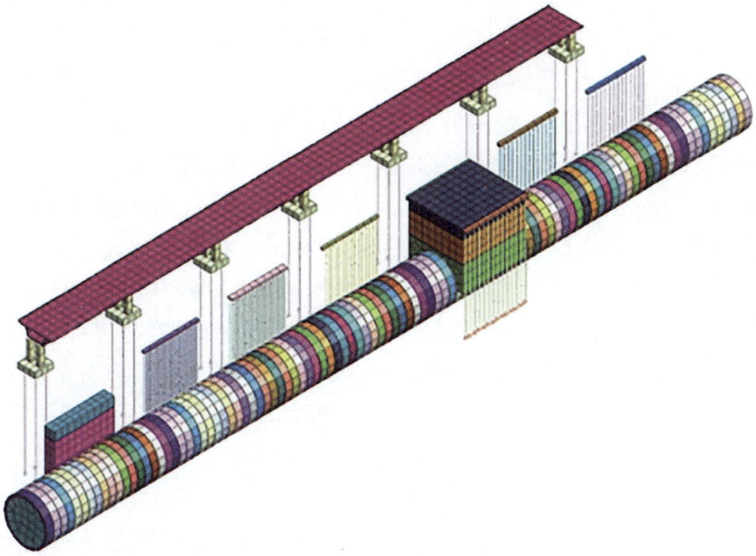

图6-1　不同防护措施数字化

6.1.2 可视化显示技术

1. 施工过程视频监控

视频监控系统是实现可视化施工的基础，也是最重要环节。施工现场视频监控的投入使用，不仅能大大便利工程项目管理，提升工程安全文明施工管理水平，同时也能为工程高标准、高质量完成提供先进的科技手段和强有力的技术保障。施工过程视频监控拟定的施工程序为线缆铺设—设备安装—设备调试—投入试运行4个步骤,监控对象包括施工的大部分环节,如管片安装、运输等。

2. 施工地层响应及其可视化显示技术

盾构隧道施工不可避免会对周围土体产生扰动,造成地层位移和地表沉降。为避免隧道盾构工程施工对周边环境及隧道本身的危害,须采用先进、可靠的仪器及有效的监测方法,对盾构隧道围护体系和周围环境的变形情况进行监控,为工程动态化设计和施工提供所需的数据,从而使工程处于受控状态,确保隧道及周边环境的安全。施工中主要通过隧道中轴线和重要断面的测点布置对地层变形进行实时监测。隧道围护施工和开挖施工为监测工作的重点阶段,应根据施工工况,适当加密监测频率。

对监测数据进行统计整理分析可得到隧道施工的横向变形规律和纵向规律,通过每日监测数据的上传实现京张高铁清华园智能建造系统可视化显示,同时监测数据模块能够自动汇总各方报送的数据,并可以通过数据图表的形式输出;模块还具备数据存储归档功能和导入导出功能,可将监测数据与GIS数据集成,以实现对所布置监测点的集中管理,GIS图上直接显示各测点的类型、地理分布与报警状态,通过单击测点图标可直接查看测点数据。

3. 施工周边建(构)筑物响应及其可视化显示技术

盾构施工首先会造成周围土体变形,进而通过土体的变形影响到周边的建(构)筑物,引起周边建(构)筑物响应。施工中,在建筑物基础设计领域,将地层和上部结构看作一个整体,考虑二者共同作用,更加符合工程实际。鉴于地层和上部结构之间的相互影响和依赖关系,分析时把二者作为一个整体,除满足静力平衡条件外,还以变形控制为设计原则,并同时考虑刚度对整体和相互间施工作用的影响。应用两阶段分析法考虑施工作用对于周边建(构)筑物的响应,即把隧道开挖对建筑物的影响分成两个阶段:第一阶段分析隧道开挖引起的土体变形;第二阶段将此变形施加到建筑物上,分析建筑物的变形和内力变化。作为联系隧道与上部结构的唯一介质,地层状况及其所发挥的支撑作用决定着整个建筑物的状态。城市地下工程活动的介质多为土体,具有显著的非连续性和非均匀性,施工扰动下地层损伤演化规律及变形特点十分复杂、影响因素多,同时,地层在变形传递过程中与邻近建筑物发生作用,这是工程灾害和安全事故发生的根源。因此,为实现建筑物安全控制的目标,应首先着手于地层变形破坏特点及其与建筑物结构之间的动态相互作用机理研究,以此为基础,建立隧道-土体-建(构)筑物动态相互作用体系,并依据工程监测实例深入分析地层变形规律和破坏模式及其对基础变形的影响,从而为建筑结构安全性控制奠定理论基础。

施工周边建(构)筑物响应,主要是通过施工中在建(构)筑物布设相关测点,实时监测施工不同阶段周边建(构)筑物的变形情况,并对监测数据进行分析,同时基于监测数据可建立相关的预测分析模型,也可依据地层的变形分布规律,结合地层与建(构)筑物的相互作用关系,应用两阶段法计算施工周边建(构)筑物的响应,其可视化显示技术的实现主要在于系统监测数据模块处呈现。

6.1.3 邻近建(构)筑物危险性的实时预测预报及施工参数动态调整

1. 邻近建(构)筑物危险性的实时预测预报技术

邻近建(构)筑物危险性实时预测预报技术主要包括两部分:模型预测值预警和施工监

测值预警。通过对邻近建(构)筑物的相对位置关系、安全风险控制等级以及控制标准的制定得出相应邻近建(构)筑物的安全风险预警值,再分别基于 Peck 经验公式模型以及人工神经网络预测模型得出该位置处建筑物变形预测值,判别该预测值的安全状态,如有报警,则可通过调节施工参数或采用工程措施及时对工程施工进行调整,同时依据不同施工阶段建(构)筑物响应分析,设置不同施工阶段建(构)筑物所处安全状态应处于的变形范围,并在该安全状态在系统首页的工程地图上实时更新显示。当预警值不满足安全要求时,该风险源将持续闪烁报警,需要及时对工程施工进行调整。

2. 施工参数动态调整

动态化管理的主体即周围的建(构)筑物,管理的基础是建立起施工掘进参数与地层变形、地层变形与建(构)筑物相互作用的理论,管理的手段是调整掘进参数。因此,基于相关理论研究,结合监测数据分析,可以通过调整掘进参数保证建(构)筑物的安全状态在预设范围之内。

6.1.4 掘进参数动态调整

基于理论研究建立一套盾构施工参数与地层变形之间的关系,基于此关系,输入一定范围内的施工参数,给出相应的地层变形预测值。在盾构实际施工过程中,实际监测变形值与预测值会存在一定的偏差,此时应该通过提取盾构施工参数偏差影响因素及地层勘察偏差影响因素等对预测公式进行补充完善,通过实测数据修正,预测公式得到完善及补充。当盾构推进过程中遇到地质条件、水文条件及周围环境条件与原设计不相符时,即可通过完善的预测公式结合控制标准来反向调整施工参数,保证施工安全。

正常情况下,通过动态调整施工参数即可保证周围风险源的安全。但当建(构)筑物距离盾构较近时,考虑到地层的不确定性及其安全性等级要求,则可适当选择并施工部分加固措施,比如注浆加固地层、设置钻孔灌注桩、复合锚杆桩等隔离措施阻断变形传播,对风险源进行双重保险。如 3 号 ~2 号区间始发段 1 000 m 左右,地铁 13 号线与盾构并行向南,距离较近,为了保证 13 号线的安全运营,在盾构与 13 号线之间按照一定的布置形式设置了不同密度的钻孔灌注桩、复合锚杆桩等加固措施,通过监测数据的反馈可以发现,加固措施有效阻隔了变形的传播,并将地层损失率控制在隔离桩内部,在类似情况下,通过施作隔离桩可以有效保护既有建(构)筑物。

除了施作钻孔灌注桩之外,其他断面还设置了不同布置形式的加固隔离措施,其对地层变形的阻隔作用大致相同,地表的沉降槽在有隔离桩的地方出现拐点,在隔离桩外侧的沉降急剧减小,有效隔离了地层变形的传播。

6.1.5 施工组织动态管理

1. 施工静态目标管理

建立质量、成本、工期、环保和安全的“五控”静态目标体系,其主要内容包括:

(1)在广泛收集该工程相关数据资料的基础上,由施工项目经理联合各部门人员共同制定施工项目的质量、成本、工期、环保和安全总目标以及各自的分目标体系。

(2)分析确定质量、成本、工期、环保和安全重点控制工序。根据网络计划技术和显著性理论找出整个施工过程中的关键工序和显著性成本项目，确定出既属于关键性又属于显著性的施工项目作为工期成本控制的重点工序。根据以往企业质量、安全、环保管理资料和数据，并与现场有施工经验的管理、技术、劳务人员讨论分析，确定质量、安全和环保控制重点工序。

(3)建立工程施工出现问题的原因和对策数据资料库。在工程施工前由项目管理人员搜集已经完成的类似工程的工程数据资料，着重对类似工程在施工中产生问题的原因以及解决对策进行分析、总结和归纳，建立相应的存在问题原因、对策数据资料库，为以后在施工过程中遇到问题能够快速准确地进行纠正偏差奠定基础。

2. 施工动态优化管理

隧道开始施工后，施工管理人员要及时根据前面静态系统建立的目标系统需要，搜集和统计工程相关的数据资料，及时分析在施工过程中出现的各类问题，并对下一阶段施工提出针对性的安排，对下一循环中可能出现的问题进行预测，制定相对应的施工预控措施，动态地实现对施工过程的控制，尽量将施工隐患消灭在萌芽状态，以达到保证工期、降低成本、优化管理的最佳状态，由此建立工程施工虚拟动态优化管理系统如下：

(1)建立动态施工过程已获价值统计系统，及时搜集统计工程各项指标：已完工作预算费用、计划工作预算费用、已完工作实际费用、进度偏差和费用偏差，然后与施工静态目标进行比较分析，计算造价节超情况。

(2)根据比较结果，本文重点以工期和成本分析为例说明分析比较过程。针对施工问题产生的具体原因，在对策数据资料库中找出相对应的解决预案，然后争取在下一个循环周期内通过实施相对应的预控措施解决上一循环中遇到的问题，缩小成本工期的指标差距，并避免在后续施工中再次出现相同问题。当分析得出的问题在对策数据资料库中找不到相应预案时，则要根据实际情况及时组织相关人员分析新问题发生的原因，制定针对性的新对策，并将新对策数据加入到数据库中，不断地丰富数据库，从而保证以后的施工管理工作越来越高效地进行。

(3)在施工中的每一阶段，不断重复循环以上动态优化施工管理程序，使施工过程一直保持工期、成本、质量、组织、资源配备的最优化状态，并运用计算机虚拟管理技术软件将上述的控制过程直观准确地表示出来，为施工管理人员提供一个高效的指挥平台，为其正确高效地做出决策提供依据。

3. 施工动态管理流程

(1)安全体系建设

1)安全目标

消除事故隐患，遏制危险性事件，杜绝死亡事故(包括与生产有关的生活、交通、消防等)。

2)项目组织管理模式

项目管理推行“扁平化管理”，采用“代局指”管理模式，减少中间管理层次，优化和集约人力资源配置，充分调动项目管理人员的自主性和积极性，如图6-2所示。

(2)“一网四格一交接”安全管理理念

项目部全面强化安全生产管理工作，以“一网四格一交接”为抓手，认真开展“清单式”安全生产管理，全面落实企业安全生产主体责任，促进中国铁建安全隐患排查治理平台的落地。

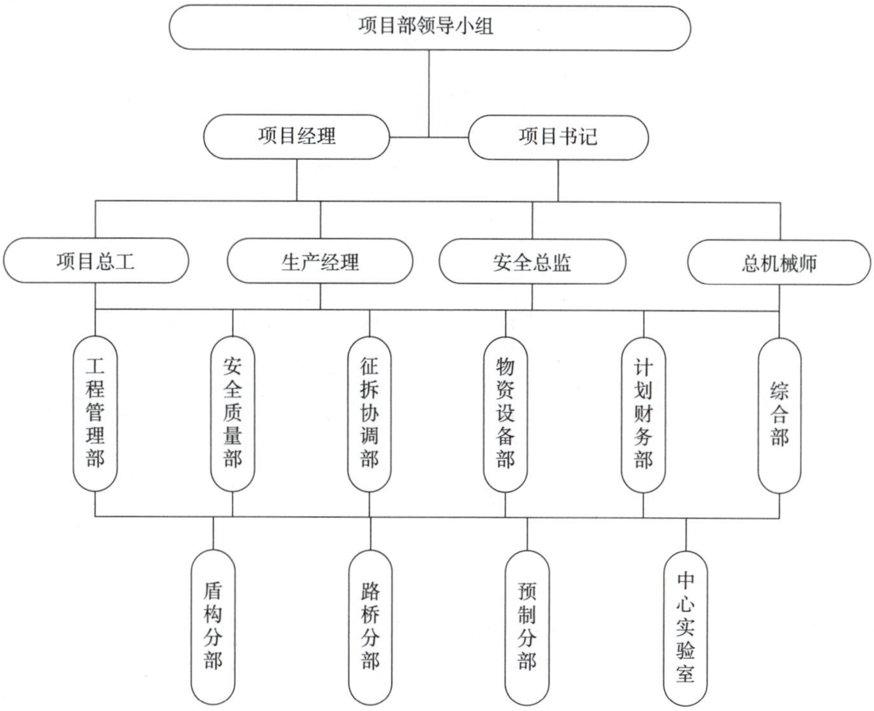

图 6-2　安全体系管理结构框架图

1)"一网四格一交接"安全管理

"一网"是指项目的安全管理工作控制网;"四格"是指把安全管理分为方案安全、作业安全、管理安全及应急安全四个网格。"一交接"是指各级人员在交接班时,按规定的安全生产注意事项逐项交接清楚后,方可上下班,如图 6-3 所示。

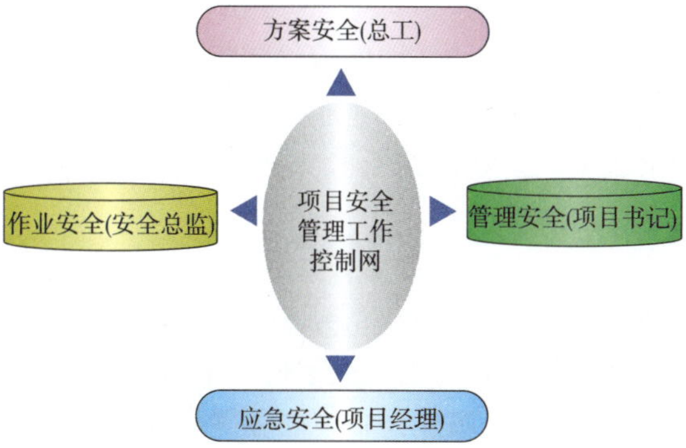

图 6-3　"一网四格"安全管理结构

2)"清单式"安全管理

建立清单式管理体系,以安全生产标准化为主线,以管理人员安全责任及权力清单为抓手,以安全管理清单为实施细则,以考核清单为制度落实保障措施,理清安全责任权力,细化、量化安全隐患管控要点,明确检查标准及安全确认人,追溯安全检查整改销项全过程,从而形成一种清晰明确的定责、授权、检查、销项、考核、追责的安全管理流程,全面落实全员安全生产责任制,如图 6-4 所示。

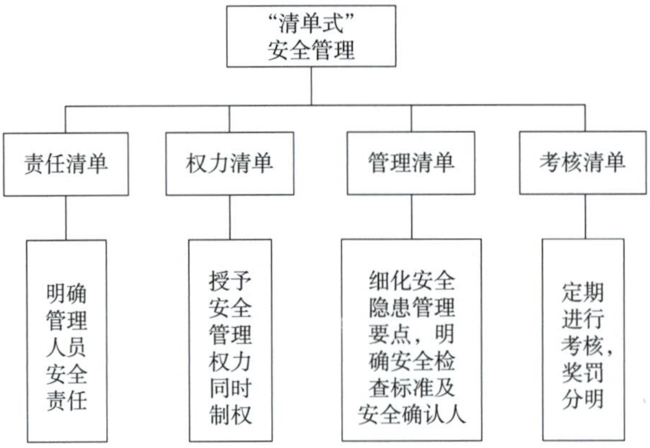

图 6-4 "清单式"安全管理结构

(3)节约环保的实现

1)节约材料

施工现场材料繁多,全体职工应养成节约材料的良好意识,尽量重复利用材料,避免一次性使用。采用全自动搅拌机,各种材料比例提前设定,既节约了材料,也保证了混凝土质量。

2)节约用电

对工作区、生活区空调进行统一开关,电源插座采用防雨插座设于房外,设定温度夏天不低于 26 ℃,冬天不超过 20 ℃。

宿舍照明用电电压不超过 36 V;室内不允许有 220 V 插座,设单独手机充电间并做好安保措施。

3)节约用水

降水井的水用于施工、场地洒水、厕所卫生等对水质没有要求等方面。

洗漱不用"长流水",提倡使用脸盆洗手洗脸,洗涮拖把不过量用水;合理循环使用自来水;爱护节水设施,关紧水龙头。自觉做到爱水、惜水、节水,严格做到人走水断流,严防跑冒滴漏。对出场车辆严格进行清洗。

4)防治空气污染

钢筋加工焊接等作业会制造粉尘污染、光污染,应使用钢筋加工厂棚作为防治空气污染的措施。对基坑土方开挖产生的扬尘污染采取雾炮降尘措施。盾构砂浆搅拌站及砂料场进行全封闭,防止扬尘造成大气污染。场地未施工部分进行绿化。

5)防治噪声污染

本标段几个施工场地靠近居民楼,为减小噪声对居民的影响,夜间施工的所有车辆进入施工现场严禁鸣笛,装卸材料应做到轻拿轻放,最大限度地减少扰民。产生噪声的设备采用隔音板进行封闭式施工。

6.1.6 可视化动态管理的实现

系统中详细记录着项目进度控制、盾构数据监测、数据统计分析、盾构施工参数等几个模块，首页上实时记录并管理盾构掘进每环的隧道详情、注浆管道、注浆压力、速度与位移以及隧道盾构完成进度信息，如图 6-5 所示。

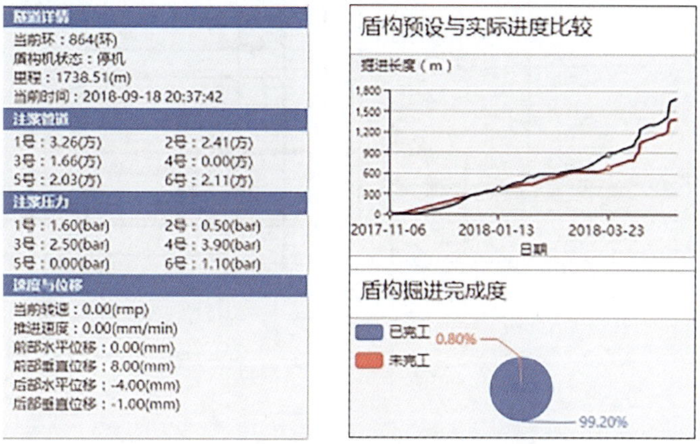

图 6-5 盾构隧道详情与完成进度图动态管理

系统的盾构监测板块记录 2 号和 3 号区间盾构的盾构参数信息，主要包括数据分析(该部分详细记录盾构掘进每环的盾尾油脂压力、注浆压力、推力、扭矩、掘进速度等信息)、盾构姿态和泥水系统，如图 6-6、图 6-7 所示。

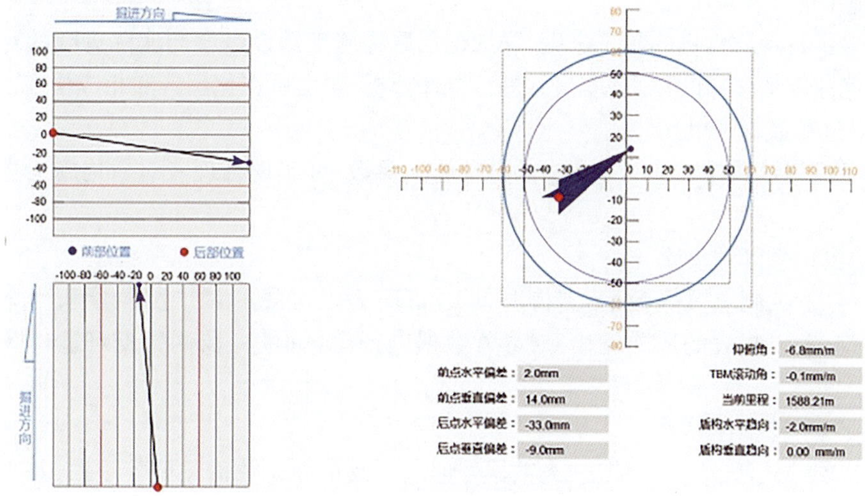

图 6-6 系统平台盾构姿态动态管理

同时系统在监测数据和预测预警模块通过对监测数据的统计分析及预测分析，可以实现盾构施工过程中地层变形和盾构参数的可视化动态管理。

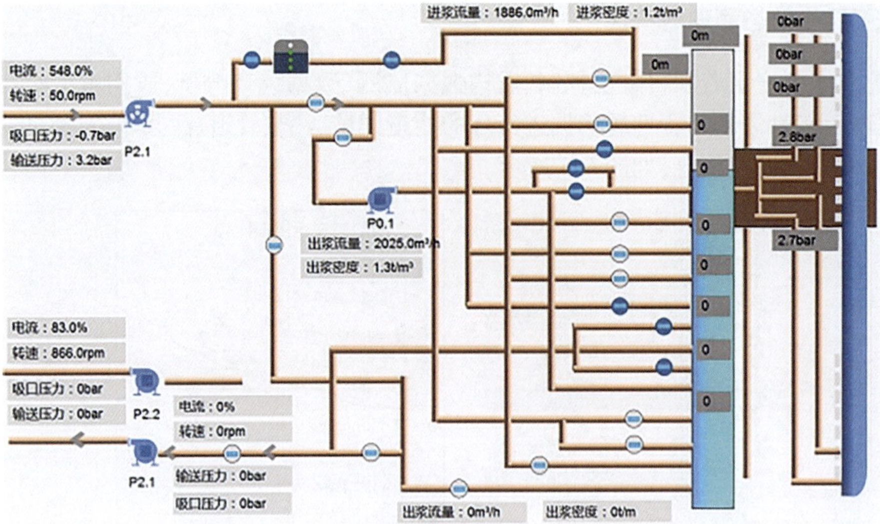

图 6-7　系统平台泥水系统动态管理

6.2　京张高铁清华园隧道系统可视化平台的构建

6.2.1　系统总体需求与架构

1. 系统总体需求

(1)施工进度管理单元

实时显示每台盾构机的施工进度,详细记录盾构施工预设进度与实际进度的对比情况以及整体完成度情况,并可对进度信息进行统计分析,输出可视化图形和相应报表。

(2)推进参数管理单元

实时显示每台盾构机施工过程中的各项施工参数,可实现管理者对盾构施工过程的远程实时监控。

(3)监测信息管理单元

可上传、下载测点沉降数据,支持对单点沉降、多点沉降的累计沉降量和沉降速率曲线进行查询,并以报表的形式输出,对异常数据进行信息推送(监测数据可通过固定表式上传)。

(4)预测预警管理单元

运用经验公式法、人工智能法、大数据处理法以及精细化数值建模等手段,基于工程地质资料、施工参数和监测数据对盾构施工全过程进行分析,得到施工过程中地层变形预测预警值并反馈调整后期盾构施工和系列加固措施。

(5)风险管理单元

显示各盾构区间各级风险源的平面、断面影响区域,可采用平面图展示或三维模型展示。各级风险源与监测信息管理联动,自动分析、统计、预警推送。

2. 系统架构

系统的用户有管理人员、施工人员、监理人员、第三方人员等,有些需求只与特定的用户有关,系统有相应的权限验证功能。

系统采用基于 RIA 的 J2EE 架构设计。具体利用 SSH(Structs,Spring,Hibernate)架构实现。J2EE 三层结构分为界面层(Portal 展现 + MVC 框架控制 + AJAX 交互)、中间层(业务逻辑层和基础架构)和数据服务层(持久层)。三层体系将业务规则、数据访问及合法性校验等工作放在中间层处理。客户端不直接与数据库交互,而是通过组件与中间层建立连接,再由中间层与数据库交互,如图 6-8 所示。

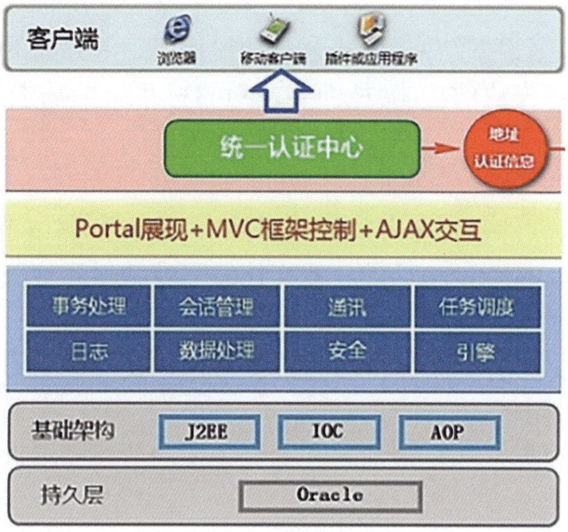

图 6-8 系统架构示意图

3. 系统接口

系统提供与后台程序分离的用户界面接口,接口代码主要包含用户界面的逻辑特征,采用 B/S 模式,页面风格贴近主题,操作简洁;时空效应结合 Ajax、Flex 技术开发,提供快捷键的设计(右键功能),对于错误信息、重要信息(预警等)进行醒目提示。

系统支持硬件应用接口,主要包含磁盘接入、视频接入、考勤门禁接入、U 盾认证、手机录音录像定位等,所有硬件接口均需硬件设备生产商提供 SDK 开发包及开发文档。

系统与外部组件连接接口条件主要包括运行环境(JVM 和 Tomcat 服务器)、数据库(Oracle、MSSQL、MySQL、SQLLite 等)、函数库(jar 包和控件库)。可以通过配置运行环境、数据库和函数库实现与其他相关系统、功能模块之间的无缝连接。

通过 WEB 浏览器访问和使用系统全部功能,采用 HTTP 和 Socket 协议同步和异步通信机制,实现各操作系统(Windows、Linux、MAC OS X)的统一协同使用。

6.2.2 系统开发过程及运行环境

1. 系统开发过程

(1)需求分析与概要设计

在参与建设的其他隧道与地下工程安全监控系统的基础上,结合施工经验和隧道与地下工程的建设特点，进行隧道与地下工程安全风险监控系统的需求调研和分析，并在此基础上进行系统的概要设计。

(2)系统详细设计

根据系统概要设计方案进行系统详细方案设计，包括系统的基本处理流程、组织结构、模块划分、功能分配、接口设计、运行设计、数据结构设计和出错处理设计等。在详细设计中，描述实现具体模块所涉及到的主要算法、数据结构、类的层次结构及调用关系，说明软件系统各个层次中每一个程序(每个模块或子程序)的设计考虑，以便进行编码和测试，系统的详细设计确保设计需求的全面、细化实现。

(3)软件编码

软件开发工程师根据数据结构、算法分析和模块实现等方面的设计要求，进行具体的程序编写工作，分别实现各模块的功能，从而实现对目标系统的功能、性能、接口、界面等方面的要求。

(4)软件测试

软件测试工程师对软件系统全方位检测，检测内容包括测试范围、测试环境、测试流程及测试结果的总体要求，是测试项目中其他文档编写及结果评价的基础。

(5)软件交付准备

在测试证明软件达到要求后，软件工程师编写用户使用说明书等。

(6)软件试运行及维护

软件试运行阶段，根据现场反馈情况和运行中发现的新需求进行升级和维护。

(7)软件验收准备

软件经过试运行阶段的磨合，已经达到稳定的工作状态。

2. 系统运行环境

系统服务端和客户端的推荐硬件要求及软件运行环境见表6-1。

表6-1　系统运行环境推荐要求

硬件环境	客户端配置要求	CPU	Pentium E5200 2.5GHz	RAM	2GB
		存储	硬盘　160GB	其他	
	服务器端配置要求	CPU	Xeon E7530×2 (6核2.13 GHz)	RAM	16GB
		存储	硬盘　3TB	其他	
软件环境	客户端配置要求	操作系统及版本		Windows 7	
		浏览器及版本		360浏览器	
	服务器端配置要求	操作系统及版本		Windows 20012 SERVER	
		数据库及版本		Oracle 10g	
		中间件及版本		Apache tomcat 6	

6.2.3 系统主要功能

1. 主要功能模块

(1)首页

京张高铁清华园隧道智慧施工系统集施工监测数据、施工信息以及施工管理信息于一体,可对海量施工数据进行处理分析,并通过数字化、可视化技术实现不同功能。系统主要包括首页、工程 GIS、盾构监控、监测数据、预测预警、系统管理以及上传信息七大模块内容;不同模块可以实现不同的系统功能,各模块之间也存在相互联系和数据交换,共同作用构成智慧施工系统。同时,风险信息列表里面详细列出了风险源的位置、风险等级以及沉降预测值和控制值信息并据此判明安全状态,实现了重要建(构)筑物和主要风险源危险性的实时预测预报技术,如图 6-9 所示。

图 6-9　系统风险源信息视图

(2)工程 GIS

工程 GIS 模块是系统平台实现工程地质条件、周边环境以及检测测点信息数字化、可视化的重要模块。用户可以通过工程 GIS 模块中的各种操作空间获取指定范围内的工程数据和信息,例如工程钻孔地质信息、测点监测数据等。此外工程 GIS 模块中所包含的工程地质信息以及周围环境信息为平台施工力学响应预测功能提供必须的参数数据,工程地质与周围环境的数字化为实现系统实时预测施工力学响应奠定了基础;另外系统可以根据录入的工程测点数据及相应的控制标准自动对数据进行分析,得到各个测点安全状态评估结果,并在工程 GIS 模块中显示各测点的安全状态以及预警信息,自动预警,定位准确,可及时发现并采取相应的工程措施。

(3)盾构监控

盾构监控模块可以显示不同施工工点的盾构机施工参数,并实时进行记录。记录的盾构机主要参数有工点名称、盾构机编号、盾构类型、进度、当前环号、注浆压力、注浆量、出土量以及平均压力等。该模块可以真实反映整个施工过程盾构机施工参数的变化,实现盾构机姿态监控;同时也实现了盾构机参数、工点位置信息、时间的准确匹配,为研究盾构机参数的变化规律以及盾构机参数和盾构机施工效应之间的关系提供了原始数据。该板块分为2号和3号盾构区间两个板块,每个板块又分为刀盘、盾尾密封、泥水系统和盾构姿态四个子模块。

四个模块分别对应着盾构机不同的操作部分,实时监控预测盾构施工每一环盾构各部分的重要参数信息,初步实现盾构施工过程的可视化动态管理。

(4)监测数据

1)多方监测数据上传共享

可上传、下载测点沉降数据,支持对单点沉降、多点沉降的累计沉降量和沉降速率曲线进行查询,并以报表的形式输出,对异常数据进行信息推送(监测数据可通过固定表式上传)。

监测数据包括施工单位监测数据、第三方单位的监测数据等,通过阈值核碰报出监测数据安全状况,引起施工单位、监理单位等关注,把事故遏制在萌芽状态。

模块能够自动汇总各方报送的数据,具备数据存储归档功能和导入导出功能,监测数据与GIS数据集成,以实现对所布置监测点的集中管理,GIS图上直接显示各测点的类型、地理分布与报警状态,通过单击测点图标可直接查看测点数据。

2)监测数据自动分析

子模块能对所采集的数据进行有效性、准确性的判别,能够根据监测数据并结合实际的水文地质条件、岩土介质参数、载荷边界条件和支护设计形式等进行综合性的自动化分析;内置专业的数据分析模型和工具,能够自动反映监测数据的累计变化、本次变化、累计最大值、累计最小值、变化最大值、变化最小值等信息;具备综合曲线分析功能,能进行多条曲线的对比分析;具备历史曲线功能,能够显示从开始监测以来某测点的所有数据曲线,并能以表格的形式显示其累计值、变化速率和时间。

3)监测数据跟踪分析

子模块具备对检测异常数据的自动预警功能(监测预警),能够及时地以通知、短信等形式向相关管理人员发送预警信息,并触发异常事件处理流程,督促相关管理人员处理;具备监测数据跟踪功能,可以对异常数据自动进行跟踪,并形成跟踪报告(含数据异常的变化趋势及其处理建议),且能够对历史跟踪事件进行汇总和分析。

(5)预测预警

该模块主要内容为系统整理盾构施工掘进过程中的地层变形监测数据、工程地质资料和盾构施工参数等信息,采用多种方法分析预测盾构施工过程中地层变形变化趋势,并给出相关的地层变形预测预警值以及盾构参数建议值,对比分析预测数据和实测数据,分析评价模型的实际预测效果。该模块主要包含2号盾构区间实时预测、2号盾构区间历时数据分析、3 号盾构区间实时预测和 3 号盾构区间历时数据分析四个子模块内容，其中实时预测部分主要展示相应盾构区间的当前开挖环号信息、盾构参数建议值、盾构参数实际值、本环横截面地质剖面、掘进里程平面图、纵断面沉降实时预测和影响范围内任意环截面沉降预测；历时数据分析主要为任意轴线测点历时曲线与预测值和控制值比较曲线图以及任意断面沉降槽实测值和预测值的比较曲线图。该模块成功实现了对施工过程中地层变形的实时预测，同时对预测结果与实测结果进行对比分析，评价模型预测预警效果，并及时做出控制调整。

(6)系统管理

系统管理模块用来管理账户信息、发布工程通知公告信息以及进行测点和工程风险信息的管理，具体又分为用户管理、单位管理、角色管理、项目管理、风险工程、测点管理、通知公告以及首页文件。其中风险管理模块用于将工程风险信息按要求录入系统。测点管理模块则是将测点按类型录入系统，包括测点名、测点高程以及测点的地理坐标，为系统监测数据等模块内容提供后台数据支持；另外系统管理模块对于系统功能拓展性有着十分重要的作用。

(7)上传信息

该板块分为 2 号和 3 号两个盾构区间，主要用于用户上传监测数据和风险源信息，并将监测数据和风险源信息自动分析整合到工程 GIS 和监测数据模块中去，便于用户对数据的批量管理。

2. 外部接口

该平台与拟建设的安全风险监控系统硬件以及其他现有系统(视频监控系统、门禁系统、视频会议系统、盾构监控系统、自动化监测设备、盾构机监控系统以及 OA 办公系统、未来合同管理系统、未来档案管理系统等)实现接口集成访问与管理。

3. 支持第三方工具或引擎

风险监控系统是一个综合管理平台，开放了第三方工具或引擎开发接口。风险监控系统实现了将 GIS 引擎、工作流引擎、内容管理引擎、短信平台、报表工具以及电子印章工具等集成开发。

6.2.4 系统运行安全及扩展性设计

1. 系统安全性设计

随着计算机网络技术的迅速发展，网络安全严重影响到隧道与地下工程建设安全风险监控与管理信息系统数据的保密性、完整性以及系统的安全运行。因此，项目组从以下五方面设计系统安全性，保障系统正常运行。

(1)系统架构的安全设计

系统采用 B/S 架构，系统的部署主要体现在服务器端，服务端提供的网络环境是电信网络，从网络环境来说可以保证数据传输的稳定性。

(2)系统本身的安全设计

系统本身的用户管理做到了安全、灵活，用户不能直接获得账号，需要由拥有相关权限的管理员审批认证成功后，才能成为正式的可用账号。

用户拥有的相应权限是与对应的角色所拥有的权限相匹配的,管理员只要改变相关角色所拥有的权限,就能够改变用户拥有的权限,体现了权限分配的灵活和方便。

在页面的访问控制上,不同类型的用户所关心的内容不一样,所以用户进入到页面只显示与自己有关的页面信息,不会越界到别的操作页面,从而保证了操作的安全性。

日志记录包括数据库运行过程中产生的日志和系统本身运行产生的日志,通过这些日志可以对系统运行过程中产生的问题进行分析,即时发现产生问题的原因。

(3)数据库安全设计

所有数据均采用 MD5 多层加密存储。

(4)组件间通信的安全设计

浏览器与服务器之间的数据传输是经过安全代理转发完成的。浏览器与安全代理之间的数据传输是用浏览器本身支持的 40 位以下的弱加密算法加密的,而安全代理与远端 Web 服务器之间的数据传输则是用高强度的数据加密算法加密的。这样系统组件间通信可得到较安全的保障。

(5)开发测试安全的设计

系统的测试由专业的测试项目组人员进行,系统中出现的 Bug 提交给再开发部门进行修改,经过严格的测试工作流程来对系统进行测试,从而保证系统的质量。

当系统中有新的需求,或者对原有需求进行变更时,在项目组完成相应的开发工作后,由测试部门对系统所做的新需求或更改的需求进行测试,经过测试确保所有 Bug 被修复完成后关闭 Bug,当所有 Bug 关闭后才进行发布,严把质量关。

2. 系统扩展性设计

(1)系统基础数据结构和数据库表的设计充分考虑系统的扩展性和灵活性,确保系统易于升级且能够保持与历史数据的兼容性。

(2)系统采用 B/S 架构,以使系统的维护量更小,需求修改更加灵活方便。

(3)工作流和报表等采用成熟的工具和引擎辅助开发,以提高系统维护升级的便捷性,同时也缩短了系统的本次开发周期。

(4)信息系统的业务数据通过 Web Service 对外提供接口,便于其他信息系统数据获取和集成。

6.3 小　　结

(1)基于清华园隧道沿线水文地质勘察、周边既有建(构)筑物相对位置关系调查及工程措施(包括盾构施工参数及防护措施)监控与数值模拟,实现了盾构掘进过程中地质条件、周边建(构)筑物、工程措施的数字化,将地层资料及参数数字化后植入到施工系统中,盾构掘进过程中可以即时获取当前所处地质环境及风险源环境,同时可以获取盾构施工参数,如果需要施作防护措施,则防护措施信息及仿真结果同样可以在施工系统获取。

(2)基于清华园隧道实测数据资料,建立了基于 Peck 理论及神经网络理论的地层沉降预测模型,实现了盾构隧道施工引起地层沉降及周边风险源沉降的可靠预测及预测结果的可视化显示。通过对前期盾构施工引起地层沉降的实测数据的分析总结,基本理清了清华园隧道在粉质黏土及砂卵石地层中施工引起地层沉降的规律，进而建立相应的预测模型，能对沉降进行可靠预测。同时，根据既有建（构）筑物与隧道的空间位置关系，可以进一步预测其施工变形响应。此预测结果可以在施工系统中可视化显示。

（3）基于清华园隧道周边风险源的风险等级、变形控制标准、施工数据监测及沉降预测模型，实现了施工引起临近建（构）筑物危险性的实时预测预报。通过对沉降实测值的分析总结，对预测方法进行不断完善，当预测值在容许误差范围之内时，即可以与控制标准进行比较。如果预测值超过控制标准，则报警；如果未超过控制标准，则安全。当超过控制值时，则需要反馈调整盾构施工参数。

（4）基于清华园隧道地质条件、风险源、工程措施的数字化技术，实时预测预报及其可视化显示技术，建立了京张高铁清华园隧道智能建造系统。该系统可以实现盾构施工进度、盾构实时及历史掘进参数的即时显示，地层及风险源施工变形响应的实时预测与风险源安全状态的实时判别，监测数据的上传及测点历时曲线与沉降槽的绘制，盾构施工实时视频监控等功能，使施工人员的动态管理成为可能，为清华园隧道的信息化、智能化施工提供了坚实保障。

第 7 章　大直径盾构隧道全预制拼装技术

7.1　轨下预制拼装结构设计

清华园隧道为京张高铁的重点控制性工程，经优化，盾构机及后配套台车由有轨运输改为无轨运输，并配备了中箱涵同步拼装设备。轨下结构全预制拼装技术方案可以加快施工进度，节约工期，避免大量植筋损坏盾构管片，提高结构耐久性和可靠性，减少外界环境对施工作业的干扰，改善作业环境，降低振动对周边环境的影响。

7.1.1　轨下结构布置形式

清华园隧道轨下结构利用圆形盾构轨下断面富余度大的特点，于中间设置贯通全隧的救援通道，两侧分别设置风道及设备管道。每隔 100 m 设置一处疏散楼梯，可将人员由轨上疏散到轨下救援通道。因此，预制中箱涵分为两种结构形式，即标准段和疏散楼梯段，如图 7-1 ~ 图 7-4 所示。

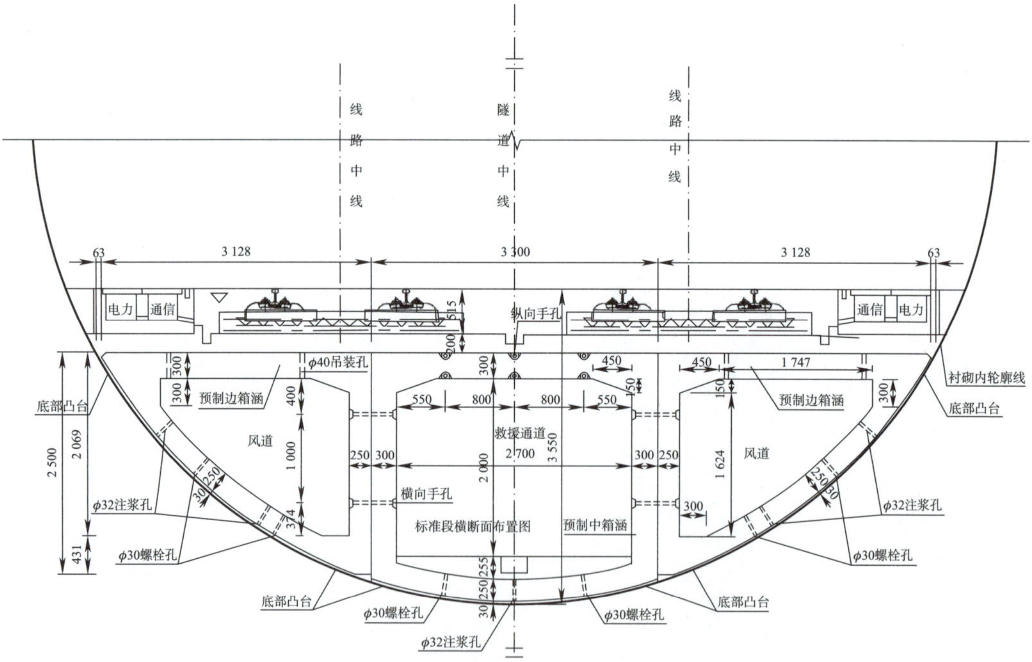

图 7-1　标准段轨下结构断面图(单位:mm)

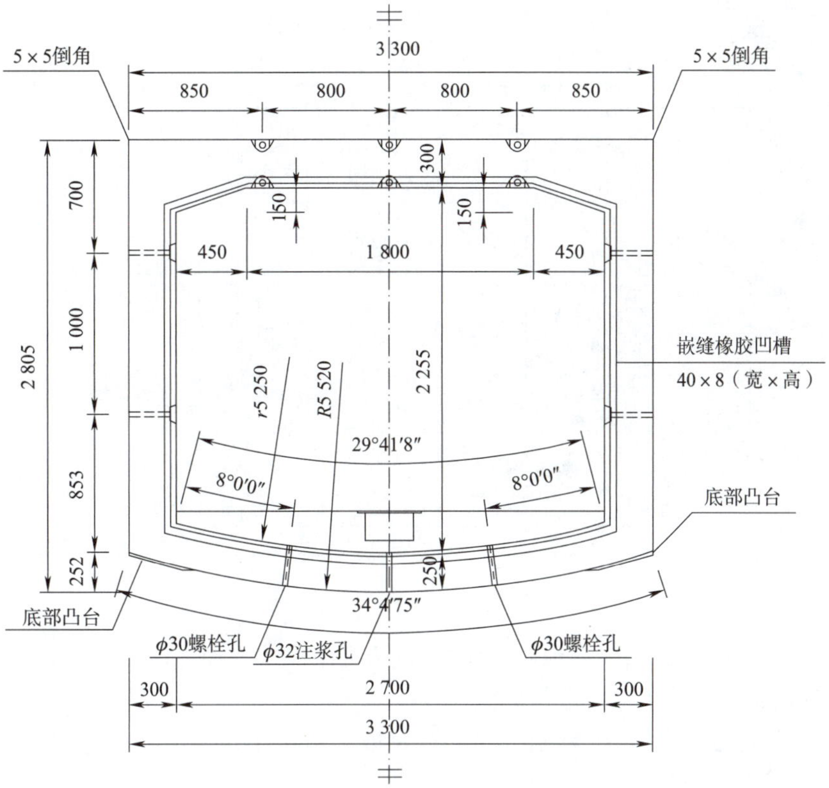

图 7-2　标准段中箱涵尺寸断面图(单位:mm)

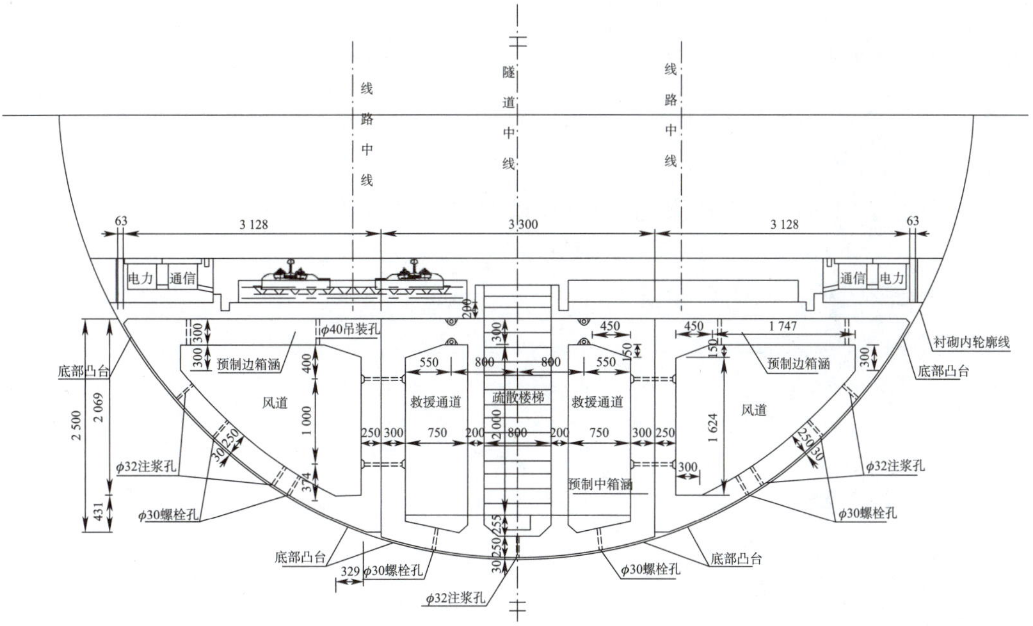

图 7-3　疏散楼梯段轨下结构断面图(单位:mm)

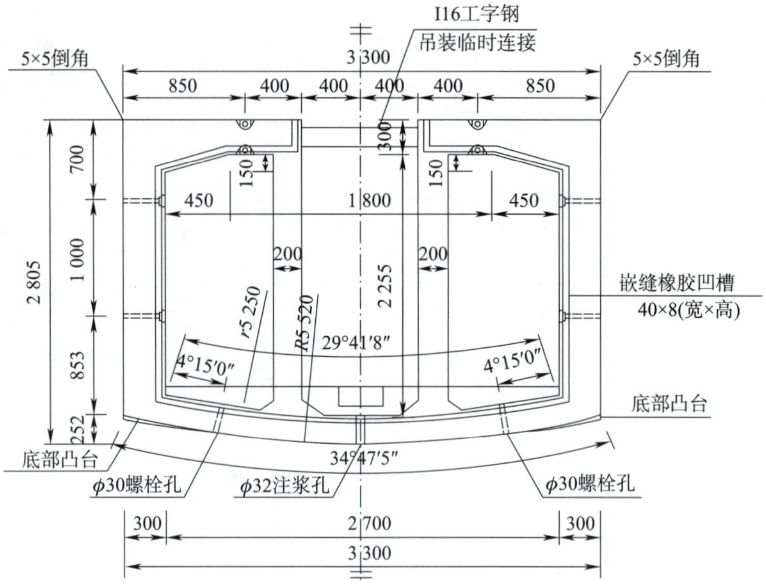

图 7-4　疏散楼梯段中箱涵尺寸断面(单位:mm)

轨下预制拼装结构由三部分预制件组成:中箱涵(标准段和疏散楼梯段两种形式)、两侧边箱涵,各预制件间采用螺栓进行机械连接。

为适应曲线地段拼装要求,预制件纵向环宽取 1.980 m,与 2.0 m 的管片环宽对应,纵向采用异形橡胶垫调整后期拼装误差。

另外,在轨下结构与轨道板间设置 15 cm 厚 C40 钢筋混凝土加强板,以找平中箱涵及侧板顶部的拼装误差并加强结构的整体性。

7.1.2　预制构件连接形式

盾构隧道轨下结构采用全预制结构,各预制构件原则上采用螺栓进行机械连接。

1. 预制构件环向连接方式

中箱涵与边箱涵连接采用直螺栓对穿连接方式,设置 4 根 M24 螺栓,如图 7-5 所示。

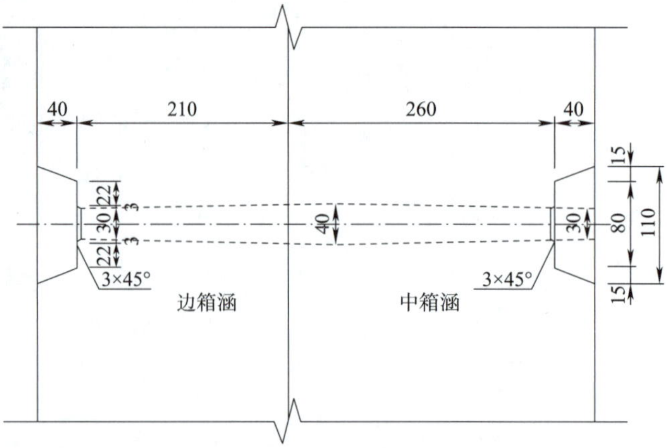

图 7-5　中箱涵与边箱涵连接示意图(单位:mm)

轨下结构通过环向共 8 根螺栓将其连接成为一个整体，使上部结构受力在闭合体系中传递。

2. 预制构件纵向连接方式

纵向轨下结构顶部边箱涵与边箱涵、中箱涵与中箱涵采用直螺栓对穿连接方式，4 根 M24 螺栓（疏散楼梯段 2 根 M24 螺栓），呈 X 形布置；中箱涵侧腿分别采用 2 根 M24 螺栓，亦呈 X 形布置；螺栓接缝处设置橡胶垫，如图 7-6 所示。

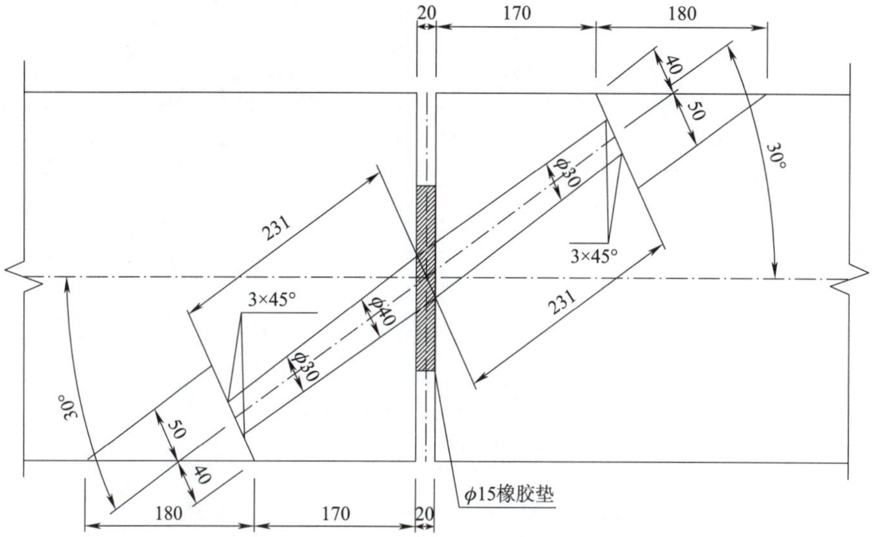

图 7-6　预制结构纵向连接示意图（单位：mm）

3. 预制构件与盾构管片的连接

为保证轨下整体预制结构不与管片间发生滑移，于每块边箱涵及中箱涵底部分别利用注浆孔设置 4 根 M24 膨胀螺栓，共计 12 根，使轨下结构与管片连接成为整体。

为解决盾构管片拼装存在的错台、不平整等问题，于边箱涵外侧螺栓孔处设置 12 mm 厚橡胶垫进行调整，中箱涵利用侧腿下方的 12 mm 厚减振橡胶垫进行调整。预制结构与管片之间的空隙以 M10 砂浆充填。

7.1.3　电力、通信电缆过轨

经与电力、通信专业对接，盾构区间电力过轨均为照明和直放站供电的低压电缆，过轨方式如图 7-7 所示。

7.1.4　综合接地

经与站后各专业对接，盾构区间轨下预制拼装结构利用轨下填充层钢筋网实现接地，侧弧板通过连接螺栓和连接钢筋与轨下填充层钢筋网连接。

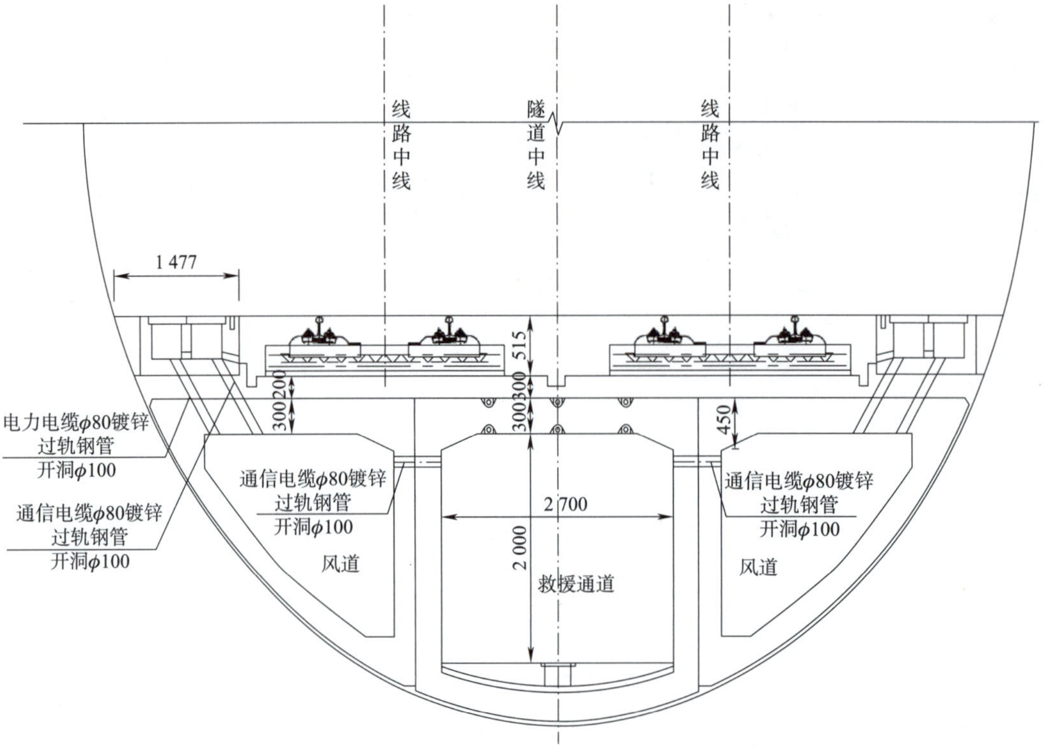

图 7-7　电力、通信电缆过轨预留孔洞示意图(单位:mm)

7.2　轨下预制拼装结构静力稳定性分析

7.2.1　计算单元及网格划分

1. 计算单元

数值模型中,轨下预制结构、管片以及周围土体采用实体单元模拟,轨下预制结构及管片间 3 cm 的注浆层采用接触面单元模拟。材料特性采用弹塑性增量本构和摩尔-库仑屈服准则描述。

2. 网格划分

计算范围:水平方向上(x 轴)以隧道中线为轴线向两侧各取 45 m(约 8 倍开挖宽度),竖直方向上(y 轴)取距离隧道中心 30 m 的地层为底部边界。有限差分网格及接触面如图 7-8 和图 7-9 所示,模型共有 3 886 个单元、6 138 个节点。

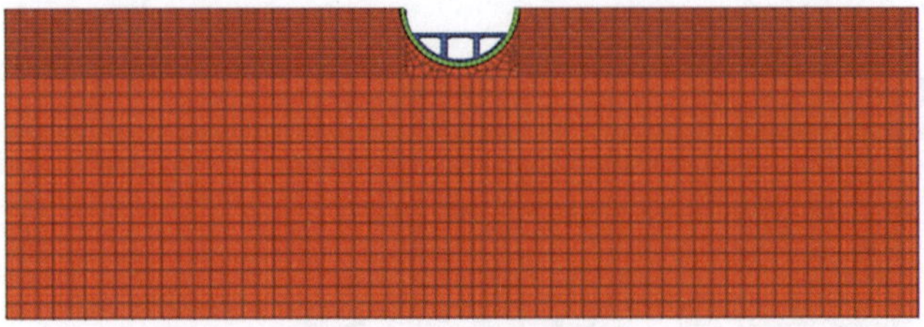

图 7-8　有限差分网格

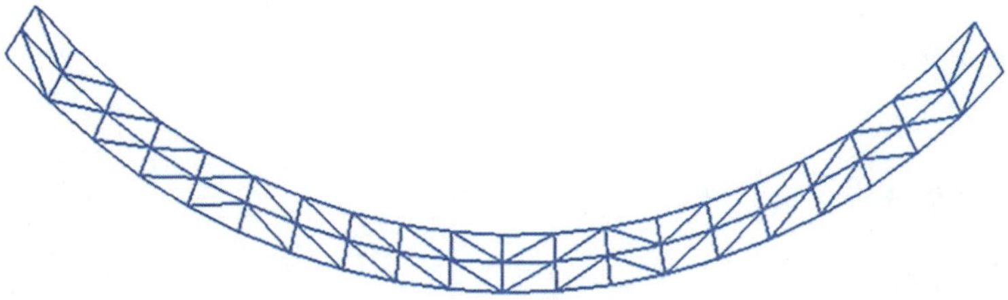

图 7-9　接触面

7.2.2　计算材料参数

轨下结构及管片采用 C40 混凝土,接触面参数根据既有研究结果确定,见表 7-1。

表 7-1　轨下结构及接触面参数

项　　目	弹性模量(GPa)	黏聚力(MPa)	剪切模量(GPa)	摩擦角	切向刚度(N/m)	法向刚度(N/m)	泊松比
C40 混凝土	32.5	1.1	12.4	45°	—	—	0.2
接触面	—	—	—	15°	2×10^9	2×10^9	—

7.2.3　计算荷载

清华园隧道实际行车速度为 120 km/h,计算列车速度为 350 km/h 时,荷载峰值为 160 kN,轨道板基础为 2.8 m 长,计算得均布荷载如图 7-10 所示。

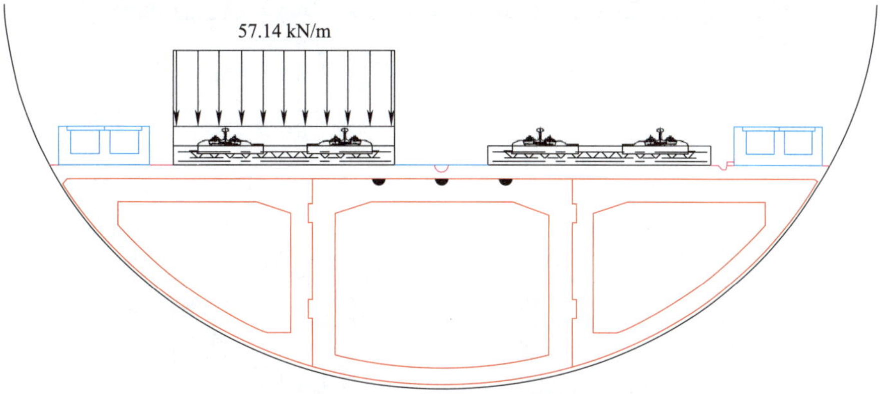

图 7-10　计算荷载

7.2.4　计算步骤

主要计算步骤如下:

(1)建立几何模型,进行单元网格划分。

(2)定义静力边界条件(模型两侧水平位移固定,底部竖向位移固定),获得初始平衡状态,即开挖前的原岩应力状态。

(3)进行开挖模拟。

(4)在轨下结构和管片之间建立接触面,赋值接触面参数。

(5)施加静均布荷载并建立监测点。

(6)计算求解。

7.2.5 计算结果及分析

1. 监测点的分布

位移监测点分布如图7-11所示,应力监测点分布如图7-12所示。

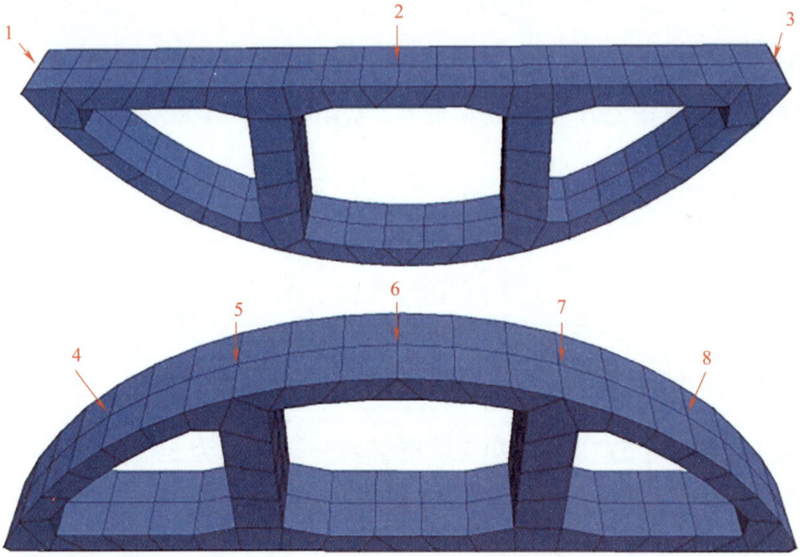

图7-11 位移监测点分布

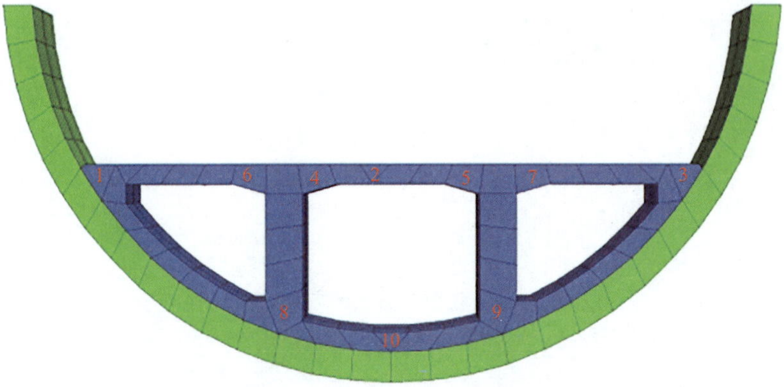

图7-12 应力监测点分布

2. 计算结果

(1)各监测点竖向位移时程曲线及模型整体竖向位移云图如图7-13、图7-14所示,表7-2为各监测点竖向最大时程位移及模型最大竖向位移值。由图7-13可知1、2、3号点竖向位移均为负值,其最大位移值分别为0.020 8 mm、0.208 mm、0.008 mm;4、6、7、8号点竖向位移均为正值，其最大位移分别为 0.06 mm、0.09 mm、0.067 mm、0.068 mm；5 号点位移先向上后向下，最终位移为 −0.05 mm。

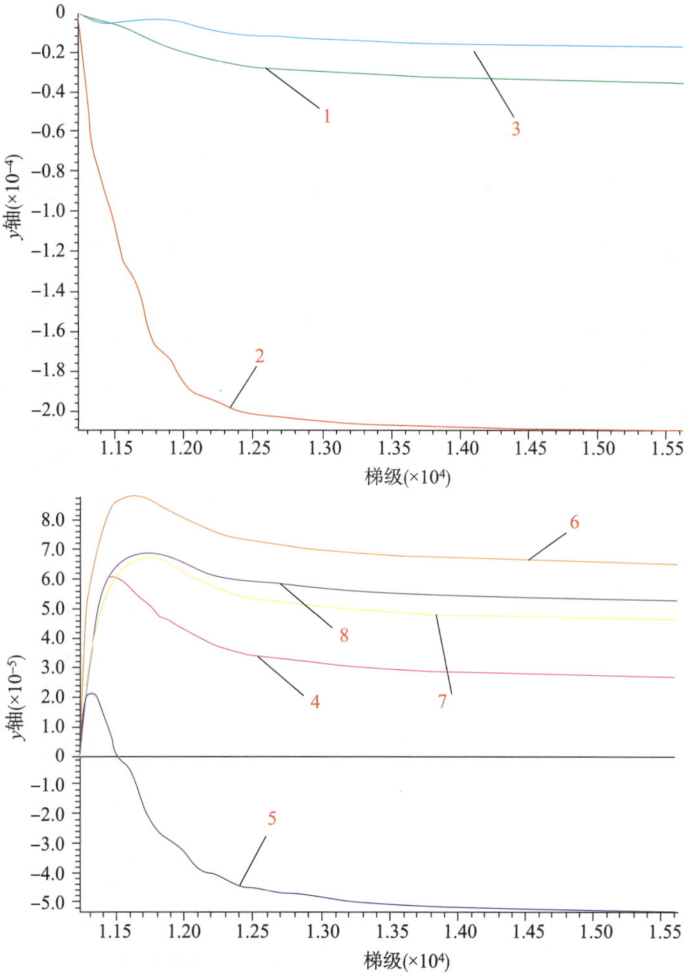

图 7-13 各监测点竖向位移时程曲线

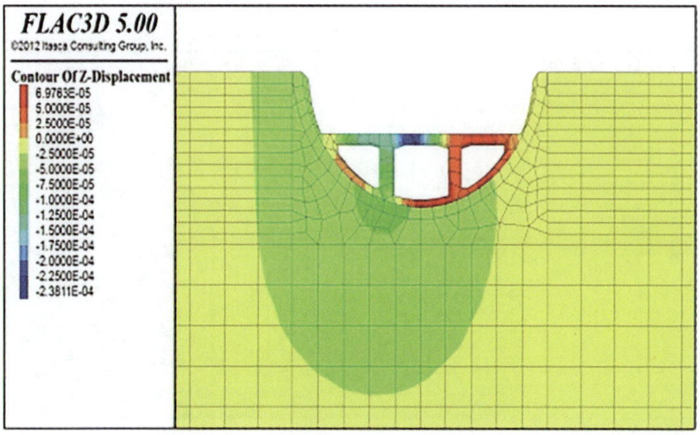

图 7-14 模型整体竖向位移云图

表 7-2　各监测点竖向最大时程位移及模型最大竖向位移值

监测点	竖向最大位移值(mm)	向上向下状态	模型最大竖向位移值(mm)
1	0. 020 8	下	最大向上位移为 0. 069 6，最大向下位移为 0. 238
2	0. 208	下	
3	0. 008	下	
4	0. 06	上	
5	0. 05	下	
6	0. 09	上	
7	0. 067	上	
8	0. 068	上	

(2)各监测点水平位移时程曲线及模型整体水平位移云图如图 7-15、图 7-16 所示，表 7-3 为各监测点水平最大时程位移及模型最大水平位移值。可知 1、4、5、6 号点水平位移均为正值(向右)，其最大位移值分别为 0. 008 mm、0. 052 mm、0. 014 mm、0. 002 mm；2、3、7、8 号点水平时程位移均为负值(向左)，其最大位移分别为 0. 018 mm、0. 004 mm、0. 028 mm、0. 048 mm。

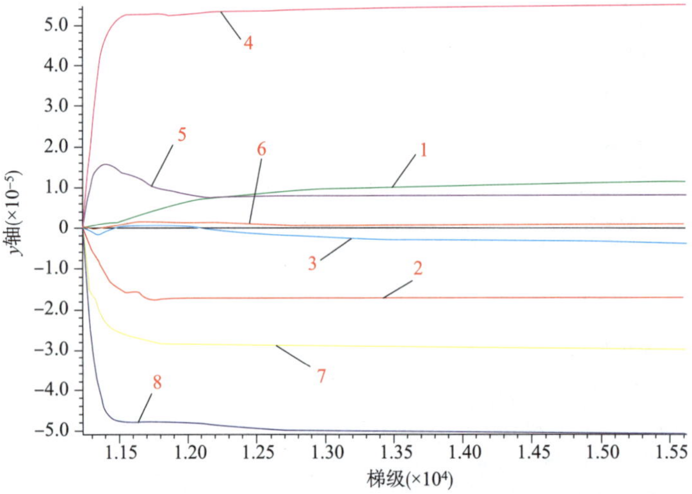

图 7-15　各监测点水平位移时程曲线

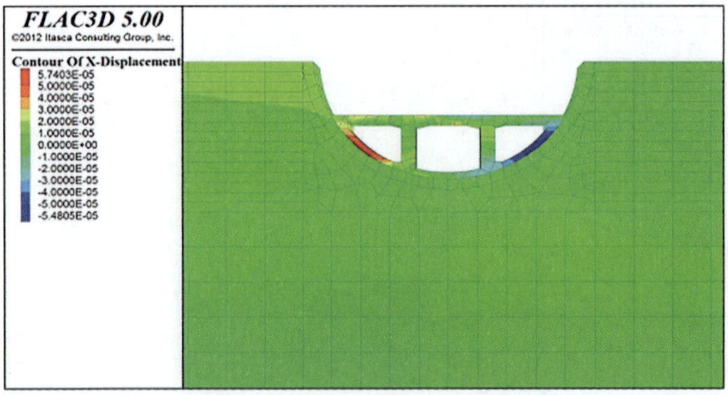

图 7-16　模型整体水平位移云图

表 7-3　各监测点水平最大时程位移及模型最大水平位移值

监测点	水平最大位移值(mm)	向左向右状态	模型最大水平位移值(mm)
1	0.008	右	最大向右位移为 0.057 4,最大向左位移为 0.054 8
2	0.018	左	
3	0.004	左	
4	0.052	右	
5	0.014	右	
6	0.002	右	
7	0.028	左	
8	0.048	左	

模型整体矢量位移云图如图 7-17 所示,从图中可以看出轨下预制结构在均布荷载作用的地方向下移动且移动的位移最大;轨下预制结构右端及下端向上运动。

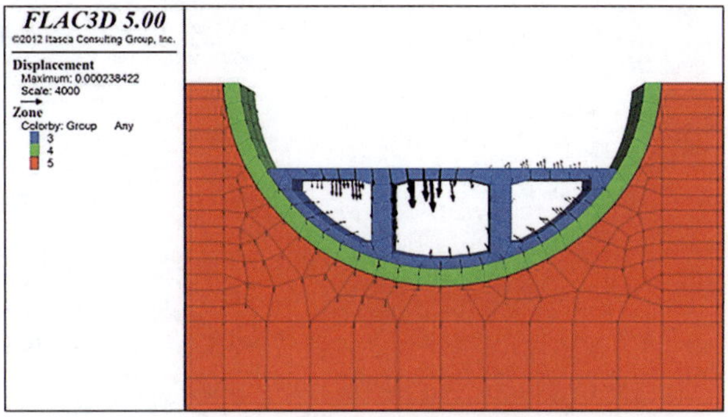

图 7-17　模型整体矢量位移云图

(3)各监测点应力时程曲线及模型整体竖向应力云图如图 7-18、图 7-19 所示,表 7-4 为监测点及模型最大竖向应力,可知 1、3、4、5、6、8、9、10 号点的竖向应力均为负值(受压),其最大应力值分别为 0.4 MPa、0.08 MPa、0.28 MPa、0.09 MPa、0.17 MPa、0.4 MPa、0.12 MPa、0.18 MPa;2、7 号点竖向最大应力值均为正值(受拉),其最大应力值分别为 0.42 MPa、0.02 MPa。

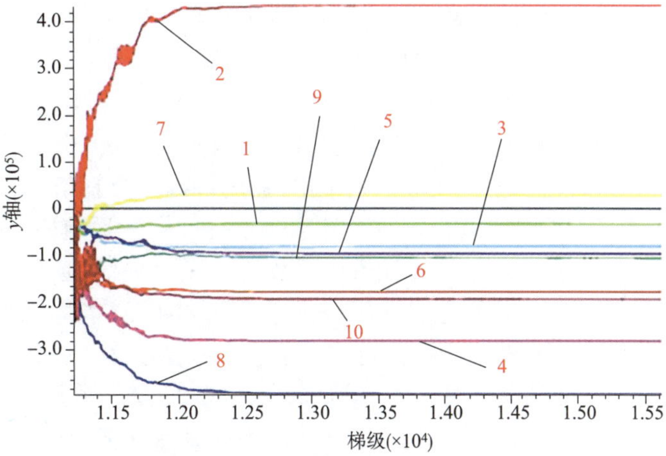

图 7-18　各监测点竖向应力时程曲线

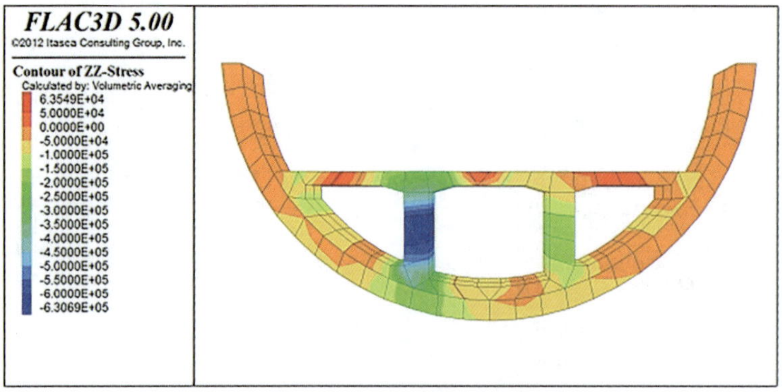

图 7-19　模型整体竖向应力云图

表 7-4　监测单元及模型最大竖向应力

监测单元	竖向最大应力(MPa)	受压受拉状态	模型最大竖向应力值(MPa)
1	0.4	受压	最大受拉应力值为 0.064,最大受压应力值为 0.63
2	0.42	受拉	
3	0.08	受压	
4	0.28	受压	
5	0.09	受压	
6	0.17	受压	
7	0.02	受拉	
8	0.4	受压	
9	0.12	受压	
10	0.18	受压	

3. 安全系数

采用 FLAC 3D 内置的 solve fos include interface 模块。强度折减法中接触面稳定的安全系数定义为:使基础面达到临界破坏状态时,对接触面的抗剪强度进行折减的程度,即定义安全系数为实际抗剪强度与临界破坏时的折减后剪切强度的比值。

强度折减法的提出已有较长的历史,在国外 20 世纪 80 年代就有应用,但由于力学概念不十分明确,而且易受到计算程序及计算精度的影响,因而其推广应用一直进展缓慢。随着计算机性能的提高以及各种成熟商用软件的推出,强度折减法受制于计算程序和计算精度的局面已得到了根本性改观,在 20 世纪 90 年代末成为岩土工程数值模拟研究的一个热点。

在 FLAC 3D 中求解安全系数时,单次安全系数的计算过程采用数值计算的收敛性作为失稳判据。假设数值计算模型所有非空区域都采用摩尔-库仑本构模型,便可使用命令 solve fos include interface 来求解安全系数:首先,通过给黏结力设定一个大值来改变内部应力,以找到体系达到力平衡的典型时步 N_r;其次,对于给定的安全系数 F_s,执行 N_r 时步,如果体系不平衡力与典型内力比率 R 小于 10^{-3},则认为体系达到了力平衡;如果不平衡力比率 R 大于 10^{-3},再执行 N_r 时步,直至 R 小于 10^{-3}后退出当前计算,开始新一轮折减计算过程。经计算接触面稳定的安全系数为16.03。

轨下预制结构和管片之间的接触滑动情况如图7-20、图7-21所示。从图中可以看出，在荷载作用后轨下预制结构和管片两个接触表面最终没有发生错动滑移，轨下预制结构和管片始终接触在一起；预制结构只在法向方向有向下嵌入管片的运动。

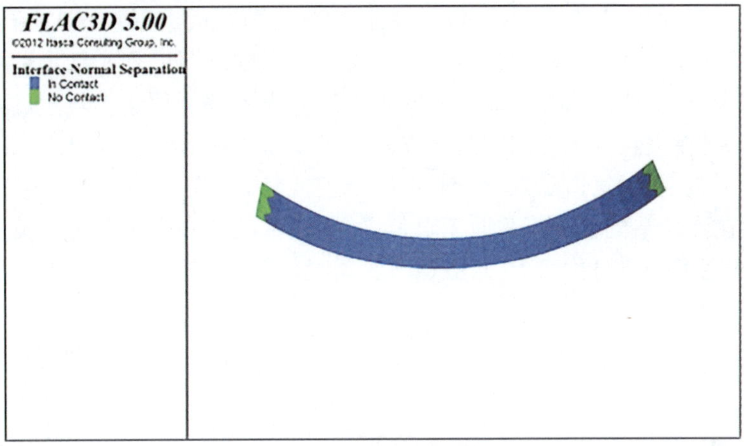

图7-20　接触面相对法向位移云图

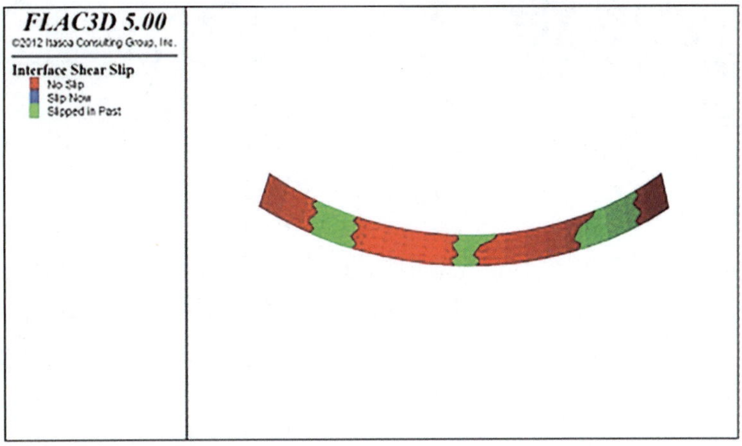

图7-21　接触面相对剪切位移云图

7.3　轨下预制拼装结构动力响应分析

7.3.1　列车动载机理模拟

目前国内外对列车动力机理的模拟进行了较多的研究，取得了不少成果，具有代表性的为梁波等人从引起车辆振动的几何不平顺条件入手，用一个跟不平顺管理标准相应的激振力来模拟列车竖向振动荷载，通过非线性数值分析，探讨了路基在不平顺条件下的动态响应，揭示了路基不同部位刚度变化对基面变形、动应力及加速度的影响规律。然而列车的动力对隧道底部的动力激励与钢轨的强度、刚度及列车本身的振动密切相关，单独考虑列车不平顺性等因素引起的动力激励，假设钢轨为刚性结构，计算结构较真实状态偏大，不能与现场实测相对应，下面通过引入连续弹性支承梁模型，进行动力激励的推导。

无砟轨道板采用预制轨枕在现场安装并浇筑，钢轨通过扣件固定在轨枕上，钢轨轨枕间通过垫层互相连接，如图7-22所示。列车行进时，动力荷载通过钢轨依次传递给轨枕、砂浆层、轨道板基础、混凝土填充层、仰拱、初衬、围岩。本文主要研究列车动力荷载对隧道底部结构的动力响应，将轨枕作为外部荷载的输入位置。为求解作用于钢轨上的振动荷载在轨枕处的受力情况，将钢轨与轨枕结构简化成无限连续弹性基础梁，并对无限连续弹性基础梁模型进行了如下假定：①轨道和机车车辆均处于正常状态，符合铁路技术规程及有关规定；②钢轨为支承在弹性基础上的等截面无限长梁，钢轨基础的竖向位移与其反力成线形比例关系；③轮载作用于钢轨对称面上，两股钢轨的荷载相等；④考虑钢轨本身自重。

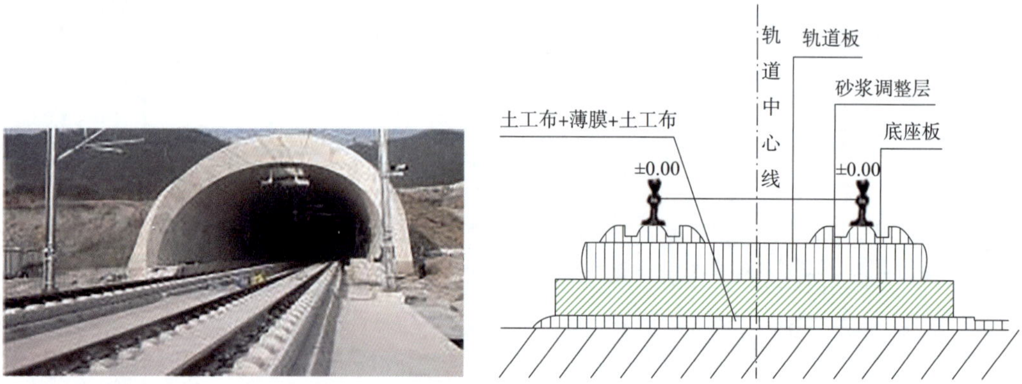

图7-22　CTRS Ⅱ型无砟轨道板

基于钢轨的抗弯刚度作用，将轨枕对钢轨的支承视为连续支承，从而简化为连续弹性支承梁模型。假定钢轨上作用有集中荷载，表示钢轨的挠度曲线，计算模型如图7-23所示。

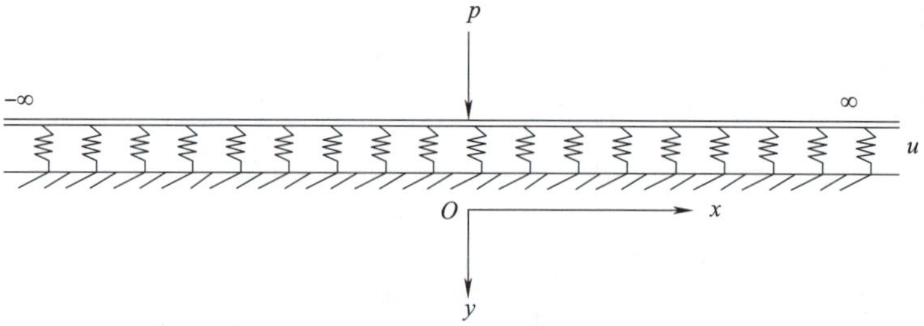

图7-23　连续弹性支承梁模型

图7-23中，p表示列车荷载作用在钢轨上的集中荷载，u为钢轨基础弹性模量，表示钢轨基础的弹性特征，定义为使单位长度的钢轨基础产生单位下沉所需施加在其上的分布力。假定反力D均匀地分布在两枕跨间，则钢轨基础弹性模量可以通过式(7-1)计算：

$$u=\frac{D}{a} \tag{7-1}$$

式中 a——轨枕间距。

根据材料力学可知：

$$\begin{cases} M = -EJ\dfrac{\mathrm{d}^2y}{\mathrm{d}x^2} \\ Q = \dfrac{\mathrm{d}M}{\mathrm{d}x} = -EJy^{(3)} \\ q = \dfrac{\mathrm{d}Q}{\mathrm{d}x} = -EJy^{(4)} \end{cases} \tag{7-2}$$

式中 E——钢轨钢的弹性模量；

J——钢轨截面对水平中性轴的惯性矩；

M——钢轨截面弯矩；

Q——钢轨截面剪力；

q——基础分布反力。

由温克尔假定 $q = uy$ 可知：

$$y^{(4)} + \frac{u}{EJ}y = 0 \tag{7-3}$$

令 $k = \sqrt[4]{\dfrac{u}{4EJ}}$，$k$ 为钢轨基础钢轨的刚度系数，其值为0.9～2.0。k 值反映了轨道结构特性。

$$y^{(4)} + 4k^4y = 0 \tag{7-4}$$

特征方程为

$$\lambda^4 + 4k^4 = 0 \tag{7-5}$$

λ 的四个根为

$$\begin{cases} \lambda_{1,2} = (1 \pm i)k \\ \lambda_{3,4} = (-1 \pm i)k \end{cases} \tag{7-6}$$

解得方程的通解为

$$y = C_1\mathrm{e}^{kx}\cos kx + C_2\mathrm{e}^{kx}\sin kx + C_3\mathrm{e}^{-kx}\cos kx + C_4\mathrm{e}^{-kx}\sin kx \tag{7-7}$$

其中，C_1～C_4 为积分常数，通过下述边界条件来确定：

$$y'' = -2k^2\sin kx(C_1\mathrm{e}^{kx} - C_3\mathrm{e}^{-kx}) + 2k^2\cos kx(C_2\mathrm{e}^{kx} - C_4\mathrm{e}^{-kx}) \tag{7-8}$$

$$y''' = 2k^3\cos kx(-C_1\mathrm{e}^{kx} + C_3\mathrm{e}^{-kx} + C_2\mathrm{e}^{kx} + C_4\mathrm{e}^{-kx}) - 2k^3\sin kx(C_1\mathrm{e}^{kx} + C_3\mathrm{e}^{-kx} + C_2\mathrm{e}^{kx} - C_4\mathrm{e}^{-kx}) \tag{7-9}$$

(1)当 $x \to \infty$，$y = 0$，得 $C_1\cos kx + C_2\sin kx = 0$，从而得 $C_1 = C_2 = 0$。

当 $x = 0$，$\dfrac{\mathrm{d}y}{\mathrm{d}x} = 0$ 时，则 $C_4 = C_3$。

当 $x = 0$ 时，$EJy^{(3)} = \dfrac{p}{2}$，即 $2EJk^3(C_1 + C_2 + C_4 + C_3) = \dfrac{p}{2}$。

令 $C_3 = C_4 = C$，则 $C = \dfrac{p}{8EJk^3}$。

$$y(x) = \frac{pk}{2u}\mathrm{e}^{-kx}(\cos kx + \sin kx) \tag{7-10}$$

(2)当 $x\to\infty$，$y=0$ 时，得 $C_3\cos kx+C_4\sin kx=0$，从而得 $C_3=C_4=0$。

当 $x=0$，$\dfrac{\mathrm{d}y}{\mathrm{d}x}=0$ 时，$C_1+C_2+C_4-C_3=0$，则 $C_1=-C_2$。

当 $x=0$ 时，$EJy^{(3)}=\dfrac{p}{2}$，即 $EJk^3(-C_1+C_2+C_4+C_3)=\dfrac{p}{2}$，$C_1=-C_2=C$，此时：

$$y(x)=\frac{pk}{2u}\mathrm{e}^{kx}(\cos kx-\sin kx) \tag{7-11}$$

作用在轨枕上的钢轨压力或轨枕反力 R 近似等于基础分布反力与轨枕间距 a 的乘积，得

$$R=qa=uya=\begin{cases}\dfrac{pka}{2}\mathrm{e}^{-kx}(\cos kx+\sin kx) & x>0\\[2mm] \dfrac{pka}{2}\mathrm{e}^{kx}(\cos kx-\sin kx) & x<0\end{cases} \tag{7-12}$$

由于计算列车动力荷载时，$x>0$，此时

$$R=qa=uya=\frac{pka}{2}\mathrm{e}^{-kx}(\cos kx+\sin kx) \tag{7-13}$$

令 $\varphi(x)=\mathrm{e}^{-kx}(\cos kx+\sin kx)$，则 $R=\dfrac{pka}{2}\varphi(x)$，可用 MATLAB 绘制反力系数 $\varphi(x)$ 随变量 kx 的变化曲线，如图 7-24 所示。由图可见，反力系数最大为 1，随 kx 呈两头小、中间大的趋势。

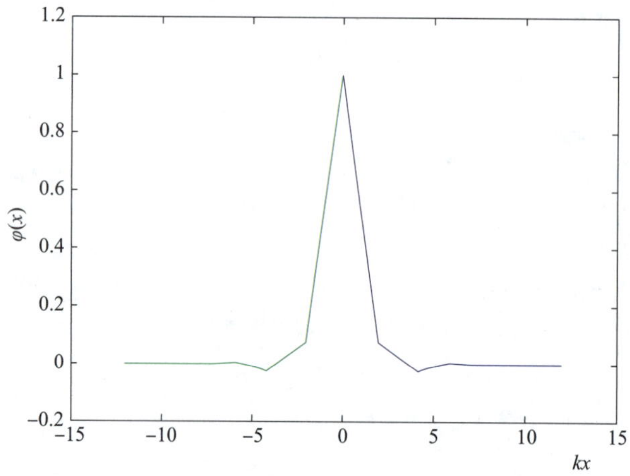

图 7-24　反力系数 $\varphi(x)$ 随变量 kx 的变化曲线

一旦确定 P，则作用在轨枕上的钢轨压力或轨枕反力 R 可求。P 与列车振动密切相关，而列车振动是由车辆与轨道两个方面的因素所造成的。车辆方面的因素较为单一，主要是车轮擦伤、车轮踏面几何不圆顺及车轮偏心等。而轨道方面的因素较为复杂，大体包括三个方面：①轨道几何不平顺，如高低、水平、方向等不平顺以及轨面波浪或波纹磨耗等；②钢轨接头状态不良，如低接头、错牙接头等；③轨下基础缺陷，如轨枕空吊板、道床板结等。由于高速铁路客运线路采用的是无缝线路与整体道床，因而轨道不平顺，尤其是随机不平顺在所有因素中占主导地位，因此本文仅考虑不平顺性引起的动力荷载。

轨道不平顺产生列车振动荷载机理如下：

车轮通过的轨道不平顺时，在不平顺范围内产生强迫振动，在不平顺范围外产生自由振动，引起钢轨的附加沉陷与作用于车轮上的附加动压力。当列车通过一段完全平顺的轨道时，钢轨有一个均匀下沉量，此时，钢轨既无附加沉陷，车轮也无附加动压力。但当列车通过的轨道不平顺时，出现了新的动力平衡条件。车轮进入不平顺前，车轮中心保持与原轨面平行，而在进入不平顺后，车轮重心猝然下降相当于不平顺的深度，使车轮连同部分轨道产生强迫振动，结果使钢轨产生附加沉陷，车轮产生附加动压力。这个强迫振动一直延续到不平顺终点为止。当车轮到达不平顺终点时，还有一定的竖向振动速度及位移，因此，将在不平顺范围外继续产生自由振动，直到某一点为止，不平顺的影响才完全消失，钢轨沉陷恢复到原来的位置，车轮上也不再有任何附加动压力。

由于钢轨磨耗、路基刚度不均匀等因素使得轨道存在不平顺，运行中的车辆将产生振动。根据车辆轨道路基耦合动力学原理，车辆的振动反过来作用于轨道，从而引起轨道路基系统的振动。所以，轨道不平顺是车辆轨道路基系统的激励源之一。轨道的不平顺主要有高低、水平、方向和轨距不平顺四种基本形式。

轨道高低不平顺是指钢轨顶面沿轨道延长的高低不平顺，是由于轨面不均匀的磨耗、低接头、弹性垫层和轨枕、道床、路基的弹性不均、各扣件和部位的扣紧程度与间隙不等、轨枕底部的暗坑、路基的永久变形等原因造成的。轨道水平不平顺是指由于左右钢轨对应点的高差所形成的沿轨长方向的不平顺。轨道的水平不平顺是使机车车辆产生侧滚的主要原因。它会导致车辆产生侧倾振动，使车辆一侧轮载增大，另一侧减小，因而容易导致列车脱轨。轨道方向不平顺是指由于两股钢轨横向偏移引起的线路中心线的横向偏移。方向不平顺会引起机车车辆的横移、侧滚和摇头振动，使得轮对产生很大的横向水平力和侧滚力矩。轨道轨距不平顺是指由于左右两股钢轨横向偏移而引起的轨距变化。以上四种不平顺中，对路基结构影响最大的是轨道高低不平顺，本文只讨论高低不平顺产生的影响。

列车在运行过程中，作用在钢轨上的集中荷载不单纯只由静轴重引起，还要考虑运行过程产生的振动荷载。无缝线路影响轮轨力的主要原因在于轨道不平顺和轨面波形磨耗效应。竖向轮轨力主要出现在低频范围(0.5 ~ 10 Hz)、中频范围(30 ~ 60 Hz)和高频范围(100 ~ 400 Hz)，分别由车体对悬吊部分的相对运动、簧下轮对质量对于钢轨的回弹作用以及钢轨的运动受到轮轨接触面的抵抗所产生。高频范围主要影响车体的动力响应，轮轨作用力在中频范围内较为激烈。英国对时速 200 km 的轨道建立了轨道几何不平顺管理标准，见表 7-5。

表 7-5　轨道几何不平顺管理值

控制条件	波长(m)	正矢(mm)
按行车平顺性	50.0	16.0
	20.0	2.0
	10.0	5.0
作用到线路上的动力附加荷载	5.0	2.5
	2.0	0.6
	1.0	0.3

续上表

控制条件	波长(m)	正矢(mm)
波形磨耗	0.5	0.1
	0.05	0.005

《京沪高速铁路设计暂行规定》中规定，为了确保行车安全并有良好的旅客乘坐舒适度，对于无砟轨道平顺度铺设精度，应满足表 7-6 的要求。

表 7-6　无砟轨道平顺度铺设精度标准

项　目	高　低	轨　向	水　平	轨　距
幅值(mm)	2	2	2	±1
弦长(m)	10	10	—	—

在分析造成列车振动荷载产生机理的基础上，借鉴文献中对于列车振动荷载的定义，拟采用可以同时反映不平顺、附加动载和轨面波磨效应的激振力来实现对列车振动荷载的模拟，列车振动荷载的表示如下：

$$\begin{cases} P = P_0 + \sum_{i=1}^{3} p_i \sin \omega_i t \\ p_i = m a_i \omega_i^2 \\ \omega_i = 2\pi \dfrac{v}{L_i} \end{cases} \tag{7-14}$$

式中　P——列车动荷载；

P_0——车轮静载；

p_i——对应于表 7-7 中Ⅰ、Ⅱ和Ⅲ控制条件中某一典型值的振动幅值；

ω_i——钢轨振动圆频率；

v——列车速度；

L_i——对应于表 7-7 中Ⅰ、Ⅱ和Ⅲ情况下的典型波长；

m——列车簧下质量；

a_i——波长；

L_i——矢高；

t——时间。

为了合理确定列车运行时的振动荷载，在表 7-5 的基础上，对Ⅰ、Ⅱ和Ⅲ控制条件所对应的典型波长以及矢高进行取值，取值结果见表 7-7。

表 7-7　无砟轨道不平顺度参数选取

控制条件	波长(m)	正矢(mm)
按行车平稳性(Ⅰ)	10	2
按作用到线路上的动力附加荷载(Ⅱ)	2	0.38
波形磨耗(Ⅲ)	0.5	0.06

取列车簧下质量 $m = 750$ kg，根据式(7-14)，结合表 7-7 选取的数据，计算列车时速 340 km 时，列车振动荷载表达式对应的参数，计算结果见表 7-8。

表 7-8　荷载参数计算值

列车速度 (km/h)	p_0 (kN)	p_1 (kN)	p_2 (kN)	p_3 (kN)	ω_1 (rad/s)	ω_2 (rad/s)	ω_3 (rad/s)
340	70	5. 60	26. 59	67. 17	61. 09	305. 43	1 221. 73

将式(7-12)代入式(7-13)，取 $k = 1.4$，可得作用在轨枕上的钢轨压力或轨枕反力 R。列车在运行时，同一节车厢前后转向架间产生的动力响应存在叠加情况，当列车运行速度 $v =$ 250 km/h 时，简化一个转向架两个轮对的动力荷载及加速度的模拟结果如图 7-25、图 7-26 所示。按照一列列车 16 个编组，则整个列车通过一个点时，列车动力荷载及加速度的模拟结果如图 7-27、图 7-28 所示。

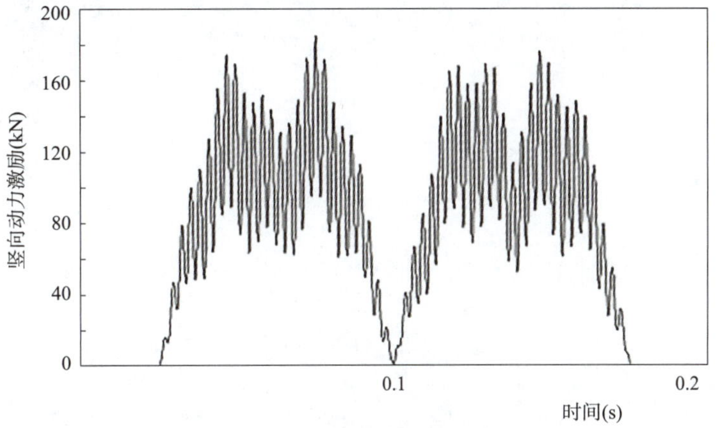

图 7-25　单节车厢列车动力荷载谱

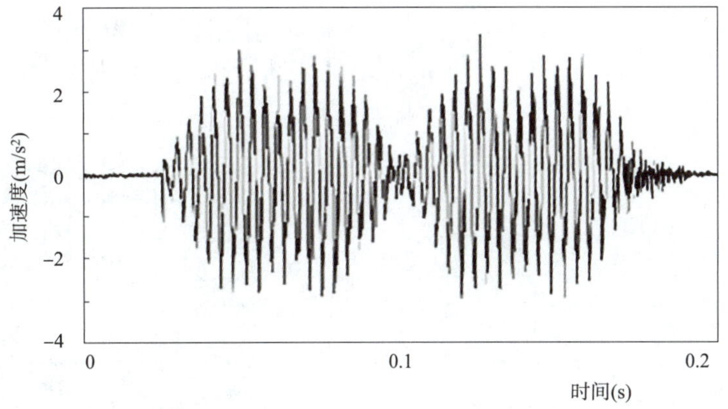

图 7-26　单节车厢列车节点加速度谱

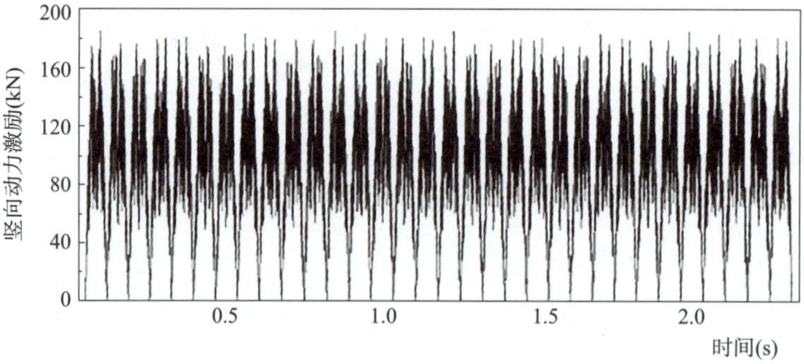

图 7-27　整个列车动力荷载谱

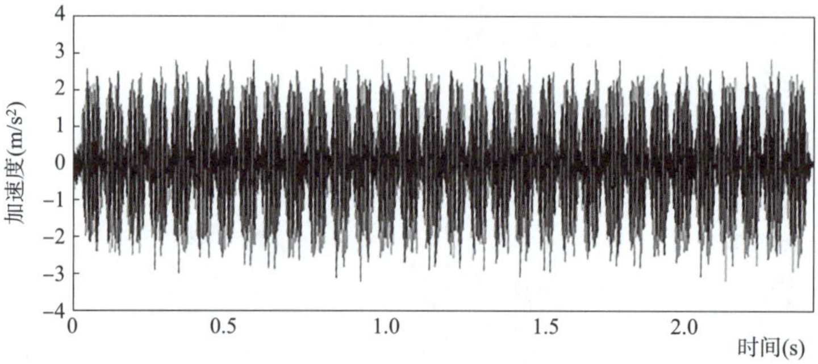

图 7-28　整个列车通过节点加速度时程曲线

7.3.2　计算单元及网格划分

（1）计算单元

采用地层结构法进行数值计算，轨下预制结构、管片以及周围土体采用实体单元模拟，轨下预制结构及管片间 3 cm 的注浆层采用壳单元模拟。材料特性采用弹塑性增量本构和摩尔-库仑屈服准则描述。

（2）网格划分

计算范围：水平方向上（x 轴）以隧道中线为轴线向两侧各取 40 m（约 4 倍开挖宽度）；竖直方向上（y 轴）取距离隧道中心 35 m 的地层为底部边界。有限差分网格及壳单元如图 7-29～图 7-31 所示，模型共有 2 672 个单元、4 062 个节点。

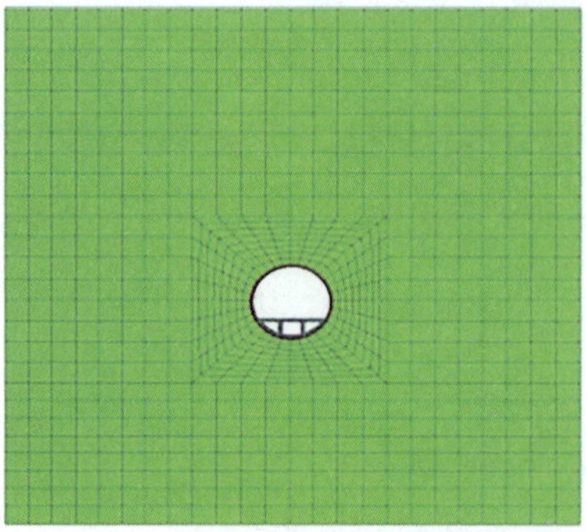

图 7-29　计算模型整体

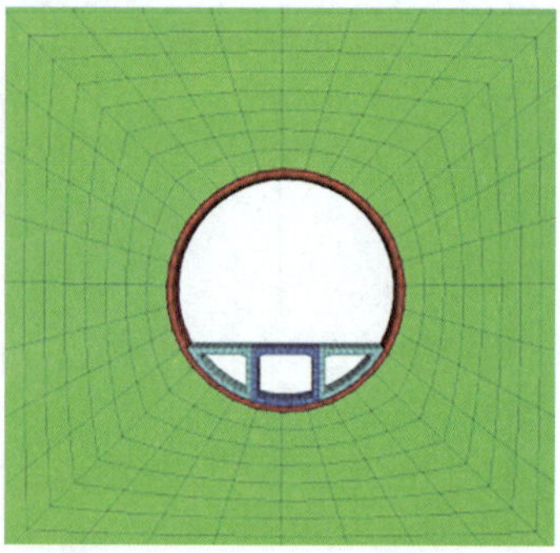

图 7-30　计算模型局部放大

图 7-31 壳单元

7.3.3 计算材料参数

本次计算围岩物理力学参数见表 7-9，隧道结构参数见表 7-10。

表 7-9 围岩物理力学参数

围岩级别	容重 $\gamma(kN/m^3)$	弹性模量 $E(GPa)$	泊松比	$F_t(MPa)$	黏聚力 $c(kPa)$	内摩擦角 φ
Ⅳ	23	3.65	0.32	0.3	450	33°

表 7-10 隧道结构物理力学参数

隧道结构	容重 $\gamma(kN/m^3)$	弹性模量 $E(MPa)$	泊松比
管片	25.0	34 500	0.2
预支结构	24.4	32 500	0.2

7.3.4 计算步骤

本次计算属于列车动力计算，要得到较好的计算结果需要先得到一个接近真实的地层应力状态，因此动力计算之前进行了隧道开挖模拟。隧道采用全断面开挖，应力释放 20%；管片以及注浆层做好后，释放应力 60%；预支结构施工结束后，应力释放 20%。静力计算结束后，位移清零并将静力边界条件改成动力边界条件，进行动力计算。计算流程如图 7-32 所示。

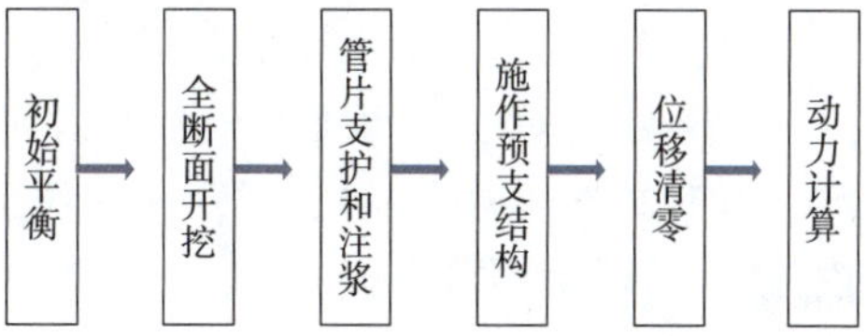

图 7-32 计算流程图

7.3.5 计算结果及分析

1. 监测点分布

在轨下结构的顶面及底部设置监测点如图 7-33 所示，计算过程中检测 7 个点的位移、应力及加速度。

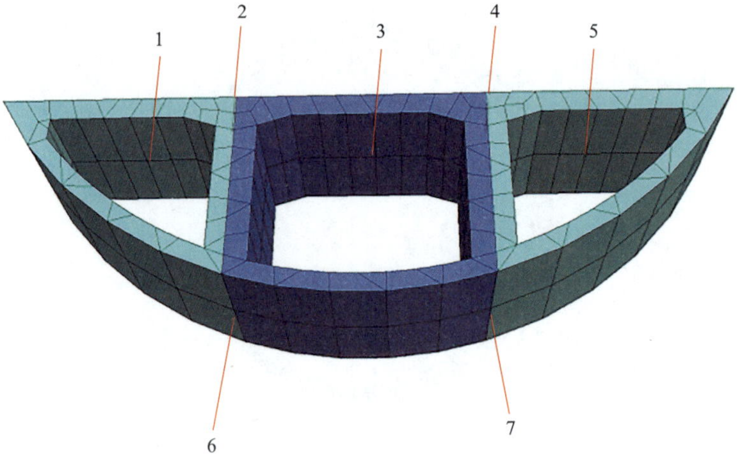

图 7-33 监测点分布图

2. 动力响应评价标准

动态荷载作用下，建筑结构的动力响应在宏观上主要以位移、动应力、速度、加速度等指标来衡量。对于建筑物结构的安全振动控制标准，由于受振对象不同，其承受振动的能力和相应的振动指标限制也不同，即使对于同一类受振对象，各国采取的评价标准也不尽相同。在参照国内外地面建筑振动评价标准以及相关研究成果的基础上，本文采用以下指标和标准对隧道结构的振动响应进行初步分析和评价。

(1)位移或变形

研究者们从不同角度出发，将建筑物进行结构分类，并针对各种结构类型提出了各自的振动位移允许值。R. Westwater 将建筑物归纳为强度一般和强度特好两大类，认为前者的振动位移容许限值为 0.203 mm，后者容许限值为前者的两倍，即 0.406 mm。A. G. Reid 将建筑物分为基础结构、可以轻微受损结构、住宅结构和旧纪念馆四类，规定的振动位移容许限值分别为 0.406 mm、0.406 mm、0.203 mm 和 0.127 mm。这些振动位移限值均是在某一场地条件下，通过对特定结构物进行试验得到的，如果直接应用到地下结构显然是不合适的。在不考虑人体舒适性和结构外观影响(如装饰层脱落)时，对于有地层约束的隧道结构而言，振动位移容许限值可以适当提高。

我国目前对运营期间列车荷载引起的衬砌结构振动位移尚未提出相应的安全控制标准。根据文献的研究成果，运营期间衬砌结构周边收敛变形一般应控制在(2～10)R‰范围内(R 表示隧道洞跨半径)。鉴于高速列车高标准的行车要求，衬砌结构的振动变形容许限值取下限 $2R$，即 13.3 mm。

(2)加速度

结构振动响应一般以加速度较为显著，它能够反映结构的破坏烈度和结构振动能量大小。因此，很多建筑振动规范采用加速度或加速度级作为振动评价指标。《城市区域环境振动标准》(GB 10070—1988)，从环境保护的角度规定了住宅建筑物的振动加速度限制标准，其中对铁路干线两侧也作了规定(表 7-11)。但这些规定主要是从人的舒适性方面考虑的，即人承受建筑物内振动和冲击的评价标准，并不能作为结构振动安全性控制标准。

表 7-11 我国城市区域环境振动标准

适用地带范围	昼间(dB)	夜间(dB)
特殊住宅区	65(178 mm/s^2)	65(178 mm/s^2)
居民区,文教区	70(178 mm/s^2)	67(178 mm/s^2)
混合区,商业中心区	75(178 mm/s^2)	72(178 mm/s^2)
工业集中区	75(178 mm/s^2)	72(178 mm/s^2)
交通干线道路两侧	75(178 mm/s^2)	72(178 mm/s^2)
铁路干线两侧	70(178 mm/s^2)	80(178 mm/s^2)

日本的烟中元弘在总结已有建筑物振动允许界限的基础上,归纳建筑物加速度界限为10.2 m/s^2,认为当结构的振动加速度超过这一规定限值时,结构就可能产生破坏,本文取此限值作为衬砌结构的加速度控制标准。

(3)动应力

运营期衬砌结构主应力限值参照《铁路桥涵钢筋混凝土和预应力混凝土结构设计规范》,对列车重复荷载作用下混凝土衬砌结构的拉、压主应力作如下规定:

$$\begin{cases}\sigma_a \leqslant 0.7f_a \\ \sigma_c \leqslant 0.55f_c\end{cases} \tag{7-15}$$

式中 σ_a——混凝土衬砌结构拉应力(MPa);

f_a,f_c——混凝土抗拉与抗压极限强度(MPa),按表 7-12 取值;

σ_c——混凝土衬砌结构压应力(MPa)。

表 7-12 混凝土极限强度

强度种类	符号	混凝土极限强度(MPa)								
		C20	C25	C30	C35	C40	C45	C50	C55	C60
轴心抗压	f_c	13.5	17.0	20.0	23.5	27.0	30.0	33.5	37.0	40.0
轴心抗拉	f_{ct}	1.70	2.00	2.20	2.50	2.70	2.90	3.10	3.30	3.50

值得说明的是,在忽略混凝土材料损伤的情况下,衬砌结构的拉、压主应力限值分别取为1.75 MPa 和 12.93 MPa。

3. 加速度振级分析

振动加速度级:与噪声类似,振动的位移、速度、加速度等也可用分贝数表示它们的相对大小。

根据计算结果可知,1 号监测点的最大振级为 112 dB,此分贝值大于人体承受极限,考虑到运营期车体内部人员听觉感受,本部分宜结合车体密封指数等多个指标进行综合分析。

7.3.6 地震响应分析

隧址自地表以下依次是粉土、粉质黏土、卵石土,物理力学参数见表 7-13。采用 MIDAS GTS-NX 软件建立数值计算模型,如图 7-34 所示。隧址范围内地震动峰值加速度为 0.20g,抗震设防烈度为 8 度,设计地震分组为第 I 组。出于对隧道安全的考虑,将日本阪神大地震前 20 s 地震波输入数值计算软件，采用反应位移法进行分析。值得说明的是，反应位移法需要确定土体相对位移、土弹簧刚度、土层剪力与结构惯性力，在计算过程中 MIDAS GTS-NX 中的动力分析模块可计算上述 4 方面内容，地震波谱输入界面如图 7-35 所示。

表 7-13　地层物理力学参数

土　层	容重(kN/m^3)	压缩模量(MPa)	泊松比	内摩擦角	黏聚力(kPa)
粉土	20. 1	6. 56	0. 30	18. 4°	33. 8
粉质黏土	19. 9	8. 27	0. 30	25. 2°	24. 3
卵石土	19. 4	45. 494	0. 28	45°	

图 7-34　抗震计算模型局部放大图

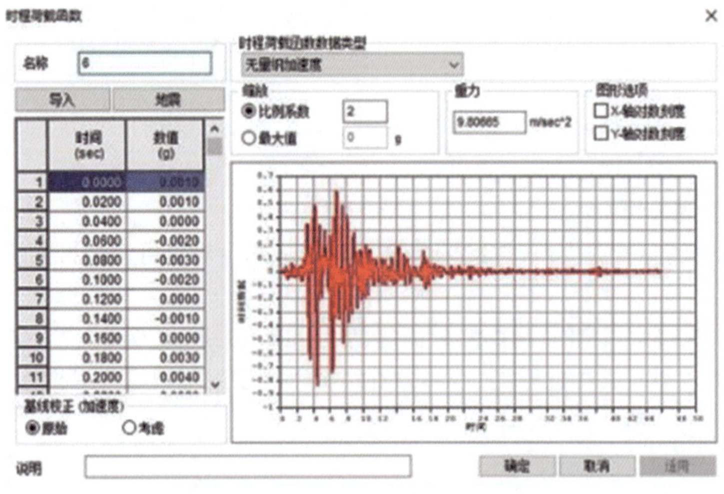

图 7-35　地震波谱输入界面

图 7-36 和图 7-37 分别为水平、竖直位移云图，对应的最大值分别为 4.7 mm（隧道边墙中部）、4.6 mm（隧底以下岩层）。水平向最大直接变形率为 0.000 52‰，满足《建筑抗震设计规范》（GB 50011—2010）中圆形构筑物直径变形率应在 4‰～6‰的要求。

图 7-38 和图 7-39 分别为水平应力、竖直应力云图，对应的最大值分别为 0.982 MPa（左右两侧预制箱涵中部，受拉）、19.555 MPa（隧道边墙中部，受压），均小于混凝土的极限抗拉、抗压强度。

图 7-36　水平位移云图

图 7-37　竖直位移云图

图 7-38　水平应力云图

图 7-39　竖直应力云图

7.4　轨下预制拼装结构底部注浆稳定性分析

7.4.1　模型概况

采用 MIDAS GTS-NX 软件三维建模，模型如图 7-40～图 7-42 所示（管片、箱涵、现浇轨道板、轨下注浆填充结构)，模型宽 2 m，为一环管片及箱涵宽度，模型三维网格单元共 32 660 个。

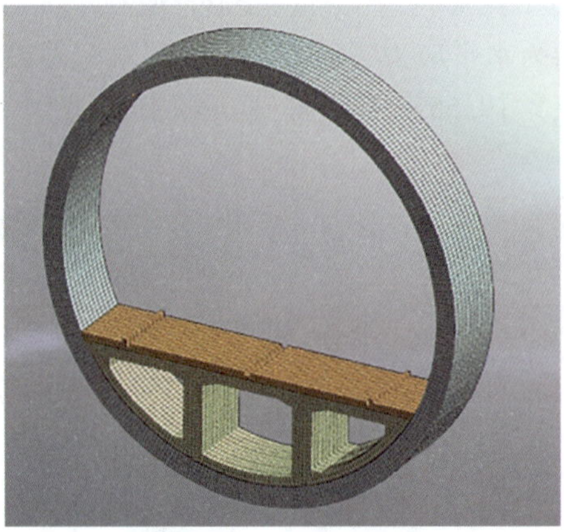

图 7-40　三维模型

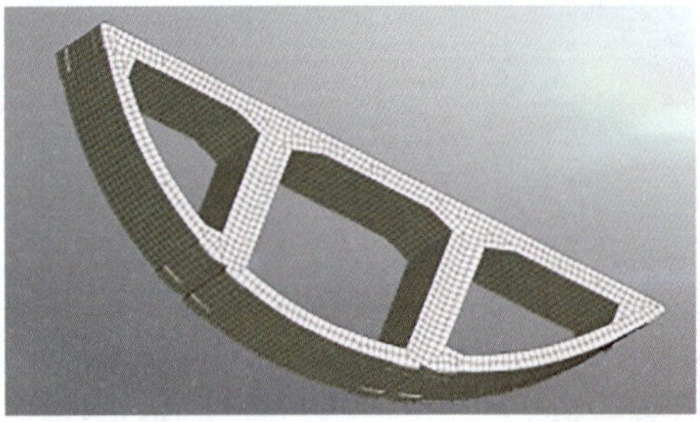

图 7-41　箱涵模型

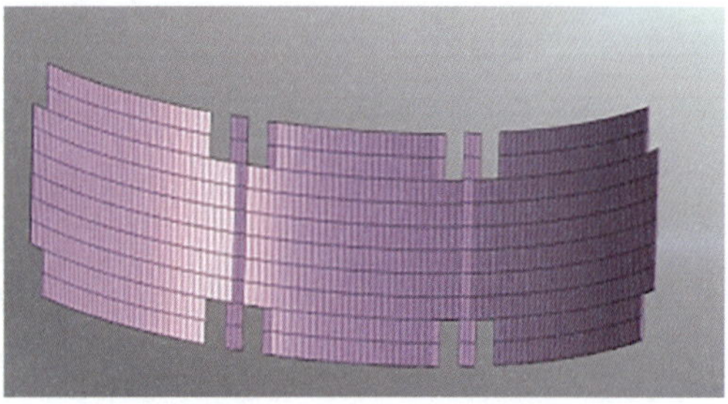

图 7-42　轨下注浆填充结构模型

清华园隧道管片结构采用 C50 钢筋混凝土，箱涵结构及现浇轨道板采用 C40 钢筋混凝土，轨下填充结构采用微膨胀 525 快硬型硫铝酸盐水泥浆，水胶比为 1∶0.8。

模型采用弹性-各向同性本构模型，计算参数见表 7-14。

表 7-14　计算参数

模型构件	弹性模量(Pa)	泊松比	容重(kN/m^3)	材　料
管片	3.45×10^{10}	0.2	24.5	C50 混凝土
箱涵	3.24×10^{10}	0.2	24.5	C40 混凝土
轨下填充	1×10^{9}	0.3	22	硫铝酸盐水泥

模型计算时假定管片单元不产生位移，将管片最外侧单元固定约束。

7.4.2　计算荷载

(1)活载

活载采用高速铁路 ZK 活载荷载，如图 7-43、图 7-44 所示。

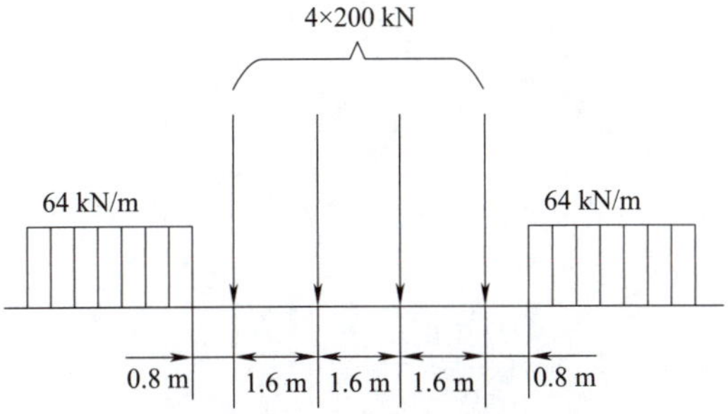

图 7-43 ZK 标准活载图式

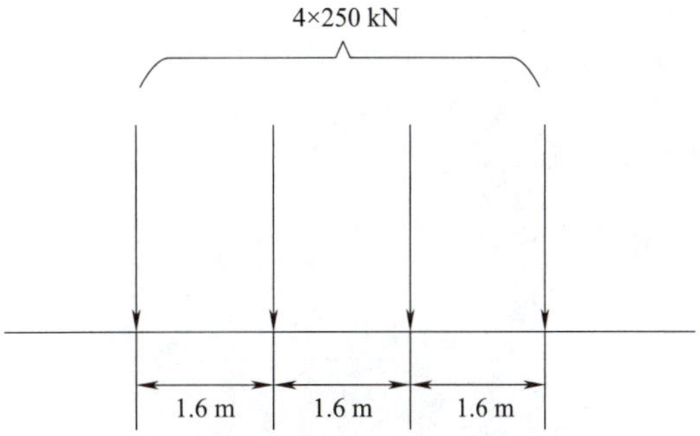

图 7-44 ZK 特种荷载图式

列车荷载动力系数$(1+\mu)$,根据《铁路桥涵设计规范》(TB 10002.1)4.3.5 第 3 款规定:

$$1+\mu=1+\alpha[6/(30+L)] \tag{7-16}$$

其中,$\alpha=4(1-h)\leq 2$。

$\alpha=0.32(3-h)^2$,$h<0.5$ m 时,h 取 0.5 m。根据式(7-16)计算得动力系数$(1+\mu)$为 1.37。

(2)恒载

钢轨:60 kg/m 钢轨。

轨道板:CTRS Ⅰ型双块式无砟轨道,轨道板长 238 mm,宽 2 800 mm。

结构自重:钢筋混凝土容重 25 kN/m^3。

荷载取值见表 7-15。

表 7-15 荷载取值

荷载种类	荷载名称	数值(kN/m)	备　注
活载	列车荷载	107	1. 考虑动力系数。 2. 单条轨活载
恒载	钢轨自重荷载	0.6	
	轨道板自重	16.66	
	结构自重	软件自行加载	

(3)模型加载

模型计算受力考虑结构自重及轨道板上方荷载均布于轨道板底 2.8 m 范围内,均布荷载=(列车荷载×2+钢轨自重荷载×2+轨道板自重)/轨道板宽度=83(kN/m)。

计算考虑双向列车荷载作用及单向列车荷载作用,如图 7-45、图 7-46 所示。

7.4.3 工况分析

(1)双向列车荷载作用如图 7-47 ~ 图 7-53 所示。

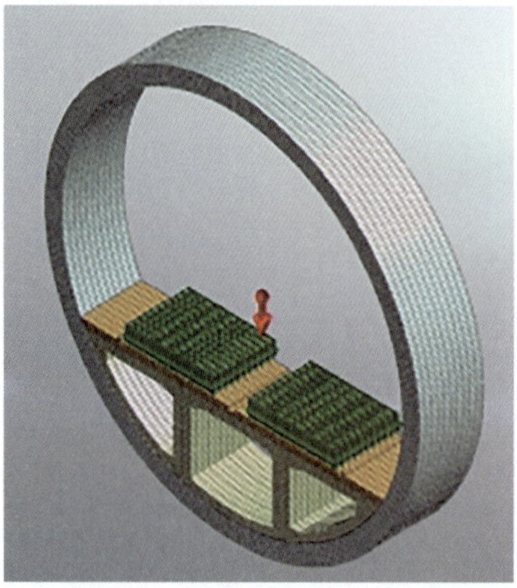

图 7-45　双向列车荷载作用

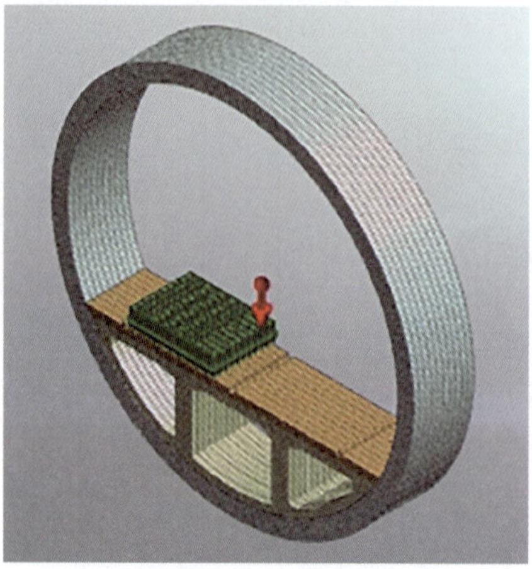

图 7-46　单向列车荷载作用

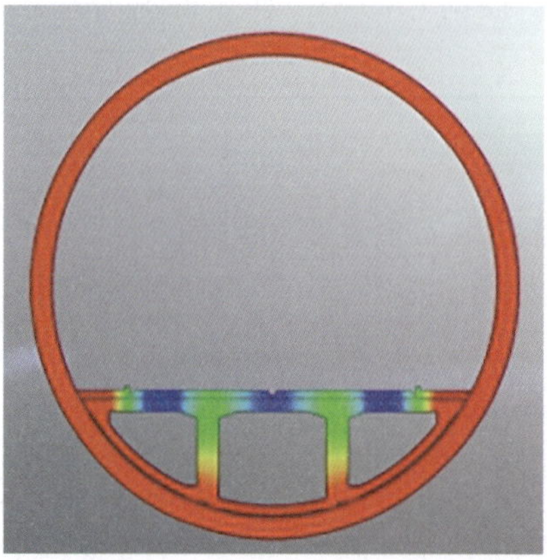

图 7-47　模型竖向位移云图

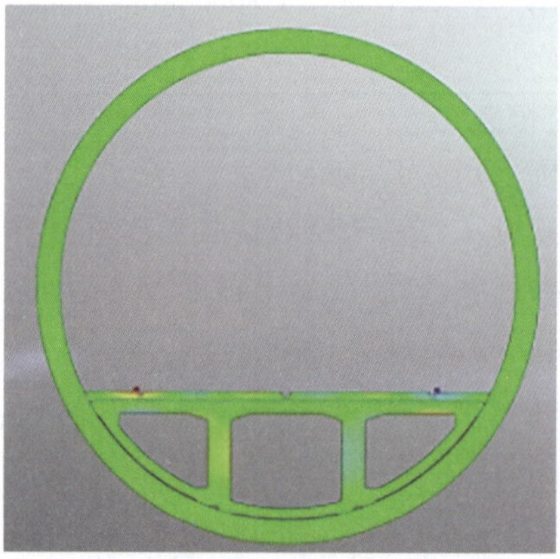

图 7-48　模型水平向位移云图

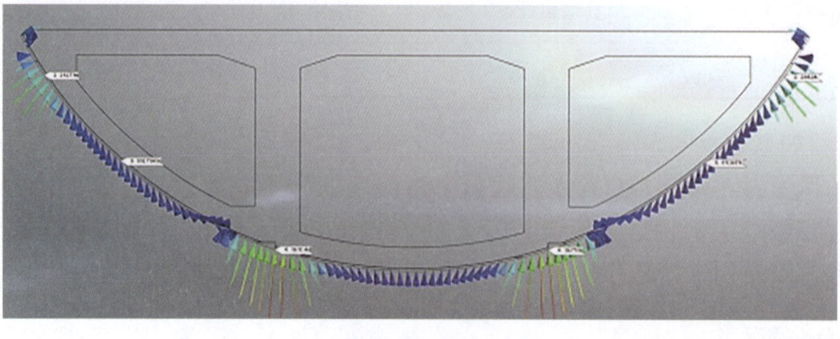

图 7-49　箱涵及轨下填充结构节点反力

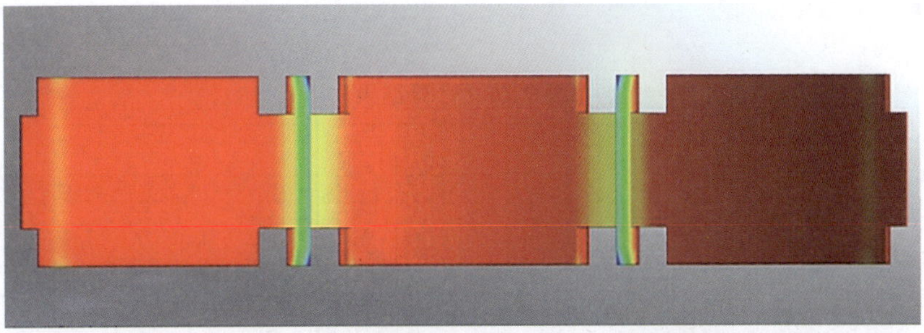

图 7-50　轨下填充结构竖向位移云图

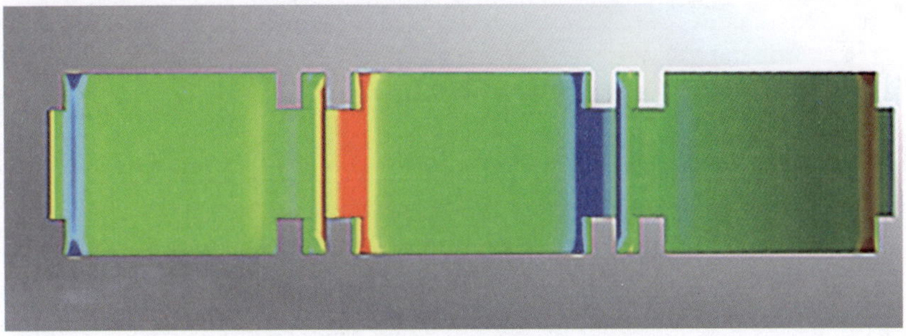

图 7-51　轨下填充结构水平向位移云图

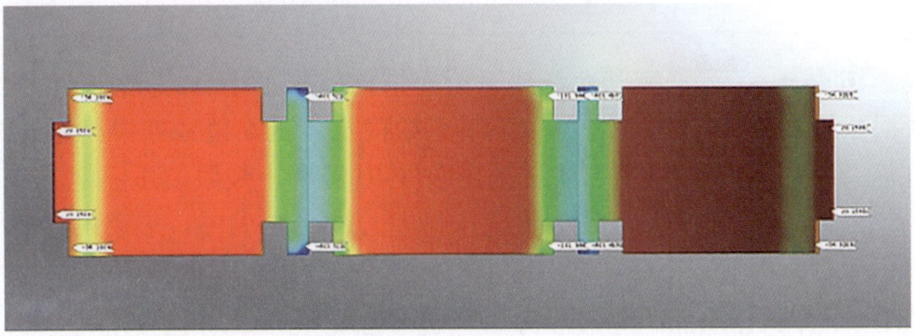

图 7-52　轨下填充结构竖向应力云图

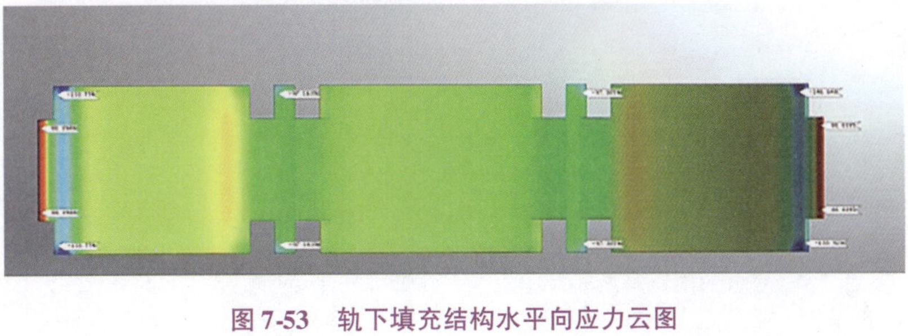

图 7-53　轨下填充结构水平向应力云图

箱涵结构及轨下填充结构节点位移反力、竖向位移、水平位移、S_{zz}、S_{xx}计算结果见表7-16。

表7-16　计算结果

<table>
<tr><td>节点示意</td><td colspan="6">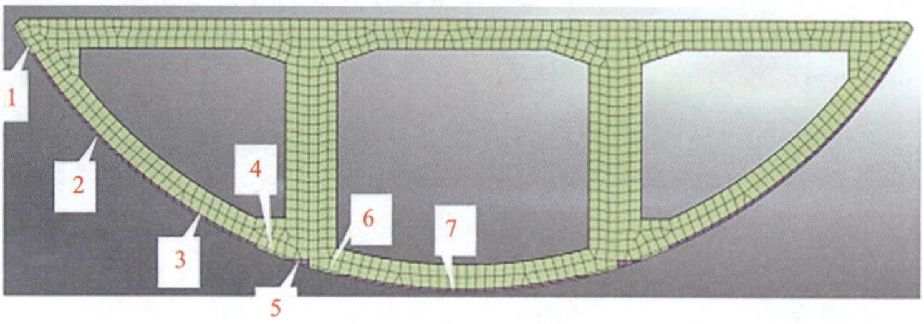
</td></tr>
<tr><td>节点编号</td><td>节点反力(kN)</td><td>竖向位移(mm)</td><td>水平位移(mm)</td><td>zz方向的应力S_{zz}(kPa)</td><td>xx方向的应力S_{xx}(kPa)</td><td>节点反力归一化</td></tr>
<tr><td>1</td><td>2.3</td><td rowspan="7">-1.7×10^{-3} ~ 4×10^{-5}（最大沉降位于5点位处）</td><td rowspan="7">-2.8×10^{-4} ~ 2.8×10^{-4}（最大水平位移位于6点位处）</td><td>25</td><td>81</td><td>25.6</td></tr>
<tr><td>2</td><td>0.18</td><td>-128</td><td>-39</td><td>2</td></tr>
<tr><td>3</td><td>0.09</td><td>-8</td><td>-2.4</td><td>1</td></tr>
<tr><td>4</td><td>3</td><td>-170</td><td>-73</td><td>33.3</td></tr>
<tr><td>5</td><td>3.9</td><td>-403</td><td>-72.5</td><td>43.3</td></tr>
<tr><td>6</td><td>4.0</td><td>-356</td><td>-37</td><td>44.4</td></tr>
<tr><td>7</td><td>0.1</td><td>-7</td><td>-1.9</td><td>1.1</td></tr>
</table>

根据表7-16数据，箱涵底部凸台及轨下填充结构位移很小，可忽略不计。根据节点反力及应力数据分析可见，节点5位置处轨下填充结构及节点6位置处中箱涵底部凸台为受力最不利位置，且均远小于对应材料的抗压强度（C40混凝土极限抗压强度29.5 MPa，快硬525硫铝酸盐水泥+40%粉煤灰浆液极限抗压强度4.6~5.1 MPa），表明正常条件下轨下结构在双向列车荷载作用下安全稳定。

（2）单向列车荷载作用如图7-54~图7-60所示。

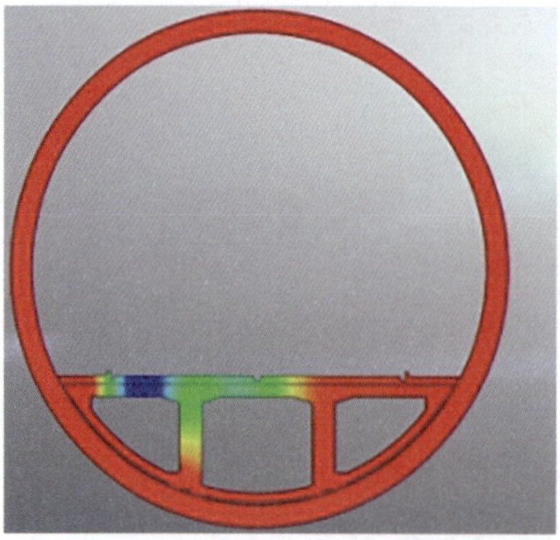

图7-54　模型竖向位移云图

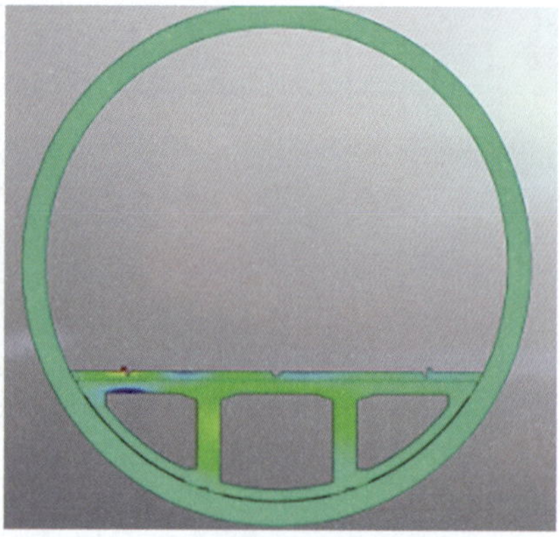

图7-55　模型水平向位移云图

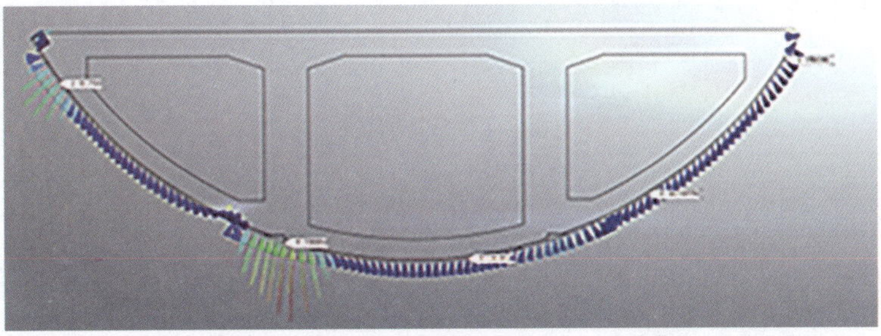

图 7-56　箱涵及轨下填充结构节点反力

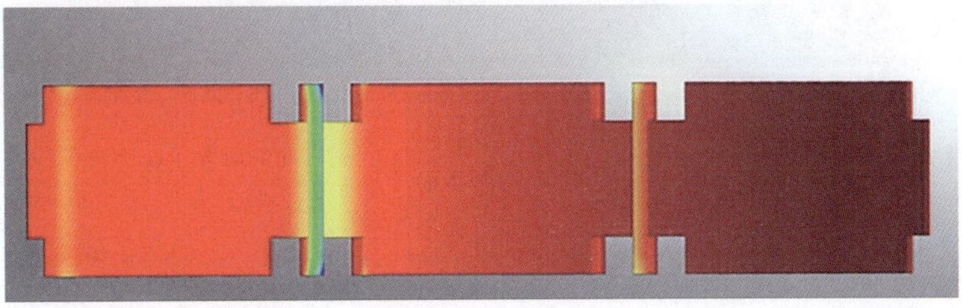

图 7-57　轨下填充结构竖向位移云图

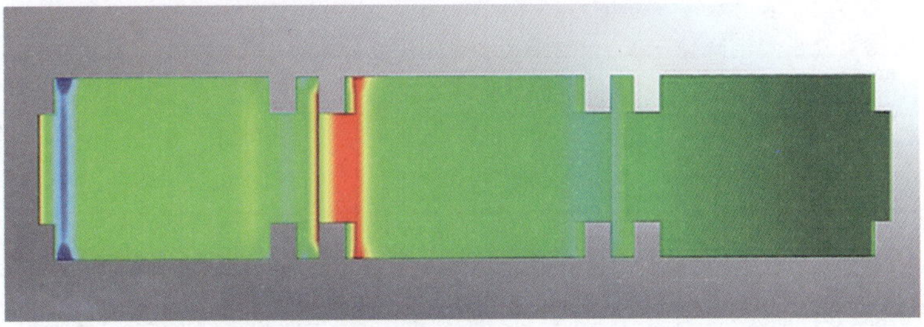

图 7-58　轨下填充结构水平向位移云图

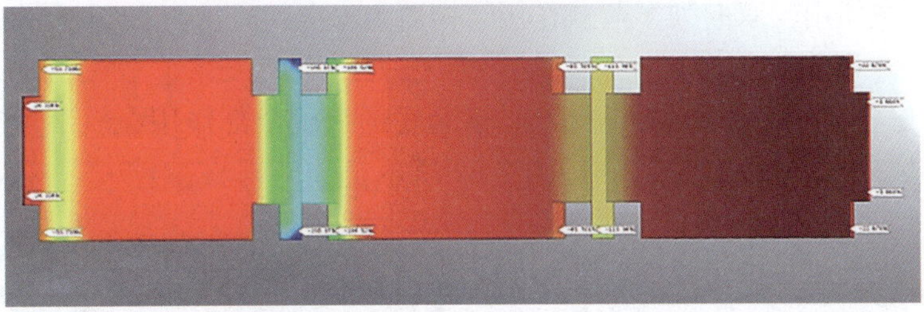

图 7-59　轨下填充结构竖向应力云图

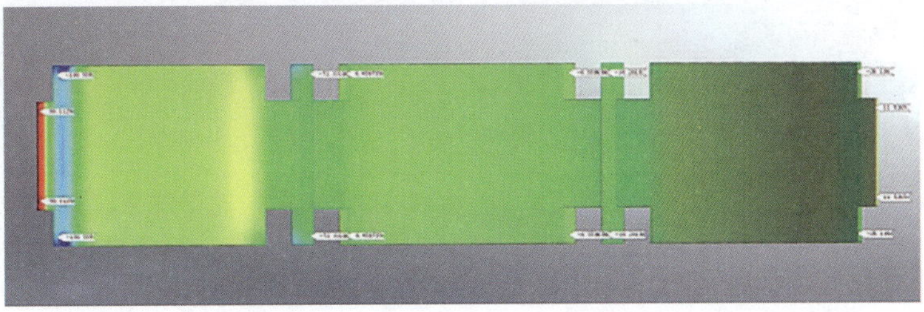

图 7-60　轨下填充结构水平向应力云图

箱涵结构及轨下填充结构节点位移反力、竖向位移、水平位移、S_{zz}、S_{xx}计算结果见表 7-17。

表 7-17 计算结果

<table>
<tr><td>节点示意</td><td colspan="6">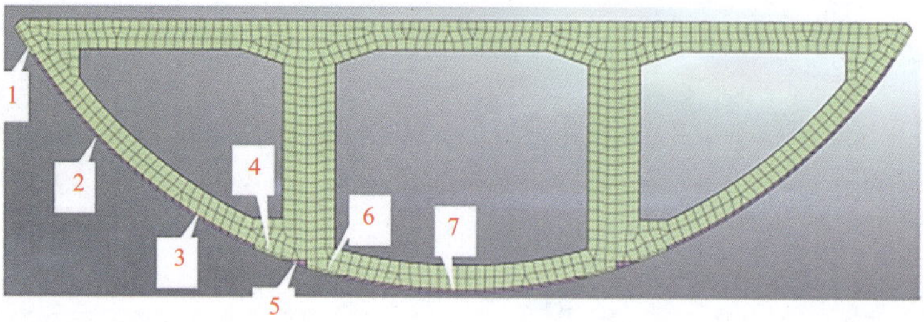</td></tr>
<tr><td>节点编号</td><td>节点反力（kN）</td><td>竖向位移(mm)</td><td>水平位移(mm)</td><td>zz 方向的应力 S_{zz}(kPa)</td><td>xx 方向的应力 S_{xx}(kPa)</td><td>节点反力归一化</td></tr>
<tr><td>1</td><td>2. 3</td><td rowspan="7">$-1.6\times10^{-3}\sim3.5\times10^{-5}$（最大沉降位于 5 点位处）</td><td rowspan="7">$-2.6\times10^{-4}\sim2.8\times10^{-4}$（最大水平位移位于 6 点位处）</td><td>26</td><td>92</td><td>25. 6</td></tr>
<tr><td>2</td><td>0. 13</td><td>-144</td><td>-70</td><td>1. 4</td></tr>
<tr><td>3</td><td>0. 09</td><td>-8</td><td>-2</td><td>1</td></tr>
<tr><td>4</td><td>2. 81</td><td>-156</td><td>-66</td><td>31. 2</td></tr>
<tr><td>5</td><td>3. 8</td><td>-367</td><td>-75</td><td>42. 2</td></tr>
<tr><td>6</td><td>4. 6</td><td>-268</td><td>-18</td><td>51. 1</td></tr>
<tr><td>7</td><td>0. 09</td><td>-7</td><td>-1. 7</td><td>1</td></tr>
</table>

根据表 7-17 数据，单侧荷载作用下边箱涵 1、2、3 点位处节点位移反力、竖向位移、水平位移、S_{zz}、S_{xx}值较双向荷载作用计算值有小幅增加，但控制性点位(4、5、6)计算值较双向荷载作用计算值显著减小，计算结果表明：正常条件下轨下结构在单向列车荷载作用下安全稳定，单向列车荷载作用较双向列车荷载作用结构更为安全。

(3)最不利工况作用

该工况考虑各箱涵底部凸台失稳情况，箱涵底部荷载全部作用在轨下填充结构上。此时箱涵及轨下填充结构模型如图 7-61、图 7-62 所示。

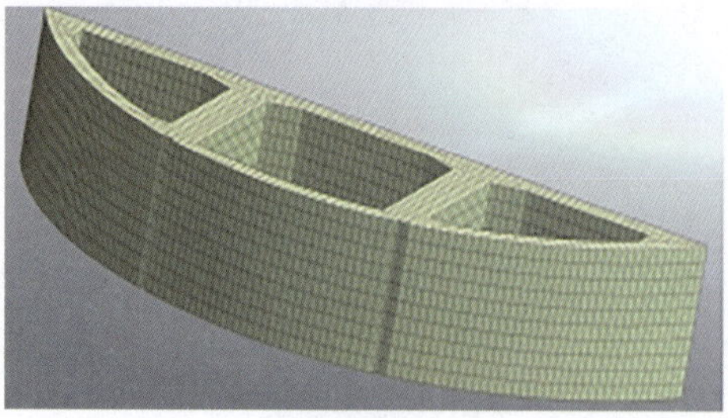

图 7-61 箱涵模型(无底部凸台)

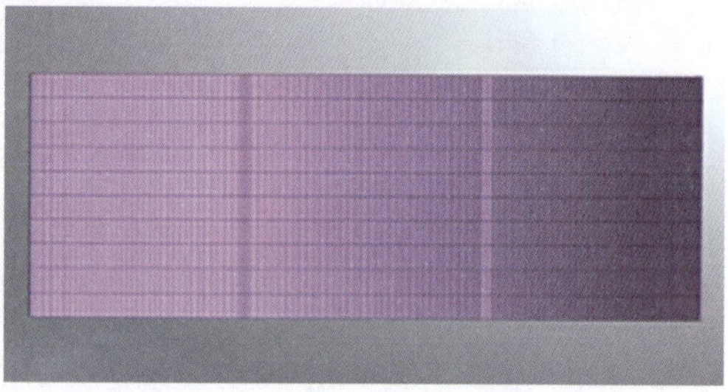

图 7-62 轨下注浆填充结构模型

模型按双向列车荷载作用计算，计算结果如图 7-63 ~ 图 7-69 所示。

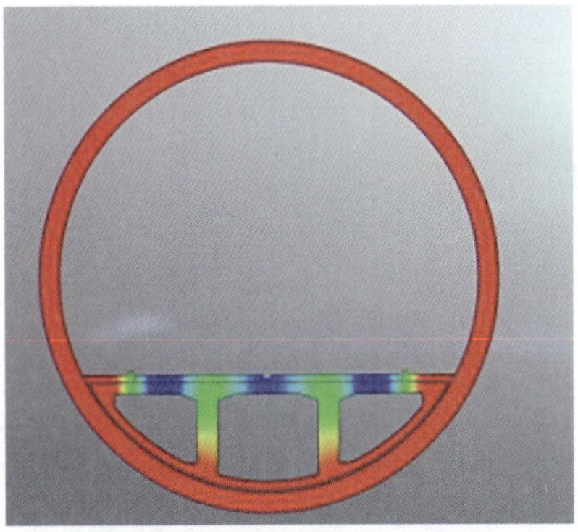

图 7-63　模型竖向位移云图

图 7-64　模型水平向位移云图

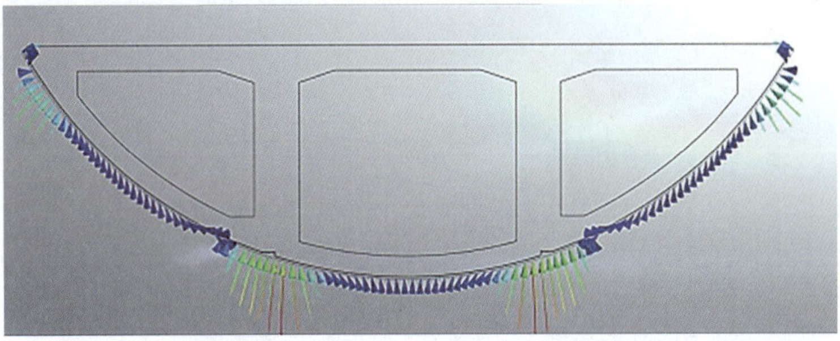

图 7-65　箱涵及轨下填充结构节点反力

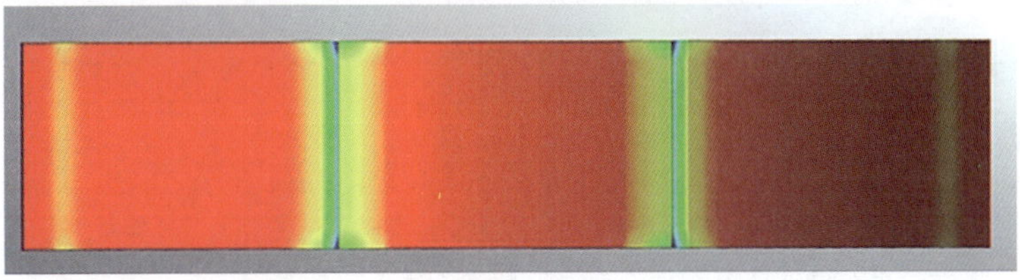

图 7-66　轨下填充结构竖向位移云图

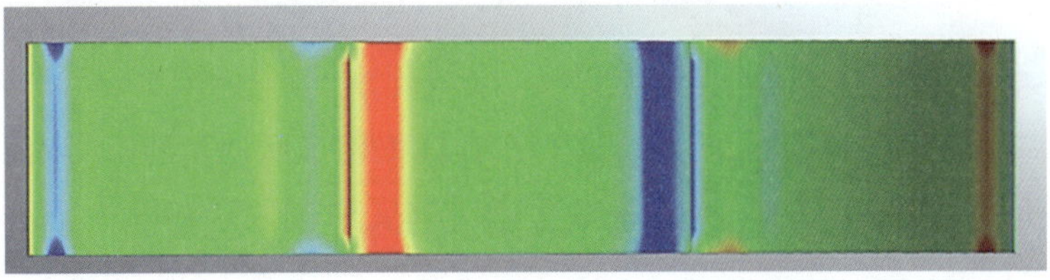

图 7-67　轨下填充结构水平向位移云图

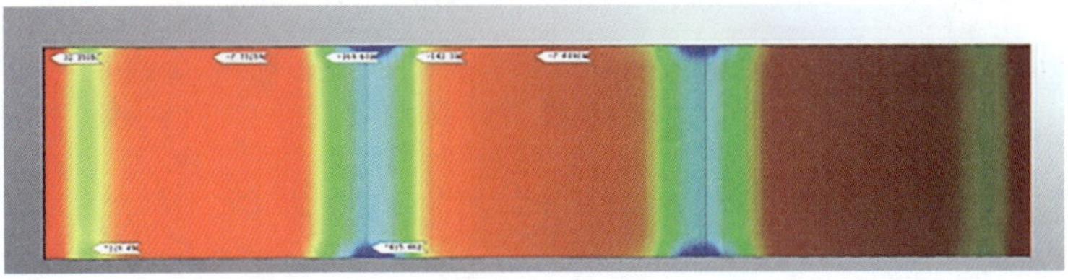

图 7-68　轨下填充结构竖向应力云图

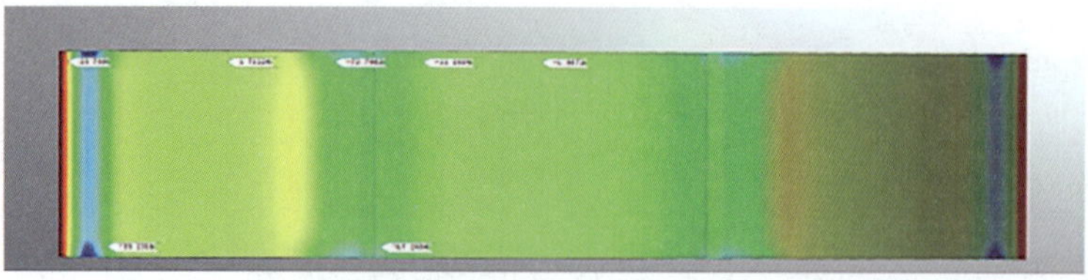

图 7-69　轨下填充结构水平向应力云图

箱涵结构及轨下填充结构节点位移反力、竖向位移、水平位移、S_{zz}、S_{xx} 计算结果见表 7-18。

表 7-18　计算结果

节点示意	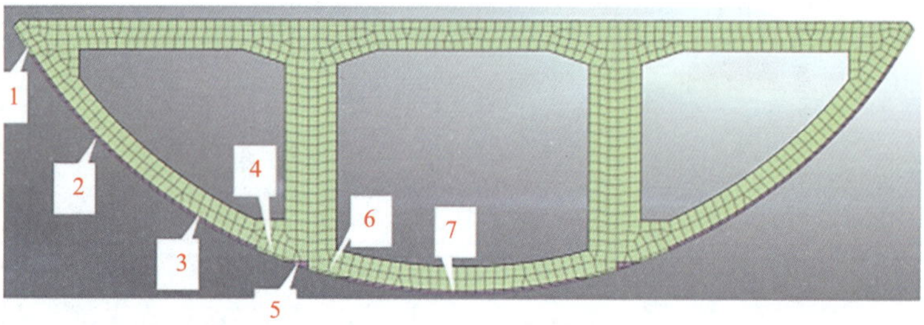					
节点编号	节点反力(kN)	竖向位移(mm)	水平位移(mm)	zz 方向的应力 S_{zz}(kPa)	xx 方向的应力 S_{xx}(kPa)	节点反力归一化
1	2.3	-1.6×10^{-3} ~ 1×10^{-4}（最大沉降位于 5 点位处）	-2.8×10^{-4} ~ 2.8×10^{-4}（最大水平位移位于 6 点位处）	25.5	82	25.6
2	0.18			-144	-84	2
3	0.09			-8	-3	1
4	5			-513.3	-138.3	55.6
5	3.9			-403.5	-76.5	43.3
6	7.7			-692.3	-83	85.6
7	0.09			-7	-1.9	1

综合上述三种工况的计算结果，模型在列车荷载作用下所产生的位移均较小，基本可忽略不计。不同工况下模型节点反力、S_{zz} 及 S_{xx} 计算结果汇总见表 7-19。

表 7-19　计算结果汇总

节点编号	节点反力(kN)			S_{zz}(kPa)			S_{xx}(kPa)		
	双向列车荷载	单向列车荷载	最不利工况	双向列车荷载	单向列车荷载	最不利工况	双向列车荷载	单向列车荷载	最不利工况
1	2.3	2.3	2.3	25	26	25.5	81	92	82
2	0.18	0.13	0.18	-128	-144	-144	-39	-70	-84
3	0.09	0.09	0.09	-8	-8	-8	-2.4	-2	-3

续上表

节点编号	节点反力(kN)			S_{zz}(kPa)			S_{xx}(kPa)		
	双向列车荷载	单向列车荷载	最不利工况	双向列车荷载	单向列车荷载	最不利工况	双向列车荷载	单向列车荷载	最不利工况
4	3	2.81	5	-170	-156	-513.3	-73	-66	-138.3
5	3.9	3.8	3.9	-403	-367	-403.5	-72.5	-75	-76.5
6	4.0	4.6	7.7	-356	-268	-692.3	-37	-18	-83
7	0.1	0.09	0.09	-7	-7	-7	-1.9	-1.7	-1.9

根据表7-19数据，当箱涵底部凸台失稳时，箱涵底部荷载全部作用在轨下填充结构，此时较正常工况下4~6点位处S_{zz}分别增大202%、0.12%、94.5%，S_{xx}分别增大89.5%、5.5%、124%，从数值分析可见，最不利工况作用下轨下填充结构的受力显著增大。

从材料受力角度分析，三种工况列车荷载作用下抗压强度远小于对应材料的抗压强度（快硬525硫铝酸盐水泥+40%粉煤灰浆液极限抗压强度4.6~5.1 MPa）。综上所述，轨下全预制拼装结构在各个工况下均能满足列车安全运营条件，结构安全可靠。

7.5 轨下预制拼装结构边箱涵配套拼装机械装备

7.5.1 拼装机简介

隧道边箱涵预制件拼装机主要由车架、行走车轮组、行走驱动机构、小车供电、横移机构、四点起吊三点平衡机构、旋转机构、U形吊具、箱涵件调整定位机构等组成。该设备可以将边箱涵件从运输车吊起，平移调整后放到指定安装位置，最终将边箱涵件精确安装于隧道内，实现边箱涵快速施工。隧道边箱涵预制件拼装机示意如图7-70所示。主要机构工作级别见表7-20。

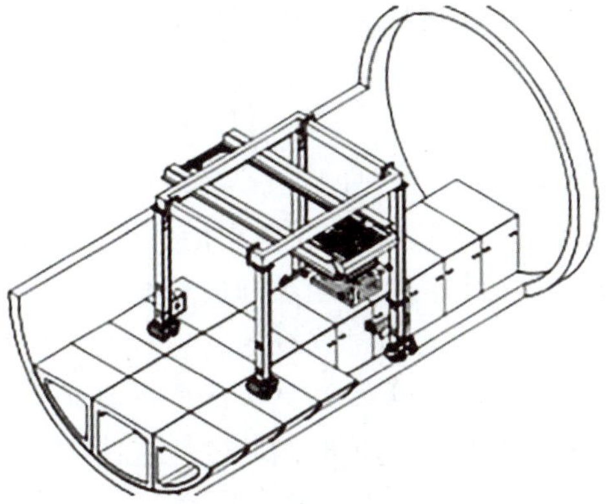

图7-70 隧道边箱涵预制件拼装机示意图

表7-20 主要机构工作级别

状 态	利用等级	载荷状态	工作级别
行走	T5	L2	M5
起升	T5	L2	M5

7.5.2 拼装机工作系统

1. 行走系统

(1)行走轮系采用橡胶大直径轮胎,承载能力大。橡胶大直径轮胎行进过程中运行平稳,能够顺利越过管片或箱涵件的错台,环境适应性强。

(2)行走轮系采用四驱大扭矩驱动系统,同时驱动系统全部加变频器进行调速,以确保启动和走行平稳。同时驱动系统具有电磁制动功能,能够实现行走轮系的稳定可靠制动。

(3)拼装机行走功率满足隧道内 ±3% 的坡度。

(4)拼装机行走轮系具有微动转向,适用于隧道弯曲施工环境。

(5)拼装机前轮设计有侧向定位装置,保证拼装机位置保持在隧道中心。

(6)拼装机行走轮可调整,实现转换至平面行走的要求。

2. 起吊系统

(1)拼装机起吊系统采用四套电动葫芦实现,采用四点起吊三点平衡原理,保证电动葫芦具有同步起升同时又具有单点调整功能,使边箱涵吊运过程平稳。

(2)电动葫芦采用变频 + PLC 控制,实现吊具平稳精准上升与下降。

(3)拼装机吊运系统安装在小车架上方,小车架采用材料 Q345B,主体为箱形结构,具有良好的强度和抗扭性能。在满足设计强度的同时,还充分考虑了刚度变形。

3. 箱涵件的吊具及定位调整系统

(1)边箱涵件的吊具采用专用的 U 形吊具,在吊具的两侧设置距离检测装置,以防止 U 形吊具在吊装时磕碰箱涵件。

(2)在吊具上设置定位和夹紧装置,确保每次吊装箱涵件的安全稳定。

(3)U 形吊具与箱涵件的接触受力部位设置弹性缓冲材料,以防起吊时应力集中破坏箱涵件。

(4)U 形吊具的左右双侧都设置电动推杆,电动推杆末端采用球铰结构。当箱涵件起吊至设定位置时,伸长电动推杆,使其末端顶紧在管片上,实现箱涵件位置的微动精调。同时可对边箱涵和中箱涵的接触面产生预紧力,确保两结构件连接位置的精确度。末端的球铰结构可保证电动推杆的着力点适应管片的圆弧结构。

(5)吊具可实现 ±90°的回转功能,以适应箱涵件在运输车辆上的位置误差,同时可实现箱涵件安装定位时的角度位置精调。

4. 电气控制系统

拼装机控制单箱具有一定的防水、防尘功能。动力电源采用磁滞式电缆卷筒供电。随着拼装机的运行,电缆卷筒收放电缆。电缆结构封闭,缠绕整齐,不受地下潮湿环境的影响。

5. 安全限位系统

(1)小车极限限位:控制拼装机两端行走位置的机械保护限位。

(2)吊具距离检测:检测吊具与箱涵件距离,防止插入时吊具碰撞箱涵件。

(3)顶紧行程限位:检测顶紧电动杆行程与起升连锁。

(4)电动推杆限位:控制吊具横移位置的机械保护限位,中间设置归零点,确保每次吊具限位自动归零。

6. 拼装机自身动作连锁

(1)起升、行走互锁要求

边箱涵件小车在起升、下放边箱涵件的过程中,小车不能移动,同样的,在行走过程中,吊具不能移动。

(2)夹具夹紧要求

吊具上的夹具在起升工况、行走工况时,要求夹紧。出于安全考虑,断电及断电后重启过程中,不能打开。

7. 超载保护

电动葫芦自带重量传感器。信号经过超载保护装置实现单钩或总重达到 95% 时,有延时声、光预报警。单钩或总重达到 110% 时,有连续声、光报警,保护装置立即切断全部控制器,只允许下降放下货物。

7.5.3 拼装机安装

拼装机的安装方案主要考虑洞内安装和洞外安装。

1. 洞内安装

洞内安装需要配备一台 10 t 汽车式起重机,将汽车式起重机放入洞内安装位置,升降台车也吊放在洞内并在竖井中整理出安装空间。

具体安装步骤:

(1)将弯曲支腿由 10 t 汽车式起重机放入中箱涵两侧,槽钢顶住导向轮另一侧,两个弯曲支腿间距保证后,固定位置,如图 7-71 所示。

(2)后侧轮系平放在预制的边箱涵上,然后固定到边箱涵上,如图 7-72 所示。

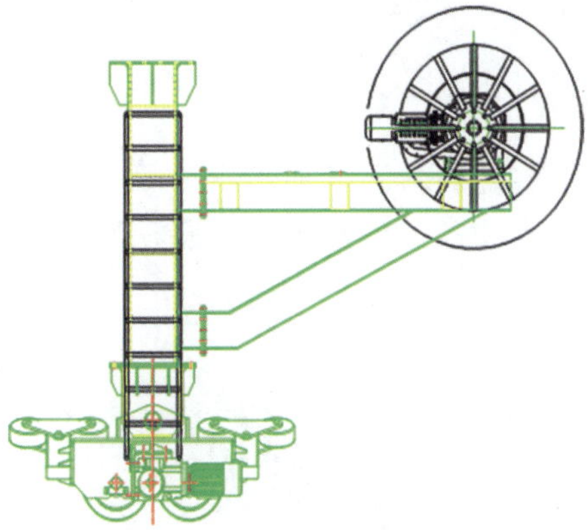

图 7-71 隧道边箱涵预制件拼装机洞内安装(一)

图 7-72 隧道边箱涵预制件拼装机洞内安装(二)

(3)安装支腿,将支腿安装在轮箱的四个法兰面上。每个支腿四周用膨胀螺栓打 3 个锚点用于打缆风绳,每个支腿 3 根缆风绳。螺栓孔对位后,安装人员站在升降台上对称装上螺栓。长短两个支腿的纵梁相连,法兰连接孔对位,穿入螺栓,但是不要预紧。两组长短支腿与纵梁组装成两个门架,如图 7-73 所示。

(4)安装横梁门架,汽车式起重机吊起横梁门架至安装位置,安装人员站在螺旋升降台上，将门架安装对位，如图 7-74 所示。

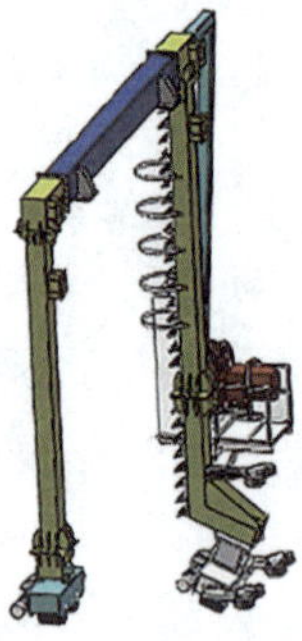

图 7-73　隧道边箱涵预制件拼装机洞内安装（三）

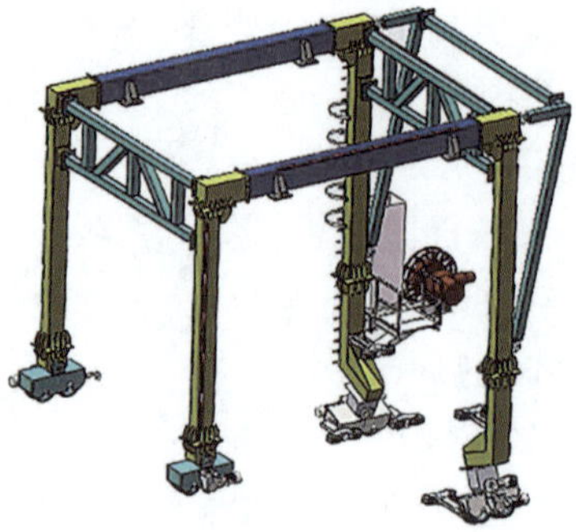

图 7-74　隧道边箱涵预制件拼装机洞内安装（四）

（5）安装轨道梁，先安装其中一根梁及走梯平台，如图 7-75 所示。

（6）安装另外一根轨道梁，如图 7-76 所示。

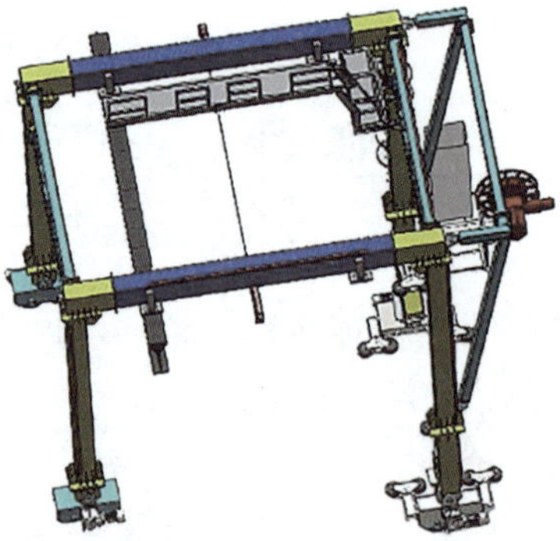

图 7-75　隧道边箱涵预制件拼装机洞内安装（五）

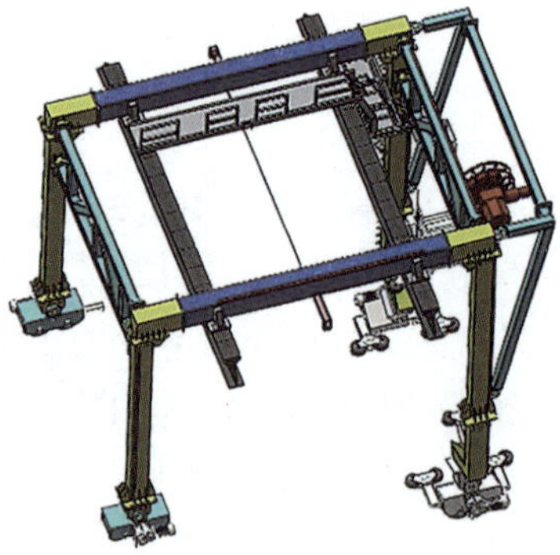

图 7-76　隧道边箱涵预制件拼装机洞内安装（六）

（7）安装小车，安装轨道时将小车挂轮安装在轨道上，如图 7-77 所示。

（8）组拼小车，安装电动葫芦。安装完电动葫芦之后，汽车式起重机吊起与挂轮插销安装，如图 7-78 所示。

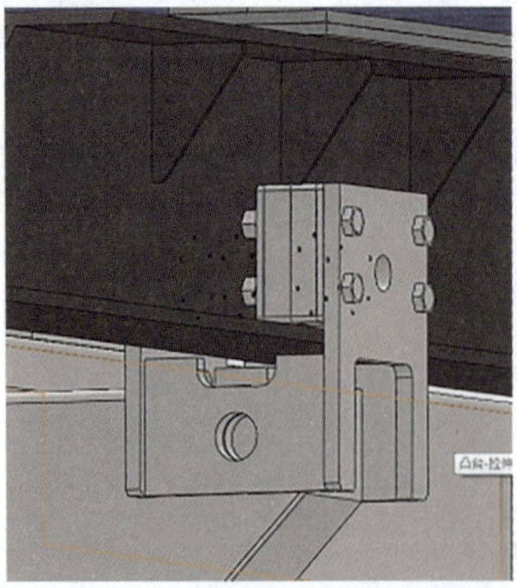

图 7-77　隧道边箱涵预制件拼装机洞内安装（七）

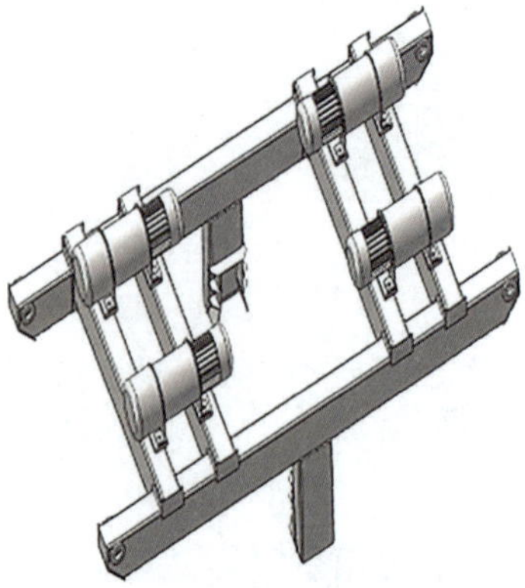

图 7-78　隧道边箱涵预制件拼装机洞内安装（八）

（9）吊具螺旋升降机安装。

（10）组拼过程中，电缆穿线、电气接线同时进行，结构组装完成电缆走向基本完成。

2. 洞外安装

具体安装步骤：

（1）将两根立柱与纵梁拼装在一起，现场门式起重机吊起直立，立柱下端膨胀螺栓固定，立柱上端打缆风绳固定，如图7-79所示。

（2）安装第3根立柱，并安装门架，第3根支腿打缆风绳，如图7-80所示。

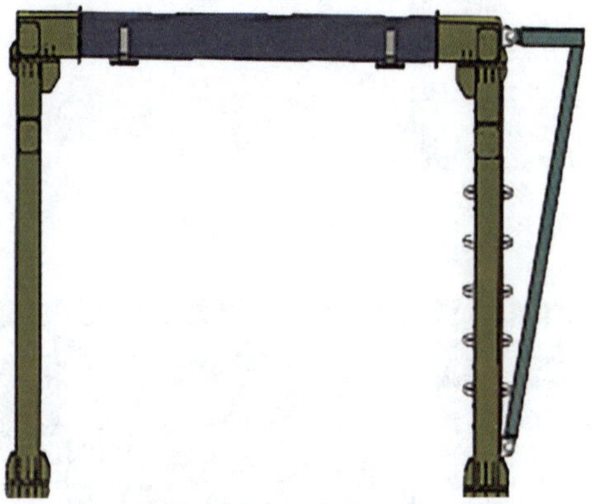

图7-79 隧道边箱涵预制件拼装机洞外安装（一）

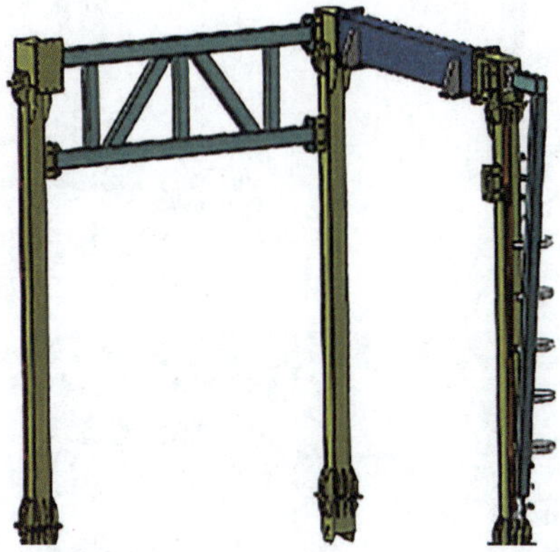

图7-80 隧道边箱涵预制件拼装机洞外安装（二）

（3）安装第4根立柱，并安装门架，如图7-81所示。

（4）组装纵梁，如图7-82所示。

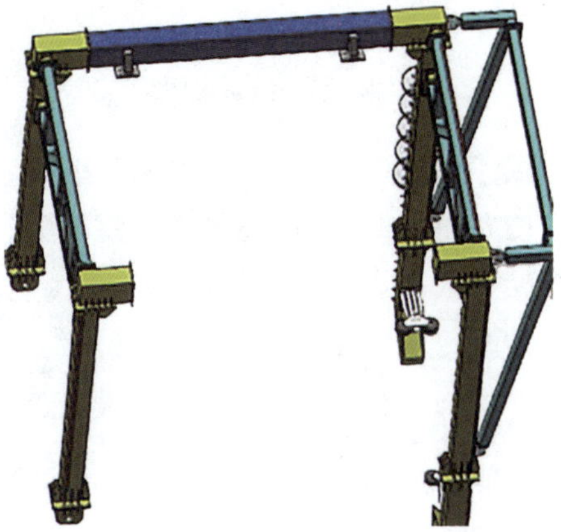

图7-81 隧道边箱涵预制件拼装机洞外安装（三）

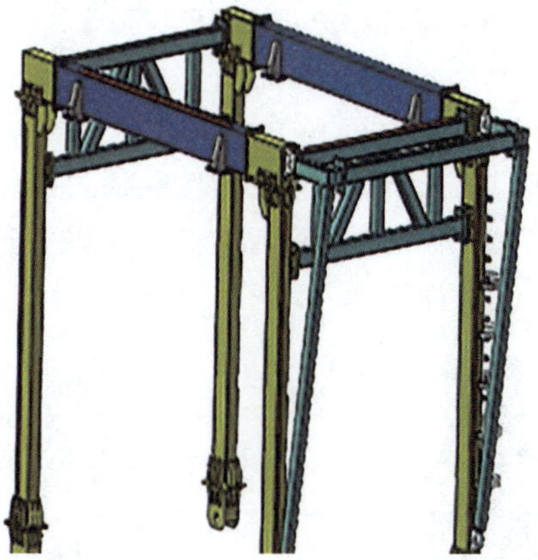

图7-82 隧道边箱涵预制件拼装机洞外安装（四）

（5）安装轨道梁，先安装其中一根梁及走梯平台，如图7-83所示。

（6）安装另外一根轨道梁，如图7-84所示。

（7）安装小车，安装轨道时将小车挂轮安装在轨道上，如图7-85所示。

（8）组拼小车，安装电动葫芦。小车与挂轮通过销轴安装在一起，注意齿轮与齿条的啮合，如图7-86所示。

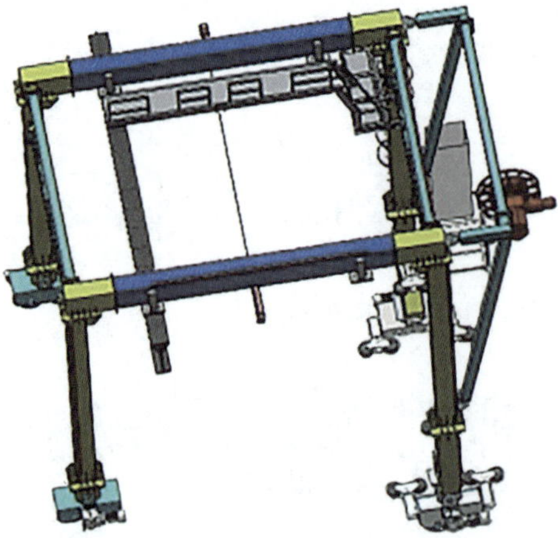

图 7-83　隧道边箱涵预制件拼装机洞外安装(五)

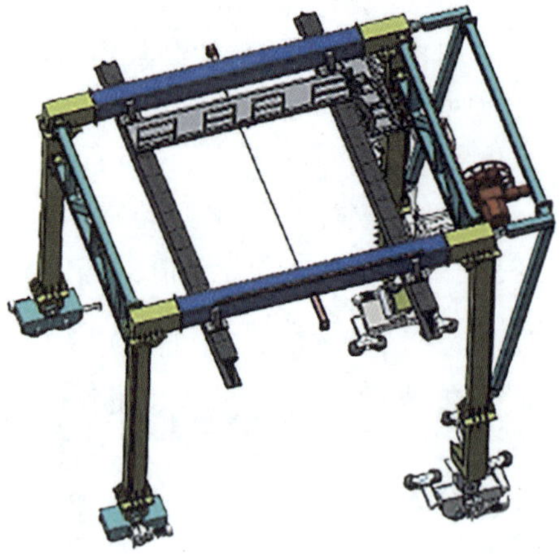

图 7-84　隧道边箱涵预制件拼装机洞外安装(六)

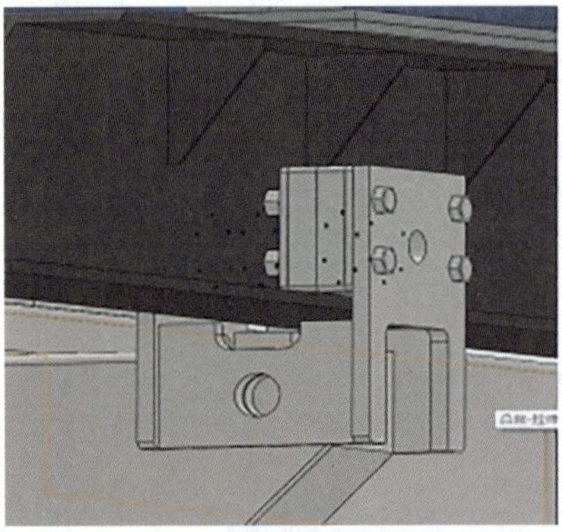

图 7-85　隧道边箱涵预制件拼装机洞外安装(七)

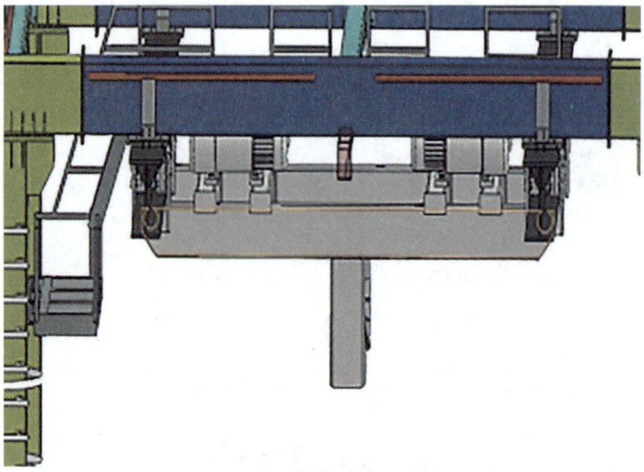

图 7-86　隧道边箱涵预制件拼装机洞外安装(八)

(9)安装车轮,车轮与轮箱通过销轴连接,如图 7-87 所示。

(10)先将短支腿的轮箱与支腿相连,连接时将长支腿侧垫起,保证平齐。短支腿轮箱完成后,弯曲支腿暂时不与大结构拼装,直接下放到竖井口,如图 7-88 所示。

图 7-87　隧道边箱涵预制件拼装机洞外安装(九)

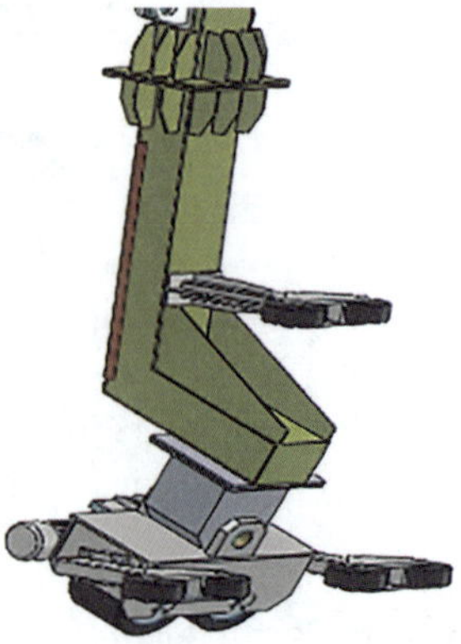

图 7-88　隧道边箱涵预制件拼装机洞外安装(十)

(11)制作拖车架,采用型钢2根5 320 mm长,将支腿横向焊接,槽钢将支腿纵向焊接固定,如图7-89所示。

(12)固定好的装备整体吊装到竖井,将已放入竖井中的弯曲支腿对位固定,拧紧螺栓。

(13)装好装备短支腿侧搭到平板车上,固定好以后由平板车拖到洞内施工始发位置。

(14)拼装机到位后安装驱动电机及附属件。

(15)安装电气及调试。

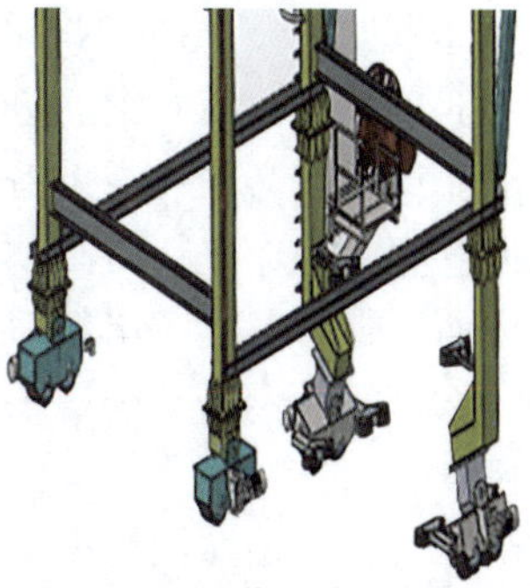

图7-89　隧道边箱涵预制件拼装机洞外安装(十一)

7.6　轨下预制拼装结构构件预制及施工工艺

7.6.1　预制场内生产及运输

1. 生产工艺

(1)钢筋加工

1)开料

①必须使用已检验合格并挂有“合格”标识的钢筋。

②班前必须检查设备的完好状态,班后必须对切断机进行清洁、保养。

③钢筋开料工应按钢筋工长下达的作业表对钢筋进行切断加工,开料前必须熟悉下料清单,对钢筋下料变更通知应及时了解并对变更做出明显标识。

④开料必须按工程技术部编制的开料程序进行,每次调整尺寸均应试切料。量度尺寸无误后方能连续切断操作,钢筋切断长度误差不得超过规定要求。

⑤往承料台上放置钢材时,必须两人以上配合进行,缓慢地扶牢轻放。切断机的承台架上放置的钢筋质量不得大于3 t。

⑥经切断后的材料必须按规定整齐叠放在指定的支撑架上,并挂上标识。

⑦钢筋调直:严格按调直机操作规程操作,将调直机设置到所需调直的钢筋直径,将整盘盘条放置在转动架上,将盘条一头从进丝孔穿入调直机内,检查无误后开机调直,检查调直效果,不满足使用要求时,调整机器设置,直到调直钢筋满足要求为止。钢筋调直到设定长度后切断。

⑧钢筋定长切断:严格按照钢筋切断机操作规程进行操作。根据图纸要求的钢筋长度,从两刀片中心开始计算,量出所需钢筋长度位置,在操作平台的该位置处设置挡块(挡块要求可调节),挡块位置检查无误后,取一根钢筋试切,检查下料长度准确后,开始批量切断。切断一定量(100根以内)后,抽查小料长度是否准确,及时调整挡块位置,以保证钢筋下料长度的准确。

2)弯制

①应严格按图纸要求进行钢筋弯曲加工,钢筋端部有标准弯钩者,其标注尺寸从弯钩外皮顶切线与钢筋轴线交点算起,并保证弯制误差符合要求。

②根据弯弧、弯曲钢筋的规格调整从动轮的位置及芯轴的直径。

③根据作业表对钢筋进行试弯，并与标准样校核合格后，再进行弯弧、弯曲操作。

④弯弧前必须检查设备完好状况，发现异常及时修理。

⑤弯弧操作进料时必须轻送，钢筋进入弯弧机时应保持平衡、匀速，防止平面翘曲，成型后表面不得有裂缝。出料口操作者用双手往靠身处压送。

⑥弯好的钢筋必须逐根在靠模上校核，合格后方可使用，弧度不合格的必须重新进行弯制。

⑦弯箍筋按照图纸要求进行封闭焊接，弯钩长度应符合图纸规定。

⑧弯曲操作时严禁超过本机规定的钢筋直径、根数及额定转速工作，弯曲后钢筋放在运料小车上，送到半成品堆放区指定位置。

⑨钢筋弯制过程中，如发现钢材脆断、太硬、回弹或对焊处开裂等现象应及时反映，找出原因，正确处理。

⑩每一工班操作完毕，要及时切断电源，进行机器清洁、保养工作，严格执行弯弧机、弯曲机的操作规程。

(2)模板安装及拆卸

1)技术要求

①各模板面、接缝无粘灰、锈、焊瘤等杂物，表面光滑。

②隔离剂涂刷均匀，无积油、漏刷现象。

2)施工步骤及操作方法

①模具清理。

a. 所需工具为小灰铲、棉布。

b. 脱模后，必须及时清理模具，把模具上的混凝土残积物全部清除。

c. 模具内表面使用海绵块、石棉布及塑料专用铲配合清理，严禁使用尖利的工具清刮模具表面。

d. 清理模具外表面时，特别要注意清铲侧、旁板顶面的混凝土残积物。

e. 混凝土残积物全部剥落后，应由专人把全部杂物从模具内表面清走，不得有任何残留杂物。

f. 每次清铲干净模具后，侧、旁板与底座的接触面都应用抹布擦拭干净，以防粉尘影响模具精度，同时涂抹机油保养。

g. 质量检查人员检查合格后，方可使用。

②涂刷隔离剂。

a. 使用工具为喷雾器、干净棉布。

b. 喷涂脱模剂前先检查模具内表面是否留有混凝土残积物，如有应通知清模人员返工清洁。

c. 在确保模具表面清理干净的情况下，由专人负责用喷雾器喷涂调配好的脱模剂。喷涂要均匀，不得有遗漏的部位，尤其是一些边角、凹槽部位。

d. 为了保证脱模剂涂刷均匀、全面，用海绵在模板内表面擦拭积聚的隔离剂，容易漏涂的边角部位应使用棉布蘸取脱模剂补涂。

③组模。

a. 组模前应检查模具各部件、部位是否洁净，脱模剂喷涂是否均匀，不足的地方要清抹、补漏。

b. 检查侧模板与端板的连接缝胶条有否移位或脱落，如有此现象，要及时修正。

c. 合模步骤：将端模板用扭力扳手拧紧到位，将侧板轻轻推进到位，用手旋紧定位螺栓，安装侧模板与底模板的固定螺栓，用手拧紧后再用专用工具由中间位置向两端顺序拧紧。安装端模板与侧模板连接螺栓，用手初步拧紧后用专用工具均衡用力拧至牢固，特别注意严格使吻合标志完全对正位，并拧紧螺栓，不得用力过猛。

d. 使用扭矩扳手时，均衡用力拧至牢固，直到听到"哒"的一声，说明螺栓已经拧紧。不得用力过猛，以免损坏扳手。

e. 严禁反顺序操作，以免导致模具变形、精度损失。

f. 打开和关闭模型的顺序：先打开两侧模，然后打开端模；先闭合端模，然后闭合两侧模。

g. 拆模步骤：先拆卸侧模与端模固定螺栓，再拆卸侧模与底模固定螺栓，转动侧模定位螺栓，轻轻将侧板拉出，然后拆卸端模与底模连接螺栓，打开端模板。模板的拆卸顺序是从两端向中间对称拆卸，不能倒转，注意各侧板要充分打开。不得进行重放、磕碰、摔、锤击等野蛮操作。任何模型配件不能磕碰、摔、敲击、丢失等。

(3)混凝土灌注及振捣

1)混凝土灌注

①连续灌注，总的灌注时间不应过长，以免影响成品内混凝土与钢筋的粘结质量。

②混凝土从模板中部集中灌注，利用混凝土流动性使混凝土充满整个模型。

2)混凝土振捣

①采用高频振捣器与振捣棒配合振捣。模具上附着有5个振捣器，根据混凝土灌注情况开启不同部位的振捣器进行振捣。

②振捣前模型内必须灌注不少于1 m^3 混凝土，不允许空模振捣。

③混凝土振捣器开启顺序：先开启中间1个振捣器，根据混凝土流动情况，由小到大逐步调节振动力，在振动力的作用下混凝土开始流动，流动到覆盖两边振捣器工作范围80%后开启两边的4个振捣器，振动力同样由小到大逐步调节，振动时间以混凝土表面停止沉落或沉落不明显、混凝土表面起泡不再显著发生、混凝土将模具边角部位充实、表面有灰浆泛出时为宜，一般控制在6～10 min，不得漏振或过振。

④全部振动成型后，应抹平上部中间处混凝土。

(4)箱涵养护

1)箱涵蒸汽养护

①采用蒸养窑进行无压蒸汽养护。蒸汽养护分静停、升温、恒温、降温四个阶段。

②混凝土收面后覆盖彩条布，让蒸汽在此空间流动，模具中部架设支架，盖上塑料布保湿，静停3 h后，打开蒸汽进行蒸养。

③箱涵打开蒸汽后开始升温，升温速度不得超过15 ℃/h，最高温度不超过(45 ± 5) ℃。恒温3 h(当生产条件允许时，可延长恒温养护时间，以提高混凝土拆模强度)，箱涵在恒温

阶段相对湿度应不小于90%。降温速度不得超过10 ℃/h。至箱涵表面温度与车间内温度相差小于20 ℃时,方具备拆模条件。

④箱涵未脱模前,混凝土表面的塑料薄膜不可揭开,以保证混凝土表面的温湿度,防止因温度下降太快而产生裂纹。

⑤蒸养期间每30 min 测量1次温度并记录。

2)箱涵自然养护

箱涵脱模后吊转运至存放场,洒水保湿养护7 d,洒水养护时如果进入冬季,需要对箱涵进行覆盖或涂刷保护膜。

(5)箱涵脱模

经相同条件养护的混凝土试件强度值达16 MPa以上,方可进行拆模。

1)拆模顺序

①拆卸顶盖螺栓,清除混凝土残积物。

②拆卸套管定位棒、注浆管定位轴等,清抹干净,放在指定位置。

③拆卸外模与底模固定螺栓,然后拆卸内模与底模连接螺栓,注意各侧板要充分打开。

2)措施

拆模中严禁锤打、敲击等野蛮操作。地面操作由专人向行车司机发出起吊信号,配合进行脱模。

2. 场内吊运

(1)箱涵脱模吊运采用专用吊具进行。

(2)起吊时要缓慢,防止磕损箱涵及对模型造成不必要的伤害。

(3)箱涵经过专用的垂直位吊具进行吊运,严禁使用钢丝绳直接吊运箱涵。

3. 场内存放

(1)箱涵脱模后运至堆放场继续养护存放,箱涵堆放场地坚实平整,排水流畅,支垫稳固可靠。

(2)箱涵按吊运、安装顺序和型号分别堆码,堆垛间留有运输通道并满足起重机的吊距要求。

(3)箱涵堆垛整齐划一,无倾斜感。印戳和型号清楚易见。

(4)箱涵搁置在柔性垫条上,箱涵与箱涵之间有柔性垫条相隔,垫条摆放位置均匀,厚度一致。

(5)箱涵立放,柔性支撑采用100 mm×100 mm以及160 mm×160 mm的松木条,层间用垫木垫平、垫实,上下层垫木应在一条垂线上。

4. 运输

(1)预制件吊装:边箱涵采用弧面朝下的吊装方式,利用内弧面设置的4处吊装孔;中箱涵采用专用垂直吊具吊装,不单独设置吊装孔。预制构件吊装均应通过结构检算,并进行现场起吊试验。

(2)预制件运输:采用汽车运输。中箱涵运输采用一层运输方式。边箱涵采用卧式运输方式,可放两层,层间用两排垫木垫平、垫实,两排垫木平行,中心线对称,每排垫木由两根80 mm×80 mm×2 000 mm的松木条组成。

5. 场内拼装试验

由于轨下预制拼装结构拼装精度要求高,应进行场内轨下结构三环拼装试验。通过拼装试验检查模具的精度、扭曲度、螺栓孔的精确性及构件的连接性能。同时也可检验预制拼装机械的可操作性、精确性。

7.6.2 拼装施工

1. 预制件运入

(1)预制件运入时间应遵循不影响管片和砂浆的运输,尽量少占用平板运输车使用时间的原则。

(2)由于预制件体积比较大,占用的行车面积较大,预制件运输车辆在开进隧道前应确定隧道内没有占路的设施或车辆,如有交通阻塞,应将预制件运输车停靠一侧,让出部分行车空间,及时疏通交通,然后开进隧道,保证箱涵顺利到达拼装区域。

(3)预制件运输车在前进过程中应缓慢行驶,注意两侧设施,避免被箱涵刮坏(泥浆管上的闸板阀、封堵施工的台车等)。

2. 施工放样

(1)根据施工进度及拼装质量情况,测量工程师分批次对成品预制件进行检验,同时对拼装预制件进行施工放样。每批次为5~10片,且测量间隔不大于3 d;若多批次预制件拼装质量较好,则可以适当增加每批次预制件数量;反之,则应增加测量频率,减少每批次数量。

(2)施工放样包含两方面内容:一是成品预制件的检验,检验内容包括坡度、高程、里程以及相邻管片间的错台及接缝情况;二是待拼装箱涵的放样,包含里程、两侧边界、设计与实测端面高程等内容。

(3)测量工程师完成测量后,形成测量报告(此项工作应在1 h内完成),及时将报告提交给盾构司机。盾构司机根据测量报告结果,确定下一步的拼装方案。若报告显示箱涵拼装误差超限,则应及时与监控工程师及技术主管沟通,确定处理意见并给出下一步拼装方案。

3. 设备检查

拼装前拼装司机通知机电工程师,由机电工程师组织人员对设备进行检查。检查项目:

(1)起重机钢丝绳是否有损坏现象。

(2)起重机上的耐磨板是否连接可靠。

(3)起重机轨道是否畅通,台车上是否有东西阻挡起重机运行。

(4)起重机各个功能是否正常。

在设备检验完毕,箱涵运输到位后,拼装司机根据既定的拼装方案下达拼装指令。

4. 预制结构拼装

(1)准备工作

1)预制件运输到位。

2)现场确定将要吊装的预制件型号,检查外观质量,检查合格才允许拼装。

3)安装组清理预安装位置的垃圾杂物,将要使用的箱涵连接件和连接螺栓及垫片拿到已安装结构的最前端。

(2)具体操作

1)清理杂物

在箱涵拼装前,需要对拼装位置以及与上块箱涵连接面底部的杂物进行清除。

2)预制件处理

根据拼装方案,盾构司机安排相关人员在箱涵后端面粘贴预制橡胶垫,以调整箱涵走向及坡度。

3)起吊拼装

图 7-90　中箱涵拼装

拼装顺序为:先拼装中箱涵,之后拼装两侧边箱涵。中箱涵进行随机拼装,盾构机后配套台车配备吊装设备,如图 7-90 所示。平板车开至合适位置,调整平板车高度,使起重机能吊取构件;高度调整完毕后,降低并平移吊具至箱涵下方,初步对正,提升吊具使其恰好卡在箱涵上;到位后接近开关会给出一个信号,操作手可以夹紧夹具,提升箱涵,箱涵触到限位开关后,即可平移箱涵。

受盾构机 3 号、4 号、5 号台车行走轮对影响,边箱涵构件滞后于盾构机后配套设备进行拼装,拼装设备独立放置。平板车开至合适位置(不能停留于中间,避免阻碍管片、砂浆等的运输),由起重机吊取构件进行拼装。由于边箱涵构件与中箱涵采用螺栓连接,其定位以中箱涵为基准,不再单独进行放样,但必须检查拼装精度。各构件之间螺栓连接并紧固完毕,即完成整个构件拼装工序。

7.6.3　嵌缝施工

轨下拼装结构纵向间缝隙(环缝)宽约 20 mm,采用难燃发泡聚氨酯填充密实,聚氨酯要求具有一定的阻燃性,采用 M10 砂浆进行抹缝,砂浆厚度不小于 20 mm,如图 7-91 所示。

嵌缝施工工艺流程:高压风清缝→发泡聚氨酯嵌缝→砂浆抹缝。

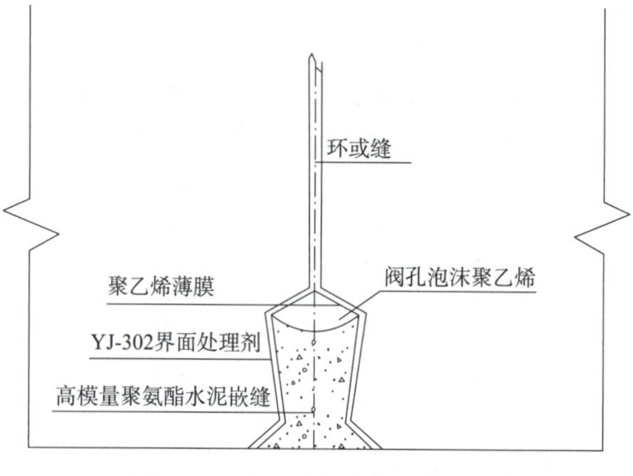

图 7-91　轨下结构嵌缝示意图

7.6.4　结构底部注浆施工

预制结构与盾构管片之间的空隙采用 M10 微膨胀水泥砂浆充填,在每块侧弧板和中箱涵底部预留 4 处注浆孔。

在嵌缝材料达到一定强度后,实施注浆。注浆每环注一次,从弧板顶部预留排气孔排气,为保证轨下结构与管片之间密实且不对管片和轨下结构产生不利影响,注浆压力不宜过大,注浆速率不宜过快,注浆量不宜过大。中箱涵注浆压力可控制在 0.2 MPa,侧弧板注浆压力可控制在 0.1 MPa。

注浆时需配备流量计,将注浆速率控制在 24 L/min 以内(力求达到浆液扩散速率与浆液注入速率相平衡),当注浆量达到理论值时(最大不超过理论值的 1.2 倍),应停止注浆。同时实时观测注浆过程中浆液的流量及压力变化,如遇流量或压力骤增骤减的情况,应及时调整浆液凝固时间,做到浆液最佳扩散。

7.7 小　结

目前国内虽然对地铁车站装配式结构有了一定的研究,但对铁路隧道预制装配式衬砌结构和轨下填充结构的研究尚处于起步阶段。相对工民建领域装配式建筑而言,铁路隧道装配式结构的相关设计理论和设计、施工规范尚欠缺。由于隧道工程本身的复杂性,隧道工程预制装配式结构的发展速度比较缓慢,但作为发展的趋势与方向,进行相关设计理论与施工工艺技术的探索性研究十分必要。本章以京张高铁清华园隧道为工程依托,着重论述隧道轨下预制结构选型设计关键技术与静动力计算要点,针对盾构隧道内部构件预制结构稳定性保持及减隔振技术、盾构隧道拼装结构防开裂预制、安装及配套装备研究、内部构件质量检测、监测及评价开展了研究,并对我国首例能源盾构隧道——京张铁路清华园隧道能源管片设计、制作和安装中的相关问题进行了总结,对能源管片的规模化施工面临的问题进行了讨论,结论如下:

(1)采用可单独闭环的中箱涵与两个侧箱涵作为轨下承力基础的布置形式,可满足结构构造与防灾疏散救援及电力、通信电缆过轨与综合接地要求。

(2)采用 FLAC 3D 计算软件,引入接触面模型,在不考虑预制箱涵结构顶部现浇回填层且忽略箱涵与管片间的螺栓连接条件下,进行了静动力计算分析,在列车通过时峰值压力作用下,箱涵结构的最大竖向位移为 0.09 mm,最大竖向应力为 0.42 MPa,反映轨下预制箱涵结构与管片之间的接触部分抗滑移能力的安全系数为 16.03,均满足安全与稳定性要求。一般情况下,列车时速越大,动力响应越大,为保守取时速为 300 km 进行计算,预制装配式箱涵结构竖向位移、竖向动应力及竖向加速度最大值分别是 0.036 4 mm、68.8 kPa、0.84 m/s^2,均满足动力响应限值要求。同时采用 MIDAS GTS-NX 软件建模,将日本阪神大地震前 20 s 地震波数据作为地震激励,计算得到隧道结构最大水平、竖直位移及最大水平、竖向应力分别是 4.7 mm、4.6 mm、0.982 MPa、19.555 MPa,均满足允许限值要求。

(3)研制了隧道边箱涵预制件拼装机,主要由车架、行走车轮组、行走驱动机构、小车供电、横移机构、四点起吊三点平衡机构、旋转机构、U 形吊具、箱涵件调整定位机构等组成。该设备可以将边箱涵件从运输车吊起,平移调整后放到指定安装位置,最终将边箱涵件精确安装于隧道内,实现边箱涵快速施工。

(4)形成了预制构件场内生产工艺、吊运方案、存放运输条件、拼装施工工艺、嵌缝施工工艺。

第 8 章　城市密集区大直径盾构隧道防灾救援技术

8.1　大直径盾构隧道列车火灾模拟

列车发生火灾时，会严重威胁乘客安全，所以对动车组列车的火灾尤其是列车的火灾轰燃、蔓延及火灾规模进行研究是很重要的。

8.1.1　动车组列车火灾轰燃研究

1. 火灾学理论基础

(1)火灾发展的基本过程

整个火灾过程大体上可以分为初期增长、充分燃烧和减弱三个阶段。

1)初期增长阶段

火灾中的可燃物是多种多样的，最常见的是固体可燃物。在某种点火源的作用下，固体可燃物的某个局部被引燃，着火区逐渐增大。若火灾发生在建筑内，火灾的发展可能出现三种情况：

①初始可燃物全部燃完而未延及其他可燃物，火灾自行熄灭，通常发生在初始可燃物不多且距离其他可燃物较远的情况。

②火灾增大到一定的规模，由于通风不足使燃烧强度受到限制，火灾以较小的规模持续燃烧。若通风条件相当差，则在燃烧一段时间后火灾也会自行熄灭。

③如果可燃物充足且通风良好，火灾将迅速增大，乃至将其周围的可燃物引燃。起火房间内的温度也随之迅速上升。

2)充分燃烧阶段

当起火房间温度达到一定值时，室内所有的可燃物都可发生燃烧，这种现象通常称为轰燃。轰燃的出现标志着火灾充分燃烧阶段的开始。此后室内温度可升高到 1 000 ℃以上。火焰和高温烟气常可从房间的门窗蹿出，致使火灾蔓延到其他区域。在轰燃之前还没有从建筑物中逃出的人员将会有生命危险。

在充分燃烧阶段，室内温度逐渐升至某一最大值。这时的燃烧状态大多由通风因素控制，相对稳定。室内高温可使建筑构件的承载能力急剧下降，甚至造成建筑物的坍塌。火灾充分燃烧阶段的持续时间取决于室内可燃物的性质、数量和建筑物的通风条件等。

3)减弱阶段

随着可燃物的消耗，燃烧强度逐渐减弱，明火熄灭。剩下的焦炭通常还将持续燃烧一段时间。同时由于燃烧释放的热量不会很快散失，着火区内温度仍然较高。

着火区的平均温度是反应火灾燃烧状况的重要参数。一般用着火区温度随时间的变化来表示火灾的三个阶段，如图 8-1 所示。

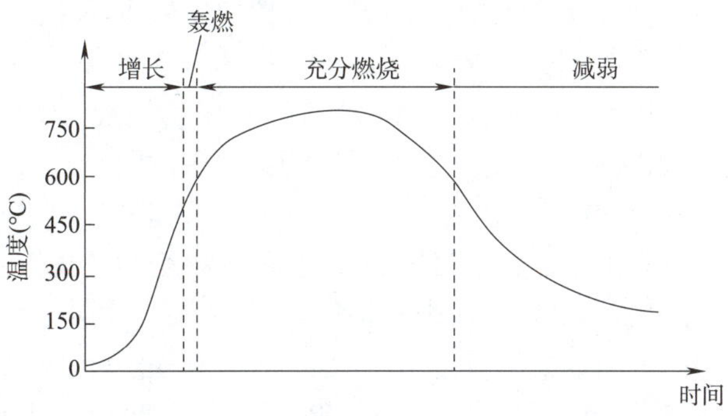

图 8-1 室内火灾发展过程

(2)火灾的扩大与蔓延

大火总是由小火发展而来的。在起火房间内，火区由起火点向其他可燃物的扩展可以靠直接延烧，也可以靠火焰的辐射引燃；火区由起火房间向其他区域的蔓延可以通过可燃物连续延烧，但主要是靠热辐射和热对流等方式而蔓延的。

1)火区在可燃物表面的蔓延

火区沿固体可燃物的蔓延是火灾扩大的主要形式。固体着火是一种立体燃烧，因起火部位的不同，固体火灾可以由上向下蔓延、由下向上蔓延或由中间向两边蔓延等，由下向上蔓延的速度最快。这是因为燃烧产生的高温气流可流经未燃部分的表面，有利于未燃烧部分的热解、气化，所以火的蔓延速度快。

固体的厚度、周围的风速都对火区的扩大具有重要影响。例如，薄片固体单位质量不大，但表面积很大，且热容也较小，受热后升温很快，其质量燃烧速率几乎等于固体可燃物的热解速度。风速的增大会为燃烧区提供较多的氧气，同时也加强了对流换热，会助长火势，当风速大到一定值时可以将火吹灭。

2)火区向起火房间外的蔓延

火区向起火房间外蔓延大多是在火灾发生轰燃之后出现的。这种情况下产生的烟气不仅具有较高的温度，而且含有相当多的可燃组分。在其流动过程中，可能将沿途的可燃物点燃，从而造成火灾的扩大。

(3)轰燃

轰燃的出现标志着火灾充分燃烧阶段的开始。轰燃的定义一般有以下三种：①室内火灾由缓慢燃烧的局部火向快速燃烧的大火的转变，转变完成后，室内所有可燃物表面都开始燃烧。②室内火灾由燃料控制燃烧状态向通风控制燃烧状态的转变。③在室内顶棚下方积聚的未燃气体或蒸汽突然着火而造成火焰迅速扩展。

轰燃的出现是燃烧释放的热量在室内逐渐积累与对外散热共同作用的结果。

1)轰燃发生的判据

关于火灾发生轰燃的临界判据，国内外学者做了大量研究。Waterman 在尺寸为 3.65 m×3.65 m×2.43 m 的室内进行了一系列轰燃实验，当室内地面的热辐射通量达到 20 kW/m^2，地面报纸开始燃烧，被认为是轰燃发生，热辐射主要来自室内的顶部烟气层，而不是来自火焰的直接辐射。在 Hagglund 等人的研究中，当顶棚下 10 mm 处的气体温度达到 600 ℃时，如果观察到有火焰从门窗蹿出，则认为发生了轰燃。美国国家标准技术研究院的 Fang 等人的全尺度实验表明，当房间的上层平均温度达到 450～650 ℃之间，其辐射热

(17～25 kW/m^2)足够引燃房间地面处的报纸。实验中,顶棚下 25 mm 处的轰燃温度通常都要超过600 ℃。改用6.4 mm厚的杉木胶合板,地面热辐射量在21～33 kW/m^{2}时,会点燃胶合板。Lee 和 Breese 在全尺度及 1/4 尺度的潜艇舰船隔离舱实验中,以地面报纸引燃作为轰燃标识,其中室内和门口处温度在达到轰燃时至少为 650 ℃和 550 ℃。对于那些轰燃未发生的实验,上述温度分别是427 ℃和324 ℃。研究指出,报纸的着火及门口处的气体温度只能粗略地表示轰燃的发生,因为报纸的热物性并不是一成不变的,房间内的温度分布也并非均匀一致的,而烟气辐射、热空气和被加热表面之间的实验误差也是影响轰燃的因素。房间内的热空气在溢出房间之前是充分混合的,门口处温度作为轰燃发生的判据比房间内部温度更加可靠。Quintiere 和 McCaffrey 将地板热通量瞬间达到 20 kW/m^{2}的判据用于轰燃发生。使用滤纸点燃作为轰燃发生的标志,实验观察发现它需要至少接收热辐射17.7 kW/m^{2}达 200 s 或者更长时间,才能导致轰燃的发生。Babrauskas 的系列实验研究了多种材料点燃所需时间和热辐射通量,实验结果表明,轰燃现象发生时,地面所得到的热通量为 20 kW/m^2,或者室内上部烟气层的温度大约为 600 ℃。

近年来各学者发表的研究轰燃判据总结见表 8-1。

表 8-1 公开发表的轰燃发生时的温度和热通量测定数据

学　　者	温度(℃)	热通量(kW/m^2)
Hagglund 等人	600	—
Fang 等人	450～650	17～33
Budnick 和 Klein	673～771 和 634～734	15
Lee 和 Breese	650	17～30
Babrauskas	600	20
Fang 和 Breese	706±92	20
Quintiere 和 McCaffrey	600	17.7～25
Thomas	520	22
Parker 和 Lee	—	20

各学者关于火灾轰燃发生的临界条件研究结果不尽相同,600 ℃和 20 kW/m^{2}比较接近不同数据的平均值。现在广泛被认可和应用的定量描述轰燃临界条件主要有两种:

①顶棚下烟气温度接近 600 ℃为临界条件。

②地板平面的辐通量达到 20 kW/m^2。

此外轰燃发生时对室内火灾的观察结果通常为火焰从通风开口逸出,或沿顶棚延伸,也可以作为辅助判据。

2)轰燃的影响因素

20 世纪 70 年代初,国际建筑研究与创新委员会(CIB)消防研究部发起了一项由 8 个国家共同参与的小尺寸轰燃实验研究,该项目共 256 个单独实验,分别考虑了房间大小、火源位置、火源高度、开口大小、燃料荷载密度、燃料连续性、内衬材料、火源强度等八个因素对轰燃发生的影响。Klopovic 研究了全尺度实验条件下火焰的外部通风对轰燃的影响,对燃烧房间的门窗开启和关闭两种状况进行了分析。Graham 在对单个开口的室内火灾研究中分析了从起火到轰燃期间的热烟气层特性，依据双区域模型和热爆理论，用热量平衡方程分析烟气的发展过程，分析了轰燃发展过程中墙壁热惯性的影响，得到了从点火到发生轰燃的总时间以及轰燃诱发时间的计算公式，并给出了几个描述火灾发展温度和时间特性的简单判据。Graham 的另一项研究表明火灾发生的室内墙壁热惯性对轰燃发生的时间参量有着重要影响。Jolly 等人采用尺度模拟方法研究小尺寸火灾实验在何种情况下可以预测真实火灾行为，提出燃料种类、燃料位置、内部装饰材料和房间的几何尺寸对轰燃的影响关系。Bishop 等人从非线性动力学角度研究轰燃现象，给出了双变量的室内火灾模型，两个变量分别为室内上部烟气层的温度和火灾半径，通过数值模拟研究，分析了控制变量对火灾系统的影响。Min-kyu Lee 分析了在特定热载荷下轰燃发生的主导因素，主要因素有三个：可燃物分解时的分解速度、化学物质种类以及化学物质的密度。杜兰萍等人通过全尺寸火灾实验研究标准房间在不同装修部位、不同火灾荷载及不同通风排烟条件下发生轰燃的特性。靳飞研究了不同用途房间的火灾荷载密度均值和变异系数、开口因子模型参数的概率密度、函数及不同房间壁面热惰性的关系，结果表明火灾荷载密度服从正态分布，开口因子模型中的参数服从对数正态分布，而房间壁面的热惰性可认为是均匀分布的随机变量。中国科学技术大学火灾科学国家重点实验室的宋虎等人利用小尺度实验研究了室内辐射换热过程，探讨了不同类型可燃物轰燃着火时间的差异。

①可燃物的燃烧特性。可燃物的热释放速率是轰燃发生的主要影响因素，与可燃物的其他燃烧性能参数相比，它能更好地体现火灾规模的大小和危险程度，其与火焰的高度、辐射热通量有直接的关系，火灾的发展和轰燃的发生与之密切相关。热释放速率不仅被看作是材料或建筑构件在大尺寸燃烧性能中的关键指标，而且也是评价产品燃烧性能及危险性的一个最重要的变量。研究表明，当地面处接收的热通量达到 20 kW/m^2 以及可燃物的燃烧速率或热释放速率超过 40 g/s 时就能发生轰燃。如果室内可燃物的热释放速率足够小，就不会引起轰燃的发生。

研究还表明，轰燃与可燃物的位置、面积、堆积高度等也有关系。若可燃物靠近墙壁或墙角、堆积高度大时，达到轰燃所需要的临界热释放速率将会减小；墙面和顶棚都布置有可燃物时，比仅在墙面有可燃物时的火焰蔓延速率快，且轰燃的危险性大；房间的可燃装修面积越大，部位越靠上，发生轰燃的可能性越大，且发生轰燃越早，火灾危险性越大。

②通风条件。轰燃是燃料控制向通风控制转变的过程。火灾时室内和室外的通风不好，对燃烧来讲表现为供氧不足，因此燃烧受通风控制，通风控制燃烧是受限空间的开口大小处在一定范围、火区发展达到一定规模时出现的现象。当室内和室外通风自由、空气供给充足时，室内燃烧和开放空间的燃烧已无本质上的差别，此时燃烧受燃料控制。排烟、送风条件对轰燃的影响都很大，且两者相互关联。在燃料因素固定的情况下，排烟量与送风量之比大于某一数值，轰燃就不会发生。

③内衬、装修材料特性。材料的热惯性是其热导率 k、密度 ρ 和比热容 c 的乘积，是综合表示材料导热能力和吸热能力的指标。内衬、装修材料的热传导率小，绝热性能好，燃烧产生的热量向室外散失少，室内温度升高快，则达到轰燃时的火源体积将大大减小；比热容小，则吸收热量的能力小，温度升高快，在同样情况下会向室内辐射更多的热量，因而更加危险。

壁面温度的无量纲数 U_c 存在一个最大值，该值与壁面材料的热惯性成反比，即热惯性越小，壁面温度越高，越容易发生轰燃。如果内衬、装修材料可燃，则增加了室内的火灾荷载，使轰燃发生的可能性大大增加。

2. 动车组车厢结构及内装材料

京张高铁设计速度 350 km/h，考虑以 16 节编组 CRH380BL 型动车组为运营车型。CRH380BL 型动车组采用“8 动 8 拖”的成熟动力分散配置方式，是目前最先进的动力分散型高速动车组之一。CRH380BL 最高运行速度达 350 km/h，可在新建的 300 ~ 350 km/h 速度等级的客运专线上运营，也可以在 200 ~ 250 km/h 速度等级新建的客运专线上以 250 km/h 的速度正常运行。

(1)车体结构

CRH380BL 型动车组采用 16 节编组方式，分为 EC01/EC16、TC02/TC07/TC10/TC15、VC03、FC04/FC05、IC06/IC08/IC11/IC14、BC09、SC12/SC13，共计 16 种车型，按座椅布置的不同可分为商务座车、一等座车、二等座车、带残疾人卫生间二等座车、餐车。

CRH380BL 型动车组平面布置如图 8-2 所示。

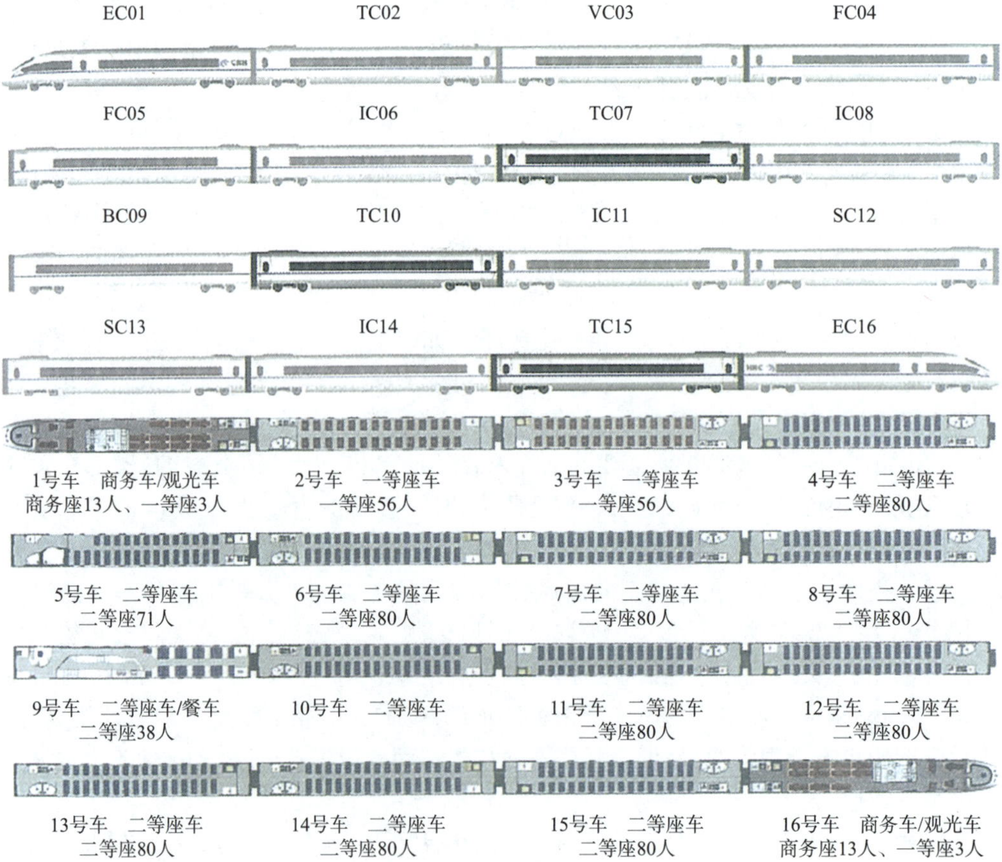

图 8-2　CRH380BL 型动车组平面布置图

CRH380BL 型动车组主要技术参数见表 8-2。

表 8-2 CRH380BL 型动车组主要技术参数

项目	技术参数
动车组长度	约 400 m
车辆长度	24.825 m(中间车)
	25.860 m(端车)
车体宽度	3.257 m
车顶距轨面高度	3.890 m
定员	1 053 +1 轮椅存放区

1)一等座车

一等座车的车体一位端设通过台,通过台两侧面分别设一塞拉门。在车辆的一位端端部设手动拉门,在车辆的二位端端部设自动拉门。在客室区域一位端的端墙处设自动拉门。车体两侧设侧窗。在一位端通过台走廊处有标准卫生间 2 个,设废物箱、灭火器、开水炉保护安放柜等设施。客室内座椅按 2 +2 布置,两侧设行李架,客室顶部设信息、娱乐节目显示屏。在车辆的二位端设有大件行李柜、电气控制柜、空调控制柜等。

一等座车厢平面布置及客室效果如图 8-3 和图 8-4 所示。

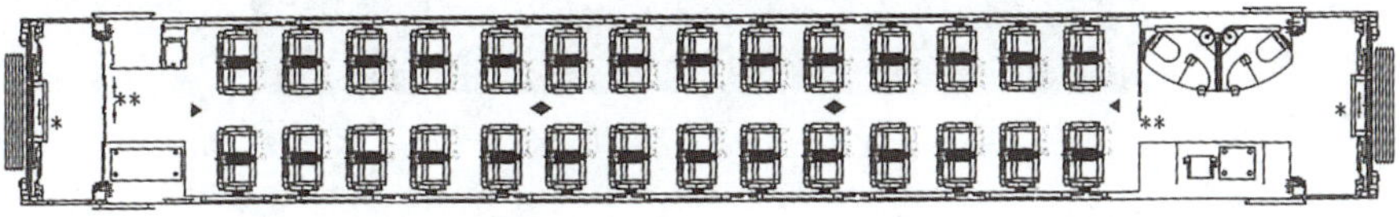

图 8-3 一等座车厢平面布置

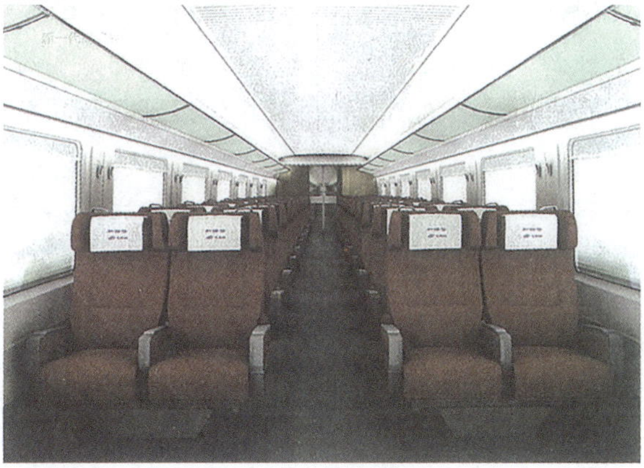

图 8-4 一等座车厢客室效果图

2)二等座车

二等座车车体两端通过台处的两侧面分别设一塞拉门。在车辆的两端端部设手动拉门,在客室区域两端的端墙处设自动拉门。车体两侧设侧窗。在一位端通过台走廊处有标准卫生间 2 个,设废物箱、灭火器、开水炉和电气控制柜、空调控制柜等设备。客室内座椅按

2+3 布置,两侧设行李架,在客室的一位端设有大件行李柜。在客室的二位端设大件行李存放区及电气控制柜。

二等座车厢平面布置及客室效果分别如图 8-5 和图 8-6 所示。

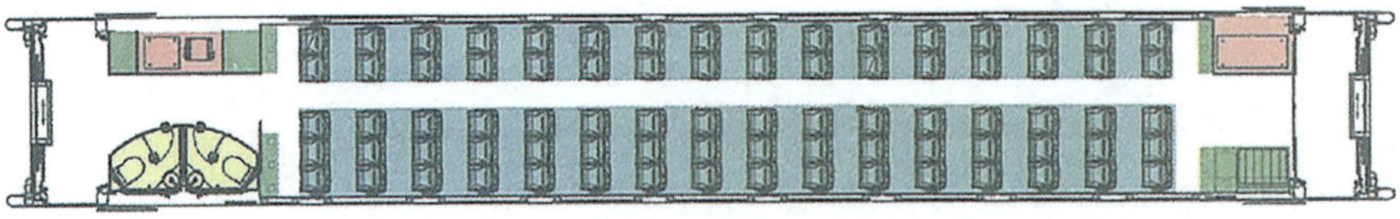

图 8-5　二等座车厢平面布置

图 8-6　二等车客室效果图

(2)内部结构

1)车门

CRH380BL 型动车组车门分为外门和内门。外门供乘务人员和乘客上下车使用,设置在车辆端部两侧,每节车左右各一扇或两扇,对称布置,车门开度为 900 mm×2 050 mm。内门是车厢内各部分之间的通道,其中风挡门位于头车的尾端和中间车的两端,风挡门最大开度为 1 100 mm,通过高度≥1 900 mm;内端门位于各车通过台与客室之间,开度 800 mm,通过高度≥1 900 mm;司机室门位于头车前端的司机室与客室之间;乘务员室门位于乘务员室与客室间的通道;卫生间门位于卫生间与客室间的通道。

2)车窗

CRH380BL 型动车组的车窗主要包括司机室前窗、司机室固定侧窗、司机室旋转侧窗、盲窗、侧窗(客室)、紧急车窗(客室)、目的地显示窗等。车窗玻璃主要有四种规格,分别为 1 512 mm×842 mm、1 237 mm×842 mm、774 mm×842 mm 和 616 mm×842 mm。

为保护乘客安全,车窗全都是密闭的,不能打开。考虑到紧急情况下乘客的逃生,每节车厢设置 4~6 个紧急逃生车窗。

3)座椅

CRH380BL 型动车组的座椅分为一等座椅、二等座椅和商务座椅。一等座椅采用 2+2 形式,二等座椅采用 2+3 形式,商务座椅采用 1+2 形式。座椅的主要技术参数见表 8-3。

表 8-3 CRH380BL 型动车组座椅技术参数

项　　目	二等三人座椅	二等双人座椅	一等双人座椅	单人商务座椅
高度(mm)	1 190	1 190	1 130	1 128
座椅宽度(mm)	1 350	920	1 220	740
质量(kg)	56	40	64	120
单个座宽(mm)	420,440,420	420	475	540
靠背调整范围(mm)	0°~25°	0°~25°	8°~22°	0°~180°
座高(mm)	430	430	430	485
座椅前后间距(mm)	900	970	970	—

4)行李架

一等座车厢、二等座车厢均在坐席上方设置行李架,此外车厢中还专门设有大件行李存放处,布置在通过台两侧。

(3)内部装饰材料

CRH380BL 型动车组车体为铝合金材料,包括型材、板材和铸铝件。目前,铁路客车广泛应用的内装非金属材料有木材(木撑、木质胶合板、防腐木质胶合板)、热固性树脂层压板(玻璃钢、PC 合金板、贴面板)、非金属阻尼材料、隔热材料及其他新型复合材料等;常用的内装金属材料有钢制材料、不锈钢材料、铝蜂窝复合材料、铝板面三明治复合材料、铝及铝镁合金材料等。

CRH380BL 型动车组车厢内主要结构的材料见表 8-4。

表 8-4 车厢内主要结构的材料

项　　目		材　　料
车门	外门	主要为铝合金
	内门	铝框+防火玻璃
车窗	侧窗	铝框+多层中空玻璃
	紧急车窗	铝框+多层中空玻璃(夹层中夹有脆性树脂玻璃胶片)
座椅		聚氨酯内衬+纺织物外套+聚碳酸酯扶手+铝合金骨架
行李架		铝合金骨架+PVC
行李柜		铝型材+木材

3. 车厢材料燃烧性能参数

车厢内主要材料燃烧性能参数见表 8-5。

表 8-5 车厢内主要材料燃烧性能参数

材料名称	密度 (kg/m^3)	比热容 [J/(kg·K)]	导热系数 [W/(m·K)]	最大热释放速率 (kW/m^2)	燃点 (℃)
PVC	1 380	1.20	0.18	90	520
聚碳酸酯	1 280	1.4	0.23	200	580

续上表

材料名称	密度 (kg/m³)	比热容 [J/(kg·K)]	导热系数 [W/(m·K)]	最大热释放速率 (kW/m²)	燃点 (℃)
铝合金	2 750	0.88	200	—	—
聚氨酯泡沫	50	1	0.05	280	370
纺织物	120	1	0.15		

座椅的热释放速率(HRRPUA)-时间曲线、聚碳酸酯的热释放速率(HRRPUA)-时间曲线,PVC 的热释放速率(HRRPUA)-时间曲线如图 8-7 所示。

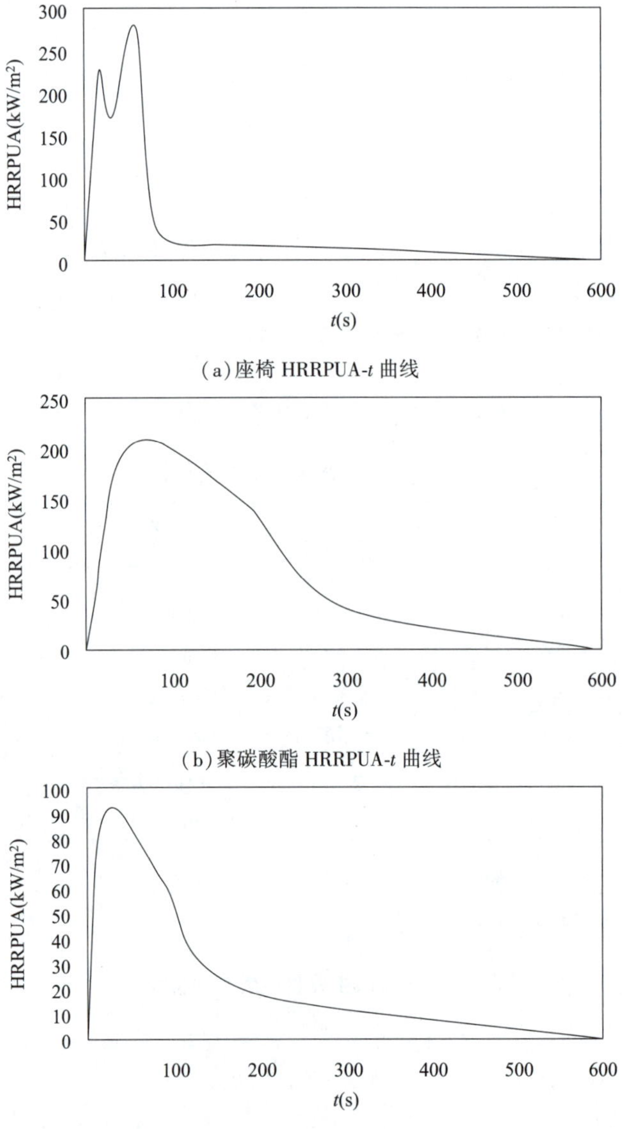

(c)PVC HRRPUA-t 曲线

图 8-7　车厢主要材料热释放速率-时间曲线

4. 动车组列车火灾轰燃时间研究

采用 FDS 火灾模拟软件分别对动车组列车单节车厢、相邻车厢的火灾轰燃时间、温度等进行研究。

(1)火源设置

考虑由人为引燃座椅,火源位置设置在车厢中部座椅,火源面积为一个座椅的面积($0.176\ m^2$)火源最大热释放速率为 1 000 kW,点火持续时间为 600 s。火源热释放速率在 1 s 内从 0 kW 瞬时增长到 1 000 kW,在 500 ~ 600 s 减小到 0 kW。

根据 CRH380BL 车体结构,进行 FDS 火灾模拟计算,建立的二等座单节车厢模型如图 8-8 所示。

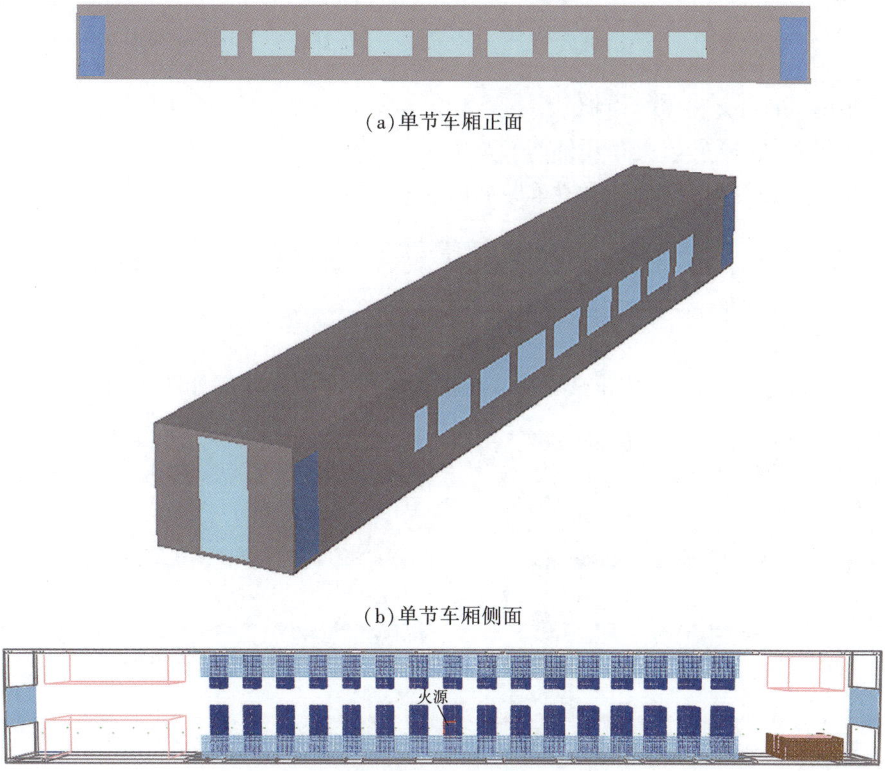

(a)单节车厢正面

(b)单节车厢侧面

(c)单节车厢内部结构俯视图(火源位置)

图 8-8 CRH380BL 二等座单节车厢模型

建立三节动车组车厢模型,选择中间车厢为起火车厢,计算模型如图 8-9 所示。

图 8-9 火灾模拟三节车厢计算模型

当静止列车发生火灾时,乘客逃生行为分为三种情况:①通过车厢外门逃离车厢;②通过车厢逃生窗逃离车厢;③通过车厢内门紧急逃离起火车厢,转移到邻近未着火车厢,然后逃离列车。

通过对列车发生火灾时人员逃生行为进行合理性分析，研究静止列车车厢火灾轰燃的计算工况，见表 8-6。

表 8-6　列车车厢火灾轰燃计算工况

火灾场景	逃生工况		
	外　门	内　门	逃生窗
A	开启(起火车厢)	关闭	关闭
B	开启(起火车厢)	关闭	开启(起火车厢)
C	开启	开启	关闭
D	开启	开启	开启(起火车厢)
E	开启	开启	开启

(2)动车组车厢火灾轰燃模拟

1)火灾场景 A(开启起火车厢外门)模拟

开启起火车厢的 4 个外门，模拟车厢如图 8-10 所示。

图 8-10　起火车厢开启外门模型

①火灾发展蔓延情况。在计算时间 3 600 s 内，火灾蔓延状态如图 8-11 所示。

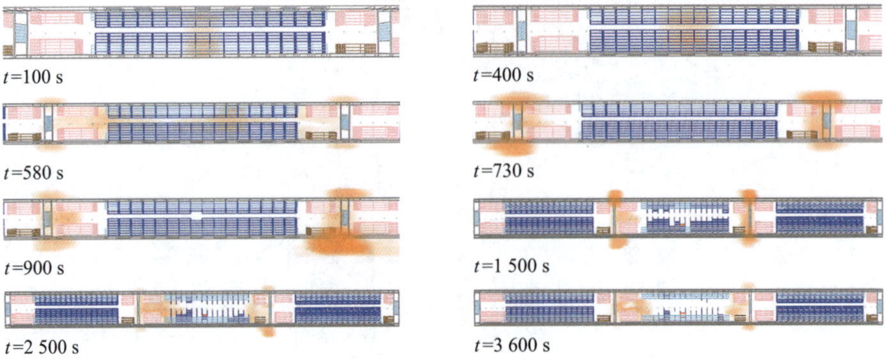

图 8-11　火灾发展蔓延状态

从列车车厢火灾场景 A 的火灾发展蔓延状态可以得出：列车车厢火灾 100 s 时，起火座椅引燃前后左右的座椅；火灾 400 s 时，座椅燃烧范围进一步扩大；火灾 580 s 时，燃烧范围发展到整个车厢，火焰从外门开口逸出；火灾 730 s 时，因为起火车厢外门开启，车门处氧气充足，火势较大；火灾 900 s 时，座椅可燃物开始燃尽；火灾 3 600 s，大部分座椅燃尽。可以发现，由于内门没有开启，3 600 s 的时间内起火车厢的火势还没有蔓延至相邻车厢。

②车厢顶棚烟气温度。该火灾场景下，3 600 s 计算时间车厢顶棚烟气温度-时间曲线，如图 8-12 所示。

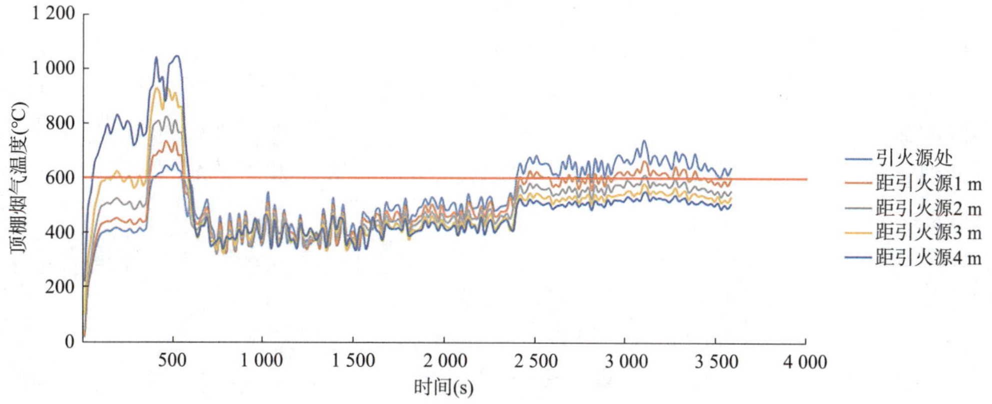

(a)车厢引火源附近 4 m 范围内顶棚

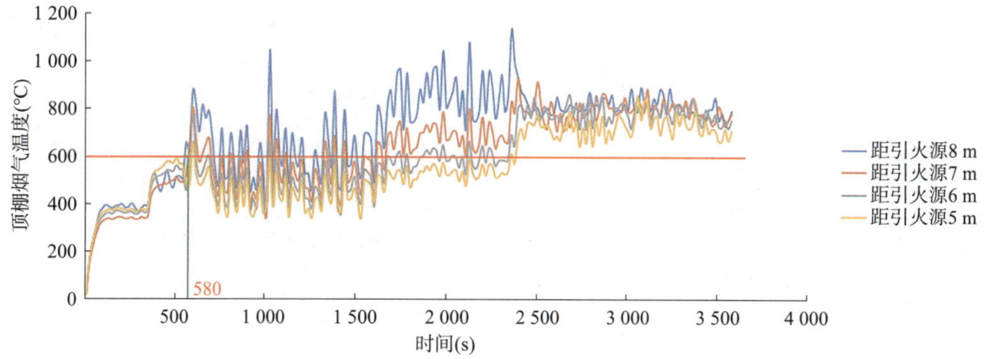

(b)车厢距引火源 5～8 m 范围内顶棚

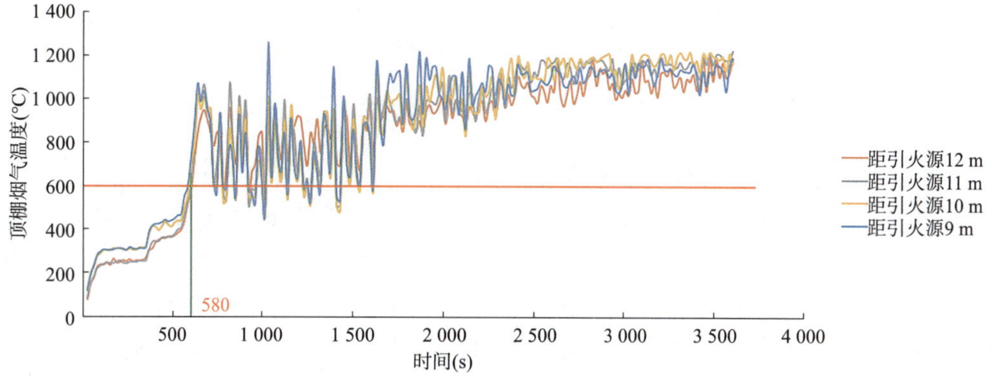

(c)车厢距引火源 9～12 m 范围内顶棚

图 8-12　车厢顶棚烟气温度-时间曲线

从火灾场景 A 车厢顶棚烟气温度-时间曲线可以看出：由于引火源自身的影响，引火源附近着火后升温很快，在 500 s 内迅速升温至 1 000 ℃，随后由于引火源的消失，温度也急剧下降，此时主要是座椅的燃烧，稳定在 600 ℃上下；在距引火源 5～8 m 范围，顶棚烟气温度上升到 600 ℃大概需要 10 min 的时间，最后稳定在 700 ℃上下；在开启的车厢外门附近，顶棚烟气温度上升到 600 ℃同样大概需要 10 min 的时间，由于外门附近主要是大型行李柜、电气柜等，且空气充足，燃烧主要集中在外门附近，温度不断上升，可以达到 1 200 ℃。

③车厢轰燃时间。从车厢顶棚烟气温度的模拟结果可以看出：车厢顶棚烟气温度达到轰燃温度条件 600 ℃的时间大致为 10 min；从热释放速率-时间曲线可以看出：车厢火灾 10 min 时，热释放速率已处于基本为 0 的状态；从车厢火灾的发展蔓延图可以看出：火灾 10 min 时，火势已蔓延至整个车厢，火焰从外门开口逸出。

以车厢顶棚烟气温度达到 600 ℃为判据，并辅助观察热释放速率、火灾蔓延情况，判定火灾场景 A（开启起火车厢外门）工况下的车厢轰燃时间为 10 min。

2）火灾场景 B（开启起火车厢外门和逃生窗）模拟

开启起火车厢的 4 个外门和 4 扇逃生窗，模拟车厢如图 8-13 所示。

图 8-13　起火车厢开启外门和逃生窗模型

①火灾发展蔓延情况。在计算时间 3 600 s 内，火灾蔓延状态如图 8-14 所示。

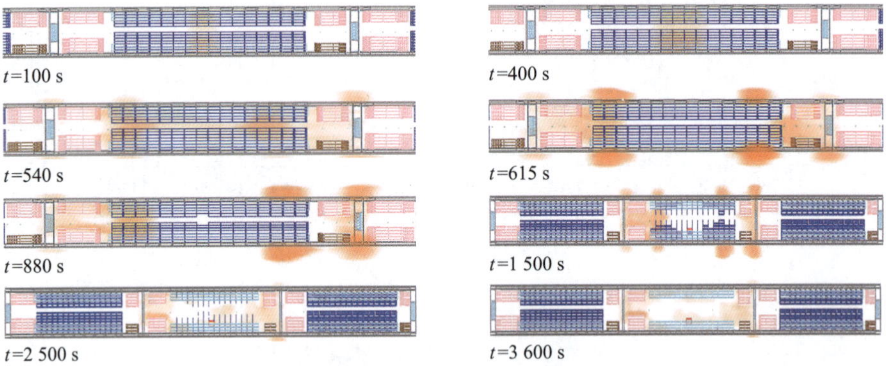

图 8-14　火灾发展蔓延状态

从列车车厢火灾场景 B 的火灾发展蔓延状态可以得出：列车车厢火灾 100 s 时，起火座椅引燃前后左右的座椅；火灾 400 s 时，座椅燃烧范围进一步扩大；火灾 540 s 时，燃烧范围发展到整个车厢，火焰从外门和逃生窗开口逸出；火灾 615 s 时，因为着火车厢外门和逃生窗开启，逃生窗和车门处氧气充足，火势较大；火灾 880 s 时，座椅可燃物开始燃尽；火灾 3 600 s，着火车厢内座椅全部燃尽。可以发现，由于内门没有开启，3 600 s 的时间内起火车厢的火势还没有蔓延至相邻车厢。

②车厢顶棚烟气温度。该火灾场景下，3 600 s 计算时间车厢顶棚烟气温度-时间曲线如图 8-15 所示。

从火灾场景 B 车厢顶棚烟气温度-时间曲线可以看出：由于引火源自身的影响，引火源附近着火后升温很快，在 500 s 内迅速升温，最高可达 1 200 ℃，随后引火源消失，此时主要是座椅燃烧，稳定在 600 ℃上下；在距引火源 5 ~ 8 m 范围，顶棚烟气温度上升到 600 ℃大概需要 9 min 的时间，最后趋于稳定；在开启的车厢外门附近，顶棚烟气温度上升到 600 ℃同样大概需要 10 min 的时间，由于外门附近主要是大型行李柜、电气柜等，且空气充足，燃烧主要集中在外门附近，温度不断上升，可以达到 1 200 ℃。

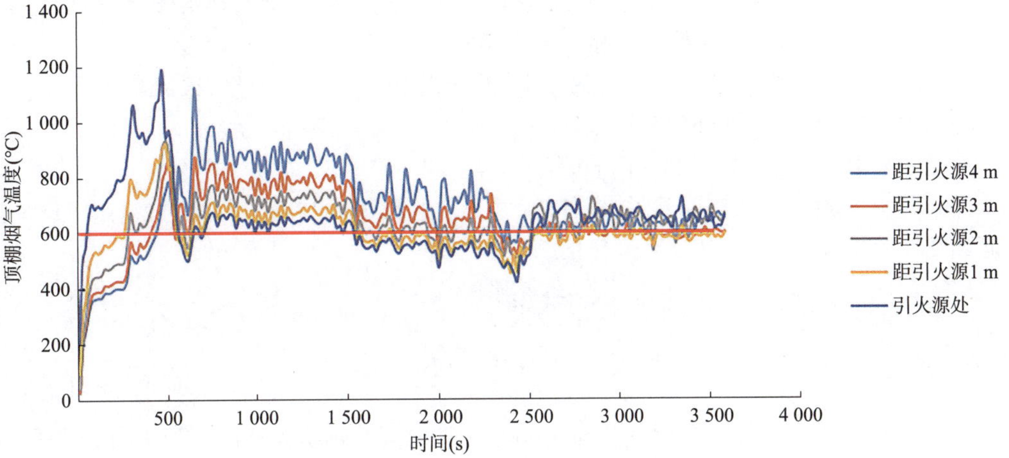

(a) 车厢引火源附近 4 m 范围内顶棚

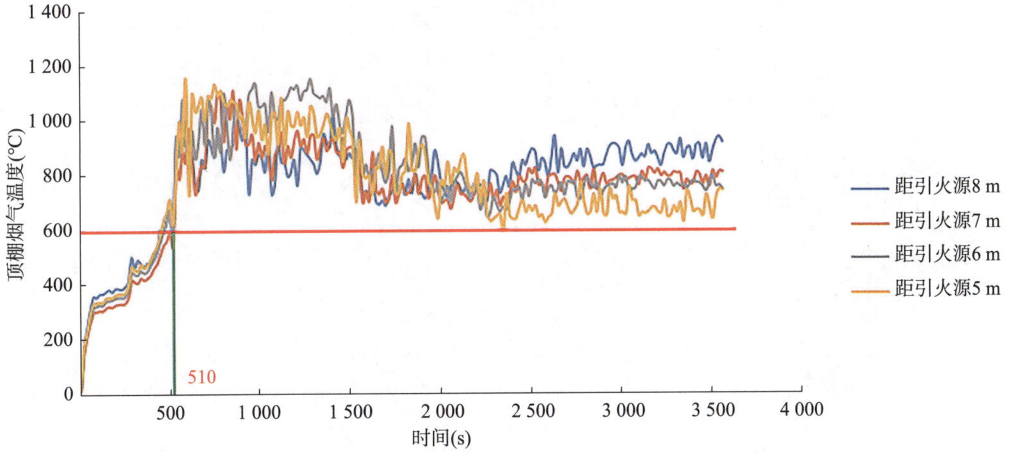

(b) 车厢距引火源 5 ~ 8 m 范围内顶棚

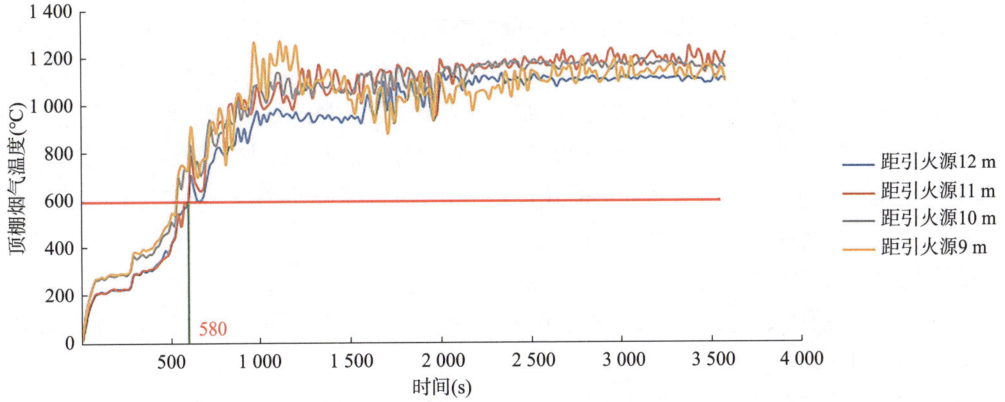

(c) 车厢距引火源 9 ~ 12 m 范围内顶棚

图 8-15 车厢顶棚烟气温度-时间曲线

③车厢轰燃时间。从车厢顶棚烟气温度的模拟结果可以看出：车厢顶棚烟气温度达到轰燃温度 600 ℃条件的时间大致在 9 min；从热释放速率-时间曲线（图 8-7）可以看出：车厢火灾 9 min 时，热释放速率处于停滞状态，趋于 0；从车厢火灾的发展蔓延图可以看出：车厢火灾 9 min 时，火势已蔓延至整个车厢，火焰从外门开口逸出。

以车厢顶棚烟气温度达到 600 ℃为判据，并辅助观察热释放速率、火灾蔓延情况，判定火灾场景 B（开启起火车厢外门和逃生窗）工况下的车厢轰燃时间为 9 min。

3）火灾场景 C（开启外门和内门）模拟

开启起火车厢和相邻车厢共 12 扇外门，并开启起火车厢与相邻车厢的 2 扇内门。模拟车厢如图 8-16 所示。

图 8-16 车厢开启外门和内门模型

①火灾发展蔓延情况。在计算时间 3 600 s 内，火灾蔓延状态如图 8-17 所示。

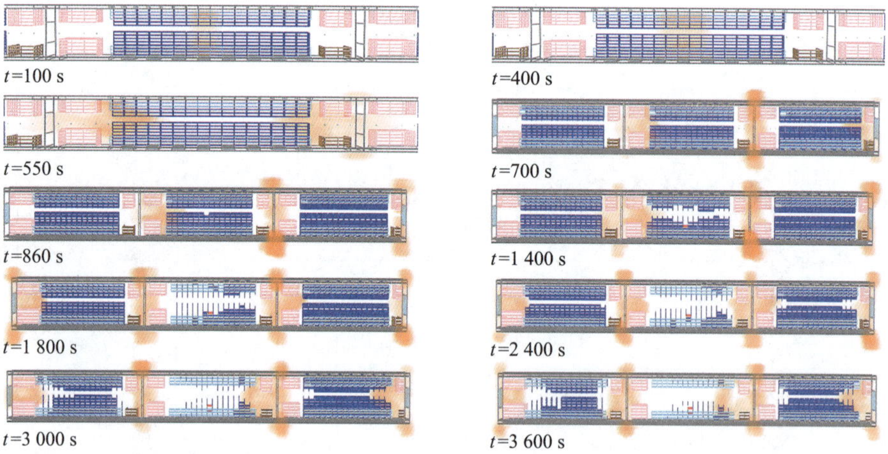

图 8-17 火灾发展蔓延状态

从列车车厢火灾场景 C 的火灾发展蔓延状态可以得出：列车车厢火灾 100 s 时，起火座椅引燃前后左右的座椅；火灾 400 s 时，座椅燃烧范围进一步扩大；火灾 550 s 时，燃烧范围发展到整个车厢，火焰从外门开口逸出；火灾 700 s 时，因为内门处于开启状态，火焰开始蔓延进入相邻车厢；火灾 860 s 时，起火车厢座椅可燃物开始燃尽；火灾 1 800 s 时，两节相邻车厢火焰蔓延至整个车厢；火灾 2 400 s 时，相邻车厢内的座椅开始燃烧；火灾 3 600 s 时，起火车厢内的座椅基本燃尽。

②车厢顶棚烟气温度。

a. 起火车厢顶棚烟气温度。该火灾场景下，3 600 s 计算时间起火车厢顶棚烟气温度-时间曲线如图 8-18 所示。

从火灾场景 C 起火车厢顶棚烟气温度-时间曲线可以看出：引火源附近 5 m 范围内由于引火源自身的影响，着火后升温很快，在 500 s 内迅速升温，最高可达 1 000 ℃，随后引火源

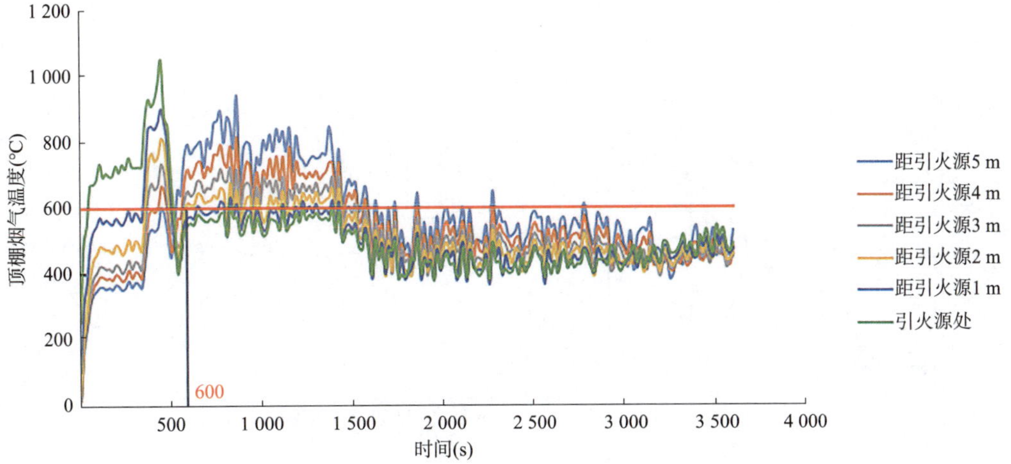

(a)起火车厢引火源附近 5 m 范围内顶棚

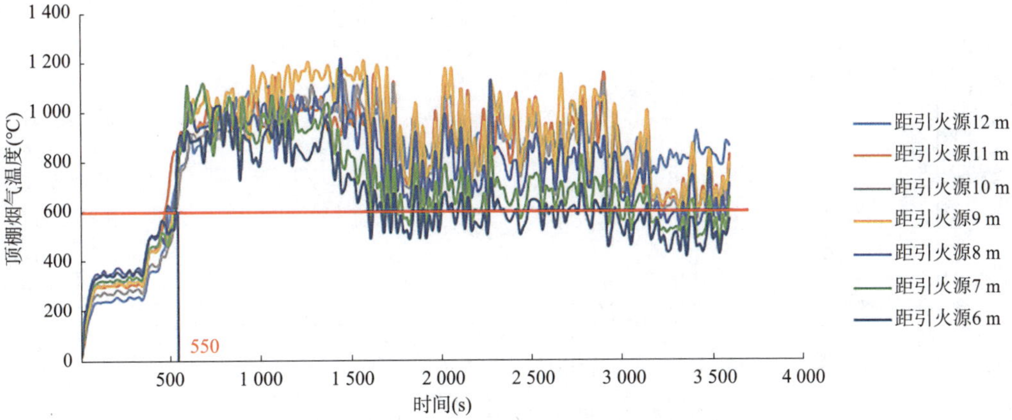

(b)起火车厢距引火源 6 ~ 12 m 范围内顶棚

图 8-18 起火车厢顶棚烟气温度-时间曲线

消失,此时主要是座椅燃烧,稳定在 600 ℃上下;在距引火源 6 ~ 12 m 范围,顶棚烟气温度上升到 600 ℃大概需要 550 s 的时间,最后趋于稳定。

b. 相邻车厢顶棚烟气温度。该火灾场景下,3 600 s 计算时间相邻车厢顶棚烟气温度-时间曲线如图 8-19 所示。

从火灾场景 C 相邻车厢顶棚烟气温度-时间曲线可以看出:在距引火源 13 ~ 15 m 范围,由于靠近起火车厢,顶棚烟气温度上升到 600 ℃需要 640 s 的时间,第二次温度快速增长期在 1 370 ~ 1 800 s,峰值温度可达 1 400 ℃;在距引火源 16 ~ 21 m 范围,顶棚烟气温度快速增长期同样在 1 370 ~ 1 800 s,峰值温度可达 1 200 ℃;在距引火源 22 ~ 27 m 范围,顶棚烟气温度快速增长期在 1 350 ~ 1 800 s,峰值温度可达 600 ℃;在距引火源 28 ~ 31 m 范围,顶棚烟气温度上升到 600 ℃大概需要 1 800 s 的时间;在距引火源 32 ~ 37 m 范围,顶棚烟气温度上升到 600 ℃同样大概需要 1 800 s 的时间。

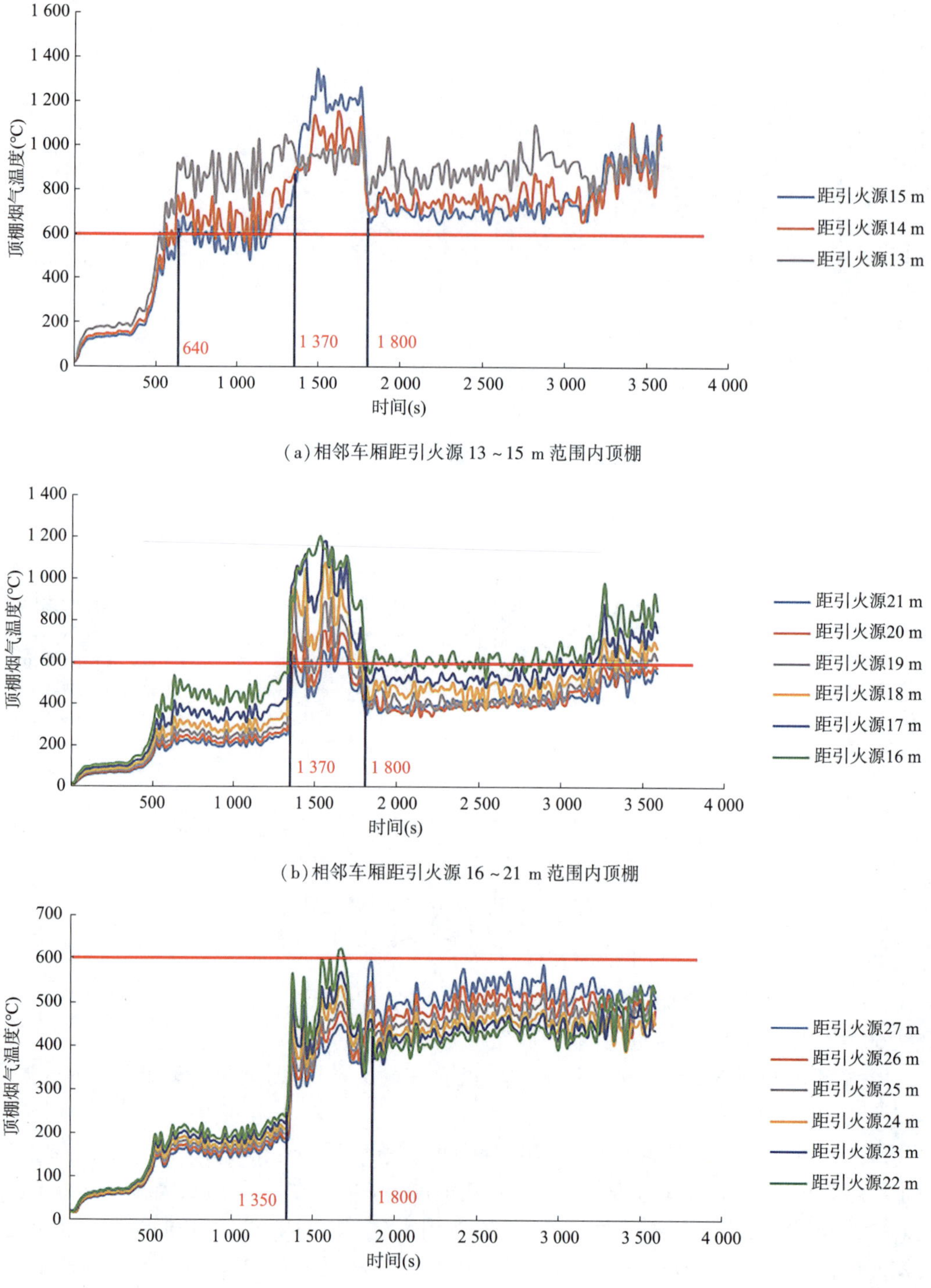

(a)相邻车厢距引火源 13～15 m 范围内顶棚

(b)相邻车厢距引火源 16～21 m 范围内顶棚

(c)相邻车厢距引火源 22～27 m 范围内顶棚

图 8-19

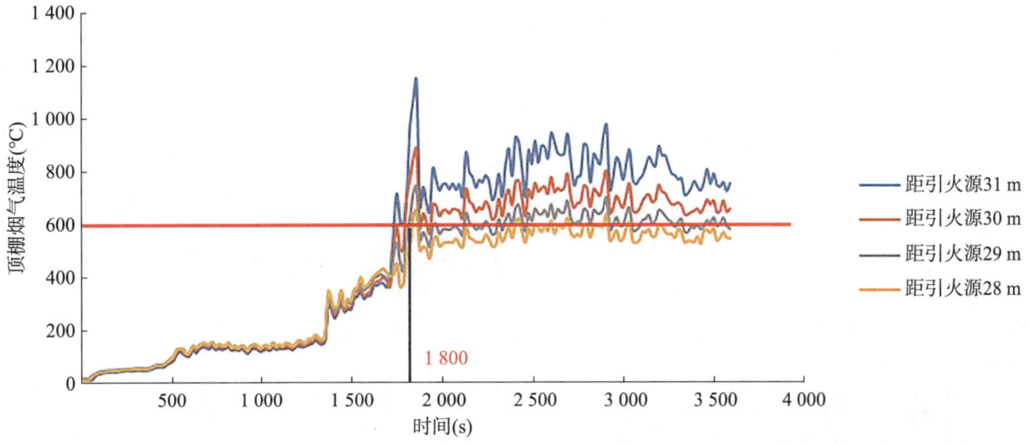

(d)相邻车厢距引火源 28 ~ 31 m 范围内顶棚

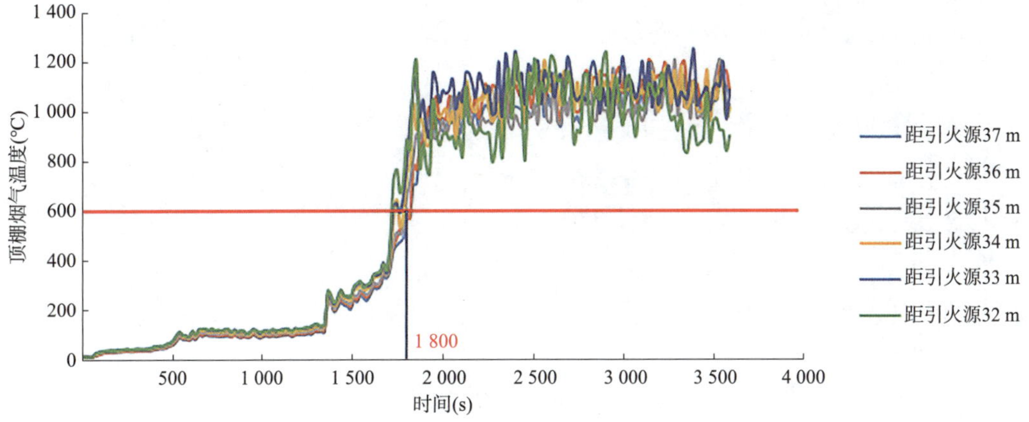

(e)相邻车厢距引火源 32 ~ 37 m 范围内顶棚

图 8-19　相邻车厢顶棚烟气温度-时间曲线

③车厢轰燃时间。

a. 起火车厢轰燃时间。从起火车厢顶棚烟气温度的模拟结果可以看出:起火车厢顶棚烟气温度达到轰燃温度 600 ℃条件的时间大致在 9 min;从车厢火灾的发展蔓延图可以看出:车厢火灾 9 min 时,火势已蔓延至整个起火车厢,火焰从外门开口逸出。

以车厢顶棚烟气温度达到 600 ℃为判据,并辅助火灾蔓延情况,判定火灾场景 C(开启外门和内门)工况下的起火车厢轰燃时间为 9 min。

b. 相邻车厢轰燃时间。从相邻车厢顶棚烟气温度随时间变化曲线可以发现:车厢内不同的位置由于通风条件的差异,达到的最高温度和温度随时间变化规律不尽相同,相邻车厢外门(开启)附近通风条件良好,火势较大,温度相对较高,在 800 ~ 1 200 ℃之间;而车厢的中部由于通风条件较差,供氧不足,最高温度还没有达到 600 ℃。虽然不同位置的温度曲线不同,但车厢内不同位置在 1 350 ~ 1 800 s 之间均会出现温度峰值区,同时相邻车厢距起火车厢的远端在 1 800 s 时,温度升至 600 ℃。而从火灾蔓延发展状态图可以看出:在火灾 1 800 s 时,火势已蔓延至整个相邻车厢。

判定火灾场景 C(开启外门和内门)工况下的相邻车厢轰燃时间为 30 min。

4)火灾场景 D(开启外门、内门和起火车厢逃生窗)模拟

开启起火车厢 4 扇逃生窗,开启起火车厢和相邻车厢 12 扇外门,并开启起火车厢与相邻车厢的 2 扇内门。模拟车厢如图 8-20 所示。

图 8-20　车厢开启外门、内门和起火车厢逃生窗模型

①火灾发展蔓延情况。在计算时间 3 600 s 内,火灾蔓延状态如图 8-21 所示。

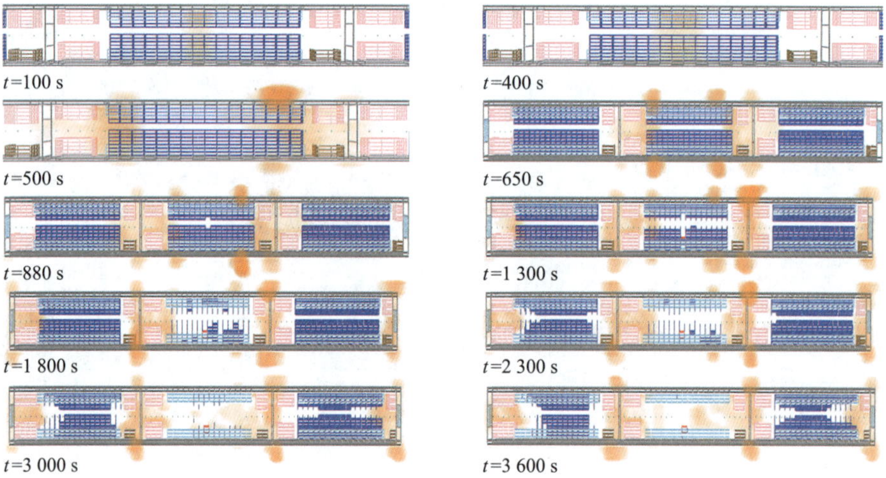

图 8-21　火灾发展蔓延状态

从列车车厢火灾场景 D 的火灾发展蔓延状态可以得出:列车车厢火灾 100 s 时,起火座椅引燃前后左右的座椅;火灾 400 s 时,座椅燃烧范围进一步扩大;火灾 500 s 时,燃烧范围发展到整个车厢,火焰从车窗开口逸出;火灾 650 s 时,因为内门处于开启状态,火焰开始蔓延进入相邻车厢;火灾 880 s 时,起火车厢座椅可燃物开始燃烧;火灾 1 300 s 时,两节相邻车厢火焰蔓延至整个车厢;火灾 2 300 s 时,相邻车厢内的座椅开始燃烧;火灾 3 600 s 时,起火车厢内的座椅燃尽。

②车厢顶棚烟气温度。

a. 起火车厢顶棚烟气温度。该火灾场景下,3 600 s 计算时间起火车厢顶棚烟气温度-时间曲线如图 8-22 所示。

从火灾场景 D 起火车厢顶棚烟气温度-时间曲线可以看出:引火源附近 4 m 范围内由于引火源自身的影响,起火后升温很快,在 500 s 内迅速升温,最高可达 1 000 ℃,随后引火源消失,此时主要是座椅燃烧,稳定在 600 ℃上下;在距引火源 5 ~ 8 m 范围,顶棚烟气温度上升到 600 ℃大概需要 500 s 的时间;在距引火源 9 ~ 12 m 范围,顶棚烟气温度上升到 600 ℃同样大概需要 500 s 的时间,同时由于处于外门(开启)附近,通风良好,燃烧剧烈,温度较高,在 1 000 ~ 1 200 ℃之间。

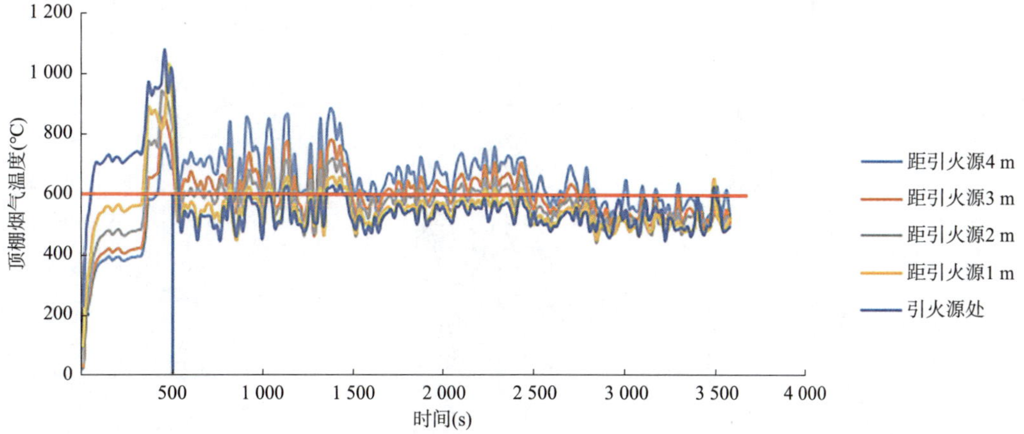

(a)起火车厢引火源附近4 m范围内顶棚

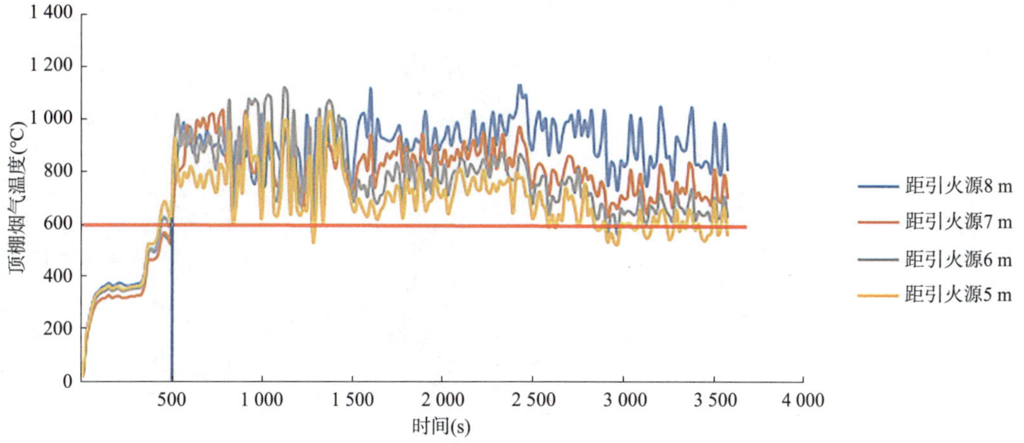

(b)起火车厢距引火源5～8 m范围内顶棚

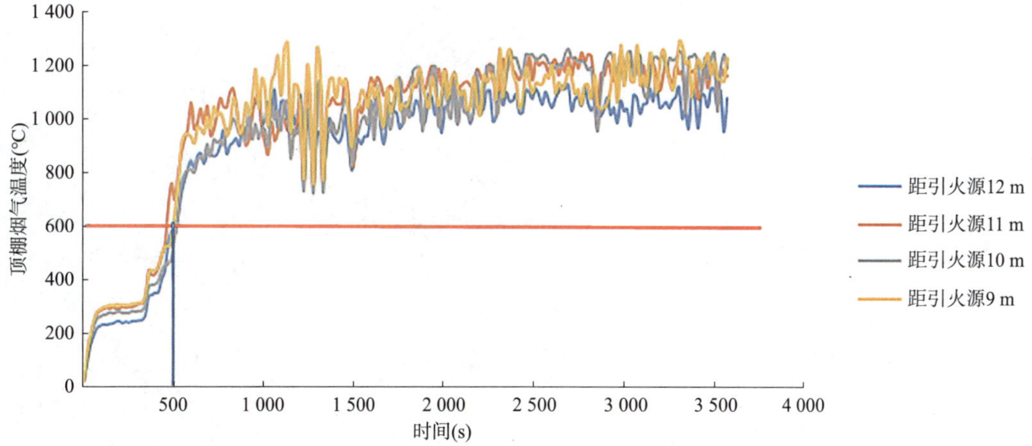

(c)起火车厢距引火源9～12 m范围内顶棚

图8-22　起火车厢顶棚烟气温度-时间曲线

b. 相邻车厢顶棚烟气温度。该火灾场景下,3 600 s 计算时间相邻车厢顶棚烟气温度-时间曲线如图 8-23 所示。

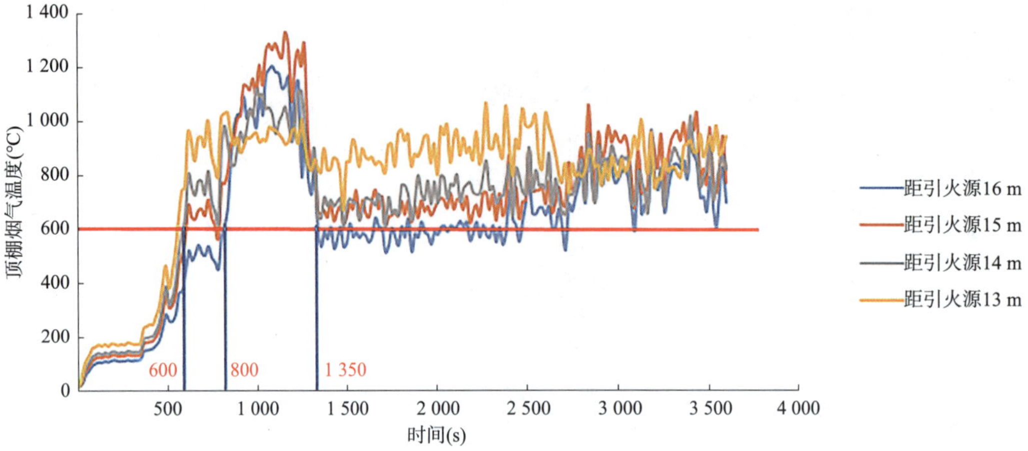

(a)相邻车厢距引火源 13 ~ 16 m 范围内顶棚

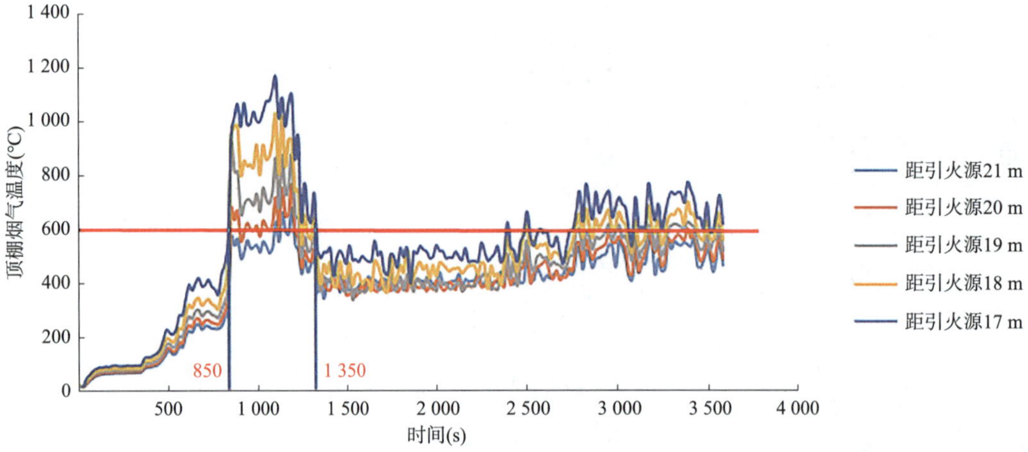

(b)相邻车厢距引火源 17 ~ 21 m 范围内顶棚

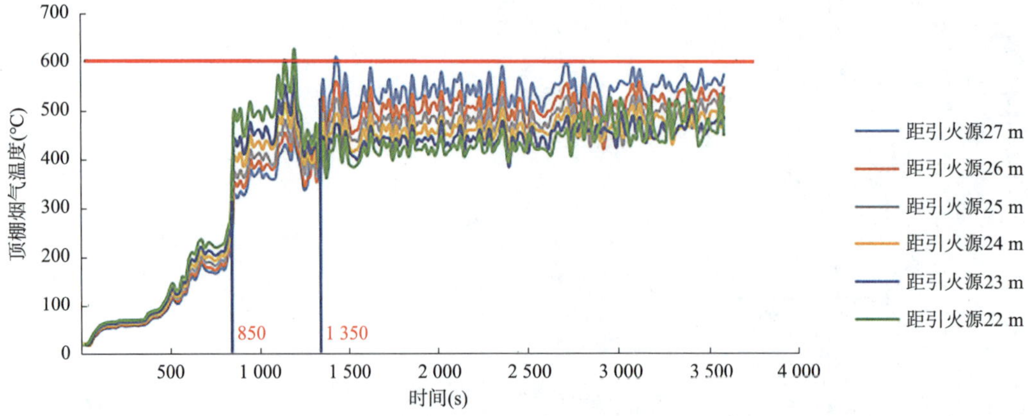

(c)相邻车厢距引火源 22 ~ 27 m 范围内顶棚

图 8-23

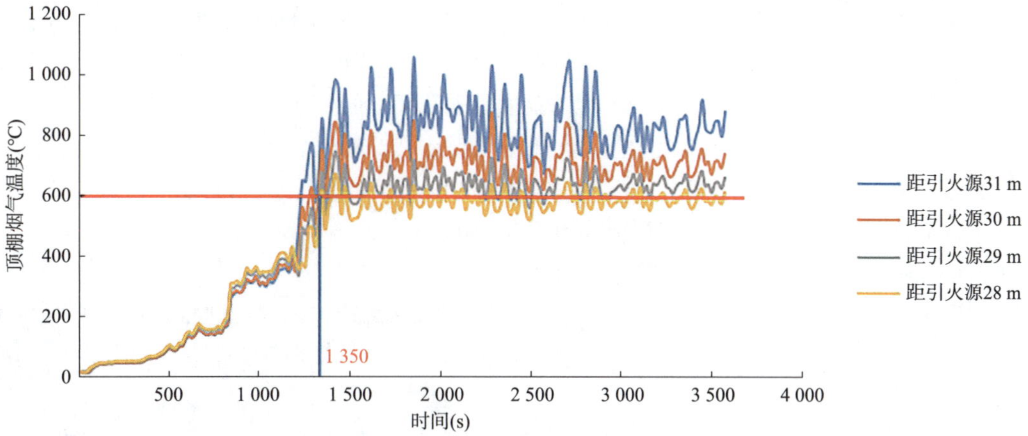

(d)相邻车厢距引火源 28～31 m 范围内顶棚

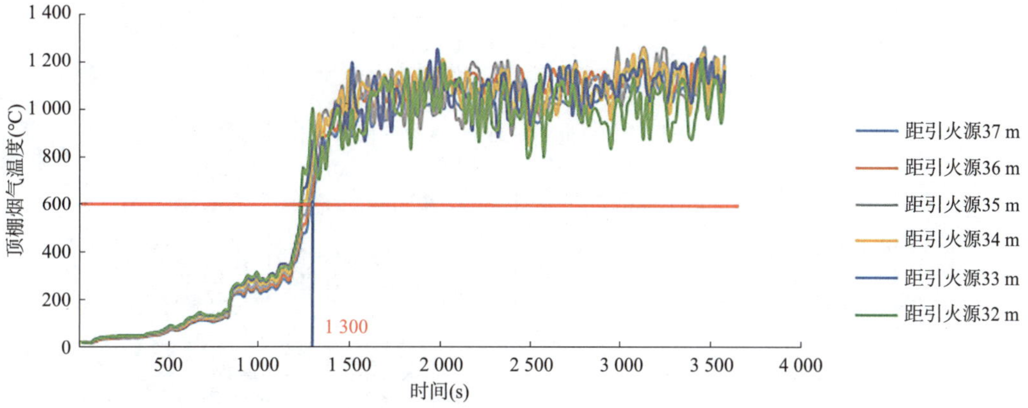

(e)相邻车厢距引火源 32～37 m 范围内顶棚

图 8-23　相邻车厢顶棚烟气温度-时间曲线

从火灾场景 D 相邻车厢顶棚烟气温度-时间曲线可以看出：在距引火源 13～16 m 范围，由于靠近起火车厢，顶棚烟气温度上升到 600 ℃需要 600 s 的时间，800～1 350 s 为第二次温度骤变期，峰值温度可达 1 300 ℃，随后温度趋于平稳；在距引火源 17～21 m 范围，850～1 350 s 为顶棚烟气温度骤变期，峰值温度可达 1 200 ℃；在距引火源 22～27 m 范围，顶棚烟气温度骤变期同样在 850～1 350 s，但由于在车厢中部，通风条件较差，温度未达到 600 ℃；在距引火源 28～31 m 范围，顶棚烟气温度上升到 600 ℃大概需要 1 350 s 的时间；在距引火源 32～37 m 范围，顶棚烟气温度上升到 600 ℃大概需要 1 300 s 的时间。

③车厢轰燃时间。

a. 起火车厢轰燃时间。从起火车厢顶棚烟气温度的模拟结果可以看出：起火车厢顶棚烟气温度达到轰燃温度 600 ℃条件的时间大致在 500 s；从车厢火灾的发展蔓延图可以看出：车厢火灾 500 s 时，火势已蔓延至整个起火车厢，火焰从外门及逃生窗开口逸出。

以车厢顶棚烟气温度达到 600 ℃为判据，并辅助火灾蔓延情况，判定火灾场景 D(开启外门、内门和起火车厢逃生窗)工况下的起火车厢轰燃时间为 500 s。

b. 相邻车厢轰燃时间。从相邻车厢顶棚烟气温度随时间变化曲线可以发现：车厢内不同的位置由于通风条件的差异，达到的最高温度和温度随时间变化规律不尽相同，相邻车厢外门（开启）附近通风条件良好，火势较大，温度相对较高，在 800 ~ 1 200 ℃之间；而车厢的中部由于通风条件较差，供氧不足，最高温度还没有达到 600 ℃。虽然不同位置的温度曲线不同，但车厢内不同位置在 800 ~ 1 350 s 之间均会出现温度峰值区，同时相邻车厢距着火车厢的远端在 1 300 ~ 1 350 s 时，温度升至 600 ℃。而从火灾蔓延发展状态图可以看出：在火灾 1 300 s 时，火势已蔓延至整个相邻车厢。

以车厢顶棚烟气温度达到 600 ℃为基本判据，并辅助温度随时间变化规律、火灾蔓延情况，判定火灾场景 D（开启外门、内门和起火车厢逃生窗）工况下的相邻车厢轰燃时间为 22 min。

5）火灾场景 E（开启起火和相邻车厢的外门、内门、逃生窗）

开启起火车厢和相邻车厢 12 扇逃生窗，开启起火车厢和相邻车厢 12 扇外门，并开启起火车厢与相邻车厢的 2 扇内门。模拟车厢如图 8-24 所示。

图 8-24　起火车厢和相邻车厢开启外门、内门和逃生窗模型

①火灾发展蔓延情况。在计算时间 3 600 s 内，火灾蔓延状态如图 8-25 所示。

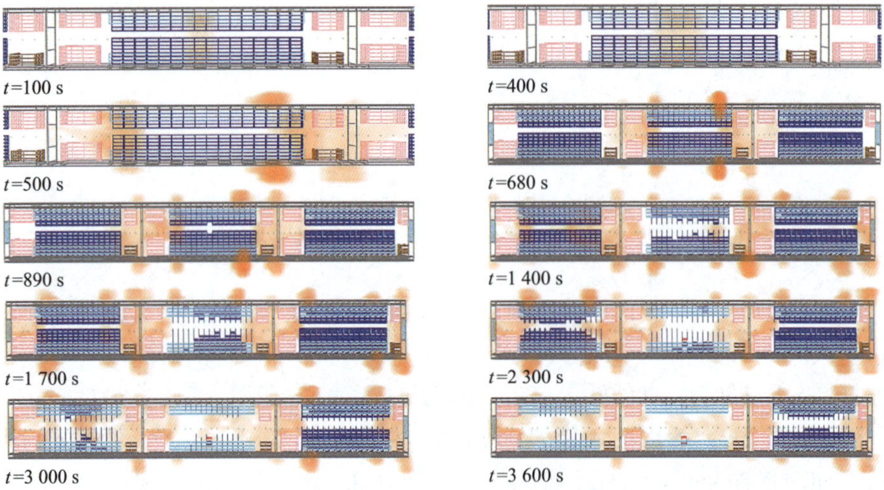

图 8-25　火灾发展蔓延状态图

从列车车厢火灾场景 E 的火灾发展蔓延状态可以得出：列车车厢火灾 100 s 时，起火座椅引燃前后左右的座椅；火灾 400 s 时，座椅燃烧范围进一步扩大；火灾 500 s 时，燃烧范围发展到整个车厢，火焰从车窗开口逸出；火灾 680 s 时，因为内门处于开启状态，火焰开始蔓延进入相邻车厢；火灾 890 s 时，起火车厢座椅可燃物开始燃烧；火灾 1 400 s 时，两节相邻车厢火焰蔓延至整个车厢；火灾 2 300 s 时，相邻车厢内的座椅开始燃烧；火灾 3 600 s 时，起火车厢内的座椅燃尽。

②车厢顶棚烟气温度。

a. 起火车厢顶棚烟气温度。该火灾场景下,3 600 s 计算时间起火车厢顶棚烟气温度-时间曲线如图 8-26 所示。

从火灾场景 E 起火车厢顶棚烟气温度-时间曲线可以看出:引火源附近 5 m 范围内由于引火源自身的影响,起火后升温很快,在 500 s 内迅速升温,最高可达 1 100 ℃,随后引火源消失,此时主要是座椅燃烧,温度在 600 ℃上下;在距引火源 6 ~ 8 m 范围,顶棚烟气温度上升到 600 ℃大概需要 500 s 的时间;在距引火源 9 ~ 12 m 范围,顶棚烟气温度上升到 600 ℃同样大概需要 500 s 的时间,同时由于处于外门(开启)附近,通风良好,燃烧剧烈,温度较高,在 1 000 ~1 200 ℃之间。

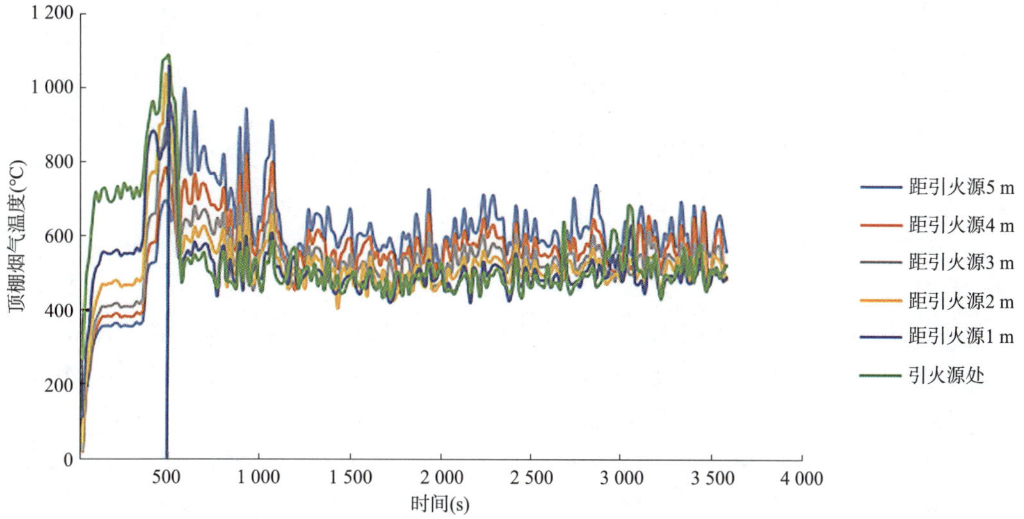

(a)起火车厢引火源附近 5 m 范围内顶棚

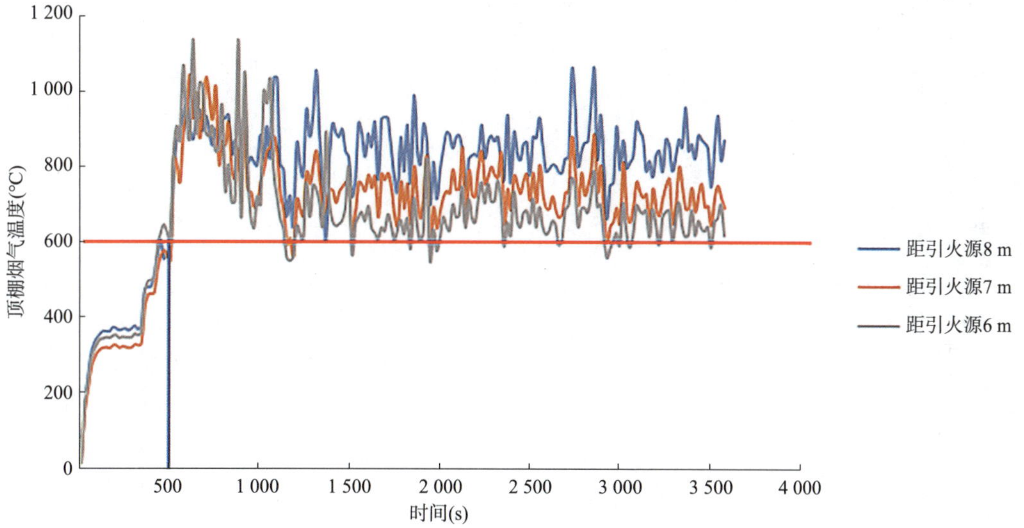

(b)起火车厢距引火源 6 ~8 m 范围内顶棚

图 8-26

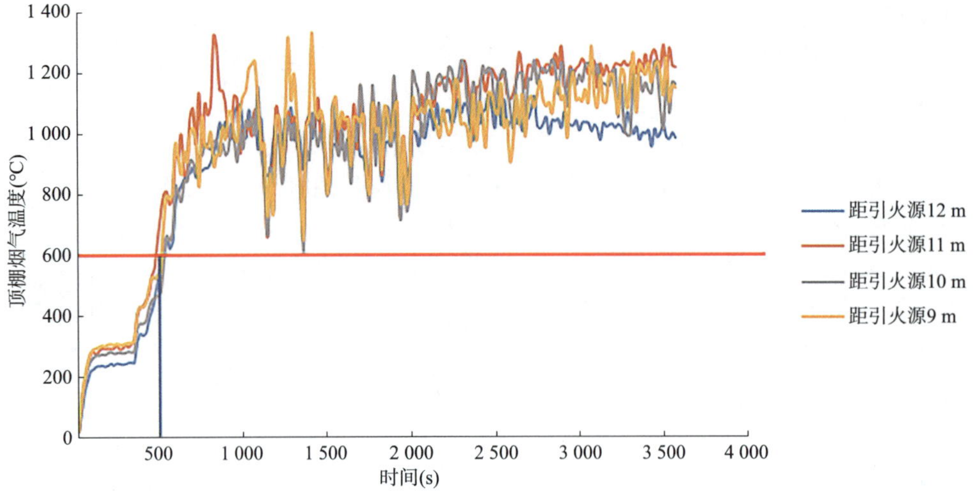

(c)起火车厢距引火源 9 ~ 12 m 范围内顶棚

图 8-26　起火车厢顶棚烟气温度-时间曲线

b. 相邻车厢顶棚烟气温度。该火灾场景下,3 600 s 计算时间相邻车厢顶棚烟气温度-时间曲线如图 8-27 所示。

从火灾场景 E 相邻车厢顶棚烟气温度-时间曲线可以看出:在距引火源 13 ~ 15 m 范围,由于靠近起火车厢,顶棚烟气温度上升到 600 ℃需要 610 s 的时间;在距引火源 16 ~ 19 m 范围,顶棚烟气温度上升到 600 ℃需要 800 s 的时间;在距引火源 20 ~ 27 m 范围,第一次顶棚烟气温度峰值在 870 s,分析是由于起火车厢的轰燃作用,第二次顶棚烟气温度峰值在 1 500 s,分析是由于相邻车厢自身的轰燃作用,但由于在车厢中部,通风条件较差,温度较低,在 600 ℃上下;在距引火源 28 ~ 32 m 范围,顶棚烟气温度上升到 600 ℃大概需要 1 500 s 的时间;在距引火源 33 ~ 37 m 范围,顶棚烟气温度上升到 600 ℃大概需要 1 500 s 的时间。

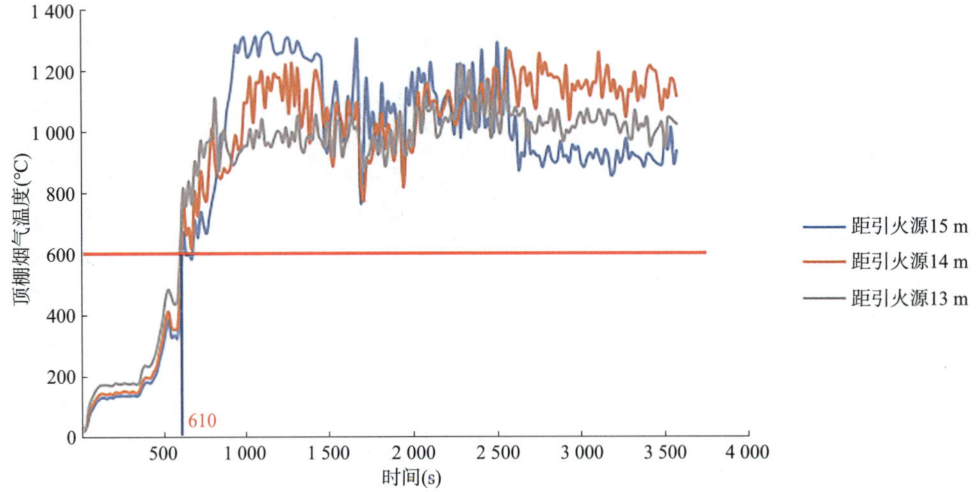

(a)相邻车厢距引火源 13 ~ 15 m 范围内顶棚

图　8-27

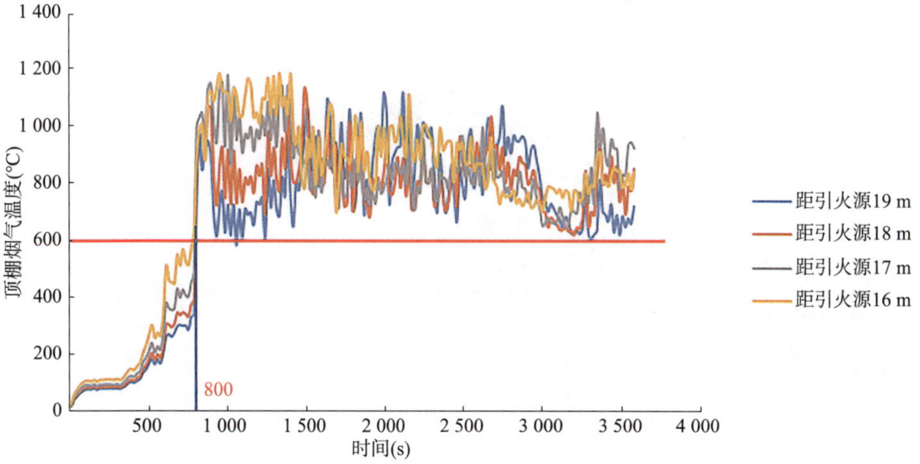

(b)相邻车厢距引火源 16 ~ 19 m 范围内顶棚

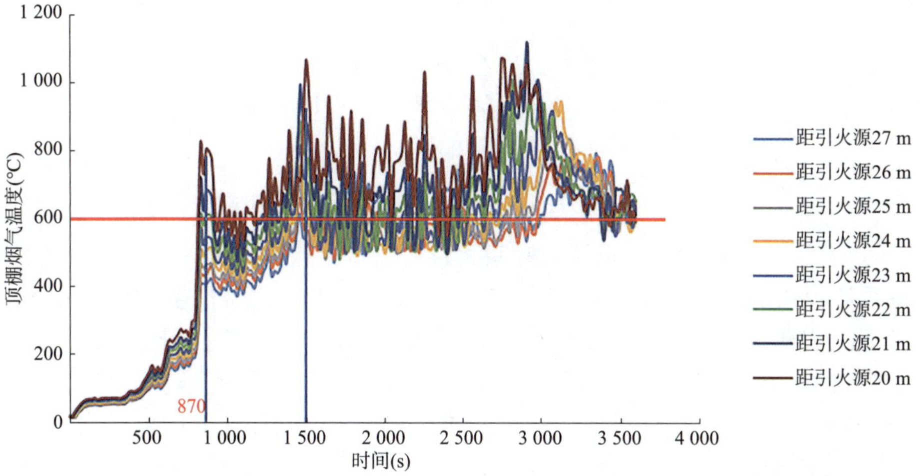

(c)相邻车厢距引火源 20 ~ 27 m 范围内顶棚

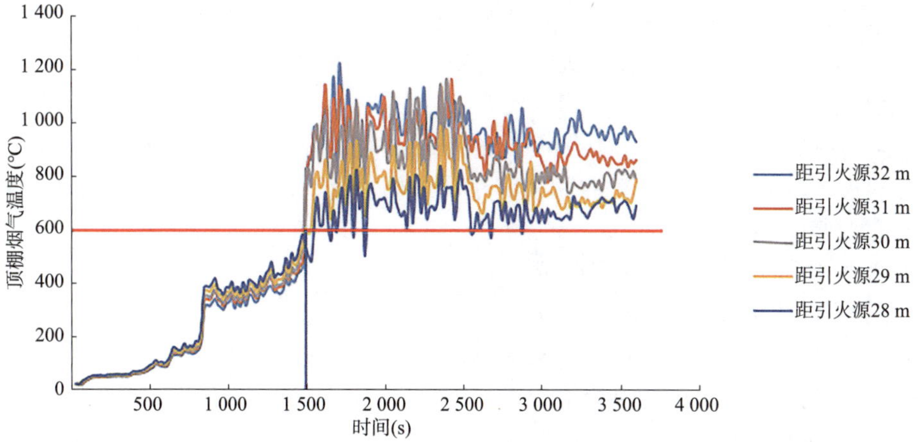

(d)相邻车厢距引火源 28 ~ 32 m 范围内顶棚

图 8-27

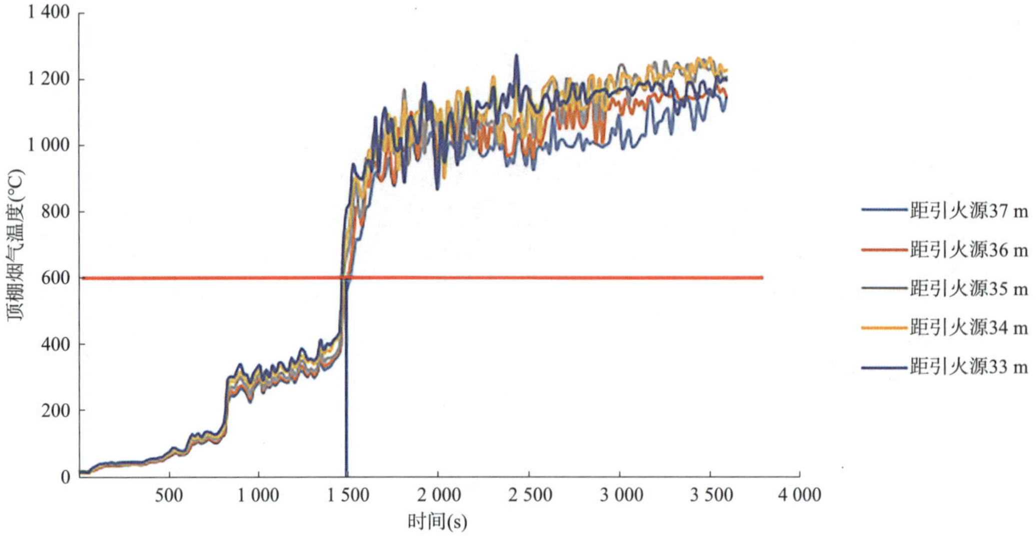

(e)相邻车厢距引火源 33 ~ 37 m 范围内顶棚

图 8-27　相邻车厢顶棚烟气温度-时间曲线

③车厢轰燃时间。

a. 起火车厢轰燃时间。从起火车厢顶棚烟气温度的模拟结果可以看出：起火车厢顶棚烟气温度达到轰燃温度 600 ℃条件的时间大致在 500 s；从车厢火灾的发展蔓延图可以看出：车厢火灾 500 s 时，火势已蔓延至整个起火车厢，火焰从外门及逃生窗开口逸出。

以车厢顶棚烟气温度达到 600 ℃为判据，并辅助火灾蔓延情况，判定火灾场景 E(开启起火车厢和相邻车厢外门、内门和逃生窗)工况下的起火车厢轰燃时间为 500 s。

b. 相邻车厢轰燃时间。从相邻车厢顶棚烟气温度随时间变化曲线可以发现：车厢内不同的位置由于通风条件的差异，达到的最高温度和温度随时间变化规律不尽相同，相邻车厢外门(开启)附近通风条件良好，火势较大，温度相对较高，在 800 ~ 1 200 ℃之间；而车厢的中部由于通风条件较差，供氧不足，温度在 600 ℃上下。相邻车厢距起火车厢的远端在 1 500 s 时，温度升至 600 ℃。而从火灾蔓延发展状态图可以看出：在火灾 1 500 s 时，火势已蔓延至整个相邻车厢。

以车厢顶棚烟气温度达到 600 ℃为基本判据，并辅助温度随时间变化规律、火灾蔓延情况，判定火灾场景 E(开启起火车厢和相邻车厢外门、内门和逃生窗)工况下的相邻车厢轰燃时间为 25 min。

(3)动车组列车火灾轰燃时间确定

1)起火车厢火灾轰燃时间确定

通过对 5 种工况下的动车组列车火灾模拟研究，以车厢顶棚烟气温度 600 ℃为判据，发现不同工况下起火车厢的火灾轰燃时间变化不大，在 8 ~ 10 min，提取 5 种工况下起火车厢在 8 min、8. 5 min、9 min、9. 5 min 和 10 min 时顶棚烟气温度，绘制不同工况起火车厢顶棚烟气温度曲线，如图 8-28 ~ 图 8-32 所示。

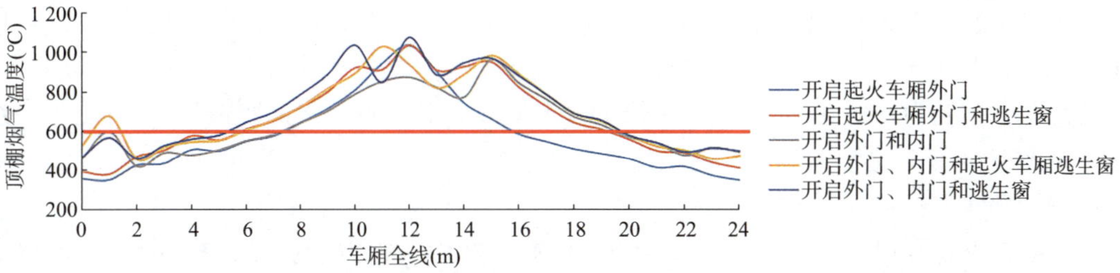

图 8-28　火灾 8 min 时不同工况起火车厢顶棚烟气温度曲线

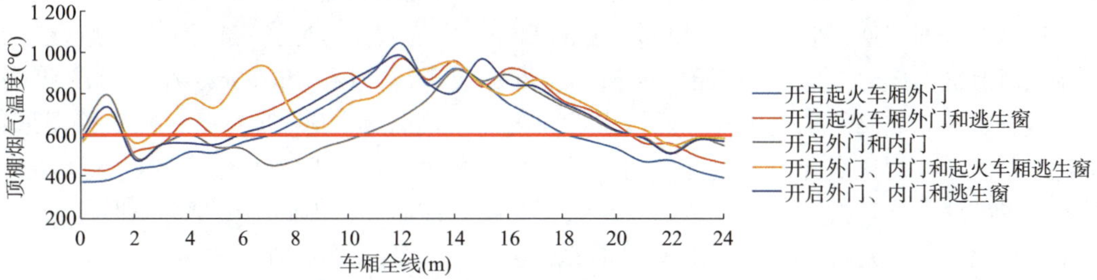

图 8-29　火灾 8. 5 min 时不同工况起火车厢顶棚烟气温度曲线

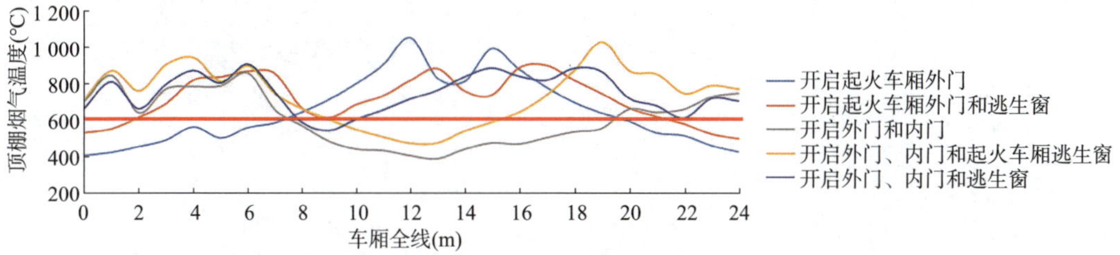

图 8-30　火灾 9 min 时不同工况起火车厢顶棚烟气温度曲线

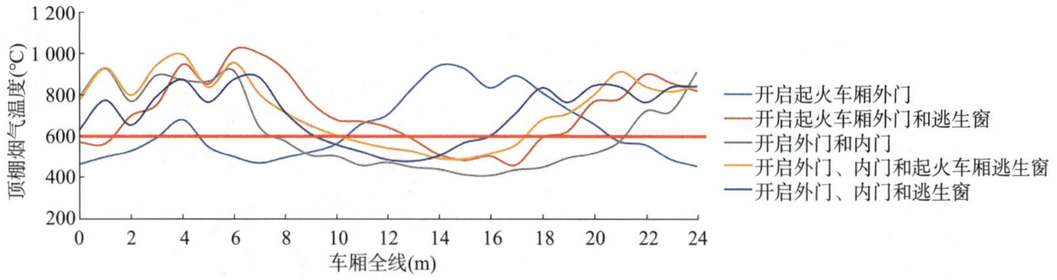

图 8-31　火灾 9. 5 min 时不同工况起火车厢顶棚烟气温度曲线

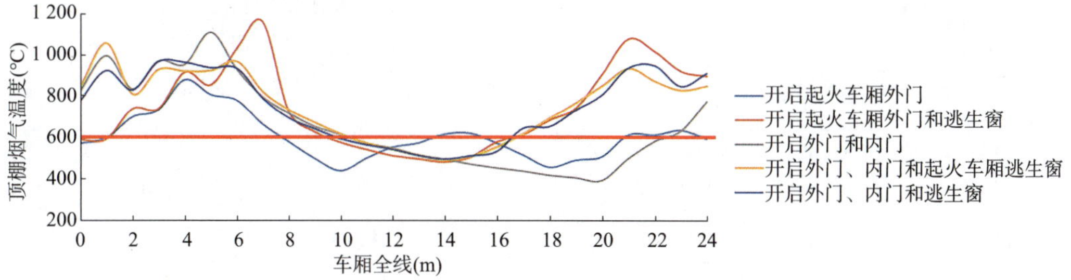

图 8-32　火灾 10 min 时不同工况起火车厢顶棚烟气温度曲线

从图 8-28 ~ 图 8-32 可以看出：不同工况下，在火灾 8 ~ 10 min 时，车厢内顶棚烟气温度逐渐由车厢中部高、两端低转变为车厢中部低、两端高。当火灾时间为 9 min 时，车厢顶棚烟气温度分布较为均匀，且车厢顶棚平均烟气温度大致满足 600 ℃的判据，所以判定动车组列车起火车厢火灾轰燃时间为 9 min。

2）相邻车厢火灾轰燃时间确定

因为在没有开启内门的工况下，3 600 s 计算时间内火灾没有蔓延至相邻车厢，所以分析相邻车厢火灾轰燃时间考虑开启内门的后 3 种工况，通过前面对后 3 种工况提取温度时间曲线的分析，发现相邻车厢的烟气温度一般为车厢两端车门处比车厢内部要高，这是因为车门开口处空气流通，利于燃烧。相邻车厢的燃烧是因为起火车厢火灾达到一定规模，主要通过热辐射被引燃，整个起火车厢作为相邻车厢的引火源。Lee 和 Breese 在全尺度和 1/4 尺度的潜艇舰船隔离舱实验中曾分析指出房间内的温度分布并非均匀一致，门口处温度作为轰燃发生的判据比房间内部温度更加可靠。为了更加实际地反映相邻车厢的火灾轰燃，以车厢车门开口处顶棚烟气温度达到 600 ℃为判据。前面分析不同工况相邻车厢的顶棚烟气温度时间曲线，发现不同工况相邻车厢火灾轰燃时间变化较大，在 1 250 ~ 1 750 s 之间，即大致在 20 ~ 30 min。提取后 3 种工况下相邻车厢在 20 min、22 min、24 min、26 min、28 min 和 30 min 时顶棚烟气温度，绘制不同工况相邻车厢顶棚烟气温度曲线，如图 8-33 ~ 图 8-38 所示。

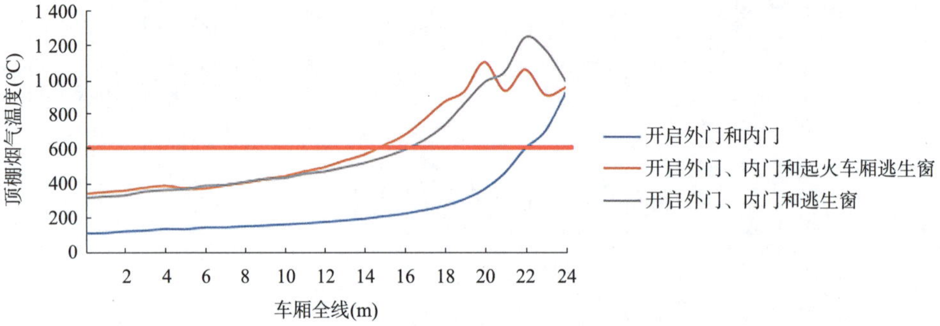

图 8-33　火灾 20 min 不同工况相邻车厢顶棚烟气温度曲线

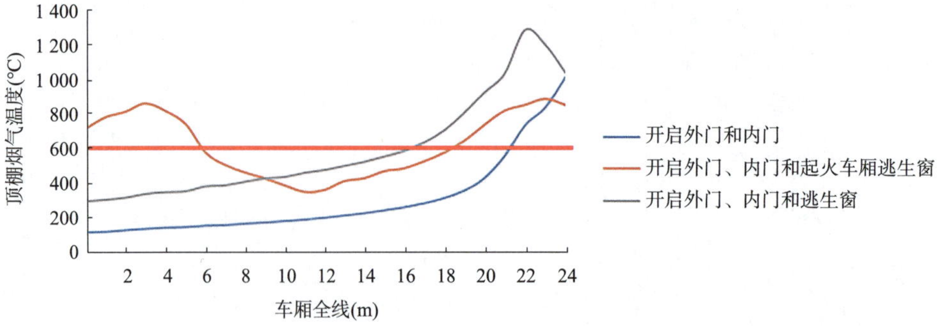

图 8-34　火灾 22 min 不同工况相邻车厢顶棚烟气温度曲线

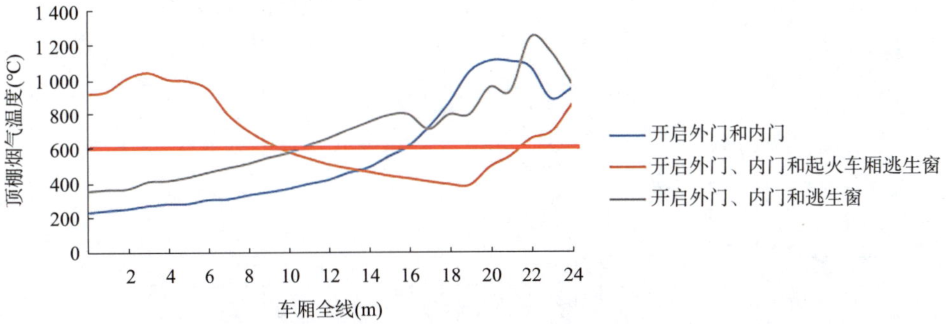

图 8-35　火灾 24 min 不同工况相邻车厢顶棚烟气温度曲线

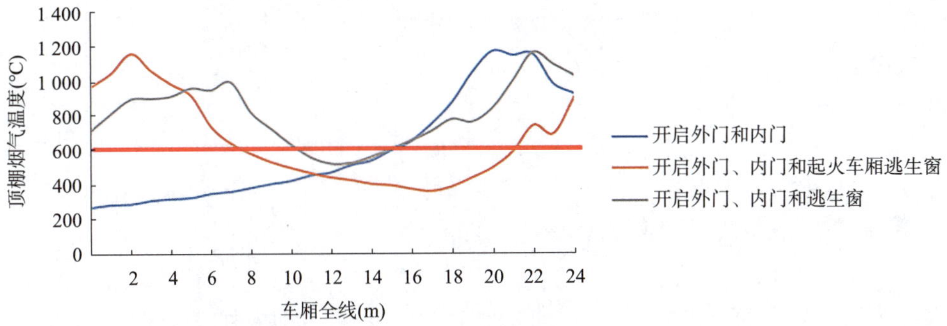

图 8-36　火灾 26 min 不同工况相邻车厢顶棚烟气温度曲线

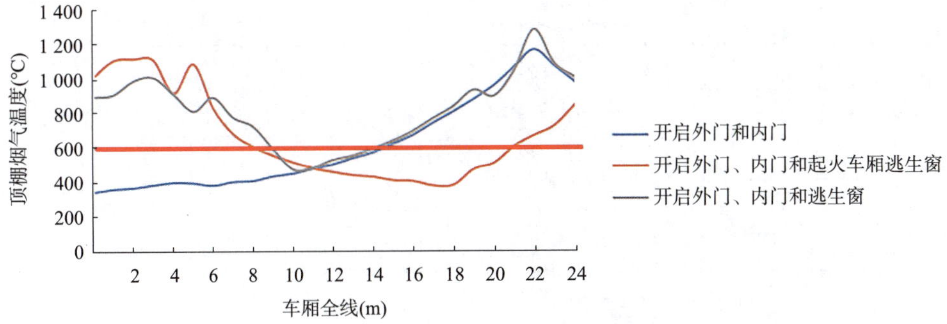

图 8-37　火灾 28 min 不同工况相邻车厢顶棚烟气温度曲线

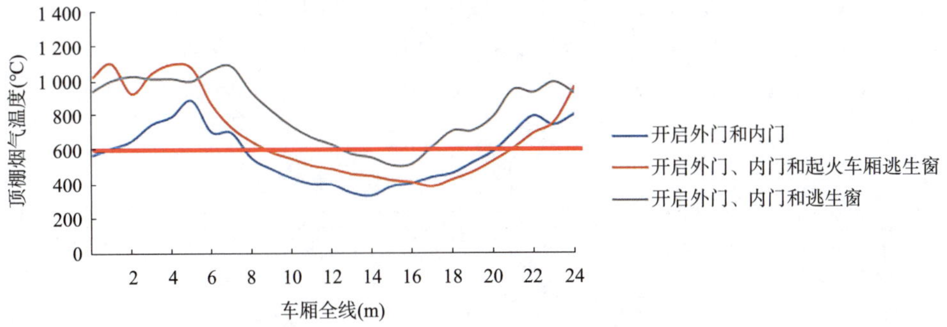

图 8-38　火灾 30 min 不同工况相邻车厢顶棚烟气温度曲线

从图 8-33 ~ 图 8-38 可以看出：以车厢车门开口处顶棚烟气温度 600 ℃ 为判据，开启外门和内门工况下的相邻车厢火灾轰燃时间为 30 min；开启外门、内门和起火车厢逃生窗工况下相邻车厢火灾轰燃时间为 22 min；开启外门、内门和逃生窗工况下相邻车厢火灾轰燃时间为 26 min。

8.1.2 动车组列车火灾规模研究

1. 火灾增长速率

实际火灾发展过程分为增长阶段、稳定燃烧阶段和衰减阶段，火灾发展规律如图 8-39 所示。

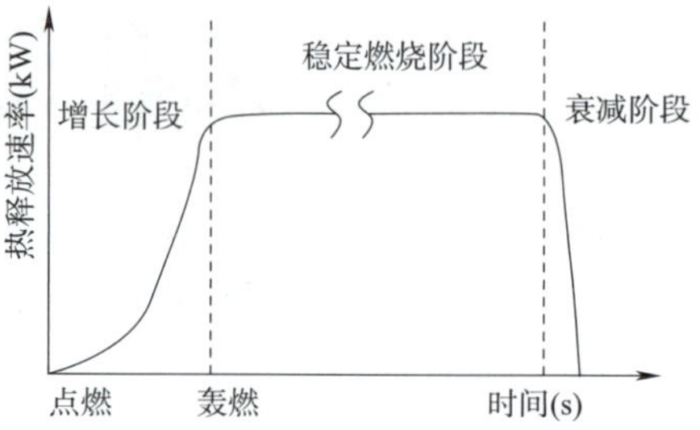

图 8-39 火灾发展规律简图

在火灾的初期和增长期，热释放速率随时间的推移不断增长，大多数常见可燃物着火时，热释放速率增长遵循时间的平方规律，所以又称为时间平方火，即：

$$Q = \alpha t^2 \tag{8-1}$$

式中 Q——热释放速率(kW)；

α——火灾增长速率(kW/s^2)；

t——时间(s)。

在美国消防协会的分类中，将火灾的发展分为超快速、快速、中速和慢速 4 种类型。不同火灾发展级别的火灾增长系数以及与典型可燃材料的对应关系见表 8-7。

表 8-7 火灾增长系数 α 参考值

火灾发展等级	典型可燃材料	α(kW/s^2)
慢速	粗木条、厚木板制成的家具	0.002 931
中速	无棉制品聚酯床垫	0.011 27
快速	塑料泡沫、堆积的木板、装满邮件的邮袋	0.046 89
超快速	油池火、轻质窗帘、软垫座	0.187 6

2. 列车火灾规模

火灾规模与火灾中可燃物组成成分及燃烧是否充分等诸多因素有关，火灾场景不同，火灾的热释放速率也不相同。由于列车火灾全尺寸试验的开展非常困难，有关客运列车火灾热释放速率的公开数据很少。欧洲九国联合开展的“隧道火灾 499”项目进行了大规模隧道实体尺寸火灾试验，测试了不同车辆火灾的最大热释放速率和隧道内最高温度，见表 8-8。

表 8-8 不同车辆的火灾热释放速率

车辆类型	小轿车	货　车	载重卡车(HGV)	铁路客车车厢
最大热释放速率(MW)	3 ~ 5	15 ~ 20	50 ~ 100	15 ~ 20
最高温度(℃)	400 ~ 500	700 ~ 800	1 000 ~ 1 200	800 ~ 900

调研得到不同国家和地区的地铁和铁路列车热释放速率峰值见表 8-9。

表 8-9　不同国家和地区列车火灾热释放速率峰值

国家和地区	地铁/铁路线路	热释放速率峰值(MW)
新加坡	南北线(NSL)	24(2 个车厢)
	东西线(EWL)	24(2 个车厢)
	东北线(NEL)	15(2 个车厢)
	环线(CCL)	10(2 个车厢)
香港	东涌线	5
	机场快线	10
澳大利亚	新南线	10
泰国	曼谷捷运线	7
希腊	雅典地铁	10

通过表 8-8 和表 8-9 可以看出,列车火灾热释放速率的大小与列车种类、材料、外界环境等条件有关。

根据国外现场试验(图 8-40),可以确定 IC-Wage 城间快车单节列车燃烧的最高温度达到 700 ℃,列车范围内温度变化范围 30～700 ℃;ICE-Wagen(st)特快(钢)单节列车燃烧的最高温度达到 850 ℃,列车范围内温度变化范围 100～850 ℃;1/2 ICE(Al)特快(铝)+1/2 D-Zug 普通客车燃烧的最高温度达到 1 000 ℃,列车范围内温度变化范围 180～1 000 ℃。

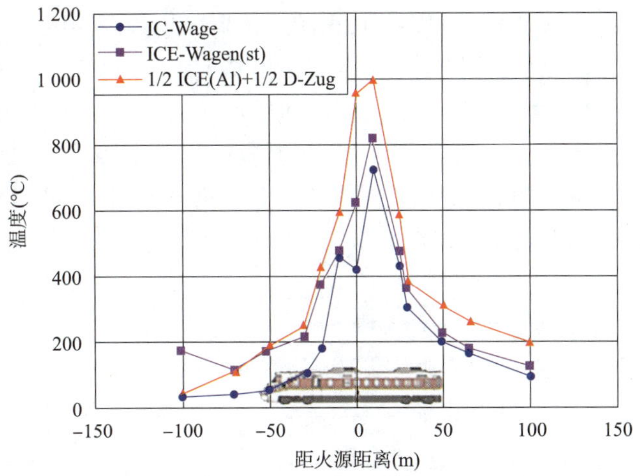

图 8-40　不同材质列车着火最高温度随着火点距离温度分布图

如图 8-40 所示,以 1/2 ICE(Al)+1/2 D-Zug 组成的列车燃烧最为剧烈,顶板范围的温度最高近 1 000 ℃。

基于试验温度曲线反推火灾规模及火灾发展速率,通过 FDS 火灾模拟对不同火灾规模和增长速率下的火灾温度进行数值计算(计算工况见表 8-10),对比试验温度曲线,确定列车火灾规模和增长速率。

表 8-10　计算工况

工　　况	火灾规模(MW)	燃烧速率
1	5	慢速增长,即 $\alpha=0.002\,931$
2	10	
3	15	
4	20	
5	5	中速增长,即 $\alpha=0.011\,72$
6	10	
7	15	
8	20	
9	5	快速增长,即 $\alpha=0.046\,89$
10	10	
11	15	
12	20	

通过计算,得到不同燃烧速率下的温度曲线,如图 8-41 所示。

图 8-41(a)所示的慢速燃烧速率下,随火灾规模的增大温度逐渐升高,具体为火灾规模 5 MW 时,火源点位置拱顶最高温度达到近 550 ℃;火灾规模 10 MW 时,火源点位置拱顶最高温度达到近 850 ℃;火灾规模 15 MW 时,火源点位置拱顶最高温度达到近 900 ℃;火灾规模 20 MW 的情况下,火源点位置拱顶最高温度稍稍高于 1 000 ℃。

图 8-41(b)所示的中速燃烧速率下,也有类似的规律。火灾规模 5 MW 时,火源点位置拱顶最高温度达到近 600 ℃;火灾规模 10 MW 的情况下,火源点位置拱顶最高温度达到近 1 000 ℃;火灾规模 15 MW 时,火源点位置拱顶最高温度达到近 1 200 ℃;火灾规模 20 MW 时,火源点位置拱顶最高温度近 1 250 ℃。

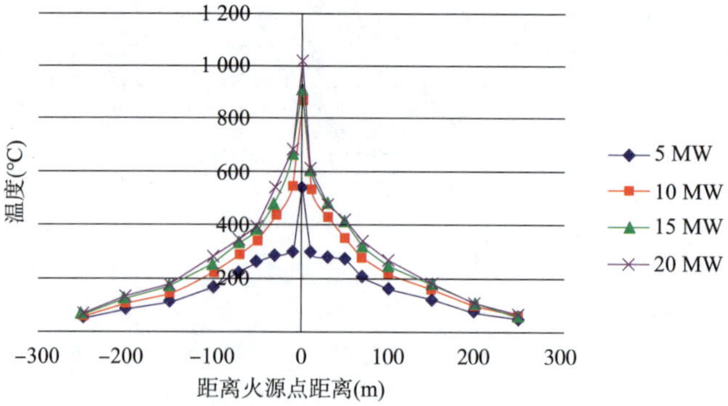

(a)慢速

图　8-41

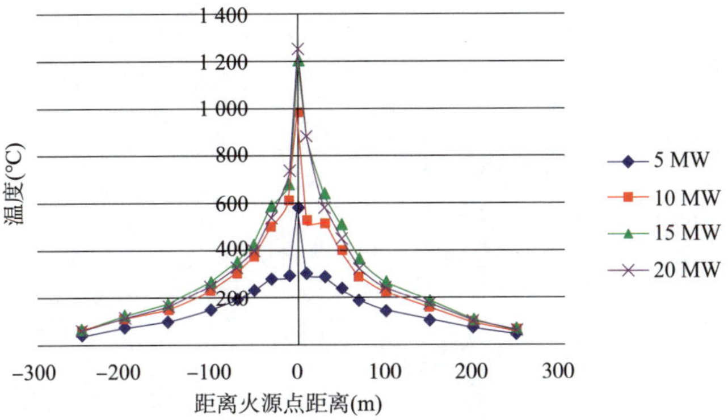

(b) 中速

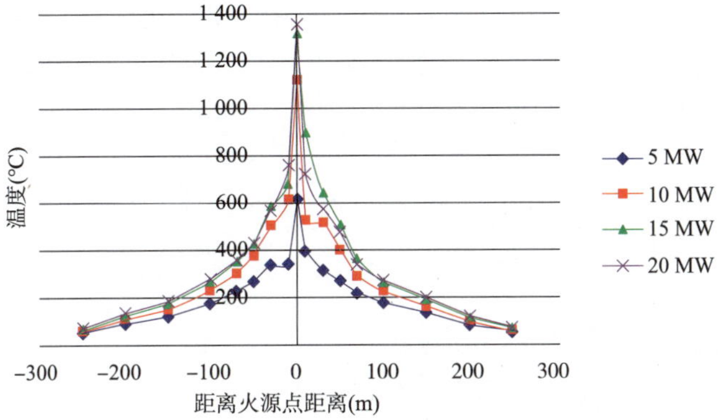

(c) 快速

图 8-41　不同燃烧速度下的最高温度分布

图 8-41(c)所示快速燃烧速率下的规律也类似。火灾规模 5 MW 时,火源点位置拱顶最高温度达到近 650 ℃;火灾规模 10 MW 时,火源点位置拱顶最高温度达到近 1 150 ℃;火灾规模 15 MW 时,火源点位置拱顶最高温度达到近 1 250 ℃;火灾规模 20 MW 时,火源点位置拱顶最高温度约为 1 350 ℃。

数值计算结果和列车现场试验温度分布规律见表 8-11 ~ 表 8-13。

表 8-11　各工况数值计算最高温度与普通列车火灾现场试验最高温度对比

工况	火灾规模(MW)	燃烧速率	数值计算最高温度(℃)	试验最高温度(℃)
1	5	慢速增长,即 $\alpha=0.002\ 931$	570	1 000
2	10		850	1 000
3	15		910	1 000
4	20		1 020	1 000

续上表

工况	火灾规模(MW)	燃烧速率	数值计算最高温度(℃)	试验最高温度(℃)
5	5	中速增长,即 $\alpha=0.011\ 72$	590	1 000
6	10		960	1 000
7	15		1 180	1 000
8	20		1 220	1 000
9	5	快速增长,即 $\alpha=0.046\ 89$	620	1 000
10	10		1 100	1 000
11	15		1 280	1 000
12	20		1 320	1 000

表 8-12　各工况数值计算最高温度与城际列车火灾现场试验最高温度对比

工况	火灾规模(MW)	燃烧速率	数值计算最高温度(℃)	试验最高温度(℃)
1	5	慢速增长,即 $\alpha=0.002\ 931$	570	700
2	10		850	700
3	15		910	700
4	20		1 020	700
5	5	中速增长,即 $\alpha=0.011\ 72$	590	700
6	10		960	700
7	15		1 180	700
8	20		1 220	700
9	5	快速增长,即 $\alpha=0.046\ 89$	620	700
10	10		1 100	700
11	15		1 280	700
12	20		1 320	700

表 8-13　各工况数值计算最高温度与特快列车火灾现场试验最高温度对比

工况	火灾规模(MW)	燃烧速率	数值计算最高温度(℃)	试验最高温度(℃)
1	5	慢速增长,即 $\alpha=0.002\ 931$	570	850
2	10		850	850
3	15		910	850
4	20		1 020	850
5	5	中速增长,即 $\alpha=0.011\ 72$	590	850
6	10		960	850
7	15		1 180	850
8	20		1 220	850

续上表

工况	火灾规模(MW)	燃烧速率	数值计算最高温度(℃)	试验最高温度(℃)
9	5	快速增长,即 $\alpha = 0.046\ 89$	620	850
10	10		1 100	850
11	15		1 280	850
12	20		1 320	850

通过现场试验与数值计算的对比分析,获得不同列车类型的火灾规模及火灾燃烧速率,见表 8-14。

表 8-14　不同类型列车火灾规模及火灾燃烧速率

列车类型	火灾规模	火灾燃烧速率
城际快车	5～10 MW	慢速
特快列车	10～15 MW	慢速
普通客车	15～20 MW	慢速

京张高铁运行列车为动车组,建议列车火灾规模为 15 MW,火灾燃烧速率为慢速。

8.2 隧道防火

8.2.1 设计依据

(1)《铁路工程设计防火规范》(TB 10063—2016)
(2)《铁路隧道防灾疏散救援工程设计规范》(TB 10020—2017)
(3)《铁路隧道运营通风设计规范》(TB 10068—2010)
(4)《铁路隧道设计规范》(TB 10003—2016)
(5)《高速铁路设计规范》(TB 10621—2014)
(6)《建筑设计防火规范》(GB 50016—2014)
(7)《地铁设计规范》(GB 50157—2013)
(8)《民用建筑设计通则》(GB 50352—2005)
(9)《人民防空工程设计防火规范》(GB 50098—2009)
(10)《铁路电力设计规范》(TB 10008—2015)

8.2.2 主要设计原则

(1)防火灾设计应贯彻“预防为主、防消结合”的消防工作方针,防止和减少火灾危害。

(2)铁路隧道防灾疏散救援设计应遵循以人为本、安全疏散、自救为主、方便自救的原则。

(3)防火设计应遵循国家有关方针政策,从全局出发,统筹兼顾,正确处理生产和安全、重点和一般的关系,积极采用行之有效的先进防火技术,做到促进生产、保障安全、方便使用、经济合理。

(4)隧道出口设置全封闭声屏障,长 830 m(含 U 形槽),均按隧道结构形式考虑防灾疏散设计,总长 6 850 m。

8.2.3 建筑耐火等级和结构选型

1. 耐火等级

地下工程耐火等级为一级,隧道及竖井各部位建筑构件的耐火极限应符合《铁路工程设计防火规范》(TB 10063—2016)、《建筑设计防火规范》(GB 50016—2014)及《地铁设计规范》(GB 50157—2013)一级耐火等级要求。设备管理用房装修材料应采用不燃材料。

2. 结构选型

(1)地下主体结构采用整体式钢筋混凝土衬砌结构。

(2)耐久年限:主体结构 100 年。

(3)抗震设防烈度:8 度。

8.2.4 防火分区的划分

防火分区按照各功能区使用性质、面积大小等进行划分。

1. 区间隧道防火分区

(1)盾构区间隧道划分两个防火分区,分别为轨下疏散通道(2.7 m×2.0 m)和轨行区(轨上空间)防火分区,两分区通过一道防火门隔开,如图 8-42 所示。

(2)明挖区间、U 形槽及封闭声屏障疏散通道分布于线路两侧,不划分防火分区。

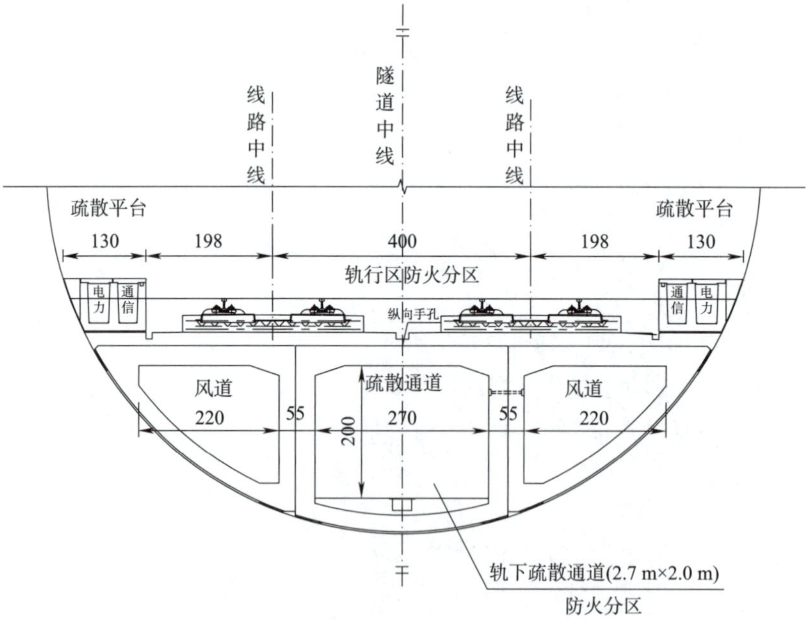

图 8-42

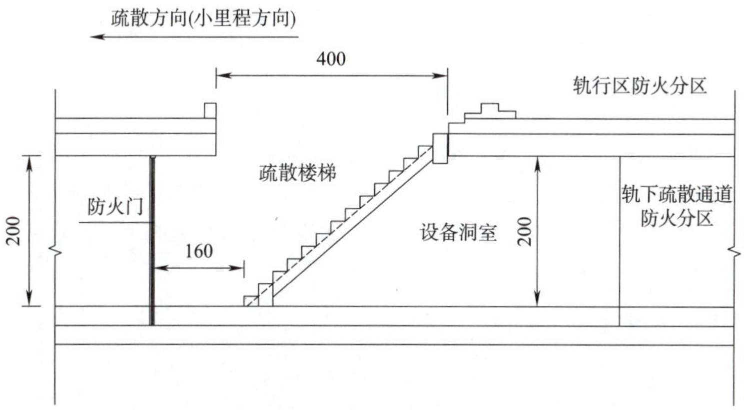

图 8-42　盾构区间隧道防火分区示意图(单位:cm)

2. 竖井防火分区

(1)1 号竖井

防火分区 1:首层环控机房 1 为一个防火分区,设置直通室外的防火门,面积约 21.6 m^2。

防火分区 2:首层环控机房 2 为一个防火分区,设置直通室外的防火门,面积约 21.6 m^2。

(2)2 号竖井

① 2A 工作井共划分两个防火分区:

防火分区 1:地下一层设备用房区,面积约 270 m^2,有一个直通地面的安全出口和一部直通室外的金属钢爬梯。

防火分区 2:地下二层设备用房区,面积约 164 m^2,有一个直通地面的安全出口。

② 2B 工作井共划分两个防火分区:

防火分区 1:地下一层设备用房区,面积约 223 m^2,有一个直通地面的安全出口和一部直通室外的金属钢爬梯。

防火分区 2:地下二层设备用房区,面积约 144 m^2,有一个直通地面的安全出口。

(3)3 号竖井

防火分区 1:地下一层设备用房区,面积约 386 m^2,有两个直通地面的安全出口。

防火分区 2:地下二层设备用房区,面积约 224 m^2,有一个直通地面的安全出口。

8.2.5　竖井防烟分区

1. 1 号竖井

首层环控机房各自为单独的防烟分区。

2. 2 号竖井

(1)2A 竖井

地下一层变电所、走道、环控电控室、送风机房及排烟机房划分为一个防烟分区。

(2)2B 竖井

地下一层变电所、走道、环控电控室、防烟机房及排烟机房划分为一个防烟分区。

3. 3 号竖井

无防烟分区设置。

8.2.6 隧道安全疏散

1. 设计原则的确定

本隧道防灾救援设计主要依据《高速铁路设计规范》(TB 10621—2014)、《铁路隧道防灾疏散救援工程设计规范》(TB 10020—2017)中的相关要求,并参照《地铁设计规范》(GB 50157—2013)及类似铁路城市隧道防灾救援设计,结合本线隧道所处周边环境、埋深及施工竖井设置情况,综合确定本隧道疏散救援模式。

2. 盾构隧道疏散设计

盾构隧道利用轨下结构空间,设置贯通盾构区段疏散通道(安全空间),疏散通道长4.613 km,通道尺寸2.7 m×2.0 m(宽×高),每隔100 m在两线之间设置一处通往轨下疏散通道的楼梯口,疏散楼梯宽度0.8 m,楼梯口设置防护门,防护门净空尺寸不小于0.75 m×2.0 m(宽×高),如图8-43所示。

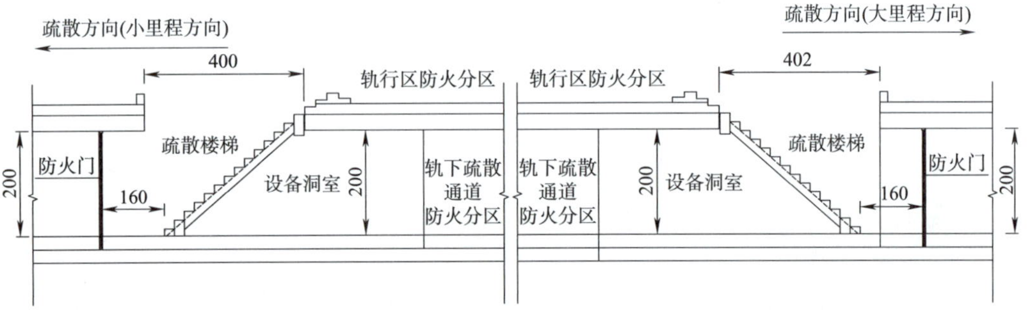

图 8-43 盾构隧道疏散楼梯纵剖面布置图(单位:cm)

轨上利用侧沟电缆设置疏散平台,宽度1.3 m,平台走行面高出轨面30 cm。列车上的旅客通过疏散平台进入轨下疏散通道。盾构段轨下疏散通道为安全空间,如图8-44所示。

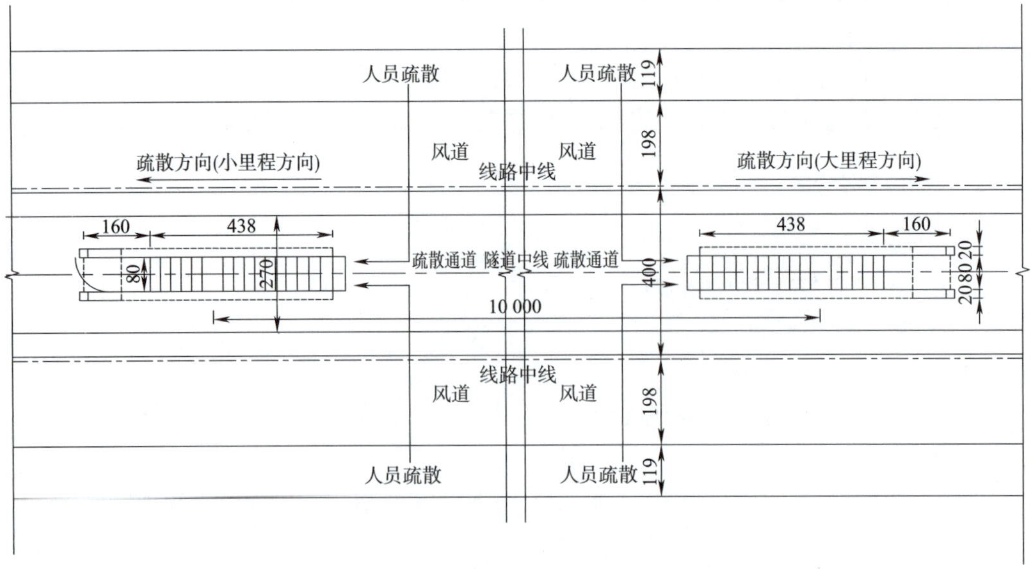

图 8-44 盾构隧道疏散楼梯平面布置图(单位:cm)

盾构隧道区间利用工作竖井设置两处地面疏散口，分别为1号井（DK13+601.2）、3号井（DK18+214.5），两个疏散口之间的间距为4 613 m。人员通过轨下疏散通道、疏散区间两端的竖井、竖井楼梯疏散至地面。竖井两侧各设置一处疏散口，竖井疏散口宽度1.5 m×2.0 m（宽×高），疏散楼梯宽度1.2 m，1号井提升高度17.89 m。3号井旅客疏散高度19.2 m。

3. 明洞、U形槽及全封闭声屏障段

（1）明洞及U形槽

利用两侧水沟及电缆槽盖板面设置贯通疏散通道，疏散通道尺寸1.5 m×2.2 m（宽×高），走行面高度与轨道高度一致，U形槽疏散通道布置与明洞隧道一致，如图8-45所示。

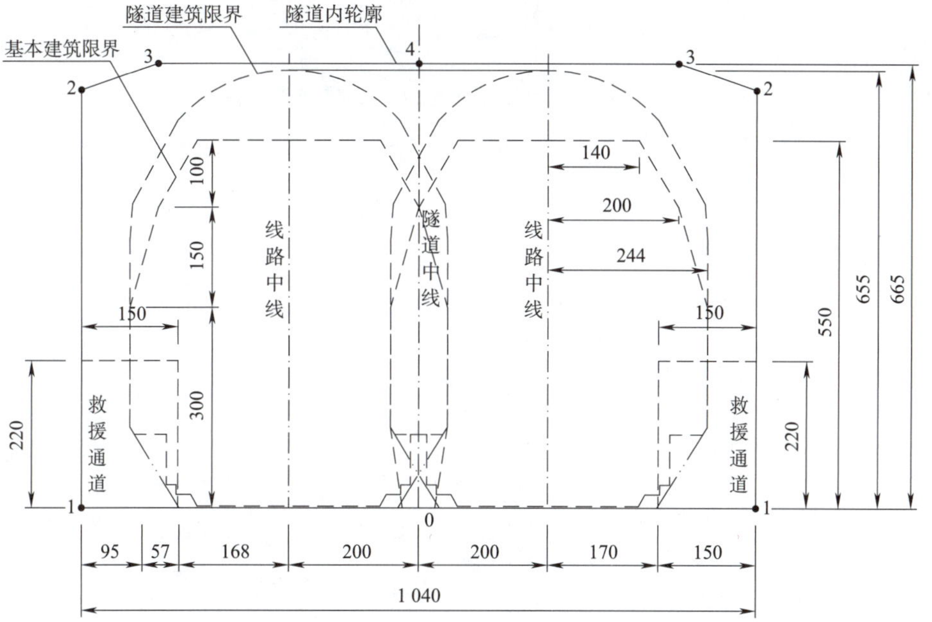

图8-45 明洞矩形断面疏散通道布置图（单位：cm）

（2）全封闭声屏障段

根据最新批复的环保要求，隧道出口380 m U形槽及450 m路基段（共计830 m）设置全封闭声屏障段，该830 m全封闭声屏障段需按隧道模式进行防灾疏散救援设计。路基段轨道类型为有砟轨道，路基两侧设置疏散通道，通道尺寸1.0 m×2.2 m（宽×高），如图8-46和图8-47所示。

综合考虑全封闭声屏障对隧道防灾救援设计的影响，出口明洞与全封闭声屏障段共计2.05 km，轨上疏散距离长，根据京张高速铁路清华园隧道通风、疏散和消防系统咨询报告及专家评审意见，结合现场实施情况，利用明洞与U形槽交接处泵房，改造成一处紧急疏散出口。

明洞和全封闭声屏障段可根据火灾发生工况，选择向隧道洞口疏散、全封闭声屏障出口或1号、3号井疏散。1号井和3号井在轨行区均设置了疏散楼梯口。隧道进口至1号井201 m；3号井至隧道出口段疏散口1 205 m，隧道出口至全封闭声屏障出口830 m。

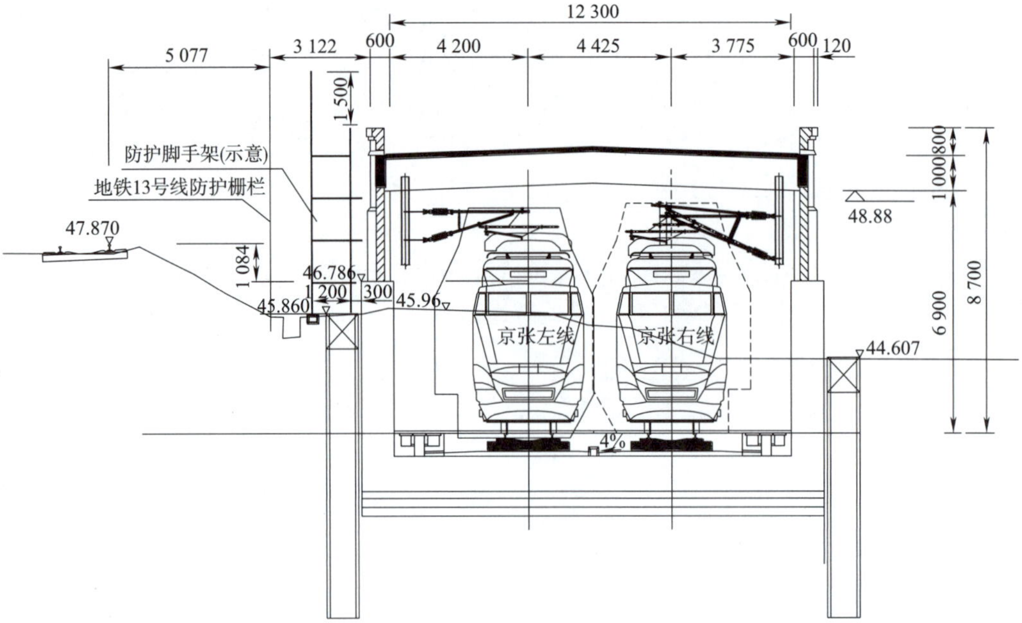

图 8-46　U 形槽全封闭声屏障典型断面布置图(单位:mm)

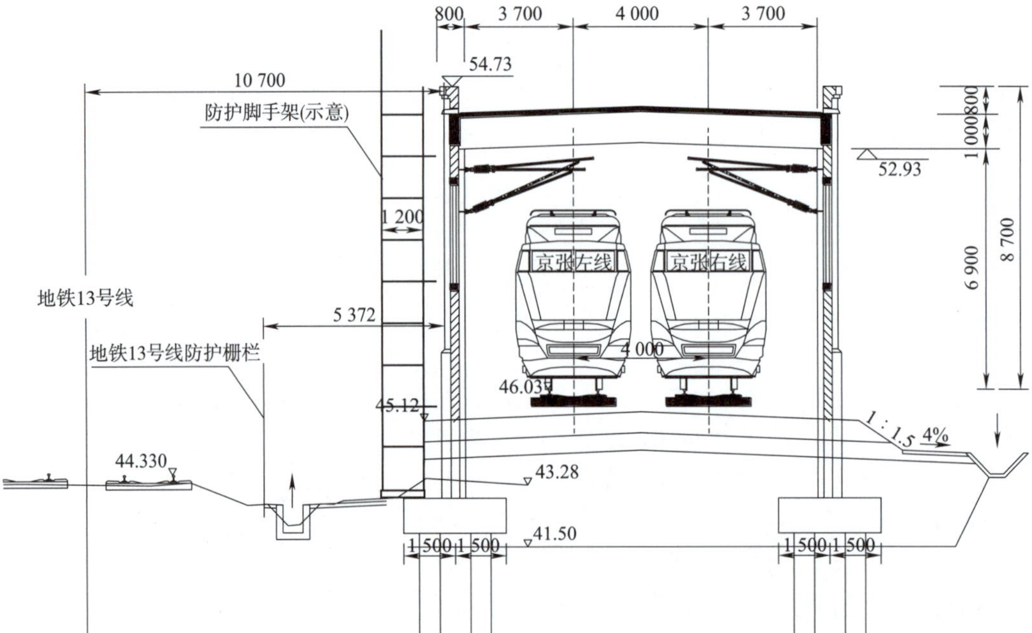

图 8-47　路基全封闭声屏障典型断面布置图(单位:mm)

4. 应急照明及疏散导向

隧道及疏散通道内设应急照明、疏散导向标线,并注明最近隧道口、紧急出口的方向和距离,配合指示标志引导旅客快速疏散。

8.2.7 隧道防火构造

(1)各设备管理用房装修材料均采用不燃材料。

(2)防火分区墙和需挂重物的房间墙体采用实心混凝土砌块,采用强度等级不小于 MU10 的砌块,不小于 M7.5 的预拌砂浆砌筑。防火分区墙体厚度 300 mm,耐火极限不小于 3 h;其他墙体厚度 200 mm。

(3)室内主要装修材料按规范对不同部位装修材料的耐火等级要求选用,均选用 A 级材料。所有管道井的隔墙及楼板耐火极限均不低于 3 h。

(4)防火分隔构件上的贯穿孔口、空开口、环形间隙及建筑缝隙(如电力电缆井、井壁局部开洞部位)应采用行之有效的防火封堵方法进行保护。防火封堵应满足《建筑防火封堵应用技术规程》(CECS154:2003)的要求。

(5)防火门及防护门。

竖井内防火门:

①竖井内设备用房及疏散通道设置甲级防火门。

②设在疏散走道上的常开防火门,应具有火灾时能自行关闭和门禁系统信号反馈的功能。

③防火门需设闭门器,应具有自行关闭功能,双扇门应设顺位器,防火门内外两侧均应能手动开启。

防护门:

①隧道轨行区及轨下疏散通道、设备洞室均设置防护门,防护门整体性能满足《铁路工程设计防火规范》(TB 10063—2016)(2017 年版)要求,耐火极限不小于 3 h,抗爆载荷不小于 0.05 MPa/m^2,手动开启力不应大于 80 N。

②邻近轨行区防护门均采用内装内开形式。

③防护门装有未关门报警器,可实时监控关门情况,保证行车安全。

8.3 消防电气

8.3.1 设计依据

(1)《铁路电力设计规范》(TB 10008—2015)

(2)《高速铁路设计规范》(TB 10621—2014)

(3)《铁路隧道防灾疏散救援工程设计规范》(TB 10020—2017)

(4)《铁路工程设计防火规范》(TB 10063—2016)

(5)《电力工程电缆设计标准》(GB 50217—2018)

8.3.2 主要设计原则

(1)隧道消防设备用电属于一级负荷,采用两路相互独立的电源供电。

(2)隧道消防通道设应急照明、疏散指示标志灯及隧道出口标志灯。

(3)隧道设防灾救援监控系统,对隧道及竖井内应急照明、防灾救援设备进行监控。

8.3.3 主要设计内容

1. 供电电源

隧道在进出口两端及工作竖井上共设置5座双电源10/0.4 kV箱式变电站,为隧道照明及防灾救援设备供电。箱式变电站的2路10 kV电源由北京北配电所不同母线段的站馈线接引,满足双重电源的要求,具有相互独立性。其中隧道应急照明系统设有集中EPS应急电源装置供电。

2. 低压配电

隧道应急照明、疏散指示、火灾报警系统、防灾救援设备及监控系统按一级负荷双重电源供电。工作竖井内通风设备负荷从箱式变电站的两段母线各引一路电源,在环控电控室进行自动切换,再从环控电控室以单回路引至用电设备;其他设从箱式变电站的两段母线上分别馈出一路专用供电线路向负荷末端电源切换箱供电,两路电源在切换箱内自动切换。按照隧道划分的防火分区,不同防火分区单独回路供电。

3. 隧道应急照明

隧道在轨上救援通道和轨下救援通道均设置了应急照明、疏散指示标志灯及出口标志灯。根据通信专业设置应急电话的位置相应设置应急电话标志牌。轨上应急照明系统采用220 V电压供电;轨下应急照明系统采用36 V安全电压供电。应急照明与固定检修照明共用供电回路及灯具,隧道照明检修控制系统具备500 m分段双端控制功能,同时根据防灾救援需求,隧道进出口处以及隧道内每间隔50 m处,均设手动控制按钮,能启动全部隧道照明。

4. 隧道防灾救援监控系统

隧道设置防灾救援监控系统,对隧道及竖井井内照明(含应急照明)、防灾通风风机等进行集中监控。防灾救援监控系统采用现场级及中央级两级控制模式。现场设置防灾救援设备监控系统智能控制箱,通过专用通信通道纳入相邻管辖的综合工区中央级主站监控,监控主站设紧急情况下操作的集中监控手动强启控制盘。

5. 设备选择

隧道照明灯具采用30 W的LED光源。疏散指示标志灯及隧道出口标志灯采用2×3 W的LED光源。各类灯具、电气设备及电缆线路附件均应满足防潮、防水、抗风压、防腐蚀、防振动的要求,外壳防护等级不低于IP65。应急照明、疏散指示标志及隧道出口标志灯具应满足《消防应急照明和疏散指示系统》(GB 17945)及铁路行业标准的有关规定。

6. 线缆的选择

隧道照明及动力配电的电力电缆采用低烟无卤隔离型柔性矿物绝缘电缆;隧道防灾救援监控系统电缆采用低烟无卤阻燃耐火电缆。

8.4 隧道通风系统

8.4.1 设计依据

(1)《铁路隧道设计规范》(TB 10003—2016)

(2)《铁路隧道防灾疏散救援工程设计规范》(TB 10020—2017)

(3)《铁路隧道运营通风设计规范》(TB 10068—2010)

(4)《高速铁路设计规范》(TB 10621—2014)

8.4.2 主要设计原则

(1)防火灾设备的设计能力,按全线同一时间内发生一次火灾考虑。

(2)设计选用有关消防器材和设备,必须是经国家法定检测部门检测合格的产品。

(3)在设置运营通风时,应充分考虑到火灾时防排烟要求。尽可能将隧道的防灾通风和运营通风有机结合起来,以减少通风设备的配置数量和容量。

(4)列车火灾规模按 18 MW 考虑,火灾设计控制风速不小于 2 m/s。

8.4.3 主要设计标准

(1)设备管理用房要设置机械排烟时,其排烟量应根据一个防烟分区的建筑面积按 1 $m^3/(m^2 \cdot min)$计算,排烟区域的补风量不应小于排烟量的 50%。排烟设备考虑不小于 10% 的漏风量。

(2)防烟楼梯间应设机械加压送风系统。机械加压送风防烟系统的余压值为 40 ~ 50 Pa,前室应为 25 ~30 Pa。轨行区通向轨下疏散通道的余压控制值详见相关图纸。

(3)隧道风机及其气流流经的辅助设备(风阀、消声器等)、隧道风机和排烟设备必须保证在 250 ℃能连续有效工作 1 h。

(4)防火阀的设置:风管在穿越防火隔墙处、楼板处、环控机房隔墙处、穿越变形缝且设有隔墙处设防火阀。

8.4.4 防排烟系统组成

1. 设备布置

(1)清华园隧道洞口明挖段设置射流风机 24 台,共 4 组,每组 6 台,设置里程分别为 DK13 +475、DK13 +575、DK19 +200、DK19 +320,同时在 2-A 号盾构井(DK16 +329)和 3 号盾构井内(DK18 +214.5)设置事故风机,每处 2 台,风量为 100m^3/s。2 台风机可单独使用,也可以并联使用。射流风机和事故风机联合使用,以满足阻塞工况和火灾工况下隧道内的纵向通风要求。

(2)清华园隧道盾构区间设置人员疏散通道,该通道位于轨面以下,1 号盾构井及 3 号盾构井为轨下疏散通道的疏散楼梯间直通地面。在 2-B 盾构井(DK16 +450)设置送风机 2 台,风量为 30 m^3/s。隧道火灾工况下开启风机,对轨下疏散通道实施加压送风;疏散楼梯间设置相应的加压送风机，保证人员疏散。

(3)风机设备的环控电控室及变电所设置相应的通风、防排烟措施。

2. 运行工况

当发生事故时，根据事故位置，按照控制模式表进行操作，实现有效的气流组织。

3. 设备安装方式

耐高温可逆轴流风机为机房内落地安装，射流风机为隧道内侧壁支架安装，设备房通风防排烟风机采用吊式安装。

4. 设备控制设计

隧道通风设备主要用于隧道火灾和阻塞等事故工况，要求实现设备的就地控制和就近控制中心的远程控制，即二级控制。就地控制用于隧道通风设备初调、检修时的就地操作。控制室的二级控制用于控制和显示各风机、风阀的运行及状态，方便发生事故时的统一操作。

8.5 消防通信系统

8.5.1 设计依据

(1)《高速铁路设计规范》(TB 10621—2014)

(2)《铁路通信设计规范》(TB 10006—2016)

(3)《铁路隧道防灾疏散救援工程设计规范》(TB 10020—2017)

(4)《铁路工程设计防火规范》(TB 10063—2016)

(5)《铁路综合视频监控系统技术规范》(Q/CR575—2017)

8.5.2 主要设计原则

(1)通信系统应有机地融合，形成一个可靠性高、易扩充、组网灵活、经济实用、独立的通信网。通信系统应能全天候运行，并与公共通信网络实现衔接。

(2)当出现异常情况由正常运行方式转为灾害运行方式时，通信系统应能迅速转变为应急通信，为防灾、救援和事故处理的指挥使用提供方便。

8.5.3 有线、无线电话系统

通信系统实现内部呼叫及出入局呼叫，对市话局的自动呼入、呼出，可将“119”(火警)呼叫自动转移至市话局的“119”上。

通信系统在隧道内设置专用 GSM-R 数字移动通信系统，并与数字调度系统互联，实现有线、无线合一的调度通信功能，可在调度员与车站消防值班人员之间、消防人员手持台之间进行通话。

通信系统在清华园隧道内设有隧道报警电话系统，隧道报警电话终端安装在线路下方的中箱涵侧壁上，间隔为 500 m，采用低频对称电缆组网连接，并上联至路局调度所的隧道报警电话系统中心设备，可在值班员与现场消防人员之间进行通话。

8.6 自动灭火系统

8.6.1 设计依据

(1)《建筑设计防火规范》(GB 50016—2014)

(2)《铁路工程设计防火规范》(TB 10063—2016)

(3)《建筑灭火器配置设计规范》(GB 50140—2005)

(4)《超细干粉灭火剂》(XF 578—2005)

(5)《干粉灭火装置》(XF 602—2013)

8.6.2 主要设计原则

(1)为保障铁路运输的正常运行,消防设计应贯彻“预防为主,防消结合”的方针,采取防火措施,防止和减少火灾危害。

(2)自动灭火设计必须遵循国家有关方针政策,从全局出发,统筹兼顾,正确处理生产和安全、重点和一般的关系,积极采用行之有效的先进防火技术,做到促进生产、保障安全、方便使用、经济合理。

(3)根据《铁路工程设计防火规范》,5.0 km 及以上隧道内电力、电力牵引、通信、信号设备洞室应设置自动灭火装置,并应设置 3 具 4.0 kg 的 ABC 干粉灭火器。

(4)设计选用有关消防器材和设备,必须是经国家法定检测部门检测合格的产品,并具有当地公安消防部门批准的准销证。

(5)系统采用无管网系统,全淹没的灭火方式。

8.6.3 主要设计标准

1. 灭火装置工作环境条件

环境温度范围:-40 ~ 50 ℃。

相对湿度范围:5% ~ 95%。

2. 设计原理

本设计采用超细干粉悬挂式自动灭火装置,同时具有电控、定温两种启动方式。

(1)电控自动启动

将与灭火装置相连接的气体灭火控制盘设置于“自动”位置时,灭火装置处于自动控制状态。防护区发生火灾时,气体灭火控制盘接收到火灾信号后发出声光报警信号,延时至设定的时间后启动灭火装置,释放超细干粉灭火剂灭火。信号反馈器向火灾报警控制器反馈灭火剂释放信号,本防护区粉剂喷洒指示灯亮,并启动相应的联动设备。

(2)定温启动

防护区发生火灾,使环境温度上升至灭火装置设定的公称动作温度(设定 68 ℃)时,无论火灾报警控制器是否动作,灭火装置也自动启动释放超细干粉灭火剂灭火,由专用模块向气体灭火控制盘反馈火灾启动信号,由气体灭火控制盘完成规定的报警、联动动作。

3. 系统形式

(1)采用超细干粉无管网全淹没应用保护方式。

(2)悬挂式超细干粉灭火装置采用电引发启动和定温启动方式。

4. 装置技术要求

(1)灭火剂采用复合材料超细干粉灭火剂,不吸潮、不结块、绝缘性好。

(2)灭火剂应满足国家及地方相关规程、规范的要求。

8.6.4 隧道洞室自动灭火系统设计

清华园隧道专网直放站洞室设置了超细干粉自动灭火装置及磷酸铵盐干粉灭火器。

第9章　大直径盾构隧道健康监测技术

9.1　大直径盾构隧道结构长期受力特点及其变形量预测

盾构隧道是由若干环管片组成的拼装结构，每环管片由若干块管片，管片间纵、环向螺栓及纵、环向止水材料组成。复杂的构造使管片力学行为受到管片分块、拼装方式、管片幅宽、接头构造、接头数量等因素的影响。通过对盾构隧道施工期与运营期的结构受力特点与变形规律进行分析，判断其在长期运营中的安全状态。

9.1.1　概　　述

目前，在盾构隧道内力分析计算中，主要采用惯用计算法、修正惯用计算法、弹性铰圆环法与梁-弹簧计算模型。这些分析模型的主要区别体现在对环向接头与纵向接头的处理上。在惯用计算法中，将管片环考虑为刚度均匀的环，忽略环向接头对管片环刚度的影响。在修正惯用计算法中，引入抗弯刚度折减系数与弯矩调整系数分别考虑环向接头对管片环整体刚度的影响及弯矩在管片环之间的传递。在梁-弹簧计算模型中环向接头、纵向接头都被模拟为弹簧，通过弹簧刚度的调节考虑管片接头对管片环内力的影响及管片环之间的相互作用。在这些常用的解析模型中，都将管片模拟为直梁单元或曲梁单元，通过梁断面的力学参数来考虑管片宽度的影响，在管片宽度方向上管片的弯矩为单一数值。

施工过程中，由于隧道纵向荷载、约束条件等的不均匀以及多向的施工荷载，使得在盾构隧道施工条件下，管片力学性能异常复杂。已经有大量学者在考虑盾构施工过程所有因素（包括土层、地下水、盾构机与土层间的摩擦、管片和盾尾注浆等）的基础上，对施工过程中地层变形、超孔隙水压等进行分析。同时，有些学者也对盾构施工过程进行模拟，分析施工过程中的地表变形、周围土体的应力场等。本文主要考虑盾构隧道管片结构正常使用情况下的受力特点及变形情况。

1. 盾构隧道管片结构受力特点

（1）不同计算模型

选取常用的几种盾构管片计算模型，并考虑通缝拼装和错缝拼装两种方式，得到其弯矩分布，如图9-1所示。

管片衬砌同是通缝拼装时，弯矩和剪力值是铰接圆环最小，匀质圆环最大，而采用梁-弹簧模型计算的介于铰接圆环和匀质圆环之间；相反，相应轴力和变形量是铰接圆环最大，匀质圆环最小，而采用梁-弹簧模型计算的介于铰接圆环和匀质圆环之间。采用铰接圆环进行计算的弯矩图上，环向接头处的弯矩为0，而采用匀质圆环计算的弯矩图上，环向接头处的弯矩却很大，采用梁-弹簧模型计算的弯矩图上，环向接头处的弯矩有所减小。说明内力和

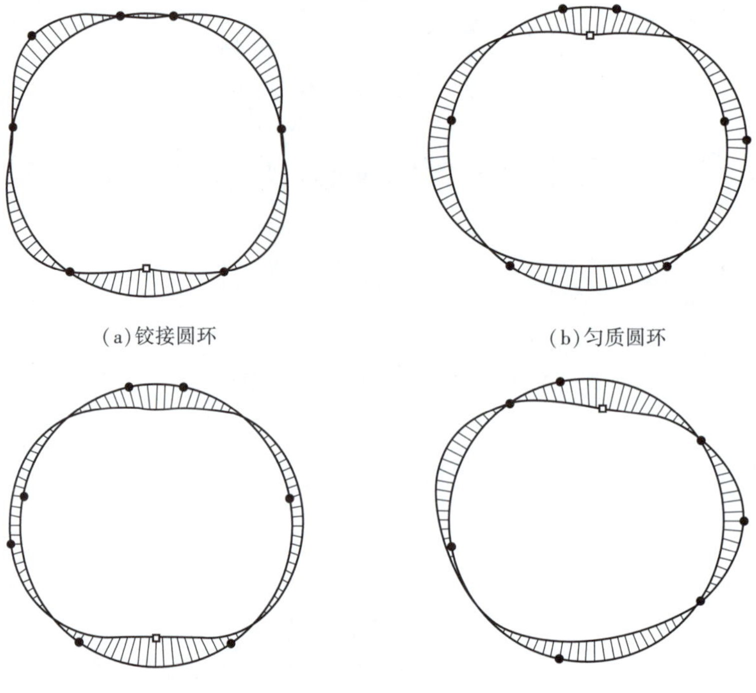

(a)铰接圆环 (b)匀质圆环

(c)梁-弹簧模型(通缝拼装) (d)梁-弹簧模型(错缝拼装)

图 9-1 管片衬砌不同计算模式下的弯矩分布

变形的差异主要是由环向接头抗弯刚度选取的大小决定的。不计铰接圆环环向接头的抗弯刚度,因此其变形最大。而匀质圆环环向接头的抗弯刚度取值最大,因此变形最小。梁-弹簧模型环向接头的抗弯刚度适中,因此变形也介于铰接圆环和匀质圆环之间。

(2)不同拼装方式

同是采用梁-弹簧模型进行的计算,但拼装方式不同,其内力值也有很大差异。通缝拼装时的弯矩和剪力值最小,而相应轴力和变形量最大。同是三环一组错缝拼装,一、三环的弯矩值就比二环的要大,相应轴力、剪力和变形量要小。这是因为 K 块的位置偏离了出现最大弯矩的拱顶处,而让邻接块转到了拱顶处,环向接头离拱顶处远了,对它的弯矩减小的影响就小了。

在相同条件下,错缝式拼装管片结构中的弯矩分布总体规律与通缝式拼装结构大致相似,即在拱顶和拱底处管片衬砌内侧受拉、外侧受压,在左右拱腰处管片外侧受拉、内侧受压,且在管片接头处附近的弯矩有明显的削弱。衬砌管片的内力在通缝式拼装时为平滑过渡,而在错缝式拼装时却在环向接头和纵向接头处产生了跳跃,在这些位置处内力有较大幅度的增大或减小。在通缝拼装条件下,管片结构的弯矩呈对称分布,在拱底位置最大;在22. 5°错缝拼装条件下,管片结构的弯矩在拱底稍左位置最大;在管片 45°错缝拼装条件下,管片环结构的弯矩在拱顶稍左位置最大,在 K 块与 B 块的环向接头处弯矩变化较大。45°错缝拼装结构所受最大弯矩最大,管片通缝拼装所受最大弯矩最小。相同荷载条件下 45°错缝式拼装的最大弯矩较 22. 5°错缝式拼装的大约 10%,而相应轴力小约 5%,,22. 5°错缝式拼装的最大弯矩较通缝式拼装的大约 15%,而相应轴力小约 5%,这是由错缝式拼装中管片环向和纵向接头相互作用而产生的附加内力所致。

分析管片通缝拼装、22.5°错缝拼装、45°错缝拼装结构所受弯矩之不同，其原因在于错缝拼装具有纵向加强效应，管片环的最大弯矩有所增加。

在相同条件下，错缝式拼装管片结构的轴力分布总体规律与通缝式拼装结构大致相似，整环管片结构所受的轴力都是压力，在拱腰位置轴力最大，但在一些特殊的位置又有所不同。在通缝拼装条件下，轴力呈左右对称分布，拱顶和拱底部位较左右拱腰两侧的轴力小，而拱顶左右两侧和拱底左右两侧又较拱顶和拱底的轴力值大，即轴力从正拱顶开始向两侧逐渐增大，在左右水平拱腰处达到最大，然后再逐渐减小，直至拱底；在22.5°错缝拼装条件下，管片的轴力分布为拱腰和拱底部位较大，轴力的最大和最小值基本在环向接头处，轴力的变化基本为平滑过渡，但在一些位置如K块与B块、B块与A块、A块与A块的环向接头和一些纵向接头处轴力会发生突变，使得轴力变化不平滑；在45°错缝拼装条件下，管片的轴力分布大致与22.5°错缝拼装相似，但轴力值变化较大，最大轴力较通缝拼装结构、22.5°错缝拼装结构的轴力值大，但增幅不大。

(3)管片的不同幅宽

选取1.5 m幅宽的管片，对其弯矩进行解析计算，其弯矩分布如图9-2所示。

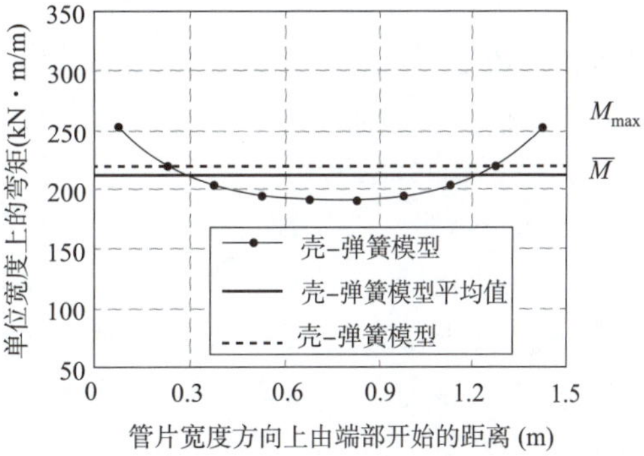

图9-2 管片宽度方向上单位宽度弯矩分布

图9-2表明，弯矩在管片宽度方向上是非均匀分布的，在管片的端部达到最大值，在管片宽度方向上由端部向管片中心逐渐减小。在解析模型中，因荷载在管片方向上没有发生变化，弯矩在管片端部的集中可以考虑为管片环间弯矩的传递。

由图9-3可知，管片弯矩随着管片衬砌结构的环向位置不同表现为凸形曲线。具体看，位于幅宽中央的弯矩分布曲线明显较为平缓，而位于幅宽边缘的两个弯矩分布曲线较为曲折，波峰较大，说明幅宽中央的弯矩比幅宽边缘受环间接头剪力的影响偏小。

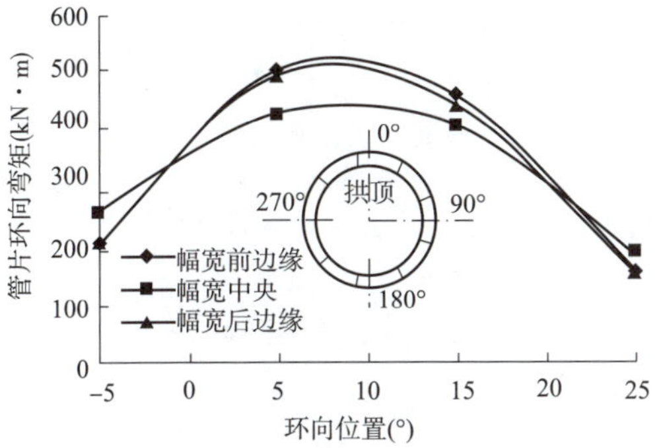

(a)随衬砌结构环向位置变化

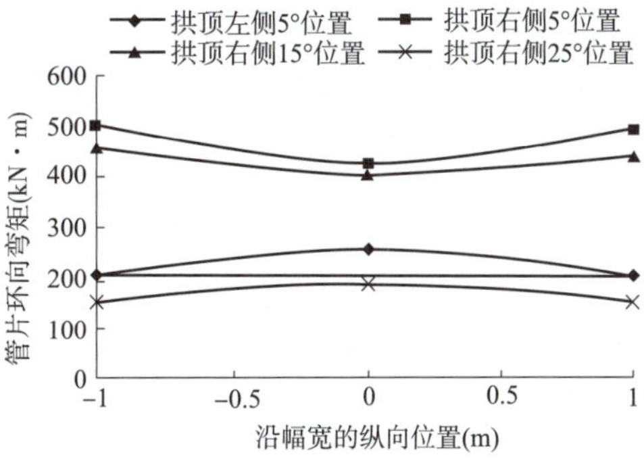

(b)随纵向幅宽位置变化

图9-3 目标管片的环向结构弯矩随位置不同的变化曲线

管片体拱顶右侧 5°和 15°位置的结构环向弯矩是凹形分布，即幅宽边缘的弯矩值大于幅宽中央，而拱顶左侧 5°和右侧 25°的结构环向弯矩是凸形分布，即幅宽边缘的弯矩值小于幅宽中央。同时，右侧位置处弯矩值比左侧处明显偏大，说明环向位置不同，相应的管片衬砌结构环向弯矩受环间接头剪力影响的变化规律也可能不同。

由此表明，在环间纵向螺栓的径向剪切作用下，剪切作用在距离螺栓不同距离产生的影响程度不同。具体来说，剪切作用对幅宽边缘的影响较大，对远离螺栓的幅宽中央部位的影响则较小。

(4)不同土压力条件

以错缝拼装方式为例，随着土压的增长，管片衬砌结构的弯矩增长十分显著。通常而言，当土压超过 30 m 后，正、负弯矩的增幅更加显著。从轴力的变化情况来看，随土压增长，结构最大与最小轴力均增长，增幅较为接近。

结构最大变形量随土压的增长也很显著，通常而言，当土压超过 30 m 后，结构最大变形量的增幅更加显著。结构偏心距的变化与变形量随土压的变化规律一致，当土压超过 30 m 后，偏心距增长迅速。

可见，大断面盾构隧道在不同大小土荷载的影响下，会引起结构弯矩、变形和偏心距的增长，尤其是当土压深度超过 30 m 时，增长较为明显。因此土压力的增加对结构的受力不利，在校核结构断面受力时，也应重点考虑对土荷载较大的区域进行验算。

(5)不同水位条件

以错缝拼装方式为例，通常随着水压的增长，管片衬砌结构的弯矩先减小后逐渐增长。从轴力的变化情况可见，随水压增长，结构最大与最小轴力均显著增长，且增幅较为接近。结构最大变形量也呈先减后增的变化；从结构偏心距的变化来看，在水压不大时，水压力的增大加大了轴力总体水平，同时显著降低了弯矩的量值，从而降低了偏心距水平。随后随着水压力的增大，偏心距缓慢增长，这体现出在大断面盾构隧道非均匀水压的影响下，会引起结构弯矩、偏心距的增长，但该部分增量不高，总的看来，水压力增大使管片衬砌结构的偏心矩水平明显减小，在结构受力允许的范围内对结构是有利的。

某试验测得盾构弯矩、轴力沿圆周的分布情况，如图 9-4 所示。

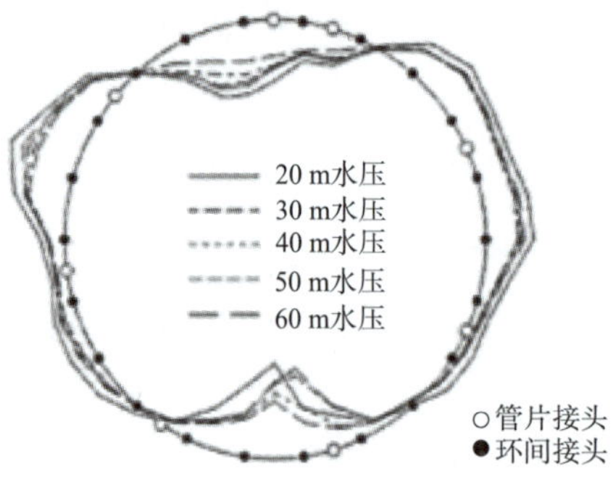

(a)弯矩

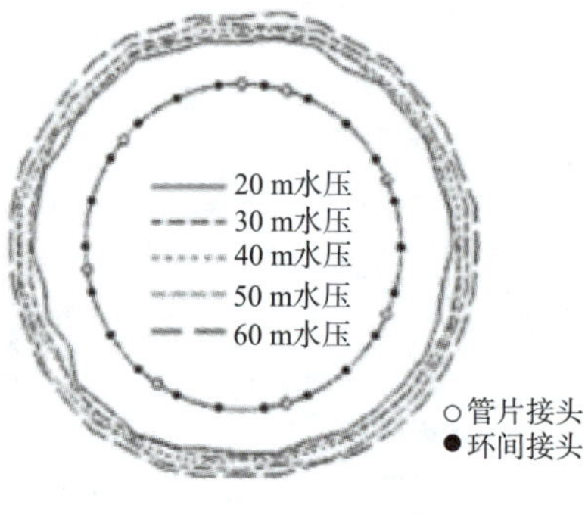

(b)轴力

图 9-4　不同水位条件下管片衬砌结构内力

可见,在不同的水压条件下,结构的弯矩、轴力分布规律基本相同,水压从 20 m 增至 30 m,管片衬砌结构弯矩整体减小,而水压继续增长,拱顶、拱底及两侧拱腰处弯矩逐步增长,且弯矩的峰值位置在拱底和左侧拱腰区域内不断变化。从轴力的分布变化可见,随水压增长,管片衬砌结构轴力整体明显增大,但波动比较明显。

(6)不同地层条件

针对砂质地层、黏土地层、硬质岩层等 3 种不同地层条件开展试验,测试了不同地层条件下管片衬砌结构的受力变化情况。选取错缝拼装结构时不同地层条件下,隧道最大正负弯矩、轴力、最大变形量与偏心距的变化情况如图 9-5 所示。

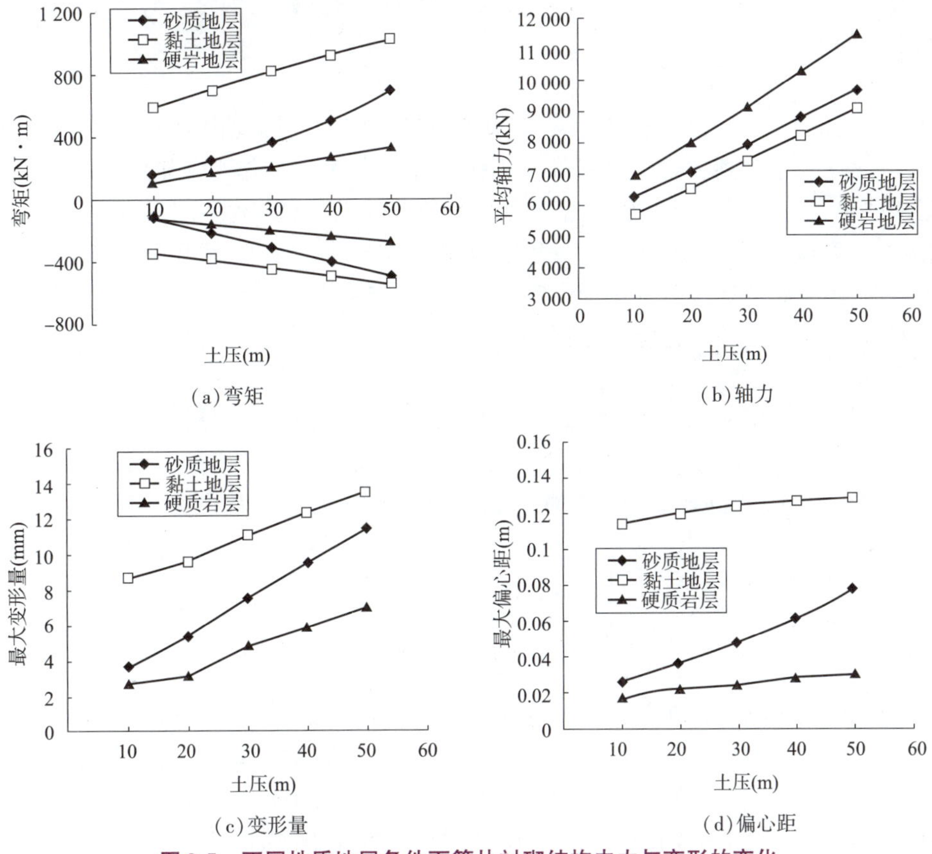

图 9-5　不同性质地层条件下管片衬砌结构内力与变形的变化

可见,不同性质的地层条件下,随土压的增长,结构的弯矩变化情况不同。3 种地层中,黏土地层的弯矩明显高于砂质地层和硬质岩层,而硬质岩层由于地层提供的抗力较大,因此弯矩值最小,其增幅也明显小于其他两种地层。从轴力的变化情况看,同等水土荷载条件下,硬质岩层中管片衬砌结构的轴力大于砂质地层和黏土地层,黏土地层由于透水性较差,从而结构的轴力较小。从结构最大变形量的变化来看,黏土地层的最大变形量明显高于砂质地层和硬质岩层,但砂质地层最大变形量的增幅较大,可见砂质地层对外荷载的敏感性较大。从结构最大偏心距的变化来看,黏土地层与硬质岩层结构最大偏心距随土压增长很缓慢,但砂质地层最大偏心距的增幅较大,黏土地层的最大偏心距最高,于 0. 11 ~0. 13 m 之间变化；砂质地层的最大偏心距变化范围较大，于 0.02 ~ 0.08 m 之间变化，其大小介于黏土地层和硬质岩层之间；硬质岩层结构最大偏心距较小，于 0.015 ~ 0.02 m 之间变化。

总的看来，黏土地层中结构的弯矩、变形量、偏心距明显大于其他两类地层，而结构轴力偏小，因此，隧道处于黏土地层段的管片衬砌结构受力明显不利于其他两类地层，对该区段的管片衬砌结构应予以重视，加强配筋，以确保安全。

（7）围岩弱化的影响

对于盾构周围围岩弱化的影响，当发生单侧围岩弱化时，管片衬砌结构最大正弯矩和最大负弯矩增幅分别可达 94.5% 和 242.2%。同时管片轴力呈现不均匀分布，围岩弱化区域管片轴力明显较小。可见，围岩弱化会引起该区域内管片衬砌结构内力的明显变异，从而使结构处于极为不利的受力状态。

（8）管片受力的时间特性

刚拼装完成时，由于仅受管片自重和千斤顶撑靴的作用，因此内力较小；管片脱出盾尾时，管片外表面由于受到注浆压力、密封油脂压力和盾尾密封刷作用，同时，通过注浆层传递的上覆地层压力也作用于管片之上，管片受力状态发生改变，管片处于复杂的三维受力状态下，其内力达到最大值。在盾构施工过程中控制盾构方向需要调整千斤顶，此时会造成管片产生压力差，是一种非常不利的受力影响；管片完成 15 环左右拼装后，注浆凝结达到 65% ~ 70% 强度，试验环内力趋于稳定，注浆压力对试验管片产生的影响很小，稳定后的管片内力一般相比刚脱出盾尾时要小。

不同地层中盾构隧道的力学性能有较大差异，但是它们的力学性能变化阶段是一致的。即：当管片刚拼装完成时，在盾壳的保护下，内力较小；管片内力在管片脱出盾尾后达到最大峰值；当管片拼装上一定时期后，管片内力趋于稳定，其内力一般较管片刚脱出盾尾时要小。

2. 管片变形分析及预测

（1）不同拼装方式

1）管片衬砌变形

相同荷载条件下，各种拼装方式的管片具有相同的拱顶和仰拱处管片向内侧位移、拱腰处管片向外侧位移的趋势。通缝式拼装管片的最大位移值在正拱顶处，错缝式拼装管片的最大位移值在正拱顶附近，错缝式拼装管片的位移值关于中轴线左右接近但不相等，通缝式拼装管片的位移值关于中轴线对称。同级荷载下 45°错缝式拼装管片的最大位移值比 22.5°错缝式拼装稍小，但幅度不大，22.5°错缝式拼装的最大位移值较通缝式拼装小约 10%，以上说明在错缝式拼装条件下管片的整体性较强。不同的错缝式拼装方案下，管片结构的位移值相差不大，在 10% 以内。

分析管片通缝拼装、22.5°错缝拼装、45°错缝拼装结构位移之不同，其原因在于错缝拼装具有纵向加强效应，管片环的整体刚度增加，减小了结构的变形。

2）管片衬砌纵缝张开量

通缝拼装结构与错缝拼装结构纵缝张开量的分布规律相似，均为拱顶与拱底处纵缝内侧张开，外侧压密，而两侧拱腰区域纵缝内侧压密，外侧张开。通缝拼装结构纵缝张开量普遍大于错缝拼装结构。

(2)不同水压条件

1)管片衬砌变形

以某隧道为例,选取 30 m 土压的情况,将通缝与错缝拼装管片衬砌结构形变的发展情况进行对比,如图 9-6 所示,随水压的增长,二者的最大变形量缓慢增长,通缝拼装管片衬砌结构的变形量大于错缝拼装的情况。而当结构发生裂缝时,二者最大变形量大幅增加,可见,错缝拼装管片衬砌结构对结构形变的控制更好,结构开裂后变形开展更为缓慢。

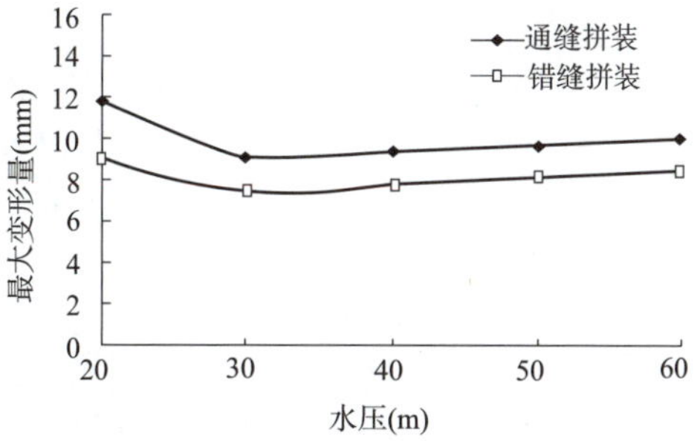

图 9-6 管片衬砌结构最大变形量随水压变化图

当水压从 20 m 增至 30 m 后,通缝拼装与错缝拼装结构的各点变形量均明显减小,而后随水压增长,两侧拱腰区域(副对拉梁处)的变形逐渐减小,而其他各点处的位移缓慢增长,其中拱顶和拱底区域(主对拉梁处)的变形增幅最大。可见,水压增长有效限制了结构的侧向位移,这对于结构的稳定性是有益的。

从最大变形的出现位置来看,通缝拼装管片衬砌结构的最大变形均出现于封顶块管片附近,而错缝拼装管片的最大变形则出现于 B3 块管片处。

2)管片衬砌纵缝张开量

从纵缝张开量的变化来看,随水压增加通缝与错缝拼装管片衬砌结构的纵缝张开量均呈减小的趋势,且管片衬砌结构各个纵缝的张开量均明显减小,当水压增至 50 m 后,纵缝张开量的量值已降至很小。

如图 9-7 所示,30 m 土压的情况,在弹性状态下,通缝拼装管片衬砌结构最大纵缝张开量大于错缝拼装管片衬砌结构,而当水压从 40 m 降至 30 m 时结构开裂,此时通缝拼装管片衬砌结构最大张开量增幅达 75.69%,错缝拼装管片衬砌结构最大张开量增幅为 62.74%。随水压继续降低至 20 m 时,通缝拼装管片衬砌结构最大张开量增幅达 42.32%,错缝拼装管片衬砌结构最大张开量增幅达 18%。可见,弹性状态下水压对于结构张开量的控制有益,而当结构开裂后,错缝拼装管片衬砌结构最大张开量始终在允许值 3 mm 以内,而通缝拼装管片衬砌结构最大张开量迅速增大,并明显超出 3 mm 的防水要求。

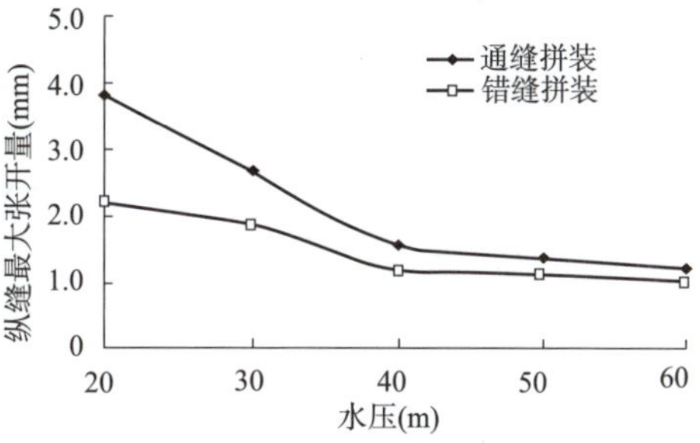

图 9-7 管片衬砌结构纵缝最大张开量随水压变化图

(3)不同围岩条件

当围岩发生双侧弱化时,结构发生破坏,给出变形的变化情况如图 9-8 所示。

由图 9-8 可以看出,当左侧拱腰区域围岩弱化后,该区域管片发生指向围岩的形变,拱顶、拱底位移明显增大,而未弱化区域的管片则发生指向结构内部的形变,隧道整体结构在显著变形的同时,发生了指向弱化一侧的漂移;而当两侧围岩均出现弱化后,隧道左右两侧拱腰均发生指向外侧的形变，拱顶与拱底的位移进一步加剧，结构的水平位移增长大于拱顶与拱底位移的增幅，隧道被“压扁”。此时首先产生的是强度破坏，而后是管片变形过大，从而失去了使用功能，此时管片的整体性仍能保持为一个圆环，而不是坍落成零散的构件。

(4)不同覆土厚度

管片在不同覆土厚度作用下的收敛变形如图9-9所示。由图9-9可知，覆土较浅情况下，隧道收敛变形呈“竖鸭蛋”状；随着覆土厚度的增加，由于侧向土压力系数较小，使得侧向土压力的增加量小于竖向土压力的增量，使得隧道收敛变形呈“横鸭蛋”状。

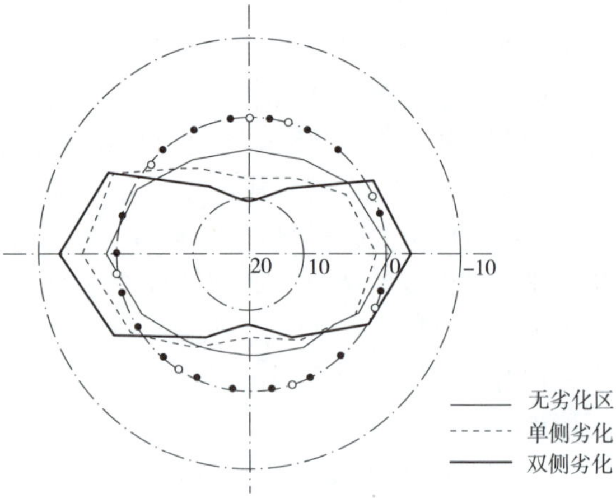

图9-8 不同围岩弱化情况下管片衬砌结构变形分布(单位：mm)

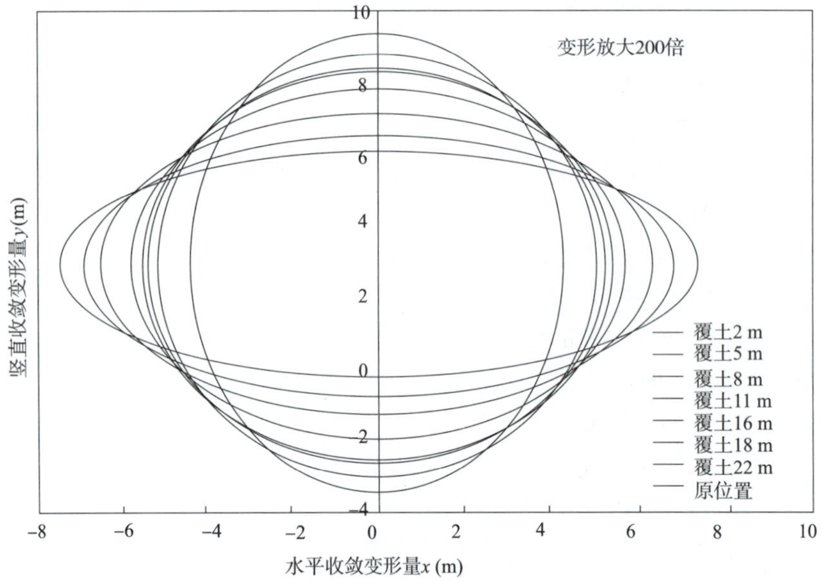

图9-9 管片在不同覆土厚度作用下的收敛变形

对比不同覆土深度下，隧道水平和竖直收敛变形量，如图9-10所示，可以发现覆土深度为9 m时，隧道水平收敛变形等于竖向收敛变形，隧道呈圆形。

(5)覆土开挖卸荷

在正常运营工况下，管片整体变形呈“横鸭蛋”状，管片顶部与底部向管片内部变形，腰部向管片外部变形；管片顶部变形量大于底部变形量。管片环的顶底相对变形均为6 mm，横向相对变形5 mm。

在不同的开挖深度下，管片环的整体变形玫瑰图如图9-11所示。图中虚直线表示AA'、

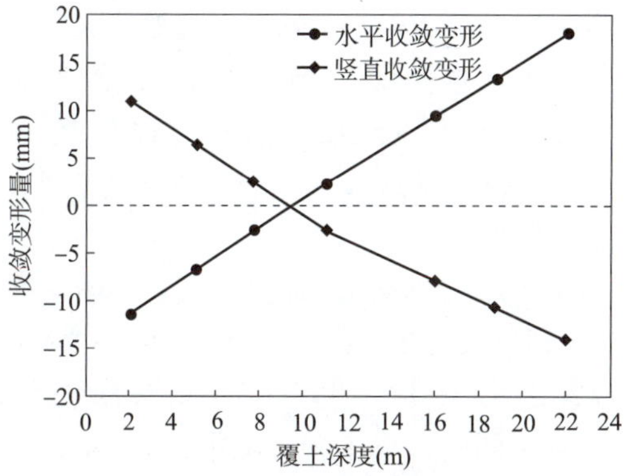

图 9-10　管片收敛变形量与覆土深度关系

BB'、CC'和 DD' 4 条测线位置,实直线表示管片中纵缝的位置,由图可知隧道始终呈"横鸭蛋"状。

卸载过程中,AA',BB',CC'和 DD' 的变形-开挖深度曲线如图 9-12 所示,曲线斜率在开挖深度达到 7.0 m 之前基本不变;当开挖深度 >7.0 m 后,曲线斜率开始减小,径向收敛变

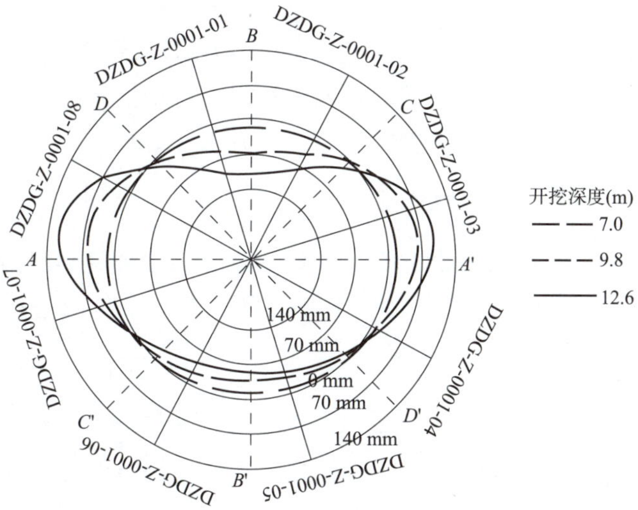

图 9-11　管片环整体变形玫瑰图

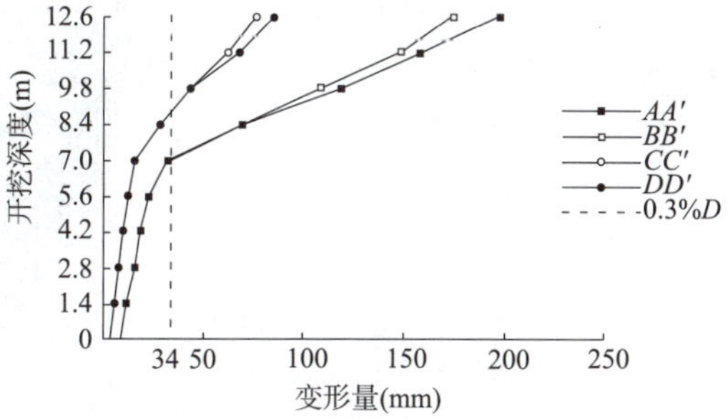

图 9-12　直径变形-开挖深度曲线

形随开挖深度增加而加速发展，*AA'*与 *BB'*方向的变形量始终大于 *CC'*和 *DD'*方向的变形量。当开挖深度达到7.0 m时，*AA'*方向直径收敛变形量最大，达到33 mm，接近于规范规定的限值34 mm，可见，常规规范关于隧道变形限值的规定同样适用于大直径盾构隧道。当开挖深度达到12.6 m时，最大直径变形量均为192 mm，发生在*AA'*方向。

(6)盾构隧道的纵向变形特征

在内外部荷载改变或周围土层的扰动下，盾构隧道某些环会首先发生纵向变形，进而带动相邻环发生变形，依此影响到更大范围，沿隧道纵向形成一个沉降槽。隧道的纵向变形基本上是以环缝发生错台的方式进行的，以发生不同环缝错台形成纵向沉降曲线，同一半径沉降曲线上不同位置的错台量是不同的。在工程监测中，不仅要关注隧道纵向错台最大部位，而且还要关注隧道纵向沉降曲线反弯点处的横向变形。

隧道沉降曲线呈对称漏斗形。一半曲线是一条反S沉降曲线，曲线的上部向下弯曲，下部向上弯曲，中间呈直线段变化。可将曲线划分成三段：第一段，向下弯曲段(错台加速阶段)。该段隧道距离严重扰动区较远，受扰动影响较小，环间错台较小，纵向变形量小，环与环之间的错台迅速变大，环间缝隙基本上没有张开，也不发生渗漏水，此阶段的纵向变形累计量较小。第二段，直线变形段(错台匀速发生阶段)。该段隧道靠近严重扰动区，受扰动影响较大，环与环之间的错台量较大，凹凸榫条相扣处在剪切状态，错台基本上呈直线型发展，没有明显弯曲，纵向沉降累积量迅速变大，环间缝隙防水易发生失效。第三段，向上弯曲段(错台减速阶段)，也是最后一个阶段。该段隧道居于严重扰动中心，环与环之间的错台变形由大变小，曲线呈向上弯曲状，此阶段的纵向累计沉降量达到最大。

9.1.2 清华园隧道结构变形与受力分析

通过数值模拟计算，分析清华园隧道在上跨地铁12号线地段的结构变形与受力，主要为清华园隧道盾构掘进开挖过程结构变形与受力分析，地铁12号线左右线施工对清华园隧道结构的影响分析。

1. 施工期变形与受力分析

(1)计算模型与参数

采用FLAC 3D有限差分软件，对清华园隧道上跨地铁12号线施工阶段及受12号线开挖影响时的受力和位移情况进行数值模拟。根据地铁12号线盾构区间所处位置，以及清华园隧道的尺寸，考虑边界效应的影响，宽度边界范围取至清华园隧道中心3倍洞径，长度边界范围取至12号线4倍洞径，整个模型尺寸总长78 m，宽90 m，上取至地表，总高取66.88 m，模型如图9-13所示。

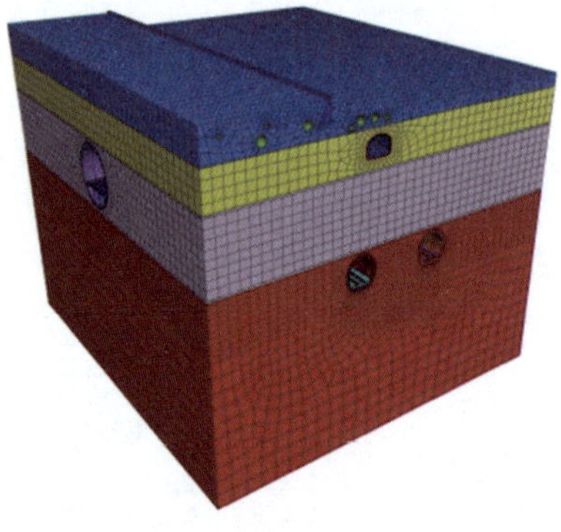

图9-13 模型总体尺寸

数值计算过程中，采用摩尔-库仑准则弹塑性实体单元模拟围岩，采用弹性实体单元模拟盾构管片、管线支护结构及管片后同步注浆加固区。通过注浆加固区的参数变化，模拟注浆体的硬化过程。本次计算中，取盾构机壳长度为8 m，注浆加固区的硬化长度为落后盾尾16 m。

采用对掌子面施加均布压力模拟盾构机土舱压力，对管片外土层施加径向压力模拟注浆压力。计算参数结合设计资料、地勘资料及规范选取，为简化模拟过程，将地层简化为4个地层（考虑施工期降水对参数的强化影响），管线支护参数取为相同值，同时，假定地铁12号线盾构参数按清华园隧道盾构参数选取，即管片幅宽2 m，土舱压力0.12 MPa，注浆压力为0.25 MPa。具体参数确定见表9-1。

表9-1 计算参数选择

项目		容重 γ (kN/m^3)	弹性模量 E(GPa)	泊松比 ν	黏聚力 c(kPa)	内摩擦角
围岩	土层1	19.8	0.1	0.35	220	29°
	土层2	20	0.2	0.33	250	30°
	土层3	20.5	0.3	0.32	300	31°
	土层4	21	1.1	0.3	50	45°
清华园隧道	管片	25	35.5	0.2	—	—
地铁12号线	管片	25	35.5	0.2	—	—
热力管沟	初支	24	30	0.2	—	—
	二次衬砌	25	32.5	0.2	—	—
管线支护结构		24	30	0.2	—	—
挡土墙		25	32.5	0.2	—	—
未硬化同步注浆加固区		21.5	0.1	0.3	—	—
硬化同步注浆加固区		22	1	0.22	—	—
钢轨		78	200	0.3	—	—
扣件区		24	36	0.25	—	—
轨道板		25	36	0.2	—	—
轨下结构		25	33.5	0.2	—	—

考虑隧道上方各种市政管线，结合清华园隧道及地铁12号线双线盾构的空间位置情况，建立近接交叉段计算模型，模型交叉概况如图9-14所示。

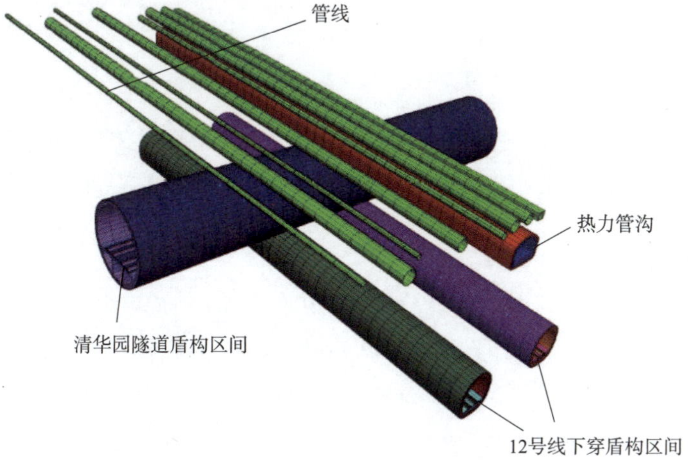

图9-14 清华园隧道空间交叉模型概况

根据上述模型进行盾构隧道开挖数值模拟计算，开挖顺序：先开挖清华园隧道盾构区间开挖步（0～52 步），再开挖地铁 12 号线左线隧道（53～107 步），最后开挖地铁 12 号线右线隧道（108～162 步）。

（2）监测断面及监测内容

根据地铁 12 号线双线区间盾构隧道与清华园隧道立体相交位置，取监测断面 1～3 为地铁 12 号线两条区间隧道的轴线断面及中间断面，即距开挖洞口 30.5 m、39 m 和 47.5 m 处，取监测断面 4～6 为地铁 12 号线两条区间隧道的轴线断面及中间断面，开挖至清华园隧道正下方处（42 m）以及开挖 64 m 处。具体布置如图 9-15 所示。

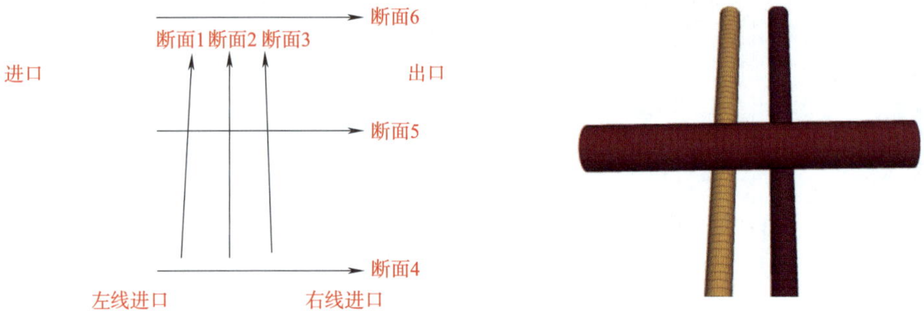

图 9-15　监测断面布置

监测目的：主要掌握清华园隧道本身施工阶段、上跨地铁 12 号线盾构区间开挖过程对清华园隧道相应监测断面的管片内力和位移（拱顶、仰拱、收敛）影响，对应的拱顶上方地表位移（沉降）变化规律，对应管线的位移云图规律，地铁 12 号线管片内力及位移云图等。其中地表监测点横向间距为 2 m，盾构管片及地表测点布置如图 9-16 所示。

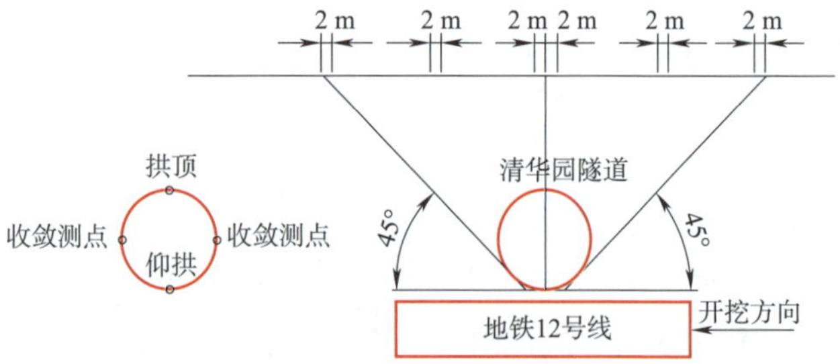

图 9-16　测点布置

（3）计算结果及分析

对上述计算模型进行计算分析，得到上方市政管线、地层及清华园隧道、地铁 12 号线隧道的施工阶段位移及受力情况，仅对清华园隧道管片内力及位移、地表位移进行详细阐述，余者以云图计算结果显示。

1）市政管线

清华园隧道上方市政管线的位移及应力情况如图 9-17 所示。

根据图 9-17 可知，市政管线受力在管道外侧的压应力和拉应力均较小，管道内壁压应力和拉应力更大，最大主压应力为 −6.954 MPa，远小于混凝土抗压强度，最大主拉应力为 2.056 MPa，几乎达到了 C25 混凝土的抗拉极限强度，说明管线若为混凝土结构，则有可能出现拉应力破坏，且最大拉应力出现在距地表更近的管线顶部内侧。

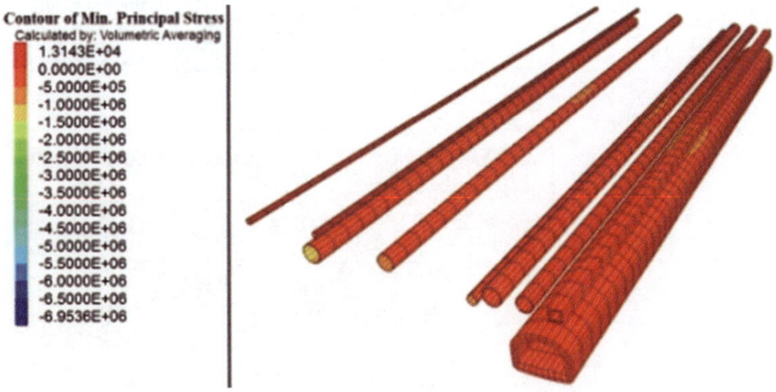

(a)最大主压应力

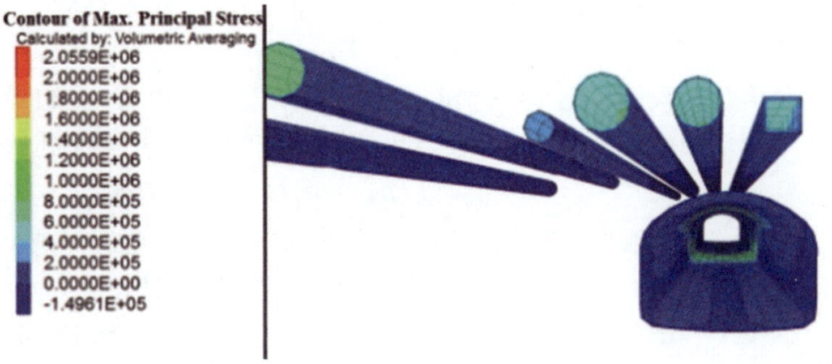

(b)最大主拉应力

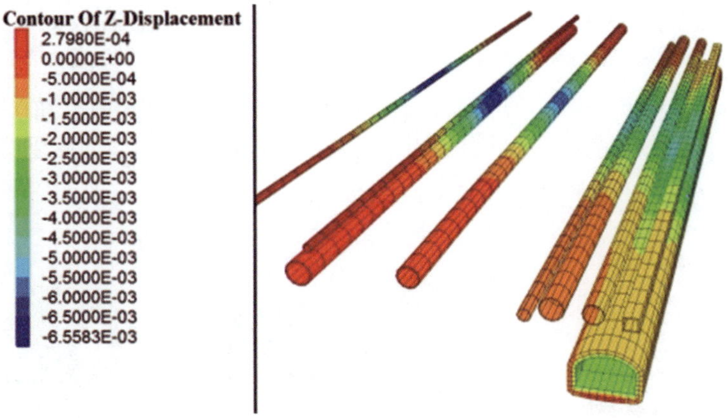

(c)沉降位移

图 9-17

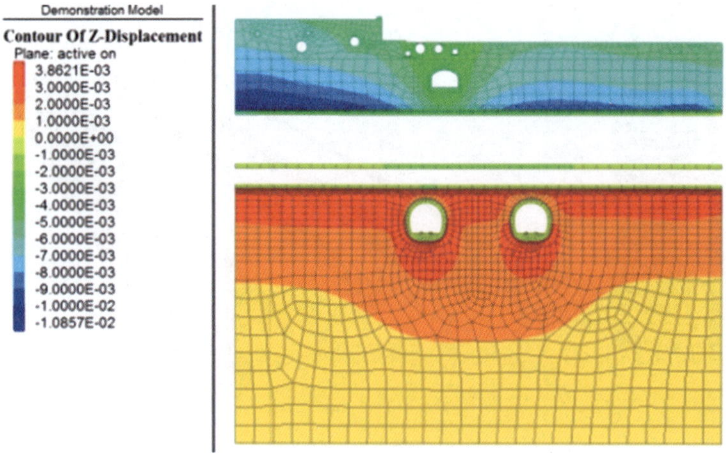

(d)清华园隧道中线剖面位移

图 9-17 清华园隧道上方市政管线位移及应力云图

观察各管线位移情况得知,在挡墙左侧的管线,因靠近洞口位置,受边界效应的作用明显,且埋深更大,受清华园隧道开挖影响,土层卸荷扰动在隧道上方管线处造成较大管线沉降。而挡土墙右侧管线埋深小,受开挖卸荷以及下方盾构注浆压力作用,清华园隧道仰拱隆起和下穿地铁 12 号线造成的地层隆起,在清华园隧道上方管线出现沉降减小的情况。整体来看,管线中部即清华园隧道下穿处,管线沉降最大,而在管线两端位移较小,说明管线受下方隧道开挖的影响很大。整体管线沉降最大值为 -6.558 mm,满足设计要求。

2)地铁 12 号线

因地铁 12 号线不是本书的重点研究对象,故只选取断面 5(清华园隧道正下方断面)以及整体情况进行分析,地铁 12 号线盾构区间隧道的应力和位移计算结果如图 9-18 所示。

从图 9-18 可知,地铁 12 号线盾构区间隧道边墙处管片内壁存在较大的压应力,而在拱顶处管片内侧存在较大的拉应力,且注浆区的主应力均较小,而管片的主应力较大;管片最大压应力为 -1.554 MPa,最大拉应力为 1.235 MPa,远小于管片设计强度。从其受力情况可知,地铁 12 号线管片在其自身重力作用下,拱顶有沉降趋势,导致内侧受拉,边墙受压。

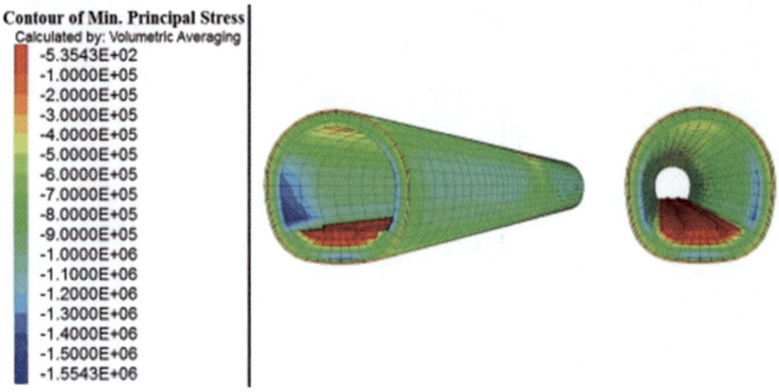

(a)地铁 12 号线最大主压应力云图

图 9-18

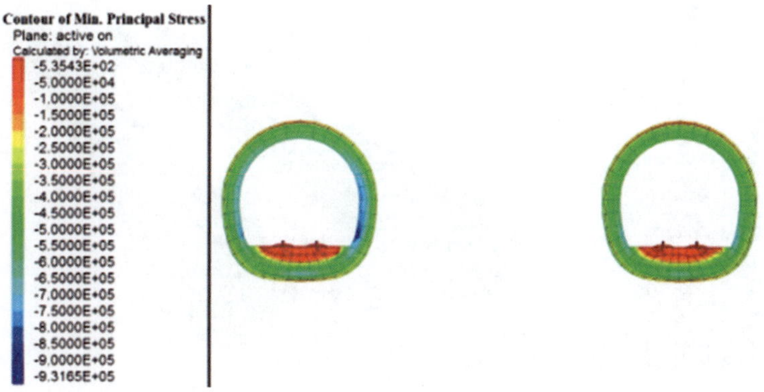

(b)地铁 12 号线断面 5 最大主压应力云图

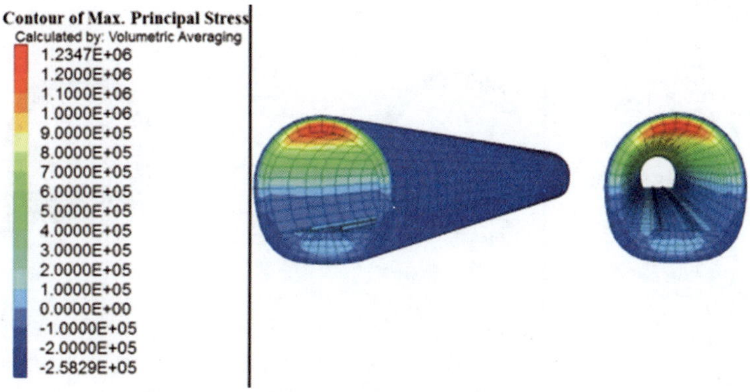

(c)地铁 12 号线最大主拉应力云图

(d)地铁 12 号线断面 5 最大主拉应力云图

图 9-18

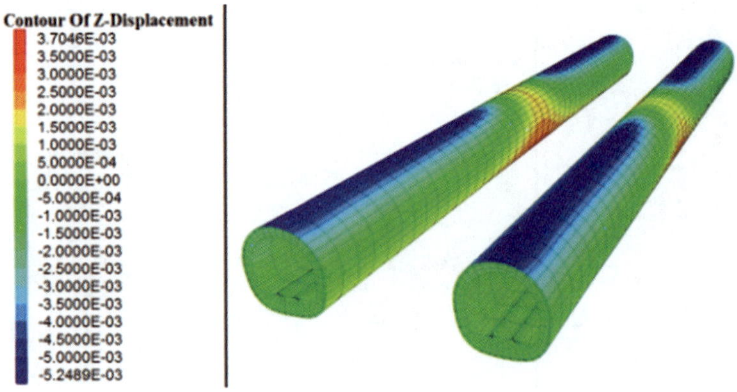

(e)地铁 12 号线竖向位移云图

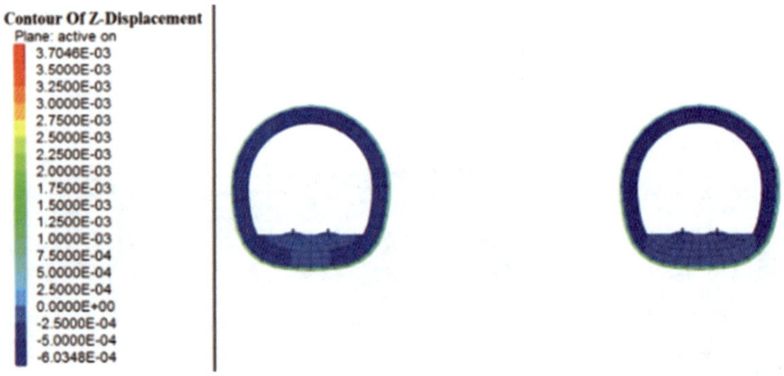

(f)地铁 12 号线断面 5 竖向位移云图

图 9-18　地铁 12 号线盾构区间隧道计算结果

从位移云图可知，整体上在清华园隧道下方（即地铁 12 号线中部）的拱顶管片沉降极小，其中注浆区隆起，仰拱隆起值最大；而在远离清华园隧道开挖影响范围外的区域，拱顶管片表现为沉降，而仰拱处隆起小。这是由于清华园隧道为大直径盾构隧道，自身开挖卸荷影响大，地层向洞内变形，故清华园隧道下方土体均表现为地层隆起，此时地铁 12 号线开挖经过清华园隧道下方时，地层仍表现为隆起，且仰拱处隆起最大，拱顶沉降最小。地铁 12 号线盾构隧道管片的沉降最大值为 −5.249 mm，隆起最大值为 3.705 mm。

3）清华园隧道

对清华园隧道 3 个监测断面的管片受力情况进行分析，结果如图 9-19 所示。

从图 9-19 可知，清华园隧道管片在 3 个断面的受力趋势较为一致，即在拱顶管片内侧以及轨下结构和仰拱管片的内侧受到较大的拉应力，而在管片拱腰内壁区域出现较大的压应力。断面 1 最大拉应力为 0.579 MPa，最大压应力为 −1.660 MPa；断面 2 最大拉应力为 1.719 MPa，最大压应力为 −2.139 MPa；断面 3 最大拉应力为 0.452 MPa，最大压应力为 −1.680 MPa，均满足混凝土的抗拉和抗压强度要求。总体受力情况：断面 2 > 断面 1 ≈ 断面 3，这是由于断面 1 和断面 3 在地形分布上近似对称，但断面 1 处埋深略大于断面 3。其中需要注意的是，断面 2 最大拉应力位置处于钢轨处，由于断面 1 和断面 3，受下穿的地铁 12 号线影响,故这两个断面处清华园隧道管片沉降会增大,而断面2处沉降量值稍小,使钢轨产生“挑担子”现象,即在断面1和断面3处钢轨受压大受拉小,断面2处受拉大受压小。而管片则起到主要受力作用,其效果刚好相反,在“人肩”处受力大,在两端“担子”处受力偏小,即在断面2处受压大,断面1和断面3处受压小。

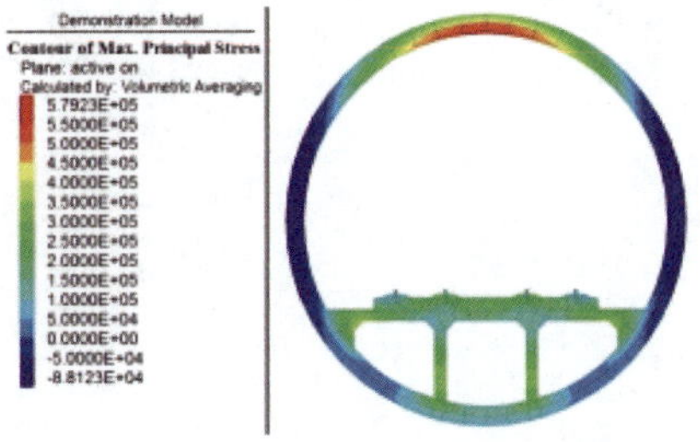

(a)断面1主拉应力

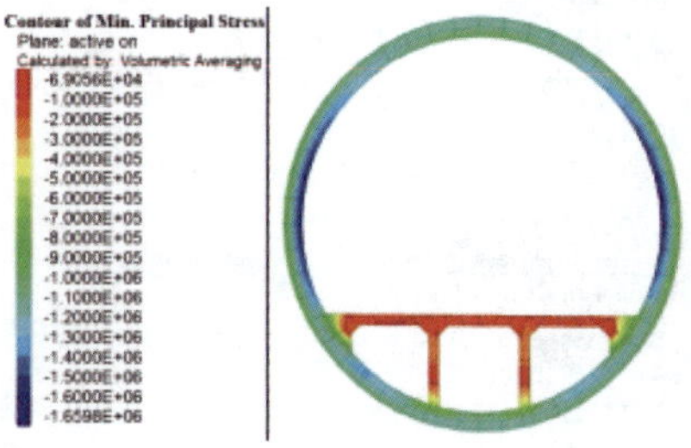

(b)断面1主压应力

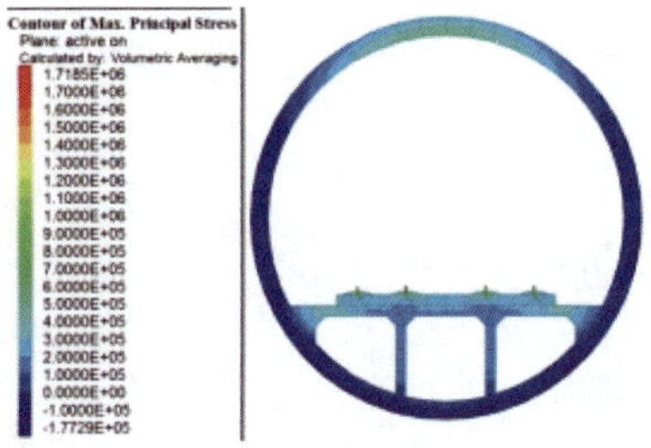

(c)断面2主拉应力

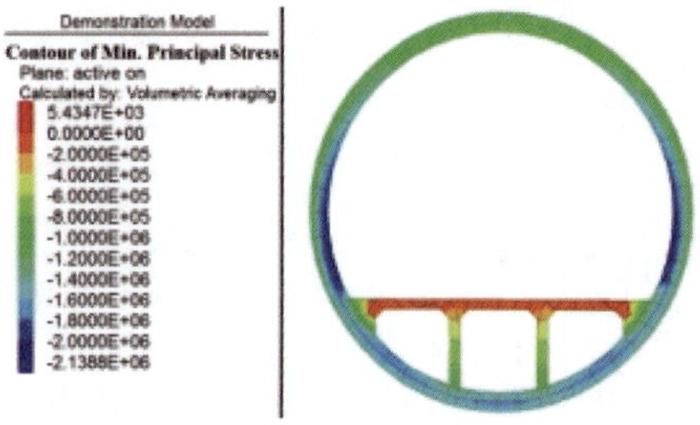

(d)断面2主压应力

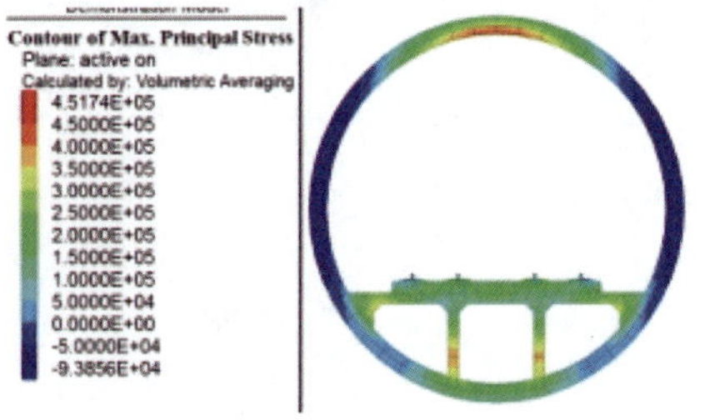

(e)断面3主拉应力

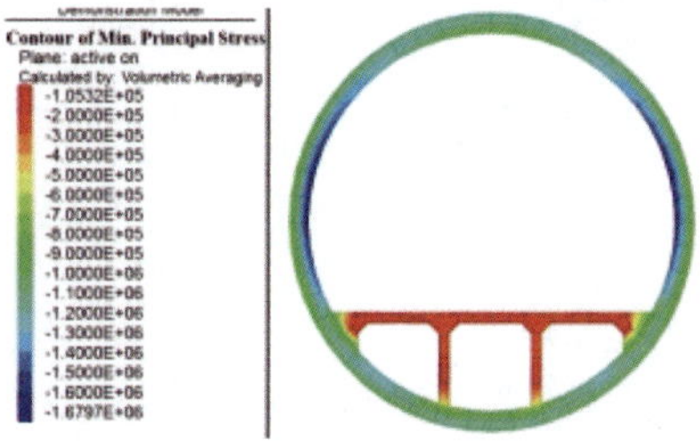

(f)断面3主压应力

图9-19 清华园隧道管片应力

对清华园隧道3个监测断面的管片位移情况进行分析,结果如图9-20所示。

从图9-20可知,清华园隧道3个监测断面的管片位移趋势相同,整个管片表现为下沉和收敛,其中拱顶下沉大,仰拱下沉小,水平拱腰处表现为收敛。断面1竖向最大沉降为-3.089 mm,最小沉降为-1.020 mm,最大水平位移为0.598 mm;断面2竖向最大沉降为-3.166 mm,最小沉降为-0.827 mm,最大水平位移为0.664 mm;断面3竖向最大沉降为-3.227 mm,最小沉降为-0.978 mm,最大水平位移为0.686 mm。由上述结果可知,3个监测断面的变形量值比较接近,这是由于清华园隧道3个监测断面的地形比较一致,但其中断面1更接近挡墙,其埋深偏大,故断面1的仰拱沉降最大,而断面3受下方地铁12号线作用,故其仰拱沉降比断面2大,而且其水平位移分布刚好相反,这与管片圆形结构的变形协调作用一致。

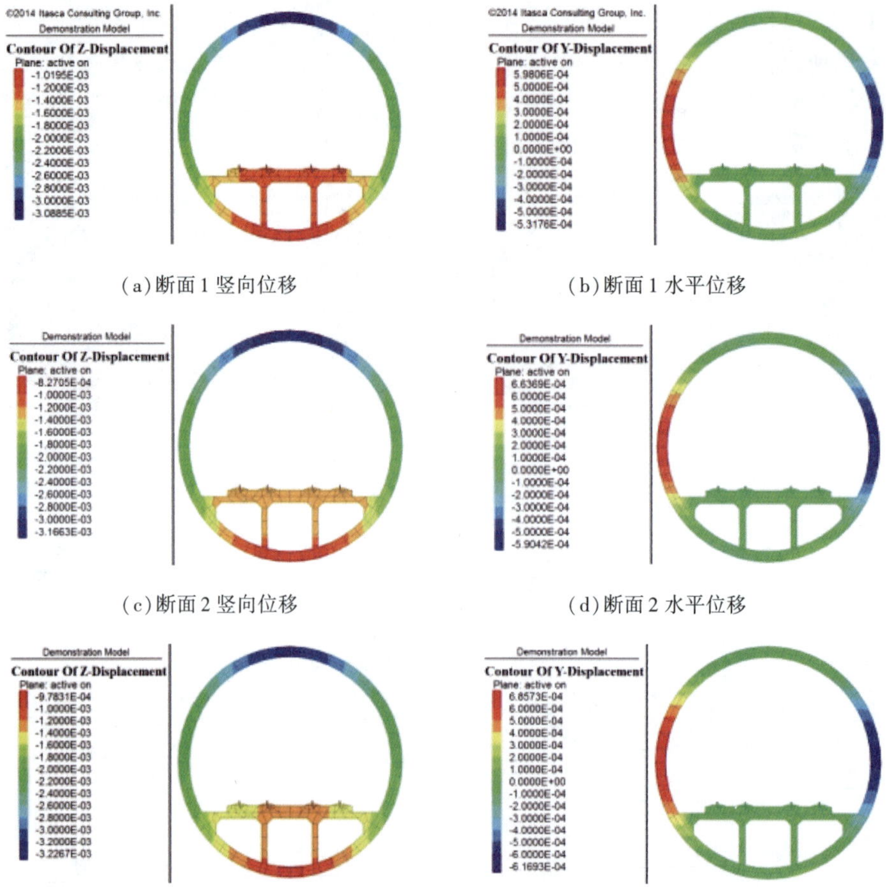

(a)断面 1 竖向位移　(b)断面 1 水平位移

(c)断面 2 竖向位移　(d)断面 2 水平位移

(e)断面 3 竖向位移　(f)断面 3 水平位移

图 9-20　清华园隧道管片位移

4)地表位移

整个模型的地表沉降云图如图 9-21 所示。

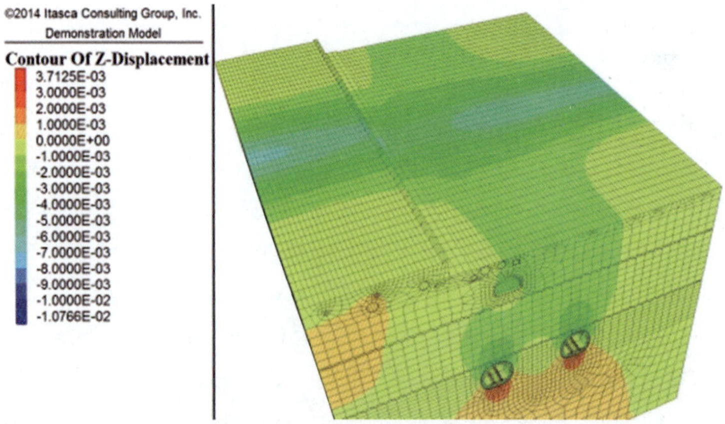

图 9-21　计算模型整体地表沉降云图

由图 9-21 可知,受清华园隧道和地铁 12 号线下穿隧道的综合影响,在其交叉区域出现了复杂的地表沉降云图,总体表现为清华园隧道开挖影响范围上方地表沉降大于开挖影响范围外的上方地表沉降,地铁 12 号线开挖影响范围内上方地表沉降也明显大于影响范围外的上方地表沉降。且在开挖洞口边界处表现出较为明显的边界效应,其沉降偏大。从断面 1 上方地表沉降来看,由于受到清华园上方供热管道开挖影响,其地表沉降略小于断面 2 和断面 3。

对清华园隧道 3 个监测断面上方地表 9 个测点的位移情况进行监控,得到结果如图 9-22 所示。

由图 9-22 可知,整体来看,3 个监测断面的地表位移趋势保持一致,在下穿隧道开挖完成后,均表现为较标准的沉降槽曲线。地表沉降槽反弯点出现在(1.5 ~ 2.0)D,18 ~ 24 m 之间,即隧道中线上方 $2D$(D 为隧道直径)范围内,受清华园隧道和地铁 12 号线隧道开挖的影响最大,沉降最明显,$2D$ 范围外沉降相对较小。最大沉降量值:断面 3 地表沉降最大(5.78 mm),断面 2 次之(4.84 mm),断面 1 最小(4.41 mm)。

具体来看,断面 1 的沉降发生最快的是清华园隧道开挖断面 1 至断面 2 之间的施工过程,断面 2 沉降发生最快的是开挖断面 2 到 12 号线左线开挖至断面 4 之间的施工过程,而断面 3 沉降发生最快的是开挖断面 3 到 12 号线左线开挖至断面 4 之间的施工过程。这表明掌子面距离监测断面越近,其沉降发生越快,量值越大。而当掌子面距离监测断面较远时,隧道施工对监测断面的地表沉降影响程度下降,表现出强烈的隧道施工过程的空间相关性。同时可以看到,清华园隧道开挖时,以隧道中线为中心,上方地表的沉降曲线几乎对称,

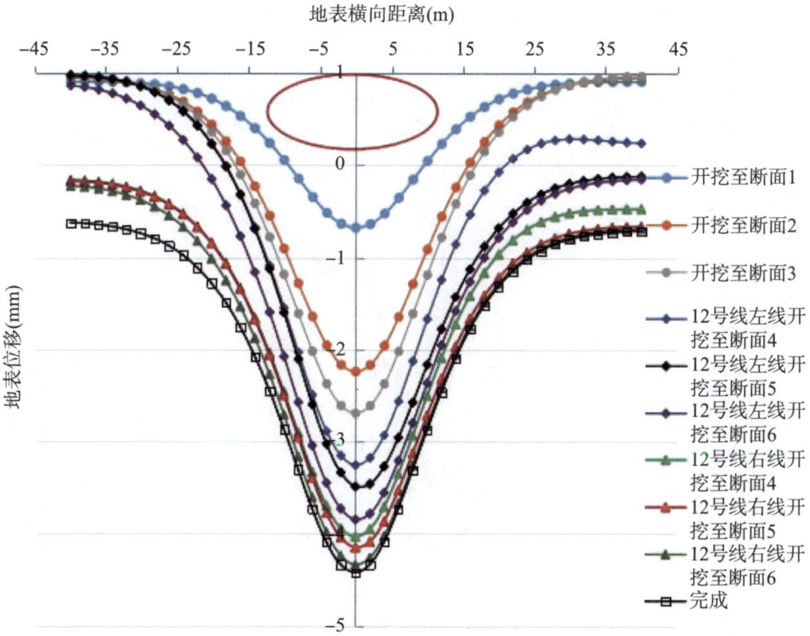

(a)断面 1 地表位移

图 9-22

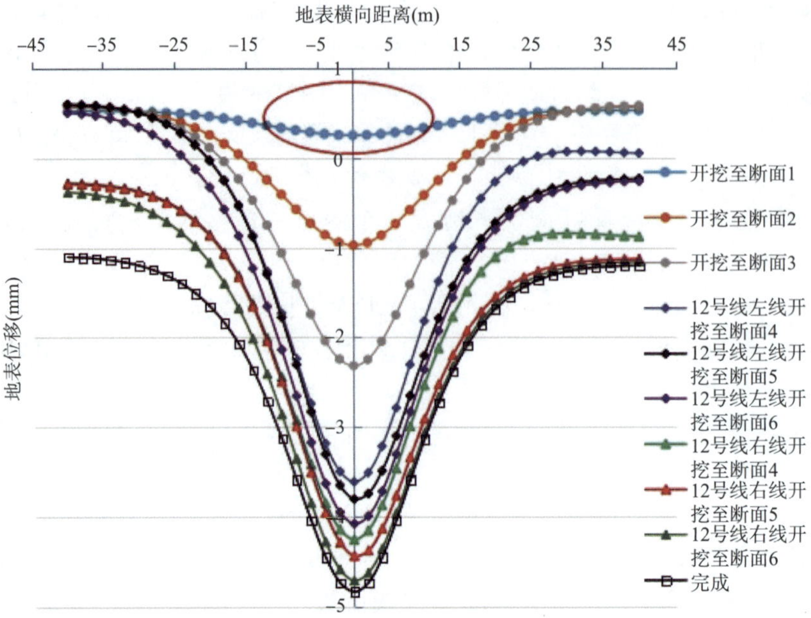

(b)断面2地表位移

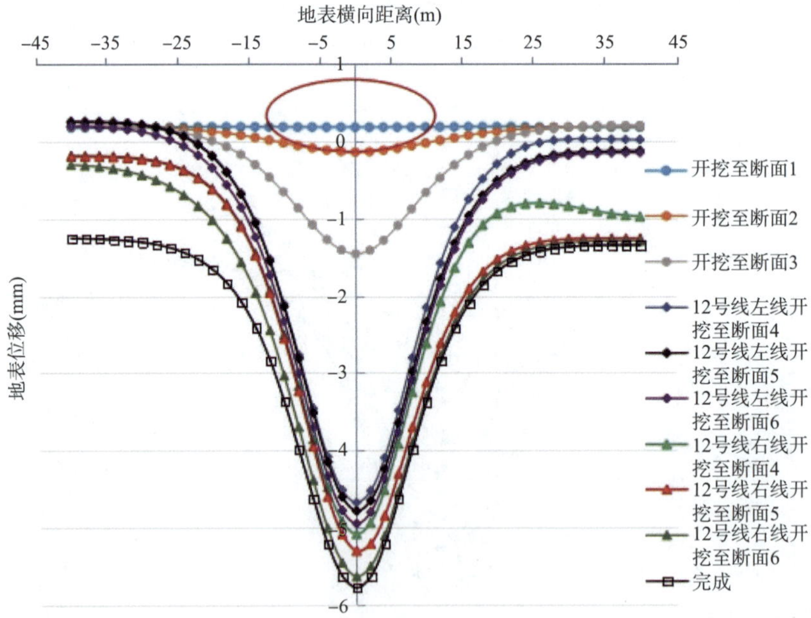

(c)断面3地表位移

图9-22 监测断面地表位移计算结果

注:图中红色椭圆形为清华园隧道所在位置示意。

而当12号线左线开挖后，在清华园隧道的右方(正 x 轴)沉降大，而左侧(负 x 轴)沉降小，当12号线右线开挖完成后，地表沉降又近似对称分布了。这就表明12号线开挖对上方地表的沉降表现出了一定的时间相关性，先开挖处先沉降。但由于施工方法相同，地形近似对称，最终的沉降曲线也近似对称，仅量值不同。

2. 运营期变形与受力分析

前述计算了清华园隧道和地铁12号线隧道在开挖过程中对管线、地表及自身管片结构的内力和位移影响，即施工期的数值模拟计算。为考虑地铁列车长期运营荷载作用下，列车振动对衬砌结构的内力及变形影响规律，并预测管片结构的长期变形量值，找到影响结构安全的重点部位，故需对运营期的列车振动荷载进行计算分析。

运营期变形与受力分析主要以列车静载×动荷载效应系数模拟列车振动荷载进行计算分析，研究过程中将动荷载效应系数取为2.0。为研究运营期列车车轮荷载对轨道、轨道板、轨下结构及管片结构等构筑物的变形及内力影响，模拟建立了钢轨、轨道板和轨下结构等细部构造，如图9-23所示。

图9-23 轨道细部结构模型

(1)列车静荷载计算

取列车轴重为16 t，单节列车车厢4对轮轴，整列地铁为6节编组，共计120 m长，钢轨取0.07 m宽的弹性实体模型模拟。若地铁列车全部位于数值模型所建的隧道模型中时，轨道结构所受荷载达到最大。

$$p_0=\frac{\left(16\times4\times6\times\dfrac{78}{120}\times10\right)}{(0.07\times2\times78)}\times2.0\approx460(\text{kPa}) \tag{9-1}$$

数值计算时对钢轨施加向下的均布荷载，用以模拟轮轨对轨道结构的作用，如图9-24所示。

(2)工况设置及计算参数

为研究列车荷载对清华园隧道管片结构的影响，设置3个工况，见表9-2。

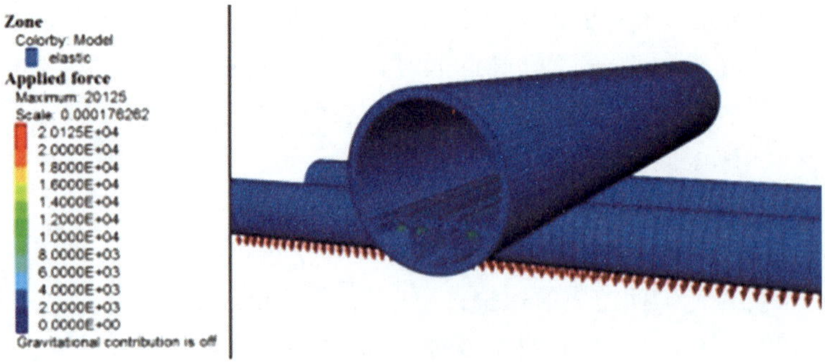

图 9-24　列车荷载施加示意图

表 9-2　列车荷载计算工况

工　况	1	2	3
内　容	清华园隧道双线列车荷载	地铁 12 号线左右线列车荷载	清华园隧道双线及地铁 12 号线左右线列车荷载

(3)计算结果分析

根据上述模型及列车荷载工况,进行列车荷载施加。清华园隧道管片及轨道结构变形情况如图 9-25～图 9-27 所示。其中监测断面仍取图 9-16 所示的 3 个监测断面,在施加列车荷载前进行了位移清零操作,即云图所示变形为列车荷载造成的结构变形增量。

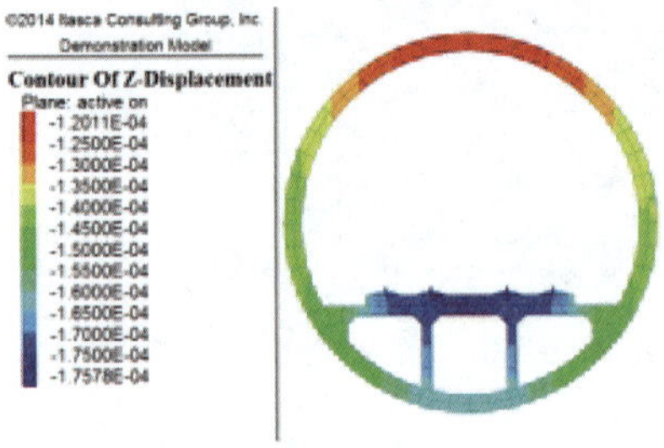

(a)断面 1 竖向位移增量

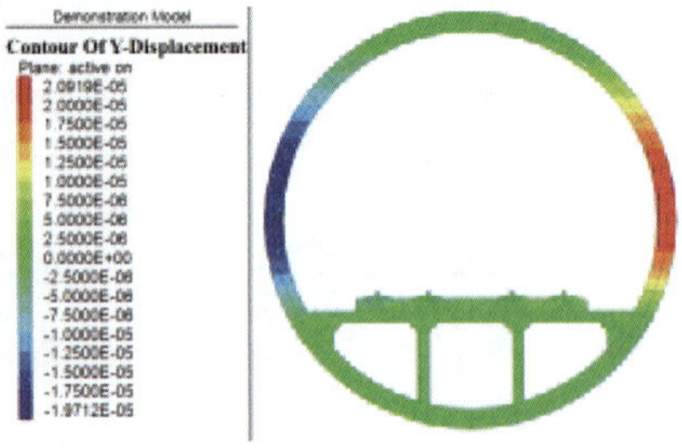

(b)断面 1 水平位移增量

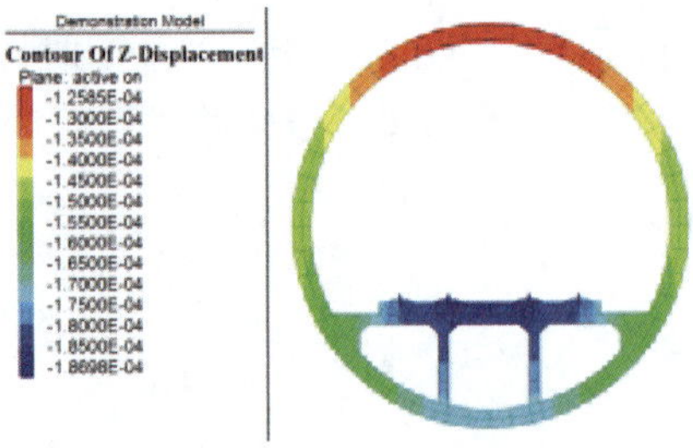

(c)断面 2 竖向位移增量

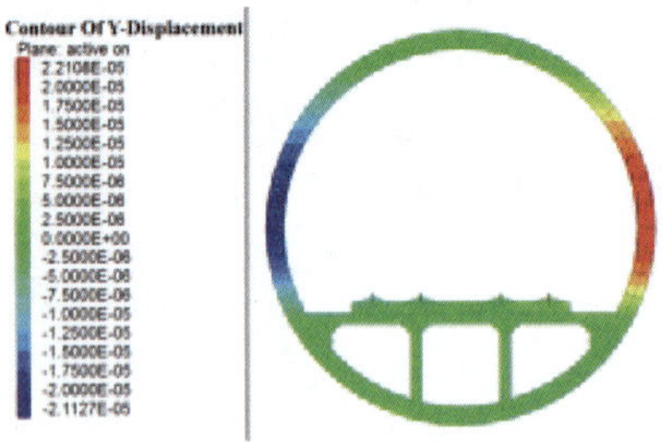

(d)断面 2 水平位移增量

图　9-25

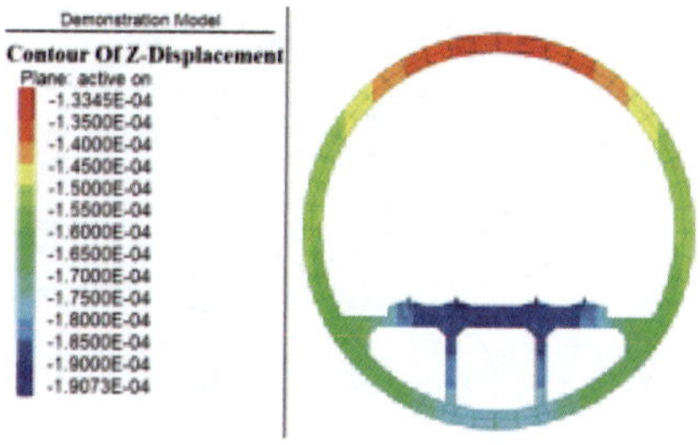

(e)断面 3 竖向位移增量

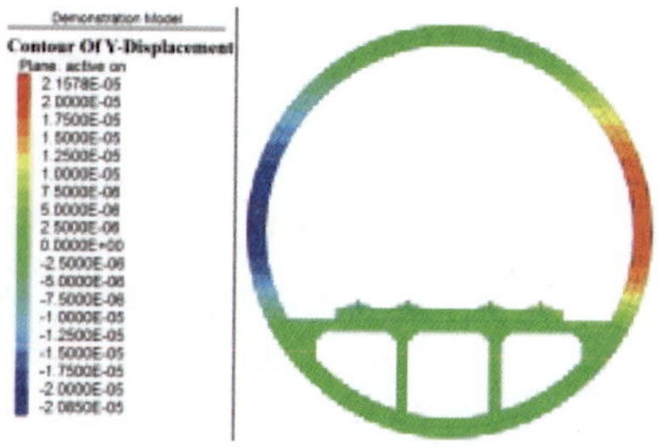

(f)断面 3 水平位移增量

图 9-25　工况 1 清华园隧道管片及轨道结构位移增量

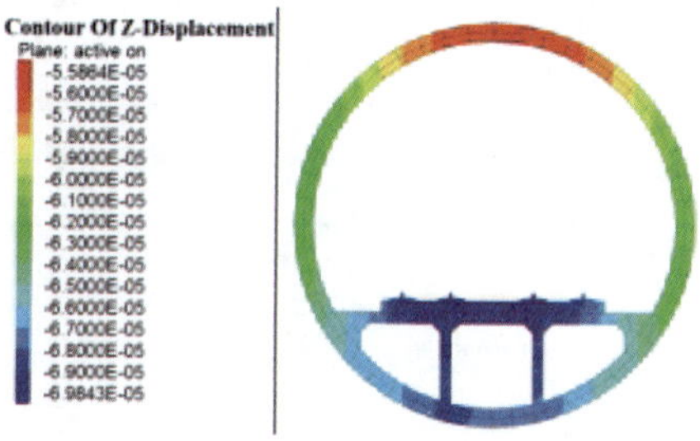

(a)断面 1 竖向位移增量

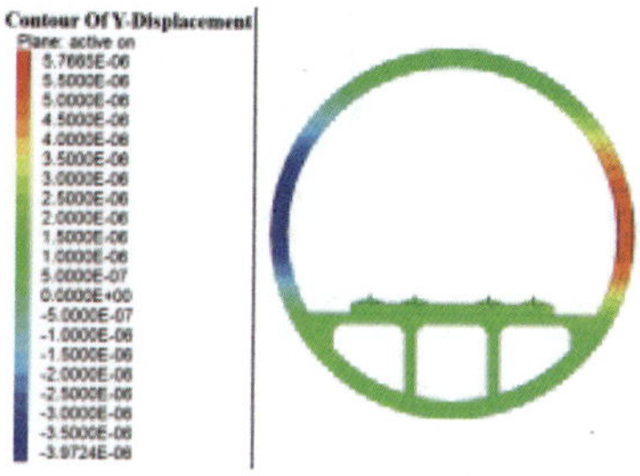

(b)断面 1 水平位移增量

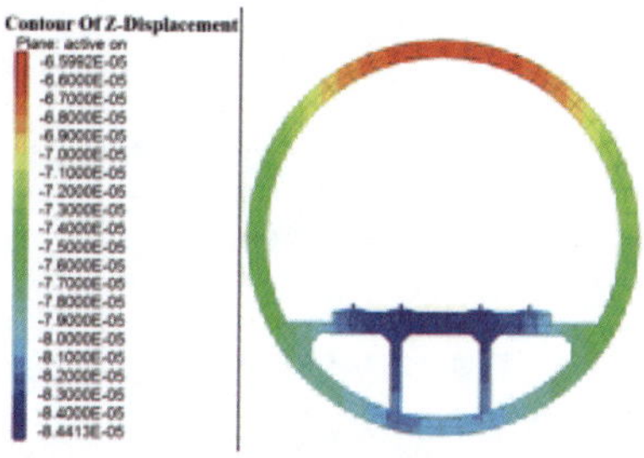

(c)断面 2 竖向位移增量

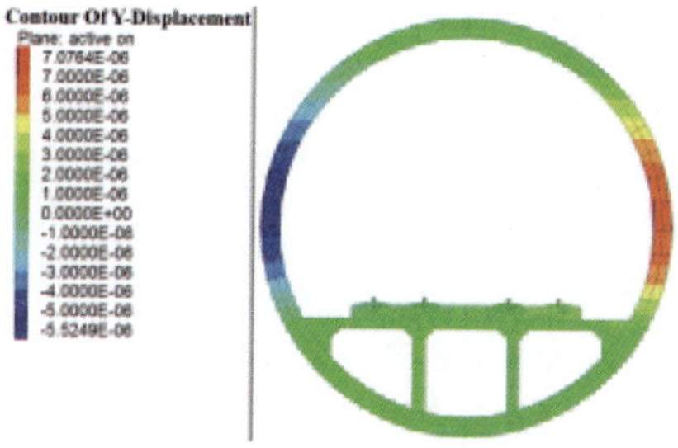

(d)断面 2 水平位移增量

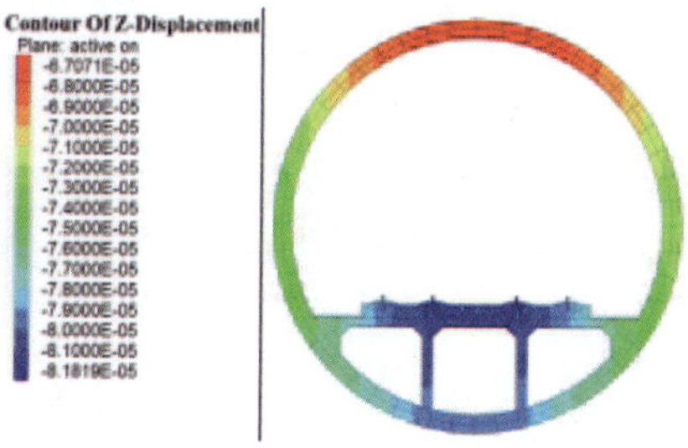

(e)断面 3 竖向位移增量

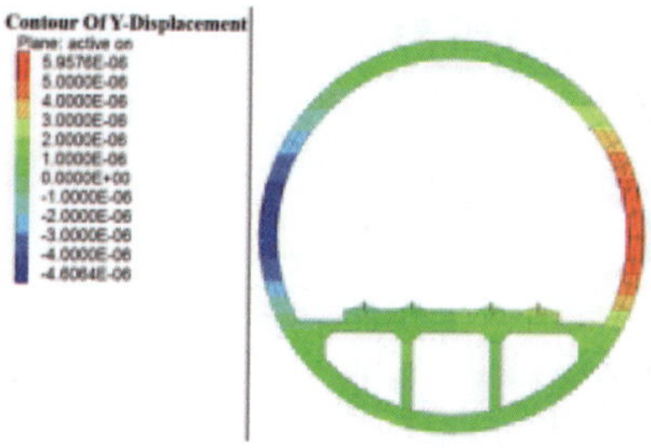

(f)断面 3 水平位移增量

图 9-26　工况 2 清华园隧道管片及轨道结构位移增量

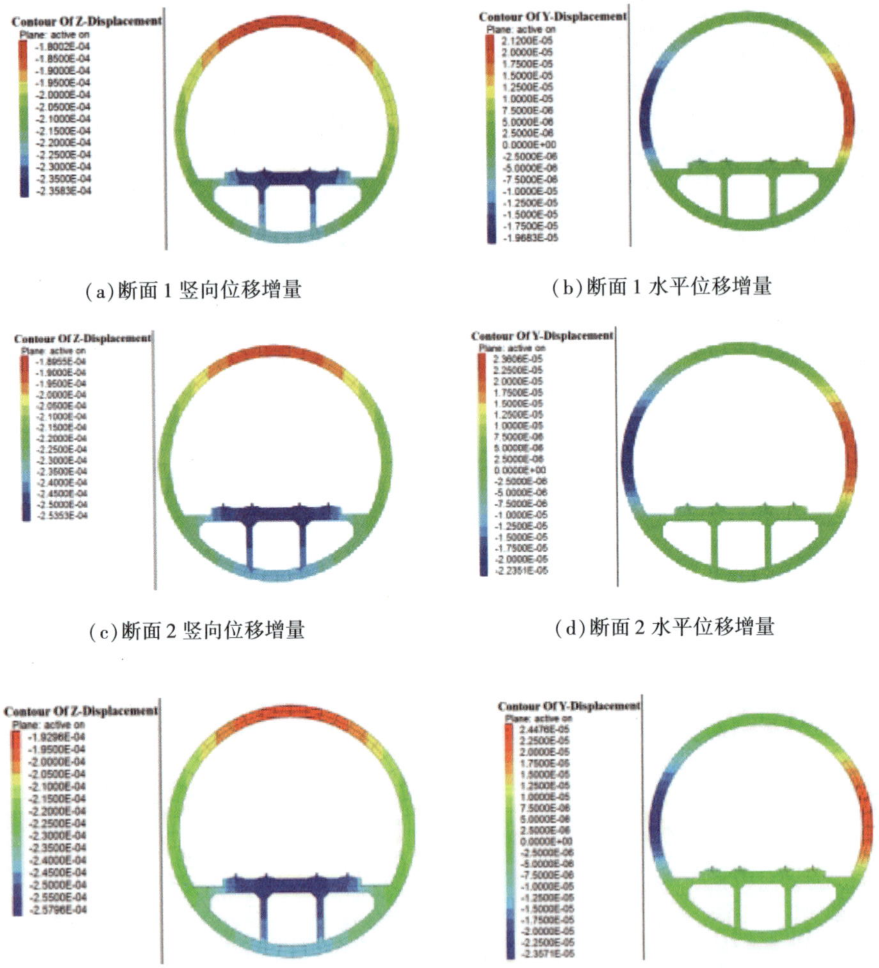

(a)断面 1 竖向位移增量　(b)断面 1 水平位移增量

(c)断面 2 竖向位移增量　(d)断面 2 水平位移增量

(e)断面 3 竖向位移增量　(f)断面 3 水平位移增量

图 9-27　工况 3 清华园隧道管片及轨道结构位移增量

1)工况 1:仅清华园隧道双线施加了列车荷载

清华园隧道管片及轨下结构变形增量云图如图 9-25 所示。

由图 9-25 可知,清华园隧道双线都施加列车荷载后,轨道板及整个管片结构均下沉,3 个监测断面的竖向位移趋势完全相同,最大沉降增量分别为 -0.176 mm、-0.187 mm、-0.191 mm,且表现出轨道板结构沉降 > 仰拱管片结构 > 拱顶管片结构的趋势。而水平位移增量的量值则非常小,总体表现水平扩张的趋势,最大水平位移增量出现在监测断面 2,为 0.022 mm。

2)工况 2:仅地铁 12 号线左右线施加了列车荷载

清华园隧道管片及轨下结构变形增量云图如图 9-26 所示。

由图 9-26 可知,地铁 12 号线隧道双线都施加列车荷载后,轨道板及整个管片结构均下沉,3 个监测断面的竖向位移趋势完全相同,最大沉降增量分别为:-0.070 mm、-0.084 mm、-0.082 mm,且表现出轨道板结构沉降 > 仰拱管片结构 > 拱顶管片结构的趋势。而水平位移增量的量值则非常小，总体表现水平扩张的趋势，最大水平位移增量出现在监测断面 2，为 0.007 mm。

与工况 1 相比，其位移增量大幅减小。这说明列车荷载直接作用于清华园隧道轨道结构上时，对其变形影响更大。而在下穿的 12 号地铁左右线上施加列车荷载时，首先对地铁 12 号线结构产生影响，随着地层的位移传递，逐渐作用到清华园隧道管片结构上，但对上部的清华园隧道管片结构的变形影响减弱。

3）工况 3：清华园隧道和地铁 12 号线左右线隧道均施加地铁列车荷载

清华园隧道管片及轨下结构变形增量云图如图 9-27 所示。

由图 9-27 可知，清华园隧道双线和地铁 12 号线隧道双线都施加列车荷载后，轨道板及整个管片结构均下沉，3 个监测断面的竖向位移趋势完全相同，最大沉降增量分别为 −0.236 mm、−0.254 mm、−0.258 mm，且表现出轨道板结构沉降 > 仰拱管片结构 > 拱顶管片结构的趋势。而水平位移增量的量值则非常小，总体表现水平扩张的趋势，最大水平位移增量出现在监测断面 3，为 0.024 mm。

与工况 1 和工况 2 相比，其位移增量均达到最大。这说明清华园隧道和地铁 12 号线隧道列车荷载同时作用在轨道结构上时，能够很明显地传递给支护结构和地层，对其变形影响更大。

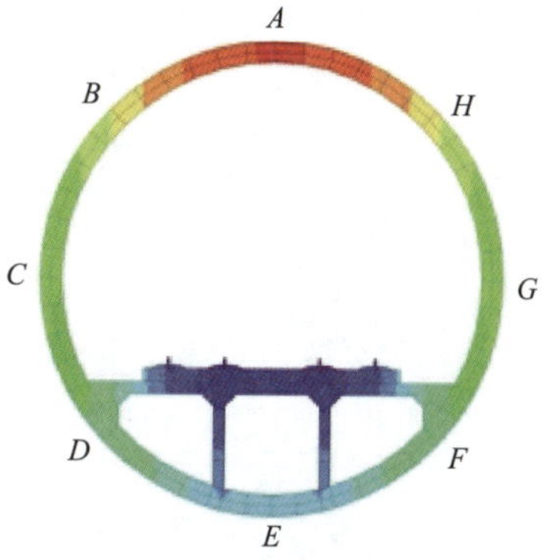

图 9-28 清华园隧道特征位置示意

综合 9.1.2 节中的施工期变形，对清华园隧道管片中的几个特征位置（图 9-28）进行分析，得到表 9-3 的计算结果。

表 9-3 清华园隧道管片特征位置位移分析

断面		施工完成		工况 1：清华园隧道列车荷载		工况 2：12 号线列车所有荷载		工况 3：清华园隧道和 12 号线列车所有荷载	
		水平位移（mm）	竖直位移（mm）	水平位移增量 Δx（mm）	竖直位移增量 Δz（mm）	水平位移增量 Δx（mm）	竖直位移增量 Δz（mm）	水平位移增量 Δx（mm）	竖直位移增量 Δz（mm）
断面 1	A（拱顶）	0.014	−3.096	0.001	−0.120	0.001	−0.056	0.001	−0.180
	B（左拱肩）	0.118	−2.501	−0.006	−0.133	−0.001	−0.060	−0.006	−0.192
	C（左拱腰）	0.599	−2.030	−0.019	−0.141	−0.004	−0.063	−0.019	−0.201
	D（左墙脚）	0.165	−1.631	0.002	−0.153	0.002	−0.066	0.003	−0.213
	E（仰拱）	0.046	−1.022	0.000	−0.161	0.001	−0.068	0.000	−0.221
	F（右墙脚）	−0.070	−1.609	−0.001	−0.153	0.001	−0.065	−0.001	−0.213
	G（右拱腰）	−0.533	−2.014	0.021	−0.140	0.006	−0.062	0.021	−0.200
	H（右拱肩）	−0.099	−2.470	0.007	−0.132	0.002	−0.059	0.008	−0.191

续上表

断面		施工完成		工况1:清华园隧道列车荷载		工况2:12号线列车所有荷载		工况3:清华园隧道和12号线列车所有荷载	
		水平位移(mm)	竖直位移(mm)	水平位移增量 Δx(mm)	竖直位移增量 Δz(mm)	水平位移增量 Δx(mm)	竖直位移增量 Δz(mm)	水平位移增量 Δx(mm)	竖直位移增量 Δz(mm)
断面2	*A*(拱顶)	0.017	-3.140	0.001	-0.126	0.001	-0.066	0.001	-0.190
	B(左拱肩)	0.154	-2.518	-0.007	-0.139	-0.001	-0.071	-0.007	-0.204
	C(左拱腰)	0.651	-2.003	-0.021	-0.149	-0.005	-0.074	-0.022	-0.214
	D(左墙脚)	0.129	-1.484	0.003	-0.162	0.001	-0.078	0.003	-0.228
	E(仰拱)	0.046	-0.828	0.000	-0.172	0.001	-0.081	0.000	-0.238
	F(右墙脚)	-0.030	-1.463	-0.002	-0.162	0.001	-0.077	-0.002	-0.228
	G(右拱腰)	-0.578	-1.985	0.022	-0.148	0.007	-0.073	0.023	-0.213
	H(右拱肩)	-0.130	-2.483	0.008	-0.138	0.002	-0.069	0.009	-0.203
断面3	*A*(拱顶)	0.015	-3.216	0.001	-0.135	0.001	-0.066	0.001	-0.193
	B(左拱肩)	0.177	-2.516	-0.007	-0.148	0.000	-0.069	-0.008	-0.208
	C(左拱腰)	0.683	-2.021	-0.020	-0.156	-0.004	-0.072	-0.023	-0.218
	D(左墙脚)	0.183	-1.598	0.002	-0.168	0.001	-0.074	0.002	-0.232
	E(仰拱)	0.046	-0.974	0.000	-0.176	0.001	-0.077	0.000	-0.241
	F(右墙脚)	-0.088	-1.578	-0.002	-0.168	0.001	-0.074	-0.002	-0.232
	G(右拱腰)	-0.615	-2.005	0.021	-0.155	0.005	-0.071	0.024	-0.217
	H(右拱肩)	-0.156	-2.484	0.008	-0.147	0.002	-0.068	0.009	-0.207

由表9-3可知,在轨道上施加运营荷载能够增大其竖向位移,但却减小了其水平收敛位移。总体上看,列车运营荷载引起的位移变化远小于施工期引起的位移变化。其中工况3的沉降增量达到施工期竖向最大量值的7.5%,而其水平位移增量则相对较小,最大水平位移变化量仅达到施工期最大水平位移量值的3.5%。

而且从表9-3数据也明显看出,直接在清华园隧道施加列车荷载对清华园隧道管片结构的位移影响最为明显,且管片结构的竖向位移在轨道板处以及仰拱管片处的位移在荷载作用下明显大于拱部结构,其水平位移则在拱腰处达到最大,表现为扩张。3个断面在3种工况下的最大沉降增量(工况3,仰拱 *E*)可达 -0.241 mm,其最大水平位移增量可达0.024 mm。同理,对施加运营荷载后的清华园隧道管片及轨下结构主应力情况进行分析,如图9-29~图9-31所示。

由图9-29可知,在清华园隧道施加运营荷载前后,3个监测断面管片结构的主应力分布趋势完全一致,量值差别很小,主拉和主压应力最大值在施加运营荷载后均减小且均表现在拱顶内侧和仰拱处有较大拉应力,而在左右拱腰内侧有较大的压应力分布。其中,断面1的主拉应力最大(0.579 MPa),断面2的主压应力最大(-2.094 MPa)。

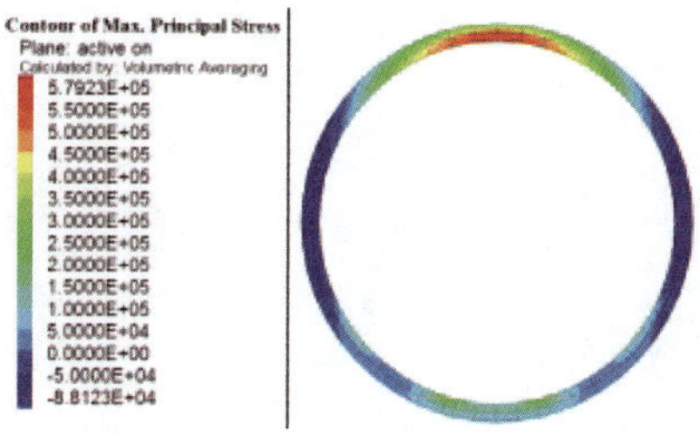

(a)断面 1 初始主拉应力

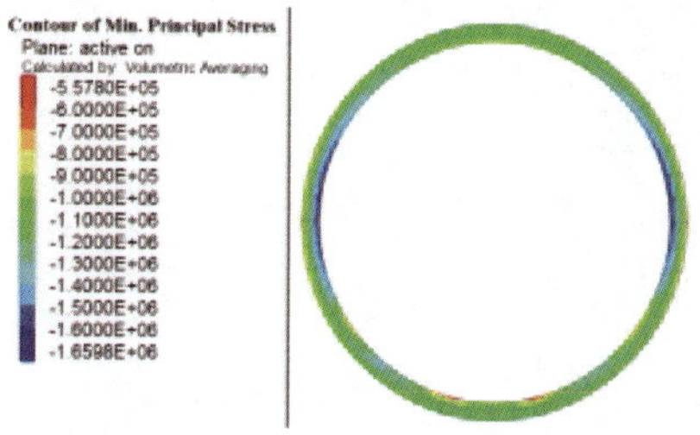

(b)断面 1 初始主压应力

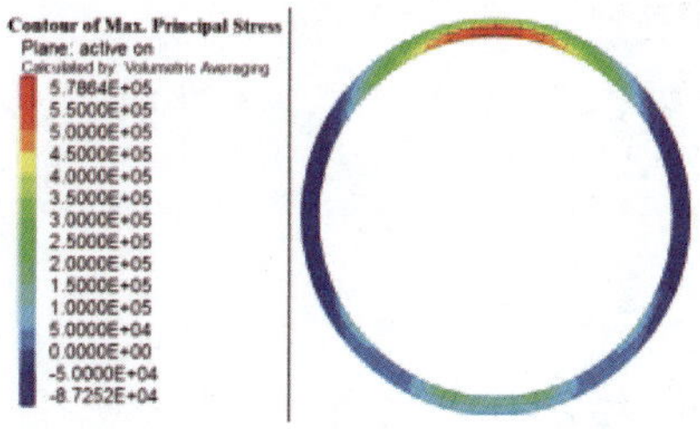

(c)断面 1 施加列车荷载后主拉应力

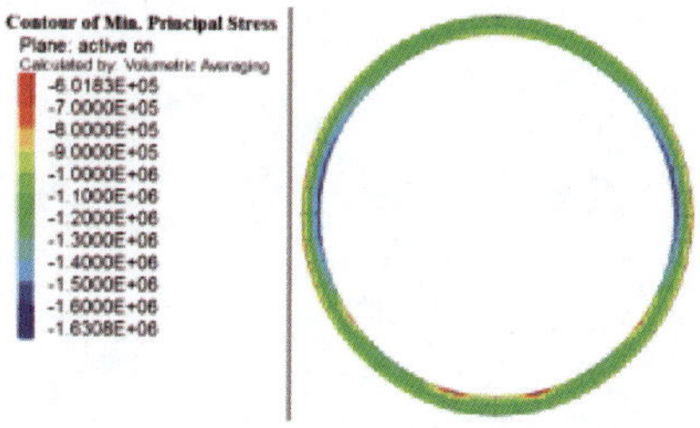

(d)断面 1 施加列车荷载后主压应力

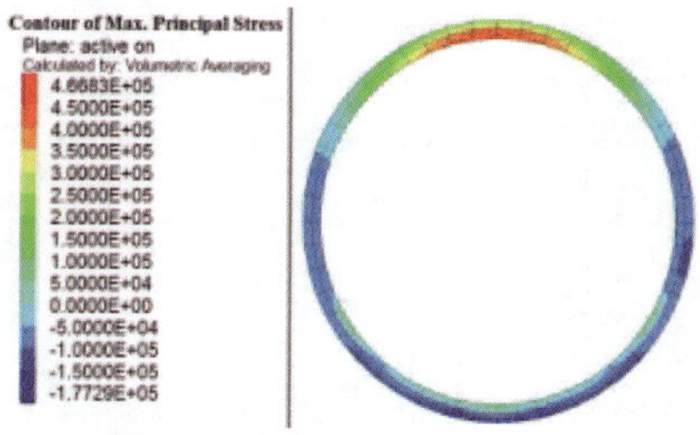

(e)断面 2 初始主拉应力

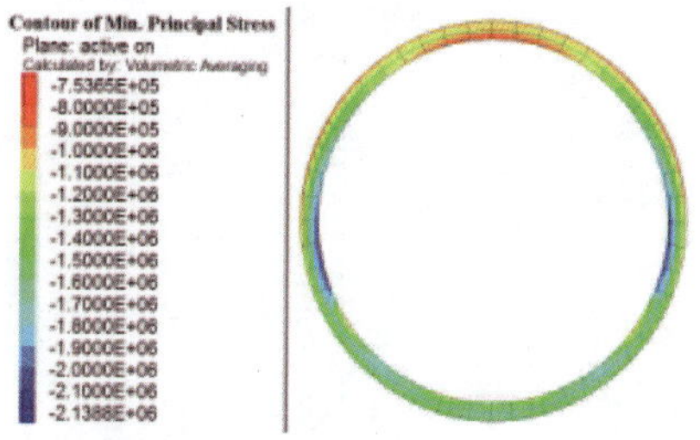

(f)断面 2 初始主压应力

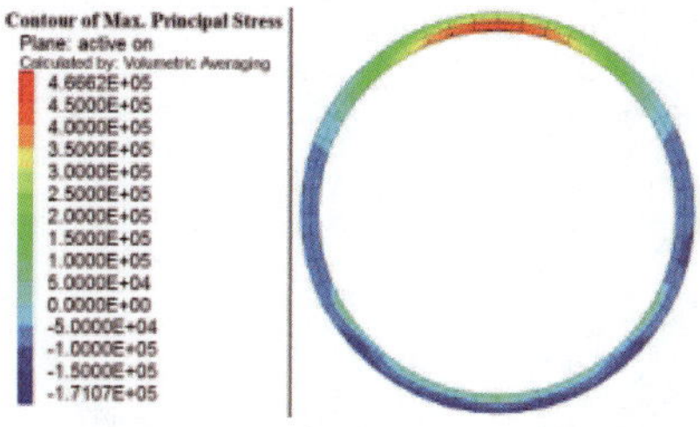

(g)断面 2 施加列车荷载后主拉应力

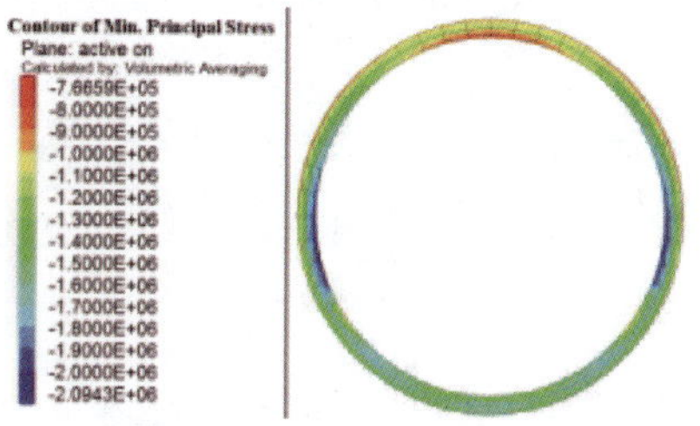

(h)断面 2 施加列车荷载后主压应力

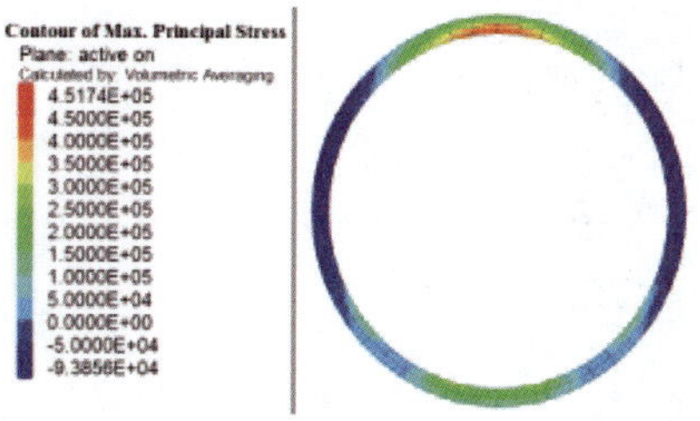

(i)断面 3 初始主拉应力

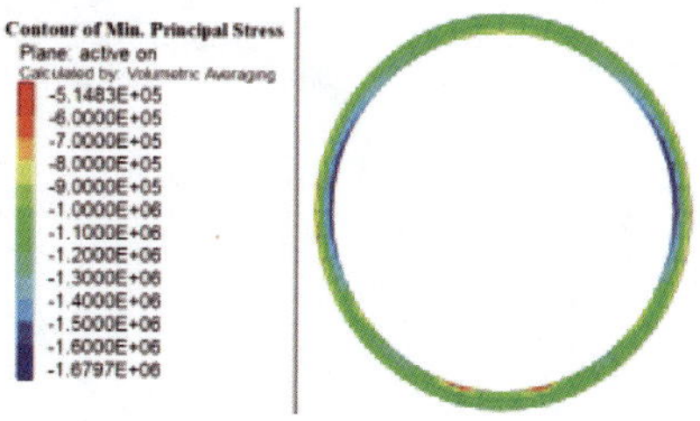

(j)断面 3 初始主压应力

图 9-29

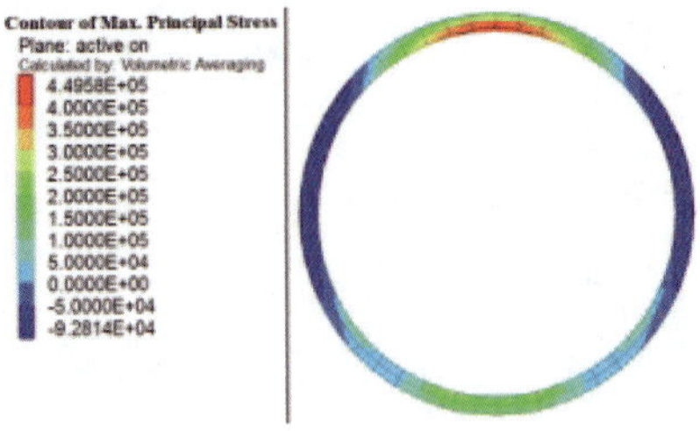

(k)断面 3 施加列车荷载后主拉应力

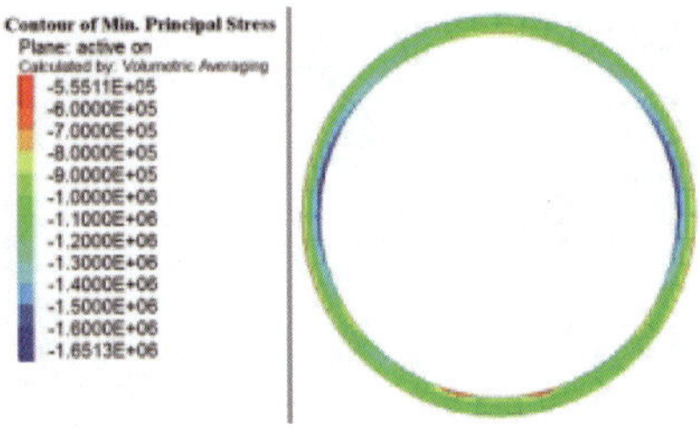

(l)断面 3 施加列车荷载后主压应力

图 9-29　工况 1 清华园隧道管片结构主应力变化云图

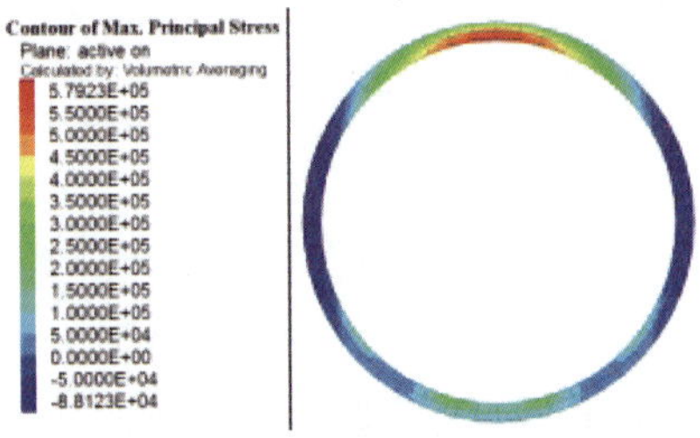

(a)断面 1 初始主拉应力

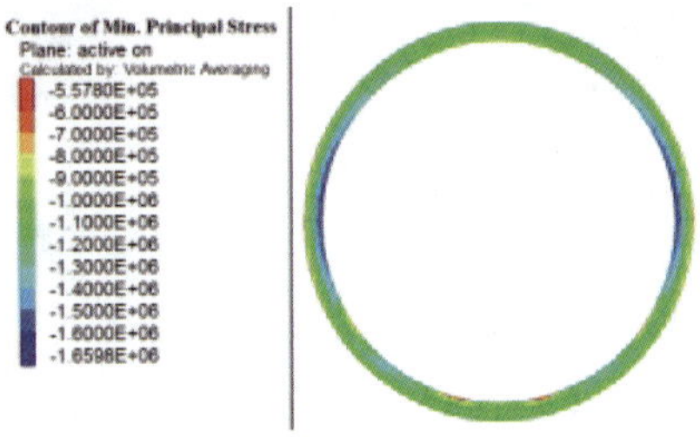

(b)断面 1 初始主压应力

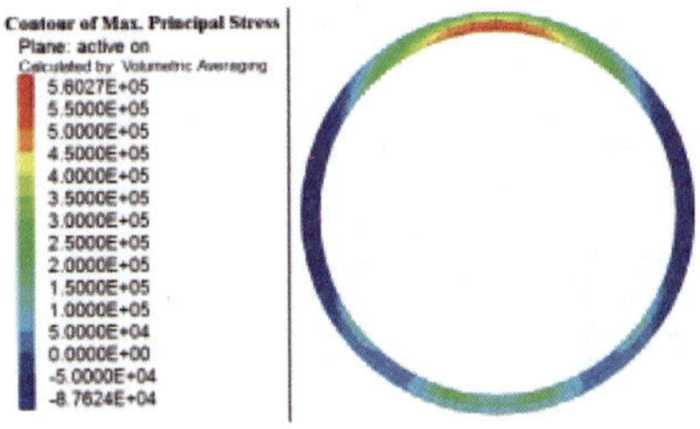

(c)断面 1 施加列车荷载后主拉应力

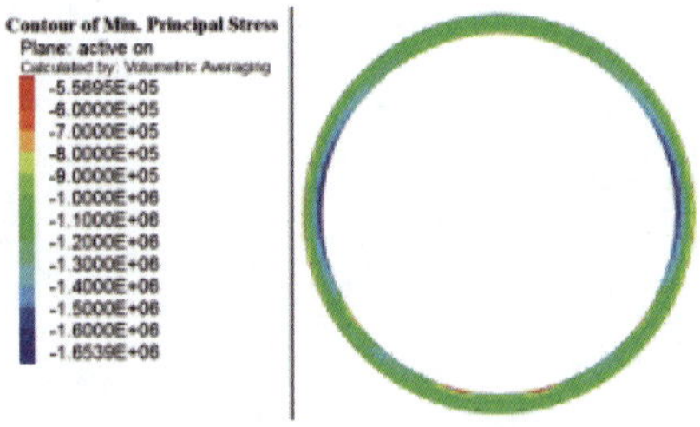

(d)断面 1 施加列车荷载后主压应力

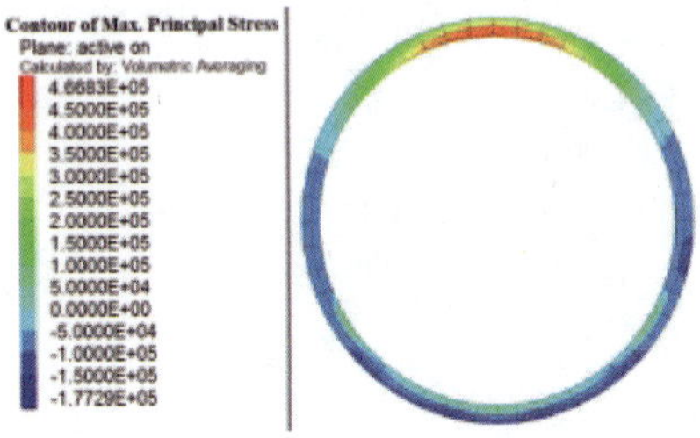

(e)断面 2 初始主拉应力

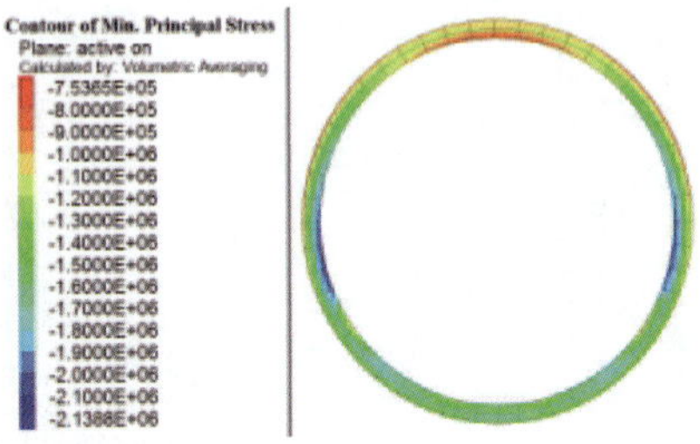

(f)断面 2 初始主压应力

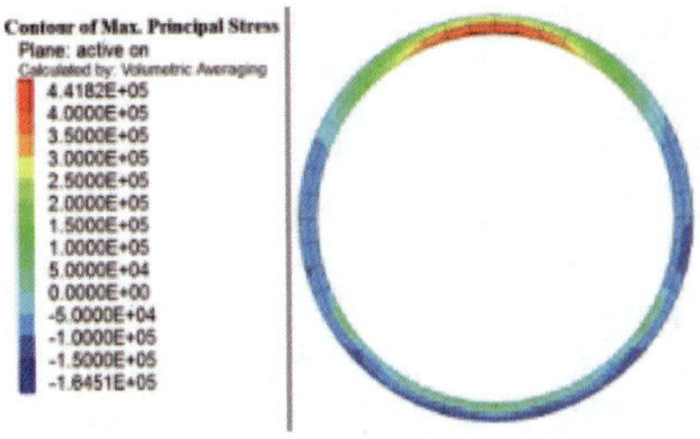

(g)断面 2 施加列车荷载后主拉应力

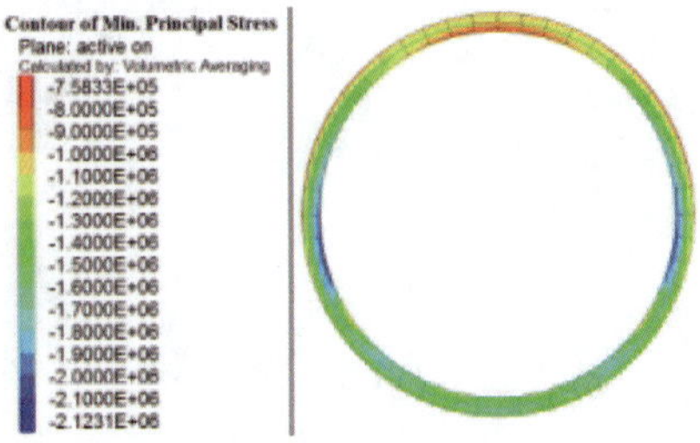

(h)断面 2 施加列车荷载后主压应力

图　9-30

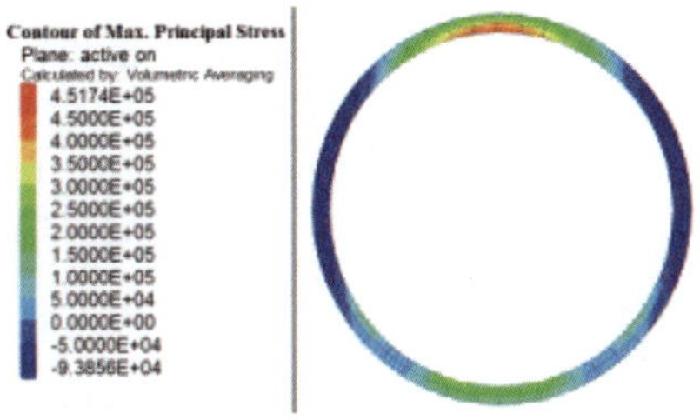

(i)断面 3 初始主拉应力

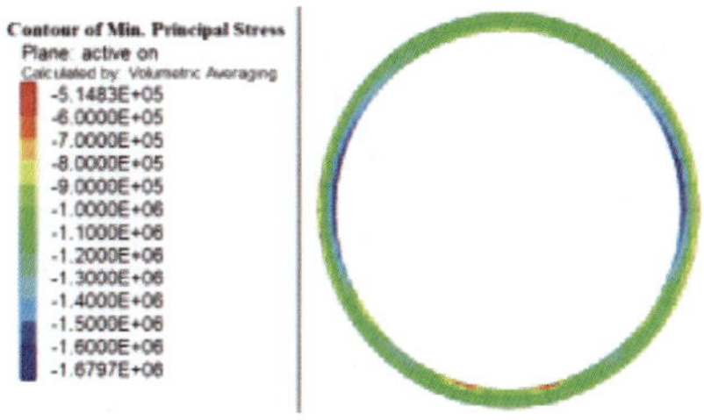

(j)断面 3 初始主压应力

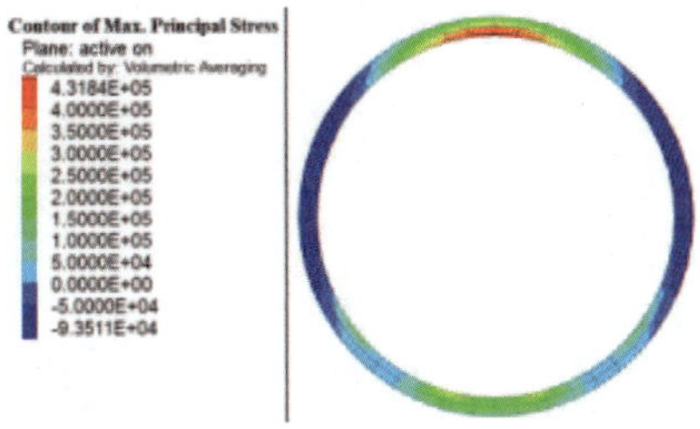

(k)断面 3 施加列车荷载后主拉应力

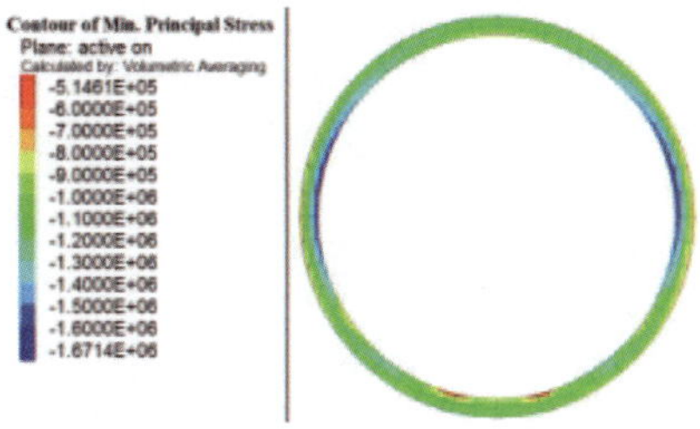

(l)断面 3 施加列车荷载后主压应力

图 9-30　工况 2 清华园隧道管片结构主应力变化云图

由图 9-30 可知,在下层 12 号线地铁隧道施加运营荷载后,其主应力与图 9-29 十分相似,清华园隧道 3 个监测断面管片结构的主应力分布趋势完全一致,量值差别很小,主拉和主压应力最大值在施加运营荷载后均减小,且均表现在拱顶内侧和仰拱处有较大拉应力,而在左右拱腰内侧有较大的压应力分布。其中,断面 1 的主拉应力最大(0.560 MPa),断面 2 的主压应力最大(−2.123 MPa)。

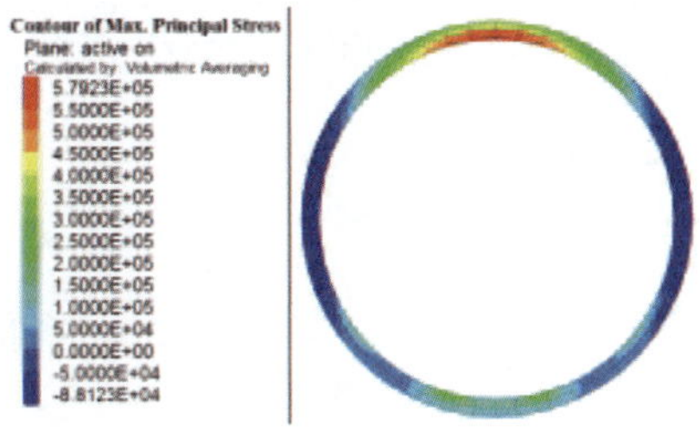

(a)断面 1 初始主拉应力

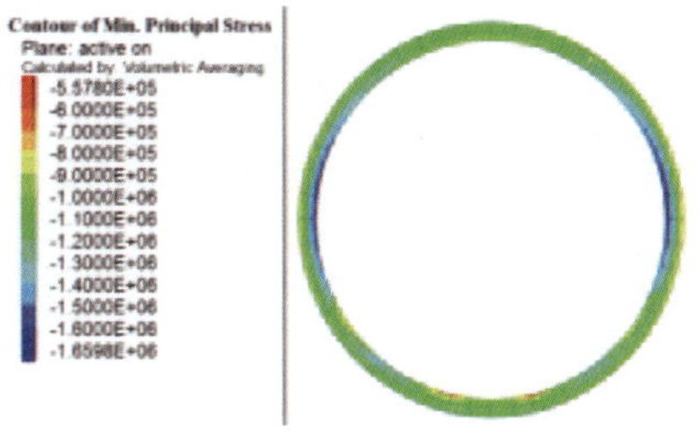

(b)断面 1 初始主压应力

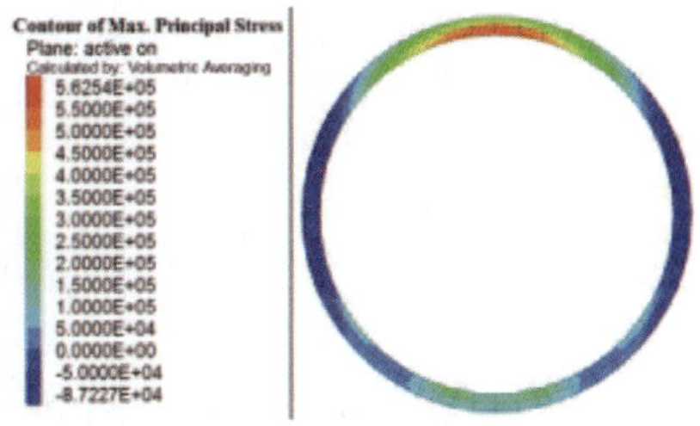

(c)断面 1 施加列车荷载后主拉应力

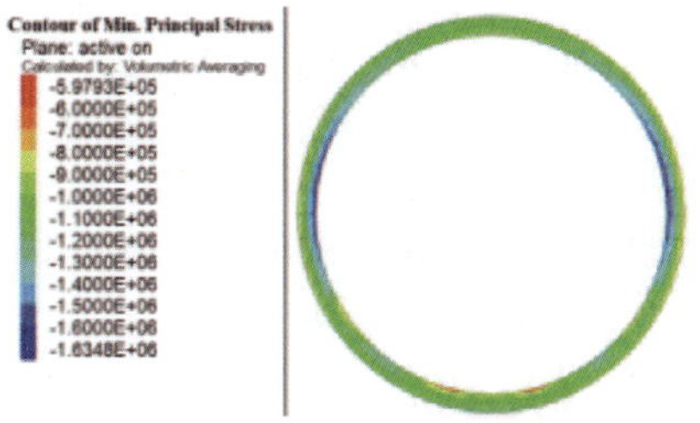

(d)断面 1 施加列车荷载后主压应力

图　9-31

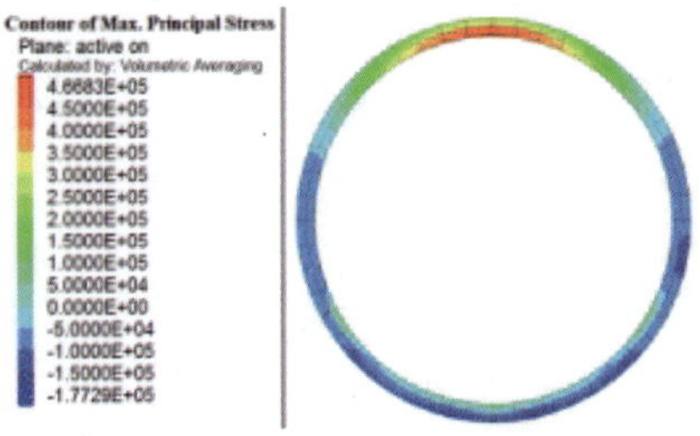

(e)断面 2 初始主拉应力

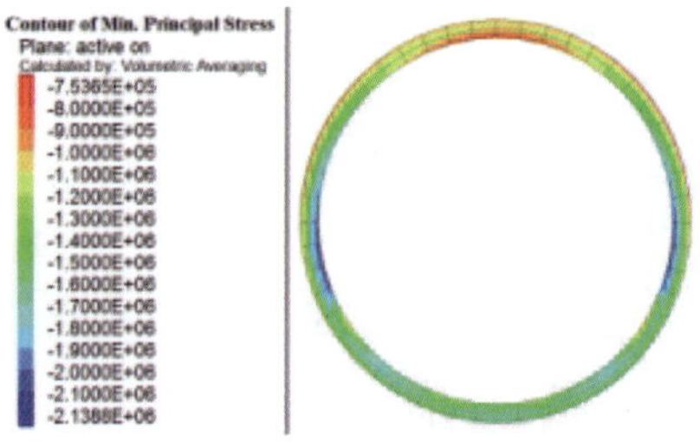

(f)断面 2 初始主压应力

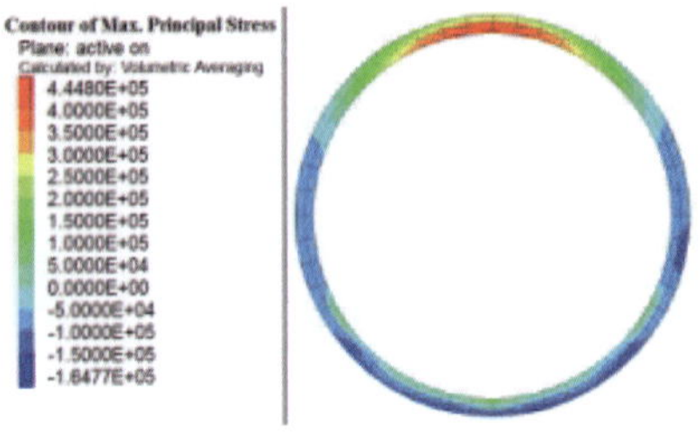

(g)断面 2 施加列车荷载后主拉应力

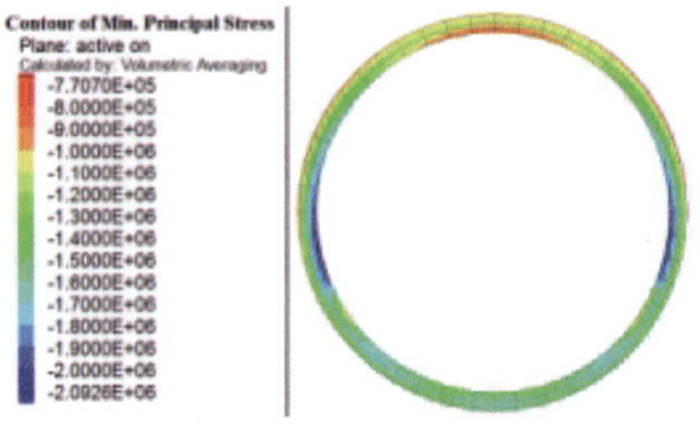

(h)断面 2 施加列车荷载后主压应力

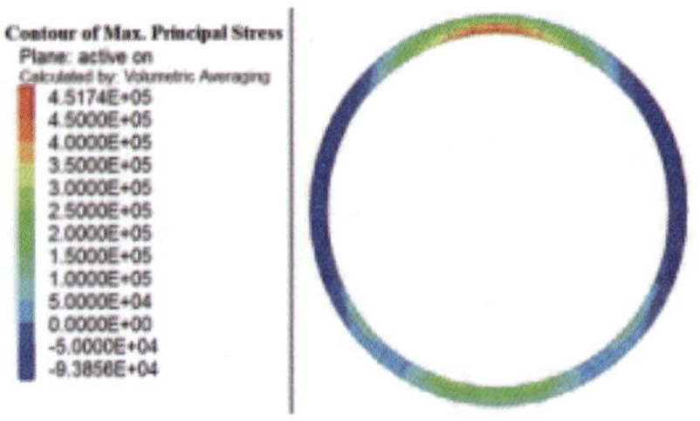

(i)断面 3 初始主拉应力

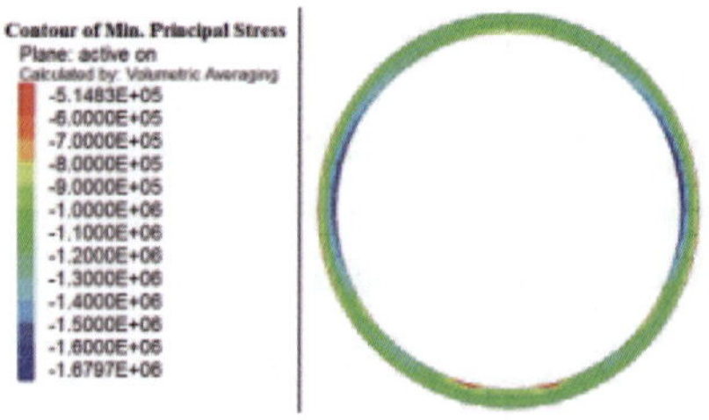

(j)断面 3 初始主压应力

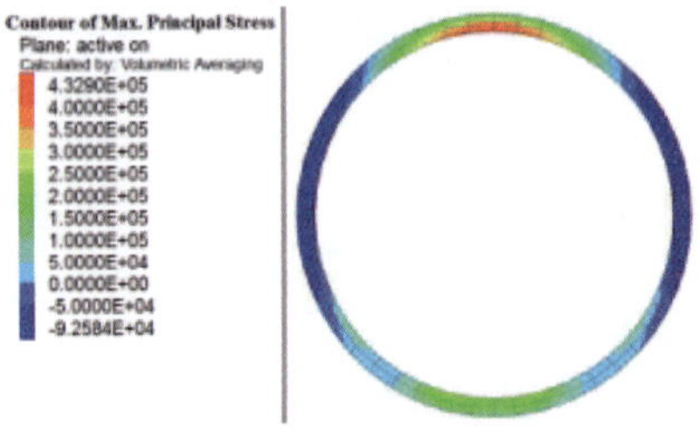

(k)断面 3 施加列车荷载后主拉应力

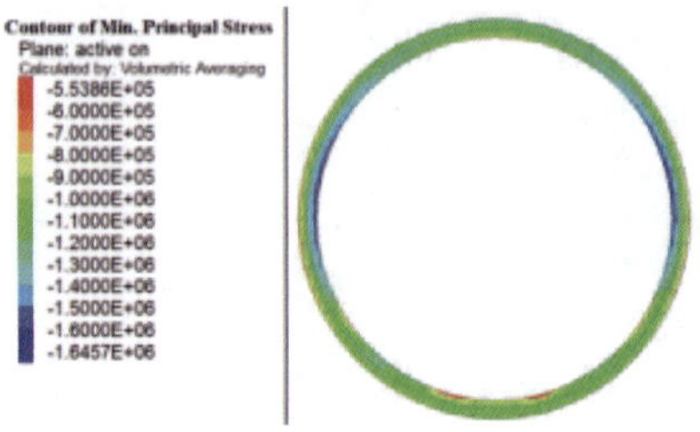

(l)断面 3 施加列车荷载后主压应力

图 9-31　工况 3 清华园隧道管片结构主应力变化云图

由图 9-31 可知,在上层清华园隧道和下层 12 号线地铁隧道都施加运营荷载后,其主应力与图 9-30 十分相似,清华园隧道 3 个监测断面管片结构的主应力分布趋势完全一致,量值差别很小,主拉和主压应力最大值在施加运营荷载后均减小,且均表现在拱顶内侧和仰拱处有较大拉应力,而在左右拱腰内侧有较大的压应力分布。其中,断面 1 的主拉应力最大(0.563 MPa),断面 2 的主压应力最大(-2.093 MPa)。

按图9-28所示的几个特征点位置，提取相应断面对应的管片实体单元的主应力，并与施工刚完成后的主应力进行对比，提取单元体的主应力增量进行分析，可得表9-4的计算结果。

表9-4 清华园隧道管片特征位置主应力分析

特征位置	断面1		断面2		断面3	
	S_{min}(kPa)	S_{max}(kPa)	S_{min}(kPa)	S_{max}(kPa)	S_{min}(kPa)	S_{max}(kPa)
工况：施工完成						
A(拱顶)	-1 463.01	557.96	-1 436.80	467.80	-1 562.24	443.99
B(左拱肩)	-1 294.19	184.44	-1 331.90	175.69	-1 338.36	24.17
C(左拱腰)	-1 597.77	-52.85	-2 113.77	-77.63	-1 631.22	-55.45
D(左墙脚)	-1 284.92	62.75	-1 785.86	-76.42	-1 248.15	64.78
E(仰拱)	-1 495.46	97.10	-2 076.60	94.99	-1 429.92	129.27
F(右墙脚)	-1 255.14	54.26	-1 787.80	-77.45	-1 230.11	56.62
G(右拱腰)	-1 595.65	-52.86	-2 100.72	-76.85	-1 625.56	-55.70
H(右拱肩)	-1 313.57	157.47	-1 349.70	142.09	-1 375.05	7.26
工况1：清华园隧道列车荷载						
A(拱顶)	-4.91	-0.60	-3.69	-0.10	-0.94	-1.88
B(左拱肩)	-2.74	2.73	-3.22	1.33	-0.53	0.74
C(左拱腰)	-35.09	1.71	-40.24	1.98	-34.37	1.71
D(左墙脚)	-22.27	-19.12	-34.14	-15.59	-39.17	-19.35
E(仰拱)	-15.32	7.19	-27.45	12.91	-14.72	1.71
F(右墙脚)	-22.33	-19.08	-41.52	-16.15	-41.87	-19.44
G(右拱腰)	-35.61	1.74	-40.50	1.97	-34.66	1.75
H(右拱肩)	0.40	2.67	0.08	1.52	2.66	0.41
工况2：地铁12号线隧道有列车荷载						
A(拱顶)	-1.01	-19.79	0.90	-25.14	0.97	-20.67
B(左拱肩)	-0.44	-12.74	-0.82	-19.52	-0.52	-10.85
C(左拱腰)	-9.38	0.53	-14.42	0.54	-11.74	0.49
D(左墙脚)	-10.69	-2.93	-13.23	-3.04	-15.85	-2.79
E(仰拱)	-10.71	10.57	-12.85	20.73	-9.66	12.98
F(右墙脚)	-10.84	-2.68	-18.06	-3.18	-15.14	-2.64
G(右拱腰)	-9.45	0.53	-14.31	0.59	-11.38	0.49
H(右拱肩)	1.88	-13.05	1.50	-19.42	0.50	-9.15

续上表

工况 3:清华园和 12 号线列车都有荷载						
A(拱顶)	0.24	-17.48	-0.83	-22.14	0.17	-19.25
B(左拱肩)	1.89	-9.16	-1.28	-15.71	-0.96	-9.32
C(左拱腰)	-33.14	1.75	-41.91	1.97	-41.48	1.98
D(左墙脚)	-25.54	-18.86	-36.04	-15.24	-45.92	-20.11
E(仰拱)	-19.88	14.41	-29.58	21.88	-21.58	11.67
F(右墙脚)	-25.46	-18.81	-43.31	-16.02	-48.62	-20.17
G(右拱腰)	-33.46	1.75	-42.04	2.02	-41.69	2.03
H(右拱肩)	5.71	-9.42	2.37	-15.59	1.80	-7.65

注:S_{min} 表示最大主压应力;S_{max} 表示最大主拉应力。增大为正,减小为负。

由表 9-4 可知,在轨道上施加列车运营荷载后,其主应力的变化量值均很小。工况 3 主应力的量值总体较大,工况 1 与工况 3 的变化量值相差不大,工况 2 的变化量值最小,说明地铁 12 号线施加列车运营荷载对清华园隧道管片结构的影响最小。从部位分布来看,运营荷载对轨道板连接处的主应力影响较大,且主拉应力受下穿地铁 12 号线的影响较大。其中,最大主压应力几乎均减小,减小幅度最大的部位为拱腰及以下部位,尤其是轨道板结构连接处。极个别部位主压应力增大(主要是拱顶部位),最大减小量值出现在工况 3,断面 3 的 *F*(右墙脚)处,为 -48.62 kPa;最大增加量值出现在工况 3,断面 1 的 *H*(右拱肩)处,为 5.71 kPa。

最大主拉应力则表现为有增有减,量值变化比主压应力变化更小。其中主拉应力最大减小量值出现在工况 2,断面 2 的 *A*(拱顶)处,为 -25.14 kPa;最大增加量值出现在工况 3,断面 2 的 *E*(仰拱)处,为 21.88 kPa。

3. 围岩劣化作用分析

隧道开挖后,破坏了围岩的原始应力状态,围岩应力发生重分布,当围岩的二次应力状态超过围岩承载强度后,隧道周边的围岩便会进入塑性变形,损伤或者破坏。而且,在运营期列车振动荷载的作用下,也会造成隧底围岩的变形、脱空、劣损等现象。但是由于围岩压力拱效应的存在,使得隧道周边围岩的劣损会限制在一定范围内。围岩的劣损必然会对隧道的衬砌结构产生不可忽视的影响。

采用围岩参数折减的方式研究隧道周边围岩劣化对清华园隧道管片结构的影响。采用 ANSYS 有限元软件进行平面应变计算分析,研究围岩参数折减的规律,计算过程中,考虑盾构开挖的特性,应力释放率取 15%。

根据相关文献调研可知,目前对于围岩的内摩擦角在静力弹-塑性变形后的参数变化尚未完全统一,而弹性模量和黏聚力均呈现减小趋势,泊松比则变化不大。据此,工况主要考虑隧道注浆层外 2 m 范围内围岩参数中的弹性模量和黏聚力按相同系数折减,而泊松比和内摩擦角保持不变,围岩参数采用表 9-1 中数据,而劣化区范围考虑 2 m、4 m 和 6 m 等工况,具体工况设置见表 9-5。

表 9-5　围岩劣化计算工况设置

工况	折减系数	劣化范围(m)	备注
1	0.9	2	(1)劣化区范围为衬砌外 2 m。 (2)在工况 1 ~9 中选取代表性折减系数进行计算
2	0.8	2	
3	0.7	2	
4	0.6	2	
5	0.5	2	
6	0.4	2	
7	0.3	2	
8	0.2	2	
9	0.1	2	
10	—	4	
11	—	6	

围岩劣化范围示意如图 9-32 所示,土层 1 ~4 分别为青色、紫色、红色和蓝色,劣化区在不同土层中时,分别为黄色、洋红色和橙色。管片的注浆加固区为绿色,管片结构为红色。其中管片和注浆加固区为弹性本构模型,而土层和劣化区范围内的围岩为 D-P 准则模型。

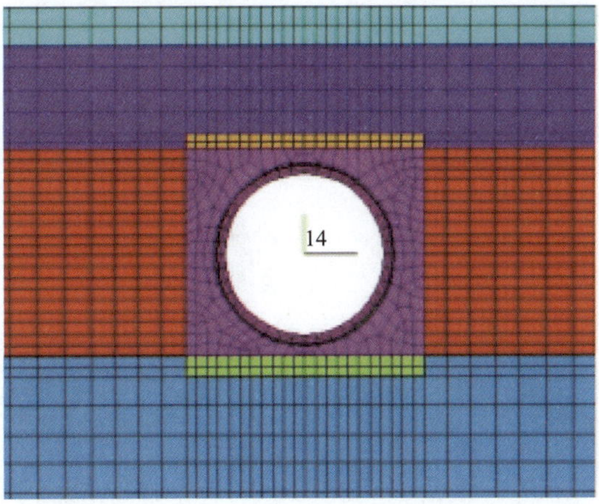

图 9-32　围岩劣化范围示意

(1)ANSYS 平面计算不同围岩折减系数

1)位移计算结果

图 9-33 为围岩不同劣化程度下(以不同围岩折减系数体现),清华园隧道管片结构的位移云图。限于篇幅,图 9-33 中仅列出部分工况的计算结果。

由图 9-33 可知,利用 ANSYS 软件平面模型计算管片不同折减系数时的位移变化,其分布规律总体保持一致。即竖向位移表现为管片下沉,拱顶位移最大,仰拱位移最小,由拱顶沿管片向仰拱处逐渐减小;水平位移表现为管片扩张,在管片的左右拱腰处,位移达到最大,在仰拱和拱顶处,水平位移最小。随着折减系数的减小,最大竖向位移和水平位移均不断增

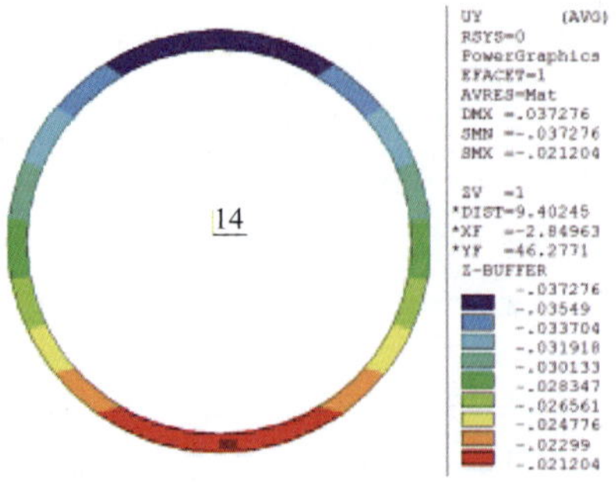

(a)未折减时管片竖向位移

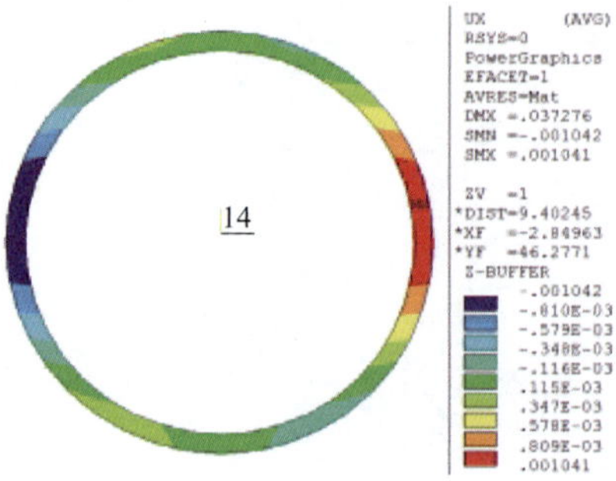

(b)未折减时管片水平位移

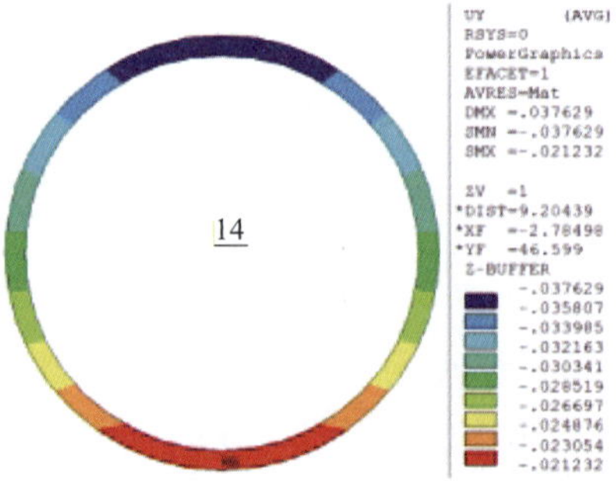

(c)折减系数0.9时管片竖向位移

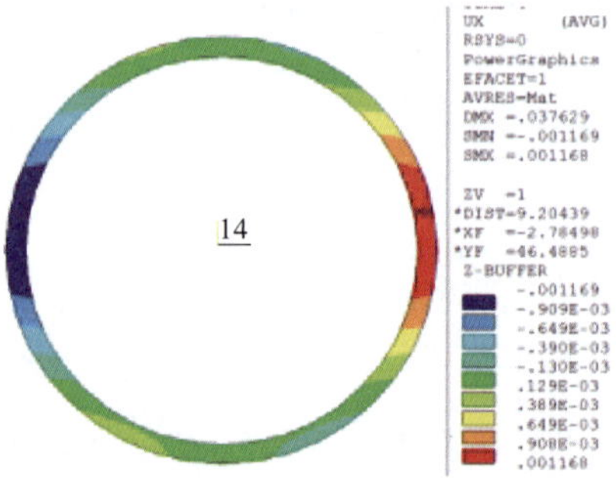

(d)折减系数0.9时管片水平位移

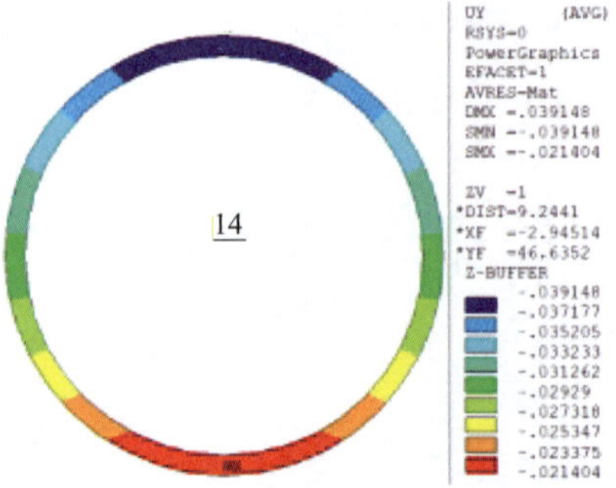

(e)折减系数0.6时管片竖向位移

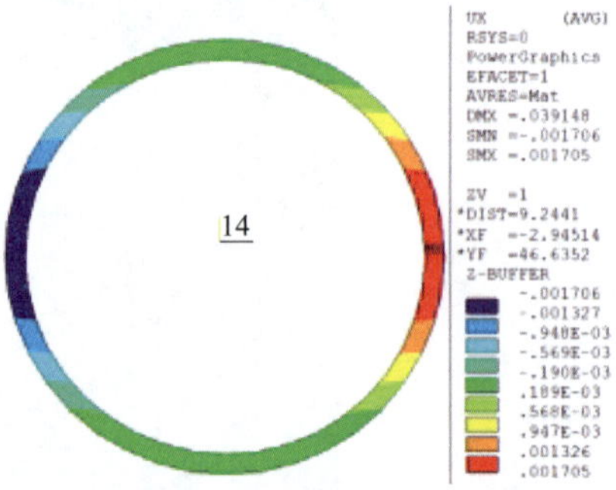

(f)折减系数0.6时管片水平位移

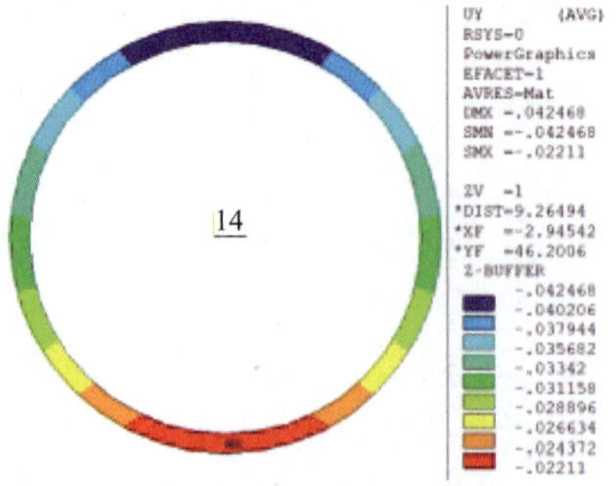

(g)折减系数0.3时管片竖向位移

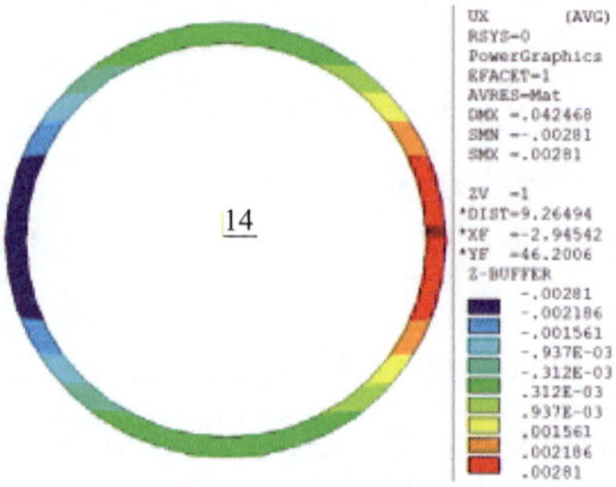

(h)折减系数0.3时管片水平位移

图 9-33

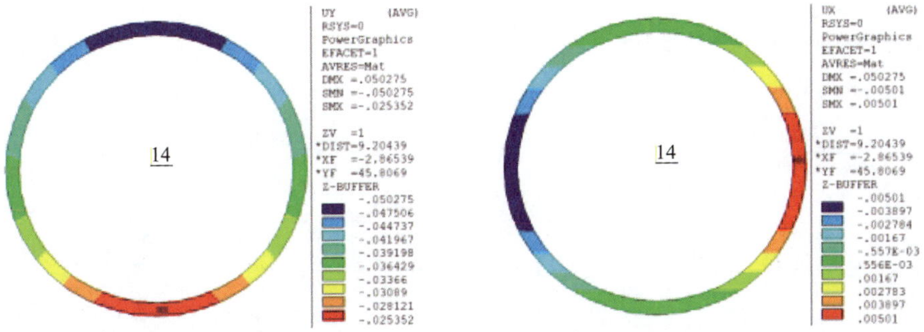

(i)折减系数0.1时管片竖向位移　　　　(j)折减系数0.1时管片水平位移

图9-33　ANSYS平面计算在不同围岩折减系数的管片位移云图

大,其中,最大竖向位移发生在折减系数0.1时,在拱顶处,因围岩劣化造成的竖向位移增量为-13.00 mm;最大水平位移也发生在折减系数0.1时,在拱腰处,因围岩劣化造成的水平位移增量为3.969 mm。

根据图9-33计算结果,提取8个特征点位置的位移,绘制清华园隧道管片水平和竖向位移随折减系数变化的曲线,如图9-34所示。

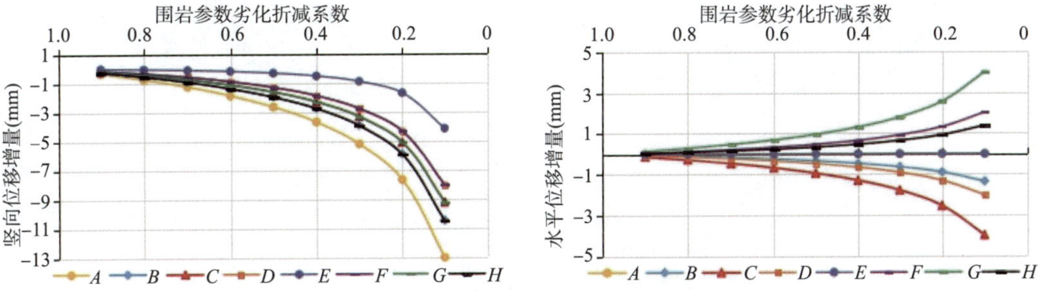

(a)竖向位移　　　　(b)水平位移

图9-34　清华园隧道受围岩劣化影响的管片结构位移

注:竖向位移下沉为负,水平位移向右为正,以下同。

由图9-34可知,不同折减系数下的位移分布规律相同,即拱顶竖向位移大,仰拱位移小,水平位移表现为扩张。随着围岩劣化程度加剧(折减系数越小),其竖向位移越来越大,其中,当折减系数在0.9~0.6之间时,竖向位移变化不大,而当折减系数为0.6~0.1时,竖向位移增速加快。尤其是折减系数由0.2变为0.1时,其位移的增加幅度最大。其竖向位移分布呈现明显的对称沉降趋势,即以拱顶A和仰拱E为对称轴,拱肩(B、H)、拱腰(C、G)、墙脚(D、F)处的管片位移曲线几乎完全重合。其最大沉降在拱顶A处,为-13.000 mm,最小沉降在仰拱E处,为-4.148 mm。在拱顶和仰拱中间的管片按梯度分布。

管片水平位移与竖向位移的变化趋势几乎完全一致。随着围岩劣化程度加剧(折减系数越小),其水平位移越来越大,以拱顶A和仰拱E为对称轴,拱肩(B、H)、拱腰(C、G)、墙脚(D、F)处的管片水平位移曲线呈对称张开的"喇叭口形状",而拱顶和仰拱处的水平位移几乎为0。其水平位移最大值在拱腰(C、G)处,为3.994 mm,且沿拱顶和仰拱按梯度减小。

2)主应力计算结果

图 9-35 为围岩不同劣化程度下清华园隧道管片结构的主应力云图。限于篇幅,图 9-35 中仅列出部分工况的计算结果。

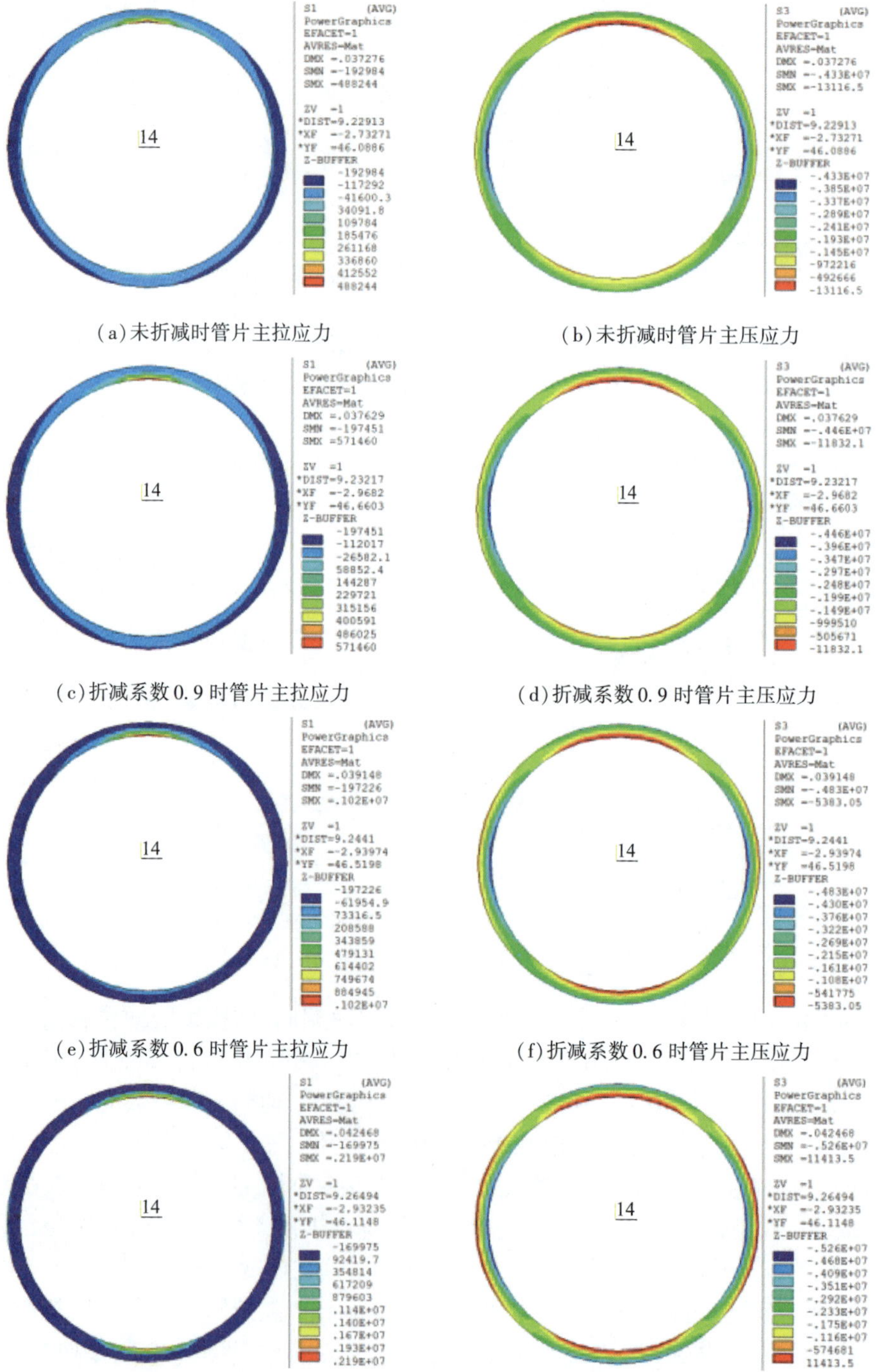

(a)未折减时管片主拉应力　(b)未折减时管片主压应力

(c)折减系数 0.9 时管片主拉应力　(d)折减系数 0.9 时管片主压应力

(e)折减系数 0.6 时管片主拉应力　(f)折减系数 0.6 时管片主压应力

(g)折减系数 0.3 时管片主拉应力　(h)折减系数 0.3 时管片主压应力

图 9-35

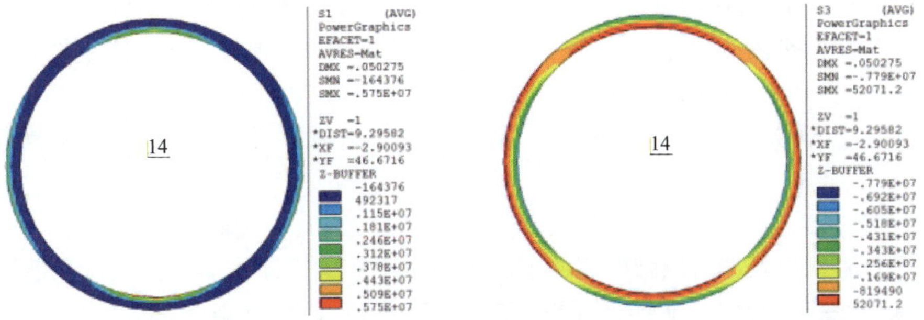

(i)折减系数0.1时管片主拉应力　　　　(j)折减系数0.1时管片主压应力

图9-35　ANSYS平面计算在不同围岩折减系数下的管片主应力云图(单位:Pa)

由图9-35可知,不同围岩折减系数下的主应力分布趋势完全一致。主拉应力在拱顶内侧、仰拱内侧以及左右拱腰的外侧受拉较大,主拉应力量值较大。这表明在拱顶管片结构向下变形,导致内侧受拉,仰拱向上变形,导致仰拱内侧受拉,在左右拱腰处为向外变形(扩展),导致外侧受拉。随着围岩折减系数的减小,管片结构主拉应力逐渐增大,且最大主拉应力位置由拱顶内侧转移到仰拱内侧。最大主拉应力出现在折减系数为0.1时,管片的仰拱内侧,量值为5.75 MPa,在围岩未折减时,管片主拉应力最小,出现在拱顶内侧,量值为0.488 MPa。

最大主压应力的分布位置与最大主拉应力的分布位置相同,但内外侧相反,主压应力在拱顶外侧、仰拱外侧以及左右拱腰的内侧受压较大,主压应力量值较大。同主拉应力的变形解释一致,但主拉和主压应力在管片内外侧的分布相反,主应力的分布和变化与管片自身的变形情况密切相关。随着围岩折减系数的减小,管片结构主压应力逐渐增大,且最大主压应力位置由拱腰内侧转移到仰拱外侧。最大主压应力出现在折减系数为0.1时,管片的仰拱外侧,量值为-7.79 MPa,在围岩未折减时,管片主压应力最小,出现在左拱腰内侧,量值为-4.33 MPa。

根据图9-35计算结果,提取8个特征点位置的主应力,绘制清华园隧道管片主拉应力和主压应力随折减系数变化的曲线,如图9-36所示。

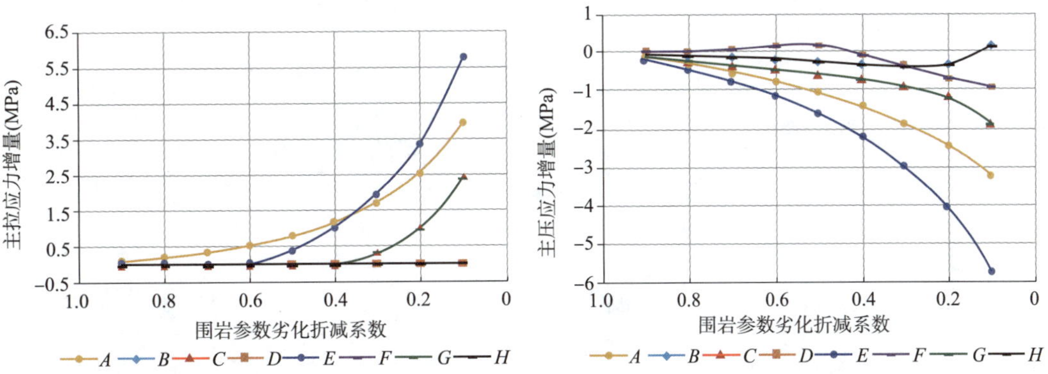

(a)主拉应力　　　　(b)主压应力

图9-36　清华园隧道受围岩劣化影响的管片结构主应力

注:主拉应力增大时,其增量为正;主压应力增大时,其增量为负,以下同。

由图 9-36 可知,随着围岩折减系数的减小,隧道管片结构的主拉应力均呈增大趋势,尤其是拱顶内侧,仰拱内侧和左右外侧的主拉应力增量较大,其他特征部位的主拉应力变化很小。折减系数在 0.9 ~ 0.4 之间时,拱顶主拉应力增大最快,而在 0.3 ~ 0.1 之间时,仰拱内侧主拉应力增大最快。最大主拉应力增量出现在折减系数 0.1 时,仰拱内侧,增量为 5.78 MPa。

随着围岩折减系数的减小,清华园隧道管片结构的主压应力总体呈增大趋势,尤其是仰拱外侧、拱顶外侧以及左右拱腰内侧的主压应力增量较大。而在拱肩(B、H)和墙脚(D、F)处的主压应力变化较复杂,拱肩处的主压应力先减小后增大,墙脚处先增大后减小,但拱肩和墙脚两处的主压应力总体量值变化较小。总体上看,随着围岩折减系数的减小,仰拱处的增速和增量均最大。在折减系数为 0.1 时,仰拱外侧主压应力增量达到最大值,为 -5.74 MPa。

综上可知,围岩劣化后,围岩参数折减系数越小,其位移增量越大,尤其是在折减系数 0.2 ~ 0.1 时,位移增量变化特别快,竖向位移为拱顶增量最大,仰拱最小,水平位移为左右拱腰增量最大,仰拱和拱顶处最小。对管片的主应力分析可知,随着围岩折减系数的减小,主应力总体增大,其中以仰拱处的主应力增量最为明显,拱顶其次,再次是左右拱腰处,而拱肩和墙脚处的主应力变化最小。

(2) ANSYS 平面计算不同围岩劣化范围

1) 位移计算结果

考虑折减系数为 0.6 时,不同围岩劣化范围(无劣化区,劣化区范围为 2 m、4 m、6 m)时清华园隧道管片结构的位移增量变化情况,如图 9-37 所示。

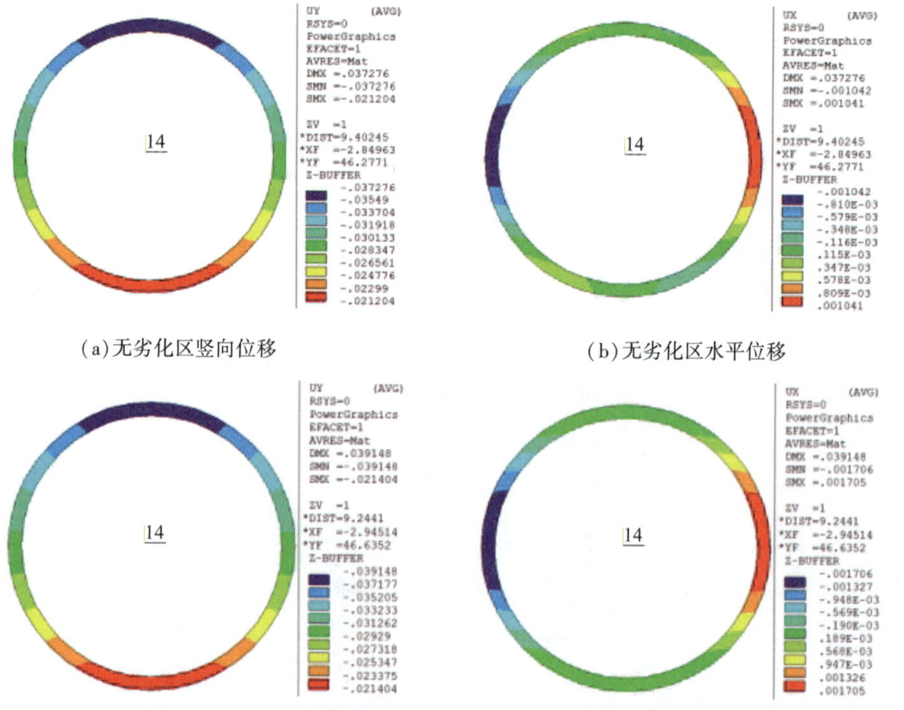

(a) 无劣化区竖向位移　　(b) 无劣化区水平位移

(c) 劣化区 2 m 竖向位移　　(d) 劣化区 2 m 水平位移

图 9-37

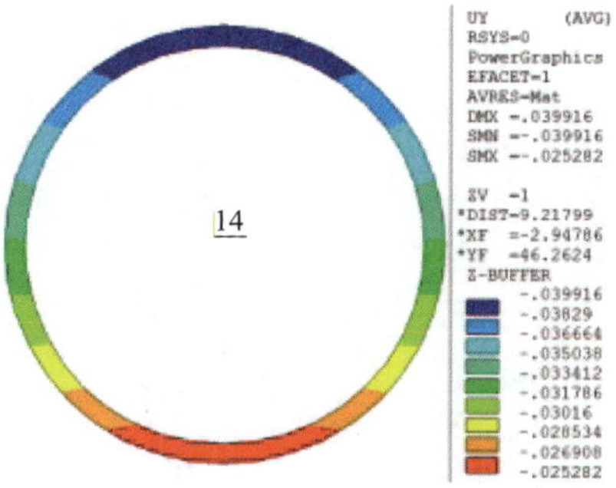

(e)劣化区 4 m 竖向位移

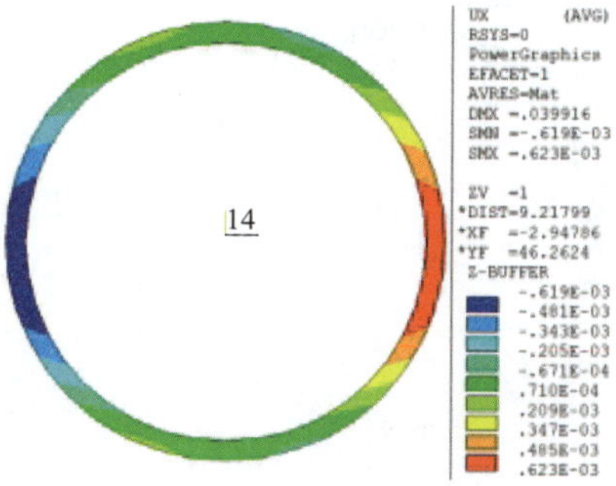

(f)劣化区 4 m 水平位移

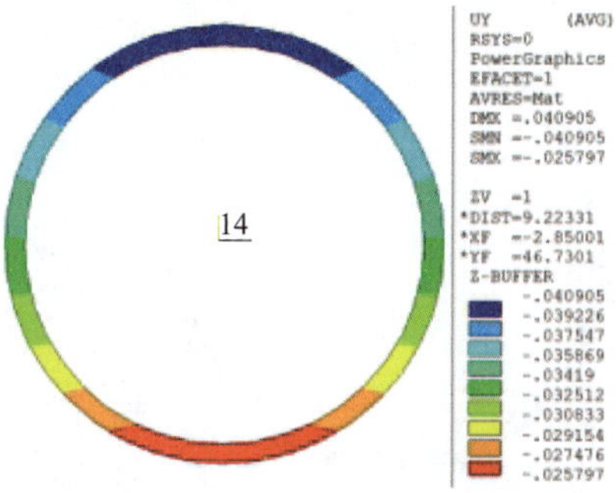

(g)劣化区 6 m 竖向位移

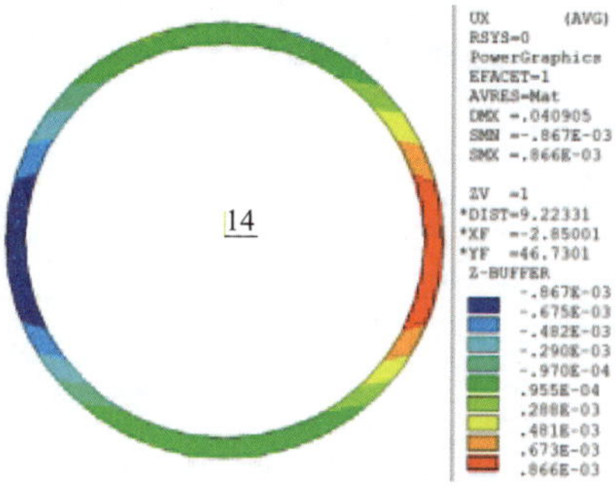

(h)劣化区 6 m 水平位移

图 9-37 围岩折减系数为 0.6 时不同劣化范围管片结构的位移

由图 9-37 可知,不同劣化区范围内清华园隧道管片结构的位移分布趋势完全一致。在围岩参数的折减系数为 0.6 时,随着劣化区范围的扩大,其最大竖向位移量值一直增大,最大沉降均在拱顶处。因围岩劣化引起的拱顶竖向位移增量分别为 -1.872 mm、-2.64 mm 和 -3.629 mm,拱顶竖向位移增量随劣化区范围的增加,其变化速率几乎一致。最小沉降均在仰拱处,因围岩劣化引起的仰拱竖向位移增量分别为 -0.2 mm、-4.078 mm 和 -4.593 mm,仰拱竖向位移增量随劣化区范围的增加,其变化速率先快后慢。当围岩劣化区范围为 6 m 时,位移增量最大。

水平位移变化趋势较为复杂,相对无劣化区的管片水平位移,随着劣化区范围的扩大,其最大水平位移的位置无变化,但因围岩劣化引起的位移趋势即由扩张变为收敛。其中,左拱腰因围岩劣化引起的水平位移增量分别为 -0.664 mm、0.423 mm 和 0.175 mm,右拱腰因围岩劣化引起的水平位移增量分别为 0.664 mm、-0.418 mm 和 -0.175 mm,表明在劣化区范围为 2 m 时,继续扩张,但 4 m 和 6 m 时,管片水平位移趋势收敛。

折减系数为 0.2 时不同劣化范围的管片位移增量变化情况如图 9-38 所示。

由图 9-38 可知,不同劣化区范围内清华园隧道管片结构的位移分布趋势完全一致。在围岩参数的折减系数为 0.2 时,随着劣化区范围的扩大,其最大竖向位移量值一直增大,最大沉降均在拱顶处。因围岩劣化引起的拱顶竖向位移增量分别为 -7.671 mm、-13.321 mm 和 -19.567 mm,拱顶竖向位移增量随劣化区范围的增加,其变化速率几乎一致。最小沉降均在仰拱处,因围岩劣化引起的仰拱竖向位移增量分别为 -1.711 mm、-10.024 mm 和 -13.217 mm,仰拱竖向位移

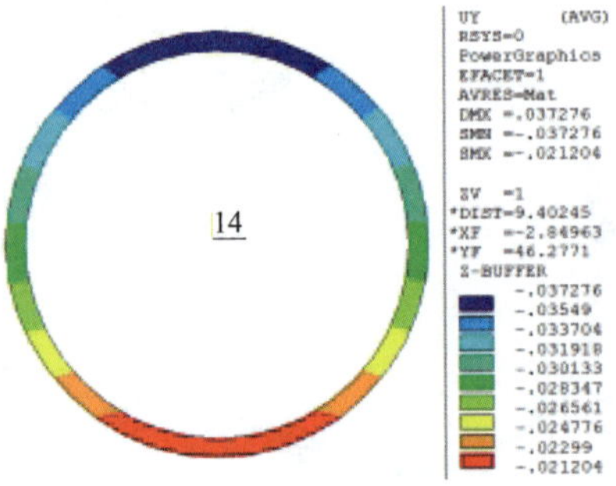

(a)无劣化区竖向位移

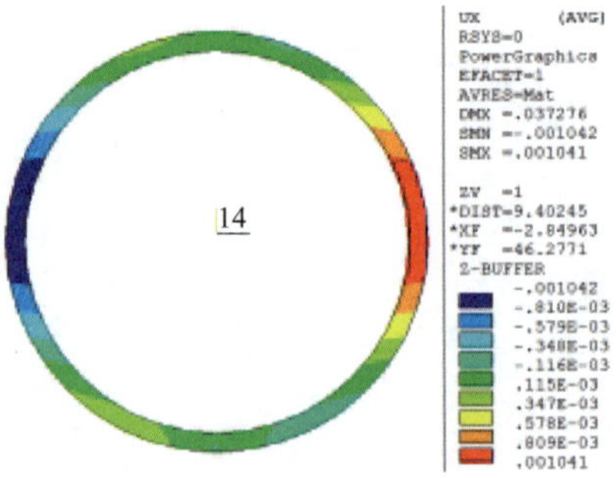

(b)无劣化区水平位移

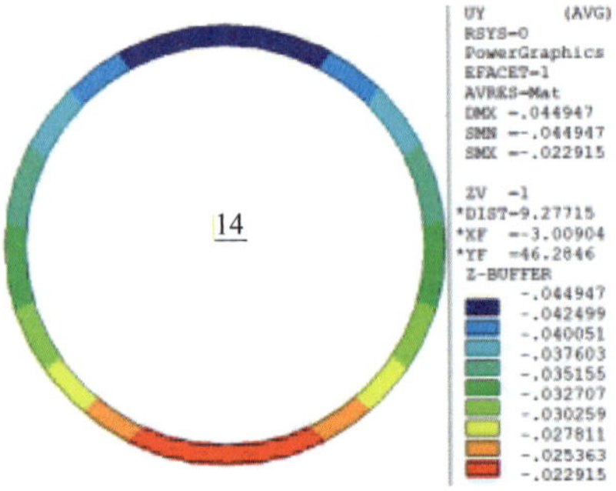

(c)劣化区 2 m 竖向位移

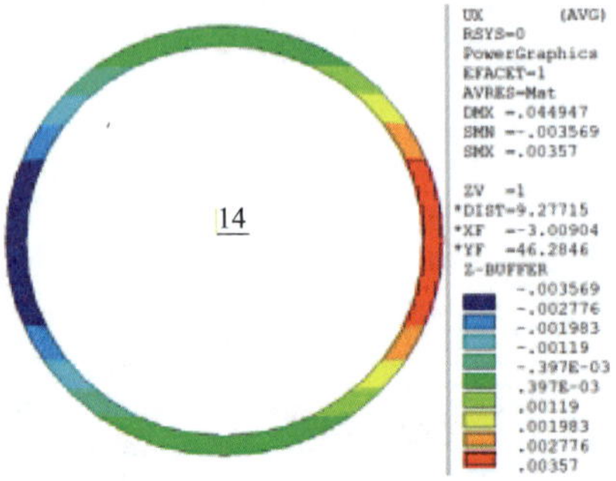

(d)劣化区 2 m 水平位移

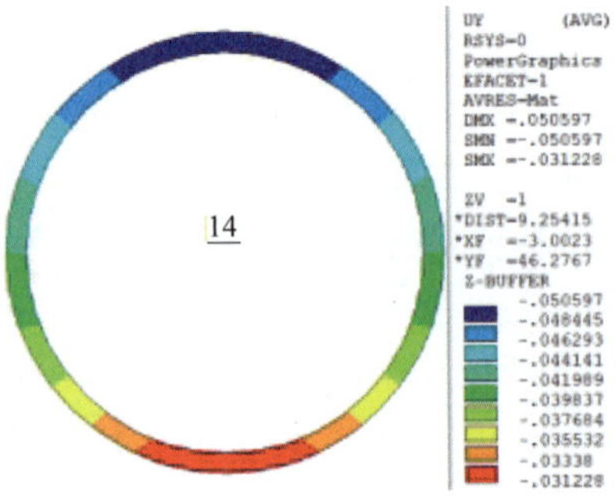

(e)劣化区 4 m 竖向位移

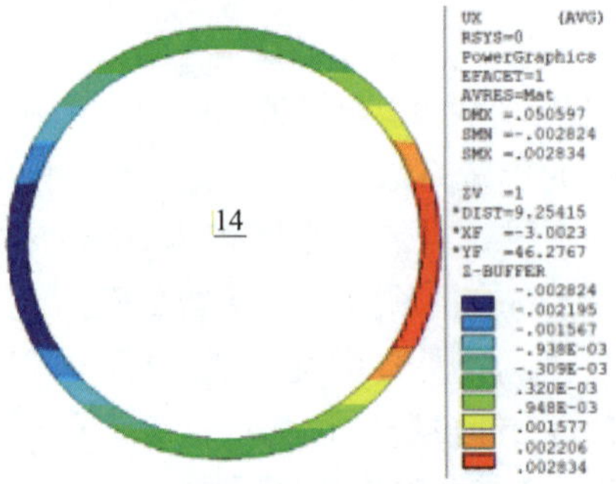

(f)劣化区 4 m 水平位移

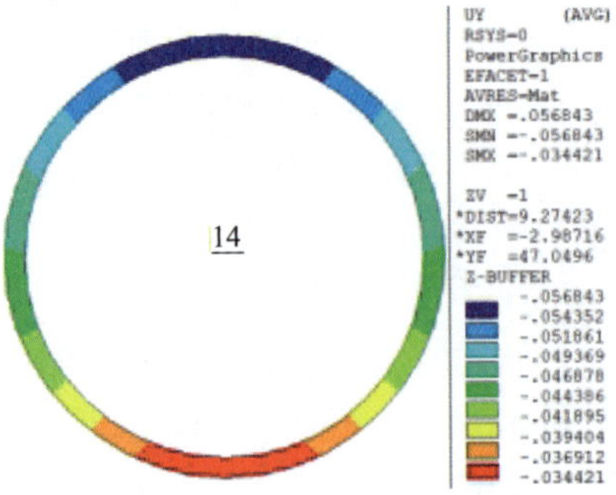

(g)劣化区 6 m 竖向位移

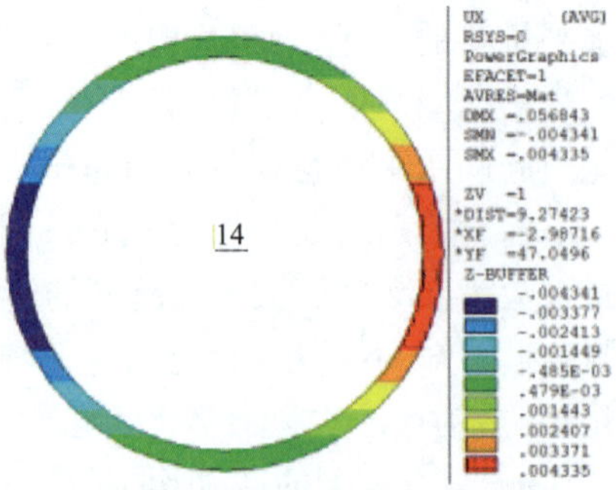

(h)劣化区 6 m 水平位移

图 9-38 围岩折减系数为 0.2 时不同劣化范围管片结构的位移

增量随劣化区范围的增加，其变化速率先快后慢。当围岩劣化区范围为 6 m 时，位移增量最大。与围岩折减系数 0. 6 时相比，相同工况下的竖向位移量值均更大。

随着劣化区范围的扩大，其水平位移相对无劣化区的管片水平位移，最大水平位移处的位置无变化，且因围岩劣化引起的位移趋势均为扩张。其中，左拱腰因围岩劣化引起的水平位移增量分别为 −2. 527 mm、−1. 782 mm 和 −3. 299 mm，右拱腰因围岩劣化引起的水平位移增量分别为 2. 529 mm、1. 793 mm 和 3. 294 mm，表明劣化区范围的改变，仅改变了水平位移量值，但水平位移均表现为扩张。

根据图 9-37、图 9-38 的计算结果，提取围岩劣化折减系数为 0. 6 和 0. 2 时，8 个特征点位置的位移以及无劣化区时的位移，绘制管片竖向位移和水平位移增量随劣化范围变化的曲线，如图 9-39 和图 9-40 所示。

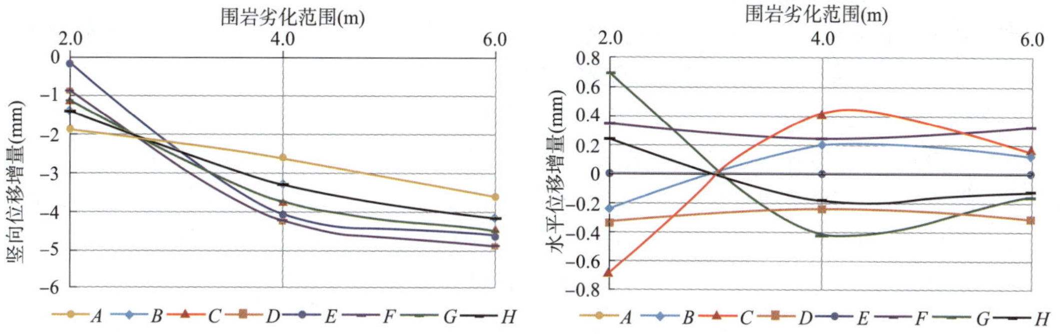

(a) 竖向位移　　(b) 水平位移

图 9-39　围岩折减系数为 0. 6 时不同劣化范围管片结构的位移增量

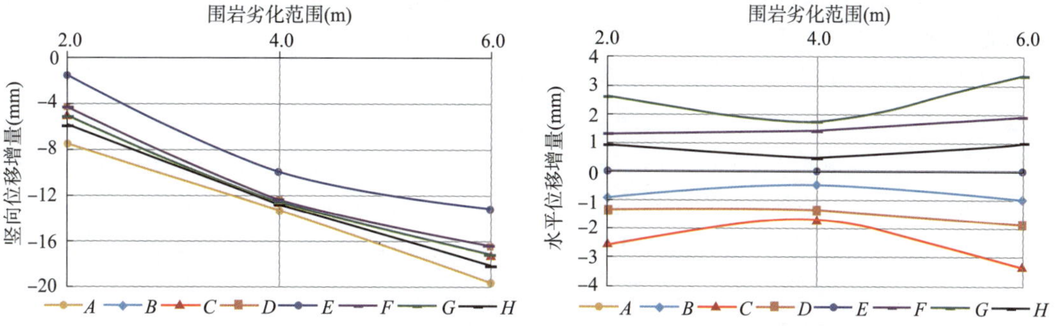

(a) 竖向位移　　(b) 水平位移

图 9-40　围岩折减系数为 0. 2 时不同劣化范围管片结构的位移增量

由图 9-39 可知，当围岩参数的折减系数为 0. 6 时，随着劣化区范围的扩大，其竖向位移增量一直增大，除拱顶增量的增速相同外，其余各特征点的竖向位移增量的增速均先增大后减小，从特征点点位重合的情况来看，其竖向位移增量呈对称分布趋势。最大沉降增量在劣化区 2 m 时出现在拱顶，此时竖向位移增量呈现拱顶 > 拱肩 > 拱腰 > 墙脚 > 仰拱的趋势，而劣化区范围为 4 ~ 6 m 时，最大沉降增量在左右墙脚（D、F）处，此时竖向位移增量呈现墙脚 > 仰拱 > 拱腰 > 拱肩 > 拱顶的趋势。因围岩劣化引起的最大竖向位移增量出现在劣化区范围为 6 m 时，左墙脚(D)处，增量为 -4.907 mm。

随着劣化区范围的扩大，其水平位移增量的变化趋势非常复杂，但从特征点点位对称的情况来看，其水平位移增量呈对称分布趋势。在劣化区范围为 2 m 时，其水平位移增量呈现扩张的趋势，最大增量的量值出现在左右拱腰处。而在劣化区范围为 4 ~ 6 m 时，其最大水平位移增量呈现收敛的趋势，当劣化区范围为 4 m 时，左右拱腰的水平位移增量量值最大，而在劣化区范围为 6 m 时，最大水平位移增量量值在左右墙脚(D、F)处达到最大。因围岩劣化引起的最大水平位移增量出现在劣化区范围为 2 m 时，右拱腰(G)处，增量为 0.687 mm。最小水平位移增量出现在仰拱和拱顶点，几乎为 0。

由图 9-40 可知，当围岩参数的折减系数为 0.2 时，随着劣化区范围的扩大，其竖向位移增量一直增大，各特征点的竖向位移增量的增速几乎保持一致，从特征点点位重合的情况来看，其竖向位移增量呈对称分布趋势。最大沉降增量均出现在拱顶，且竖向位移增量的量值呈现拱顶 > 拱肩 > 拱腰 > 墙脚 > 仰拱的趋势。因围岩劣化引起的最大竖向位移增量出现在劣化区范围为 6 m 时，拱顶(A)处，增量为 -19.566 mm。

随着劣化区范围的扩大，其水平位移增量的分布趋势相同，均表现出扩张的趋势，且从特征点点位对称的情况来看，其水平位移增量呈对称分布趋势，同时其水平位移增量的量值随着劣化区范围的扩大呈现出先减小后增大的趋势。即当劣化区范围为 4 m 时，左右拱腰的水平位移增量量值最小，而在劣化区范围为 6 m 时，最大水平位移增量量值在左右拱腰(C、G)处达到最大。因围岩劣化引起的最大水平位移增量出现在劣化区范围为 6 m 时，左拱腰(C)处，增量为 -3.316 mm。最小水平位移增量出现在仰拱和拱顶点，几乎为 0。

2)主应力计算结果

考虑折减系数为 0.6 时，不同围岩劣化范围(无劣化区，劣化区范围为 2 m、4 m、6 m)清华园隧道管片结构的主应力增量变化情况如图 9-41 所示。

由图 9-41 可知，当围岩折减系数为 0.6 时，不同围岩劣化范围的主应力分布趋势完全一致，仅量值有所差别。主拉应力在拱顶内侧，仰拱内侧的量值较大，在左右拱腰的外侧受拉也相对较大。这表明在拱顶管片结构向下变形，导致拱顶内侧受拉，仰拱向上变形，导致仰拱内侧受拉，在左右拱腰处为向外变形(扩展)，导致外侧受拉。随着劣化区范围的扩大，管片结构主拉应力逐渐增大，且最大主拉应力位置由拱顶内侧转移到仰拱内侧。最大主拉应力出现在劣化区范围为6m 时，管片的仰拱内侧，量值为 1.37 MPa，在围岩无劣化区时，管片主拉应力最小，出现在拱顶内侧，量值为 0.488 MPa。

最大主压应力的分布位置与最大主拉应力的分布位置相同，但内外侧相反，主压应力在仰拱外侧，以及左右拱腰的内侧受压较大，拱顶外侧的主压应力量值也相对较大。同主拉应力的变形解释一致，但主拉和主压应力在管片内外侧的分布相反，表明主应力的分布和变化与管片自身的变形情况密切相关。随着围岩劣化区范围的扩大，管片结构主压应力先增大后减小再增大，且最大主压应力位置由拱腰内侧转移到仰拱外侧再转移到拱腰内侧偏下的位置。最大主压应力出现在劣化区范围为 2 m 时，管片的左右拱腰内侧，量值为 -4.83 MPa，在围岩劣化区范围为 4 m 时，管片主压应力最小，出现在仰拱外侧，量值为 -1.53 MPa。

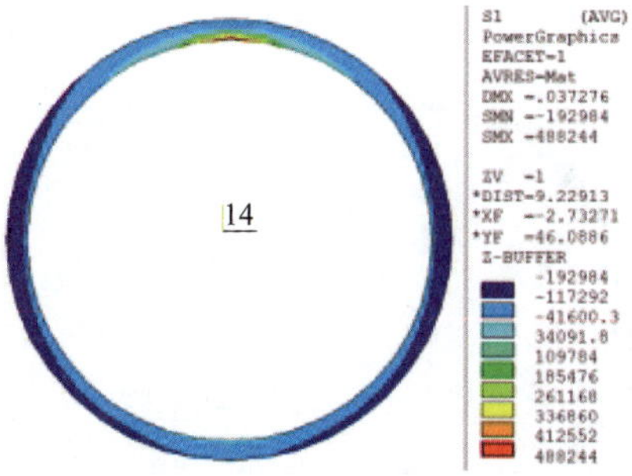

(a)无劣化区主拉应力

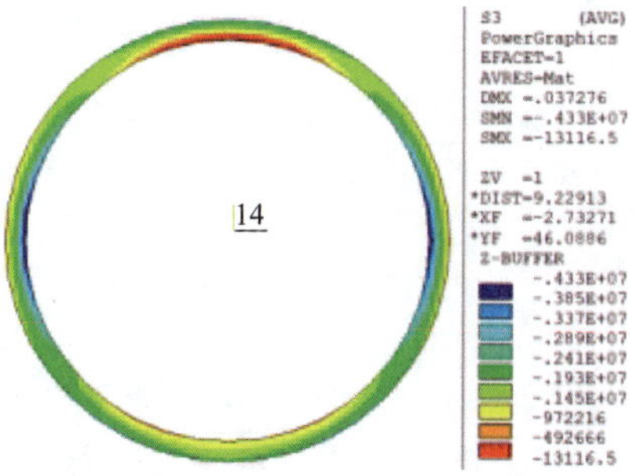

(b)无劣化区主压应力

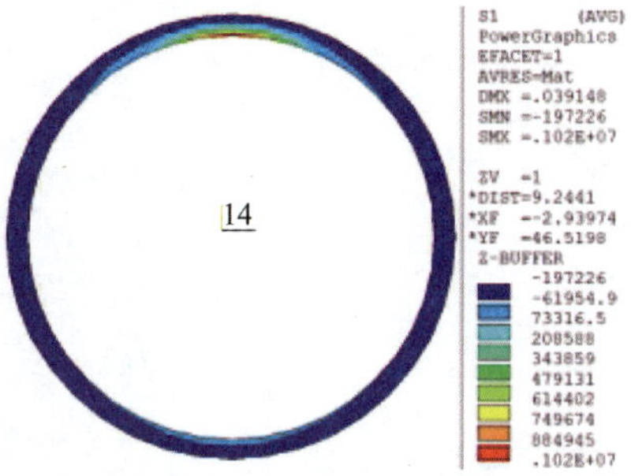

(c)劣化区 2 m 主拉应力

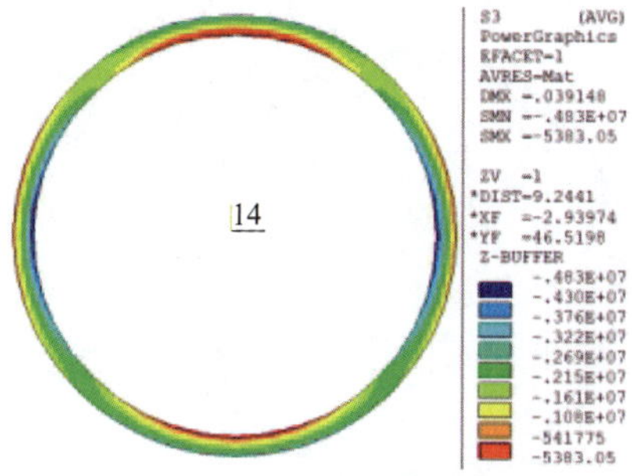

(d)劣化区 2 m 主压应力

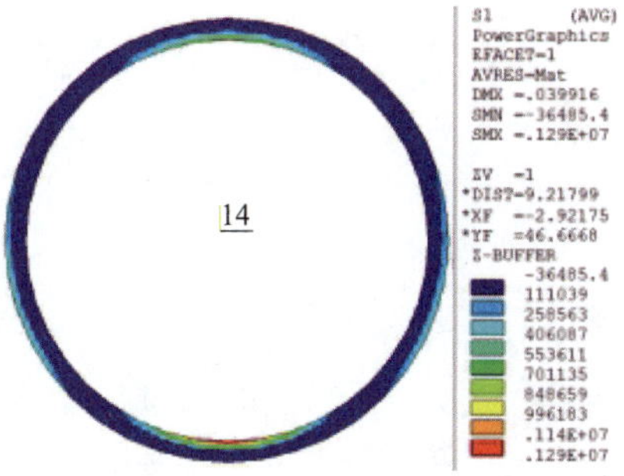

(e)劣化区 4 m 主拉应力

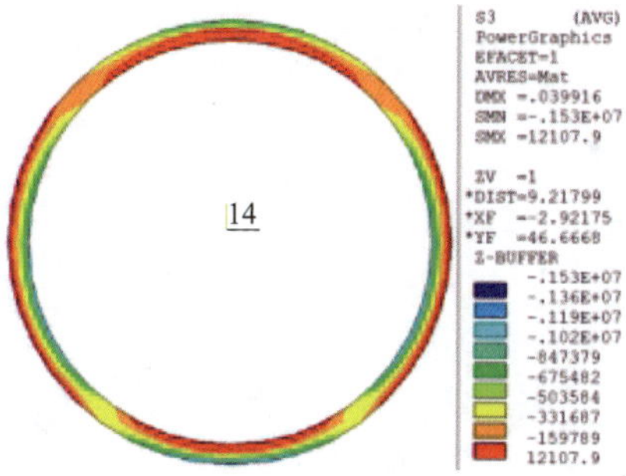

(f)劣化区 4 m 主压应力

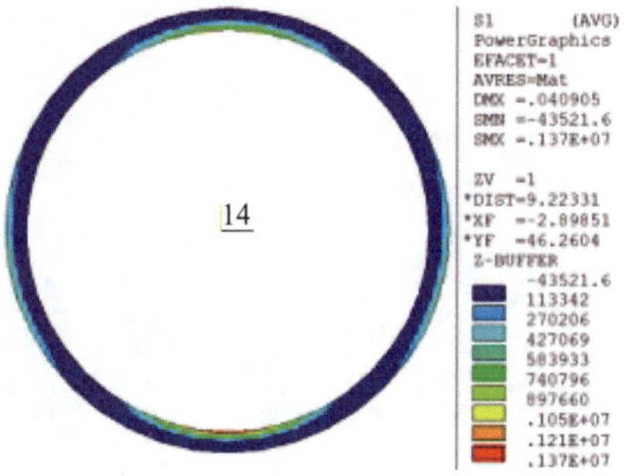

(g)劣化区 6 m 主拉应力

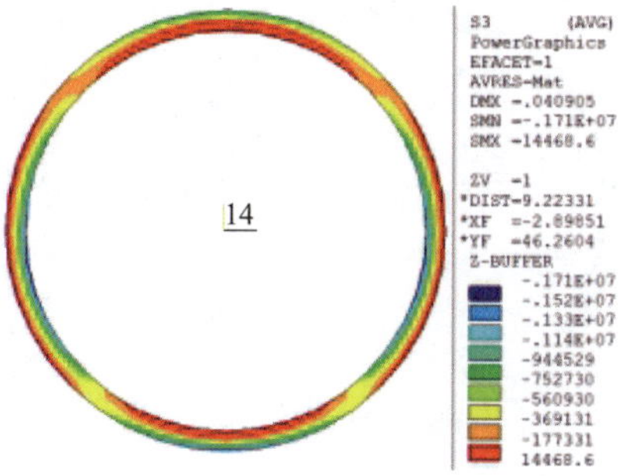

(h)劣化区 6 m 主压应力

图 9-41 围岩折减系数为 0.6 时不同劣化范围管片结构的主应力

折减系数为 0.2 时不同劣化区范围的管片主应力增量变化情况如图 9-42 所示。

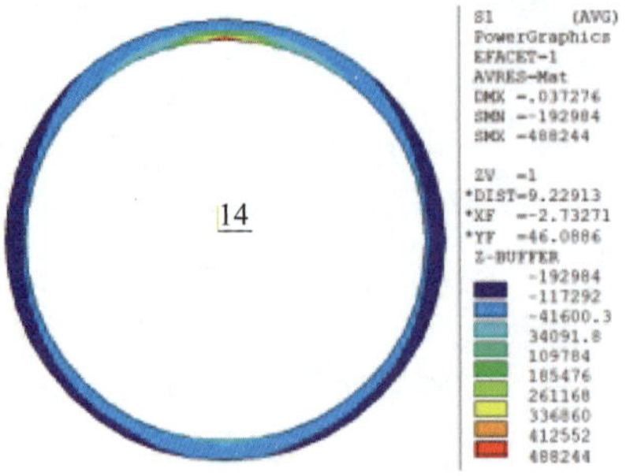

(a) 无劣化区主拉应力

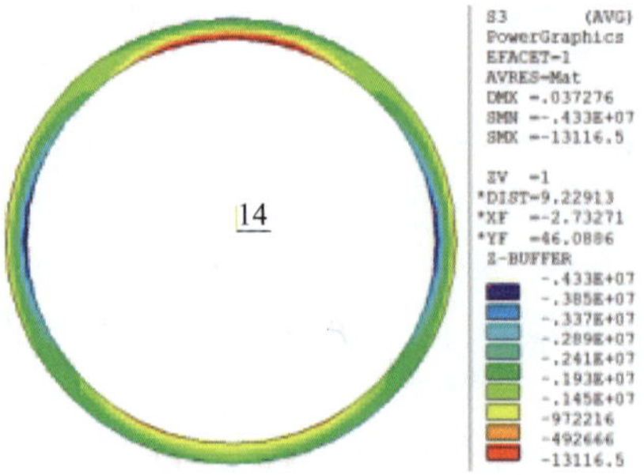

(b) 无劣化区主压应力

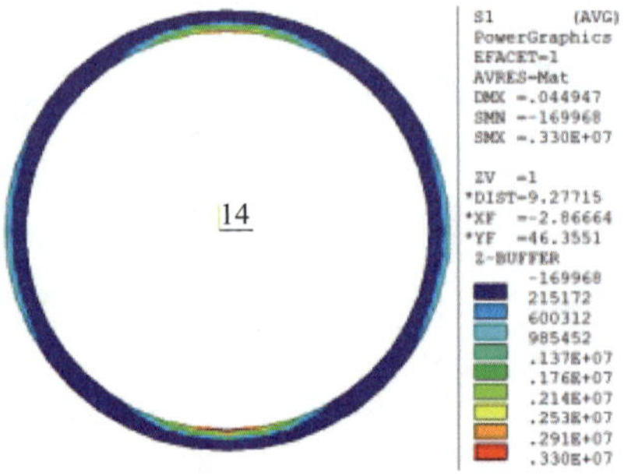

(c) 劣化区 2 m 主拉应力

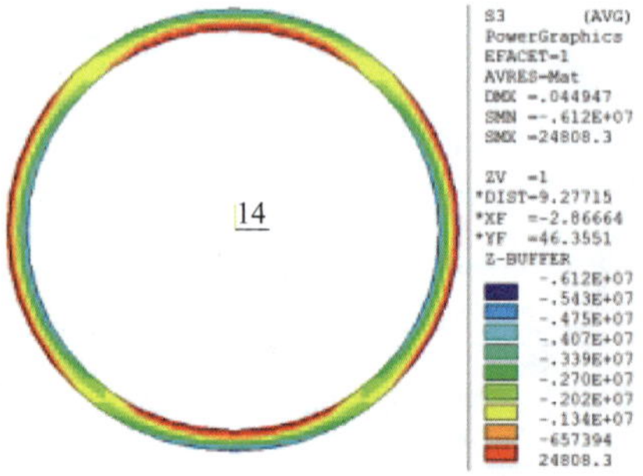

(d) 劣化区 2 m 主压应力

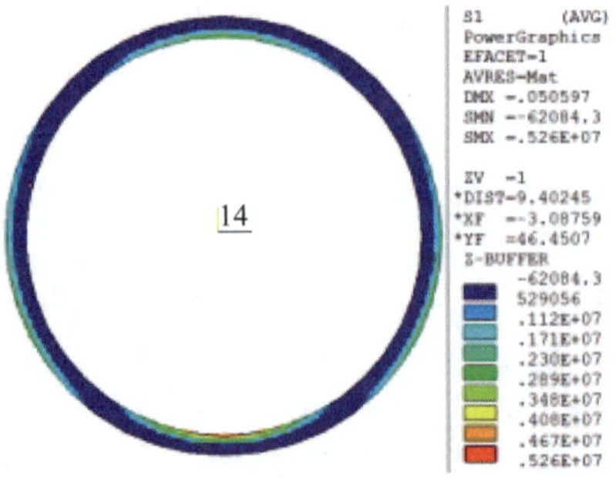

(e) 劣化区 4 m 主拉应力

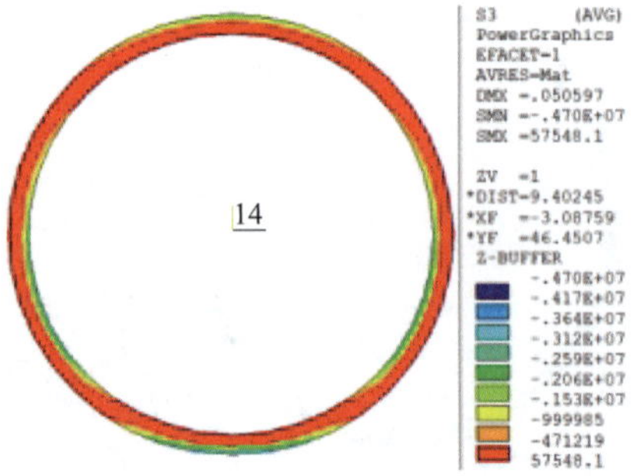

(f) 劣化区 4 m 主压应力

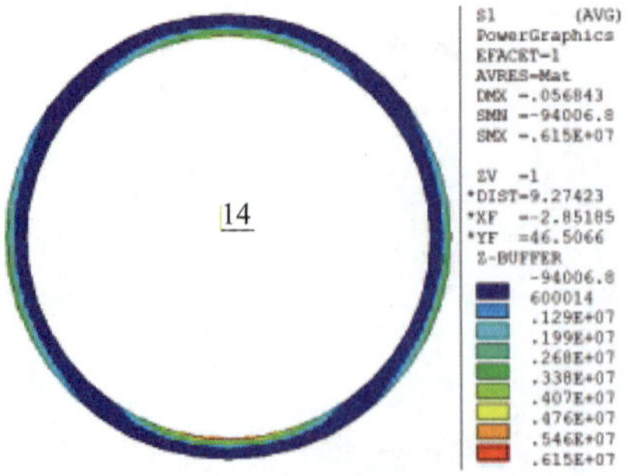

(g) 劣化区 6 m 主拉应力

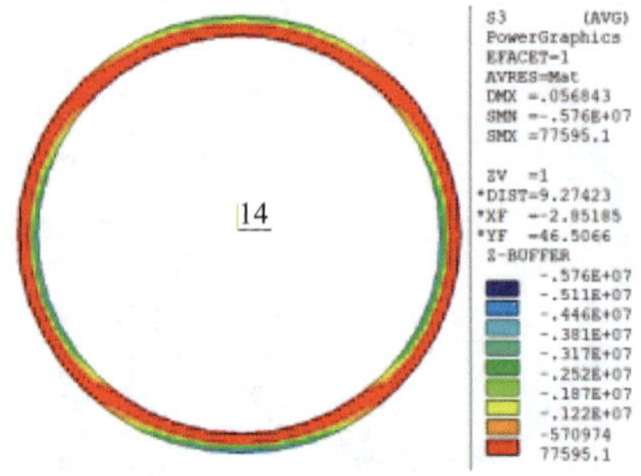

(h) 劣化区 6 m 主压应力

图 9-42　围岩折减系数为 0.2 时不同劣化范围管片结构的主应力

由图 9-42 可知，当围岩折减系数为 0.2 时，不同围岩劣化范围的主应力分布趋势完全一致，仅量值有所差别。主拉应力在拱顶内侧、仰拱内侧的量值较大，在左右拱腰的外侧受拉也相对较大。这表明在拱顶管片结构向下变形，导致拱顶内侧受拉，仰拱向上变形，导致仰拱内侧受拉，在左右拱腰处为向外变形（扩展），导致外侧受拉。随着劣化区范围的扩大，管片结构主拉应力逐渐增大，且最大主拉应力位置由拱顶内侧转移到仰拱内侧。最大主拉应力出现在劣化区范围为 6 m 时，管片的仰拱内侧，量值为 6.15 MPa，在围岩无劣化区时，管片主拉应力最小，出现在拱顶内侧，量值为 0.488 MPa。

最大主压应力的分布位置与最大主拉应力的分布位置相同，但内外侧相反，主压应力在仰拱外侧，以及左右拱腰的内侧受压较大，拱顶外侧的主压应力量值也相对较大。同主拉应力的变形解释一致，但主拉和主压应力在管片内外侧的分布相反，表明主应力的分布和变化与管片自身的变形情况密切相关。随着围岩劣化区范围的扩大，管片结构主压应力先增大后减小再增大，且最大主压应力位置由拱腰内侧转移到仰拱外侧。最大主压应力出现在劣化区范围为 2 m 时，管片的左右拱腰内侧，量值为 −6.12 MPa，在无围岩劣化区时，管片主压应力最小，出现在左右拱腰内侧，量值为 −4.33 MPa。

根据图 9-41 和图 9-42 的计算结果，提取 8 个特征点位置在围岩折减系数 0.6 和 0.2 时不同劣化区范围的主应力，绘制清华园隧道管片主拉应力和主压应力随劣化区范围变化的曲线，如图 9-43 和图 9-44 所示。

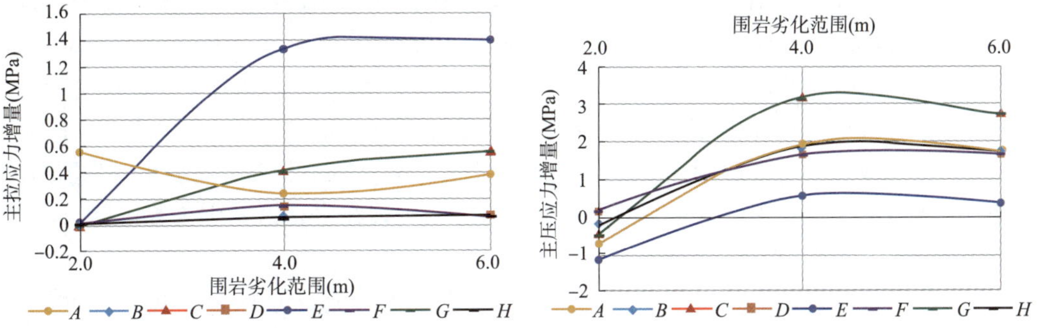

（a）主拉应力　　（b）主压应力

图 9-43　清华园隧道围岩折减系数为 0.6 时不同劣化区范围的管片结构主应力

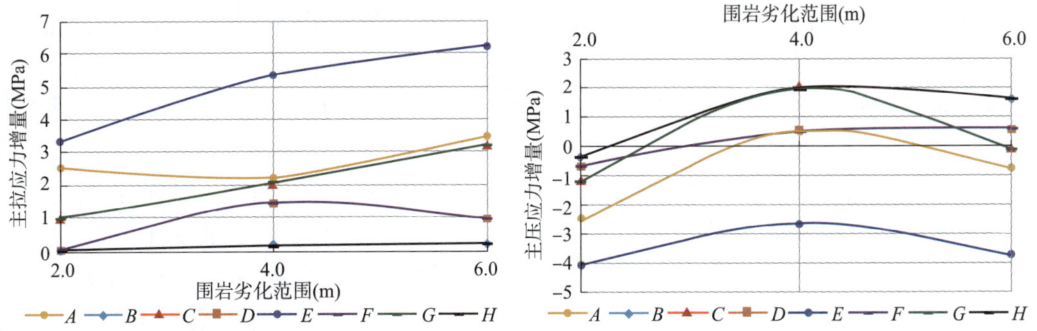

（a）主拉应力　　（b）主压应力

图 9-44　清华园隧道围岩折减系数为 0.2 时不同劣化区范围的管片结构主应力

由图 9-43 可知,当围岩折减系数为 0.6 时,管片结构的主拉应力随着劣化区范围的扩大总体增加,但各特征点位置处的变化情况不同。当劣化区范围为 2 m 时,拱顶处主拉应力大幅增加,但其余各特征点的主拉应力变化不大;当劣化区范围为 4 m 时,仰拱处的主拉应力大幅增加,左右拱腰(C、G)处和左右墙脚(D、F)处应力也有增大,而拱顶处主拉应力比劣化区 2 m 时略有减小;当劣化区范围为 6 m 时,仰拱处,左右拱腰(C、G)处和拱顶处的主拉应力均有所增大,但左右墙脚(D、F)处的主拉应力相比劣化区 4 m 时有所减小。在不同劣化区范围内,拱肩(B、H)处的主拉应力变化不大。最大主拉应力增量出现在劣化区范围为 6 m 时,仰拱内侧,增量量值为 1.40 MPa。

其主压应力在劣化区范围为 2 m 时,总体呈增大趋势,其中仰拱外侧主压应力增大最多,其次是拱顶外侧,而在左右墙脚(D、F)处主应力却略有减小。在围岩劣化区范围为 4 ~ 6 m 时,其主压应力总体表现为减小。尤其是劣化区范围为 4 m 时,主压应力的降幅最大,而在劣化区范围 6 m 时,相对略小。当围岩劣化区范围为 4 m 时,左右拱腰(C、G)处的主压应力减小最多,仰拱处减小最少。当劣化区范围为 6 m 时,其规律跟 4 m 时相同,仅减小的量值略小。最大主压应力增量出现在劣化区范围为 2 m 时,仰拱外侧, -1.174 MPa,最大主压应力减小量值出现在劣化区范围 4 m 时,左拱腰(C)处,2.731 MPa。从特征点的重合情况来看,整个管片的主应力分布均以拱顶-仰拱为对称轴对称分布。

由图 9-44 可知,当围岩折减系数为 0.2 时,管片结构的主拉应力随着劣化区范围的扩大总体增加,但各特征点位置处的变化情况不同。当劣化区范围为 2 m 时,主拉应力增量仰拱 > 拱顶 > 左右拱腰,拱肩和墙脚处特征点的主拉应力变化不大;当劣化区范围为 4 m 时,主应力增量大小趋势不变,主拉应力相比无劣化区时均有所增大,但拱顶处主拉应力比劣化区 2 m 时略有减小;当劣化区范围为 6 m 时,主应力增量大小趋势不变,主拉应力相比无劣化区时均有所增大,但墙脚处主拉应力比劣化区 4 m 时略有减小。在不同劣化区范围内,拱肩(B、H)处的主拉应力变化不大。最大主拉应力增量出现在劣化区范围为 6 m 时,仰拱内侧,增量量值为 6.184 MPa。

其主压应力在劣化区范围为 2 m 时,总体呈增大趋势,其中主压应力增量大小为仰拱 > 拱顶 > 拱腰 > 墙脚 > 拱肩。在围岩劣化区范围为 4 m 时,除仰拱外,其他位置的主压应力表现为减小,仰拱处的主压应力比无劣化区时依然增大,但增加的量值小于劣化区 2 m 时。当劣化区范围为 6 m 时,拱顶、仰拱和拱腰处的主压应力有所增大,相比无劣化区时,其量值增加,但拱肩和墙脚处的主压应力依然减小。最大主压应力增量出现在劣化区范围为 2 m 时,仰拱外侧, -4.064 MPa,最大主压应力减小量值出现在劣化区范围 4 m 时,左拱腰(C)处,1.968 MPa。从特征点的重合情况来看,整个管片的应力分布是以拱顶-仰拱为对称轴对称分布的趋势。

综上可知,随着围岩劣化区范围的扩大,其竖向位移均增大,但最大增量的位置并不统一,当折减系数为 0.6 时,墙脚竖向位移增量最大,拱顶最小,当折减系数为 0.2 时,则在拱顶处最大,仰拱处最小。当折减系数为 0.6 时,水平位移增量有增有减(扩张和收敛均有),当折减系数为 0.2 时,则水平位移增量均增大,即管片均扩张,但水平位移增量的量值在左右拱腰处变化较明显。总体上看,折减系数为 0.2 时的位移增量比折减系数为 0.6 时更大。对其主拉应力的影响则总体表现为增加,其中,仰拱主拉应力增量均最大,而拱肩处主拉应力变化很小。对主压应力的影响则表现为有增有减,其中在劣化区范围为 2 m 时,主压应力均增大,而在劣化区范围为 4 m 时,主压应力均减小,当劣化区范围为 6 m 时,折减系数 0.6 的管片主压应力均减小,折减系数 0.2 的管片主压应力则有增有减。

4. 衬砌水压力作用分析

城市地铁隧道在施工期间,常进行降排水处理,使地下水位低于施工底部高程,即施工期在支护结构上没有地下水压力。但施工结束后,水位将逐渐恢复至常水位,此时衬砌结构上往往会形成一定的水压力。而根据常水位、设计水位、洪水位等水位的高程变化,作用在衬砌结构上的水压力也随之变化。

以下研究在地下水位恢复后,不同高程水头的地下水对清华园隧道管片结构产生的影响。采用 ANSYS 有限元软件进行平面应变计算分析,研究水位变化的规律。水位高程设置工况见表 9-6。

表 9-6　不同水位高程计算工况

工　况	1	2	3	4	5	6	7
水位高程	拱腰处(-6.1 m)	拱顶处(0 m)	2 m	4 m	6 m	8 m	10 m

注:拱顶高程为 0。

水压力施加位置在管片外侧,以压强(应力)的形式施加。在 ANSYS 计算时,需扣除无水压力时的计算结果,才能得到因施加水压力造成的附加位移。

(1)位移计算结果

限于篇幅,清华园隧道管片结构在施加水压力后的位移云图仅列出部分工况的计算结果,如图 9-45 所示。

由图 9-45 可知,不同水头高度下管片结构的水平和竖向位移分布趋势完全相同。管片结构的竖向位移比起无水压力时的位移均更小,说明管片整体隆起。位移量值在拱顶处达到最大,仰拱处最小,且在仰拱和拱顶间梯度变化,整个管片结构的竖向位移对称分布。因水压力造成的竖向位移增量最大减小量值发生在水头高度为 10 m 处的拱顶,减小量值为 1.457 mm,使管片隆升。

水平位移大多在左右拱腰处达到最大,总体上水平位移表现为扩张趋势。但随着水头高度的增加,最大水平位移转移到墙脚(D、F)处,且位移趋势为收敛。其中除 -6.1 m 水头

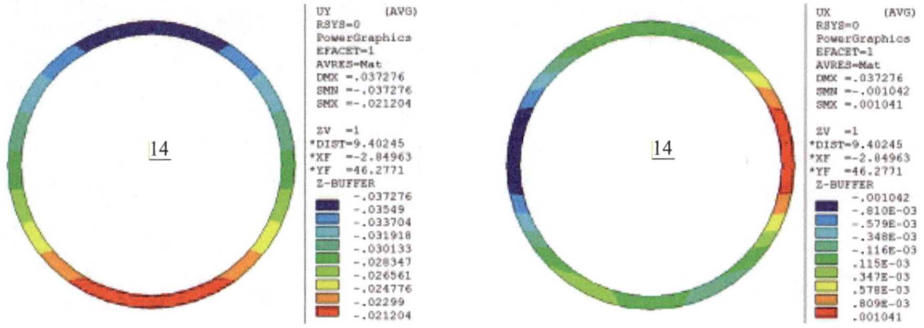

(a)无水压力时管片竖向位移　　(b)无水压力时管片水平位移

图　9-45

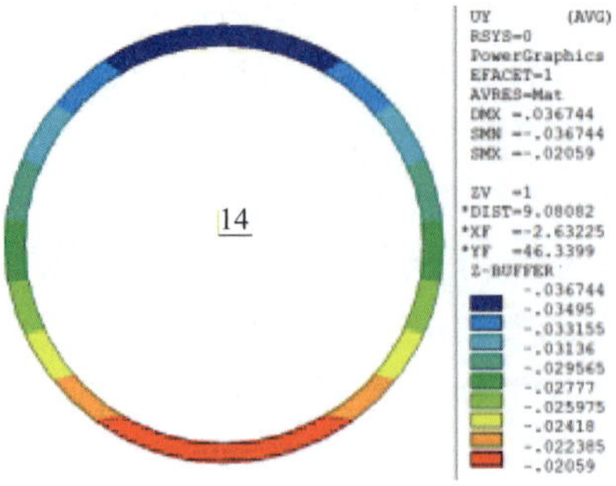

(c)水头高度为 -6.1 m时管片竖向位移

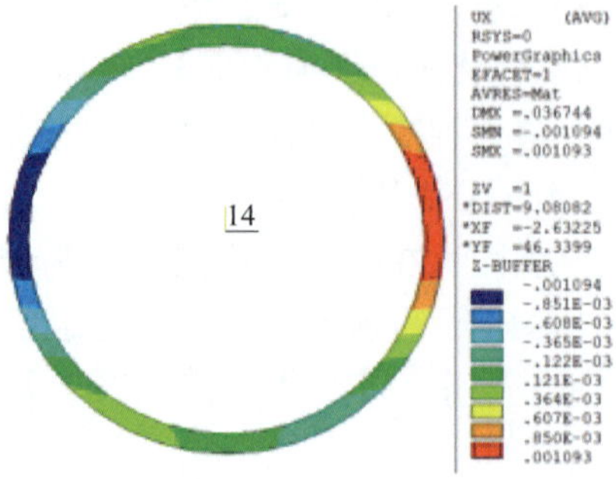

(d)水头高度为 -6.1 m时管片水平位移

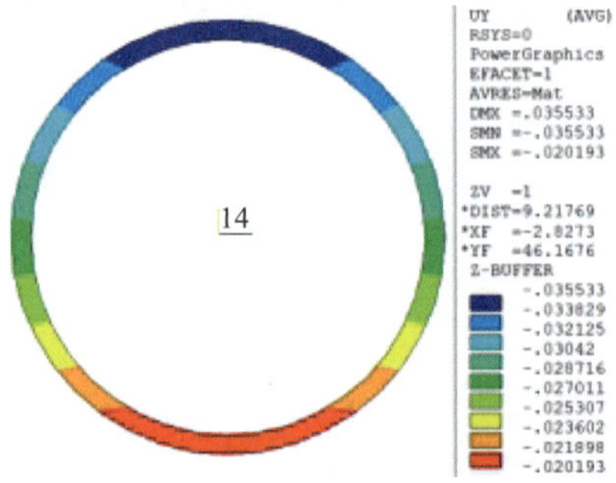

(e)水头高度为0 m时管片竖向位移

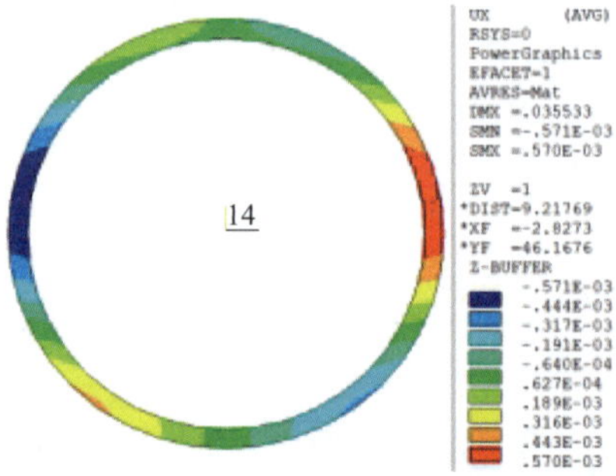

(f)水头高度为0 m时管片水平位移

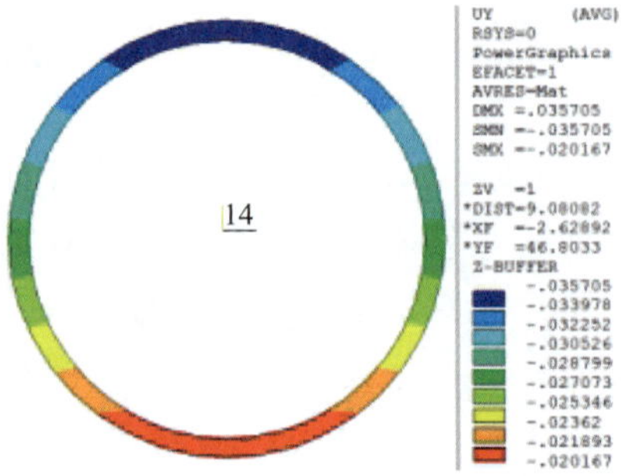

(g)水头高度为6 m时管片竖向位移

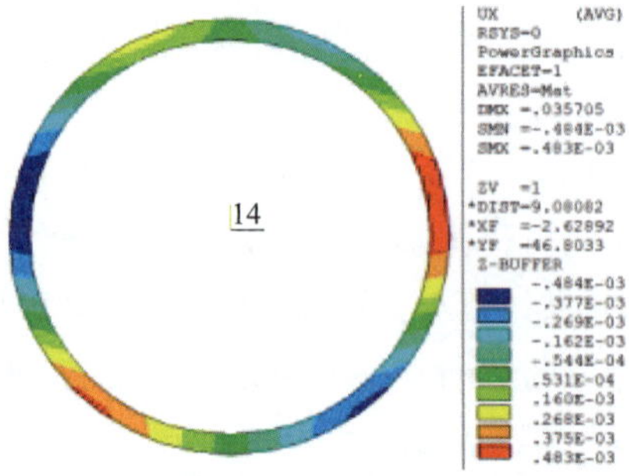

(h)水头高度为6 m时管片水平位移

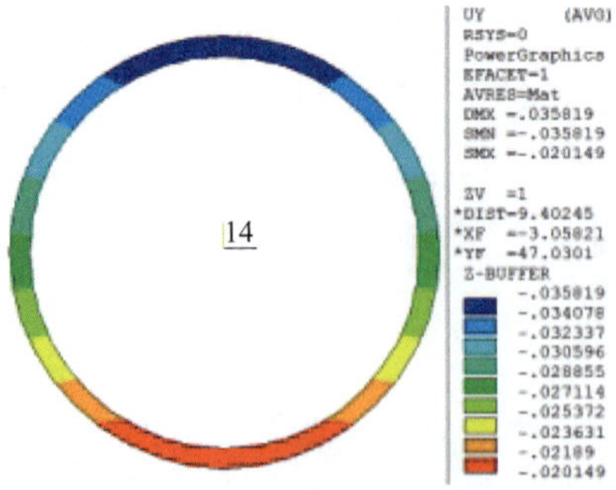

(i)水头高度为10 m时管片竖向位移

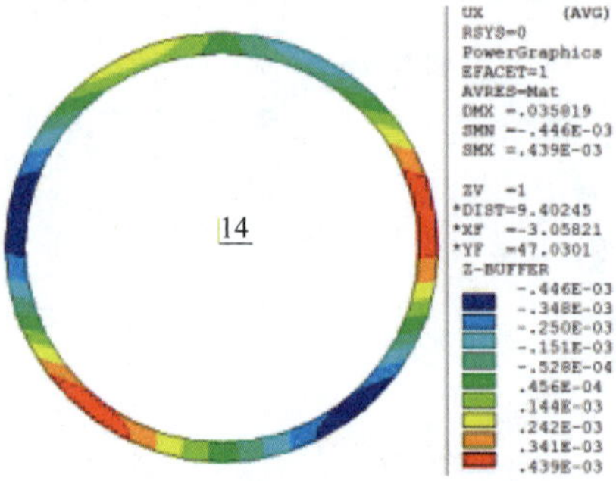

(j)水头高度为10 m时管片水平位移

图9-45 ANSYS平面计算管片不同水头高度的位移云图

高度外，其余工况下，管片结构的水平位移比起无水压力的水平位移均更小，这说明水压力使管片结构收敛。最大水平位移增量在水头高度为 10 m 时发生，位于左右墙脚(D、F)处，为 0.602 mm，使管片收敛。整个管片结构的水平位移也呈对称分布。

根据图 9-45 中计算结果，提取 8 个特征点位置的位移，绘制管片水平和竖向位移随水头高度变化的曲线，如图 9-46 所示。

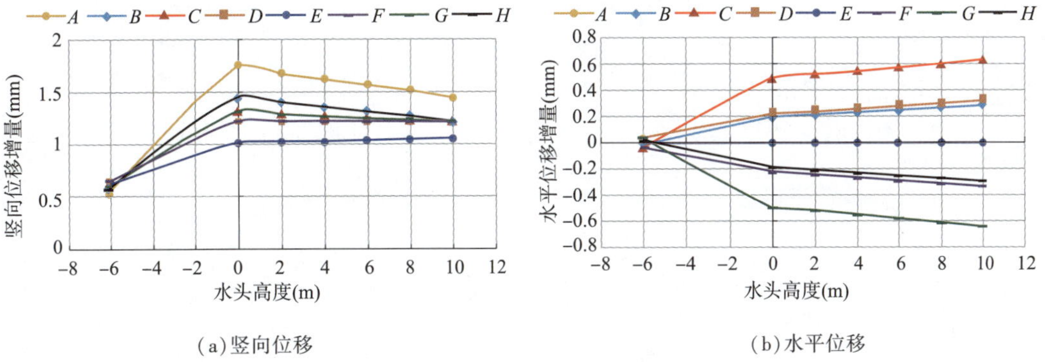

图 9-46 清华园隧道管片结构受水压力影响的位移变化曲线

注：图中数据为受水压力作用引起的附加位移。

由图 9-46 可知，其竖向位移增量在 −6.1 m 水头(水压力作用在拱腰以下)时，各特征点的竖向位移增量比较接近，均在 0.6 mm 左右，随着水头高度的增加，其竖向位移总体先快速隆起后缓慢变化。当水头高度为 0 m(水位处于拱顶)时，水压力造成的隆起达到最大，然后继续提高水位高程，除仰拱略有隆起外，拱顶～拱腰部均反向下沉，而仰拱两侧墙脚处(D、F)基本保持不变。在水位变化过程中，其竖向位移分布呈现明显的对称沉降趋势，即以拱顶 A 和仰拱 E 为对称轴，拱肩(B、H)、拱腰(C、G)、墙脚(D、F)处的管片位移曲线几乎完全重合。在水头为 −6.1～0 m 之间变化时，管片结构的位移变化最为剧烈，而在 0～10 m 水头间变化时，竖向位移变化幅度较小。由水压力引起的最小隆起在工况 1(−6.1 m 水头)时，拱顶处为 0.531 mm，最大隆起在工况 2(0 m 水头)时，拱顶处为 1.742 mm。

管片的水平位移增量随着水头高度的增加，除拱顶和仰拱基本保持不变外，由水压力引起的附加水平位移越来越大，且呈现出以拱顶 A 和仰拱 E 为对称轴，拱肩(B、H)、拱腰(C、G)、墙脚(D、F)处的管片水平位移曲线呈对称张开的"喇叭口形状"，而拱顶和仰拱处的水平位移几乎一直为 0。当水头高度为 −6.1 m 时，其水平位移增量非常小，与无水压力时比较接近。水平位移最大增量在工况 7(10 m 水头)时，拱腰(C、G)处，为 −0.636 mm，且向拱顶～仰拱按梯度减小。且可注意到在工况 1 时，管片结构的水平位移增量趋势表现为扩张，随着水头高度的增加，管片的水平位移增量逐渐变为收敛。

如图 9-46 中曲线所示，水头高度为 −6～ −4 m，因水压力产生的附加水平位移将达到最小。

(2)主应力计算结果

限于篇幅，清华园隧道管片结构受不同水头高度影响的主应力云图仅列出部分工况的计算结果，如图 9-47 所示。

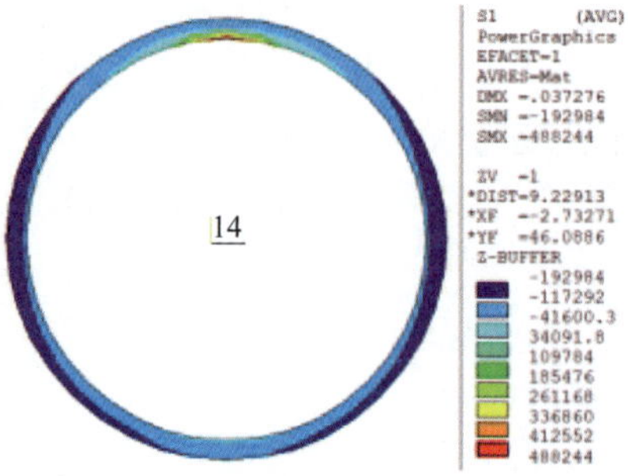

(a)无水压力时管片主拉应力

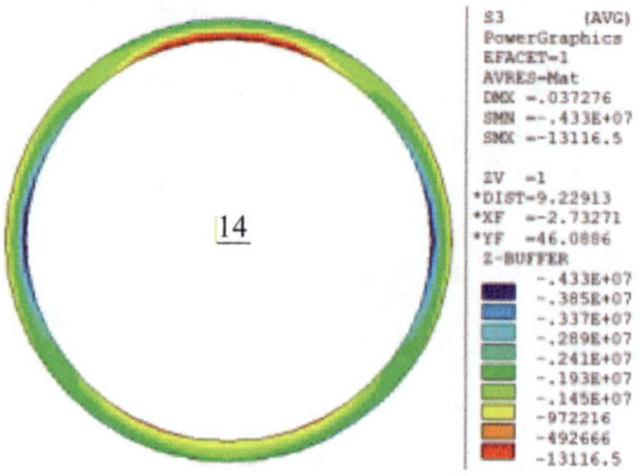

(b)无水压力时管片主压应力

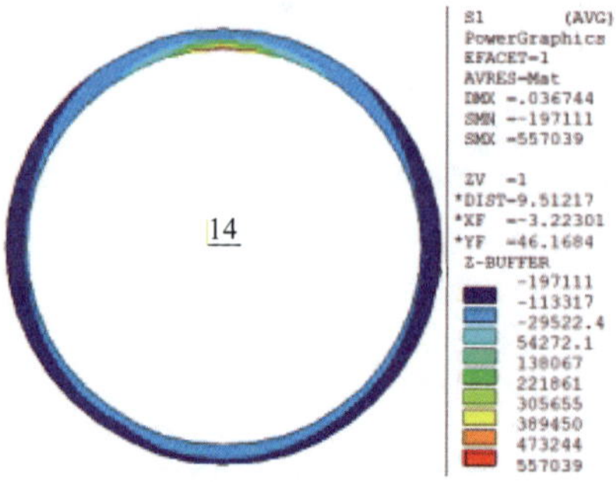

(c)水头高度为 -6.1 m时管片主拉应力

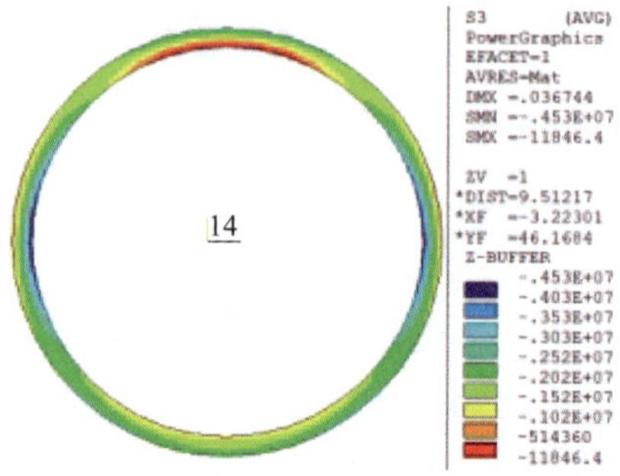

(d)水头高度为 -6.1 m时管片主压应力

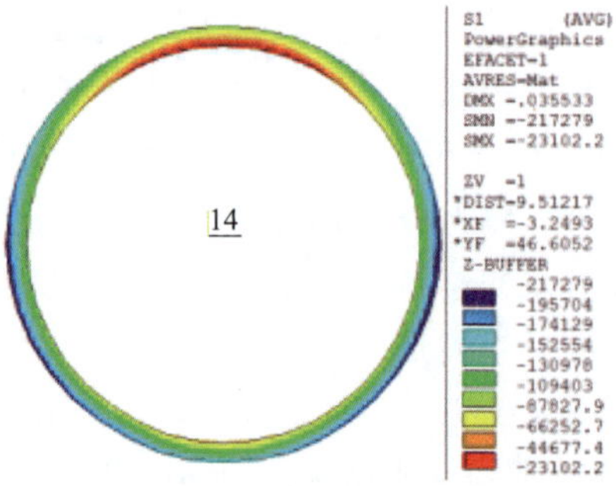

(e)水头高度为 0 m时管片主拉应力

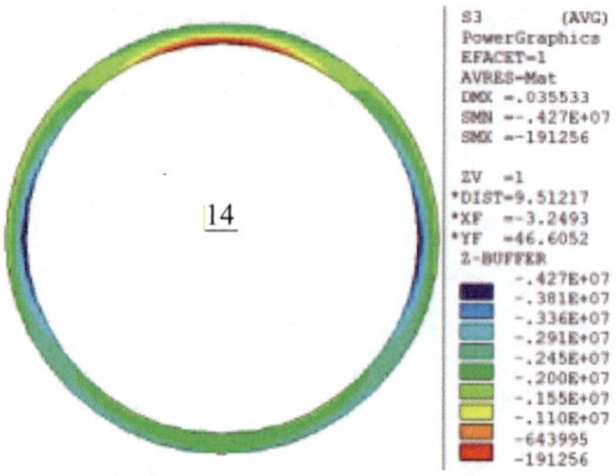

(f)水头高度为 0 m时管片主压应力

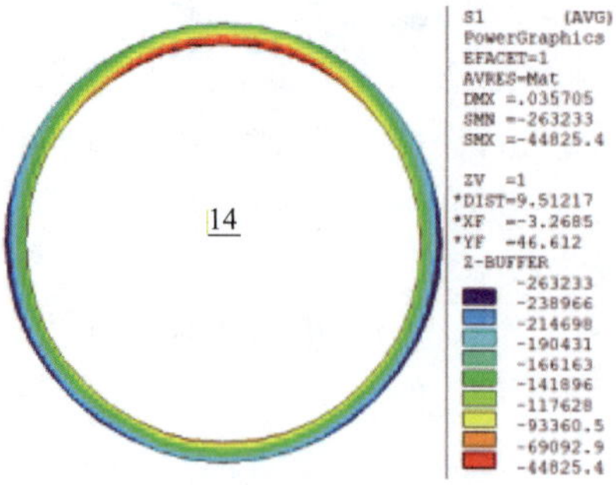

(g)水头高度为 6 m时管片主拉应力

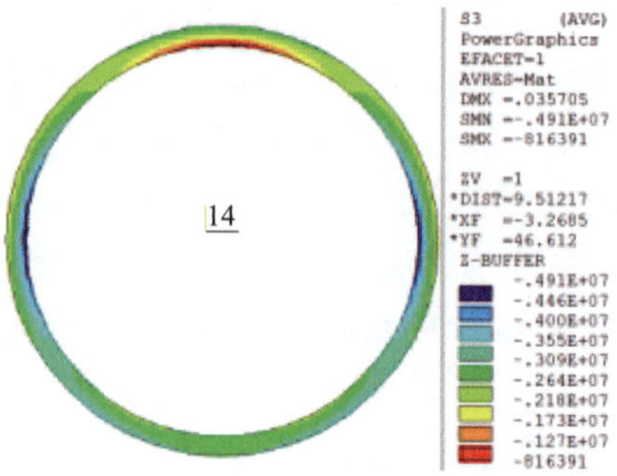

(h)水头高度为 6 m时管片主压应力

图 9-47

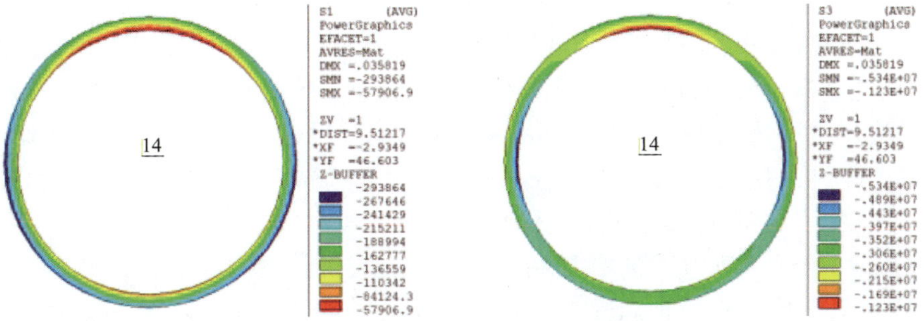

(i)水头高度为 10 m 时管片主拉应力　　(j)水头高度为 10 m 时管片主压应力

图 9-47　ANSYS 平面计算管片不同水头高度的主应力云图(单位:Pa)

由图 9-47 可知,不同水头高度下的管片主应力分布趋势完全一致。主拉应力在拱顶内侧最大,在仰拱内侧也有较大的主拉应力分布,而在拱腰外侧主拉应力最小,尤其需注意的是管片结构在无水压和水头高度为 -6.1 m 时,除拱顶内侧主拉应力为正值外,其余工况主拉应力均为负值,表明管片结构在水压力作用下呈现全环受压的状态。而主压应力则在拱腰内侧达到最大,在拱顶内侧主压应力最小。随着水头高度的增加,管片结构主拉应力逐渐减小,主压应力则是先增大后减小再增大,且最大主拉应力位置在拱顶内侧出现一定程度的偏移,而最大主压应力均在拱腰内侧。最大主拉应力出现在水头高度为 -6.1 m 时,管片的拱顶内侧,量值为 0.557 MPa,当水头高度为 10 m 时,管片主拉应力最小,出现在拱顶内侧偏右处,量值为 -0.058 MPa。最大主压应力出现在水头高度为 10 m 时,拱腰内侧,量值为 -5.34 MPa,当水头高度为 0 m 时,主压应力最小,拱腰内侧,量值为 -4.27 MPa。

根据图 9-47 中的计算结果,提取 8 个特征点位置的主应力,绘制管片主拉应力和主压应力随水头高度变化的曲线,如图 9-48 所示。

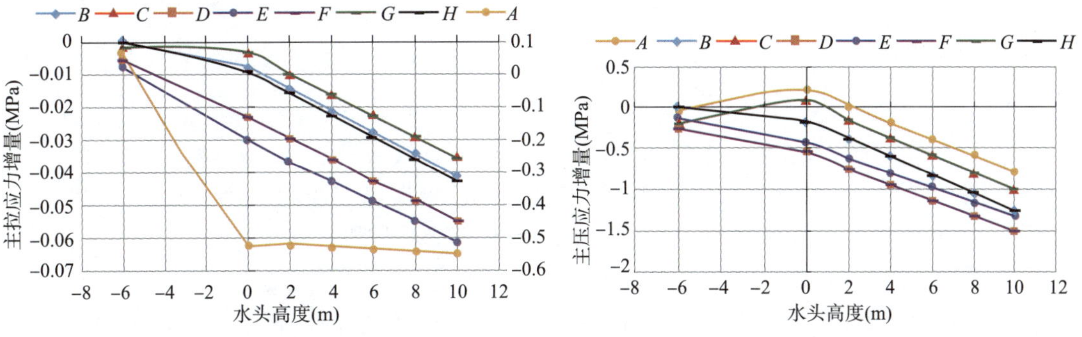

(a)主拉应力　　(b)主压应力

图 9-48　清华园隧道管片结构受水压力影响的主应力变化曲线

注:图中数据为受水压力作用引起的附加主应力。为方便数据显示,其中(a)图主拉应力中拱顶 *A* 点的坐标系为次坐标系(右侧坐标系)。

由图 9-48 可知,清华园隧道管片结构在不同水头高度的水压作用下,主应力的总体分布趋势比较接近,主拉应力总体减小,主压应力总体增大。其中,主拉应力的拱顶(*A* 点)主拉应力变化特别剧烈,在 -6.1 m 水头时,拱顶 *A* 点的主拉应力增加,随着水头高度的增加,其余各点的主拉应力均减小，且当水头高度在 -6.1 ~ 0 m 之间时，拱腰（C、G）、拱肩（B、H）处的主拉应力缓慢减小，而拱顶 A 则迅速减小，当水头高度在 0 ~ 10 m 之间时，拱腰和拱肩处主拉应力迅速减小，而拱顶 A 则几乎不变，其中，仰拱 E 和墙脚（D、F）处的主拉用力减小速率几乎不变。管片结构的主拉应力最大减小量值在 10 m 水头时，拱顶 A 处，量值为 -0.546 MPa。主拉应力减小幅度呈现出拱顶 > 仰拱 > 墙脚 > 拱肩 > 拱腰的趋势，且从曲线重合的情况来看，主拉应力增量呈对称分布趋势。

而主压应力随着水头高度的增加，除拱顶 A 和左右拱腰（C、G）处在水头为 0 m 时略有减小外，其余工况下，所有特征点的主压应力均增大，且表现出 -6.1 ~ 0 m 时减小速率慢，0 ~ 10 m 时减小速率快。主压应力的增量表现出墙脚 > 仰拱 > 拱肩 > 拱腰 > 拱顶的趋势。最大主压应力增量出现在 10 m 水头时，墙脚处，量值为 -1.519 MPa。从曲线重合的情况来看，主压应力增量呈对称分布趋势。

综上可知，清华园隧道管片结构在不同水头高度的外水压下，其竖向位移量值均减小，即管片整体表现为隆起，且在水头高度为 0 时，隆起达到最大，而水平位移量值随着水头高度的增加不断增大，但外水压使管片的水平位移呈现收敛趋势。外水压力使管片结构的主拉应力整体减小，主压应力总体增大。

9.2 大直径盾构隧道结构健康监测方案研究

盾构隧道结构健康监测系统作为一个多学科交叉的综合性系统工程，既包括硬件系统的集成，也包括软件系统的集成。其核心任务是获得环境荷载以及结构的响应、局部损伤等信息，在对监测信息进行综合分析的基础上评估结构的安全状态，为结构安全、高效、经济的运营提供技术支持。本部分将在大直径盾构隧道结构受力特性理论分析的基础上，结合国内外盾构隧道结构监测已有成果，对大直径盾构隧道结构健康监测方案展开研究。

9.2.1 监测原则

1. 监测总体原则

施工过程中结构安全监测是施工管理的一个积极有效的手段，是一项系统工程，监测工作的成败与监测方法的选取及测点的布置密切相关。根据以往监测工作的经验，归纳为可靠性原则、重点监测关键区原则、方便实用原则和经济合理原则。

2. 监测点布设原则

监测点应根据具体施工阶段（如道路封闭、地下管线迁移、结构施工等）条件布置，遇到障碍物或受到施工现场限制等情况需做出适当调整，并及时对监测点布置图进行更新，与实际监测情况保持一致。

（1）必须以设计文件为依据，参考相关规范要求进行监测点布置。

（2）应能反映监测对象的实际状态及变化趋势，监测点应布置在内力及变形关键位置，并保证满足监测要求。

（3）关键部位优先、兼顾全面的原则。对于围护体、支撑体系中相对敏感的区域加密测点数目和项目，进行重点监测；在周围环境复杂的区域，如邻近有建筑和地下管线区域，应加密监测点，进行重点监测；对水文地质条件和基坑断面发生变化的位置进行重点监测；除关键部位优先测点外，在系统性的基础上均匀布设监测点。

(4) 监测点设置不应妨碍正常施工，并减少对施工作业的不利影响。

(5)监测标志应稳固、明显、结构合理，监测点的位置应避开障碍物，便于观察。

(6)在满足监测要求的情况下，尽量减少在材料运输、堆放和作业密集区域布置监测点，避免监测点的破坏。

9.2.2 监测目的

针对清华园隧道的工程特点，结合大直径盾构隧道结构受力规律分析，开展隧道重点区域长期监测，掌握盾构隧道结构长期受力及变形规律，为隧道的长期安全运营提供参考依据。根据清华园隧道的线路走向与周边建(构)筑物的关系，选取盾构隧道穿越重要建(构)筑物的部位进行监测断面的布置设计，同时考虑到科研项目的监测不同于施工监测，科研方案难以覆盖整个隧道，因此选取重点部位进行监测断面、元器件、采集器的布置设计，以实现整个技术路径为目的。

9.2.3 监测断面选取

根据清华园隧道的线路走向与周边建(构)筑物的关系，选取盾构隧道穿越重要建(构)筑物的部位进行监测断面的布置。监测断面分布在4个段落，分别为北三环路下方规划12号线上方、知春路和地铁10号线下方、北四环路下方、成府路下方，监测断面详细布置情况见表9-7。

表9-7 监测断面布置

序号	段落	里程	埋深	管片类型
1	北三环路下方规划12号线上方	DK14+749	1.2D	Ⅲ型管片
2		DK14+766	0.9D	Ⅲ型管片
3	知春路和地铁10号线下方	DK15+810	2.5D	特殊管片
4		DK15+845	2D	特殊管片
5	北四环路下方	DK16+930	D	Ⅱ型管片
6		DK16+980	D	Ⅱ型管片
7	成府路下方	DK17+650	1.3D	Ⅱ型管片
8		DK17+690	1.3D	Ⅱ型管片

注：D为隧道直径。

除与地铁13号线在平面上基本呈平行状态外，清华园隧道在垂直断面上的4个重要建(构)筑物的段落地面现场照片如图9-49所示。其中，隧道穿越北三环的地段最为复杂，该段落上方除北三环路外，还有一条热力管沟，北三环路同时邻近大钟寺地铁站，下方为规划的地铁12号线。

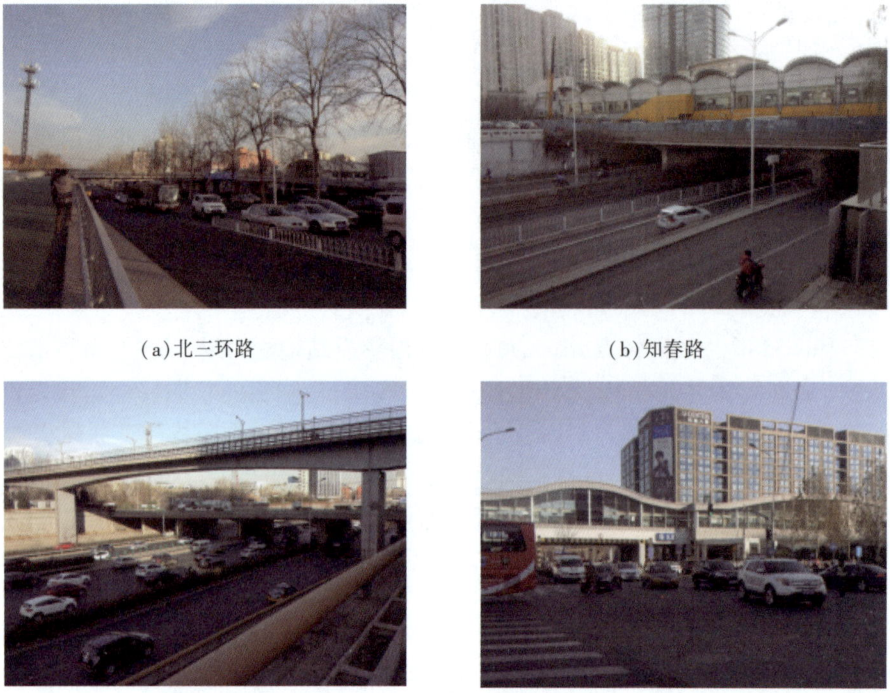

(a)北三环路　(b)知春路

(c)北四环路　(d)成府路

图 9-49　重要段落地面现场照片

9.2.4　监测内容

清华园隧道结构健康监测分为管片受力监测和隧道位移监测两部分内容，其中结构受力监测包含水土压力、管片内力、螺栓受力及接缝位移，结构变形监测包含拱顶沉降、水平收敛及轨道板沉降，监测项目及元器件参数见表 9-8。

表 9-8　清华园盾构隧道监测项目

序　号	监测项目	监测元器件	量　程	分辨率	备　注
1	土压力	土压计	1 MPa	0.1% F.S	
2	水压力	渗压计	1 MPa	0.1% F.S	
3	管片钢筋应力	钢筋计	拉:200 MPa 压:100 MPa	0.1% F.S	
4	管片混凝土应力	埋入式混凝土应变计	±1 000με	0.1% F.S	
5	螺栓受力	螺栓应力计	拉:200 MPa 压:100 MPa	0.1% F.S	
6	接缝位移	测缝计	25 mm	0.1% F.S	
7	拱顶沉降及水平收敛	全站仪			带 ATR 模式
8	轨道板沉降	静力水准仪	7 ~ 35 kPa	0.01% F.S	测点数可选

1. 管片受力监测

每个断面除封顶块外的其他管片均布置结构受力监测元器件,其中水土压力布置在管片外侧随管片浇筑,钢筋应力和混凝土应力布置在管片内外侧随管片浇筑,螺栓受力测点先在螺栓上布置传感器,再安装到管片上,完整的结构受力监测测点布置示意如图9-50所示。其中每处螺栓受力测点包含一个环向螺栓和一个纵向螺栓,每处接缝位移测点包含一个环向测缝计和一个纵向测缝计。对于已经预制完成或者已经拼装好的管片,在后期不能进行元器件的预埋,因此重点是布设接缝位移等表面元器件进行监测。

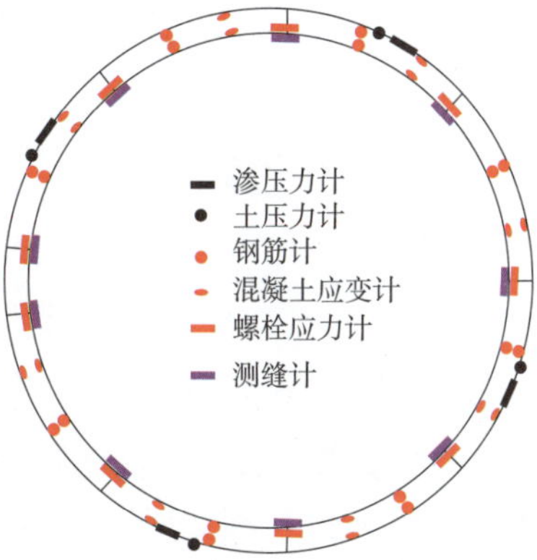

图9-50 结构受力监测测点布置示意图

2. 结构变形监测

结构变形监测包含盾构隧道拱顶沉降及水平收敛,测点在轨下结构完成后布置,可同结构受力断面相同里程布置,如在规划12号线上方设置DK14+728、DK14+752两个监测断面。拱顶沉降和水平收敛利用全站仪进行变形自动监测,在全站仪后方设置两个基准点,全站仪同时也可以通过在轨道板上安装棱镜监测轨道板沉降,如图9-51所示。

图9-51 全站仪监测现场示意照片

轨道板沉降利用静力水准仪进行自动监测,静力水准测点采用壁挂的安装方式,利用螺栓安装在轨道板侧面,结构变形断面和测点根据需要可在轨下结构完成或运营期内增加。

9.2.5 监测方法

监测内容尽量全面且覆盖隧道各个部位,因此按照图9-52所示全部元器件进行布置,包含8个管片(6个标准块+2个相邻块)的围岩压力、水压力、钢筋应力、混凝土应力,其中钢筋计和混凝土应变计为内外侧对称布置,压力盒和渗压计间隔1个管片布置,单个管片元器件布置及穿线管、光缆腔布置如图9-52所示,以上均在管片预制时完成。

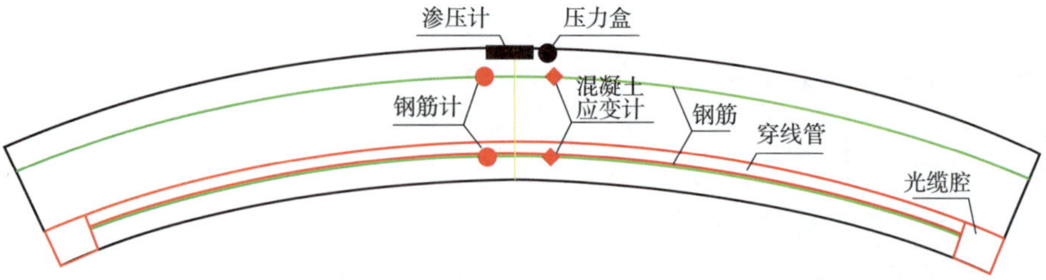

图 9-52　单个管片内元器件布置示意图

同时,对于环向管片和纵向管片之间的连接,监测螺栓应力和接缝位移,在每个断面的 9 条管片拼接缝位置均测试环向螺栓应力和接缝位移,同时在环向测点位移附近测试纵向螺栓应力和接缝位移,对于轨下结构部分,因轨下结构采用预制拼装的形式,不能有突出物体存在,因此根据现场情况可能对轨下结构部分的接缝减少或不设置接缝位移测点。管片拼装后测点布置如图 9-53 所示。

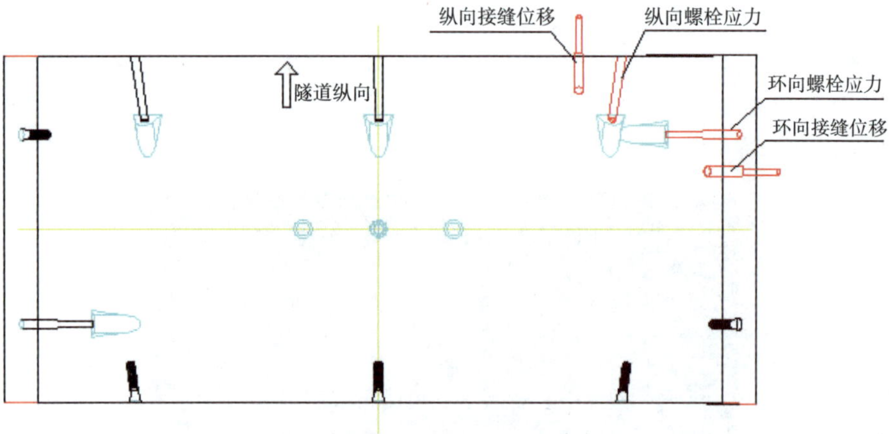

图 9-53　管片拼装后测点布置示意图

结构受力测点在管片预制时进行埋设,同一管片内光纤相互串联,并用 PVC 管保护,在每个管片中预留 ϕ50 mm 的穿线管,穿线管沿内侧环向钢筋布置,在管片端头设置尺寸150 mm × 150 mm × 150 mm 左右的电缆箱作为光纤的冗余腔。管片内管线布置如图 9-54 所示。

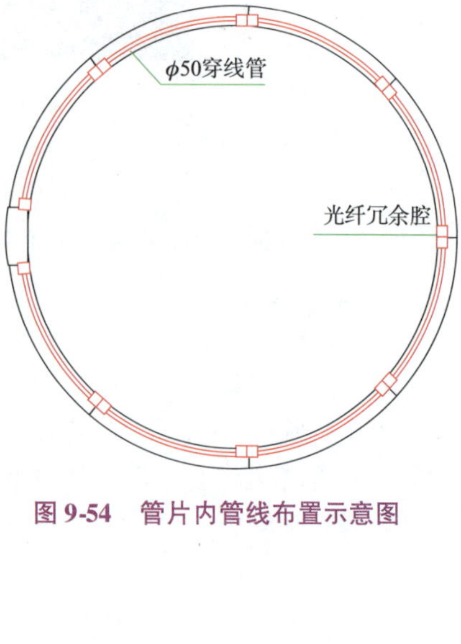

图 9-54　管片内管线布置示意图

9.2.6　传感器选型

结构健康监测,即为了探测结构损伤和性能退化,利用现场无损传感技术研究结构系统特性,包括结构的反应、结构内部发生某些变化、通过传感器捕捉到的信息如应变、加速度、位移等。对于大直径盾构隧道,如何对其进行实时监测，及时获取结构内部损伤信息，了解结构的安全性能，及时评估结构健康状态，并作出维护修补的决定，成为未来结构监测发展的重要领域。

综合国内外隧道结构监测的应用现状及本项目的应用情况，目前的隧道结构体及所处环境测试主要采用电类和光学类传感器，监测技术大都采用定期测试，其中振弦式传感器应用较广。

1. 振弦式感器

(1)工作原理

传感器是测量系统中的前置部件，它将输入的变量转换为可供测量的信号。一般力传感器由三部分组成：敏感元件、转换元件和转换电路，其工作原理如图9-55所示。

图9-55 传感器工作原理图

其中，敏感元件是直接感受被测量的器件，它输出的是与被测量成一定关系的某一物理量；转换元件是将敏感元件感受或响应的被探测物理量转换成电路参数的元件；而转换电路则是将转换元件的输出信号变为容易检测的电信号。

(2)振弦式传感器特点

振弦式传感器自20世纪被发明以来，广泛用于桥梁、大坝、隧道等各种土木工程的安全监测。振弦式传感器的测量原理源于20世纪30年代，是基于钢弦频率随钢丝张力变化的原理而工作。振弦式传感器有如下优点：

①结构简单可靠，制作安装方便。

②输出信号稳定可靠，宜远距离传输。

③振弦式传感器价格低廉，输出的频率信号采集简单。

振弦式传感器在工程应用中，同样存在一定的使用缺陷。例如：由于振弦式传感器是机械结构式的，以钢弦为转换元件，存在滞后的特性，只能适用于静态和不大于10 Hz的准动态测试，且由于传感器零件的金属材料膨胀系数的不同，容易造成温度误差，在隧道潮湿环境中，腐蚀和绝缘性存在一定挑战。

2. 光纤光栅传感器

近年来，由于光纤光栅传感器能够克服传统电磁类压力传感器的应用局限性，具有本质安全防爆、耐腐蚀、抗电磁干扰能力强、信号传输距离远、易于实现压力的多点分布式测量和长期在线监测等优点，而被广泛推广使用。

(1)工作原理

光纤光栅传感器是一种沿光纤长度方向折射率的周期扰动而形成的元件。光纤光栅的制造源于光纤的光敏特性，其工作原理是：当光栅周围的温度、应变或者其他待测物理量发生变化时，将导致光栅周期或纤芯折射率的变化，从而产生光栅信号的波长位移，工作原理如图9-56所示。

光纤光栅传感器在盾构隧道施工中的监测系统如图9-57所示。

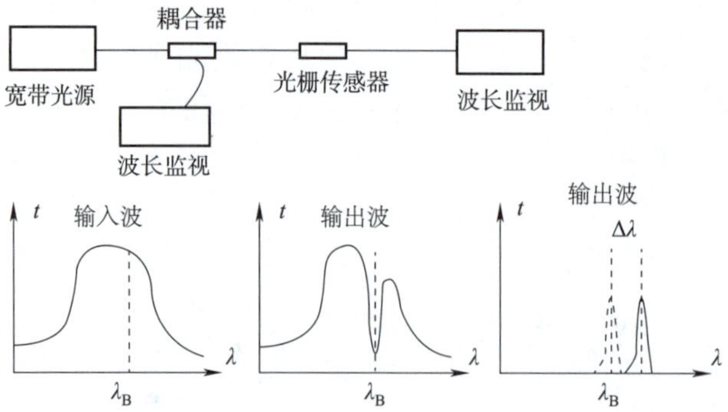

图 9-56　光纤光栅传感器工作原理图

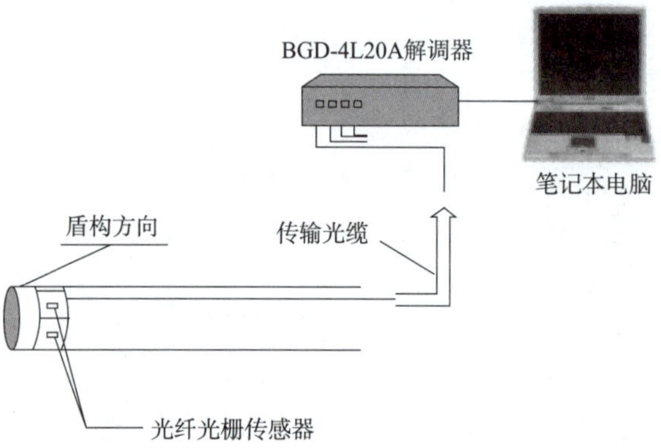

图 9-57　光纤光栅传感器监测系统示意图

(2)光纤光栅传感器特点

光纤光栅传感器被普遍认为是实时监测的理想元件,满足现代工程结构监测高精度、远距离、分布式和长期性的技术要求,在智能材料与结构中具有广阔的发展前途。总体而言其具有如下优点:

①小巧紧凑,易于埋入材料内部。

②电绝缘性能好,安全可靠:光纤本身是由电介质构成的,而且无需电源驱动,因此适宜于在易燃易爆的油、气、化工生产中使用。

③耐腐蚀,化学性能稳定:由于制作光纤的材料(石英)具有极高的化学稳定性,因此光纤传感器适宜于在较恶劣环境中使用。

④体积小,重量轻,几何形状可塑。

⑤传输损耗小:可实现远距离遥控监测。

⑥传输容量大:可实现多点分布式测量。

综合以上对比,振弦式传感器具有结构简单可靠、制作安装方便、价格低廉的优点,但长期稳定性及精度有待进一步提升。光纤光栅传感器虽然价格较振弦式传感器高,但具有耐腐蚀、抗电磁干扰能力强、信号传输距离远和长期在线监测等优点,适合隧道等地下工程结构智能化监测。因此,鉴于远程监测、长期稳定性和环境耐久性等方面的严格要求,针对清华园隧道的长期健康监测，选用光纤光栅传感器。

9.2.7 数据传输模式

1. 数据采集

数据采集采用自动采集器，每个断面的信号线在边墙部位集中到主光缆，在轨下结构完成后，主光缆放置在信号槽或沿边墙水平布置。根据最终确定的断面及元器件数量，在竖井附近设置一个或多个采集器，按照采集器与断面的距离，采集器可在多个竖井附近布置（确保无线信号畅通），采集器安装在边墙附近，距离轨面高度在 1.5 ~ 2.0 m，采集器大致安装部位如图 9-58 所示。

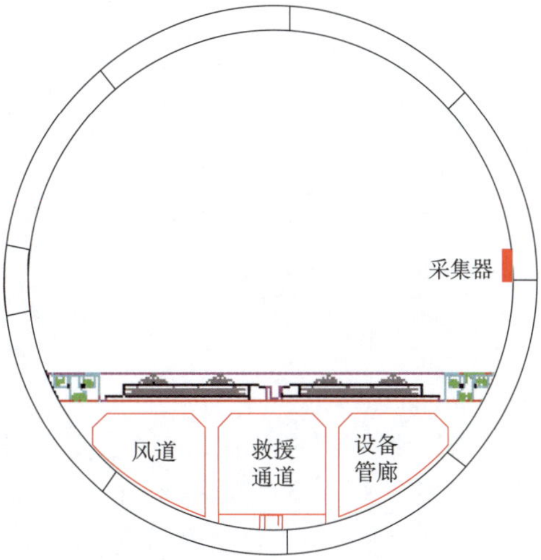

图 9-58 采集器安装部位示意图

2. 数据传输

数据传输采用 GPRS 模块进行远程传输，将采集器通过一个或多个 GPRS 模块进行数据远程传输。GPRS 传输模块根据隧道内信号分布情况选择放置在竖井附近隧道内或竖井地面。

3. 系统供电

系统供电方式分为两种，一种是采用隧道内的电力系统供电，一种采用太阳能板进行供电。考虑长期使用及减少维护，建议采用隧道内的电力系统供电，供电电压 220 V。

9.2.8 科研监测实施方案

考虑到科研项目的监测不同于施工监测，科研方案难以覆盖整个隧道，因此选取重点部位进行监测断面、元器件、采集器的布设，以实现整个技术路径为目的，监测方案的整体实施流程为：确定传感器安装流程→确定光纤光栅传感器布置拓扑图→管片测点预埋→管片养护→管片转运到现场→管片拼装前检查与接线→管片拼装→隧道底部走线→轨下结构安装→管片上部走线→采集器安装→调试。其主要内容如下：

（1）监测断面

在清华园隧道的重要监测段落中，选取北三环路下方及规划 12 号线上方为实施段落，该段落隧道穿过区域上方有城市道路、热力管沟，下方规划有地铁 12 号线，为复合式近接影响区域，在规划 12 号线左右洞室正上方 DK14 +749、DK14 +766 布置 2 个监测断面（里程已根据最终设计定稿修改），用以监测规划 12 号线施工时对清华园盾构隧道的影响以及各结构之间长期的相互影响。

（2）监测内容

监测内容包含结构受力（不包含变形），全环布置元器件包含 8 个管片（6 个标准块 +2 个相邻块）的围岩压力、水压力、钢筋应力、混凝土应力，其中钢筋计和混凝土应变计为内外侧对称布置，混凝土应变计、压力盒和渗压计间隔一个管片布置。螺栓受力与接缝位移按换向考虑，同时由于轨下结构部分为预制，因此轨下结构部位不能安装表面测缝计。

(3)测点数量

各类测试元器件数量见表9-9，全部测点数量为94个。

表9-9 测试元器件数量

断面里程	压力盒	渗压计	钢筋计	混凝土应变计	螺栓应力计	测缝计
DK14+749	4	4	16	8	9	6
DK14+766	4	4	16	8	9	6
总计	8	8	32	16	18	12

(4)数据采集

考虑到高速铁路的长期运营安全，将原方案中采集器设置在边墙最大跨附近、距离轨面高度在1.5～2.0 m的位置调整为救援通道内。

采用自动数据采集，采集器设置在DK14+766断面的救援通道内，将两个断面信号线连接到采集器，采集器和断面之间测点采用主通信光缆连接，采集器大致安装部位如图9-59所示。在轨下结构安装完成后进行整个断面的走线，将信号线全部集中到救援通道内，在采集器安装调试完成之前，对测试元器件采用不定期的人工监测，用以获取管片安装完成后的结构受力数据。

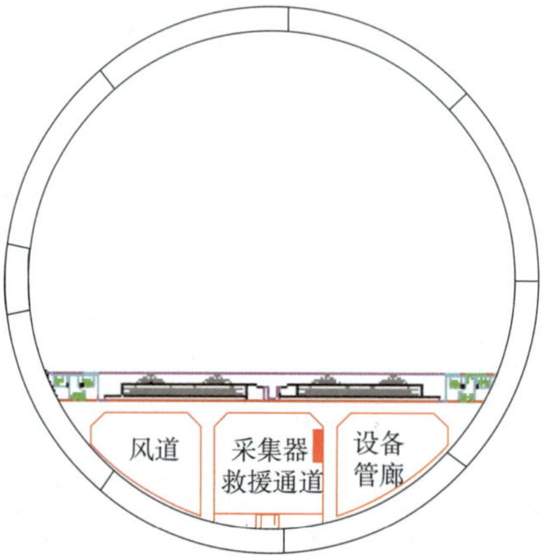

图9-59 采集器安装部位示意图

(5)数据传输

数据传输采用GPRS模块进行远程传输，将采集器通过一个GPRS模块进行数据远程传输。GPRS传输模块布置在DK14+766正洞边墙墙壁上。

(6)系统供电

系统供电采用隧道内的电力系统供电，供电电压220 V，施工期采用临时接电，运营期需采用隧道内电路提供持续供电。

9.2.9 监控量测频率

监测频率根据施工方法、施工进度、监测对象、监测项目、地质条件等情况和特点，并结合当地工程经验进行综合确定，且监测频率要满足工程监测工作实际需要，根据不同等级而不同。当监测项目的累计变化值接近或超过报警值时，应加密监测；当出现工程事故或其他因素造成监测项目的变化速率加大时，应按指挥部指示或进行连续监测，直至危险或隐患消除为止。当时态曲线趋于平衡时，及时进行回归分析，推算其终值不超过监测控制值。

根据《城市轨道交通工程监测技术规范》(GB 50911—2013)规定，盾构法隧道工程施工中隧道管片结构、周围土体和周边环境的监测频率可按表9-10确定。在不低于规范要求的基础上，选择施工与运营期1次/d的频率。

表 9-10　盾构法隧道施工监测频率

监测部位	监测对象	开挖面至监测点或监测断面的距离	监测频率
开挖面前方	周围岩土体和周边环境	$5D<L\leqslant 8D$	1 次/(3～5 d)
		$3D<L\leqslant 5D$	1 次/2 d
		$L\leqslant 3D$	1 次/d
开挖面后方	管片结构、周围土体和周边环境	$L\leqslant 3D$	(1～2 次)/d
		$3D<L\leqslant 8D$	1 次/(1～2 d)
		$L>8D$	1 次/(3～7 d)

注:1. D—盾构法隧道开挖直径(m),L—开挖面至监测点或监测断面的水平距离(m)。
2. 管片结构位移、净空收敛宜在衬砌环脱出盾尾且能通视时进行监测。
3. 监测数据趋于稳定后,监测频率宜为 1 次/(15～30 d)。

9.2.10　管片拼装

DK14＋749 和 DK14＋766 两个断面现场拼装完成后的各管片顺序如图 9-60 所示,图中管片顺序为面向大里程方向的顺序。大致上 A3 块在拱顶位置,A2 和 A4 块在拱肩位置,A1 和 A5 块在边墙,其余块在仰拱部位。

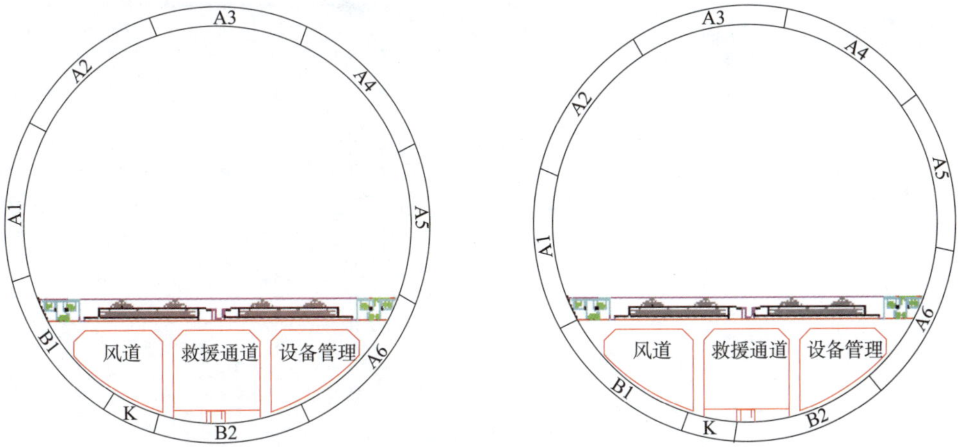

DK14+749　　DK14+766

图 9-60　管片拼装完成后顺序

9.2.11　监测数据

施工期采用人工定期获取监测数据的方式,监测开始时期为 2018 年 10 月 11 日,截至 2019 年 3 月 25 日,除 DK14＋766 断面 B1 块测点传输光缆出现破坏外,其余测点均完好无损,监测结果见表 9-11 和表 9-12。

表 9-11　监测结果一

里程	项目	部位	A1 块	A2 块	A3 块	A4 块	A5 块	A6 块	B2 块	B1 块
DK14 + 749	土压力(kPa)		80.2	—	121.7	—	70.5	—	35.7	—
	水压力(kPa)		-78.3	—	-52.2	—	-99.3	—	0	—
	钢筋应力(MPa)	内侧	-14.6	56.5	-28.1	-28.1	-29.7	-17.7	-11.2	-18.3
		外侧	-13.2	-15.3	-26.2	-22.0	-23.7	-17.5	-9.3	174.8
	混凝土应变(με)	内侧	-22.5	—	-64.4	—	-72.0	—	-32.4	—
		外侧	0.2	—	-66.5	—	-37.6	—	-38.6	—
DK14 + 766	土压力(kPa)		81.3	—	29.7	—	60.9	—	—	—
	水压力(kPa)		-68.7	—	-84.6	—	-92.6	—	—	—
	钢筋应力(MPa)	内侧	-27.6	-22.5	-23.8	-31.4	-31.2	-13.3	—	-15.0
		外侧	-19.2	-30.1	-28.7	-26.5	-27.2	-14.7	—	-22.0
	混凝土应变(με)	内侧	-19.8	—	-82.5	—	-89.6	—	—	—
		外侧	-81.6	—	-82.9	—	-53.8	—	—	—

注:土压力为正,水压力为负;钢筋应力和混凝土应变,拉为正,压为负。

表 9-12　监测结果二

里程	项目	B1—A1	A1—A2	A2—A3	A3—A4	A4—A5	A5—A6	A6—B2	B2—K	K—B1
DK14 + 749	接头位移(mm)	-1.56	-0.95	-0.98	-1.13	-0.99	-0.84	—	—	—
	螺栓应力(MPa)	-8.2 -12.9	-4.9 -8.0	-9.0 -8.8	0	2.6 1.1	-15.2 -12.2	-33.9 -23.9	-9.5 5.8	-73.9 -70.8
DK14 + 766	接头位移(mm)	0	-1.36	-1.17	-1.17	0	-1.13	—	—	—
	螺栓应力(MPa)	2.5 8.6	-0.5 -0.6	-19.3 -13.5	-6.3 -11.1	-4.9 -6.5	-19.5 -15.9	-15.9 -13.8	0	-57.7 -80.3

注:接头位移张开为正,螺栓应力受拉为正,每个螺栓含两个测点。

由表9-11、表9-12可知,土压力最大值为121.7 kPa,在拱顶部位;水压力最大值99.3 kPa,在边墙部位;钢筋应力最大受压31.4 MPa,在拱脚部位,最大受拉174.8 MPa,在仰拱部位;混凝土应变最大89.6με,折算混凝土强度约3.0 MPa,受压,在边墙部位;接头位移最大值1.56 mm,收缩;螺栓应力最大值80.3 MPa,在封顶块部位。

9.2.12　运营期监测管理控制标准

运营期结构发生的受力与变形变化对结构安全稳定性影响至关重要,确定结构安全状态通常可采用监测曲线趋势、结构受力与变形累计值、结构受力与变形增量等方式来判定,通过前面的分析研究,结合数值模拟计算,提出清华园隧道监测控制标准及预警标准,见

表9-13。其中混凝土应力、管片变形及接缝位移可以直接采用,其余监测项目需进行换算。

表9-13 监测控制标准及预警标准

序 号	项 目	控制标准		预警标准(累计值)
		增量	累计值	
1	结构拉应力	0.5 MPa	2.5 MPa	1.8 MPa
2	结构压应力	2.0 MPa	10.0 MPa	7.0 MPa
3	水平收敛及拱部沉降	5.0 mm	10.0 mm	7.0 mm
4	管片接缝位移	—	2.0 mm	1.4 mm

9.3 大直径盾构隧道监测管理平台开发

9.3.1 开发平台的选择

盾构隧道健康监测管理平台基于微软.NET框架开发,采用.NET环境下主流编程C#语言及SQL Server数据库。

(1).NET框架

.NET框架(.NET Framework)是由微软开发的致力于敏捷软件开发(Agile software development)、快速应用开发(Rapid application development)、平台无关性和网络透明化的软件开发平台。.NET框架是一个多语言组件开发和执行环境,它提供了一个跨语言的统一编程环境。.NET框架的目的是便于开发人员更容易地建立Web应用程序和Web服务,使得Internet上的各应用程序之间可以使用Web服务进行沟通。从层次结构来看,.NET框架又包括三个主要组成部分:公共语言运行时(CLR:Common Language Runtime)、服务框架(Services Framework)和上层的两类应用模板——传统的Windows应用程序模板(Win Forms)和基于ASP.NET的面向Web的网络应用程序模板(Web Forms和Web Services)。

(2)C#语言

C#语言是微软公司发布的一种面向对象的运行于.NET Framework之上的高级程序设计语言,是一种安全、稳定、简单、优雅,由C和C++衍生出来的面向对象的编程语言。它在继承C和C++强大功能的同时去掉了一些它们的复杂特性(例如没有宏,以及不允许多重继承)。C#语言综合了VB简单的可视化操作和C++的高效率运行,以其强大的操作能力、优雅的语法风格、创新的语言特性和便捷的面向组件编程的支持,成为.NET开发的首选语言。C#语言看起来与Java有着惊人的相似,它包括了诸如单一继承、接口、与Java几乎同样的语法和编译成中间代码再运行的过程。但是C#语言与Java有着明显的不同,它借鉴了Delphi的一个特点,与COM(组件对象模型)是直接集成的,而且它是微软公司.NET Windows网络框架的主角。

(3)SQL Server数据库

SQL Server数据库是一个关系数据库管理系统、提供对于数据的高效安全管理的数据库,是一个可信任的、高效的、智能的数据平台。软件开发利用 Microsoft 集成的 SQL Server 数据库对相关数据进行全面管理。

(4)C/S 兼 B/S 技术构架

平台基于互联网的 B/S(浏览器/服务器)与 C/S(客户机/服务器)相结合的技术构架,产品整体技术框架稳定、可靠和标准,支持各种操作系统(Windows、UNIX、LINUX)和大型数据库(Oracle、SQL Server、SYBASE 等),具有实施速度快、维护成本低、扩展性强、支持点对点的实时通信和数据集中存储的优势,不需要配置较高的硬件,在 PC Server 级服务器上就能很好地运行,有效地降低了 IT 总成本。

C/S 结构(客户机和服务器结构)是软件系统体系结构,通过它可以充分利用两端硬件环境的优势,将任务合理分配到 Client 端和 Server 端来实现,降低了系统的通信开销。目前大多数应用软件系统都是 Client/Server 形式的两层结构,由于现在的软件应用系统正在向分布式的 Web 应用发展,Web 和 Client/Server 应用都可以进行同样的业务处理,应用不同的模块共享逻辑组件。因此,内部的和外部的用户都可以访问新的和现有的应用系统,通过现有应用系统中的逻辑可以扩展出新的应用系统。优点是能充分发挥客户端 PC 的处理能力,很多工作可以在客户端处理后再提交给服务器,客户端响应速度快。缺点主要有:只适用于局域网,随着互联网的飞速发展,移动办公和分布式办公越来越普及,这就需要系统具有扩展性,这种方式远程访问需要专门的技术,同时要对系统进行专门的设计来处理分布式的数据;需要安装专用的客户端软件,首先涉及安装的工作量,其次任何一台计算机出问题,如病毒、硬件损坏等,都需要进行安装或维护。还有,系统软件升级时,每一台客户机都需要重新安装,其维护和升级成本非常高。

B/S 结构,在这种结构下,用户工作界面是通过 WWW 浏览器来实现,极少部分事务逻辑在前端(Browser)实现,但是主要事务逻辑在服务器端(Server)实现,形成所谓三层 3-tier 结构。相对于 C/S 结构属于"胖"客户端,需要在使用者电脑上安装相应的操作软件来说,B/S 结构属于一种"瘦"客户端,大多数或主要的业务逻辑都存在于服务器端,因此,B/S 结构的系统不需要安装客户端软件,它运行在客户端的浏览器之上,系统升级或维护时只需更新服务器端软件即可,这样就大大简化了客户端电脑载荷,减轻了系统维护与升级的成本和工作量,降低了用户的总体成本(TCO)。B/S 结构系统的产生为系统面对无限未知用户提供了可能。当然,与 C/S 结构相比,B/S 结构也存在着系统运行速度较慢,访问系统的用户不可控的弱点。

以目前的技术看,局域网建立 B/S 结构的网络应用,并通过 Internet/Intranet 模式下数据库应用,相对易于把握,成本也是较低的。它是一次性到位的开发,能实现不同的人员从不同的地点以不同的接入方式(比如 LAN,WAN,Internet/Intranet 等)访问和操作共同的数据库;它能有效地保护数据平台和管理访问权限,服务器数据库也很安全。

所以,管理平台采用 C/S 与 B/S 相结合的结构模式互取优点,弥补各自的缺点,取长补短的创新使得该平台更专业、安全、可靠。

9.3.2 开发流程及原则

采用传统的"瀑布模型",如图 9-61 所示,遵循分析—设计—编码—测试的基本流程。

首先，确定程序要实现的功能；其次，确定程序的总体结构和每个模块的内部逻辑结构，接着进行编码，使设计的内容通过计算机语言在机器上实现；最后，进行程序的全面测试，并且严格遵循软件的开发原则。

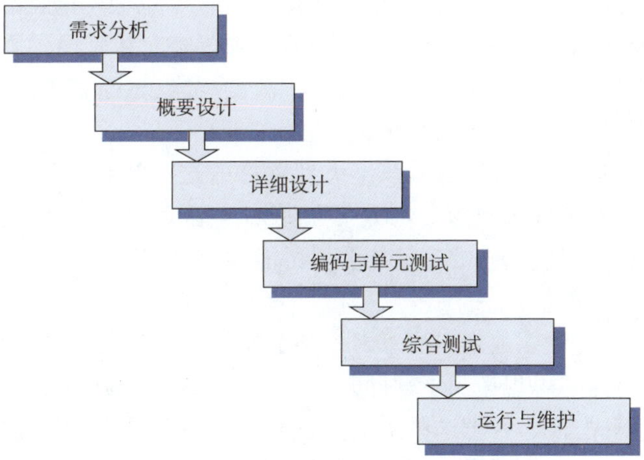

图 9-61 瀑布模型基本流程

(1)严格化原则

严格化对软件产品的可靠性、可维护性、可移植性、可理解性等都会产生一定的影响，可以精确地掌握和控制整个软件的开发过程，及时地评估，适时地调整，进而提高开发软件的可靠性和适用性。

(2)分隔化原则

分隔化原则是要将那些相互之间关系不是那么紧密的方面分隔开来，然后当问题被分别进行考虑时，在那些相关的问题上不需要详细地考虑所有细节，而只需要考虑其产生的影响即可。

(3)模块化原则

系统被模块化后，每个模块分别地单独处理，而忽略其他模块的细节；处理所有模块的共同性和相互关系，并将之集成为完整的系统。先考虑总体，确定各模块之间的接口，再分模块来完成，这是自顶向下的设计过程。如果先考虑的是模块内部的具体实现，然后再进行各模块之间接口的设计及最终的集成，这是自底向上的设计方法。

复杂问题的分解，是基于自顶向下的思路，即将原始问题分解成子问题，再将子问题继续分解。

已有模块的组合，是基于自底向上的思路。由于已有的模块常常是经过专家的设计，并经受了用户的考验，利用已有模块来构造系统是非常方便和经济的。如果能对已有的模块反复利用，可以加速系统的形成。

(4)抽象化原则

在处理某一问题时，那些被认为是重要的、带有普遍意义特征的方面或内容被抽象出来，而那些被认为是次要的、缺乏普遍意义的方面或内容则被忽略，这是抽象化过程的目的。所以抽象可以看成是分隔化原则的一种特殊应用，即应用于分隔较重要的方面和次要的细节。

(5)预见变动原则

不论是哪个软件,在其整个生命周期中,都可能会不断地被修改和补充。这是因为:一方面软件错误是在所难免的,而这些错误只有在不断的使用中才会被发现,所以需要不断地修改、修正,以消除这些错误。另一方面用户在使用过程中也会不断提出新的要求、新的希望,而要满足这些要求和希望,就需要对软件不断地进行补充和完善。第三方面就是软件所依赖的运行环境发生了变化,从而对软件提出了新的要求,这也需要对软件进行调整和修补。事实上,这些工作就是对软件的维护。

为使软件便于维护,在开发时就应该考虑到软件的这一特点。预见变动的原则就是在软件开发的早期就应对软件未来的变化所发生情况、范围和时间进行有效预测。对变化进行预测的最终目的就是要使未来的变动能够尽可能地容易解决。

(6)通用化原则

在解决问题时,应尽可能地集中注意力去揭示那些隐藏在表面之下的、具有一定普遍性和通用性的问题。将这一思想运用于软件开发,就是要尽量找到对类似问题或相关问题具有一定普遍意义的解决方法,并把这些解决方法设计到相应的软件产品中,使软件产品具有一定的通用性,即要使该软件可以处理、解决相关类似问题。

(7)逐步完善化原则

这一原则就意味着通过一个不断发展的过程来达到目的。该原则的实施过程是依靠一个越来越接近的序列来达到目标,即每次努力都是在上一次的基础上增加了一些功能或满足了一定的要求而更加接近目标。

9.3.3 管理平台开发目的及使用对象

大直径盾构隧道结构稳定性及耐久性等,是设计、施工及运营阶段需要重点考虑的问题。将现代传感测试技术、数据采集与处理技术和结构安全评估技术相结合,以明确盾构隧道结构关键部位的受力状态,进而对盾构隧道结构的性能变化和剩余寿命进行预测并做出维护决定,保障结构的安全运营。盾构隧道结构健康监测管理平台的开发,可以实现对大直径盾构隧道的变形与受力状态进行实时监测,动态掌握盾构的健康状态。

该平台的潜在使用对象为涉及城市轨道运营的管理单位、设计院、研究单位等相关单位。

9.3.4 需求分析

(1)监测内容

大直径盾构隧道健康监测管理平台的主要监测内容包括变形与结构受力等。其中变形监测使用测量机器人进行自动化监测,包含监测基准点、周边收敛、拱顶下沉、道床水平及竖向位移和道床差异沉降。结构受力监测为目前结构常用的受力监测,包含钢筋应力、混凝土应力等内部结构受力,同时也包含接触压力、衬砌裂缝受力变形、水压力等外部受力监测项目。

结构受力监测系统,主要是通过现场布置受力传感器元器件,将传感器连接至现场的数据自动采集仪,通过远程数据传输采集模块将数据传输到数据库系统,然后通过各种终端进行数据的查看、分析和预警,其主要系统组成结构如图 9-62 所示。

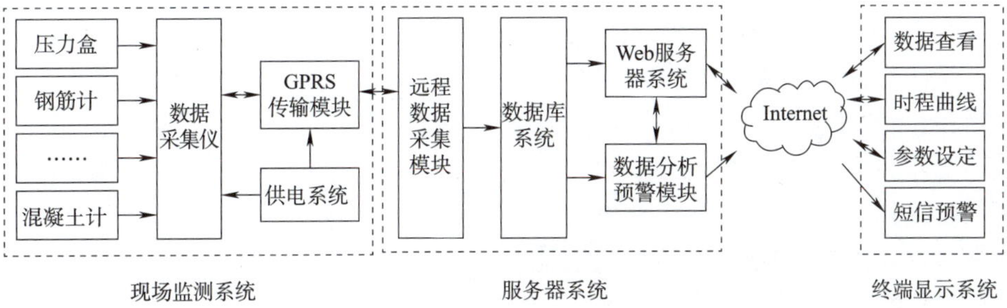

图 9-62 结构受力监测系统组成结构

(2)使用人员需求分析

大直径盾构隧道健康监测主要应用于运营维护期间,牵涉到的单位和个人需求分析,总体归纳如下:

1)基本资料管理需求。盾构隧道基本资料的完整性、及时性及连续性,能够快速查阅既有的数据资料。

2)运营主管部门需求。能够掌握隧道全面健康状态,能够远程、实时查看隧道现有状态,对隧道资料能进行即时查询与分析。

3)基层维护部门需求。能够通过多平台进行实时查看与现场查看,掌握现场的实时情况。

4)专家评估需求。能查询盾构隧道基本资料、隧道监测历史数据及最新数据等信息,并以此进行判断与分析。

(3)其他相关需求分析

除以上各方功能需求外,软件系统还包含以下需求:

1)界面及操作需求:简洁、易用、易懂、友好的用户界面,简单的操作步骤。

2)可靠性需求:保证用户在正常使用本系统时,用户的操作或误操作不会产生数据丢失,系统的长期稳定性能够得到保障。

3)硬件设备需求:硬件及网络能够满足大量数据读写与传输需求,数据传输延时在可接受范围。

4)安全性需求:不同身份成员具有不同的权限,对资料的修改、查询具有严格的权限管理。数据具有可靠的备份,不会因为人为或意外导致数据的丢失,数据应具有可恢复性。

5)多终端使用需求:随着信息技术的发展、终端显示的多样性,软件的使用应具有跨平台、跨终端的特点,满足不同的使用人群、不同的使用方式,特别是移动便携式终端的使用。

9.3.5 平台总体设计

大直径盾构隧道健康监测管理平台的总体功能主要包含主界面、工程概况、监测结果、监测曲线、预警功能、数据库管理等，系统总体功能设计如图9-63所示。

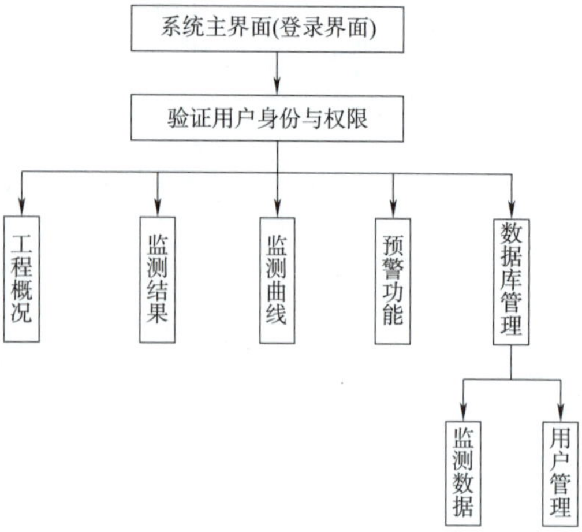

图9-63　大直径盾构隧道健康监测管理平台总体功能设计

大直径盾构隧道健康监测管理平台同时具备可扩展性能，可以扩展的监测项目包含水环境监测、温湿度环境监测、多点位移监测等。其中水环境监测可以包含水位监测、水压监测等。凡是可以作为监测信息的均可以通过增加功能模块的方式纳入该管理平台，实现监测数据的远程传输与实时显示。

9.3.6　平台主要模块设计

通过系统的需求分析，满足隧道工程的基本情况介绍、断面与测点信息维护、监测数据分析与展示、后台管理等要求，设置以下几个模块：

(1)工程概况：以文字与照片形式静态显示该实时监测项目的一些基本信息，如监测目的、监测断面布置、监测项目等。

(2)监测结果：列表显示各个监测点的数据，包含断面名称、测点类型、最近一次测试时间、测试值等信息，数据能够实时更新显示，具有及时性。

(3)监测曲线：列表分组分类型显示各个断面不同的监测类型，可以查看各个断面不同类型监测的时间-监测值曲线，实现监测数据的图形化显示功能。

(4)预警功能：设定不同类型的监测预警值，当该类型测点测值达到该预警值时，则发出该测点的预警信息。

(5)数据库管理：数据库管理包含监测数据的管理和一般管理，对采集器各个通道测点进行分断面分类型编组，对日常维护人员、项目简介、预警值等进行维护。

9.3.7　平台开发

进行软件开发，初步完成软件功能性界面，如图9-64所示。

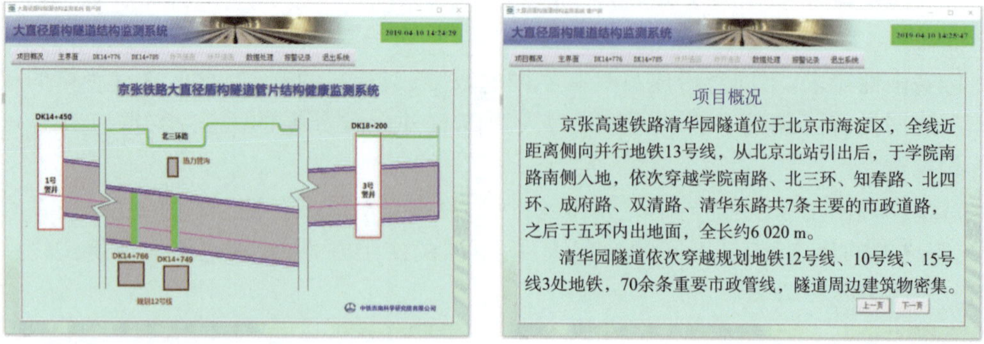

(a)客户端软件主界面　　　　(b)项目概况

图　9-64

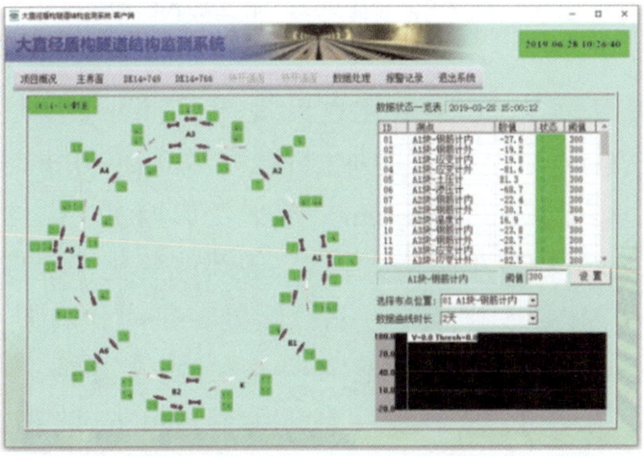

(c) DK14+749 断面监测界面

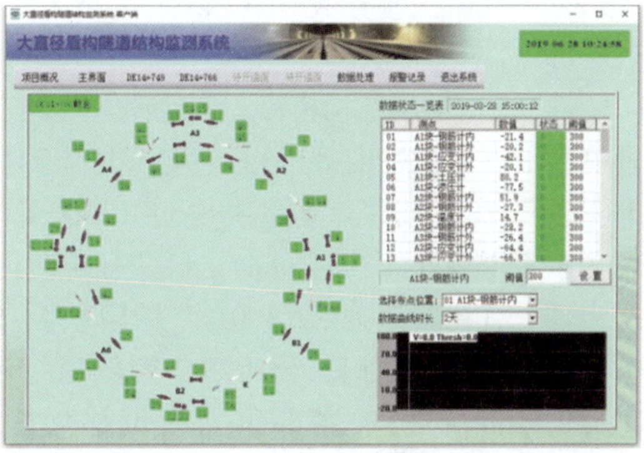

(d) DK14+766 断面监测界面

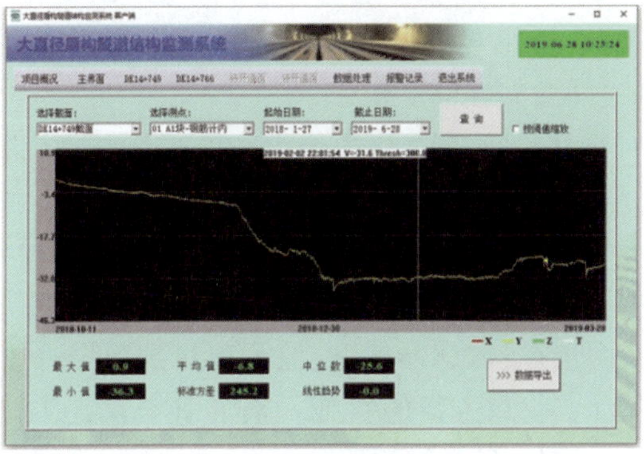

(e) 监测曲线界面

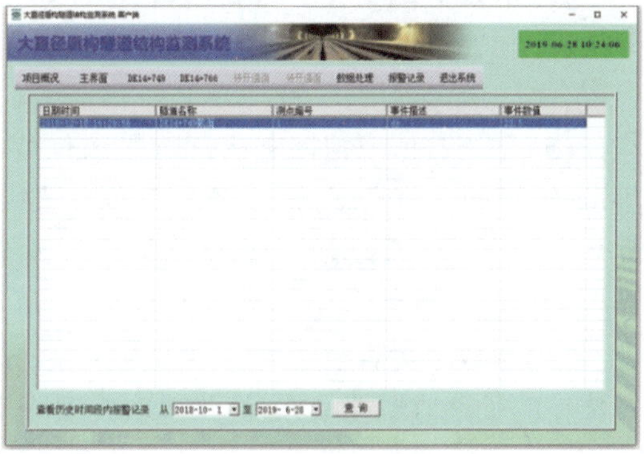

(f) 报警记录界面

图 9-64 监测平台界面

9.4 小　　结

(1) 对清华园隧道上穿地铁 12 号线、市政管线段受力与变形特征进行数值建模分析，主要结论：①清华园隧道 3 个监测断面拱顶沉降均大于仰拱沉降，水平变形呈收敛态，拱腰处水平位移量值最大。其中断面 3 变形最大，断面 1 变形较小；管片拱腰内侧压应力量值较大。②地铁 12 号线区间隧道衬砌竖向变形以拱顶沉降为主，交叉段结构变形均呈隆起状；衬砌边墙内侧压应力最大，拱顶内侧拉应力最大。③交叉段市政管线和挡墙左侧埋深较大处的沉降明显，管线内壁主压应力较大，结构主拉应力接近于混凝土抗拉设计强度。④地表沉降槽反弯点出现在(1.5～2.0)D、18～24 m 处；断面 3 最大沉降值最大(－5.78 mm)，断面 1 最小(－4.41 mm)。

(2) 采用拟动力荷载计算法，明确清华园隧道管片结构在列车荷载下的位移、应力相应规律。列车荷载对结构管片和轨道的竖向位移影响明显(增量－0.241 mm，施工期间最大值的 7.5%)，对水平位移影响小于竖向位移(增量－0.241 mm，施工期间最大值的 3.5%)。其中清华园隧道和地铁 12 号线隧道同时施加列车荷载工况(工况 3)位移增加最大。从应力来看，清华园隧道管片应力变化不大，主压应力均呈减小态势(最大减小 48.62 kPa，工况

3,F处),主拉应力有增有减(最大减小25.41 kPa,工况2,A处;最大增加21.88 kPa,工况3,E处)。

(3)采用地层结构模型,研究清华园隧道结构受力、变形-劣化程度规律,结论:①变形量值和围岩劣化程度呈正相关,变形量值随折减系数减小,加速增加(折减系数0.2~0.1时最明显)。②竖向变形增量拱顶(-13.00 mm)>仰拱(-4.148 mm),水平变形增量主要体现在左右拱腰处(3.994 mm)。③主压应力随折减系数减小呈增大趋势,各部位变化情况依次为:仰拱(主拉应力5.78 MPa;主压应力-5.74 MPa)>拱顶>左右拱腰处>拱肩和墙脚。

(4)采用数值计算,分析清华园隧道结构受力、变形-劣化区范围相关规律,主要结论:①劣化区范围增加,各部位竖向位移均增加。最大位置不统一(折减系数0.6,墙脚,-4.907 mm;折减系数0.2,拱顶,-19.566 mm)。水平位移增量有增有减,扩张和收敛均有(折减系数0.2,扩张,量值增大,-3.316 mm,较0.6变化更为明显)。②围岩材料劣化,仰拱最大主拉应力均增加(折减系数0.6:1.40 MPa;折减系数0.2:6.184 MPa)。主压应力有增有减[最大增量:拱腰(0.6):2.731 MPa;拱腰(0.2):1.968 MPa]。

(5)采用数值模拟探究运营阶段水位变化对清华园隧道管片的受力和变形影响,结果显示:①不同水位高度,管片竖向变形均呈减小态,整体变现为隆起(最大1.742 mm,水头高度0 m)。水平位移随水头高度增加呈收敛态(最大-0.636 mm,拱腰)。②外水压力增加,结构主拉应力减小(最大-0.546 MPa,拱顶),主压应力增加(最大-1.519 MPa,墙脚)。

(6)形成了大直径盾构隧道重点区域的从断面选择、传感器选型、监测项目到数据采集及传输的长期监测技术方案,并选取典型段落进行了监测方案的实施。整个清华园隧道的监测重点段落主要分为北三环路下方规划12号线上方、知春路和地铁10号线下方、北四环路下方、成府路下方4个段落,根据科研项目特点,提出在北三环路下方规划12号线上方布设2个监测断面,断面里程分别为DK14+749、DK14+766,监测内容包含8个管片(6个标准块+2个相邻块)的围岩压力、水压力、钢筋应力、混凝土应力,其中钢筋计和混凝土应变计为内外侧对称布置,混凝土应变计、压力盒和渗压计间隔1个管片布置,总计测点数量为94个。

(7)清华园隧道北三环路下方规划12号线上方监测数据显示:土压力最大值为121.7 kPa,在拱顶部位;水压力最大值99.3 kPa,在边墙部位;钢筋应力最大受压31.4 MPa,在拱脚部位,最大受拉174.8 MPa,在仰拱部位;混凝土应变最大89.6$\mu\varepsilon$,折算混凝土强度约3.0 MPa,受压,在边墙部位。从监测曲线看,数据均已基本稳定。

(8)开发了大直径盾构隧道监测管理系统,实现了大直径盾构隧道变形与受力状态的实时监测。

第 10 章　城市密集区泥水盾构隧道环保施工技术

泥水处理系统是将掘削下来的土砂形成泥水，通过流体进行输出。经分离分别形成土砂和水，最后将土砂排弃的处理系统。在这个处理系统中，将大直径砾石和砂做机械筛分，小颗粒粉砂土、黏土胶体用凝集剂使其形成团粒后，采取强制脱水，通过对排放的泥水做一系列的处理、调整，使之符合再利用标准及废弃物排放标准的处理调整过程，称为泥水处理。具体又细分为一次处理、二次处理、三次处理。

10.1　泥水综合处置技术

10.1.1　泥水处理原则

(1)保证泥浆流速

为使泥浆和刀盘切削下来的弃土(泥砂混合物)能充分利用，减小堆料场，需将泥砂混合物排送至地面进行处理。由于泥砂混合体的稠度远大于泥水室泥浆的稠度，所以由泥浆泵排送到泥水循环管内，必须达到一定的流速，以防泥砂在管内沉淀。根据有关的试验资料可知，泥砂在 200 mm 管径的管中沉淀的临界流速为 3.5 m/s。

(2)不同地层采用不同的泥水处理模式

在砂质土地层中掘进时，可将泥砂直接送到地面沉淀池，粒径大的自由沉降，粒径小的用振动筛除去 1 ~ 2 mm 的颗粒后，送入旋流器组中将其分离；对细颗粒、黏土、胶质土，可用絮凝剂进行聚凝处理，待呈絮状沉淀物后，用挤压等方法脱水，使泥土与水分离。

(3)泥浆性能满足泥水环流要求

泥水有合理的密度和黏度指标，并且具有堵塞孔隙的能力，可以堵塞浅覆层和砂土层的孔隙，能在较短时间内形成薄而致密的泥膜，满足开挖面的稳定，防止隧道沉降和开挖面垮塌。通过泥水分离设备筛分处理后，指标合格的泥浆则继续进行循环至盾构机用于下一循环的掘进施工。当泥浆不达标时，则需要进行弃浆处理。

(4)满足环保要求

弃浆集中至废浆池，经沉淀后捞渣外运；剩余难以沉淀的泥浆就需要经过特殊的处理，满足环保要求后方可外运。

10.1.2　泥水处理场地

泥水处理总体设计理念：调浆系统调制新鲜的泥浆，由进浆泵送浆到盾构机，盾构机排放的浓浆首先进入泥水分离设备(粗筛、一级旋流、二级旋流)进行渣土和泥水的分离,分离后的二级旋流器溢流泥浆流入浓缩池进行沉淀处理,后经浓缩池底部渣浆泵送入压滤系统入料桶进行压滤处理,渣土排放运输,处理后的液体排入滤液池;浓缩池上层泥浆通过溢流槽收集后流入调整池,在调整池可加清水、新鲜的膨润土泥浆调拌后直接给盾构机供浆,分离后的二级旋流器溢流泥浆指标合格时也可以直接进入调整池进行盾构泥浆循环。整体循环顺序如图 10-1 所示。

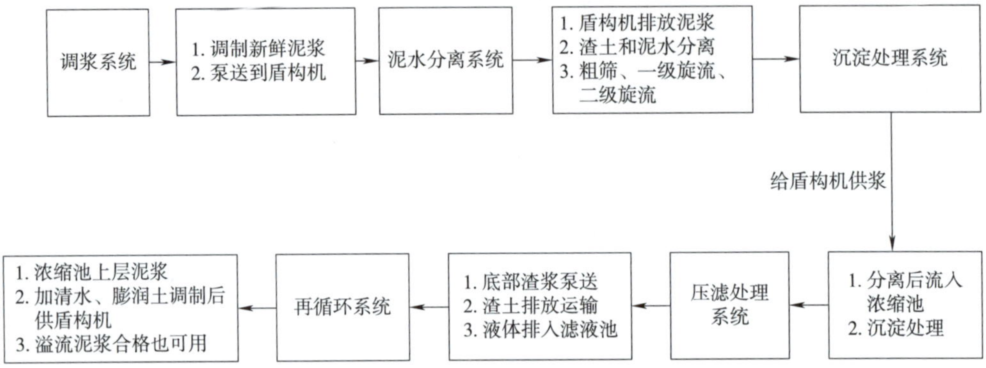

图 10-1　泥水处理系统工作流程

泥水处理场地平面布置按区域功能可分为主要设施区域、辅助设施区域及场内道路。主要设施区域布置有沉淀池、调浆池、储浆池、膨化池、清水池、化学制浆池、废浆池、弃渣场、分离设备平台等,辅助设施区域布置有材料仓库等。沉淀池、调浆池、储浆池、膨化池、清水池尽量集中布置,弃渣场按方便机械运输的原则布置,各区域面积大小应根据设施容量要求计算。泥水处理系统应与生活区、办公区及外界住房保持尽量远的距离,以避免噪声污染,与渣土场位置临近,避免渣土内倒影响效率。具体要求:

(1)制浆池、储浆池、压滤机入料桶、浓缩池、调整池采用钢结构,分块安装拼接,方便安装和多次利用,分块间用螺栓和焊接连接,桶槽底部设置渣浆泵,桶槽内部设置搅拌器。

(2)泥水分离设备基础采用混凝土结构,高度 4 m,分离设备下部分为清水池、滤液池两部分。

(3)浓缩池和调整池桶槽相互之间用泥浆管连接,并设有板阀控制开关和流量,可以有效地完成两台设备的互换。桶槽底部设置渣浆泵进行抽浆至压滤机处理,桶槽内均设置固定式搅拌臂。

(4)所有设备高度均以地面为 0 标高,分离设备基础高度 4 m,清水池、滤液池设在分离设备基础下面,高度 3 m,压滤机基础高度 4 m。

(5)其他场布控制要点参考土压平衡盾构机场地布置要点相关内容。

10.1.3　泥水环保综合处理设备

泥水综合处理技术的作用是分离和处理盾构切削土砂形成的泥水,然后将回收的泥浆泵入调整槽。京张高铁清华园隧道盾构施工采用 ZXSⅡ-2500/20 泥水处理设备、压滤设备及离心设备相结合的泥浆综合处理技术,实现泥浆的循环利用,达到绿色、环保、节能、高效的施工目标。

清华园隧道盾构掘进产生的废浆按以下步骤处理：废弃泥浆的收集→废弃泥浆的改性→对废弃泥浆进行压滤（含送浆、建压）→排出压滤产生的水→通过隔膜进行压榨→通过吹气进行脱水→卸出废料→对管路进行冲洗。所有压滤过程均由PLC装置自动控制，压滤过程可实现自动切换；通过压滤后形成的渣料含水率可降低至23%，这些渣料可以直接装车运送至废料处理厂。经压滤处理后回收的清水直接输送至调浆池与二级旋流后的泥浆混合，使密度还原到进泥浆的所需值，进而实现泥浆的重复利用。由此可做到泥浆循环利用，实现绿色环保施工。

1. 泥水分离系统

泥水分离系统由预筛分系统、一级处理系统和二级处理系统组成。盾构掘进时产生的污浆通过排泥泵经分配器分配后送入泥水分离设备的进浆槽，经过预筛分器的两层粗筛振动筛选后，将粒径超过3 mm的渣料分离出去；筛余的泥浆进入一级储浆槽，通过两台渣浆泵分别给两套一级旋流器进料，经过旋流除砂器分选，粒径微细的泥砂由下端的沉砂嘴排出，落入除泥筛的下层进行细筛，旋流除砂器的溢流进入一级中储箱，沿排浆管排出或者进入一级或二级储浆槽，由二级旋流除砂器进浆泵泵入二级旋流除砂器组，二级旋流除砂器组底流口浓浆进入除泥筛的上层细筛，一、二级旋流器底部流经细筛脱水和筛选，干燥的细渣料被分离出来，筛下浆液则进入一级储浆槽池（如图10-2所示）；二级旋流器溢流自溜槽流入沉淀池或调浆池或二次除砂系统中。

图10-2　泥浆循环池

ZXSⅡ-2500/20泥水分离设备主要由预筛分器单元、一级旋流除砂单元、二级旋流除泥单元、振动筛分脱水单元、储浆槽冲砂单元等组成，泥浆最大处理量能达到2 500 m^3/h。设备以泥浆处理量1 250 m^3/h的设备为基本单元进行组合并联，也可以根据其他工程的具体要求进行系统拆分或重组，具有较强的工程适用性。

2. 制浆、调浆设备

制浆、调浆设备主要是对未达标或量不够的盾构掘进所需的浆液进行调整和补充，以达到盾构所需浆液的技术指标和所需的用量。

（1）设备简介

1）制浆设备

泥浆拌制分系统通常由新浆槽、新浆泵、剪切泵、新浆搅拌器、新浆储备槽、CMS搅拌槽、CMS搅拌器、CMS泵、分配阀和加水设备组成。CMS搅拌槽搅拌的化学浆糊送入新浆槽，新浆槽搅拌膨润土等材料，并与加入的CMS一起搅拌，制成新鲜浆液送入预膨胀池进行预膨胀。

2）调浆设备

浆液调整分系统既具有新旧浆液搅拌调整功能，同时也起到储存浆液的作用。回收的浆液经过盾构机反复使用后，浆液的密度、黏度指标会不断发生变化，需要通过新浆分系统分配新浆，进行浆液指标调整。

调浆系统由泥浆池、泵组、管阀、自动检测仪器以及相关的控制部分组合而成。其主要功能是对泥水分离系统处理过的泥浆进行调配、循环、沉淀和调整。操作人员可以在集中控制室对泥浆的流向、密度和流量予以监控，使得泥浆的黏度和密度等参数满足盾构机掘进的要求。

（2）泥浆指标参数

本标段盾构机穿越地层主要为粉质黏土、细砂、中粗砂及卵石土。其中全断面卵石土地层达 1 800 m，卵石土和粉土复合地层 1 200 m，经分析本标段的地质情况，并结合以往隧道的施工经验，制定了本标段的泥浆指标。

1）黏度指标

软土层（粉土、粉质黏土）：17 ~ 18 s；砂性土层（粉细砂、中砂、粗砂）：18 ~ 20 s；卵砾石层（含中粗砂）：18 ~ 22 s。

2）密度指标

软土层（淤泥质粉质黏土、粉质黏土）：1. 10 ~ 1. 20 g/cm^3；砂性土层（粉细砂、中砂、粗砂）：1. 20 ~ 1. 25 g/cm^3；卵砾石层（含中粗砂）：1. 20 ~ 1. 25 g/cm^3。

3）含砂率指标

泥浆含砂率应控制在 8% 以下。

说明：首先，合适的黏度和密度取值决定于地质勘探资料、掘进参数和施工经验；其次，可以根据掘进过程中显示的参数综合分析，地面沉降数据报告就是最重要的参考值之一。

3. 压滤设备

盾构机在黏土地层掘进时，泥浆中黏土颗粒较多，黏度升高，旋流器分离性能将降低。经二级泥水分离设备（图 10-3）处理后，泥浆中细黏土颗粒逐渐富集，如果不及时清除，将导致泥浆的密度和黏度上升，直接降低泥浆的携渣能力及环流系统的泵送能力，进而降低盾构机的掘进效率。

压滤设备（图 10-4）的功能是在泥水分离设备不能分离出足够固相颗粒且未能将废弃泥浆密度还原到掘进初期较低的值（1. 10 ~ 1. 20 g/cm^3）时，进行彻底的固液分离，通过分离出低含水率的渣土、回收含低固相颗粒（50 mg/L 以下）的滤液，将泥浆密度还原到掘进初期所需的值，实现整个工程的施工过程零排放。压滤系统工作流程如图 10-5 所示。

图 10-3　泥水分离设备

图 10-4　泥水压滤设备

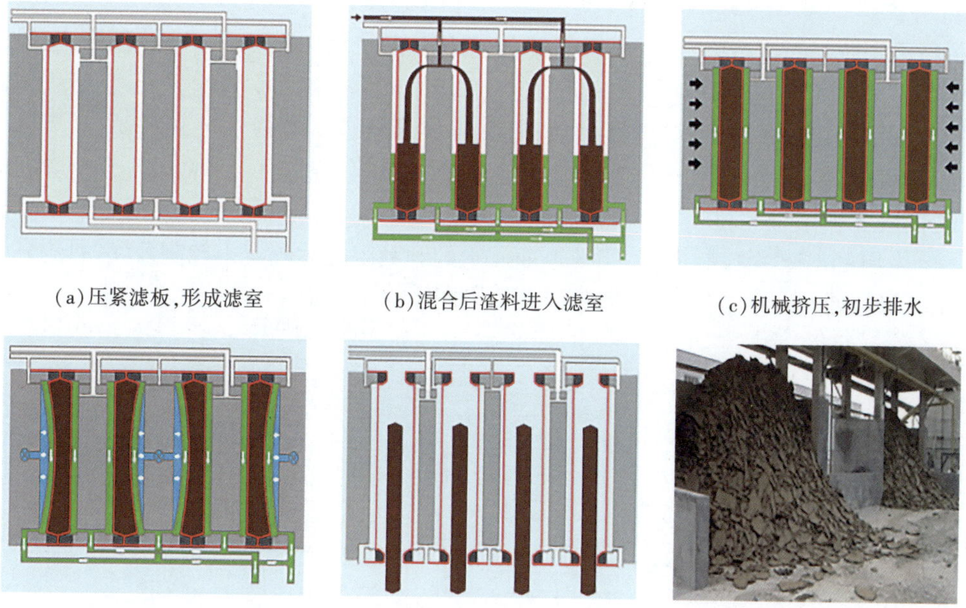

(a)压紧滤板,形成滤室　(b)混合后渣料进入滤室　(c)机械挤压,初步排水

(d)压缩空气加压,进一步排水　(e)卸出滤饼　(f)处理后滤饼

图 10-5　泥水压滤设备工作流程

4. 离心设备

为缓解掘进时泥浆处理的压力,同时增添了离心设备(图 10-6)对沉淀池高密度的泥浆进行离心处理。废弃的泥浆被泵送到离心设备高速离心处理,被分离成可外运的渣土和水,渣土外运出去,分离出的水流入循环系统进行重复利用。如此往复,实现了泥浆的绿色循环利用。

图 10-6　离心设备

10.1.4　泥水处置技术

1. 技术原理

(1)通过预筛分技术、一级旋流分离及二级旋流分离技术,实现盾构循环泥浆中砂与泥

的良好分离。

(2)采用脱水筛进行高频振动脱水,使外运废渣的含水率≤23%,适合自卸车直接运输。

(3)采用压滤设备处理多余的废浆,以保证地面工程泥浆的零排放。

(4)采用离心设备缓解掘进时泥浆处理的压力,将泥浆分离成渣土和水。

(5)运用制调浆设备,实现盾构泥浆循环系统的流量平衡、物料平衡及循环泥浆的调节与快速补偿。

(6)采用 PLC 远程控制模式,实现地面泥水处理系统的远程集中控制及实时监控。

泥浆绿色处理技术各功能单元的关联示意如图 10-7 所示。

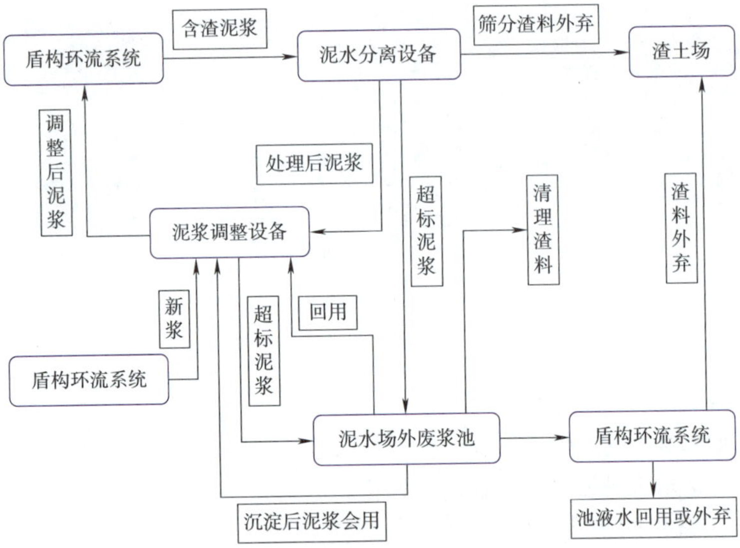

图 10-7　泥浆绿色处理技术各功能单元关联示意图

2. 工作原理

(1)整体结构

泥水分离设备采用模块化设计,主要部件都安置在标准 9 125 mm×2 438 mm×2 896 mm 集装箱框架内。模块化设计使得设备对安装场地的要求减到最小,设备一字形集中布置。

泥水分离设备采用模块化设计,易于拆分或组合成不同处理单元,增强了设备不同处理能力适用性。同时旋流器组采用模块设计,针对不同的地层,可方便快捷地更换旋流器组,提高了设备不同地层适用性。以 1 250 m^3 为基础单元,可拆分为“625 + 625”模式,相对于以 500 m^3 为基础单元的设备,可避免分配不均匀现象,设备整体利用率高。

设有安全便捷的维修通道,行走方便,无安全隐患,便于设备的巡视、检查、维护。

(2)预筛分单元(图 10-8)

预筛处理能力留有富裕量,可有效预防孔底堵管时流量的瞬间增大,峰值处理量可达 1 300 m^3/h。

筛板采用独特张拉方式,产生的二次振动可有效防止堵筛糊筛现象,对黏土块、砾砂-浆液分离有显著效果,不易堵塞网孔,单机处理量可达 1 300 m^3/h。

图 10-8　预筛分单元

高频振动，-14°～-20°坡角可调。

选用美国技术、意大利工艺制造的振动电机，工作噪声低，激振力无级可调。进口 SKF 轴承，防护等级为 IP65，适应野外等恶劣工作环境，使用寿命长。

预筛上层筛板采用张拉式不锈钢筛网，筛网由正交的不锈钢钢筋焊接而成，张紧方向采用 ϕ10 钢筋，间距 40 mm；过流方向采用 ϕ6 钢筋，间距 12 mm，形成一个良好的弹性体。

弹性筛网两侧与筛箱通过斜拉螺栓张紧，中间与筛架通过压条压紧，静力分析中可将筛网模型简化为静不定的多跨度连续梁。预筛采用高抛掷指数的直线变频筛，振动时弹性筛网会产生轻微的二次振动，从而具有自洁功能，可防止黏土团堵筛现象的发生。

(3)一级旋流除砂单元

单套泥浆处理能力：625 m^3/h。

旋流器采用独特变锥角设计，处理能力大，分离精度高。内衬采用特殊耐磨橡胶制成，耐磨损，使用寿命长。

当主要地层为各类土层时，一级旋流采用 ϕ500 变锥角旋流器，一级进浆压力控制在 0.16～0.18 MPa，配套渣浆泵能耗低，还可大大降低管路磨损。

(4)二级旋流除泥单元(图 10-9)

单套泥浆处理能力：600 m^3/h。

图 10-9　二级旋流除泥单元

变锥旋流器的工作原理同一般旋流器相同，不同的是采用较陡的上锥增进进浆速度，然后用较缓的下锥保证细料分级较长的停留时间，通过调整旋流器直柱段长度、优化锥角和改进沉砂口几何参数，条件相同时比一般旋流器有更好的分级性能。

当入旋流器浆液密度为 1.20～1.30 g/cm^{3}时，底流密度可达 1.50～1.80 g/cm^3。

(5)脱水筛分单元

单套渣料筛分能力：150～180 t/h。高频振动，0°～+3°坡角可调，可变频，脱水性能佳。

进口 PU 材料制成的耐磨筛板，韧性大，具有自洁功能，临界物料不堵塞筛孔，筛分效率高。出渣含水率≤25%，可直接运输。

振动筛机为泥水分离设备的关键部件，对振动筛从设计到生产、安装、出厂都进行严格测试，以保证振动筛的性能达到最佳；建造热处理车间，对焊接完成的振动筛进行回火处理，以消除焊接应力。

同时根据掘进地层不同，可匹配不同规格且具有互换性的筛板。

(6)真空调节单元

一二级旋流器设有真空控制的底流排放口，便于对底流密度进行合理调整，加速脱水筛面垫层的形成为下游脱水筛提供合适的浆液，加速脱水筛筛面垫层的形成。

在进浆浓度波动的情况下，通过真空调节装置的调整，可获得较高的底流浓度和较低的溢流浓度，其最高底流浓度可达 85%。

真空调节装置随给矿浓度、给矿压力的变化而变化，使底流浓度恒定，提高分级效率。

虹吸作用使出口压力比普通旋流器小，从而降低能耗。

(7)浆液输送单元

泥浆循环过程中，各中储箱与各储浆槽之间设有液位浮标，分别保持一二级储浆槽内的液面高度恒定。

储浆槽内输出浆量大于供给时，液位浮标将随液面下降而下落，此时中储箱的泥浆通过开启的补浆管转送到储浆槽内，液面因此上升而恢复原状，液位球头也随之上升并封住中储箱补浆管。

液位平衡装置采用杠杆绞支结构，密封球头采用耐磨材料制作而成，液位浮标采用标准塑胶浮筒，具有质量轻、浮力大、使用寿命长等优点。

(8)二次小循环单元

二级储浆槽导渣侧设有专用的循环支路接口，盾构施工间隙期，可由调浆池调整泵来完成局部小循环功能，形成局部二次循环再净化处理，提高泥水分离精度，降低调浆池泥浆固相含量。同时还可扰动各储浆槽，防止储浆槽沉淀淤积。

制调浆系统功能说明：在泥水平衡盾构中，开挖面的稳定是依靠密封舱的压力泥浆实现的，因而泥浆质量会直接影响泥水平衡盾构的正常施工。泥浆指标若没达到掘进施工要求，会造成开挖面失稳，发生超挖或欠挖现象，引起地面沉降或隆起。制调浆设备的作用就是对未达标的回孔泥浆进行性能参数调整和量的补充。制调浆设备的状态，如液位高低、泵的启停、电动阀门的开闭，在泥水控制室的操作平台上都有显示，并可实现本地或远程控制，按实际情况进行相应操作。

制调浆设备由不同功用的浆液储存单元、泵组单元、浆液搅拌单元、管阀、检测仪器以及相关的控制部分组合而成。其主要功能是根据盾构掘进机的要求，通过系统中泵、阀的配合切换，对泥浆的各项指标进行调整，并可实现其他辅助功能。

制浆单元可以根据需要制备新鲜的膨润土泥浆和化学泥浆备用。调浆单元通过集中控制系统对泥浆的液位、流量、密度和流向予以监控及调整。

3. 主要技术参数

(1)最大泥浆处理量 2 500 m^3/h。

(2)一级旋流分离 $d_{50}=50\ \mu m$,二级旋流分离 $d_{50}=20\ \mu m$(d_{50}为中值粒径)。

(3)筛分出的渣料含水率小于 23% (砂层)。

(4)达到分离指标时各次处理污浆的密度小于 1.3 g/cm^3,黏度 30 s 以下(苏氏漏斗),含砂量小于 20%。

(5)泥水分离系统装机总功率 1 084 kW。

4. 噪声分布及处理措施

在城市施工环境中,在集装箱框架上对泥水分离设备实施降噪隔离措施。

靠近振动筛处,噪声值≤100 dB;距离设备 1 m 处,噪声值≤80 dB;施工场地边界处,STP 设备运行噪声值≤65 dB。

现场采用钢结构车间把主要设备进行隔离,钢结构车间墙体为双层板内夹隔声棉,施工时全封闭运行,仅留出渣通道、采光窗户和人员进出的门,内部设有维修通道及排气照明设施。

泥水分离设备采用模块化设计,主要部件都安置在标准 9 125 mm×2 438 mm×2 896 mm 集装箱框架内,因而可直接在集装箱框架上对泥水分离设备实施降噪隔离措施,如图 10-10 所示。

图 10-10 设备框架上对泥水分离设备实施降噪隔离措施

在分离设备、压滤设备的外侧设置降噪隔离设施,内部设有进出通道、巡检维护平台、照明设施等。设备周边安装吸声板形成隔声墙。

吸声板由外墙彩钢板、夹心的玻璃吸声棉、内墙彩钢板组成。隔声墙在系统导渣侧留有振动筛出渣通道,周边及上部设有塑钢窗户。

分离设备出渣导板上铺设运输胶垫,以消除渣料掉落撞击钢板时产生的噪声。

10.1.5 应用效果分析

传统的废弃泥浆处理技术效率低下,耗能严重,且对环境污染严重。清华园隧道每掘进 1 环产生约 400 m^3 的废弃泥浆,在泥浆中添加新研发的非离子型 PAM 絮凝剂,该絮凝剂无污染,无异味,可以加快泥浆絮凝、固结时间,析出的水可重复利用,固结后的土体稍加处理即可直接弃置。

结合工程中产生的废弃泥浆的性质,研发了一种新型高分子聚酯丝滤带材料,将其与一定量的非离子型 PAM 絮凝剂一同加入泥浆,使泥浆中微小颗粒下沉,将上层水抽排出后输送至压滤机,通过板式压滤机将多余水分挤压出,实现废弃泥浆快速压滤、不粘结,使水土实现严格分离,直接达到废水经处理后重复利用的标准。

掘进产生的泥水通过隔膜压滤设备处理,将泥土和水进行分离,使水资源得以重复利用,泥饼可以直接外运,达到节能环保的效果。

泥浆绿色环保综合处理技术已为京张高铁清华园隧道成功处理了 75 万 m^3 废浆,其中产生 46 万 m^3 渣土,废弃渣土如图 10-11 所示,压滤设备压滤后的废弃泥饼如图 10-12 所示。其余废浆通过处理重新进入泥水环流系统重复利用。该绿色综合处理技术的成功运用大大减少了施工现场的扬尘,防止了废弃泥浆直接排入外界而造成的环境污染,提高了泥水的重复利用率,实现了工程建设零排放,达到了降低成本、提高效率的目标。

图 10-11　泥水处理设备筛分渣土

图 10-12　压滤设备压滤后的泥饼

10.2　常压换刀技术

刀具在掘进过程中,刀刃因磨耗超限或脱落、缺损、偏磨时,必须进行刀具更换。刀具可分为齿刀、刮刀、撕裂刀、先行刀、周边铲刀和超挖刀等,并分别适用于不同的地质条件。盾构施工过程中由于刀具不断与岩土挤压破岩,同时刀具本身也在不断磨损,特别是在富含砂砾、卵石的地层中,撕裂刀和刮刀的磨损较为严重。当撕裂刀和刮刀磨损或者损坏到一定程度时,将会影响盾构正常掘进,具体表现为盾构推力扭矩异常增大,推进速度极其缓慢,更为严重的将会导致刀盘异常磨损,此时必须在舱内带压修复刀盘。为此,必须及时发现磨损刀具并进行更换,方能保证盾构正常掘进。当地质条件发生变化时,为保证盾构施工安全和加快施工进度,亦应该更换适应于该地层条件的刀具。盾构运行时,刀盘上不同位置的刀具磨损量不一样,因此在刀具检查中,根据磨损程度的不同,可进行位置的更换,以节约成本。

10.2.1　盾构刀具的检查与更换

1. 刀具检查与更换的安全要点

(1) 刀具的检查与更换必须在确保安全的前提下进行。刀具更换是一项较复杂的工序,更换刀具停机时间比较长,容易造成盾构整体沉降,从而引起地层及地表沉降,损坏地表及埋设建(构)筑物,危及工程安全。为此,更换前应做好准备工作,尽量减少停机时间。更换作业尽量选择在中间竖井或地质条件较好、地层较稳定的地段进行。若必须在地质条件较差的地层进行时，必须带压更换或对地层进行预加固，确保开挖工作面及基底的稳定。

(2)刀具更换时必须确保作业人员的安全。更换刀具的人员必须系安全带，刀具的吊装和定位必须使用吊装工具。所有用于吊装刀具的吊具和工具都必须经过严格的检验，以确保人员和设备的安全。需转动刀盘时，必须将进舱人员撤离至安全区域，由专人操作，任何人不得擅自启动。

(3)换刀前要制定详细的换刀方案、步骤和要求，并做好技术交底和人员培训。同时，还要制定详细的应急预案。刀具更换必须实行土木和机电工程师值班制度，带压进舱作业要有严格的带压进舱方案，带压进舱作业要制定安全措施并进行交底。刀具更换机具使用按照相关机具操作规程进行；刀具运输和更换注意安全，做到自防、互防和联防；刀具更换所使用的废弃物应该统一回收，避免造成环境污染；更换刀具时必须做好更换记录，更换记录主要包括刀具编号、原刀具类型、刀具磨损量、修复刀具的运行记录、更换原因、更换刀具类型、更换时间和作业人员姓名等。

2. 刀具的检查

(1)工作人员先将刀具周围的泥土清掉，保证有一定的工作空间。由刀盘外侧向内侧逐个检查刀具的磨损情况，同时检查螺栓是否完好，确定需要的刀具。

(2)用套筒及加力杆卸下固定需要更换刀具的螺栓，将拆下的螺栓及附件放入随身携带的工具袋内，以防丢失。

(3)将换下的刀具递到人闸内，同时将固定螺栓和固定座用水清洗干净，并检查是否有裂纹，如有裂纹必须更换新螺栓，以确保新装刀具有足够的固定强度。

(4)在刀具没有断裂和损坏的前提下，正确地测量各刀具的磨损量，当磨损量达到最大磨损极限时必须更换。

3. 换刀前的准备工作

换刀准备工作主要包括如下内容：

(1)总体规划。在日常的工作中负责刀盘的工程师与土木工程师密切沟通，加强对施工区段地质情况的了解，对地质资料中反映的施工重点和难点要特别留心。在制定刀具配件计划时，充分估计特殊区段对刀具的破坏程度，同时在制定换刀计划时，及时、有效地与土木工程师、掘进司机沟通，确定最佳的开舱地点。初步提出刀具更换方案的同时，提前做好材料的准备、人员的培训等工作。

(2)设备物资供应。设备与材料的准备，是实现快速换刀的根本保证。在确保常用设备(机具)、材料到位的情况下，使用更为先进的工具，例如：风动起重机、手拉葫芦、风动扳手等。开舱换刀前对盾构各个系统进行检查，做好风水电等各个方面的协调工作，保证换刀过程中良好的工作环境。

(3)人员培训。必须经过专门培训的人员才能进舱进行刀具的更换。

(4)成立应急救援小组。换刀是一项非常危险的作业工序，必须成立应急救援小组，并严格执行应急准备和相应控制程序，防止意外发生。

(5)开舱审批。开舱技术方案经过工程部与设物部讨论，由机电总工程师和土木总工程师确认，报项目经理签发，业主和监理同意后方可开舱，责任落实到人，按严格的开舱程序进行。

4. 常压换刀技术

常压换刀是指施工人员在常压下由通道进入装有磨损刀具的主刀臂内,利用液压油缸并配合刀腔闸板,在常压条件下将刀具从刀腔内抽出,待对刀具进行必要的检查与更换后,将刀具装回,实现常压刀具更换。

(1)相较于带压换刀常压换刀的明显技术优势

1)换刀的整个过程均在常压下进行,作业人员不需要置身于高压环境中开展换刀作业,施工安全系数高且对作业人员身体健康无影响。

2)常压条件下换刀人员施工效率更高,同时省掉了带压换刀时加压进舱、减压出舱等操作,并消除了带压换刀作业时时间长度受限的不利影响,常压换刀比带压换刀的施工效率提高了4~5倍。

3)减少了带压进舱作业所需的高黏度泥浆制备、泥浆置换和专业潜水作业及操舱人员等,精减了作业工序。

(2)准备工作

1)换刀前进行泥水大循环,尽可能多地排出土舱内渣土,以防止细小砂砾在换刀时进入刀腔,造成刀具安装困难。

2)转动刀盘,使所需更换刀具的刀臂呈竖直方向位于底部,连接气管和高压水管(开关刀具闸门时起冲洗作用)并接好舱内安全照明。

3)根据换刀专用图纸,选择对应的油缸、刀箱。

(3)刀具更换

1)刀具初始状态如图10-13所示,打开盖上的球阀进行放气;必须关闭外壳上的球阀。

2)移除盖子的过程如图10-14所示。松开螺栓,移去盖子。

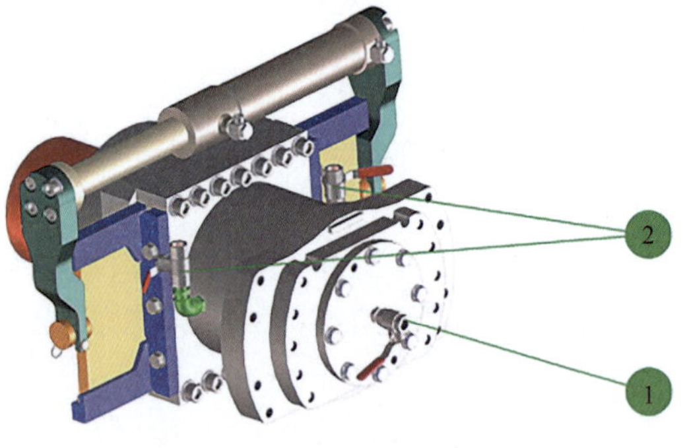

图10-13　刀具初始状态

1—盖上的球阀;2—外壳上的球阀

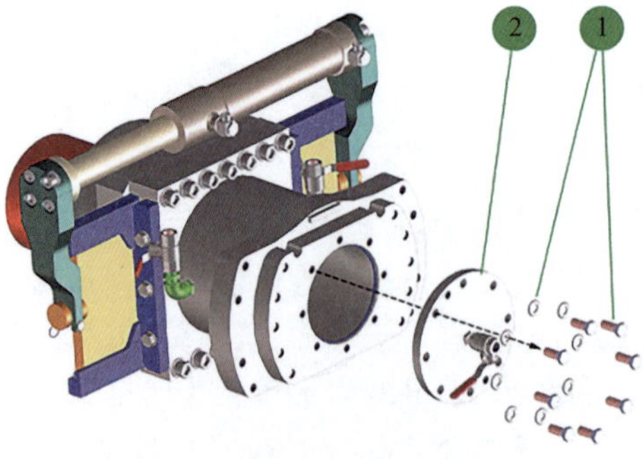

图10-14　盖子移除过程示意

1—带垫圈的螺栓;2—盖子

3)伸缩油缸安装过程如图10-15所示。安装伸缩油缸,放进螺栓,并将其拧紧(拧至指定扭矩)。

4)刀具更换设备安装过程如图10-16所示。固定好刀具更换设备的位置,观察机械编码;插入插销,用弹簧将其固定;放进螺栓,并将其拧紧(拧至指定转矩);连接液压管。

5)移去刀具,松开螺栓,如图10-17所示。

6)液压管与油缸安装过程如图10-18所示。连接液压管;安装闸门夹钳和液压油缸。

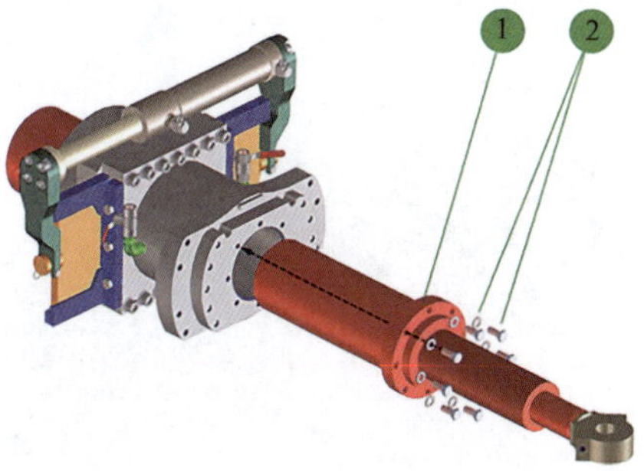

图 10-15 伸缩油缸安装过程示意

1—伸缩油缸；2—带垫圈的螺栓

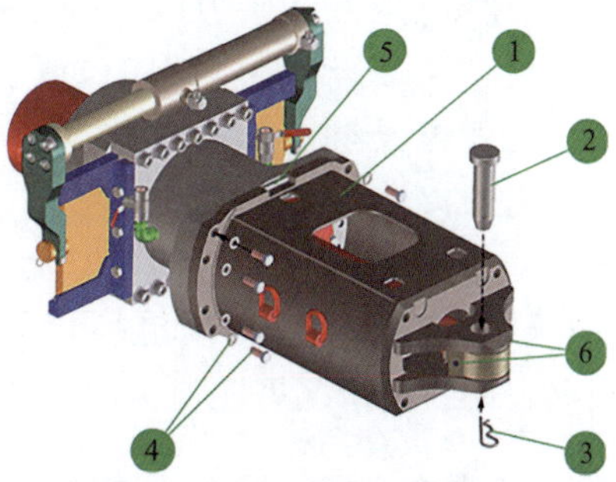

图 10-16 刀具更换设备安装过程示意

1—刀具更换设备；2—插销；3—弹簧销；4—带垫圈的螺栓；5—防扭保护、机械编码；6—液压管连接点

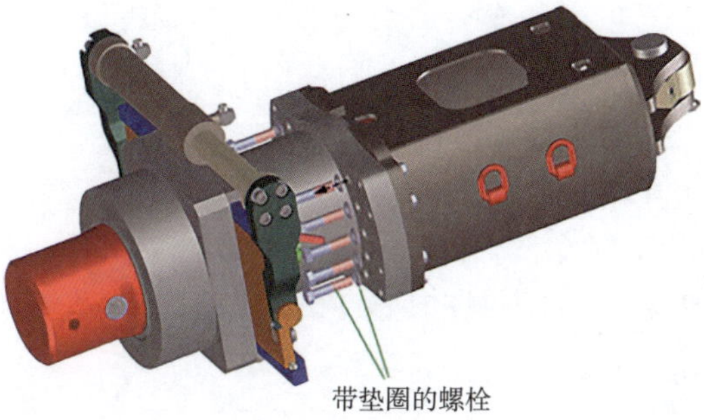

图 10-17 螺栓松动过程示意

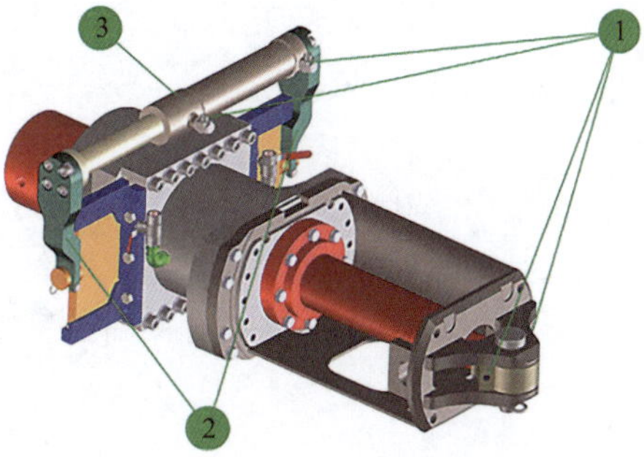

图 10-18 液压管与油缸安装过程示意

1—液压连接点；2—夹钳；3—液压油缸

7）移去刀具，闭合设备，过程如图 10-19 所示。缩回伸缩油缸（外壳和里面的刀具回缩）；缩回滑块和液压油缸，使之闭合。

8）压力补偿过程如图 10-20 所示。当闸门关闭后，利用球阀进行压力补偿。将水管拆

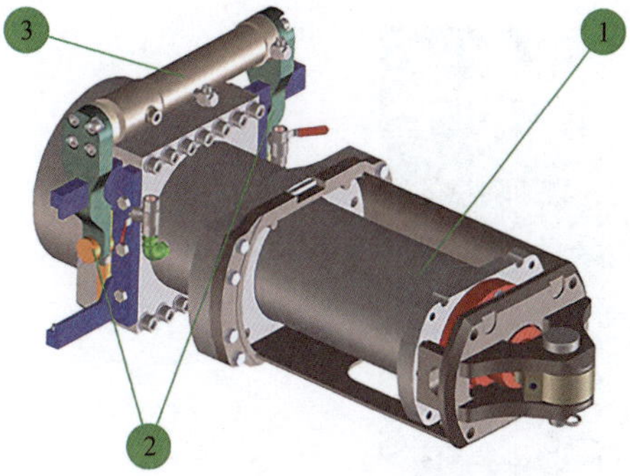

图 10-19 设备闭合过程示意

1—外壳；2—闭合设备滑块；3—液压油缸

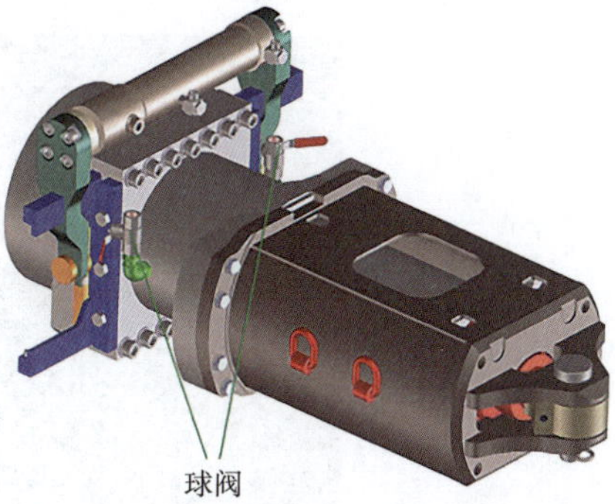

图 10-20 压力补偿过程示意

除，观察刀腔内是否有压力以及泥浆流出。如果存在压力和泥浆流出，说明闸门没有完全关闭；如果不存在，就可以将刀具安全抽出。压力补偿完毕后，关闭球阀。

9）移去刀具，更换设备，过程如图 10-21 所示。松开螺栓，用工具移去刀具更换设备；刀具抽出后，根据刀头磨损情况更换刀头。

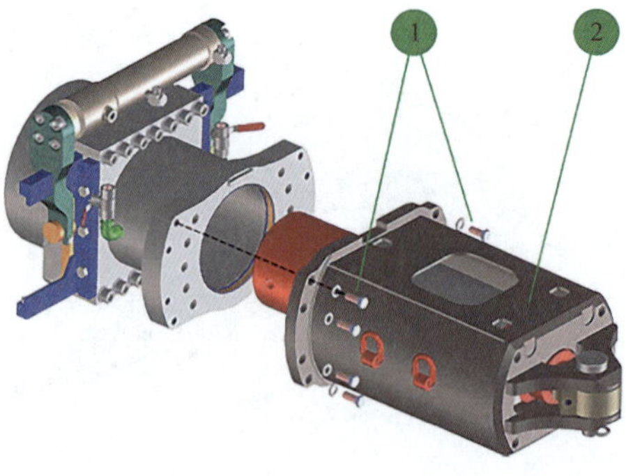

图 10-21　刀具更换设备移除过程示意

1—带垫圈的螺栓；2—刀具更换设备

10.2.2　刀具的磨损及磨损统计分析

以 S-1050 盾构隧道段 -4 ~ 447 环为依托，统计分析这期间盾构刀具的磨损与更换情况。在这期间，经过 5 次常压进舱作业，对刀具进行检查并更换磨损量大的刀具。

经检测，撕裂刀和刮刀有较大的磨损，其中存在偏磨和崩裂。中心部位的刀具没有发生大的磨损或偏磨，主要原因是中心旋转线速度小，目前的地层还不足以使中心刀具旋转起来偏磨。

1. DK17 + 730 位置（230 环）刀具磨损情况

此次带压进舱检查刀具 3 把：33 号撕裂刀、33R 刮刀、32 号撕裂刀；更换撕裂刀 1 把：32 号撕裂刀。相应的刀具磨损量及掘进参数情况见表 10-1，刀具磨损情况如图 10-22 所示。

表 10-1　刀具磨损情况及掘进参数

刀具编号	掘进距离 L(km)	刀盘转速 N(r/min)	掘进速度 v(mm/min)	泥水压力 P(bar)	盾构推力 F(kN)	刀盘扭矩 T(MN·m)	刀具磨损实际值 δ(mm)	是否更换	备　注
33SLD	0.46	1.45	9.8	1.43	48 188	1.45	12.5	否	
33RGD							8	否	
32SLD							15	是	偏磨，螺栓孔磨损 5 ~ 20 mm

注：SLD—撕裂刀；RGD—右刮刀。

图 10-22　32 号撕裂刀偏磨情况

2. DK17 +646. 29 位置(272 环)刀具磨损情况

此次带压进舱检查刀具 18 把:19 号撕裂刀、24 号撕裂刀、30 号撕裂刀、31L 刮刀、31R 刮刀、20 号撕裂刀、27 号撕裂刀、31 号撕裂刀、25 号撕裂刀、12 号撕裂刀、26 号撕裂刀、29 号撕裂刀、32 号撕裂刀、23 号撕裂刀、28 号撕裂刀、30R 刮刀、1 号中心刀、32L 刮刀;更换撕裂刀 14 把。相应的刀具磨损量及掘进参数情况见表 10-2,刀具磨损情况如图 10-23 所示。

表 10-2　刀具磨损情况及掘进参数

刀具编号	掘进距离 L(km)	刀盘转速 N(r/min)	掘进速度 v(mm/min)	泥水压力 P(bar)	盾构推力 F(kN)	刀盘扭矩 T(MN·m)	刀具磨损实际值 δ(mm)	是否更换	备　注
19SLD	0. 544	1. 24	12. 5	1. 42	55 973	7. 212	15	是	
24SLD							18	是	
30SLD							20	是	
31LGD							40	是	
31RGD							40	是	
20SLD							15	是	
27SLD							20	是	
31SLD							15	是	偏磨 8 mm
25SLD							10	是	
12SLD							10	否	
26SLD							20	是	
29SLD							20	是	
32SLD							20	是	
23SLD							15	是	
28SLD							20	是	
30RGD							5	否	
1ZXD							0	否	轻微结泥饼
32LGD							3	否	

注:SLD—撕裂刀;LGD—左刮刀;RGD—右刮刀;ZXD—中心刀。

图 10-23　19 号撕裂刀磨损情况

3. DK17 +548. 14 位置(321 环)刀具磨损情况

此次带压进舱检查刀具 2 把:12 号撕裂刀、10 号撕裂刀;更换撕裂刀 1 把:12 号撕裂刀。相应的刀具磨损量及掘进参数情况见表 10-3。

表 10-3　刀具磨损情况及掘进参数

刀具编号	掘进距离 L(km)	刀盘转速 N(r/min)	掘进速度 v(mm/min)	泥水压力 P(bar)	盾构推力 F(kN)	刀盘扭矩 T(MN·m)	刀具磨损实际值 δ(mm)	是否更换	备　注
12SLD	0. 642	1. 16	15. 1	1. 55	63 118	9. 237	15	是	
10SLD							6	否	

注:SLD—撕裂刀。

4. DK17 +514. 6 位置(338 环)刀具磨损情况

此次带压进舱检查刀具 2 把:33 号撕裂刀、32 号撕裂刀;更换撕裂刀 2 把:33 号撕裂刀、32 号撕裂刀。相应的刀具磨损量及掘进参数情况见表 10-4,刀具磨损情况如图 10-24 所示。

表 10-4　刀具磨损情况及掘进参数

刀具编号	掘进距离 L(km)	刀盘转速 N(r/min)	掘进速度 v(mm/min)	泥水压力 P(bar)	盾构推力 F(kN)	刀盘扭矩 T(MN·m)	刀具磨损实际值 δ(mm)	是否更换	备　注
33SLD	0. 676	1. 24	9. 1	1. 56	65 628	9. 523	18	是	偏磨 18 mm
32SLD							15	是	偏磨 40 mm

注:SLD—撕裂刀。

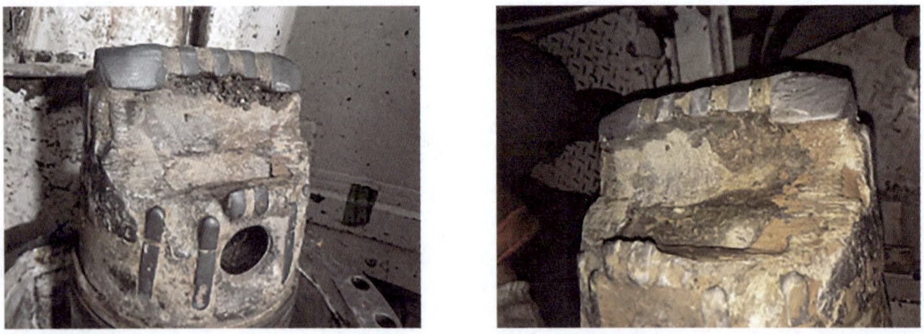

图 10-24　32 号撕裂刀磨损及偏磨情况

5. DK17 +402. 04 位置(394 环)刀具磨损情况

此次带压进舱检查刀具 25 把,更换 23 把。刀具磨损情况如图 10-25、图 10-26 所示,相应的刀具磨损量及掘进参数情况见表10-5。

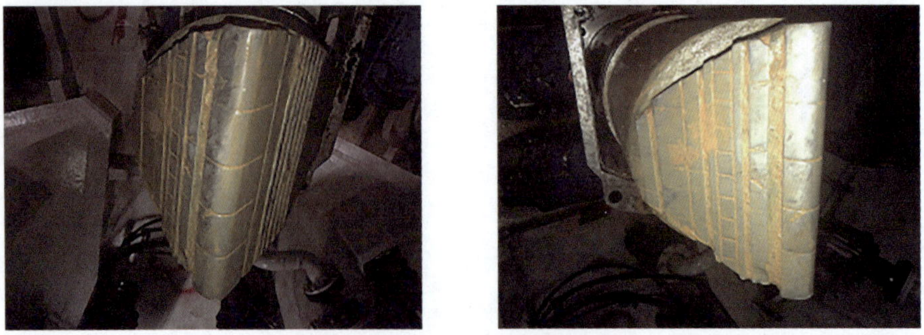

图 10-25　21 号右刮刀磨损情况

图 10-26　33 号撕裂刀磨损情况

表 10-5　刀具磨损情况及掘进参数

刀具编号	掘进距离 L(km)	刀盘转速 N(r/min)	掘进速度 v(mm/min)	泥水压力 P(bar)	盾构推力 F(kN)	刀盘扭矩 T(MN·m)	刀具磨损实际值 δ(mm)	是否更换	备　注
19SLD							20	是	
24SLD							23	是	
30SLD							20	是	偏磨 45 mm
21RGD							10	否	
26LGD							6 ~ 10	否	
26RGD							10 ~ 15	是	
31LGD							25	是	偏磨 40 mm
31RGD							20	是	偏磨 30 mm
20SLD							20	是	
27SLD							25	是	
31SLD							42	是	
32LGD							13	是	
32RGD	0.788	1.17	8.2	1.85	64 527	11.5	13	是	
16SLD							25	是	
21SLD							25	是	
25SLD							25	是	
33SLD							10 ~ 60	是	偏磨 60 mm
17SLD							20 ~ 25	是	
22SLD							20	是	
26SLD							25 ~ 60	是	
29SLD							20	是	
32SLD							10	是	偏磨 65 mm
18SLD							18 ~ 25	是	
23SLD							20	是	
28SLD							18 ~ 65	是	崩齿

注：SLD—撕裂刀；LGD—左刮刀；RGD—右刮刀；ZXD—中心刀。

由目前的统计分析可以看出，在盾构机掘进过程中，盾构刀具的磨损较为严重，情况较为复杂。盾构掘进初期刀具磨损情况较轻，需更换的刀具较少，这是由于掘进始发段地层较为理想，含砂砾卵石较少，对盾构刀具的磨损也就相对较少，并且由于处于始发段，盾构机掘进较为谨慎，故盾构刀具受地层损坏也较轻。当掘进到一定程度时，盾构机部分处于砂卵石地层，导致刀具磨损比较严重，需要更换的刀具增加，影响掘进效率。该段地层砂卵石是很好的磨料，使刀具磨损速度加快，由于该地层中含有大量不同粒径的卵石，使得刀具的刃口部位承受很大的冲击荷载。盾构掘进地层的改变，导致盾构刀具的磨损情况产生较大的变化，应采取一定的措施对刀具进行改造，以适应砂卵石地层的掘进。

在砂卵石及黏土混合地层，更换刀具较多，而在以粉质黏土为主的地层掘进则很少更换刀具，这充分表明了砂砾、卵石对盾构刀具的巨大破坏作用。

大部分刀具的磨损量在 15 mm 以上，最大磨损量可达 65 mm，可见磨损情况十分严重，刀具寿命较短，情况不容乐观。刀具的磨损主要集中在撕裂刀和刮刀，外围撕裂刀偏磨较严重，偏磨量可达 65 mm，外围撕裂刀不能充分发挥作用，可尝试采取一定的措施减少撕裂刀的偏磨，检验施工效果。

如何减少刀盘刀具的磨损：首先应该根据地层情况对刀具进行改造调整，使用适于相应地层的刀具并根据地层情况控制推进速度和转速、盾构推力、泥水压力等；其次应对刀具的品质进行严格的检查和把关，不容许出现偷工减料的劣质品；最后应该及时监测刀具的使用和磨损情况，及时调整刀具及盾构的掘进情况。建议结合刀具磨损和工程量要求两方面，对盾构掘进参数的取值进行进一步的修正和选定。

盾构掘进参数包括泥水压力、刀盘转速、刀具贯入度、掘进扭矩、掘进推力以及掘进速度等，各参数之间相互制约。掘进参数根据施工资料进行如下设定：

（1）刀盘转速

浅覆土地层中，由于要严格控制日切口压力的波动值，减少掘进过程对掌子面的推动压力，以控制地表沉降，因此应选择较低的转速。

砂卵石地层中，过大刀盘转速将加大刀盘外圈线速度，从加大刀具的碰撞损坏，同时根据文献研究，掘进速度与刀盘转速呈现明显的正相关性，过大的转速将造成盾构破碎机油缸负荷加大，为此在此种地层中一般选择较低的转速。

当地层中细颗粒含量增加时，可加大刀盘转速，但要考虑到转速增加引起的掘进速度增加与泥水处理能力的配备。

由于刀盘转速直接与切口水压的波动相关，从环境沉降控制的角度考虑，控制标准越高，则所选择的刀盘转速应越小。

（2）刀具贯入度

刀具的贯入度主要与掘进的扭矩设定、刀盘的转速以及掘进速度相关。对于浅覆土、细颗粒含量较大的黏土层及粉砂层和沉降控制标准高的特级风险点区段，出于泥水处理能力、控制泥水压力的波动、掌子面的稳定考虑，掘进速度较低，为此应选择较小的刀具贯入度。

对于卵石层、圆砾层，出于保护刀具需要，也应选择较低的刀具贯入度。

（3）掘进扭矩

掘进扭矩取决于隧道穿越地层的地质条件、掘进速度、刀盘转速、刀具的贯入度以及刀盘刀具的磨损情况。

地层中的细颗粒含量越高，掘进过程的扭矩越大；而掘进速度提高时，扭矩也同步增加。

(4)掘进推力

掘进推力主要取决于地层与盾壳间的摩擦力及推进过程的正面阻力,根据不同地层与盾壳间的摩擦系数及施工资料统计,在卵石层掘进过程中,由于摩阻力较小,同时掘进超挖量较大,推力相应取较小的控制值;在粉黏土等细颗粒含量较多区域,摩阻力大,推力相应取较大控制值。

(5)掘进速度

盾构掘进速度主要根据设备的设计速度、配备的泥水处理能力而进行设定,但文献研究表明,其与刀盘转速、刀盘扭矩、盾构推力有很强的相关性,其中与刀盘转速、扭矩表现为正相关性,与盾构推力表现为负相关性。因此结合不同地层的泥水处理能力和相关掘进参数,掘进速度按以下原则进行控制:在细颗粒含量较高的地层中掘进时,由于推力较大,泥水分离负荷较重,掘进速度一般控制在比较低的范围内;在细颗粒含量很少的卵石层中掘进时,由于保护刀盘刀具的需要,刀盘转速、刀盘扭矩均取低值,因此也很难获取较高的掘进速度,一般控制在较低的值;在浅覆土层掘进时,为避免较大的切口压力波动以及地面沉降,刀盘转速、扭矩均取低值,为此掘进速度取低值;对环境沉降控制标准较高的特殊环境风险点,因为刀盘转速和扭矩的低值,掘进速度也应加以控制。

盾构在掘进过程中不可避免会造成盾构刀具的磨损,如上所述,一般在软土地层中刀具磨损较小,在含砂卵石的砂性地层中磨损很大。

10.3 小　　结

(1)为增强刀具耐磨性,延长刀具使用寿命,提高掘进效率,刀具主要选用齿刀和刮刀,并配置先行刀、铲刀以及超挖刀。

(2)盾构掘进初期刀具磨损情况较轻,需更换的刀具较少,这是由于掘进始发段地层较为理想,含砂砾卵石较少,对盾构刀具的磨损也就相对较少,并且由于处于始发段,盾构机掘进较为谨慎,故盾构刀具受地层损坏也就较轻。当掘进到一定程度时,盾构机部分处于砂卵石地层,导致刀具磨损比较严重,需要更换的刀具增加,影响掘进效率。由于盾构掘进地层的改变,导致盾构刀具的磨损情况产生较大的变化,应采取一定的措施对刀具进行改造,以适应砂卵石地层的掘进。

(3)京张高铁清华园隧道盾构施工采用 ZXSⅡ-2500/20 泥水处理设备、压滤设备及离心设备相结合的泥浆综合处理技术,实现了泥浆的循环利用,达到绿色、环保、节能、高效的施工目标。

(4)在泥浆中添加新研发的非离子型 PAM 絮凝剂,将其与一定量的非离子型 PAM 絮凝剂一同加入泥浆,实现废弃泥浆快速压滤、不粘结,使水土实现严格分离,直接达到废水经处理后重复利用的标准。

(5)为缓解掘进时泥浆处理的压力,同时增添了离心设备,废弃的泥浆被泵送到离心设备高速离心处理,实现了泥浆的绿色循环利用。

(6)泥浆绿色处理技术的实施保证了循环泥浆的质量,产生了更好的泥水平衡效果,达到了降本增效的目标,为今后类似工程提供了技术参考依据。